本教材受浙江工业大学出版基金资助

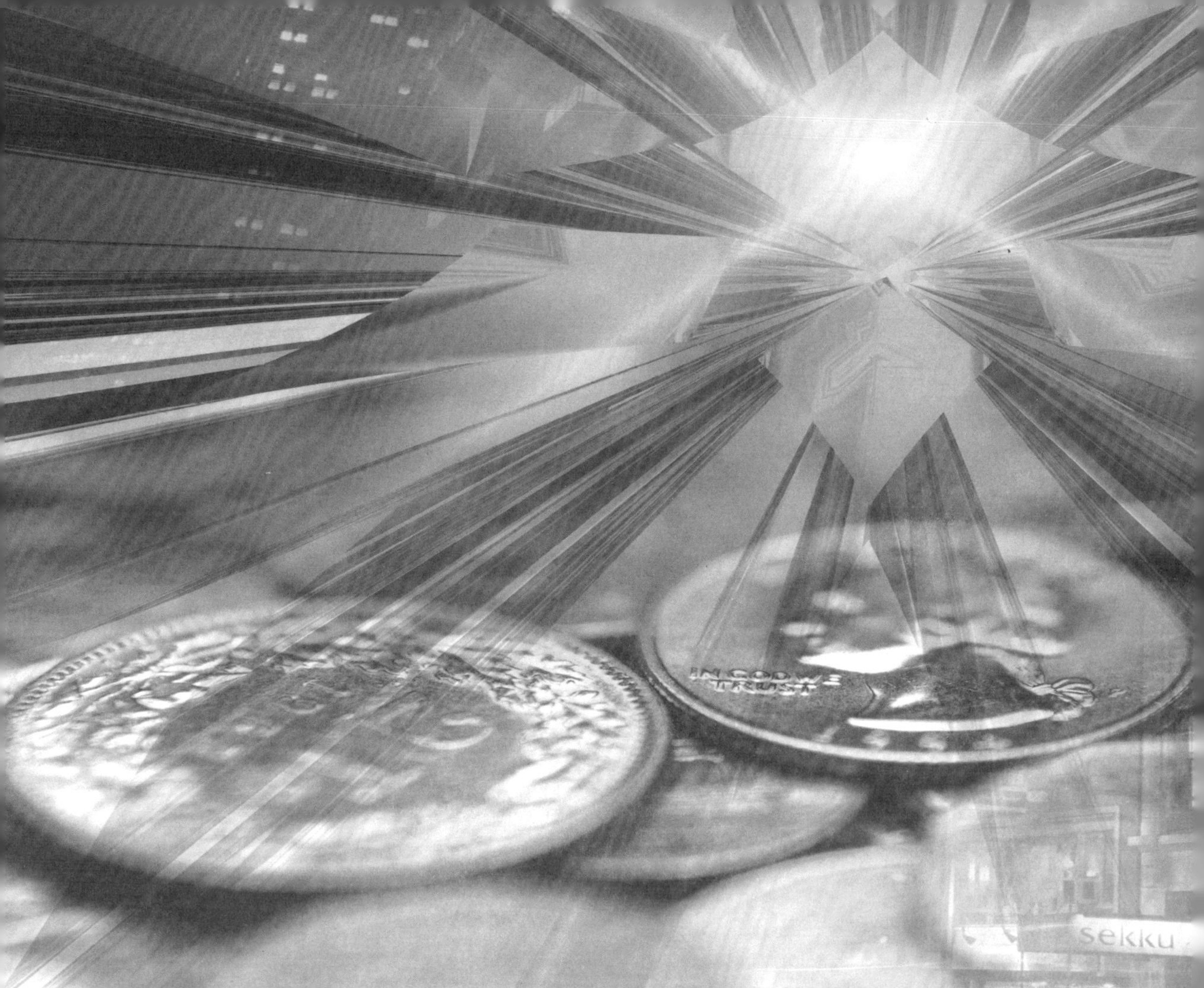

HUOBI YINHANGXUE

货币银行学

主　编 章和杰

副主编 李雅珍　佘德容

前　言

发端于21世纪初的美国次贷危机，到2008年下半年已演化成金融危机。2009年以来，金融危机除向世界蔓延外，也从金融虚拟部门向经济实体部门蔓延。何日见底？至今尚不得而知。

我们尝试在以下部分试图与已有的教科书有所不同或创新：

一是金融危机。美国次贷危机所引发的金融危机的原因、影响、发展趋势及对我们的启示。

二是通货膨胀目标制。通货膨胀目标制的历史、现状，以及中国采行通货膨胀目标制的可能性。给学生勾勒出中国采行通货膨胀目标制所需条件、今后努力方向等。

三是在讲清基本原理的基础上，结合中国的实际，综述前人的相关研究，将理论与实际紧密相连，使理论不至于枯燥，使人感受到中国改革的清风扑面而来。如一般而言，《货币银行学》的教材中都不会讲授财政政策。而在实践中，财政政策、货币政策和汇率政策作为调节内外失衡的三大主要宏观经济政策，共同服务于宏观调控的总目标，但分工而互补，需要相互协调配合，促使经济运行趋于总量均衡和结构优化的理想状态。三大政策之间的不可分割性，要求一并讲解效果较好，但要讲清汇率政策，有时感到有点"离题太远"。故就引入"财政政策与货币政策的合理搭配"供选用。这一章对理解货币政策在中国的实践，具有较好地融会贯通作用。

四是通过典型案例的剖析，理论联系实际。

本教材是基于我们多年的教学和科研，参照国内外相关教材、学术刊物等前人研究的基础上编著而成。参加编著的人员是：章和杰第一、五、十、十一、十三、十四、十五和十六章，李雅珍第四、六章，佘德荣第二、十二章，余妙志第七、八、九章，徐小华第三章。章和杰负责统稿全书，章和杰任主编，李雅珍、佘德容任副主编。

本教材适用于经贸类、管理类、金融类、经济类研究生、研究生班教学或教学参考书，或报考研究生的复习用书；其基本原理可供经贸类、管理类、金融类、经济类本科教学用书，也可供远程、函授等成人教育教学用书；当然，也可重点讲授有关章节供经济、金融、管理类等培训用。

美国金融危机的教训告诉我们，在经济全球化、金融一体化的时代，我们要学习人类的一切先进理念，但绝不能崇洋媚外。

在编著过程中，我们深感本书有不尽如人意之处，诚恳欢迎批评指正。

章和杰

2009年5月

目 录

第一章

货币与货币制度

内容提要

货币是在购买商品和劳务或清偿债务时被人们广泛接受的物品。交易媒介、价值尺度和价值储藏是货币的三大职能。货币制度随着经济的发展而发展。金属货币制度和纸币本位制度是两种典型的货币制度。货币层次划分的主要依据是金融资产的流动性。流动性程度不同的货币，在流通中转手的次数不同，形成的购买力不同，对经济活动的影响程度也不同。人们使用最频繁的货币是M_1，它代表了现实购买力，也是央行调控的重点。最后通过补充材料展望未来货币的趋势。

第一节 货币的起源

一、价值及其形式

在原始的氏族共同体中，由于生产力水平极其低下，人们尽其所能，集体劳作，才能维持生存。整个劳动是在氏族共同体的需要下统一进行，劳动产品归氏族共同体所有，统一分配。随着生产力的发展，在原始社会末期出现了剩余产品，氏族开始分化瓦解，社会分工和私有制开始形成。在私有制下，在主观上，就产品的生产劳动而言，是每个生产者自己的事情，生产什么、生产多少，以及怎样生产都是私人自己的事情，生产出来的产品也属于他自己所有，具有私人劳动的性质。就生产产品的目的而言，除了满足自己的需要外主要是为了用作交换，以获得其他产品供自己使用，私人劳动是社会分工的表现，即在客观上私人劳动具有社会劳动的性质。但私人基本无法知道社会需要多少该种产品，他生产出来的产品是否能交换出去。这就产生了私人劳动和社会劳动的矛盾。就生产产品的目的而言，除了满足自己的需要外主要是为了用作交换，以获得其他产品供自己使用。这样，我们就得出了商品的概念：商品就是为交换而生产的产品。

不同的商品是由不同形式的具体劳动生产出来的，使用价值不同。如织的布用来做衣服，种的粮食用来吃，等等。布和粮食的使用价值不同，不能比较。有没有隐藏在布和粮食后面的能用作比较的共同的东西呢？马克思研究后认为共同的东西就是就是生产布和粮食等时所耗费的人们的体力和脑力劳动。用经济学术语说就是耗费了人类的一般劳动或抽象劳动。这样，我们就得出了价值的概念：价值就是凝结在商品中的一般的、抽象的劳动。

既然各种商品在本质上是同一的，那么在量上就可以进行比较。人们在交换商品时，遵循一个原则:等价交换——价值相等的商品进行交换。

价值看不到,摸不着,怎么来表现自己呢? 一头牛与五只羊相交换,牛的价值通过羊表现出来,羊成为牛的等价物。这表明价值是通过商品的交换表现出来的,价值表现的过程也就是私人劳动向社会劳动转化的过程,具有等价物作用的商品如羊就成为社会劳动的具体表现者(显然,根据对称性,牛也是羊的等价物)。通过交换,价值取得了可以捉摸的外在形式——价值形式。

二、价值形式的发展和货币的产生

在不同的原始公社之间由于产品的偶然多余而产生的交换,如一头牛与五只羊相交换,这是个简单的、偶然的价值(表现)形式。

随着生产的发展和私有制的产生,出现了社会分工,原始公社之间的共同生产逐渐被个人生产所代替;相应地,公社之间的交换也逐渐地被个人之间的交换所代替。物物之间的偶然交换逐渐成为经常的交换。一种物品可以和多种物品相交换,如一头牛除了与五只羊交换外,还可以和七袋粮食相交换,一种物品如牛的价值就可以由其他多种物品如羊、粮食等表现出来。由于对称性,所有物品都可作为其物品的等价物。这就是扩大的价值形式。

在私有制下,物物交换的成功主要取决于等价物。如用牛换粮食,而集市上只有羊和其他物品,则交换就不能成功。随着商品生产的发展,这种矛盾越来越严重。这时,人们发现,在交换中大家都比较喜欢某种物品如贝壳,因而自然就愿意先用自己的物品如牛先交换成这种物品如贝壳,再用贝壳交换自己最终所需要的物品如粮食。这样,就从物物的直接交换进入到了通过某种媒介物如贝壳进行交换的间接交换。这个用来表现所有物品价值的媒介物就是一般等价物。用一般等价物表现所有物品的价值,就是一般价值形式。

从扩大的价值形式过渡到一般价值形式阶段,说明为交换而生产的关系,即商品生产关系在经济生活中日益确立。随着商品生产的继续发展,从交替地充当一般等价物的几种商品中必然会分离出一种商品,它能经常地固定地起着一般等价物的作用,执行货币职能,成了货币商品。当价值都用货币表现时,就是货币形式。

第二节 货币的演化

随着商品交换和信用制度的发展,货币币材和形制经历了实物货币、金属货币。随着生产和流通的进一步扩大,金属货币和数量不能满足商品流通的需要,而且远距离的大宗贸易携带金属货币多有不便,提出了使用信用货币即商业票据和银行票据(银行券、银行本票、银行汇票和支票等)的要求(信用货币还包括银行信用活动创造的存款货币)。

一、中国古代的货币制度

周代仍然使用贝币,但由于贝的来源有限,就用铜代替,这就是铜币。除了仿造贝币外,还仿造刀币、铲形的布币。与铜币共同流通的还有珠玉黄金等。《管子》中说:“珠玉为上币,黄金为中币,刀币为下币。”这种状况一直延续到战国时期。铜钱和黄金是春秋后期进入流通的，周景王铸大钱可以作为这个变化的开端。这在中国历史上是划时代的事件，从此以后，铜钱就一直作为中国的一种主要货币而流通。黄金大约是在春秋时期开始发挥货币功能的。根据春秋时期的文献，凡是大规模的交易都是用黄金作为支付手段的。可见，黄金作为货币使用是比较广泛的。另外，赏赐、贿赂也都使用黄金。

正式以国家命令统一全国货币制度，并由法律赋予黄金以主币资格是从秦代开始的。秦代规定以黄金和铜钱为主要货币，其他如珠玉龟贝银锡等，不再作为货币使用。这是中国历史上第一个法定货币制度，也是第一次实行金铜共用的复本位制。当时黄金是称量货币，没有固定的铸形，以二十两为一镒。铜钱则是铸币，其成色、重量、形制都由政府规定。两者之间具有一定的兑换比例。到西汉王莽期间规定"黄金重一斤，直钱万"。

秦代建立的货币制度，由于秦代存在时间较短，事实上由汉王朝推行。这一时期，中国商品交易基本由黄金和铜钱来完成，但与黄金相比，铜钱的地位极低，所以，事实上这是中国历史上唯一的一个金本位时期。汉代初年，政府曾一度放弃铸币权，人们可以自铸小钱，结果导致严重的通货膨胀。所以，在汉景帝时，将铸币权收回，禁止民间铸钱。秦汉时期货币经济的发展，刺激了商品经济的发展，并导致土地兼并及高利贷的发展。

西汉以后，由于兵祸连年，社会生产和商品流通遭到严重破坏，商品货币关系发生严重的倒退，开始进入实物货币时期。这一时期，黄金退出流通，丧失货币作用。黄金退出流通的原因，主要是由于外贸逆差，佛事用金大增，泥金写经，贴金作榜，消耗大量黄金；同时，中国黄金生产日益枯竭，造成黄金供应短缺。这时期，不仅黄金退出流通，铜钱也退出基本流通。东汉章帝正式废止铜钱，明文规定以布帛为币。在整个东汉时期，都是以布帛为本位币。两晋南北朝时期，战争不断，经济凋敝，各短命王朝铸造劣质铜币，导致铜钱信用危机，实物货币进一步发展。这一时期，布帛谷粟尤其是布帛，成为主要货币。统治阶级废钱而用布帛，还有抑商的用意，是传统抑商政策的一部分。

唐代是金属货币复兴的时代。唐初期，社会安定，经济发展，外贸兴起，商品货币关系大大发展，这就导致货币经济复兴。唐代货币是铜钱与布帛并用，但实际效果已经与前代不同。铜钱与布帛具有同样的法偿地位，同时，铜钱地位上升，布帛地位下降。这是由于唐代钱法比较完善，铜钱的质量良好。唐武德四年(621 年)铸"开元通宝"，一直流通。由于社会经济发展，货币需求量大大增加，而货币供给却跟不上，出现流通手段不足、物价跌落现象。政府通过一系列的措施来调节：一方面扩大铸造，增加供给，收购民间铜器，扩充铸钱原料，严禁销毁铜钱，禁止外流，限制积蓄铜钱，提高布帛与铜钱的比价；另一方面，这一时期的金融制度的创新也为解决货币不足问题提供了帮助，例如，当时所谓的"除陌"，即每千钱中扣除若干文，仍按千钱流通。

在唐末至五代时期，白银进入流通。这是中国货币史上的另一个阶段。唐代经济发展，白银作为贵金属出现，首先在岭南一带流通，而这些地区向朝廷贡献也采用白银。同时，民间采银日盛，不少交粮纳税的农户上山采银、冶银，政府担心会影响农业生产，所以一度发布禁令，禁止采银。唐元和三年(808 年)，宪宗颁布《禁采银坑户令采铜助铸诏》，指出："天下有银之山必有铜矿，铜者，有益于鼓铸；银者，无益于生人，适开玩好之端，岂救饥寒之患……其天下自五岭以北见采银坑，并宜禁断。"然而，白银以其天然优势，很快代替其他货币成为主要货币，上升为主币地位。

中国货币史上另一个重要事件是纸币的出现。纸币源于唐之飞钱，成于北宋交子。唐的飞钱是钱荒的产物，当时不仅国家为防止铜钱外流采取各种措施，各地方政府也画地为牢，商人不得不采用汇兑方式来兑付。如商人将现钱交给他们的驻京机关，由它发给文券（相当于现在的汇票），然后到当地衙门支取。这种情况很快得到政府的认可并通过法令来保证。到北宋时期，由于铜币稀缺，各地铸造铁钱，铁钱币值低，流通量大，给交易带来诸多不便。所以，流通铁钱的蜀地，先行流通交子（纸币产生于北宋的四川，在998—1022年间，成都的16家商号制作一种纸券，叫"交子"，相当于兑换钱币的兑换券。北宋后期曾把交子改称钱引，即领钱的证书，就是兑换券。南宋称纸币为关子、交子、会子，当会子贬值时，政府为维持信用，用金、银、铜铁钱回收会子，或出卖盐引（领盐的证书）、茶引等市场通行的证券回收会子，以稳定钱币价格。这一系列纸币发行和流通的管理办法，叫称提之术）。到宋仁宗天圣元年（1023年），交子改由官办，交子的面额有所规定，一般以十贯和五贯为主。南宋和金发行会子和交钞，也是纸币，辽国也发行过纸币。到了元代，纸币发行量更大，其中的中统钞、至元钞都是纯纸币。明洪武八年（1375年）政府发行"大明宝钞"，钞面以钱文计，从一百文到一贯。当时纸币为主币，而金属铸币为辅币。纸币一般都与金属货币或实物货币有一定的联系，包括铁钱、铜钱，甚至金、银。例如，元代"中统元宝交钞"，以丝为本钱，以两为单位，丝钞二两值白银一两。事实上，自宋至明，历朝历代的各种纸币制度无一不在通货膨胀中崩溃。

明代中期以后，白银成为主要货币。明代白银成为主要货币的时间一般定为英宗正统元年（1436年），这一年政府解除银禁，将南畿、浙江等地的田赋折征银两。实际上，白银很早就作为支付手段在民间流通，政府不过是承认白银作为货币的事实而已。这时，白银作为主要货币，不仅是因为白银的天然优势，而是因为白银的数量已经有可能作为主要货币使用。白银数量增加，一方面是由于我国白银产量大大增加，更重要的是海外的流入而造成民间的积累。

二、信用货币的形态

信用货币有：①商业票据和银行票据；②铸币、纸币；③银行存款。上述分法中，概念有所交叉：如银行票据中的银行券在后来就等同于纸币了。而货币流通手段职能为信用货币的出现提供了可能。信用货币又分可兑换的信用货币如银行券（刚开始发行时，发行银行保证随时可按面额兑付金币、银币，但随着经济震荡和战争，有时可兑换，有时不可兑换。到20世纪20年代末30年代初，世界主要国家的银行券完全成为不可兑现金、银。这时及以后，银行券与纸币的概念基本等同）和不可兑换的信用货币如以国家政权为后盾的强制发行并流通的纸质货币。20世纪30年代，在经济大危机的冲击下，多数国家放弃金本位制，银行券不再兑换金币，银行券纸币化，流通中的货币完全为纸质的不兑现的信用货币所取代，货币商品退出历史舞台。20世纪50年代以来，由于信用制度发达，银行结算手段改进，现金流通（纸币和铸币）逐渐减少，货币形式主要采取存款形式，存款的债权债务转移，成为购买商品、支付劳务的主要形式，货币概念得以扩张，货币不仅包括铸币或现钞，还包括可转账的活期存款，而且进一步将不能随时转账的定期存款和储蓄存款称为"准货币"。存款货币的出现，打破了实体货币的观念，将货币由有形货币引向无形货币。在支票转账结算较原有的各种交易方式有较大的优势下，也带来了结算成本逐渐提高的劣势，使得电子货币如信用卡、电汇业务等得到迅速发展。

问题：伴随计算机信息网络覆盖全球，是否会出现无纸质货币的社会？

三、纸币的缺陷和优点

政府纸币作为不兑现的信用货币，缺陷是其与财政赤字的密切联系，易导致货币流通的混乱。优点是央行垄断纸币发行，并在了解货币与经济关系的基础上，控制纸币发行数量，为不兑现信用货币的正常流通创造了条件。而且，不兑现信用货币突破了货币商品形态对经济发展的制约，提供了政府调控经济的一个手段。所以说，不兑现信用货币是货币发展历程中的重大的飞跃，是经济发展的必然结果，是对金本位币的否定。

第三节　货币的职能

在任何经济社会里，无论货币的形态怎样，如贝壳、金银、纸币等，都具有三个职能，即价值尺度、交易媒介和价值储藏。价值尺度和交易媒介是货币的基本职能。

一、价值尺度

价值尺度指的是所有商品的价格都可以用特定数量的货币单位来表示，而无须确定每两种商品之间交易时的交换比例，即相对价格。货币是衡量商品的尺度，是一种单位，是不同物品（间接）交换时的相互比较的尺度。

二、交易媒介

交易媒介指的是在交易中，人们首先将自己的商品转换成货币，再用货币去换取自己需要的别人的商品。在这个过程中，货币成为商品交易的桥梁或中介。交易媒介具有流通手段和支付手段的功能。

(1)流通手段。媒介商品交换的作用。

(2)支付手段。没有商品在同时、同地与货币相向运动。如偿还赊买款项、财政收支、银行的存放款等。特征是货币作为价值的独立存在形态进行运动。

三、价值储藏

价值储藏指的是在货币履行其交换媒介职能之前，货币可以一直保持购买力。在人们获得收入和消费两种行为之间，一般而言，总会存在一段时间的，在这段时间内，货币就作为价值储藏手段而存在。具体而言，价值储藏手段有两种形式：

(1)手中拥有。货币退出流通领域，具有最强的流动性。

(2)银行存款和储蓄。参与信用创造过程，能获得一定的利息收入。

需要说明的是，其他资产也可以具备价值储藏手段，如股票、房地产等，并且在某种时间段，它们还可能获得超过利息收入的升值。但从流动性的角度来看，股票和房地产的流动性显然要弱于现金。

流动性是指一种资产在不损失价值的前提下转换为交易媒介的难易程度和快慢程度。

第四节　货币定义

一、概念

货币是商品经济关系的表现形式之一。商品经济关系是指生产关系，即产品由不同所有者所生产、所占有，并通过等价交换实现人与人之间的社会联系的生产关系。

货币是在购买商品和劳务或清偿债务时被人们广泛接受的物品。

二、货币与其他易混淆的概念的区别

1. 货币与通货的区别

通货(Currency，就是流通中的货币，包括纸币和硬币)是货币的一种，人们在谈到货币的时候，往往所指的就是通货。在中国，目前支票簿还没有进入到普通家庭，在日常生活中我们主要是用现金为媒介来完成商品交换的。而单位之间的支付主要是用支票通过银行的转账来实现的，故支票账户上的存款也是货币。旅行支票或储蓄存款等若能迅速、方便地转变为通货或支票存款，用来支付货款或有效地发挥货币的功能，也被看作存款。故货币的外延宽于通货的外延。通货只是货币的属概念。

2. 货币与财富的区别

在日常生活中，货币一词也常被用作财富的同义词。当人们说某人很有钱时，可能是想说某人不仅有许多通货，有大笔支票存款，而且还拥有股票、债券、轿车和几处住房。在这种情况下，人们将货币看作是财富的同义词。经济学家把用于购物的各种形式的货币(通货、活期存款等)同作为价值储藏的各项财产总和的财富作了区分：财富不仅包括货币，而且包括债券、股票、艺术品、轿车、土地和房屋等资产。实际上，财富的外延较货币宽泛。

3. 货币与收入的区别

人们也常用货币一词来指经济学家所说的收入。如某人的工作好，能挣大钱。这里，货币被当作收入使用。需注意，收入和货币是完全不同的概念。收入是一个流量，流量是指在一段时间内所发生的量，如月收入就是一个流量，国民生产总值GNP也是流量。讲流量，一定要说明时间的长短，如某人挣10000元，你不能据此判断他的收入是高还是低。如果指的是月收入，当然是高的；若指的是年收入，那就是低的。货币是一个存量，存量是指在一个时点上的数量，如某人在某年底有10万元存款，这是在一个时点上的数量。

三、货币的分类

伴随着支付制度的发展演变，形成了各种不同类型的货币形式。

(一)按货币的存在形态分类

按货币的存在形态分类，大致可分为实物货币、金属货币、纸币、存款货币和电子货币。

1. 实物货币

实物货币是指在金属货币出现以前曾充当过交易媒介的特殊商品，如米、布、木材、贝壳、家畜等。实物充当货币时，基本上保持原来的自然形态，但具有体积笨重、质量不一、不易分割、不便携带、易变质等缺点。因此,实物货币无法充当理想的交易媒介,随着经济的发展和时代的变迁,必将被金属货币所替代。

2.金属货币

金属货币是指以金属为币材的货币。通过不断的比较,人们逐步发现了金、银等贵金属的特性,并将它们作为充当货币的最佳材料。因为,作为货币的理想材料应具有如下特性:一是容易标准化;二是必须可分割;三是应携带方便;四是必须不易变质。由于金、银等贵金属基本能满足以上要求,故世界各国均不约而同地选择金、银作为充当货币的材料。初期的金属货币是以条块形状出现的,叫作称量货币,但交易与支付很不方便,因为每笔交易都需要称重量,鉴定成色,有时还要按交易额的大小把金属块进行分割。随着商品生产和交换的发展,有些富裕的、有名望的商人就在货币金属块上打上印记,标明重量和成色,以便于流通,这就是私人铸币。当商品交换进一步发展,并突破地方市场的范围后,对于金属块的重量、成色要求更具有权威的证明,而最具有权威的就是国家。这样,在金属块上打上国家的印记来证明其重量和成色,就有了国家铸币。最初各国的铸币有各种各样的形状,后来都逐步过渡到圆形,圆形便于携带并不易磨损。中国最古老的金属铸币是铜铸币,由于铜币在中国流通两千多年,故在中国,长期把铜与货币等同起来,如某人斤斤计较钱财,常被讥讽为满身"铜臭味"。

3.纸币

纸币是以纸张为币材印制而成的、一定形状、标明一定面额的货币。纸币分为可兑现纸币和不可兑现纸币。可兑现纸币是持有人可随时向发行银行或政府兑换铸币或金银条块的纸币,实际上等同于金属货币,且具有携带便利、避免磨损、节省材料等优点。不兑现纸币是不能兑换成金属或金银条块的纸币,它仅有货币价值而没有币材价值。

4.存款货币

存款货币是指可签发支票的活期存款。西方国家的活期存款户可以随时开出支票在市场上转移或流通,充当交易媒介或支付工具。由于支票可装订成书本形状,故人们又把支票叫作"书本货币"(Book Money)。又由于存款货币以在银行的活期存款为基础,并通过支票的签发,将银行账上所记存款户的债权加以转移,故存款货币还被叫作"银行货币"(Bank Money)。存款货币在现代工商业发达的国家中占有重要的地位,大部分交易都是以这种货币为交易媒介的。

5.电子货币

电子货币是指用电子计算机系统储存和处理的存款。使用电子计算机来储存、转账、购买和支付,比使用纸币、支票存款等形式更快捷、更安全、更经济。

(二)按价值关系分类

按货币票面价值与货币币材价值的关系,可把货币分为商品货币、代用货币和信用货币。

1.商品货币

商品货币又叫实质货币,是商品价值与货币价值相等的货币。故这类货币的面值等于其币材的价值,一般要用贵金属如金、银或其他高价值的材料制成。早期的实物货币和后来的金属货币均属于商品货币。

2.代用货币

它是代表金属货币在市场上流通的货币。它通常为纸币,由政府或银行发行,代表金属货币。纸币虽然在市场上流通,为交易媒介,但背后有充足的金银货币或等值的金银条块作为保证。纸币所有者有权随时向政府或银行将其兑换为金银货币或金银条块。

3.信用货币

信用货币是指通过正常的银行信用渠道向流通中投放的商业票据和银行票据、不可兑现的铸币、纸币和银行信用活动创造的存款货币。

(三)按作用范围分类

按货币发挥作用的国土范围划分,可分为国内货币和国际货币。

1.国内货币

国内货币是指只能在一国范围内使用的货币,如人民币。

2.国际货币

国际货币是指超出一国国境,能在国际市场上直接使用的货币。在国际交往和国际支付中,黄金是被各国接受的交易媒介和支付手段,故黄金是国际货币。一些国家或地区的经济实力较强,它们的货币基本上能不受限制地兑换成其他国家的货币,在国际市场上被广泛接受,成为国际货币,如美元、欧元等。故只有能够自由兑换的货币才能成为国际货币。

第五节 货币制度

货币制度是为了适应经济发展的需要,以法律或法令形式对货币的发行与流通所作的一系列规定的总和。

一、构成货币制度的要素

货币制度通常由货币材料、货币单位、货币本位和发行准备四要素组成。

1.货币材料

货币材料是指一个国家或地区确定什么样的材料来充当本位币的币材。但现在世界各国都实行不兑现的货币制度,法令中都没有具体规定某种商品充当币材。

2.货币单位

在金属货币流通条件下,货币单位通过规定一定的含金量。在纸币流通条件下,货币不再规定含金量,货币单位与金银重量完全脱钩。

3.货币本位

货币本位是一个国家或地区的货币制度所规定的货币基本单位及其价值标准。价值标准,在金属货币时代都是以一定量的贵金属(如黄金、白银)来表示的。在纸币流通条件下,由国家法律规定货币的价值标准。货币本位的名称,也就取为表示价值标准的金属名称。如:以黄金的若干数量来表示的货币基本单位及其价值标准,就是金本位;以白银的若干数量来表示的货币基本单位及其价值标准,就是银本位;同时以黄金和白银作为价值标准的本位,叫复本位;而以纸币流通并由国家规定价值标准的,就是纸币本位。

根据货币本位而铸造或发行的货币称为本位币，本位币是一国或地区的基本通货。本位币的特点：一是具有无限法偿能力，即法律赋予其强制的流通能力，不论支付额有多大，对方都不得拒收；二是最后的支付手段能力，即任何交易支付或债务清偿，只要用本位币来支付，就算告清，对方无权要求改用其他形态的货币来支付。

与本位币相对应的是辅币，辅币是本位币以下的小额货币，主要用于日常交易中的零星小额支付。其特征：一是不足值货币，其名义价值高于实际价值；二是实行有限法偿，即每次支付超过一定限额时，对方有权拒收。

4.发行准备

在金属货币流通条件下，发行准备就是指国家所拥有的金银条块和金银铸币总额，是国家的金银储备。金银储备的用途：一是作为扩大或收缩国内金属货币流通的准备金；二是作为支付存款和兑换银行券的准备金；三是作为国际支付的准备金。自从世界各国先后放弃金属本位制度而实行纸币本位制度以来，前两个用途已消失，发行准备主要作为国际支付的准备金。但为了防止纸币的过量发行，增强人民对纸币的信心，保持币值及汇率的稳定，保证国际收支平衡，有些国家仍将黄金、白银、外汇等作为发行准备，设立纸币发行准备制度。

在纸币本位制度下，纸币的发行权完全集中于央行，无论对内对外均已不兑现，因此已没有发行准备的必要。但一些国家或地区至今依然保持纸币发行准备，其目的只是为了对外用作国际储备，对内用以增强人民对纸币的信心。我国人民币不再实行发行准备制度，国务院授权央行具体掌管人民币的发行工作，央行根据经济发展的需要，在国务院批准的额度内，组织年度的货币发行，并确保人民币币值的稳定。

二、金属货币本位制度

1.银本位制

银本位制是以一定量的白银来表示和计算货币单位价值的货币制度。

2.金银复本位制

金银复本位制是以金币和银币同时作为本位币的货币制度。

3.金本位制

金本位制是以一定量的黄金表示和计算货币单位价值的货币制度。

三、纸币本位制度

这是20世纪30年代以来世界各国相继采用的现代货币本位制度。其特点：一是由央行发行的纸币为本位货币，政府铸造的铸币为辅币；二是实行不可兑换制度，即本位币不与任何金属保持等值关系，纸币不能兑换金银；三是实行自由本位制度，即纸币的发行可以自由变动，不受一国所拥有的黄金数量的限制；四是实行管理纸币本位制度，即发行者为了稳定纸币对内对外的价值，要对纸币的发行与流通进行周密的计划和有效的管理。故纸币本位制又叫管理纸币本位制度。

由于纸币这种本位货币不与任何金属保持固定的等值关系，因此纸币的发行不以金属准备后盾，从而可随时针对市场变化情况，在仔细观测和周密计划的基础上，根据客观需要，通过人为政策对货币供给量进行伸缩调整，以达到消除通货膨胀和通货紧缩现象，实现国内物价的稳定，促进经济稳定发展的目的。同时，对外汇汇率的管理，可以通过设立外汇平准基金，央行通过在外汇市场上买卖外汇的方式，来维持纸币对外价值的稳定，促进国际收支的平衡。

纸币本位制度的缺点：一是纸币发行不受准备金的限制，这使得货币供给的弹性很大，往往会导致恶性通货膨胀的发生；二是汇率不以货币的含金量而定，由各国自由调整，各国政府为了发展本国对外贸易的需要，往往实行法定贬值或升值的手段，这又使货币对外价值变化无常，影响了国际贸易的发展和国际资本流动；三是管理纸币本位制度的成败依赖于人为因素，因而管理人员是否具备管理货币的知识和决策判断能力，就成为一个问题。

四、人民币制度

（一）人民币制度的建立

1948 年 12 月 1 日开始发行人民币，标志着中华人民共和国货币制度的建立。人民币采取的是不兑现的银行券形式，也不规定含金量，不与任何外币建立正式联系，不依赖于任何外国的货币制度。

（二）人民币制度的内容

(1)人民币是法定货币。人民币单位为“元”，元是本位币，辅币名称为“角”和“分”，1 元为 10 角，1 角为 10 分。人民币的票券和铸币各类由国务院决定。人民币以“¥”为符号。

(2)人民币是我国唯一合法的通货。国家规定：金银不准计价流通，不准私下买卖，但准许个人持有；禁止外国货币流通和私下买卖；严禁伪造、变造人民币等破坏我国货币声誉的行为；禁止人民币输出国境。凡违反上述规定的，均按国家有关法律条文加以处罚。

(3)发行人民币必须遵循两条基本原则。一是垄断发行原则。人民币的发行权掌握在国家手中，国务院授权央行具体掌握货币发行工作，央行总行是货币发行的唯一机关，并集中管理货币发行基金。二是经济发行原则。央行根据经济发展和商品流通的正常需要，通过信贷渠道进行货币发行。只有坚持经济发行，才能使投放出去的货币所形成的购买力能买到相应的物资，从而保证物价和币值的稳定。

(4)人民币是一种管理通货。国家对货币流通实行计划管理，即通过国家银行信贷收支计划和现金计划的编制、执行、检查及其他一系列工作，对货币流通进行有计划地组织、调节和管理。

(5)人民币的发行准备是国家拥有的商品物资。我国的金银外汇储备主要是作为国际支付的准备金，而不是作为发行准备。当然，我国的金银外汇储备是央行集中掌握、统一管理、统一调配的，因为金银外汇储备不仅要用于国际支付，而且也关系到人民币的对外汇率和在国际上的信誉，对促进国际经济合作有着极其重要的作用。

第六节　货币层次的划分

我国于 1994 年 10 月 28 日颁布了中国人民银行《货币供给量统计和公布暂行办法》，按照国际货币基金组织的要求，结合中国的实际情况，确定了我国货币供应量的层次划分。

一、我国货币供应量的划分标准

经过 2002 年的修订后，我国货币供应量划分为如下三个层次：

M_0＝流通中现金（即流通于银行体系以外的现金）

M_1＝M_0＋企业单位活期存款＋机关团体部队活期存款＋农村活期存款＋个人支票及信用卡存款

M_2＝M_1＋城乡居民定期存款＋企业单位定期存款＋自筹基本建设存款＋外币存款＋信托其他类存款

M_3＝M_2＋金融类债券＋回购协议＋商业票据＋大额可转让定期存单

二、划分货币供给层次的依据及意义

（一）依据

各国央行在确定货币供给的统计口径时，都以流动性的大小，也就是作为流通手段和支付手段的方便程度作为标准。流动性程度较高，即在流通中周转较便利，相应地，形成购买力的能力也较强；流动性较低，即周转不方便，相应地，形成购买力的能力也较弱。显然，这个标准对于考察市场均衡、实施宏观调节有重要意义。

M_0 被列为第一层次的货币，是因为现金流动性最强，它是反映消费品市场供求状况的一个重要指标。第二层次的货币 M_1 构成了短期的消费资料市场和生产资料市场的全部现实商品的需求，它的变动和国民经济总供给状况密切相关。第三层次的货币 M_2 和第四层次的货币 M_3 不同程度地反映了一定时期的社会总需求，对国民经济进行综合平衡有重大参考价值。央行一般选择流动性强，购买力大，对经济活动影响最密切又易于控制的货币层次作为控制重点。我国宏观货币调控的重点是 M_1，控制住 M_1，就能控制住对经济影响较大、对市场冲击较强的购买力。消费品交换一般由现金流通来实现，而消费品的流通完全受市场机制作用的影响，因此，调节现金的投放和回笼，有利于稳定消费品价格。尽管居民手中的现金较难控制，但是 M_0 的控制仍具有较强的现实意义。

（二）意义

（1）便于进行宏观经济运行监测和货币政策操作，是央行划分货币层次的依据。比如说，货币当局在讨论控制货币供应指标时，既要明确到底控制哪一层次的货币及这个层次的货币与其他层次的界限何在，同时还要回答实际可能控制到何等程度。否则，就谈不上货币政策的制定，制定了也难以贯彻。

（2）货币当局对不同口径货币的监测和控制，也促使各类金融机构相应地作出反应。如定期存款到期前不便于流动，于是创造易于变现的可转让大额定期存单；定期存款不能开支票，于是创造了自动转账制度。这些都使得流动性加强了，并大大突破了原有货币层次的界限。界限变得模糊起来，以致各国货币统计口径过一段时期就不得不进行调整。

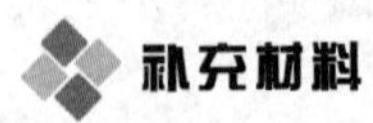

论网络金融对我们的挑战

网络金融，或称电子金融(E-Finance)是指在国际互联网上实现的金融活动，包括网络金融机构、网络金融交易、网络金融市场和网络金融监管等方面。网络金融集知识经济中的高科技、电子业、网络通信、信息等为一体。一方面，网络金融是基于网络经济而产生的，对传统金融产业和金融理论产生了深刻的影响；另一方面，网络金融也成为网络经济的核心，成为21世纪金融业发展的主流。

商业银行如果不希望成为在21世纪行将灭绝的恐龙，就必须充分利用金融电子化提供的种种机遇，促进自身的发展，特别要加快金融电子化的进程，逐步地实现现金管理系统、增值网、电子数据交换三个电子银行批发业务体系建设。实现包括零售业务、清算转账业务、货币市场、资本市场、外汇市场、金融衍生产品市场及有关的全球金融一体化通讯网在内的，无现金、无支票，甚至网上办行等，联结银行、企业、商店、顾客等为一体的较为完善的电子网络系统。

一、电子货币对金融产生的深刻影响

(一)电子货币的定义、内涵及类型

1. 定义：电子货币是指在零售支付机制中，通过销售终端、各类电子设备，以及在公开网络(如Internet)上执行支付的储值产品和预付支付机制。储值产品是指保存在物理介质(硬件或卡介质)中可用来支付的价值，这种物理介质可以是智能卡、多功能信用卡、电子钱包等，所储价值在使用后，可以通过电子设备进行追加。预付支付机制是指存在于特定软件或网络中的一组可以传输并可用于支付的电子数据，常被称为数字现金或代币，由一组组二进制数据(位流)和数字签名组成，可以直接在网络上使用。

2. 内涵：作为支付手段而言，大多数电子货币仍然不能脱离现金或存款，而是将这些既有的支付手段用电子化方法传递、转移，以清偿债权债务实现结算。

3. 类型：目前国际上流行的有四种类型电子货币。一是储值卡型电子货币，发行主体如商业银行、电信部门、IT企业、商业零售企业、政府机关和学校等在预收客户资金后发行等值储值卡，使储值卡成为独立于银行存款之外新的存款账户。二是信用卡应用型电子货币，可在发行主体如商业银行、信用卡公司等规定的信用额度内贷款消费，而后于规定时间还款。三是存款利用型电子货币，如借记卡、电子支票等。四是现金模拟型电子货币，如基于Internet网络环境使用的且将代表货币价值的二进制数据保管在微机终端硬盘内的电子现金，将货币价值保管在IC卡内并可脱离银行支付系统流通的电子钱包。

(二)电子货币的特性

发行的非央行化，是对现有货币理论的最大挑战。若缺乏必要的物理设备，即使是央行发行的电子货币也不能强制人们接受。匿名或非匿名，无地域、国界的限制，只能通过技术上的加密算法或认证系统的变更或认证来实现流通、防伪或更新等。

(三)电子货币对货币理论的挑战及对货币政策的影响

储值卡可使现金和活期储蓄需求减少;信用卡的普及使用可扩大消费信贷,影响货币供给量;借记卡、电子支票等的普及使用能减少消费者往返于银行的费用,致使现金需求余额减少,并可加快货币的流通速度;现金模拟型电子货币会影响到通货的发行机制、减少央行的铸币税收入、缩减央行的资产负债规模等;网上金融交易将使央行丧失货币发行权。

二、金融市场的发展与变革

在网络金融的条件下,金融市场交易产品出现的虚拟性,使它们一般不需要进行实物的流转和配售,只是一些符号和信息的传递与确认。网络经济为这类产品的成长提供了一个很适合的环境,形成了迅速发展和渗透的网上金融市场,有效地降低了货币市场和资本市场的交易成本,使投资人的主导地位得到了增强。从根本上加速了金融市场的全球化和一体化。而各种新兴金融衍生工具的出现和金融创新,更加速了这一趋势。

三、金融治理与金融监管

金融风险交叉感染的可能性增加了;网上瞬间交易量的剧增加大了因交易环节中断导致的支付、清算风险;金融危机的突发性和破坏性增大;网络经济的特性已打破了由监管当局制定游戏规则的固有模式,与金融机构合作,充分依赖金融企业和市场的自我管理与规范,将是未来管理当局需要遵守的一条基本原则;金融监管主体由多主体向统一主体转变,统一监管将成为趋势,监管的重点由资产负债和流动性管理转向金融交易的安全性和客户信息的保护。要完善有效的金融监管制度,加快金融立法,包括网络法律问题,网上公用认证中心建立问题等。

从根本上说,网络经济的实质是信息化、全球化和一体化。随着网络在世界范围内的延伸,从长远来看,各国监管当局都将面临跨国性的业务和客户,金融监管的国际性协调日益重要,以便加强对国际游资的监管和金融市场风险监管。它要求管理当局不单要尽可能避免金融资产的价格扭曲,放松对利率、汇率的管制,更重要的是建立与国际金融体系中其他金融相适应的新规则和合乎国际标准的市场基础设施,如信息的真实披露、资金的实时清算等,以提高金融管理的透明度。这是适应未来网络经济发展的有力保障。

四、从传统银行转变到网络银行

在市场经济中,从传统银行转变到网络银行需注意以下几个问题:①董事会和高级管理层必须积极地帮助银行发展新的管理模式。②要关注人才的争夺战,要建立复合型金融人才的培养和启用制度。③理解客户,建立新型的客户管理。银行应事先设法与消费者建立一对一的互动关系,在取得用户许可的前提下,与用户更进一步的交流和沟通,执行营销行为。而搞好客户关系管理的关键是维系客户,为客户提供个性化服务,并经常取得客户的信息反馈,借此改变自己的营销作风。④努力辨别真假网上银行业务,加强网络的风险防范。网络银行的安全问题是一个典型的人—机关系问题,所有的各种安全保密功能都是由人设计和实现的,而破坏、干扰各种安全和保密功能的也是人。因此,只有从技术、管理和法律三方面入手才能协调好技术、管理和法律三方面的关系,才能有效防范和化解风险,维护网络银行的安全性和正常运行。⑤善于学习，主动学习，以适应飞速变化的网络金融。

附录

为什么银行鼓励刷卡？

通过刷卡，银行可以拿到三部分收入：一是商户的几个百分点的返回，二是信用卡的年费，三是透支利息。其中大头是商户的几个百分点的返回。如顾客在宾馆消费，宾馆要返回顾客消费额的 2.8%给相关金融机构，小商户约返回 1.3%。在返回的份额中，70%是给发卡行，13%给银联，17%给装 POS 机的银行。较大的商户为了减少返回的份额，往往自己装 POS 机。而若小商户自己装 POS 机，则成本较高。

思考题

1. 什么是货币？它与通货、财富和收入的区别？
2. 货币本位制度的类型。
3. 金币本位制是如何对物价水平、国际收支和外汇汇率发挥自动调节作用的？

参考文献

章和杰主编. 现代货币银行学. 北京：中国社会科学出版社，2004

第二章

信　用

内容提要

商品经济发展到一定阶段就产生了信用。信用是一种借贷行为，是以偿还本金和支付利息为条件的价值运动形式。信用是从属于商品货币关系的一个经济范畴，它是人类社会发展到一定阶段才出现，并不断发展的。不同社会制度条件下的信用体现着不同的生产关系。信用有多种形式和多种工具，人们对这些信用形式和信用工具的运用促进了社会经济的发展。信用的计量通过利息和利息率来实现。伴随着中国经济改革的不断深化，中国的利率市场化也在不断向前推进。

第一节　信用概述

一、信用的概念

“信用”一词在日常生活中使用广泛，它通常表示信任、相信、恪守诺言的意思。从经济学的角度讲，信用是一种借贷行为，是以偿还本金和支付利息为条件的价值单方面的转移。具体讲，信用包含以下几层含义：

(1)信用是以还本付息为条件的借贷行为。信用是以收回本金为条件的付出，或以偿还本金为义务的取得；是以取得利息为条件的贷出，或以支付利息为前提的借入。现实生活中，有时也有无利息的借贷行为。比如，亲戚朋友之间的互助性借贷，往往不支付利息，属于一般中的特殊。

(2)信用是价值运动的特殊形式。价值运动的一般形式是通过商品的买卖来实现的。在商品买卖过程中，卖者让渡具有一定使用价值商品的所有权和使用权，取得了相等价值的货币的所有权和使用权；而买者让渡货币的所有权和使用权，取得了自己所需的相等价值的商品的所有权和使用权，从而实现了等价交换(即 G ⟷ W，这里 G 表示货币，W 表示商品)。信用交易所表现的价值运动不同于一般商品的买卖。在信用交易中，商品或货币不是被卖出，而是被贷出，贷出者所让渡的只是商品或货币在一定时期的使用权，而所有权并没有发生转移，这意味着贷出者在到期时要收回全部商品或货币，并要求取得一定的利息作为让渡使用权的报酬。因此，在信用交易中，等价交换的对象只是商品或货币的使用权。

(3)信用体现人们之间的债权债务关系。信用有借方和贷方两个关系人。贷方为授信者，即债权人；借方为受信者，即债务人。当贷方将商品或货币让渡给借方使用时，债权债务关系就发生了。债务人有按期归还本金和支付利息的义务，这种债权债务关系便构成了信用。信用是债权债务关系的统一。

二、信用的基本特征及其构成要素

（一）信用的基本特征

从我们对信用概念的分析中可以看出，信用具有以下基本特征：

(1)暂时性。信用体现的是人们之间的债权债务关系，债权人将商品或货币让渡给债务人使用是有一定期限的。因而信用关系中商品或货币的所有权和使用权的分离是暂时的。

(2)偿还性。信用关系中商品或货币使用权的暂时让渡是以偿还为先决条件的。债权人贷出商品或货币资金，要求在信用关系结束时，以一定方式偿还。这是信用的基本要求。

(3)收益性。信用关系是建立在有偿的基础之上的，债权人在让渡商品或货币的使用权时，必然要求到期归还时获得一定的增值额。

(4)风险性。在信用关系中，债权人将商品或货币的使用权让渡给债务人时，仅从债务人那里获得相应的债权或所有权凭证，但让渡出使用权的商品或货币到期能否收回并获得利息，在很大程度上取决于债务人的信誉和能力、社会法律制度的完善程度以及社会道德规范等。因此，具有一定的风险性。

（二）信用的构成要素

信用关系的成立一般应具备以下四大要素：

(1)信用主体。信用主体即信用关系的当事人。经济活动中的政府、企业、个人和金融机构等都可成为信用主体，这些信用主体中的赤字部门在以直接或间接方式向盈余部门进行资金或实物的融通过程中形成债权债务关系。

(2)信用客体。信用客体是指信用交易的对象。信用客体可以是实物形式，也可以是货币形式。

(3)信用载体。信用载体即信用工具，它是标明债权债务关系双方权利和义务的一种合法的书面凭证。它是信用关系的证明和反映。

(4)信用条件。信用条件是信用关系确立的各种制约性规定。它主要包括信用期限、利率和偿付方式等。信用期限是信用关系从开始到终结的时间间隔，是信用行为得以存在的必然条件；利率高低的确定影响着债权人让渡商品或货币使用权报酬的多少，也影响着债务人获得商品或货币使用权的代价；偿付方式包括本金的偿还方式和利息的偿付方式，这也是信用关系确立必须明确的条件。

三、信用的产生和发展

（一）信用的产生

商品交换和私有制的出现，是信用产生的前提条件。在原始社会末期，随着生产力的发展，劳动产品在满足人们需要之外有了剩余，剩余产品的出现带来了交换的产生。随着社会分工的发展和商品交换的扩大，原始公社加速瓦解，私有制产生了。私有制的出现使原来属于公社的共同财产逐渐变为家庭的私有财产。由于家庭对财富的占有不均，出现贫富分化并日趋严重。贫困家庭因缺少生活或生产资料，生活难以为继，不得不向富裕家庭告贷，于是信用关系产生了。最初的信用活动是实物借贷。实物借贷能直接满足借者的某种需要，具有及时性和直接性，但也有着与物物交换类似的缺点，因而当货币产生后，货币借贷便逐渐取代实物借贷而占据统治地位。

(二)信用的发展

信用的发展依次经历了高利贷信用、资本主义信用和社会主义信用三个阶段。

1. 高利贷信用

高利贷资本是通过放贷实物或货币而获得高额利息的一种生息资本，高利贷信用是高利贷资本的运动形式。它是一种最古老的信用形式，产生于原始社会末期。那时，随着私有制的出现，原始公社内部产生了贫富分化现象，富裕家庭占有大量财富，贫困家庭为了维持其生计，不得不向富裕家庭借贷，这就给高利贷信用的产生和发展创造了条件。

在商品经济不发达和小生产经济为特征的奴隶社会和封建社会，高利贷信用得到了广泛的发展。马克思指出："高利贷资本作为生息资本的具有特征的形式，是同小生产、自耕农和小手工业主占优势的情况相适应的。"[①]由于小生产者的经济地位极不稳定，意外事件和天灾人祸都可能使小生产者陷入困境。为了维持其生产和生活，小生产者不得不求助于高利贷。因此，小生产者的大量存在，构成了对高利贷的稳定需求，这也是高利贷得以不断发展的催化剂。旧中国的高利贷十分活跃，如华北盛行的"驴打滚"，江浙一带的"印子钱"，广东的"九扣十三归"等都是典型的高利贷信用。

高利贷作为一种信用形式，具有信用的一般特征，如价值单方面转移、到期偿还和收取利息等，同时高利贷也具有自身独有的特点：

(1)高利贷信用的利率特别高。极高的利率是高利贷的显著特征。高利贷的年利率一般都在30%以上，有的甚至高达百分之几百。例如，旧中国江浙一带的"印子钱"，借10元，实得9元，每天还0.2元，还到60天算本利还清。这种借贷实际是以日计息，日息约为1%，月息可达近35%。正如马克思所指出的："高利贷除了货币需求者的负担能力或抵抗能力外，再也不知道别的限制。"[②]产生如此高利率信用的根本原因在于：一方面，在自然经济占统治地位的前资本主义社会，商品经济不发达，社会上可用于借贷的闲置资金极为有限，而高利贷的借用者主要是小生产者，他们往往是为了急用以渡难关，其对高利贷的需求弹性极小，这种需求(而且是弹性极小的需求)远远大于供给的状况决定了高利贷的利率水平；另一方面，小生产者是在无法维持生活和生产的情况下借贷的，高利贷者明知借者债务偿还困难，风险极高，所以也决定了高利率的产生。

(2)高利贷信用是非生产性的。从高利贷资本的来源看，它是奴隶主、封建主、宗教机构和货币经营者通过各种渠道积累起来的货币资本，不是社会再生产中暂时闲置的资本。从高利贷的用途看，奴隶主和封建主借高利贷，主要是为了享受奢侈的生活以及豢养卫士，发动战争。小生产者借高利贷主要是为了应付意外事件，维持生计。

高利贷信用的这两个主要特征是紧密联系在一起的，由于高利贷利率极高，借债的人根本不可能把借到的资金用于生产，因为生产所得还不够支付利息；反过来，由于生产资金缺乏，导致生产发展缓慢，社会可得资金量增速迟缓，进而产生高昂的利息。高利贷信用的这

① 《马克思恩格斯全集》(第25卷)，人民出版社1974年版，第672页。

② 《马克思恩格斯全集》(第25卷)，人民出版社1974年版，第677页。

两个特征都表明高利贷对社会生产起着阻碍和破坏作用。马克思就曾一针见血地指出:"高利贷不改变生产方式,而是像寄生虫那样紧紧地吸在它身上,使它虚弱不堪。高利贷吮吸着它的脂膏,使它筋疲力尽,并迫使再生产在每况愈下的条件下进行。"[①]但高利贷也有其积极的历史作用。首先,高利贷信用是促进自然经济解体和商品货币关系发展的重要因素。小生产者借高利贷往往以破产告终,小农经济遭到的破坏是经常的和严重的,从而加速了自然经济的解体;同时,高利贷高额的利息又迫使借贷者不得不直接或间接地努力发展商品经济和商品交换,从而促进了商品货币关系的发展。其次,高利贷信用对资本主义生产方式的形成起着促进作用。一方面,高利贷迫使农民和手工业者破产,成为失去生产资料的无产者;另一方面,高利贷又造成货币资本的大量集中,这两方面为资本主义生产方式的产生创造了劳动力商品和货币资本两个必要前提。

2. 资本主义信用

资本主义信用表现为借贷资本的运动。借贷资本是货币资本家为了获取利息贷给职能资本家使用的货币资本。

借贷资本是在产业资本循环的基础上产生和发展起来的。产业资本在循环周转过程中,由于各种因素的影响,总会有一部分货币资本暂时游离出来,并处于"间歇"状态,但这是与资本追逐剩余价值的本性相悖的,这部分资本会力求寻找发挥其职能的场所,这便产生了借贷资本的供给。与此同时,职能资本家为了保持连续的扩大再生产,会产生对货币资本的临时性需求,于是职能资本家和货币资本家为了相同的目标——追逐更多的剩余价值,达成了以有偿的方式来调剂货币资本的余缺,借贷资本的运动便产生了。

由于借贷资本是在职能资本运动的基础上产生并服务于职能资本的一种派生资本,因此,借贷资本的利息低于高利贷资本的利息,它只是职能资本所创造的利润的一部分,其最高限是平均利润率。

3. 社会主义信用

社会主义信用是指社会主义经济关系中借贷资金的运动形式。社会主义经济是商品货币经济,同样存在商品货币关系,因此,社会主义信用也必然存在。社会主义信用体现了社会主义生产关系,它摒弃了资本剥削的性质,但它作为信用的一种,仍然具有信用的一般特征,它仍然是以偿还为条件的借贷资本的运动。在社会主义市场经济中,代表不同经济利益的资金剩余者和资金短缺者只能借助于有偿借贷的形式来实现资金的调剂。

总之,从信用发展的历史进程可以看出,信用作为商品经济的重要组成部分,总是受特定生产方式的制约,同时又反映着一定的生产关系并为其服务。

四、信用的基本职能

信用是随着私有制的出现和商品交换的产生而产生,并随着商品经济的发展而不断发展的,而信用的产生和发展又极大地推动着商品经济的发展。信用对商品经济的推动作用正是信用职能的体现。

(1)信用具有有效配置社会资源的功能。社会经济主体可以简单划分为:个人、企业、政府、金融机构和国外部门。根据社会经济主体的收入和支出状况,可以将它们划分为三种类

① 《马克思恩格斯全集》(第25卷),人民出版社1974年版,第674－675页。

型:收支相等单位;收入大于支出单位,即盈余单位,它们需要进行储蓄和投资;支出大于收入单位,即赤字单位,它们需要借债才能维持正常的生产或运营。社会经济中收支正好相等的单位并不普遍,大量存在的是盈余单位和赤字单位。这意味着,盈余单位存在着"闲置"资源,而赤字单位却存在着资源不够用的状态,盈余单位和赤字单位是不同的经济利益主体,它们之间只有通过有偿原则,以信用方式实现资源从盈余单位向赤字单位的转移。这既可以有效地解决资金配置上的不平衡,也可以提高整个社会资源配置的效益。通过信用配置社会资源既可以借助银行信用间接完成,也可以通过金融市场采取直接融资的形式来完成。

(2)信用具有节约流通费用的功能。信用产生后,大大节约了各种流通费用,减少了流通中的货币需要量。一方面,由信用而产生的非现金结算、信用工具代替货币流通等大大减少了现金的流通量和流通费用;另一方面,信用加速了商品流转,缩短了商品流通时间,减少了流通占用和流通耗费。

(3)信用具有调节经济的功能。在现代市场经济条件下,信用是国民经济的重要经济杠杆。信用对国民经济的调节主要有两层含义:一是信用自发地调节国民经济。当经济处于繁荣阶段时,过旺的资金需求将促使市场利率上升,从而自动抑制信用规模,抑制过热的投资和需求。当经济处于萧条阶段时,过多的资金供给又会促使市场利率下跌,从而自动刺激信用扩张,促使经济复苏。二是人们可以自觉地利用信用调节国民经济。一国政府可以通过制定各种信贷政策、金融法规,使用各种信用杠杆来对国民经济的总量和结构进行调节。

第二节 信用形式

信用形式是信用关系表现出来的具体形式。随着商品经济的不断发展,信用活动日益频繁,信用形式也日趋多样化。按照不同的划分标准,信用有不同的分类。比如,按地域标准划分,可将信用分为国内信用和国外信用;按信用对象划分,可将信用分为对物的信用和对人的信用;按取得信用的用途划分,可将信用分为消费信用、资本信用、财政信用和投资信用等;按信用的发放主体划分,可将信用分为商业信用、银行信用、国家信用、消费信用、民间信用和国际信用等。本节将着重介绍以信用发放主体为标准进行分类的几种信用形式。

一、商业信用

商业信用是指企业之间在买卖商品时,以延期付款形式或预付货款等形式提供的信用。它是最早出现的信用形式。当商品交换发生延期支付或提前支付,货币执行支付手段职能时,商业信用就产生了。商业信用具有以下几个显著的特征:

(1)商业信用的主体是生产经营企业。商业信用的债权人和债务人都是直接参加生产和流通并掌握商品的企业。在商品赊销行为中,信用的贷出者(债权人)是商品的卖方,信用的借入者(债务人)是商品的买方,只要双方同意便可签订延期付款或预收货款的协议,无需中介机构介入就可顺利地实现商品的销售,从而保证企业生产或经营的正常进行。所以,商业信用是一种直接信用形式。

(2)商业信用的客体是商品资本。商业信用所提供的资本,不是处于闲置状态的货币资本,而是处于企业资金循环周转过程中的商品资金。在商业信用中,同时包含两种性质不同的经济行为,即买卖行为和借贷行为。当一个企业把商品赊销给另一企业时,商品的所有权发生了转移,商品的买卖行为即告结束,但由于商品的货款没有及时支付,即存在借贷关系,这种借贷关系是直接为企业生产经营服务的,并没有从企业再生产过程中独立出来。

(3)商业信用和产业资本的动态变化是一致的。由于商业信用所提供的商品资本是产业资本的一部分,所以商业信用的动态变化与产业资本的动态变化是一致的。在经济繁荣时期,商业信用会随着生产和流通的发展、产业资本的扩大而扩大;在经济危机时期,商业信用又会随着生产和流通的萎缩、产业资本的缩小而减少。

商业信用的存在,润滑着整个生产和流通过程,对经济发展具有极大的促进作用,但商业信用也有一定的局限性。

(1)商业信用的数量和规模受企业所拥有的资本量的限制。商业信用是企业之间相互提供的,是工商企业之间对现有资本总额的再分配,其最大限度是工商企业的现有资本总额。实际运用中往往只是现有资本总额的一部分。

(2)商业信用受商品流转方向的限制。由于商业信用的客体是商品资本,因而商业信用的产生受到商品流转方向的限制,信用只能由商品的生产者或经营者向该商品的需求者提供,即只能是上游产品企业向下游产品企业、工业企业向商业企业提供商业信用,而不能相反。

(3)商业信用具有对象上的限制。由于商业信用是直接信用,因而工商企业只会与自己有业务联系、相互了解的企业发生商业信用关系。

二、银行信用

银行信用是银行和其他金融机构以货币形式提供的信用。银行信用具有以下特点:

(1)银行信用的主体是金融机构和社会不同经济利益者。银行和其他金融机构在银行信用活动中充当信用中介。它们一方面以债务人的身份通过吸收存款、储蓄或借贷方式从社会各部门、各阶层筹措资金;另一方面以债权人身份通过贷款或投资等形式向社会不同经济利益主体贷放资金,为全社会提供全面的信用服务。

(2)银行信用的客体是货币资金。银行信用是以货币形式提供的。银行通过吸收存款方式可以把社会上各种闲置的资金集中起来,形成巨大的借贷资金,从而克服了商业信用在数量和规模上只局限于企业的现有资本的局限。同时,由于货币具有与一切商品相交换的能力,所以银行信用不受商品流转方向的限制,可以提供给任何一个需要的部门和企业,从而克服了商业信用在授信方向和对象上的局限。

(3)银行信用和产业资本的变动存在不一致性。由于银行信用是一种间接信用,它所吸纳和贷出的资本是独立于产业资本循环的货币资本,所以银行信用的变动具有相对独立性,它与产业资本的变动存在不一致性。比如,经济危机时期,产业资本的循环速度减慢,规模缩小,产业信用也因此大量萎缩,但企业为了防止破产及清偿债务,必然要求大量银行资金的帮助,导致对银行信用需求的激增;同时由于经济危机引起了银行存款减少,这就造成银行信用供不应求,从而引发银行利率大幅上涨。

(4)银行信用具有信用创造功能。任何经济实体只有在首先具有货币资本或商品资本的前提下才能提供信用,并且对外提供信用的规模受自身资本总量的约束。唯独银行信用是例外。银行能够创造和扩张信用。银行可以通过提供贷款创造出派生存款;可以通过发行银行券、支票等信用流通工具创造信用。

从银行信用的特点可以看出,银行信用克服了商业信用的局限性,极大地扩展了信用的范围、数量和期限,更加有利于社会经济的发展。银行信用已成为当代信用经济的核心和主体,但银行信用仍然不能完全替代商业信用。因为商业信用是与商品生产和流通直接联系的,它能直接为产业资本循环服务,当企业之间可以直接利用商业信用实现融资时,就不必求助于银行信用,而且商业信用是银行信用的基础,一些银行信用业务,如票据贴现、票据承兑、票据抵押贷款等都是在商业信用的基础上进行的。因此,商业信用是现代信用制度的基础,银行信用是现代信用制度的主导和核心。

三、国家信用

国家信用是指以国家和地方政府为主体的借贷活动。在现代社会中,国家信用主要指国家和地方政府的负债。国家和地方政府负债的目的一般是为了弥补财政赤字和解决暂时性的资金不足。国家信用是一种由信用分配转化为财政分配的特殊信用形式。

国家信用有多种形式,如:发行政府公债、发行国库券、向银行借款、向国外借款等。其中典型的形式是发行公债券和国库券。公债券是政府为弥补长期的财政赤字而发行的期限在一年以上的长期债券。国库券是政府为解决短期的预算支出而发行的期限在一年以下的债券。国家从国内金融市场筹集资金,形成国家内债;从国外金融市场筹集资金则形成国家外债。

国家信用是现代信用体系中一种重要的信用形式。它具有以下特点:①国家信用的主体是各级政府,政府以债务人的身份出现,债权人是国内外经济实体和居民、外国政府以及国际金融组织等;②国家信用的债务凭证风险小,流动性大,收益低;③国家信用的利息支出来自于国家税收,由纳税人承担。

在现代社会经济中,国家信用的作用主要表现在:①国家信用是弥补财政赤字的主要手段之一;②国家信用是国家筹集建设资金、发展经济的重要工具;③国家信用是有效调节货币流通量,保证货币供求及其平衡的有力武器。

四、消费信用

消费信用是工商企业、商业银行及其他金融机构以消费品为对象,向消费者个人提供的信用。消费信用的产生旨在解决消费者个人的支付困难,通过工商企业、商业银行及其他金融机构对消费者提供信用,可以使消费者需求提前实现,从而达到推销产品,促进生产的目的。

消费信用的主要形式有以下几种。

(一)分期付款

分期付款是商品销售单位向消费者提供的一种中长期消费信用,多用于购买高档耐用消费品如小汽车、家电等。分期付款是一种最为常见的消费信用形式。消费者在购买时先付一定比例的现款,然后签订分期付款合同,按合同约定逐期偿还货款并支付利息。在货款未付清前,商品所有权属于卖者或提供信用者。

(二)消费信贷

消费信贷是指银行和非银行金融机构以货币形式直接对消费者个人或销售企业发放的

消费贷款。消费信贷是一种中长期信用，主要有信用贷款和抵押贷款两种方式。消费信贷的还款方式主要有到期一次还本付息和分期偿还本息。

(三)信用卡

信用卡是由发卡机构和零售商共同向消费者提供的一种延期付款的消费信用。消费者可以凭信用卡在约定单位购买商品或支付劳务服务等，销售单位定期与银行结账。同时，消费者还可以凭信用卡在规定的额度内向银行透支现金。

消费信用在信用制度发达的国家运用十分广泛，并已深入到人们的日常生活的各个领域，在整个社会经济中发挥着重要的作用：①消费信用可以帮助人们提前实现消费愿望，引导人们消费，调节消费结构；②消费信用可以扩大商品销售，开拓新产品市场，促进商品生产和社会经济的发展。但过度的消费信用会增加市场货币量的投放，造成虚假的市场繁荣。

五、民间信用

民间信用是指居民个人之间以货币或实物形式所提供的直接借贷。民间信用的主体一般是独立从事商品生产经营活动的个人或组织以及家庭个人消费者。民间信用多与生产和生活中临时性的资金需求相关，其期限一般比较短。民间信用的利率一般高于银行同期的贷款利率，有些甚至具有高利贷性质。

民间信用是我国信用形式的补充。改革开放以来，随着个体经济的发展和壮大，民间信用不断发展，并初步形成规模。民间信用有助于动员社会闲散资金，弥补银行贷款的不足，在促进我国个体经济的发展方面具有积极作用，但由于民间信用利率较高，会助长部分资金趋向食利，也由于民间信用具有一定的盲目性和不稳定性，容易造成金融秩序的混乱。因此，我们在发挥民间信用积极作用的同时，应加强对民间信用的管理。

六、国际信用

国际信用是指国家与国家的相互借贷关系。国际信用是债权债务关系的国际化。在国际信用中，授信国往往通过借贷资本的输出来带动本国商品的出口以获取利润，而受信国往往通过利用国际信用，购买发展所需的设备、技术和商品，达到促进本国经济发展的目的。

国际信用的主要形式有国际商业信用(包括来料加工和补偿贸易等)、国际银行信用(包括出口信贷和进口信贷)、国际政府贷款、国际金融机构贷款、国际债券和国际租赁等。

第三节　信用工具

信用工具，又叫金融工具，是用来证明债权债务关系的各种具有法律效力的书面凭证。信用工具是随着信用关系和信用形式的发展而不断发展的，它是各种信用关系的反映，并为信用关系服务。

一、信用工具的特征

信用工具一般具有以下特征：

(1)偿还性。信用工具必须在到期时由债务人履行偿付债务的义务。每种信用工具都具有不同的偿还期。偿还期通常是指从信用关系产生到债务人全部归还本金所经历的时间,它由持有期和待偿期组成。持有期是指从信用工具签发到出售日(或购买日)为止的时间,待偿期是指从出售日(或购买日)起到信用工具到期日为止的时间。比如,某企业2000年1月1日发行的10年期债券,2004年1月1日某一购买者从二级市场买进了此债券,则这一债券的偿还期是10年,其中持有期为4年,待偿期为6年。10年偿还期决定着发行债券的某企业使用借入资金的时间,某购买者关心的是待偿期,而不是持有期,6年待偿期是该购买者衡量债券收益水平的时间。

信用工具的偿还期有两种极端情况:一是偿还期为零,如纸币和银行的活期存款,后者可以随时要求兑现;二是偿还期为无限,如股票、永久性债券,它们只能在二级市场上转让,而不能归还借贷的本金。

(2)流动性。流动性是指信用工具在短时间内转变为现金而在价值上不受损失的能力,又称变现力。一般而言,信用工具的流动性与其偿还期呈反方向变化,即期限越长,其流动性越弱;期限越短,其流动性越强。同时,发行者的信用程度越高,信用工具的流动性就越强;反之,其流动性就越弱。

(3)本金的风险性。本金的风险性是指投资于信用工具的本金是否会遭受损失的风险。信用工具的本金可以是其票面载明的货币价值,也可以是持有人获取该信用工具而实际支付的代价。本金可能遭受损失的风险主要有信用风险和市场风险两类。信用风险是指债务人不能按时履行合约,并偿还本金和支付利息的风险。信用风险的大小主要取决于债务人的信誉和经营状况。对任何一个投资者来说,信用工具总是存在信用风险的,只是风险有大有小。市场风险是指信用工具的市场价格随市场利率的上升而跌落的风险。信用工具的市场价格与市场利率呈反方向变动。在信用工具收益水平一定的条件下,市场利率越高,信用工具的市场价格就越低;市场利率越低,信用工具的市场价格就越高。

(4)收益性。收益性是指信用工具能够定期或不定期给持有人带来收益的特性。信用工具的收益水平是通过收益率来衡量的。收益率是指持有信用工具所获得的净收益与本金的比率。收益率有三种表现形式:名义收益率、即期收益率和实际收益率。

名义收益率(又称票面收益率)是指证券发行中,票面上规定的每期应付利息额与证券面值之间的比率。比如,某债券面值为10000元,票面利息为每年500元,则其票面年利率为5%。

即期收益率是指票面利息与证券当期市场价格之比。用公式表示为:

即期收益率=票面利息/证券市场价格×100%

比如,某种面值为100元的债券,其票面年利息为6元,当前市场价格为92元,则当期收益率为:

6元/92元×100%≈6.5%

实际收益率是指证券的年平均盈利与市场价格之比。年平均盈利的计算公式为:

票面收益+[(票面价值-购入价)/偿还期限]

比如,某债券票面值为100元,票面年利息为6元,购入时市场价格为92元,偿还期为8年。则持有人到期时除了每年获得6元的利息收入外,还可获得1元的盈利(即(100-92)/8)。因此,该持有人的实际收益率为:

(6＋1)/92×100%≈7.6%

二、信用工具的种类

信用工具的种类很多。近年来随着金融创新的推进,信用工具还呈发展的态势,其品种不断增加。信用工具依据不同的标准,可以有不同的分类。

按期限不同划分,可以将信用工具分为货币市场信用工具和资本市场信用工具。货币市场信用工具主要有商业票据、信用证、信用卡、可转让大额定期存单、国库券等;资本市场信用工具主要有股票、公司债券和中长期公债等。

按发行者是否为金融机构划分,可以将信用工具分为直接信用工具和间接信用工具。直接信用工具主要有政府债券、公司债券、非金融机构股票等;间接信用工具主要有可转让大额定期存单、银行债券和人寿保险单等。

按投资人是否掌握所投资资产的所有权划分,可以将信用工具分为债务凭证类信用工具和所有权凭证类信用工具。所有权凭证类信用工具只有股票一种,其他都属于债务凭证类信用工具。

按信用工具价值的确定依据不同划分,可以将信用工具分为原生信用工具和衍生信用工具。原生信用工具是在实际信用活动中出具的能证明债权债务关系或所有权关系的合法凭证,主要有货币、商业票据、债券等债权债务凭证和股票、基金等所有权凭证等;衍生信用工具是在原生信用工具基础上派生出来的各种金融合约及其组合形式的总称,主要包括金融远期和约、金融期货、金融期权和金融互换等。

下面重点介绍几种主要的信用工具。

(一)商业票据

商业票据是源于商业信用的一种传统信用工具,是工商企业之间由于信用关系而形成的短期无担保债务凭证的总称。具体来讲,商业票据是以商品和劳务交易为背景而签发的一种债务凭证。但商业票据只反映由此而产生的货币债权债务关系,而不反映交易的内容,因为交易行为已经完结,商品已经过户,这叫做商业票据的抽象性。相应的特征是不可争辩性,即只要证实票据不是伪造的,应该根据票据所载条件付款的人就无权以任何借口拒绝履行义务。此外,商业票据的签发不再需要提供其他保证,只靠签发人的信用。因而,商业票据能否进入金融市场,要视签发人的资信度为转移。[①]

商业票据有本票和汇票两种。本票是债务人(出票人)承诺在一定时间及地点无条件支付一定款项给受款人的支付承诺书。基本当事人有出票人(付款人)和收款人,本票的出票人就是付款人。汇票是由债权人向债务人发出的支付命令书,命令他在约定的期限内支付一定款项给第三人或持票人。汇票的基本当事人有出票人、付款人(债务人)和收款人(持票人)。汇票进入流通领域后,经过背书,可以转让。汇票必须经过债务人的承诺才有效。债务人承诺付款的手续叫承兑。

传统以商品和劳务交易为背景的商业票据(真实票据),在金融市场不断发展的今天逐渐演变成一些信誉优良的大公司在市场上筹集短期资金的借债凭证,这就是融通票据。融

---

① 黄达主编:《货币银行学》,中国人民大学出版社 2000 年版,第 116 页。

通票据的市场不断发展并壮大着。

（二）债券

债券是由债务人签发的，证明债权人有按约定条件获得利息和收回本金的权利凭证。债券按发行人不同，可以划分为政府债券、公司债券和金融债券。

政府债券是政府为筹集资金而发行的债务凭证。政府通过发行债券获得的资金主要用于弥补财政赤字及国家重点建设项目。政府债券主要有公债和国库券。两者的区别主要在于：一是发行方式不同，公债面向全国公众公开发行，国库券则可以不公开发行，只向银行、保险公司等金融机构发行；二是期限不同，公债期限较长，一般在一年以上，有的甚至永不到期。而国库券期限较短，一般期限在一年以内。我国的国库券与西方国家的国库券在期限上有所不同，我国从 1981 年开始发行国库券到现在，期限一般都在一年以上，它相当于西方国家的政府公债。

公司债券是公司或企业向社会筹集资金而发行的债务凭证。公司债券是企业融资的重要手段。由于公司债券的风险比政府债券大，所以，公司债券的利率一般比政府债券利率高。公司债券的期限有短期、中期和长期之分，但以中长期居多，一般期限在十年以上。

金融债券是银行或其他金融机构发行的债券。金融机构通过发行金融债券可以吸收相对稳定的中长期信贷资金。金融债券既可以在国内发行，也可以在国外发行，如外国债券和欧洲债券。所谓外国债券是指在另一国债券市场上以该国货币为面值所发行的债券。欧洲债券是指在另一国市场上以第三国货币为面值所发行的债券。

（三）股票

股票是股份公司发放给股东，证明其所投入的股份金额并拥有本公司股权的一种所有权凭证。股票是资本市场上借以实现长期融资的信用工具，是持有者取得股息和红利的有价证券。股票不具有偿还性，但股票可以转让流通。股票可以分为普通股票和优先股票两种。优先股票是相对于普通股票而言的，是指股东有优先于普通股票分红和资产求偿权利的股票。不同股票的持有人，对企业的权益要求是不同的：第一，普通股票的股东在法律上有权参加企业管理，对企业拥有所有权和决策投票权。优先股票的持有人则无上述权利。第二，普通股票的股息是随股份公司经营业绩的变化而变化的；优先股票的股息通常是事先确定的，无论公司经营利润大小都可按固定的收益率取得股息，因而优先股票的收益稳定，风险较小。第三，普通股票的股东享有优先认购权。当公司决定增资配股时，普通股票的股东享有按特定价格认购新发行股票的权利，以达到维持其原来的持股比例和控制能力；优先股票的股东享有优先的剩余财产索取权。当公司破产、改组和解散时，首先还清对外所欠一切债务，其剩余部分优先分配给优先股股东，若还有剩余，才分配给普通股股东。

（四）衍生金融工具

衍生金融工具是指在货币、债券、股票等原生金融工具基础上发展起来的，其自身价值依赖于原生金融工具的一类金融产品。衍生金融工具往往根据原生金融工具的预期价格的变化定值。它的主要类型有远期和约、金融期货、金融期权和互换等。远期和约是合约双方确定以约定的价格在将来某一日期购买或出售某种金融产品的协议。远期和约通常是在两个金融机构之间或金融机构与其客户之间签署的。远期和约的交易一般不在规范的交易所进行。远期合约主要有货币远期和利率远期两类。金融期货又称金融期货合约，是买卖双方同意在约定的将来某个日期以约定的条件(包括价格、地点和交货方式)买进或卖出一定数量某种金融产品的合约。金融期货是一种标准化的合约。金融期货交易一般在规范的交易所完成,交易的买卖双方都必须向交易所交纳保证金,金融期货交易一般不需要实际交割。金融期货主要有货币期货、黄金期货、利率期货和指数期货等。金融期权是期权买方向期权卖方支付一定费用后,获得在规定的期限内享有按交易双方约定的价格买进或卖出一定数量某种金融产品的权利。金融期权可分为看涨期权和看跌期权。互换是指两个或两个以上的当事人按共同商定的条件,在约定的时间内交换一系列支付款项的金融交易。互换交易可分为利率互换和货币互换两种。

衍生金融工具的功能表现在:一是可以提供转移风险的手段。期货和期权市场将价格、利率、汇率风险从生产商和投资者转移给具有风险偏好的投机家。二是提供价格发现和信息传递机制。在衍生金融工具市场上,人们不断地进行套利、套汇的投机活动,这有助于形成市场价格机制。投机者不断分析和提供信息,有利于信息的传播和流通。[①]

三、信用工具的市场价格[②]

信用工具的市场价格是指信用工具在金融市场上买卖的价格,又称信用工具行市。金融工具绝大部分都有面值,但除去钞票和一般银行存款外,金融工具在其交易中均有不同于面值的价格。

(一)一般性信用工具理论价格的确定

票据和大额可转让定期存单等一般信用工具的市场价格主要受市场利率的影响,其市场价格是按市场利率倒扣利息的方法来计算。其一般公式为:

$$P=C\times(1-i\times t) \tag{2.1}$$

式中:P 为票据等的市场价格;C 为票面金额;i 为市场利率;t 为剩余期限。

如一张面额为1000元,过3个月才到期的票据,在市场利率为5%的条件下,其市场价格为987.5元。

(二)股票的理论价格确定:

股票价格的形成主要取决于预期股息与市场利率。其基本的计算公式为:

$$P=\frac{R}{i} \tag{2.2}$$

式中:P 为股票价格;R 为预期股息;i 为市场利率。

任何影响预期股息和市场利率变化的因素都会对股票价格产生影响,如公司经营状况、国家宏观经济状况、经济政策、政治事件、心理因素等。

(三)债券的理论价格确定

债券的理论价格是根据收益资本化理论和现值理论来确定的,其基本含义是比照市场利率来确定债券的投资价值,要求投资债券的一定数量资本的收益与其存入银行同期的利息收益相等。

---

① 黄宪、江春等编著:《货币金融学》,武汉大学出版社2002年版,第42页。

② 参见周建松主编:《现代货币银行学》,浙江大学出版社2003年版,第63—64页。

1. 一次性还本付息债券的理论价格确定

这种债券是按面值额计算利息，到期时全部偿还本金和利息。其理论价格的计算公式为：

$$P=\frac{F}{(1+i)^t} \tag{2.3}$$

式中：F 为到期时全部偿还本金和利息；t 为债券偿还期限；i 为市场利率。

2. 分期付息到期还本债券的理论价格确定

这种债券是按面值额计算利息，定期按约定分期支付利息或按所附息票支付利息，到期按面额偿还本金。其理论价格的计算公式为：

$$P=\frac{A}{1+i}+\frac{A}{(1+i)^2}+\frac{A}{(1+i)^3}+\cdots+\frac{A}{(1+i)^t}+\frac{C}{(1+i)^t} \tag{2.4}$$

式中：C 为债券面额；A 为每期的固定利息；i 为市场利率；t 为债券偿还期限。

3. 贴现债券的理论价格确定

这是一种低于票面金额发行，以票面金额偿还的一种债券。理论价格的计算公式为：

$$P=\frac{C}{(1+i)^t} \tag{2.5}$$

式中：C 为债券面额；i 为市场利率；t 为债券偿还期限。

根据信用工具价格的计算公式可知，决定和影响其理论价格的因素主要是市场利率和工具期限。市场利率水平和信用工具的市场价格之间存在反比例关系；信用工具在同一利率水平下根据期限长短上下波动幅度增大。

第四节 利息与利息率

一、利息的本质

在现代社会中，人们对于利息的概念并不陌生，货币因贷放而会增值也深深植根于现代经济观念中。我国历史上一直对利息采取肯定的态度。但在西方中世纪时期，利息曾被认为是不合理的。随着社会由自然经济向商品经济的全面过渡和发展，人们日益正视利息的存在。对利息的来源或者说利息的本质的认识也出现了不同的观点。

17 世纪英国古典政治经济学创始人威廉·配第提出了“利息报酬说”。他指出，利息同地租一样公道，合理，符合自然规律。威廉·配第认为：“假如一个人在不论自己如何需要，在到期之前也不得要求偿还的条件下，借出自己的货币，则他对自己所受到的不方便可以索取补偿，这是不成问题的。这种补偿，我们通常叫做利息。”①18 世纪中期约瑟夫·马西提出了“利息源于利润说”。他第一次指出利息是利润的一部分。他说：“取息的合理性，不是取决于它（所借的东西）在适当使用时能够生产利润……富人不亲自使用自己的货币……而是把它贷给别人，让别人用这些货币去牟取利润，并且把由此获得的利润的一部分为原主保留

① 威廉·配第：《赋税论》，商务印书馆 1963 年版，第 45 页。

下来。"[①]18世纪英国古典政治经济学的主要代表亚当·斯密提出了"利息剩余价值说"。他明确说明了利息代表剩余价值。他认为借贷的资本用于生产时,利息来源于利润。马克思评价说,斯密"不止一次地明白指出,利息由于一般地说来代表剩余价值,始终只是从利润中派生的形式"[②]。英国近代经济学家纳骚·西尼尔提出了"节欲论"。他指出商品的价值不是由生产商品所耗费的劳动创造的,而是由生产费用决定的。生产费用由工资和利润两部分组成,工资是工人劳动的报酬,利润则是资本家节欲的结果。利息是总利润的一部分,因而利息也是借贷资本家节欲的结果。[③]

当代著名经济学家凯恩斯提出了:"流动性偏好说"。他指出,"所谓利息,乃是在一特定时期以内,放弃周转流动性的报酬。"[④]人们是持有现金还是持有生息债券主要取决于人们的流动性偏好。人们偏好流动性主要有三种动机:"一是交易动机,即需要现金以备个人或业务上作当前交易之用;二是谨慎动机,即想保障一部分资源在未来之现金价值;三是投机动机,即相信自己对未来之看法,较市场上一般人高明,想由此从中取利。"[⑤]如果一个人手中有现金,就可以随时应付这三种动机。企业和商人若想取得一定的货币,就必须支付一定的报酬来诱使公众让渡出一部分货币,利息正是人们在一定时期内放弃这种流动性偏好的报酬。

虽然西方经济学家对利息的本质提出了各种学说,但他们都没有深入分析利息产生的真正原因,没有把利息和利润区别开来。马克思以英国古典经济学家的理论分析为线索,通过透彻地分析借贷资本和产业资本的关系、资本所有权和使用权的关系、货币资本家和职能资本家的关系后,指出:"只有资本家分为货币资本家和产业资本家,才使一部分利润转化为利息,一般地说,才创造出利息的范畴;并且,只有这两类资本家之间的竞争,才创造出利息率。"[⑥]马克思进一步分析指出:"贷出者和借入者双方都是把同一货币额作为资本支出的。但它只有在后者手中才执行资本的职能。同一货币额作为资本对两个人来说取得了双重的存在,这并不会使利润增加一倍。它所以能对双方都作为资本执行职能,只是由于利润的分割。其中归贷出者的部分叫做利息。"[⑦]从马克思的分析我们可以得出,利息在本质上是利润的一部分,是剩余价值的转化形式,是货币资本家和职能资本家共同剥削和瓜分工人在再生产过程中创造的剩余价值的结果。因此,马克思的利息本质理论又被称为"剥削论"。

在现实生活中,利息已经被人们看作是收益的一般形态。利息不再仅指资金所有者由于借出资金而取得的报酬,而是被看作资金所有者的收入——可能取得的或将会取得的收入。在企业经营中,无论有无借入资金,经营者总会把自己的经营利润分为利息与企业主收入两部分,只有扣除利息所余下的利润才是经营所得。

二、利息率及其种类

(一)利息率的含义

利息率又称利率,是指在借贷期内所形成的利息额与借贷资本额的比率。利率是衡量

① 《马克思恩格斯全集》(第25卷),第396页。
② 《马克思恩格斯全集》(第26卷),第560页。
③ 胡庆康主编:《现代货币银行学教程》,复旦大学出版社1996年版,第41页。
④ 凯恩斯:《就业、利息和货币通论》,商务书馆1963年版,第142页。
⑤ 同上书,第145页。
⑥ 马克思:《资本论》(第三卷),人民出版社1975年版,第415页。
⑦ 《马克思恩格斯全集》(第25卷),第396页。

借贷资本增值量的尺度。

利息的计算方法主要有两种，即单利计算法和复利计算法。单利计算法是只把借贷的本金作为计算利息依据的计算方法，其特点是对利息不再计息，计算公式为：

$$I=P\times r\times n \tag{2.6}$$

式中：I 为利息；P 为本金；r 为利率；n 为期限。

复利计算法是把上期利息加入本金作为本期计算利息依据的计算方法，即人们常说的“利滚利”。其特点是息上加息。其计算公式为：

本息和：$S=P(1+r)^n$

利息：$I=S-P$ （S 为本息和）

复利计算法不仅对本金计算利息，而且对利息也计算利息，它反映了利息的本质特征，但计算比较复杂，单利计算法则比较简便，因而成为常用的方法。

(二)利息率的种类

利率的种类很多。随着金融市场的不断发展，新的金融工具不断被创造出来，利率的种类还在不断增加。1997 年《中国金融年鉴》所列的 1996 年我国现行利率有几百种。市场经济国家的利率更多。在利率这个庞大的体系中，根据不同的标准可以将利率分为不同的类型，其中主要的类型有以下几种：

1. 名义利率和实际利率

名义利率是指不考虑通货膨胀因素对货币本身产生影响的利率，即借贷契约和有价证券上规定的利率。实际利率是指名义利率剔除通货膨胀因素后的真实利率。实际利率是资金使用者的实际成本，同样也是资金提供者的实际收益。

现实生活中，物价变动是经常的，所以实际利率等于名义利率的情况非常少见。当通货膨胀率高于名义利率时，实际利率表现为负数，通常称为负利率，负利率的实质意义是人们持有金融资产在名义上有利息收益，但实际上是金融资产持有者的金融资产的不断贬值和损失。

2. 官定利率和市场利率

官定利率是指由政府金融管理部门或中央银行确定的利率。官定利率反映了非市场力量对利率的干预，是国家实现宏观调控的重要政策手段。市场利率是指由市场借贷资金供求关系来决定的利率。发达国家的利率大多是市场利率。官定利率的变化代表着政府货币政策的意向，市场利率随官定利率的变化而变化；市场利率的变化反映着借贷资金供求状况的变化，它是国家制定官定利率的基础和依据。

3. 固定利率和浮动利率

根据利率在整个借贷期内是否可调整，可把利率分为固定利率和浮动利率。固定利率是指利率在整个借贷期内不随市场利率的变化而变动的利率。它是借贷时契约规定的利率。它具有简便易行、计算方便的优点。在市场利率变化不大或借贷期限较短的情况下，可实行固定利率。浮动利率是指利率在整个借贷期内随市场利率的变化而定期调整的利率。浮动利率具有使借贷双方减少利率风险损失的特点，但它手续繁杂，计算成本较高。浮动利率适合较长期的信用活动。

4. 一般利率和优惠利率

一般利率是指金融机构按市场的一般标准发放贷款和吸收存款所执行的利率；优惠利率是指低于一般标准的贷款利率和高于市场一般标准的存款利率。优惠利率一般用于国家重点扶持、照顾的企业、行业或建设项目。优惠利率政策在发展中国家应用很普遍。我国在技术改造、重点基本建设项目、贫困地区经济建设、出口贸易等方面都执行优惠利率政策。

三、利息率的决定

(一)马克思的利率决定理论

马克思的利率决定理论是以剩余价值在借贷资本家和职能资本家之间的分割作为起点的。马克思指出,利息是借贷资本家从职能资本家那里分割来的一部分利润(利润是剩余价值的转化形式)。“因为利息只是利润的一部分……所以,利润本身就成为利息的最高界限,达到这个最高界限,归执行职能的资本家的部分就会=0。”[①]利息也不可能等于零,否则借贷资本家就不会把资本贷出。因此,零与平均利润率之间的范围就是利息率变化的范围。只有在特殊情况下,利息率才会超出平均利润率或为负值。

马克思还指出,随着技术进步和资本有机构成的提高,平均利润率呈下降趋势,因此利息率也呈下降的趋势。但由于平均利润率的下降趋势是一个非常缓慢的过程,因而从一个阶段来考察,一个国家的平均利润率是相当稳定的,从而利息率也是相当稳定的。由于利息率的高低取决于两类资本家对利润分割的结果,这使利息率的决定带有很大的偶然性。

马克思认为,从总体上讲平均利润率对利率起着决定和约束作用。但当平均利润率一定时,利率的变动还受市场竞争和资金供求状况、物价水平、经济周期以及国际利率水平等因素的影响。

(二)古典学派的利率决定理论

该理论从储蓄和投资两个实质因素来讨论利率的决定。该理论认为,投资来源于储蓄,储蓄是当期放弃的消费,利率从本质上讲是人们放弃当期消费而得到的报酬。储蓄和投资通过社会存在的一个单一的利率变动就能自动达成一致,从而使经济体系维持在充分就业的均衡状态。在这种状态下,储蓄与投资的真实数量都是利率的函数,投资是利率的递减函数,储蓄是利率的递增函数。投资函数与储蓄函数共同决定了一个均衡的利率水平。(如图 2-1)

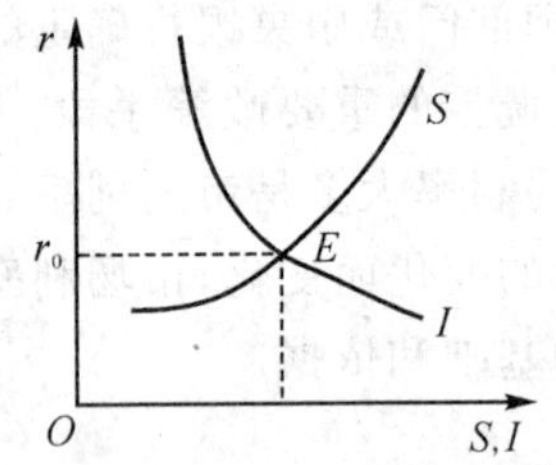

图 2-1 古典学派的利率决定理论

当 $S=I$ 时,利率达到均衡水平;当 $S>I$ 时,资金供给大于资金需求,促使利率下降;反之,当 $S<I$ 时,利率水平上升。

由于古典学派基本上是货币中性论者,他们认为货币供给的变动并不影响利率,利率只由投资和储蓄等实质因素决定的,与货币因素无关。因此,古典学派的利率决定理论又称为“真实的利率理论”。

① 《马克思恩格斯全集》(第 25 卷),第 401 页。

(三)凯恩斯的流动偏好利率理论

凯恩斯的流动偏好利率理论将心理因素的分析引入利率决定中。凯恩斯认为,利率不是决定于储蓄和投资的相互作用,而是决定于货币量的供求关系。他认为货币的供给量是一个外生变量,取决于货币当局,与利率无关。货币的需求量是一个内生变量,取决于人们对现金的流动性偏好。如果人们对流动性的偏好强,愿意持有的货币数量就增加,当货币的需求大于货币的供给时,利率上升;反之,若人们的流动性偏好较弱,对货币的需求就会下降。因此,利率是由流动性偏好曲线与货币供给曲线共同决定的(见图2-2)。

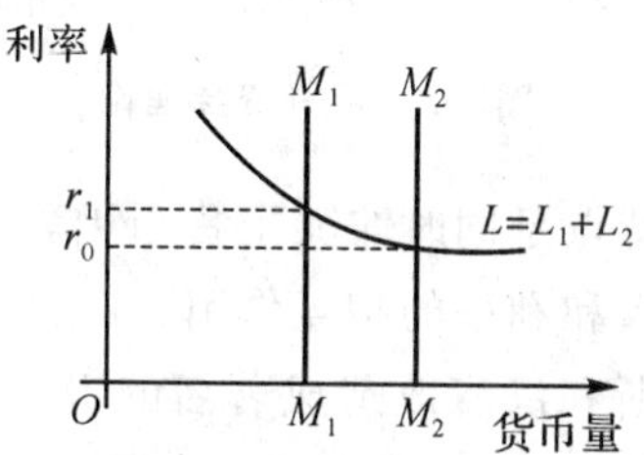

图 2-2 利率决定理论

图中,M 表示货币供给曲线,由货币当局决定,L 表示货币需求曲线,由交易动机和谨慎动机引起的货币需求(L_1)和投机性货币需求(L_2)共同组成。货币需求曲线是一条由上而下、由左向右的曲线。当货币需求到一定程度时,L 曲线与横轴平行,此时利率将不再变动,货币供给的增加将导致储蓄的增加,不会对利率产生任何影响,这就是凯恩斯利率理论中著名的"流动性陷阱"说。

凯恩斯的利率决定理论纠正了古典学派忽视货币因素的不足,但他又走到了另一个极端,将储蓄、投资等实质因素完全不予考虑,这显然也是不合理的。

(四)新古典学派的可贷资金理论和 IS-LM 模型

新古典学派的可贷资金理论的代表人物是剑桥学派的罗伯逊和瑞典学派的俄林。可贷资金理论纠正了古典学派和凯恩斯利率决定理论中的不足,将货币因素和实质因素同时纳入利率决定理论的分析中。

可贷资金理论认为,利率水平是由可贷资金的供求关系来决定的。可贷资金的需求由投资需求和货币窖藏需求组成。这里影响市场利率的货币窖藏需求指当年货币窖藏的增加额。用公式表示为:

$$D_L = I + \Delta H \tag{2.7}$$

式中:D_L 表示可贷资金的需求;I 表示投资;ΔH 表示当年货币窖藏的增加额。

可贷资金的供给由储蓄和货币当局新增发的货币数量组成。用公式表示为:

$$S_L = S + \Delta M \tag{2.8}$$

式中:S_L 表示可贷资金的供给;S 表示储蓄;ΔM 表示货币当局货币供给的增加额。

可贷资金理论认为,ΔH 与 I 一样,都是利率的递减函数。因为窖藏货币会牺牲利息收入,利率越高,窖藏货币的数量就会减少,反之亦然。S 是利率的增函数,ΔM 是货币当局调节货币流通的工具,与利率无关。

可贷资金理论认为,储蓄与投资决定自然利率,即 r_0 决定于 $I=S$;而市场利率则由可贷资金的供求来决定，即 r_1 决定于 $D_L=S_L$，也即 $I+\Delta H=S+\Delta M$。均衡利率由 $I=S,\Delta H=\Delta M$ 同时来决定（如图 2-3 所示）。

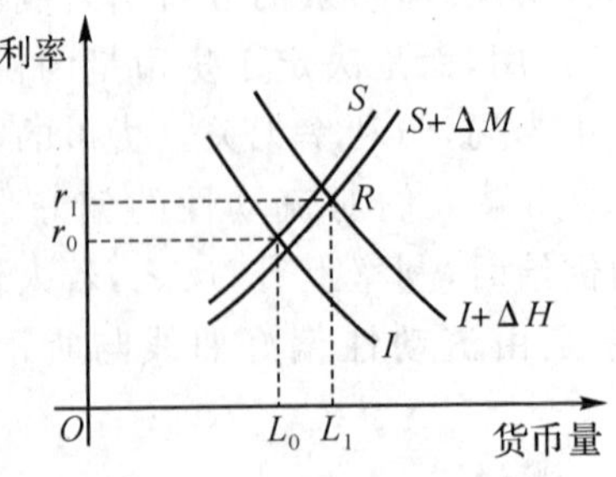

图 2-3　可贷资金理论

可贷资金利率理论的主要特点是同时兼顾了货币因素和实际因素，以及存量分析和流量分析。它的缺点是忽视了收入和利率的相互作用。

可贷资金理论后来由希克斯和汉森改造成著名的 IS-LM 模型。该理论将收入因素考虑进利率决定的分析中，认为只有收入水平和利率水平同时被决定，才是完整意义上的利率决定，并认为市场均衡利率是由商品市场和货币市场同时达到均衡决定的。

第五节　中国的利率市场化改革

一、利率市场化的含义

利率市场化是指中央银行放松对商业银行利率的直接控制，由市场主体自主决定利率，中央银行通过制定和调整再贴现率、再贷款率和公开市场买卖有价证券等间接调控手段，形成资金利率，使之间接地反映中央银行货币政策的一种机制。简而言之，利率市场化是指由资金市场的供求关系来决定利率水平，政府放弃对利率的直接行政干预。

利率市场化有着丰富的内容，至少应包括金融交易主体享有利率决定权，利率的数量结构、期限结构和风险结构应由市场自发选择，中央银行享有间接影响金融资产利率的权力等[①]：

1. 金融交易主体享有利率决定权

现代经济学理论认为，利率是货币金融商品的价格，由货币供给与需求的均衡所决定。所以，利率市场化的真正含义是指在利率管理机制上，要赋予商业银行和其他金融机构相当充分的自主权，而不是传统的集中指令管理，把商业银行和其他金融机构的存贷款利率决定权交给市场，由市场上资金的供求状况来决定市场利率，市场主体可以在市场利率的基础上根据不同金融交易各自的特点自主决定利率。金融交易主体应该有权对其资金交易的规模、价格、偿还期限、担保方式等具体条款进行讨价还价，讨价还价的方式可能是面谈、招标，也可能是资金供求双方在不同客户或者服务提供商之间反复权衡和选择。

---

① 参见李宏贵、栗霞：《我国利率市场化问题探讨》，《甘肃金融》2000 年第 6 期。

2.利率的数量结构、期限结构和风险结构应由市场自发选择

与任何商品交易一样,金融交易同样存在批发与零售的价格差别。但与其不同的是,资金交易的价格还应该存在期限差别和风险差别。利率计划当局既无必要也无可能对利率的数量结构、期限结构和风险结构进行科学的测算。相反,金融交易的双方应该有权就某一项交易的具体数量(或称规模)、期限、风险及其具体利率水平达成协议,从而为整个金融市场合成一个具有代表性的利率数量结构、期限结构和风险结构。

3.同业拆借利率或短期国债利率将成为市场利率的基本指针

显然,从微观层面上来看,市场利率比计划利率档次更多,结构更为复杂,市场利率水平只能根据一种或几种市场交易量大、为金融交易主体所普遍接受的利率来确定。根据其他国家的经验,同业拆借利率或短期国债利率是市场上交易量最大、信息披露最充分从而也是最有代表性的市场利率,它们将成为制定其他一切利率水平的基本标准,也是衡量市场利率水平涨跌的基本依据。

4.政府(或中央银行)享有间接影响金融资产利率的权利

利率市场化主要是为了解决利率的形成机制问题,即利率的形成应该由市场而不是政府或一国的货币当局中央银行来决定。但是,利率市场化并不排斥政府的调控作用,并不是主张放弃政府的金融调控,正如市场经济并不排斥政府的宏观调控一样,在整个利率管理中也仍有一定程度的国家控制和干预成分。在利率市场化条件下,中央银行在放松对商业银行利率的直接控制的同时往往强化间接调控,通过制定和调整再贴现利率、再贷款利率及公开市场操作等间接手段形成资金的利率,间接地反映货币当局的政策意图。例如通过公开市场操作影响资金供求格局,从而间接影响利率水平;或者通过调整基准利率影响商业银行资金成本,从而改变市场利率水平。在金融调控机制局部失灵的情况下,可对商业银行及其他金融机构的金融行为进行适当方式和程度的窗口指导,但这种手段不宜用得过多,以免干扰金融市场本身的运行秩序。

二、中国传统利率管理体制的主要弊端

利率管理体制通常有两种较为常见的类型,即利率管制和利率市场化。自新中国成立到现在我国的利率管理体制属于利率管制型,这种管制型的利率管理体制可以分为两个时期:1949—1982 年间实行高度集中的利率管理体制以及自 1982 年至今的有限浮动利率管理体制。

1949—1978 年,与高度集中的计划经济管理体制相适应,我国实行了高度集中的利率管理体制。在这种体制下,一切利率均由国家计划制定,由中国人民银行统一管理。1978 年以后,我国引入了商品经济机制,实行有计划的商品经济管理体制,后来进一步明确为有计划的社会主义市场经济,在利率管制方面也相应调整为有限浮动。这主要表现为从 1982 年起四大国有商业银行(中国工商银行、中国建设银行、中国农业银行和中国银行)在对某些特定对象办理存、贷款业务时,可以按照中国人民银行颁布的相应利率进行有限的上下浮动。如表 2-1 所示。

表 2-1 1980 年代中国实行有限浮动利率的进程

时间	被授权机构	种类	幅度
1982 年	中国人民银行	信托资金管理	20%
1983 年	中国人民银行	企业流动资金贷款	20%
1986 年	各专业银行	企业流动资金贷款	20%
1988 年	各专业银行	所有贷款	30%
1988 年	人行省级分行	存贷款	5%
1989 年	农村信用社	存贷款	70%(存)100%(贷)

资料来源:刘义圣,中国利率市场化改革论纲,北京:北京大学出版社,2002

我国的利率管理体制在本质上是由政府在信贷关系的制度中充当指挥者,绝对或者在较大程度上排斥市场因素对利率的影响,完全根据政府经济发展意图而设计和操作的。这种利率管制导致我国利率总体水平偏低、利率结构不合理、差别利率政策不完善、社会借贷资金供求关系不均衡,从而产生一系列的弊端:

(1)利率管制通常包含着压低利率水平和信用配给制,扭曲了利率的价格调节功能,极易滋生腐败。利率是资金的价格。利率的自由波动可以调节资金在不同部门之间和不同企业之间的有效配置,使有限的资金能运用到最需要的部门和企业。但是,在利率管制条件下,利率的自由浮动被限制了,通常利率被控制在较低的水平,低利率通常使得经济体系内部始终存在着超额资金需求,对超额资金需求又只能采取信用配给制进行调节,以保证有限的资金流向局限在某一范围内。对资金超额需求与有限配给之间的矛盾导致了金融黑市的产生,这虽然是市场对管制短缺的一种自发反应,但诸多缺乏法律保护的因素决定了它对经济秩序和社会安定局面的破坏性;而信用配给制并非完全依据政府的产业政策,实际操作中更多的是根据借款者的资金和信誉情况、私人交往或友谊,甚至是凭借借款者支付的回扣的多少来分配资金流向的,这种资金分配方式是滋生腐败的温床,极易加剧社会腐败现象的产生。这也会导致企业不惜采取一切手段去争取优惠的信贷资金而不顾企业内在价值的提高。

(2)政府对名义利率规定较低的利率水平,虽然会刺激投资增长,但同时也会减少居民储蓄。一方面,储蓄减少,投资来源相应减少,投资规模的扩大必然受影响,从而部分地抵消了低息政策对投资的刺激效果;另一方面,减少的储蓄有相当一部分进入消费领域,结果形成对消费品的过度需求,进而抬高物价,增加了通货膨胀的压力。在通货膨胀情况下,实际利率比名义利率更低甚至为负值,储蓄者的收益无形中被剥夺,而这实际上被视为用于对投资者的补贴。这样,理性的投资者会进一步减少储蓄,用于消费或投资,从而又加剧了通货膨胀的压力。

(3)利率管制造成资金使用的低效率。不同企业的生产效率高低不一,对资金成本的承受能力也大小不一。效率较高的企业,对资金成本的承受能力较强;效率较低的企业,对资金成本的承受能力较弱。对于相对较高的利率,效率高的企业可以借贷资金,而效率低的企业则无法承受,只能缩小生产规模甚至被淘汰出局。所以,利率对投资者的资金使用效率有一个筛选功能,从而保证资金在既定技术条件下被有效使用。但是,当利率受管制而处于较低水平时，投资者的融资成本大大降低，一些原来无力借贷的低效率企业也有能力借贷和使用资金。低利率使有能力借贷资金的范围扩大到效率较低的企业，即资金被低效率使用。同时，低利率还会诱使企业倾向于多使用资金，少使用劳动力，即以资金要素替代劳动力要素，而劳动力要素对于发展中的中国来说，远比资金要素充裕，由此将带来整个经济体系效率的损失。

(4)利率管制阻碍了企业创新和经济活力。对利率的全方位管制使得处于借贷资金供给方的金融机构不能自由建立内部风险规避机制，难以在金融产品设计定价环节实现低风险和流动性的经营目的。面临拖欠贷款的道德风险，收益的高不确定性以及难以预料的通货膨胀，极度低的贷款利率上限强化了金融机构逃避风险的动机。在这种情况下，新创立企业和高风险高收益的创新型企业由于缺乏信誉很难从金融机构获得企业发展所必需的资金支持，从而严重影响了企业创新的积极性。另外，由于政府的直接干预，在存贷利差极小的情况下，各个金融机构只能为储蓄者提供很少可供选择的金融产品，既无法满足资产持有者的各种利率风险偏好，又缺乏剩余的竞争因素来强化金融机构之间的竞争，结果造成金融机构的近乎垄断状态，金融服务成本居高不下，而社会总福利则因此而下降。[①]

三、中国利率市场化改革的目标与进程

20世纪90年代，我国开始了着眼于定价机制变化的利率市场化改革。我国利率市场化改革的目标是，建立由市场供求决定金融机构存、贷款利率水平的利率形成机制，中央银行通过运用货币政策工具调控和引导市场利率，使市场机制在金融资源配置中发挥主导作用。改革的基本原则是正确处理好利率市场化改革与金融市场稳定和金融业健康发展的关系，正确处理好本、外币利率政策的协调关系，逐步淡化利率政策承担的财政职能。我国利率市场化改革的总体思路是：先放开货币市场利率和债券市场利率，再逐步推进存、贷款利率的市场化。存、贷款利率市场化按照“先外币、后本币；先贷款、后存款；先长期、大额，后短期、小额”的顺序进行。

我国利率市场化改革的基本进程是：

——1993年我国颁布的《关于建立社会主义市场经济体制改革若干问题的决定》和《国务院关于金融体制改革的决定》最先明确利率市场化改革的基本设想。

——1995年中国人民银行与国际货币基金组织共同举办了关于货币市场与利率自由化的国际研讨会。会上，中国货币当局首次系统地提出了逐步实现正利率、协调配套、循序渐进、逐步与国际惯例接轨的利率改革原则。在改革步骤上，首次阐述了先外后内，先贷后存，先商业银行后政策性银行，先批发后零售，先放开同业拆借利率，后扩大商业银行决定利率自主权的改革路径。这些方针至今仍指导着我国的利率改革方向。

——1996年6月1日放升银行间同业拆借市场利率，实现由拆借双方根据市场资金供求自主确定拆借利率。

——1997年6月银行间债券市场正式启动，同时放开了债券市场债券回购和现券交易利率。

——1998年将金融机构对小企业的贷款利率浮动幅度由10%扩大到20%，农村信用

① 参见刘义圣：《中国利率市场化改革论纲》，北京大学出版社2002年版。

社的贷款利率最高上浮幅度由40%扩大到50%;3月改革再贴现利率及贴现利率的生成机制,放开了贴现和转贴现利率;9月放开了政策性银行金融债券市场化发行利率。

——1999年允许县以下金融机构贷款利率最高可上浮30%,将对小企业贷款利率的最高可上浮30%的规定扩大到所有中型企业;1999年9月成功实现国债在银行间债券市场利率招标发行;1999年10月对保险公司大额定期存款实行协议利率,对保险公司3000万元以上、5年以上大额定期存款,实行保险公司与商业银行双方协商利率的办法。

——2000年9月21日实行外汇利率管理体制改革,放开了外币贷款利率;300万美元以上的大额外币存款利率由金融机构与客户协商确定。2002年3月将境内外资金融机构对中国居民的小额外币存款,纳入人民银行现行小额外币存款利率管理范围,实现中外资金融机构在外币利率政策上的公平待遇。

——2002年扩大农村信用社利率改革试点范围,进一步扩大农信社利率浮动幅度,允许贷款利率最高浮动幅度扩大到100%,存款利率最高可上浮50%;统一中外资外币利率管理政策;同时,简化贷款利率种类,取消了大部分优惠贷款利率,完善了个人住房贷款利率体系。

——2003年12月10日,中国人民银行调整了银行超额存款准备金利率和金融机构贷款利率浮动区间。

——2004年10月29日放开金融机构贷款利率上限(城乡信用社除外)和存款利率下限。

由上可见,我国利率市场化改革已经取得了很大进展。目前,我国国债市场、金融债券市场和企业债券市场等在内的金融市场利率已经基本实现市场化;包括银行同业拆借市场,银行间债券市场,贴现、转贴现、再贴现市场等在内的货币市场,其利率也已基本实现市场化;外币市场利率的市场化已经基本到位;存款金融机构贷款的利率浮动幅度,已经逐渐达到了基本上对银行的利率选择不构成严格约束的程度。余下主要是银行(特别是国有商业银行)的存款利率没有被市场化浪潮所触及。这样,逐步实现贷款定价的自主化,以及逐步推动银行存款利率的市场化并最终实现自由浮动就构成了我国今后利率市场化改革的主要内容。

四、利率市场化的风险与监管

利率市场化可以减少政府对利率的过多的干预,能够让利率体系充分发挥其有效的配置作用,正确地引导资金的流向。但是,利率市场化也会带来巨大的金融风险和资源配置的失效。第一,利率市场化势必产生金融企业间的"利率大战",导致金融风险加剧,资源配置效率难以保证。随着利率市场化改革的深入,专业银行的商业化经营,非银行金融机构的异军突起,金融企业之间的"利率大战"将不可避免。而且由于银行业的服务供给具有很强的同质性,即银行"产品"趋同,使银行之间的竞争不易依靠差异性"产品"和服务来开拓市场,往往只能依靠价格即利率来进行竞争。在这种情况下,如果让利率完全放任自由,则不一定能增加金融服务供给,反而还可能助长部分储户的炒息心理,致使存款利率居高不下,融资成本过度上升,金融机构和贷款企业经营成本增加,从而加剧金融风险,难以保证金融效率的提高;第二,利率市场化不利于金融经济的稳定。在利率完全自由的条件下,为了使资源配置达到最佳效率,经济决策者必须具有完全的信息。但金融市场上却普遍存在着"信息不对称”，这导致“逆向选择”和“道德风险”很容易产生。“逆向选择”就是由于信息不对称的存在，在市场利率的作用下，逐渐升高的银行贷款利率将安全可靠的借款人和风险小、回报率较稳定的借款项目淘汰出局，而贷款给风险较高的借款人。“道德风险”是指在信息不对称的情况下，银行发放贷款之后，将面对借款者从事那些从银行观点看来存在着高风险的活动。“逆向选择”和“道德风险”都使资金经营者——银行的资金安全性面临巨大的考验，一旦发生风险必将引起经济的剧烈震荡，这一点从亚洲金融风暴中可见一斑。因此，加强对利率市场化的监管是十分必要和重要的。

利率监管应遵循市场化原则，侧重于风险控制。金融当局应以市场为依据、以市场为中介，通过市场对经济主体发生作用，化解可能出现的金融风险，加强利率的监测管理，确保金融业有一个公开、公正、公平的市场竞争环境。金融当局应树立全新的利率监管理念，建立以利率稳健运行、利率中长期风险预测为主要内容的利率监管体系；在监管内容和监管方法上应尽量鼓励金融创新，克服短期监管行为，提高利率监管效力。

案例

恒源祥借助民间借贷完成管理层收购

“恒源祥”创建于1927年，是一家具有70多年历史的传统纺织企业老字号，主要以毛纺织品为主，集针织、服饰和家用纺织品为一体，生产绒线、羊毛衫、西服、家用纺织品等十几个大类近万个品种，是国内大型纺织品企业。“恒源祥”这个老字号羊毛品牌，在新中国成立后的公私合营和计划经济时代日渐被人们淡忘了。直到1987年，当时上任上海黄浦区百货公司南京路毛线商店经理的刘瑞旗才决定把这个创立已经60多年的中华老字号继续发扬光大。

恒源祥原来是万象集团的一个部分，虽然所创利润已经是万象集团的支柱，但始终只是万象集团的一个配角，双方的战略冲突始终解决不了。2001年3月，刘瑞旗和他的收购团队斥资9 200万元，从上市公司万象股份手里收购冠以“恒源祥”商号的七家公司的股权，如愿以偿地完成了一次MBO(管理层收购)，把“恒源祥”商标的实际控制权收回到自己的手中。这次收购的外部融资是通过民间借贷获取的，是由加盟恒源祥的四个核心骨干企业老板提供的。在恒源祥投资发展有限公司中，刘瑞旗持61%的多数股份，31%的股份由这四家企业的老板持有。这四家企业的老板都是浙江人，他们在把9 200万资金借给刘瑞旗个人时，并不在意获取利息，而是要求和刘瑞旗一起购买股份，他们的投资收益主要来自收购恒源祥以后每年的资产回报率。

刘瑞旗的MBO融资模式是简洁的，从法律的角度看是完美的，但是它对管理者的个人素质以及被收购企业的素质有相当高的要求。

(中国经济网，2009年03月18日)

思考题

1. 什么是信用？信用有哪些基本特征？

2. 社会主义市场经济中是否存在高利贷信用？试谈谈消除高利贷信用需要的经济条件。

3. 商业信用和银行信用的关系怎样？

4. 信用工具有哪些特征？

5. 利息的本质是什么？

6. 简述新古典学派的可贷资金理论。

7. 中国传统利率管理体制存在哪些弊端？

参考文献

1. 凯恩斯. 就业、利息和货币通论. 北京：商务书馆，1963
2. [美]米什金. 货币金融学(第四版). 李扬等译. 北京：中国人民大学出版社，1998
3. 黄达. 货币银行学. 北京：中国人民大学出版社，2000
4. 黄宪，江春，等. 货币金融学. 武汉：武汉大学出版社，2002
5. 周建松. 现代货币银行学. 杭州：浙江大学出版社，2003
6. 胡庆康. 现代货币银行学教程. 上海：复旦大学出版社，1996
7. 姚长辉. 货币银行学(第二版). 北京：北京大学出版社，2002
8. 黄正新，宋建军. 金融学. 广州：中山大学出版社，1999
9. 张志谦，方士华. 金融学概论. 上海：立信会计出版社，2000
10. 易纲，海闻. 货币银行学. 上海：上海人民出版社，1999
11. 尚华娟. 现代货币银行学. 上海：上海财经大学出版社，1997
12. 刘义圣. 中国利率市场化改革论纲. 北京：北京大学出版社，2002
13. 韩汉君. 经济发展中的利率. 上海：上海社会科学院出版社，2004
14. 李扬等. 中国金融论坛(2004). 北京：社会科学文献出版社，2004
15. 新华网、中国经济网
16. 章和杰. 现代货币银行学. 北京：中国社会科学出版社，2004

第三章

金融市场

 **内容提要**

金融市场金融市场是经济生活中与商品市场、劳务市场和技术市场等并列的一种市场。这个市场也是指资金供求双方运用金融工具进行各种金融资产交易活动的场所。它既是资金融通的市场，也是金融体系的重要组成部分，是金融机制得以发挥作用的基本条件，各经济主体就是通过参与金融市场活动，来实现资金的余缺调剂，从而达到经济资源的有效配置。本章主要介绍以下几方面的内容：①金融市场概述；②货币市场；③资本市场；④衍生金融市场；⑤黄金市场。

第一节　金融市场概述

一、金融市场的含义

现代经济体系中，有三类市场对经济运行起着主导作用，它们分别是要素市场、产品市场和金融市场。其中，要素市场是指配置土地、劳动与资本等生产要素的市场；产品市场是指商品与服务进行交易的市场；而金融市场，是指资金融通的总和。它是包括资金借贷、结算，以及证券、黄金和外汇买卖活动在内所形成的市场。金融市场发达与否是一国金融发达程度及制度选择取向的重要标志。

金融市场是经济生活中与商品市场、劳务市场和技术市场等并列的一种市场。这个市场也是指资金供求双方运用金融工具进行各种金融资产交易活动的场所。金融资产即金融交易的对象，一般可分为货币、股权和债务证券三大类型，即包括传统的金融资产，也包括衍生性金融资产，由此决定了金融工具分传统金融工具与衍生金融工具两大类型。金融市场可以是有固定地点工作设施的有形场所，也可以是没有固定场所，在一定区域内的资金借贷和票据、证券的交易行为或过程。因此，金融市场作为金融商品交易的场所，以广义来看，它是一个由各种有形的金融机构和无形的电脑通信交易合成的有机整体的抽象市场体系。

二、金融市场的基本要素

市场必须具备交易的主体、交易的对象及交易的价格这几个要素，金融市场也是如此。

(一)金融市场的交易主体

参加金融市场交易的所有居民个人、企业单位(包括商业银行和其他金融机构)、政府及某些政府机构(包括中央银行)构成金融市场的交易主体。作为居民个人、企业单位参加金融市场,目的是满足自身在资金供求方面的需求,银行及其他金融机构是金融市场的特殊参与者,以金融交易为业,它们以中介身份促进资金的借贷流动和合理化配置。政府参与金融市场的主要目的是通过相关金融活动调控金融,来实现政府宏观调控。

(二)金融市场的交易对象

金融市场的交易对象又称为金融市场的客体,是指金融工具,亦称信用工具,它包括票据、债券、股票、银行承兑汇票、大额定期存单和期货及期权等。与商品市场上商品的买卖不同之处在于,金融交易大多只是表现为货币资金使用权的转移,而商品交易则表现为商品所有权与使用权的同时转移。

(三)金融市场的交易价格

金融市场的交易"价格"是利率,即资金所用权的时间价值。各种金融市场均有自己的利率,如贴现市场利率、国库券市场利率、银行间同业拆借市场利率等。但不同的利率之间有密切联系。

三、金融市场的作用

金融市场是商品货币经济发展的产物,它是伴随着信用制度的发展而发展的。同时,对于市场经济的发展具有十分重要的作用。金融市场的功能主要有以下几个方面:

(一)融通资金

作为金融市场的主要功能,其融通资金的过程可用图 3-1 描述。

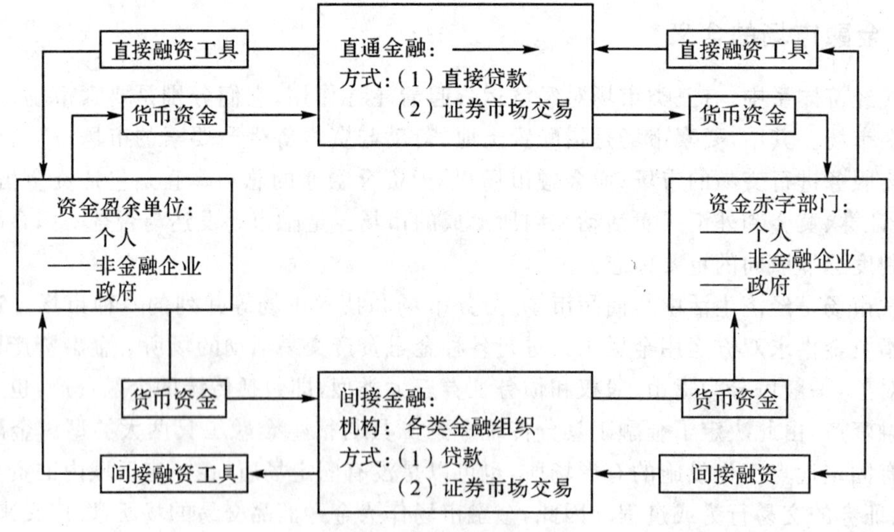

图 3-1　资融通过程图

可见,金融市场上存在多种融资形式,形成纵横交错的融资活动。金融市场上的融资活动可以实现长短期资金、大额资金和小额资金,不同区域间资金的相互转换,调节资金盈余部门和资金赤字部门之间的资金余缺。通过这种余缺的调剂实现了生产要素的重新优化组合,促进了经济效益的提高。可见,金融市场是市场机制不可缺少的因素。

（二）提高资金使用效益，优化经济结构

金融市场机制是利率机制，利息是资金的价格，利率变动不仅反映着资金供求关系的变化，也同时反映着金融市场上的风险情况。因此，金融市场通过利率的上下波动和投资收益的变化，从而引导资金流向高回报的产业部门，有利于提高资金的使用效率，实现社会资源的优化配置与经济结构的合理调整。

（三）为资金供需双方分散风险提供了交易场所

金融市场上的金融产品价格瞬息多变，资金供需双方均可通过各种金融资产的组合，以达到分散风险的目的。

（四）有利于央行实施货币政策，实行宏观调控

资金的宏观调控，不外乎总量的平衡和结构的改善。总量平衡是结构改善的结果，改善结构是总量平衡的要求。总量平衡的资金结构就更显重要了。央行可通过对金融市场的管理和操作，利用资金流动市场导向机制，达到其宏观调控的目的。

四、金融市场的分类

金融市场内部结构复杂，种类繁多，按不同的标准可划分为不同的类型：

(1)按金融交易的期限不同可分为短期资金市场和长期资金市场。又可称为货币市场和资本市场。货币市场是指交易期限在1年(含1年)以下的短期金融交易市场，其功能在于满足交易者的资金流动性需求，交易对象有国库券、商业票据、银行大额定期存单、银行间同业拆借、短期存贷等。资本市场是交易期限在1年以上的长期金融交易市场，主要满足从企业的中长期投资需求和政府弥补财政赤字的资金需要，交易对象有长期存贷、债券、股票等。

(2)按金融工具的不同可分为股票市场、债券市场、票据贴现市场、大额存单市场、外汇市场、期货市场和期权市场等。

(3)按照金融交易的交割期限划分为现货市场、期货市场和期权市场。现货市场是指买卖双方签订协议即成交后，当天或3天内完成交割，采用现钱现货方式买卖金融资产。期货市场是指买卖双方成交后，按协议在未来确定的日期以事先成交的价格交割金融资产。期权市场是指先用合约的形式确定其持约者的权利，在一定期限内以买卖双方协议价格买进或卖出某种金融资产，期权交易可能按合同规定条件执行，也可能不执行。

(4)按金融交易的地理区域可分为国内金融市场、国际金融市场。国内金融市场一般只限于本国居民之间的交易，交易货币为本市场国货币，受本国金融法规的严格管制。国际金融市场可分为在岸金融市场与离岸金融市场。在岸金融市场上，资金供需双方必须一方是本国居民，另一方为非居民，货币可自由兑换，较少受所在国的金融政策、法令的控制。离岸金融市场又称为境外货币市场，以欧洲美元市场的出现为标志。交易双方都为市场所在国的非居民，用世界货币作为交易货币，基本不受市场所在国的限制。新型的国际金融市场一般都是包括此两类业务的市场。

(5)按金融市场的功能可分为一级市场和二级市场。一级市场又称为初级市场或证券发行市场。在这里，发行人出售新创造的金融市场交易工具给初始投资人。二级市场又称为高级市场或证券流通市场，在这里，初始投资人把证券转让或卖给新的投资人。

(6)按交易场所的不同可分为有形市场和无形市场。有形市场是指交易在有组织的

特定的交易所进行，如黄金市场、证券市场、可转让大额存单市场等。无形市场是指利用先进的通讯设施相互联系，进行买卖货币和信贷业务，如拆借市场、外汇市场、贴现市场等。

另外，还有许多种划分方式，不胜枚举。

五、金融市场形成的条件

一般来说，金融市场的设立，需具备以下基本条件：

(1)稳定的政局；

(2)有日益发达的市场经济；

(3)有一定完善的信用制度；

(4)币值稳定。

以上只是形成国内金融市场的条件，若是国际金融市场，它的形成除以上条件外，还须具备以下几个必备条件：

(1)有较广泛的国际经济交往；

(2)有较完善发达的外汇管理制度，本国货币实行自由兑换；

(3)拥有充分发达的通信设施，地理位置优越。

第二节　货币市场

一、货币市场概念

货币市场是经营期限在1年以内的短期资金借贷业务的市场，通常也称短期资金市场。

在货币市场上，资金的融通是通过买卖短期信用工具来完成的。一般是临时性资金短缺的人通过发行或出售货币市场工具，以及直接的短期借款来获得资金；资金盈余的人则购买货币市场工具或直接短期贷款来让渡资金。

二、货币市场特征

(1)交易的期限短，最长为1年，最短只有1天。

(2)交易目的是为了解决短期资金周转供求需要，在货币市场上，货币资金的供给者和需求者有个人、企业、事业单位和金融机构，它们可以通过短期资金借贷，把供给者的暂时闲置资金临时贷给资金不足的需求者。

(3)货币市场的金融工具具有较强的流动性，其偿还期也较短。

(4)货币市场工具一般比其他大多数工具提供了更多的防范风险保障。

另外，货币市场还具有交易方便、价格稳定、变动幅度较小等特点。

货币市场的投资者主要追求安全性与流动性以及赚取一定利息收入的机会。这是因为投资在货币市场的资金，只代表暂时的现金盈余，它们通常在不久的将来就需要用于其他用途，出于这个原因，货币市场投资者对风险特别敏感。在金融市场上，投资者面临的风险有市场风险、违约风险、通货膨胀风险、货币风险、政治风险等。货币市场证券的价格与其他资本市场证券价格相比，一般相当稳定。货币市场工具一般不向投资者提供显著的资本回报，但它们一般也不增加资本损失。同样，货币市场上违约风险极小。实际上货币市场借款人必须是信誉卓著的机构。另外，由于货币市场工具提供了较高的流动性，能充分地保障投资者防范通胀风险。由于货币市场资产具有短期特征，可防范货币风险，并防范政治风险。

三、货币市场的工具

货币市场的工具即货币市场的交易对象，它主要有以下几种。

(一)政府短期债券

政府短期债券是政府为弥补短期赤字而筹措短期资金所发行的债券。一般所筹资金用于季节性的财政需要。此类债券在西方国家称为国库券。债券发行者为财政部，认购者为居民、企业、金融机构等。期限为 1 个月、2 个月、3 个月、6 个月、9 个月、1 年，其中以 1～6 个月为最多。

(二)银行汇票

银行汇票是出票银行签发的，由其在见票时按照实际结算金额无条件支付给收款人或者持票人的票据。银行汇票的出票银行为银行汇票的付款人。

(三)商业票据

商业票据包括本票和汇票两种，有贸易性票据和融资性票据之分。贸易性票据指企业在商品交换过程中相互提供的一种信用。融资性票据指企业委托发行公司办理发行的票据。

(四)可转让大额定期存单

可转让大额定期存单是指由银行签发，分不同币种和期限，到期支付，可自由流通转让的存款凭证。其期限一般在 1 个月以上 1 年以下。

以上货币市场工具都具有短期性、流动性、安全性，从而使得短期信用工具在风险收益的选择上替换性强，导致了它们的收益率同升同降，趋于一致——利率趋同性。

四、货币市场的类型

货币市场主要包括同业拆借市场、商业票据市场、短期证券市场、大额定期存单市场和回购市场。

(一)同业拆借市场

同业拆借，是指金融机构之间进行短期资金融通的行为，目的在于调剂头寸和临时性资金余缺。

同业拆借市场具有以下特点：

(1)融通资金的期限一般比较短。通常以 1～2 天为限，多则 1～2 周，一般不超过 1 个月。拆款按日计息，即“拆息”，拆息额占拆借本金的比率为“拆息率”，拆息率每天不同，甚至一天之内也有变化，其高低灵敏地反映着资金市场的供求状况。

(2)参与拆借的机构基本上是在中央银行开立存款账户，交易资金主要是该账户上的多余资金。

(3)商业拆借资金主要用于短期、临时性需要。它起到了借入贷出即时可用资金、平衡法定准备金多余和不足的作用。

(4)同业拆借基本上是信用拆借。同业拆借可以使商业银行在不用保持大量超额准备金的前提下,就能满足存款支付的需要。

同业拆借的交易形式是通过市场经纪人进行的,有的谈判成交,有的则通过基金进行。伦敦同业拆借利率(LIBOR)是国际上具有代表性的短期利率。

同业拆借市场最早出现于美国,其形成的根本原因在于法定存款准备金制度的实施。按照美国 1913 年通过的《联邦储备法》的规定,加入联邦储备银行的会员银行,必须按存款数额的一定比率向联邦储备银行缴纳法定存款准备金。而由于清算业务活动和日常收付数额的变化,总会出现有的银行存款准备金多余,有的银行存款准备金不足的情况。存款准备金多余的银行需要把多余部分运用,以获得利息收入,而存款准备金不足的银行又必须设法借入资金以弥补准备金缺口,否则就会因延缴或少缴准备金而受到央行的经济处罚。在这种情况下,存款准备金多余和不足的银行,在客观上需要互相调剂。于是,1921 年在美国纽约形成了以调剂联邦储备银行会员银行的准备金头寸为内容的联邦基金市场。

在经历了 20 世纪 30 年代的资本主义世界经济大危机之后,西方各国普遍强化了中央银行的作用,相继引入法定存款准备金制度作为控制商业银行信用规模的手段,与此相适应,同业拆借市场也得到了较快发展。在经历了长时间的运行与发展过程之后,当今西方国家的同业拆借市场,较之形成之时,无论在交易内容、开放程度方面,还是在融资规模等方面,都发生了深刻变化。拆借交易不仅仅发生在银行之间,还扩展到银行与其他金融机构之间。从拆借目的看,已不仅仅限于补足存款准备金和轧平票据交换头寸。金融机构如在经营过程中出现暂时的、临时性的资金短缺,也可进行拆借。更重要的是同业拆借已成为银行实施资产负债管理的有效工具。由于同业拆借的期限较短,风险较小,许多银行都把短期闲置资金投放于该市场,以利于及时调整资产负债结构,保持资产的流动性。特别是那些市场份额有限,承受经营风险能力脆弱的中小银行,更是把同业拆借市场作为短期资金经常性运用的场所,力图通过这种做法提高资产质量,降低经营风险,增加利息收入。

我国的同业拆借始于 1984 年。1984 年以前,我国实行的是高度集中统一的信贷资金管理体制。银行间的资金余缺只能通过行政手段纵向调剂,而不能自由地横向融通。1984 年 10 月,我国针对中国人民银行专门行使中央银行职能,二级银行体制已经形成的新的金融组织格局,对信贷资金管理体制也实行了重大改革,推出了统一计划,划分资金,实贷实存,相互融通的新的信贷资金管理体制,允许各专业银行互相拆借资金。新的信贷资金管理体制实施后不久,各专业银行之间,同一专业银行各分支机构之间即开办了同业拆借业务。不过,由于当时实行严厉的紧缩性货币政策,同业拆借并没有真正广泛地开展起来。1986 年 1 月,国家体改委、中国人民银行在广州召开金融体制改革工作会议,会上正式提出开放和发展同业拆借市场。同年 3 月国务院颁布的《中华人民共和国银行管理暂行条例》,也对专业银行之间的资金拆借做出了具体规定。此后,同业拆借在全国各地迅速开展起来。1986 年 5 月,武汉市率先建立了只有城市信用社参加的资金拆借小市场,武汉市工商银行、农业银行和人民银行的拆借市场随之相继建立。不久,上海、沈阳、南昌、开封等大中城市都形成了辐射本地区或本经济区的同业拆借市场。到 1987 年 6 月底,除西藏外,全国各省、市、自治区都建立了不同形式的拆借市场,初步形成了一个以大中城市为依托的、多层次的、纵横交错的同业拆借网络。

1988年9月,面对社会总供求关系严重失调,储蓄存款严重滑坡,物价涨幅过猛的严峻的宏观经济和金融形势,国家实行了严厉的"双紧"政策,同业拆借市场的融资规模大幅度下降,某些地区的拆借市场甚至关门歇业。到1992年,宏观经济、金融形势趋于好转,全国各地掀起一轮新的投资热潮。同业拆借市场的交易活动也随之活跃起来,交易数额节节攀升。1993年7月,针对拆借市场违章拆借行为频生,严重扰乱金融秩序的情况,国家开始对拆借市场进行清理,要求各地抓紧收回违章拆借资金,于是,市场交易数额再度萎缩。1995年,为了巩固整顿同业拆借市场的成果,中国人民银行进一步强化了对同业拆借市场的管理,要求跨地区、跨系统的同业拆借必须经过人民银行融资中心办理,不允许非金融机构和个人进入同业拆借市场,从而使同业拆借市场得到了进一步规范和发展。1995年11月中国人民银行发出通知,要求商业银行在1996年4月1日前撤销其所办的拆借市场。这一措施为建立全国统一的同业拆借市场奠定了坚实的基础。1996年1月3日,经过中国人民银行长时间的筹备,全国统一的银行间同业拆借市场正式建立。

在国际货币市场上,比较典型的、有代表性的同业拆借利率有三种,即伦敦银行间同业拆借利率(LIBOR)、新加坡银行间同业拆借利率和香港银行间同业拆借利率。伦敦银行间同业拆借利率是伦敦金融市场上银行间相互拆借英镑、欧洲美元及其他欧洲货币时的利率,由报价银行在每个营业日的上午11时对外报出,分为存款利率和贷款利率两种报价。资金拆借的期限为1个月、3个月、6个月和1年等几个档次。自20世纪60年代以来,该利率即成为伦敦金融市场借贷活动中的基本利率。目前,伦敦银行间同业拆借利率已经成为国际金融市场上的一种关键利率,一些浮动利率的融资工具发行时,都以该利率作为浮动的依据和参照物。相比之下,新加坡银行间同业拆借利率和香港银行间同业拆借利率的生成和作用范围是两地的亚洲货币市场,其报价方法和拆借期限与伦敦银行间同业拆借利率并无差别,但它们在国际金融市场上的地位和作用,则要差得多。

为进一步推动中国的利率市场化,培育中国货币市场基准利率体系,提高金融机构自主定价能力,指导货币市场产品定价,完善货币政策传动机制,上海银行间同业拆借利率(Shanghai Interbank Offered Rate,简称Shibor)自2007年1月4日起开始运行。上海银行间同业拆借利率以位于上海的全国银行间同业拆借中心为技术平台计算、发布并命名,是由信用等级较高的银行组成报价团自主报出的人民币同业拆出利率计算确定的算数平均利率,是单利、无担保、批发性利率。目前,对外公布的Shibor品种包括隔夜、1周、2周、1个月、3个月、6个月、9个月及1年。Shibor报价银行是公开市场一级交易商或外汇市场做市商,是在中国货币市场上人民币交易相对活跃、信息披露比较充分的银行。全国银行间同业拆借中心受权Shibor的报价计算和信息发布。每个交易日根据各报价行的报价,剔除最高、最低各2家报价,对其余报价进行算术平均计算后,得出每一期限品种的Shibor,并于11:30对外公布。表3.1列出了2009年4月7日上海银行间同业拆借行情报价情况。

表3.1 2009年4月7日上海银行间同业拆借行情报价情况

品种	O/N	1W	2W	1M	3M	6M	9M	1Y
Shibor	0.8021	0.9475	0.9483	1.0215	1.2191	1.4898	1.6468	1.8689

数据来自:www.chinamoney.com.cn

至2008年12月底，共有近900家中外金融机构参加全国统一的银行间同业拆借市场的交易，2008年全年拆借量达15.42亿元，其中隔夜拆借品种成交10.65万亿元，占拆借成交总量的70.8%。

（二）商业票据市场

商业票据市场是指商业票据的承兑、贴现等活动所形成的市场。

在美国，商业票据是企业或集团发行的短期、无担保的本票，可视为银行贷款的低成本替代物。直接或通过独立的交易商出售票据，发行人能迅速有效地筹集大额资金，投资者也能获取预期的市场利率。

对于一定公司来说，通过票据市场筹集资金的优势在于：票据的利率比银行提供的公司贷款利率低；票据融资比贷款融资灵活，通过票据融入大额资金较银行贷款便捷。美国票据市场的运行特点有：一是票据期限短，大部分票据平均期限在半年以内，发行者主要通过滚动发行票据筹集资金；二是票据发行对象是机构投资者，票据面值大；三是票据多用于经常性交易融资，包括筹集经营费用，为流动资产诸如应收账款及存货融资等。

商业票据的利率就是其贴现率。决定其利率的因素有：发行人资信等级、税率高低、流动性程度等。

由于商业票据期限短，安全性高，因而商业票据常常是到期兑付。如果持有者在票据未到期前急需资金，可到发行公司提前兑付，从而产生了商业票据的二级市场即贴现市场。

贴现可分为初贴现、转贴现和再贴现三种内容。初贴现指企业或个人持未到期的票据向贴现机构办理贴现。转贴现是指贴现机构之间转移未到期票据。再贴现是指贴现机构持未到期票据向中央银行要求贴现。一般情况下，再贴现率较低，初贴现率较高。而且，中央银行可以通过调整再贴现率，对资金的流通加以调节和控制。

票据市场在我国的发展起始于20世纪80年代，最初是企业作为一种延期支付的信用工具而诞生。1996年《票据法》正式实施，票据市场的各项功能逐步健全，步入了发展的初级阶段。2000年11月9日，经中国人民银行批准，我国在上海开办了内地第一家专业化票据经营机构——中国工商银行票据营业部，标志着票据市场的发展进入专业化、规模化和规范化的新阶段。2003年6月30日，中国票据网正式启用，为全国统一票据市场的形成提供了必要的平台。随着中国商业信用规模扩大，商业票据数量将会增加，但现阶段我国的票据品种单一，其中银行承兑汇票占据绝对优势，且企业信用状况低下，缺乏权威性资信评估机构，妨碍了投资者进入商业票据市场。另外，缺少专业性票据经营机构，有关商业票据贴现、转贴现等业务只是商业银行的“副产品”，贴现手续烦琐，效率低下，而商业银行对此也缺乏积极性，因此有必要借鉴别国经验，结合中国实际，进一步推动商业票据市场的发展。

（三）短期证券市场

短期证券市场是通过短期证券的买卖而进行短期融资活动的场所。短期证券市场的交易工具主要是政府发行的短期国库券。

美国的短期国库券颇具特色，由财政部委托联邦储备委员会，按贴现价即按票面打折发行，折扣是在公开市场拍卖时决定，到期不另付利息，而按票面价格清偿。国库券发行的投标可分为两种方式：一是竞争性投标。竞争性投标的投资者必须说出购买数量和认购价格，其投资者希望用较有利的价格购入国库券，以其认购价格参与竞争。竞争性投标可以分为单一价格(即"荷兰式")招标方式或多种价格(即"美国式")招标方式。按单一价格招标时,所有中标者都按照最低中标价格(或最高收益率)获得国库券。按价格招标时,中标者按照各自申报价格(或收益率)获得国库券。二是非竞争性投标。投资者只说出认购数量,成交时以财政部所接受的竞争性投标的平均数作为成交价格,其认购价格不参与竞争。国库券投标分配完毕就必须即时交割。

由于国库券是政府发行的短期债券,投资的风险极小,且收益适中,流动性好,因而许多个人、企业、金融机构、养老金组织等都愿以此为投资对象。

(四)大额定期存单市场

由大额定期存单的发行市场和转让市场组成,属于一种无形市场,主要在店头市场进行交易。参与者主要有:一是存单发行人,其中大银行占发行量的绝大多数,而小银行则大多靠大银行作为代理人,从事经营;在一些银行需要增大流动资产时,常以减少贷款或出卖有价证券的方式来解决,这样就限制了业务的发展;而现在可通过发行大额存单,用扩大吸收存款来解决,即依靠增加负债来扩大资产业务。二是投资者,包括非银行金融机构、大企业、政府机构、银行和个人。三是交易商,属中介机构,对存单买卖发挥中介作用。

1.存单发行

一般来说,可转让定期存单的发行人和主要经营者是商业银行和市场经纪人。可转让额定期存单是银行定期存款的一种,其特点是数额大,期限短,不记名,可流通转让。它的发行方式有两种:一是批发式,即把发行的总额、利率、期限、每张存单的面额以及发行日期预先公布于众,由投资者认购。二是零售式,它是由银行作为发行人将存单直接在市场零售或电函电传销售。存单的发行价格也有两种:一是按票面价格出售,到期支付利息;二是以低于票面价格出售的贴现发行,到期按票面兑付。

2.存单转让

投资者从发行市场购买的存单,可以在到期前的转让市场出售转让。对不记名存单在转让时可不经背书,记名存单转让必须背书。

由于大额可转让定期存单具有活期存款流动性、接近定期存款利率的特点,因而很受购买者欢迎,银行也因此而扩展了自己的业务。

除以上主要市场外,货币市场还包括短期存、放款市场,企业间短期借贷市场,地方机构贷款市场等等。

我国大额可转让定期存单市场始办于1986年10月。交通银行上海分行筹备成立之初,面对各专业银行的强大竞争,经中国人民银行上海市分行批准,设计、推出了大额可转让定期存单这一新型融资工具。1989年,中国人民银行制定了《大额可转让定期存单管理办法》,批准在全国推行大额可转让定期存单。但在大额可转让定期存单的业务经营中,出现某些不法分子与银行内部工作人员勾结,盗开大额存单进行非法融资或伪造存单进行诈骗活动等问题,严重损害了银行和大额可转让定期存单的管理。1996年,中国人民银行对《大额可转让定期存单管理办法》进行了修改,而大额可转让定期存单业务却无疾而终。2004年,中国人民银行在第四季度《中国货币政策执行报告》中正式提出,开展对大额可转让定期存单的研究工作,大额可转让定期存单将为我国利率市场进程——放开存款利率上限,起到一定的推动作用。

（五）回购市场

回购市场是指通过回购协议进行短期资金融通交易的市场。所谓回购协议（Repurchase Agreement），指的是在出售证券的同时，与证券的购买商签订协议，约定在一定期限后按原价格或约定价格赎回所卖证券，从而获得及时可用资金的一种交易行为。从本质上说，回购协议是一种抵押贷款，其抵押品为证券。

大银行和政府证券交易商是回购协议市场的主要资金需求者。银行利用回购协议市场作为其资金来源之一。政府也利用回购协议市场为其持有的政府证券或其他证券筹措资金。回购协议中的资金供给方很多，如资金雄厚的银行金融机构、地方政府、存款机构、外国银行及外国政府等。其中资金实力较强的非银行金融机构和地方政府占统治地位。对于中央银行来说，通过回购交易可以实施公开市场操作，所以回购市场是其执行货币政策的重要场所。

回购协议中的交易计算公式为：

$$I=PP\times RR\times T/360 \tag{3.1}$$

$$RP=PP+I \tag{3.2}$$

式中：PP 为本金；RR 为证券商和投资者所达成的回购时应付的利率；T 为回购协议的期限；I 为应付利息；RP 为回购价格。

影响回购市场利率的因素很多，包括用于回购的证券的质地、回购期限的长短、交割的条件和货币市场其他子市场的利率水平等。

我国的债券回购业务始于 1991 年。为提高债券流动性，全国证券交易自动报价系统（STAQ 系统）于 1991 年 7 月宣布试办债券回购交易。随后，以武汉证券交易中心为代表的各地方证券交易中心也纷纷推出债券回购业务。然而，作为一种新的金融交易方式，债券回购市场暴露了很多问题，1995 年 8 月，我国对债券回购市场进行规范清理，场外交易基本被遏止，场内交易主要在上海证券交易所进行交易。1998 年，我国将商业银行的证券交易业务从交易所分离出来，组建专门供商业银行之间进行债券回购交易的银行间市场，形成了两个相互平行的债券回购市场。

第三节　资本市场

一、资本市场的概念

资本市场又称为长期资金市场。广义的资本市场一般指 1 年以上资金融通而形成的信用关系的总和，由经营 1 年期以上借贷业务的金融机构所组成。包括银行中长期存贷款市场与有价证券市场两大类。狭义的资本市场一般即指证券市场。

二、资本市场的功能

（1）有利于政府、企业等资本需求者筹措中长期资金。

（2）有利于投资者即资本供给者的经济利益与企业经营管理挂钩，促进企业改善经营管理。

(3)有利于调节社会资金,运用资金,提高资金的使用效益。

(4)有利于中央银行调节宏观经济,央行通过公开市场业务来进行。总之,资本市场的功能就是促成资本形成制度,就是在达到合理的资本形成率的同时,一方面使资本的供给者有较高的收益率、安全性和流动性,另一方面使资本的需求者有较理想的成本、期限和供应。资本的形成,尤其是固定资本的形成,对一国经济发展至关重要。当然要能促成资本形成制度,需具备发达的存款储蓄机构,有健全的证券承销机构,以及有一个健全的证券市场。

三、资本市场的工具

资本市场的工具一般是有价证券。有价证券主要包括债券、股票和投资基金三大类。

(一)债券

债券是筹资者在筹集资金时所发出的一种表明债权债务关系的凭证,是一种金融工具和筹资手段。债券持有人称为债权人,债券发行者称为债务人。

1.债券的种类

按发行主体不同,债券可分为以下三类:

(1)政府债券。它是由政府发行的主要用于弥补财政赤字的债券。根据债务人的身份不同,政府债券可分为三种:一是中央政府债券(国债),即以国家名义,中央政府作为债务人发行的债券。国家向国内发行的债券构成内债,向外国发行的债券称为外债。二是地方政府债券(地方债),是经中央政府同意,地方政府作为债务人发行的债券。三是政府机构债券,指以中央政府作后盾,由政府机构作为债务人发行的债券。

资本市场中的政府债券,又称中长期公债,它有固定利率,一般采用剪息票的方式定期付息或到期一次还本付息。政府债券又被称为"金边债券"。

(2)公司债券。即以公司企业作为债务人发行的债券。公司债券的利率多采用固定利率,半年付息一次。由于公司信誉低于政府,持有公司债券的风险大于持有政府债券的风险,因此,公司债券的利率一般高于政府债券。公司债券特别强调有无担保,根据担保情况,公司债券可以分为无担保公司债券、有担保公司债券和可转换公司债券。

由于公司债券的发行不会影响到股份公司的控股权,并且会使公司在一定程度上享有减轻税负的好处,因此公司债券成为市场经济国家中企业的一种重要融资方式。

(3)金融债券。它是指银行或其他金融机构作为债务人发行的债券。在欧美国家,金融机构发行的债券归类于公司债券。发行金融债券能集中筹措资金,再分配到社会更需要的、效益高的部门使用。金融债券须经中央银行批准其发行额度,才能在其发行机构营业点以公开出售的方式发行。它的利率一般高于政府债券,低于公司债券。

2.债券的价格

(1)债券发行价格。债券发行的方式有平价发行、折价发行、溢价发行和贴现发行四种,无论采用哪种方式发行,债券价格都可用下列方式来表示:

$$\text{发行价格}=\frac{\text{债券利率}}{\text{市场利率}}\times\text{票面值} \tag{3.3}$$

(2)债券现行价格。按照债券期限、收益、本金偿付办法不同,从对现金流贴现计算债券价格的方法分为三类:

①一次性支付本息的债券:

$$P=\frac{A}{(1+r)^n} \tag{3.4}$$

式中:A 为到期支付的本金与利息之和,也称到期日值;n 为偿还期限;P 为价格;r 为债券利率。

②分期付息到期还本的债券:

$$P=\sum_{t=1}^{n}\frac{C_t}{(1+r)^t}+\frac{M}{(1+r)^n} \tag{3.5}$$

式中:M 为债券面值;C_t 为第 t 年的收益额。

③永久性债券。它是指定期付息而无偿还期限的债券。对持有人来说,这类债券意味着永久性的定期收入。在票面利率固定的情况下,每期的现金流是同样的。

$$P=\sum_{t=1}^{\infty}\frac{C}{(1+r)^t}=\frac{C}{r} \tag{3.6}$$

式中:C 为每一期的固定收益。

(二)股票

股票是股份公司为筹集资本而发行的,证明持有人入股并借以分取股息,在资本市场上流通的一种有价证券。

1.股票的特征

(1)股票必须具备一定的具体形式,并且要通过一定的法定程度才能发行。

(2)股票是有价证券,投资者必须付出一定的资本才能取得股票,转让股票后可收回现金。

(3)股票持有者即股东既参与管理,获取收益,同时也缴足股金,承担风险,恪守义务。

(4)股票可以在市场上转让出售,具有极强的流动性。

(5)股票一旦发行,只要公司持续经营,股东不能退股,为永久性证券。

(6)股票是一种虚拟资本。

2.股票的种类

(1)按股东所代表的权利和义务不同,可分为普通股和优先股。优先股是指股东有优先于普通股分红和优先于普通股的资产求偿权利。优先股的股息收益通常是事先确定的,无论公司经营好坏,利润大小,都可以按固定比率领取股息。所以优先股的风险低,收入有稳定性。但是,与低风险相对应,优先股比普通股享有的权利范围也小。表现在优先股股东没有选举权和被选举权,对公司经营重大事件也无投票权。而操纵股份公司的实际上是持有普通股的大股东。此外,优先股虽有稳定的收益,但如公司利益激增时,却不能分享这部分收益——收益归普通股,当然,当公司破产时,优先股享有对剩余资产的优先分配权。

(2)按记名与否,可分为有记名股票和不记名股票。记名股票即将股东姓名记入股票及股东名册,若转让需到公司办理过户手续。不记名股票不记载承购人的姓名,可以任意转让。但对不记名股票的发行往往有限制性规定。

(3)按有无票面金额,可分为有票面金额股票和无票面金额股票。有票面金额股票在票面上标的金额,表示投资者投入股份公司的资本额,并作为获得股息的基础。无票面金额股票指该股票固定代表股份公司一定比例财产值的股票。

3.股票的价格

计算股票价格的基本方式是:

$$股票价格=\frac{股票收益}{市场利率} \tag{3.7}$$

当股票发行公司计划发行股票时，就需要根据不定情况，确定一个发行价格以推销股票。一般而言，股票发行价格有以下几种：

(1)面值发行。即按股票的票面金额为发行价格。采取股东分摊发行方式时一般按平价发行，不受股票市场行情的左右。由于市价往往高于面额，因此以面额为发行价格能够使认购者得到因价格差异而带来的收益，使股东乐于认购，又保证了股票公司顺利地实现筹措股金的目的。

(2)时价发行。即不是以面额，而是以流通市场上的股票价格(即时价)为基础确定发行价格。这种价格一般都是时价高于票面额，两者的差价称溢价，溢价带来的收益归该股份公司所有。

(3)中间价发行。即股票的发行价格取票面额与市场价格的中间值。这种价格通常在时价高于面额，公司需要增资但又需要照顾原有股东的情况下采用。中间价格发行对象一般为原股东，实际上是将差价收益一部分归原股东所有，一部分归公司所有用于扩大经营。因此，在进行股东分摊时要按比例配股，不改变原有的股东构成。

(4)折价发行。即发行价格不到票面额，是打了折扣的。折价发行有两种情况：一种是优惠性的，通过折价使认购者分享权益；另一种情况是该股票行情不佳，发行有一定的困难，发行者与推销者共同议定一个折扣率，以吸引那些预测行情要上浮的投资者认购。由于各国一般规定发行价格不得低于票面额，因此，这种折扣发行需经过许可方能实行。

影响股票价格的因素很多，如市场利率、股票的质量，还有经济周期、物价变动、财政金融政策、股票供求关系、人为的投机、社会心理及政治军事因素等都对股票价格有不同程度的影响。

四、资本市场的类型

传统的资本市场通常称为证券市场，它主要由证券发行市场和证券流通市场构成。现代的资本市场，按其结构与功能的不同，可以分为主板市场和二板市场。

(一)证券发行市场与流通市场

1.证券发行市场

证券发行市场是筹资者以发行证券的方式筹集资金的场所，它包括政府企业和金融机构发行证券时，从规划、推销和承购等阶段的全部活动过程，又称之为一级市场。

(1)证券发行市场的构成。证券发行市场一般由证券发行人、证券投资者和证券中介机构三部分组成。证券发行人是指为了筹措资金而发行股票、债券的企业(公司)、政府及其公共机构、银行及其他非银行金融机构。但作为股票的发行人只能是股份公司。证券投资者是资金的供给者，又称为证券认购者，包括个人、企业、各类金融机构、各种基金、外国投资者，它们投资的目的不同，有的是纯粹性投资，有的是为了获取利润。证券中介机构是承购者，在发行市场上起着沟通买卖、联结供求的作用，它们包括证券公司(西方为投资银行)、信托投资公司等。另外，证券发行市场成员还包括证券担保人、证券管理机构。

(2)证券发行市场的特点。与证券流通市场相比，证券发行市场的特点：一是无固定场所，发行证券的认购和销售不一定在有组织的证券交易所进行；二是无统一时间，证券发行者根据自己的需要和市场行情趋势来自行决定何时发行;三是证券发行价格与证券票面价格较为接近。

(3)证券发行市场的功能。第一,证券发行市场的基本功能是为政府、金融机构和公司企业提供筹措资金的场所;第二,为资金供应者提供投资和获利的机会,是实现储蓄向投资转化的场所;第三,是优化资源配置的重要场所;第四,是实现企业转制的重要场所。

(4)证券发行的方式。按照有无证券中介机构介入,可分为直接发行和间接发行。直接发行是发行人直接向投资者推销、出售证券。间接发行是发行人委托证券中介机构代理证券的发行,这种发行方式根据受托中介机构对证券发行的责任不同,可分为承购包销、代销和投标三种。承购包销是指银行或证券公司购买政府或公司本次发行的全部证券,然后以批发或零售的方式出售,赚得买进与卖出的价差利润。包销把风险全部转移给包销商,但费用较高。代销指部分新证券由发行单位直接向本公司或其他单位出卖,剩余部分再委托证券公司或银行代销,代销费用较少,但发行者承担风险大。投标指银行及中介机构接到证券发行单位通知后,以投标的形式提出自己的发行条件申请承销新证券,发行单位择其价高、条件优惠的投资者经销证券。

2.证券流通市场

证券流通市场是现有证券买卖的市场,也称二级市场,主要由证券交易所和场外交易市场所组成。

(1)证券流通市场的特点。一是证券流通市场参与者的广泛性。其构成主要有政府部门、商业银行、证券公司、信托公司、投资公司、财务公司和广大公民。不像证券发行市场的发行主体必须经过资格审查。二是价格的不确定性。其一,市场开盘价仅是一个参考,交易价格往往围绕它上下波动;其二,证券买卖双方的意愿是由多种因素来决定,从而使二级市场证券价格起伏频繁。三是交易的连续性。其一,证券交易既有现货交易,也有大量的期权交易和期货交易;其二,证券交易在时间上的连续性。四是交易的投机性。这主要是由证券交易价格引发的,有价差就有投机行为。

(2)证券流通市场的功能。一是流动性功能,这是证券流通市场的基本功能,从而使一级市场的功能得以维持。二是资金期限转化功能,既满足了投资者资金不被长期占压的后顾之忧,又降低了投资风险,从而促进了短期闲散资金转化为长期建设资金。三是维持证券的合理价格。证券流通市场为买卖双方的竞价提供了场所和条件,才使得证券价格的合理性得以体现。四是资金流动的导向功能。二级市场上价格变化会影响一级市场的发行情况,同时又使投资者的资金向最需要、使用效率最高的方向流动,从而提高投资资金的使用效率。五是反映宏观经济功能。因为证券交易市场上的价格指数是反映整体国民经济动态的晴雨表,某类或某种证券价格的变动同样反映行业或企业的变化情况,国家可据此通过相应措施来调节国民经济。

(3)证券交易所。证券交易所是从事买卖股票、债券等有价证券的场所。证券交易所有严格的规章制度来制约各个成员的交易活动,对于违反章程者给予开除、停止交易等纪律处分。各国政府还制定了有关法令,对各类证券交易进行控制。证券交易所并不直接从事股票买卖,只负责提供交易的便利,公布交易额与牌价,促进挂牌股票的交易。证券交易所的收益来自会员们缴纳的会费、挂牌费和专项服务费。只有证券交易所的会员才准许进入证券交易所进行交易,这些有会员资格的证券商称为会员经纪人。他们是证券买者和卖者的中介人,以收取佣金为目的。证券交易所的交易一般按照开户—委托—竞价成交—交割—支付佣金—过户等程序进行。

目前,证券交易方式有五种:

①现货交易。又称现款交易,它是最基本的交易方式,在短时期内完成证券所有权的转让,投机行为少。

②期货交易。这是指买卖双方在未来的特定日或特定期间,以双方预先协议价格交割特定数量和种类的证券的交易。其特点是成交一定时间后再进行交割。结算时,按成交时的合约协议价格而不按交割时的行市进行清算,这样,证券价格的变化会给交易者带来收益或损失;交易时可以采用清算方式互抵。

③信用交易。又称保证金信用交易,这是指经纪人将自有资金或从银行贷入的资金垫付给投资者买卖证券的一种方式,也称垫头交易,一般经纪人为投资者垫付的资本,其利息高于银行利息。信用交易又有融资和融券两种方式。

④期权交易。这是指期权出售者和购买者通过经纪商按契约规定的期限、价格和数量,买卖某一特定有价证券的权利的交易。期权交易可分为买进期权、卖出期权和双向期权。买进期权是指买方在合约期内,有权按预先协议价格向卖方买入一定数量的证券。卖出期权是指期权买方在合约期内,有权按预先协议价格向卖方卖出一定数量的证券。双向期权是指投资者在同一时间内对同一证券既做买进期权又做卖出期权,双向期权可分为套涨期权和套跌期权。

⑤股票价格指数期货交易。此交易的不是股票,而是股价指数,它的主要意义在于减少投资者的风险。当投资者看涨股市时,可买进指数期货;相反,则卖出指数期货。

开办证券交易所需要具备下列条件:第一,要有稳定的政局和良好的经济环境;第二,要对股票有相当大的需求;第三,要有足够数量的符合上市条件的股票存在,并可以转让和买卖;第四,要对投资者利益加以保护。此外,还需要一支训练有素的职员队伍和一批经营股票业务的经纪人。

从世界各国的情况来看,证券交易所可以是官办官管的,也可以是民办民管的,可以是营利性的,也可以是非营利性的。

(4)场外交易市场。也称店头市场、柜台市场。它与证券交易所共同构成一个完整证券交易市场体系。场外交易市场实际上是由千万家证券商行组成的抽象的证券买卖市场,在这里,每个证券商行大多同时具有经纪人和自营商双重身份,随时与买卖证券投资者通过直接接触或电话、电报等方式迅速达成交易。

店头市场与证券交易所的主要不同点是:第一,它的买卖价格是证券商人之间通过直接协商决定的,而股票交易所的证券价格则是公开竞价的结果;第二,它的证券交易不是在固定的场所和固定的时间内进行,而是主要通过电话成交。在股票交易所内仅买卖已上市的股票,而在店头市场则不仅买卖已上市的股票,同样也买卖未上市的股票。

第三市场和第四市场也属于店头市场。其中第三市场的交易对象是在交易所上市的证券,但在场外交易。第四市场是投资者直接进行证券交易的市场,买卖双方不用通过中介机构。

3.发行市场与流通市场的关系

发行市场和流通市场共同构成证券市场,两者相辅相成,缺一不可。发行市场是流通市场的基础，任何证券都要通过发行市场才能达到筹资的目的，发行市场是前提。流通市场又直接影响到发行市场的成效，推动新证券的发行。流通市场为投资者提供变现条件和投资机会，使证券市场活跃，从而支持和巩固发行市场。

（二）投资基金

1.投资基金的概念

投资基金是通过发行基金券（基金股份或收益凭证）将投资者分散的资金集中起来，由专业管理人员分散投资于股票、债券或其他金融资产，并将投资收益分配给基金持有者的一种投资制度。投资基金具有低成本（规模经营）、低风险（分散投资）、专家管理和服务专业等特点，投资基金是资本市场的一个新的形态，它本质上是股票、债券及其他证券投资的机构化，不仅有利于克服个人分散投资的种种不足，而且成为个人投资者分散投资风险的最佳选择，从而极大地推动资本市场的发展。

2.投资基金的类型

投资基金的种类，根据不同的标准，有不同的分类。根据组织形式来分，可以分为公司型基金和契约型基金。根据投资目标的不同，可以分为收入型基金、成长型基金和平衡型基金。根据地域不同，可以分为国内基金、国家基金、区域基金和国际基金。按投资对象不同，可以分为股票基金、债券基金、货币市场基金、专门基金、衍生和杠杆基金、对冲与套利基金、雨伞基金和基金中的基金。

3.投资基金的设立和募集

设立基金首先需要发起人，发起人可以是一个机构，也可以是多个机构共同组成。一般来说，发起人必须同时需要具备下列条件：至少有一家金融机构；实收资本在基金规模一半以上；均为公司法人；两年以上的盈利记录；首次认购基金份额不低于20%，同时保证基金存续期内持有基金份额不低于10%。

在很多情况下，基金是由基金管理公司或下设基金管理部的投资银行作为发起人，在基金设立后往往成为基金的管理人，如果发起人不能直接管理该基金，则需要专门设立基金管理公司或聘请专业的基金经理公司作为基金管理人，几乎所有的大型投资银行都设有基金部或基金管理分公司，它们经常以经理公司的身份出现基金市场上。设立基金的另一当事人是保管人，即基金保管公司，一般由投资银行、商业银行或保险公司等金融机构充当。

4.投资基金的运作和投资

按照国际惯例，基金在发行结束一段时间内，通常为3～4个月，就应安排基金证券的交易事宜，对于封闭式基金股份或收益凭证，其交易与股票、债券类似，可以通过自营商或经纪人在基金二级市场上随行就市，自由转让。对于开放式基金，其交易表现为投资者向基金管理公司认购股份或受益凭证，或基金管理公司赎回股票或受益凭证，赎回或认购价格一般按当日每股股份或每份受益凭证基金的净资产价值来计算，大部分基金每个交易日报价一次，计价方式主要采用“未知价”方式，即基金管理公司在当天收市后才计价以充分反映基金净资产和股份或受益凭证总数的变化。

投资基金通过有效的组合，分散化投资来降低风险。因此，基金的投资就是投资组合的实现，不同种类的投资基金根据各自的投资对象确定和构建不同的证券组合，进而实现各种投资目标。

第四节　衍生金融市场

衍生金融市场交易的对象是衍生金融工具。所谓的衍生金融工具是一种合约，它的价值取决于作为合约标的物的某一金融工具、指数或其他投资工具的变动状况。衍生金融工具主要包括远期合约、期货合约、期权合约、认股权证（Warrant）、互换（Swap）协议及可转换证券（Convertibles）等。近年来，衍生金融工具的交易变得越来越活跃，各种新的衍生金融工具不断被开发出来。这里仅介绍几种最基本的衍生金融工具及其交易市场。

一、期货市场

（一）期货的概念

期货交易最早在商品交易中出现的，它起源于农产品的远期合约交易。农产品的生产周期比较长，农民在播种季节作出生产决策，但是等到产品收获的时候可能市场行情已经发生了变化。农产品价格如果上升，自然有利于农民，但是万一价格下降，农民就可能蒙受损失。为了克服这种不确定性带来的风险，农民便开始与农产品买主签订远期交货合同，在播种季节就把农产品的销售价格和数量谈妥，等产品收获后再行交割。这样农民就把价格波动的风险转移给了农产品的买主。在 19 世纪中期美国最大的农产品集散地芝加哥，这种远期合约十分普遍，以至于在 1848 年出现了专门从事这种交易的芝加哥交易所。

远期合约是一种最为简单的衍生金融工具。它是在确定的未来某一日期，按照确定的价格买卖一定数量的某种资产的协议。在远期合约中，双方约定买卖的资产称标的的资产，约定的成交价格称协议价格，同意按约定的价格卖出标的资产的一方称作空头，同意按约定的价格买入标的资产的一方称作多头。

远期合约在外汇市场上也十分普遍，因为它能够有效防范汇率波动的风险。例如，一家公司预计 3 个月后收到一笔外汇货款，为了避免外汇贬值的风险，它就可以与银行签订一个 3 个月的远期合约，约定在 3 个月后按某一既定的价格向银行出售这笔外汇。这样，无论 3 个月后这种外汇的汇率如何变动，该公司都可以得到既定的本币收入。但远期合约仍有它的不足，因为它只是把卖主的风险转移到买主身上。买主也可能希望到期之前将标的产品转让出去以转移风险，但是由于合同的条款是由各个合同的买卖双方分别议定的，标的资产的数量、质量、交货地点和时间都不统一，很难找到下一个合适的买主。远期合约的另一个大弱点是合约的履行没有保障，完全依赖于双方的信誉，因此违约的风险很大。为了克服上述缺陷，首先必须实现合约的标准化，使它便于流通；其次还要建立一个强有力的保障机制，保证合约的履行。于是期货合约和期货交易就产生了。

所谓的期货合约是在远期合约的基础上发展起来的一种标准化的买卖合约。和远期合约一样，期货合约的双方也是约定在未来某一日期按约定的价格买卖一定数量的某种资产。但是期货合约和远期合约还是有很大的不同，具体可以从表 3-2 看出。

表 3-2　期货合约和远期合约的比较

合约	合约性质	交易方式	参与者	实际交割比例
远期合约	非标准化	私下交易	银行、金融机构	绝大部分(90%以上)
期货合约	标准化	在交易所交易	中小企业也可	很少部分(5%以下)

所有期货交易都必须在经主管部门批准的期货交易所进行。期货交易所必须确保交易的商品符合合约规定的等级,并制定相应的交易规则,如每次报价的最小波动幅度,以及每天的最大价格波动幅度等。更重要的是,它必须通过收取保证金的方式来确保合约的履行。期货交易所的结构在很大程度上与证券交易所是一样的,只有作为交易所会员的经纪商和自营商才能进场交易,没有会员资格的客户或经纪商只能委托有会员资格的经纪商进行交易。

虽然现代期货市场源于早期的期货合约,但是却与远期交易市场有着本质的不同,那就是交易的目的已不再是标的资产的实际交割,而是为了套期保值,即通过在现货市场与期货市场同时做相反的交易而达到为其现货保值的目的。具体做法是:在现货市场买进或卖出某种资产的同时,做一笔与现货交易品种、数量、期限相当但方向相反的期货交易,以期在未来某一时间通过期货合约的对冲,以一个市场的盈利来弥补另一个市场的亏损,从而回避现货价格变动带来的风险,实现保值的目的。

(二)期货交易的类型

根据期货合约的标的物的差异,可将期货交易可以分为四种类型:商品期货交易、利率期货交易、货币期货交易和股价指数期货交易。

1.商品期货交易

商品期货交易是指以商品为标的物期货交易行为,它可以规避商品价格波动导致的风险。商品交易的标的物一般为市场需求量较大,成交额大,易于标准化的商品。如伦敦期货交易所上市的铜期货,上海期货交易所上市的铝期货、天然橡胶期货、燃油期货和钢材期货,大连商品交易所上市的大豆期货,郑州商品期货交易所上市的小麦期货都属于商品期货。一般来说,商品期货的参与者中有一部分是商品的生产商或商品需求用户,他们通过商品期货交易来固定未来买卖的商品价格,从而规避了商品价格波动的风险。

2.利率期货交易

利率期货交易是指以债券类证券为标的物的期货交易行为,可以规避银行利率波动所导致的证券价格变动的风险。利率期货交易一般可以分为短期利率期货交易和长期利率期货交易,前者通常以银行间同业拆借市场 3 月期利率为标的物,后者大多以 5 年期以上长期债券为标的物。

3.货币期货交易

货币期货交易是指以汇率为标的物的期货交易行为,又称作外汇期货交易,用来规避汇率风险。货币期货是各国在从事对外贸易和国际金融业务中产生的,目前货币期货日益成为一种世界性的交易品种,国际上货币期货交易合约所涉及的主要货币有美元、日元、英镑、欧元和瑞士法郎等。

4.股票价格指数期货交易

股票价格指数期货交易是以股票价格指数为交易标的物的期货合约交易。由于股价指数是一种极为特殊的商品，没有具体的实物形式，双方在交易中只能把股价指数的点数换算成货币单位进行结算，没有实物交割。其原理是根据股价指数和股票价格的同方向趋势，在股票的现货市场和股价指数的期货市场上进行相反的操作来抵消股价变动的风险。股价指数期货是金融期货领域最热门、发展最快的交易品种之一。

目前作为期货交易主要对象的股票价格指数包括：美国的道琼斯股价指数(Dow Jones Index)和标准普尔500种股价指数(Standard & Poor's 500 Index)、英国的金融时报工业普通股指数(Financial Times Industrial Ordinary Index)和金融时报证券指数(Financial Times Stock Index)、香港的恒生股价指数、香港股价指数(Hong Kong Index)、日本的日经股票指数(Nikkei Index)、澳大利亚的悉尼股价指数(Ar Ordinaries Index)以及菲律宾的工商股价指数(Commercial & Industrial Index)等。股票价格指数之所以能够成为金融期货市场上进行交易的主要对象，是因为股市大幅度波动给股票持有者带来巨大的风险，同时也给投机者带来巨大的收益。为了转移股票风险和实现投机收益，就自然产生了股价指数期货交易。因为股票价格指数是根据股票价格变动情况所编制的指数，一般来讲，股票价格的变动是与股票价格指数的变动保持同方向、同幅度的，所以，在股票价格指数的现货市场和股票价格指数的期货市场作相反的操作，就可以抵消股票价格变动带来的风险损失。

二、期权市场

(一)期权的概念

无论现货交易、远期交易还是期货交易的合约，只要未能被冲销，到期后交易就必须被执行，而不论当时的市场行情已经发生了怎么样的变化，否则就是违约。而期权合约赋予持有者(即期权的购买者)一种权力，也就是他可以(而不必须)在未来一定时期内以议定的价格向期权合约的出售者买入(看涨期权)或卖出(看跌期权)一定数量的商品或金融资产。也就是说，期权合约中约定的买入或卖出某种资产的交易可以被执行，也可以不被执行。这显然对持有合约人是有利的，它似乎只有权利而没有义务。事实上，持约人为了获得这一权利必须支付一定的代价，那就是他必须向期权的出售者支付一笔费用，也就是期权费。与远期合约、期货合约不同的是，期权合约交易双方的权利和义务是不对称的：期权的购买者只有交易的权利，而没有交易的义务；而期权的出售者则只有应期权购买者的要求进行交易的义务，而没有要求期权购买者进行交易的权利。期权购买者可以根据价格变动的情况决定是否进行交易。当价格变化对他有利时，他可以要求对方进行交易；在价格变动不利的情况下，他可以放弃行使其期权，但此时，他已经损失了购买期权的费用。期权交易首先可以用来进行套期保值，使自己的风险控制在一定的范围内，其次还可以用来投机，以小搏大。

(二)期权的种类

1. 按期权买者的权利划分

(1)看涨期权(Call Option)。看涨期权是期权出售者给予期权持有者在将来确定的到期日或之前以确定的价格购买一定数量某种金融资产的权利。期权的购买价格称为期权价格或期权费，它表示如果执行期权有利可图，买方为执行的权利而付出的代价；卖方收到期权价格，来抵偿日后可能遭受的损失。

(2)看跌期权(Put Option)。这类期权的买方预期标的物的价格将会下跌，因此愿意支付一定数额的期权费，购买在某一特定的时期或之前以确定的执行价格出售一定数量某种金融资产的权利。

2.按照执行期限划分

(1)美式期权(American Option)。美式期权允许其持有者在期权有效期内的任何一天行使买入或卖出标的物的权利。美国国内交易的绝大多数期权都是美式期权,但在芝加哥期权交易所交易的外汇与股票指数期权除外。

(2)欧式期权(European Option)。欧式期权的持有者只能在到期日当天执行权利。欧式期权与美式期权相比,回旋的余地较小,所以价格也较低。

3.按照标的物划分

(1)股票期权。股票期权允许期权的买方在合同的有效期内以约定的价格购买或出售一定数量的股票。证券交易所内的股票期权有标准化的数量,一份合约是100股某种指定普通股。成为交易标的物的股票一般是上市公司股票,但一些场外交易活跃的大公司的股票也成为基础股票。

期权清算公司对上市的期权都设计了标准的执行价间隔,如在美国,对于价格在100美元以上的股票,期权执行价格以10美元为一个间隔;对价格在30美元以上100美元以下的股票,执行价以5美元为一个间隔;对价格在10美元之上30美元之下的股票,执行价间隔为2.5美元。

(2)股票指数期权。股票指数期权的交易标的物为某种股票的指数,每一份合约的金额为指数的100倍。股票指数由一组股票组成,因而,期权交割时不可能交割组成指数的所有股票,而采用现金结算合约,由期权的卖方支付一定现金给期权买方。例如,投资者买入一份S&P100看涨期权,执行指数为290,当指数上涨到300时,决定执行期权,即以29000美元买入指数,而以当时指数的市场价值30000美元卖出,差价1000美元由交易所作为中介,从期权的卖方划拨给期权的买方。

(3)货币期权。货币期权是指期权买方有权在规定的时间以约定的汇率购入或出售一定数量的某种外汇。货币期权所交易的标的物为国际上的主要交易货币,如英镑、美元、日元、欧元等。

(4)利率期权。投资者购买利率期权是为了避免利率变化带来的风险。交易所的利率期权多以国债为基础,以利率表示。近年来,场外交易的以国债及抵押债券为基础利率期权比较活跃,投资者往往为特定目的购买期权,期权期限一般与期权购买者希望保值的期限相同。

(5)期货期权。期货期权指买方有权在期权有效期内的任何时间以约定的价格向卖方买入或卖出指定的期货合约。如果期货期权是买权,则期权买方有权以执行价从卖方买入指定的期货合约,即买方有权获得指定期货合约的多头寸。如果买方执行买权,则卖方会相应得到该期货合约的空头寸。

三、互换市场

互换(Swap)是指两个或两个以上的当事人按照商定的条件,在约定的时间内,交换一系列现金流的合约。互换是比较优势理论在金融领域的最生动的应用,根据比较优势理论,只要满足以下两个条件,互换就可能发生:①双方对对方的资产或负债均有需求;②双方在两种资产或负债上存在比较优势。互换的本质是双方约定在未来某一时间内交换一系列的货币流量,被交换的货币现金流可以是固定的,也可以是按照原生资产的价格波动而调整的。

在互换市场中进行交易的是互换协议。互换协议主要分为货币互换协议和利率互换协议两种,2008 年 1 月 25 日中国人民银行正式推出利率互换业务。

(一)货币互换

货币互换又可以分为外汇市场互换和资本市场互换。外汇市场互换是指交易双方按照既定的汇率交换两种货币,并约定在未来一定期限内按照该汇率相互购回远离的货币。外汇市场互换一般期限较短,不涉及利息的支付,不过出售看跌货币(软币)一方应向出售看涨货币(硬币)的一方支付一定的手续费。资本市场互换的操作过程和外汇市场互换基本相同,也是双方按照一个相同的汇率相互出售和回购两种货币,不过其期限一般较长,通常 5～10 年,而且在协议期限内,交易双方要向对方支付自己所购入币种的利息。

(二)利率互换

利率互换是指交易双方将自己所拥有的债权(债务)的利息收入(或利息支付)与对方所拥有的债权(债务)的利息收入(或利息支付)相交换。这两笔债权(债务)的本金价值是相同的,但利息支付条款却不同的,从而通过交换,可以满足交易双方的不同需要。例如,某银行拥有的浮动利率资产大于浮动利率负债,为使这两者相互匹配,以消除利率变动可能带来的不利影响,该银行可能希望将它的一部分浮动利率资产的利息收入换成固定利率的利息收入。与货币互换所不同的是,利率互换涉及的仅仅是利息收入或利息支付的互换,而不涉及本金的互换。利率互换又可以分为息票互换和基准利率互换。息票互换(Coupon Swap)是同种货币的固定利息收入(支付)与浮动利息收入(支付)的互换。两笔债权(债务)的本金名义价值,到期日与付息日都相同,所不同的只是一笔债权(债务)的利率是浮动的,另一笔的利率则是固定的,这是最常见的一种利率互换。基准利率互换(Basic Swap)是币值相同,但基准利率不同的两笔浮动利息收入(支付)之间的互换。

(三)交叉互换

交叉互换是对货币互换和利率互换两种情况的综合,交易双方所交换的现金流所采用的标的货币和利率都不相同。

四、衍生金融市场的功能

衍生金融市场作为新兴的一个金融市场,由于其在套期保值、价格发现等方面起着重要的作用,因此得以迅速发展。

(一)套期保值

套期保值是指通过在现货市场与期货市场同时做相反的交易而达到为其现货保值的目的的交易方式。其具体做法是:在现货市场买进或卖出某种金融资产的同时,做一笔与现货交易品种、数量、期限相同但方向相反的期货交易,以期在未来某一时间通过期货合约的对冲,以一个市场的盈利来弥补另一个市场的亏损,从而回避现货价格变动带来的风险,实现保值的目的。

(二)投机

与降低风险、进行套期保值相对应的交易就是投机,套期保值和投机涉及交易的双方,如果交易只有规避风险的一方，而没有风险偏好的一方，金融衍生品交易是无法成立的。衍生产品为风险偏好者提供了一个高风险、高收益的机会。据一项统计，1998 年香港期货交易所交易的恒生指数期货，有 2/3 的合约出于投机目的而建立。

（三）价格发现

衍生金融市场不仅仅是一个风险管理的场所，同时也是一个不同的交易者交换各种信息的场所，这种信息的交换主要通过各种金融合约的买入和卖出以及作为买卖的结果——价格表现出来。由于衍生金融市场是一个与现货市场息息相关的高度集中的交易场所，大批的交易者，包括众多的商品生产者、需求者及投机者，利用充分的信息形成各自对商品价格的预期并通过大量的交易达成均衡的价格。这种价格也往往比较真实地反映了需求状况及一段时间内需求变动的趋势，因而，这种价格不但有指示性功能，而且也有助于商品价格的稳定。衍生工具市场这种价格发现的功能可以为政府进行宏观经济调控提供一个工具。

第五节　黄金市场

黄金市场是集中进行黄金买卖和金币兑换的交易市场。虽然世界各国现在都采用信用货币形式，黄金不再作为流通手段，但在国际贸易和其他经济活动中，黄金仍然充当最后的支付手段，执行世界货币的职能，并且黄金具有贮藏价值。

黄金的供给主要来自各国金矿、各国政府、中央银行。对黄金的需求有装饰用金、工业用金及投资需求，且对黄金的需求一般受到国际政治形势、通货膨胀和利率等因素的影响。

黄金市场有两种形式：一种是在交易所面对面成交的“交易中心”形式；另一种是用电信工具联系成交的开放市场形式。黄金市场的参加者有交易所、经纪人、交易商和投资者。黄金市场可分为国内黄金市场和国际黄金市场。前者只允许本国居民参加黄金买卖，禁止黄金的输出入，后者指黄金作为世界货币买卖，用于国际支付结算。

黄金价格由买卖双方协定。黄金市场的供求状况对黄金价格具有重要的影响。

黄金市场有现货交易和期货交易两种交易方式。世界上主要的黄金市场在伦敦、苏黎世、芝加哥和香港。中国的黄金市场的成立是以 2002 年 10 月 30 日上海黄金交易所的成立为标志的，它的成立也标志着我国由期货市场、证券市场、保险市场、外汇市场和黄金市场组成的主要金融产品交易市场全部完成。2008 年上海黄金交易所共成交黄金 4220.7 吨，成交金额 8229 亿元，截至 2008 年底，上海黄金交易所已成为一个拥有 162 家会员、3891 家机构客户、40 多万个人客户，集黄金、白银和铂金等三大品种于一体，开展包括现货实盘、延期交收和个人投资等多种业务在内的综合性贵金属交易所，其黄金现货场内市场交易量居全球第一，我国黄金市场在国内外金融市场中正扮演着越来越重要的角色。

思考题

1.金融市场的构成要素有哪些?

2.金融市场的作用是什么?

3.金融市场形成的条件是什么?

4.货币市场的特点与主要金融工具是哪些?

5.资本市场的特点与主要金融工具是哪些?

6.比较货币市场与资本市场。

7.衍生金融市场有哪些功能?

8.了解我国黄金市场的发展历程与现况。

参考文献

1.裴少峰.货币银行学.广州:中山大学出版社,2006

2.张亦春,郑振龙,林海.金融市场学(第三版).北京:高等教育出版社,2008

3.吴冲锋,刘海龙,冯芸,吴文锋.金融工程学.北京:高等教育出版社,2005

4.冯瑞.货币银行学.南京:南京大学出版社,2007

5.陈琦伟.投资银行学.大连:东北财经大学出版社,2004

6.章和杰.现代货币银行学.北京:中国社会科学出版社,2004

第四章

金融机构体系

内容提要

金融机构也即金融中介机构，是资金盈余者与资金需求者之间进行资金融通的信用中介。金融中介机构通过各种负债业务活动集聚资金，形成资金来源，然后再通过各种资产业务活动分配这些资金，形成金融资产。金融机构是现代金融体系的重要组成，对于合理引导资金流动、优化资源配置、提高社会经济运行效率具有举足轻重的作用。

无论从历史还是逻辑角度考察，商业银行是最早出现的金融机构，商业银行是现代金融的源头；同时商业银行在整个金融机构体系中是最重要的环节，占有支配地位。

第一节　金融机构产生与功能

一、金融机构的产生

无论从历史还是逻辑角度考察，商业银行是最早出现的金融机构，是现代金融的源头。大约12世纪中期开始，欧洲的许多城市流通着种类繁多的货币。到了14—15世纪的欧洲，由于封建割据造成货币制度非常混乱，给交易活动带来了很大的不便。于是专门有意大利人在威尼斯等地从事鉴别和兑换货币的业务，货币兑换业应运而生。由于当时经营货币的商人多坐在长板凳上，意大利人把它们称为Banco，即长板凳，英文Bank和法文中的Banguc就是由此演变而来的。

近代银行的产生，是中世纪的欧洲，当时欧洲各国的贸易集中于地中海沿岸，其中意大利处于中心地位。在此期间，意大利的威尼斯和其他几个城市出现了从事存款、贷款和汇兑业务的机构。1171年，最早的银行——意大利威尼斯银行成立；以后陆续成立的银行有：1407年的热那亚银行、1593年的米兰银行、1609年的阿姆斯特丹银行、1619年的汉堡银行等，由于这些银行经营的业务除了接受商人存款和转账结算以外，主要以政府为对象的贷款，利润可观。

现代银行体系的产生主要有两条途径：一是随着资本主义经济的发展由高利贷性质的银行转变成资本主义银行；二是资产阶级在与高利贷的斗争中建立的新型股份制现代银行。1694年伦敦创办的英格兰银行，是现代银行制度形成的标志。现代股份银行由于其资本雄厚、规模大、利息低、业务全面，打破了高利贷银行垄断的局面，极大地促进了工业革命的发展，成为现代金融业的主体。此后，欧洲其他国家也相继建立起了股份银行。

非银行金融机构是随着金融资产多元化、金融业务专业化而产生的。早期的非银行金融机构大多与商业银行有着密切的联系。1681年，英国成立了世界上第一家保险公司；1818年，美国产生了信托投资机构；1849年，德国创办了世界上第一家农村信用社。20世纪初，证券业务和租赁业务迅速发展，产生了一大批非银行性的金融机构。第二次世界大战后，非银行金融机构逐步形成独立的体系。例如证券业，美国有7000多家证券公司，18家全国性的证券交易所。20世纪70年代以来，金融创新活动不断涌现，非银行金融机构快速发展，有力地推动了金融业务的多元化和证券化，使得各类金融机构的业务日益综合化，银行机构与非银行金融机构的划分越来越不明显，非银行金融机构自身的业务分类也日趋融合。

二、金融机构的功能

(一)金融功能的“融资中介说”

自金融机构诞生之日起，金融机构的功能就伴随而生。不同时期经济的发展程度决定了当时金融机构的功能特点。20世纪70年代之前，以现代银行为代表的金融机构，其功能主要体现在“融资中介”。其主要功能表现为：

1. 作为融通资金的信用中介

早期银行以货币经营为主，从事出纳、簿记、货币保管、货币汇兑为主的技术性业务。现代经济是市场经济和信用经济。现代经济中的主体，不管是企业、个人还是政府，都可能是盈余单位或赤字单位。因此，依靠金融中介所特有信用渠道、信用方式及风险管理技术，对社会资金余缺进行调剂非常必要。银行以吸收存款与经营放款等信用业务引导资金从盈余单位流向赤字单位，有效地实现了社会资源的转移与配置。信用中介是银行的基本职能。

2. 创造信用，扩张信用

早期的商业经济中，以金属货币为流通手段和支付手段，现代银行创造出信用工具，执行支付手段和流通手段的职能。银行最初创造的信用工具是银行券，在中央银行垄断货币发行权后，纸币由中央银行发行；之后银行体系所创造出来的支票又成为欧美发达国家最主要的支付工具；目前，电子货币和信用卡等已成为新型的信用支付手段。

其次，基于银行盈利的动机，银行吸收的存款，在根据日常经验留足备付金和法定准备金以后，可以利用超额准备金进行贷款和投资，形成存款的增加和信用的扩张。此项过程，在银行系统内不断延伸，不但创造了存款，也扩展了贷款，从而扩张了银行信用。

3. 提供广泛的金融服务

市场经济和社会生活的现代化，使得工业、商业、服务业、家庭生活等都对金融业提出更多更高的要求，如代发工资、代理支付、消费转账结算和消费信用、信息服务和处理、投融资咨询服务、代客理财等，银行也通过开展广泛的金融服务来扩大自身的资产负债业务。

(二)金融功能的“财富管理说”

20世纪中叶，随着市场经济的日趋完善和社会财富规模的增长及结构的变化，金融市场上的信息不对称和交易成本明显下降，金融机构的功能空前丰富多样，共同基金、养老基金的规模剧增，各类非银行金融机构不断涌现，它们依靠发行债券而非吸收存款筹资，而银行、保险公司等传统机构的资产份额下降。现实告诉我们，传统的金融机构理论已经不能很好地解释现实问题。支撑金融机构快速增长的核心功能已经发生了变化，不再是传统的以

"融资中介"为核心,而是以"财富管理"为核心。

现代金融机构的"财富管理"功能包括资产定价、风险分散和转移、价值增值等方面。

1.资产定价

一个强大的金融市场离不开一个风险与收益相匹配、流动性与效率性相统一的资产定价机制。正是因为市场定价机制的存在,才能够给众多的金融产品提供流动性和价格发现功能。从国际金融机构的发展来看,其核心竞争力的关键即在于资产定价。

2.风险分散和转移

传统金融机构是以承担风险方式为主配置风险的,现代金融机构则是以转移和受托管理风险方式为主配置风险。在过去的三十年里,金融机构的最大变化是风险管理业务的重要性日益增加,并成为许多金融机构的核心业务。金融机构的核心价值就在于以最低的成本向社会提供有效配置风险的功能。相关研究表明,金融机构可以几乎以零成本进行金融资产交易,而个体的成本却很高。由于管理者的自我利益、税收的非线性、财务困境成本和资本市场的非完美性等原因使企业存在着风险管理的需求,希望金融机构为他们规避风险提供相应的避险产品和增值工具。因此,金融风险的转移和管理功能向金融机构不断集聚,这也是当今金融机构广泛开展风险管理的原因所在。

3.价值增值

相关研究表明,金融机构的价值增值功能应当成为金融机构理论的核心,因为价值增值是现代金融机构发展的主要驱动力。现代金融机构的职能不仅仅是被动的存款人和贷款人之间的中介,它们还是独立的市场主体,并通过降低投资者的参与成本、扩展金融服务、实行资产转换和金融创新等增加存贷双方的价值。金融机构必须积极地进行金融产品创新,参与金融转换,通过转换金融风险、期限、规模、地点和流动性为客户创造价值。

三、金融机构存在的经济分析

以银行为代表的金融机构能够存在和壮大,主要原因在于它们具有不可比拟的优势。

1.解决借贷双方的交易成本及信息不对称问题

在金融交易中,交易双方存在着广泛的信息不对称问题,即借款人或债务人对自己的财务现状和未来比贷款人和债权人知道得更多。信息不对称往往以两种方式出现,即逆向选择和道德风险。所谓逆向选择,是发生在交易之前,指那些最可能造成不利结果即贷款风险的人,往往是最积极寻找贷款的人。道德风险是指贷款人发放贷款后,由于贷款人很难了解借款人使用贷款的信息,存在着信息不对称,这时贷款人往往从事那些高收益、高风险的活动,导致贷款难以收还。逆向选择和道德风险降低了贷款归还的可能性。由此可见,信息不对称问题影响了金融市场正常的交易,限制信用活动的发展,阻碍了金融市场正常功能的发挥。但作为银行等金融中介机构,可以通过建立与借款人、储蓄者之间的信用关系,起到信息揭示、信息监督和风险控制作用。解决信息不对称方法有:①信用审核。如当银行进行消费贷款时,首先审查申请者的信用状况;②常常针对某一特定行业或企业进行贷款,以便银行对这些企业掌握更多的信息;③与客户建立长期联系,持续监督借款人的行为。通过以上方法避免最终贷款者(盈余者)重复搜集信息,避免信息不对称所产生的后果。同时金融机构充当信用中介,还可以通过规模经济和业务技能的提高来降低其交易成本。

2.提供流动性和庞大业务支付网络

由于金融机构为存款人提供活期存款合约并向借款人提供非流动性贷款，因而承担着将非流动性资产转化为流动性负债的流动性转换功能。银行提供的活期存款合约，能为要求在不同时间进行消费的存款人提供更为有效的风险分担，改善竞争性市场的效率。因此，金融机构的作用相当于为存款人提供了一种流动性保险，允许他们在最需要的时候进行消费。

其次，由商业银行与中央银行提供的支付结算机制在国民经济运行中有着十分重要的地位，在实行分支行制的国家中，金融中介机构拥有庞大的业务分销网络与支付系统，使得资金的支付在任何地方都安全便捷，且成本低廉。

3.提供良好的风险管理和风险转移

首先，在风险管理方面，银行通过专业运作，可以防范与化解风险：第一，银行可以设计与借款人的合约来解决借贷双方利益相悖的问题，例如在合约中确立限制性条款限制借款人从事高风险投资；第二，银行在借款中要求有抵押、担保，在发放工商企业贷款时还可要求一种特殊的抵押，叫补偿余额，即取得贷款的企业必须在其银行支票存款账户上保留某一最低规模的资金，一旦企业违约，可以通过补偿余额来弥补部分贷款损失。以上措施可以强化借款人与银行之间的利益同向。

其次，在信用风险转移方面，银行的资产组合中以贷款业务为主，所承担的风险比其存款大得多。银行之所以能把高风险的资产转换成低风险的存款，其主要方法是：①信贷组合分散风险；②专业化管理降低风险；③充足的资本金和持有足够的准备金来抵御不可预见的风险。

第二节　金融机构体系的构成

以中央银行为核心，商业银行为主体，各类银行和非银行金融中介机构并存，构成现代世界各国的金融体系。在这种类繁多的金融机构体系中，除去中央银行和各类监管机构，按照它们的性质和主要业务类别，可以分为存款性金融机构、非存款性金融机构和政府所属的专业信用机构。

一、存款性金融机构

(一)商业银行

商业银行是依法接受活期存款，主要为工商企业和其他客户短期放款，并从事广泛金融服务的金融机构。与其他金融机构相比，商业银行明显的特点是能够吸收活期存款、并以派生存款的方式创造和收缩存款货币，是信用扩张的重要源泉。在负债方面，它不仅能办理签发支票的活期存款，也能办理储蓄存款、定期存款，并积极在金融市场借款。在资产业务方面，除了经营短期工商企业贷款、农业贷款外，还可以为消费者、政府机关、法人团体等提供贷款，贷款期限扩展到10年，甚至更长。20世纪80年代，随着金融管制的放松，各国商业银行又纷纷开办证券投资业务，从事外汇经营业务、租赁、信托业务等。商业银行已成为一个典型意义上的金融百货公司。历经几百年演变的现代商业银行，已成为西方各国金融中介中业务最广泛、资金实力最雄厚的存款性金融机构，其对经济活动的重要性居于其他各类银行与非银行机构之首，是一国金融体系的骨干。

（二）储蓄机构

在西方国家，储蓄机构是仅次于商业银行的第二大金融机构。长期以来通过储蓄存款的传统方式来获取几乎全部的资金，不能吸收活期存款。近几十年来，某些储蓄机构开办了“股份”式的资金来源业务，即发放一种契约性的股份，这种股份可以退还，实质是一种储蓄存单。储蓄机构的资金运用大部分是发放不动产贷款，投资国债和其他证券。储蓄机构的贷款可以长达15～25年。因此，储蓄机构的负债与资产之间在期限上是难以对称的，“短借长贷”现象比较突出，因此这些金融机构的抗风险能力比较弱。储蓄机构在各国的名称不一样，在英国叫信托储蓄银行和房屋互助协会，在美国叫储蓄放贷协会和互助储蓄银行等。

（三）抵押银行

抵押银行是专门经营以不动产为抵押的长期贷款银行。抵押银行的业务主要是办理以土地和城市房屋为抵押的长期放款。它们的资金主要不是靠吸收存款，而是发行不动产抵押证券来筹集。贷款业务主要面向土地所有者、购买土地的资本家、房屋所有者和从事房地产业的企业，股票、债券、黄金等可作为贷款的抵押品。这类银行在各国名称不一，但却不同程度地具有公营性质，是政府干预经济的重要机构。中国没有专设的抵押银行。

二、非存款性金融机构

（一）保险公司

保险就是运用互助共济的原理，将个体面临的风险由全体来分担。保险公司是经营保险业务的金融机构。保险公司依靠投保户缴纳的保险费获取资金，其资金的运用有两个渠道：一方面用于补偿因自然灾害或意外事故所造成的经济损失，或对个人的死亡伤残支付保险金；另一方面用于投资证券、发放不动产贷款和保单贷款等。保险公司的种类很多，有财产保险公司、人寿保险公司、再保险公司、存款保险公司等。保险公司的主要功能是承担并分散风险，兼具经济补偿功能和投资功能。西方国家的保险业非常发达，各类保险公司是各国最重要的非银行类金融机构。

（二）投资银行

投资银行是主要从事证券发行、承销、交易、企业重组、兼并与收购、投资分析、风险投资、项目融资等业务的非银行金融机构，是资本市场上的主要金融中介。投资银行的名称通用于欧洲大陆及美国等工业化的国家，但在英国被称为商人银行，在日本则被称为证券公司，在中国一般指证券公司。此外，与这种银行性质相同的还有其他各种各样的形式和名称，如长期信贷银行、开发银行、实业银行、金融公司、持股公司、投资公司等。

投资银行是证券和股份公司制度发展到特定阶段的产物，是发达证券市场和成熟金融体系的重要主体，在现代社会经济发展中发挥着沟通资金供求、构造证券市场、推动企业并购、促进产业集中和规模经济形成、优化资源配置等重要作用。投资银行和商业银行不同，其资金来源主要是发行自己的股票和债券，主要收益来自代理发行证券的佣金和咨询服务费收入等。

(三)财务公司

财务公司又称金融公司,是为企业技术改造、新产品开发及产品销售提供金融服务,以中长期金融业务为主的非银行机构。国际上,财务公司一般可分为企业附属财务公司和非企业附属财务公司。企业附属财务公司由企业(主要是大型制造业)设立,为本企业服务,但服务范围可能不完全局限于本企业。非企业附属财务公司包括银行附属财务公司、银企合资财务公司和独立财务公司。银行附属财务公司是由银行控股,因规避监管、实现金融创新和弥补银行的不足而设立,同时也为企业和个人提供金融服务。银企合资财务公司是银行和企业出于金融创新规避监管或促进银企合作的考虑而设立,为企业和个人提供金融服务。独立财务公司一般是没有母公司的财务公司,规模较小,比较灵活,在某一方面提供融资服务。

(四)投资基金

基金公司是从事证券投资基金和养老基金管理的金融机构。证券投资基金又称共同基金、投资信托等,是通过发行基金股票或基金收益凭证将众多的投资者的资金集中起来,再进行分散投资和组合投资的一种集合投资方式,它具有专家理财、集合投资、分散风险、规模经济等特点。

养老基金是一种用于支付退休收入的基金,是社会保障基金的一部分。养老基金通过发行基金股份或受益凭证,募集社会上的养老保险资金,委托专业基金管理机构用于产业投资、证券投资或其他项目的投资,以实现保值增值的目的。

三、政府所属的专业信用机构

政府所属的专业信用机构,一般是指政策性银行。政策性银行是由政府设立,不以盈利为目的,根据政府的决策和意图专门从事政策性金融服务的银行。政策性银行经营的领域多是一些商业银行不愿投资或无力承受的领域,但对国家经济发展和社会稳定有着重要的意义。这些领域往往投资规模大、周期长、经济效益见效缓慢,如农业开发、基础设施建设等项目。所以政策性银行大多是国有资本,一般不办理存款业务。具体业务上要接受政府相应部门领导,业务性质与产业政策密切配合。政策性银行主要包括开发银行、进出口银行和农业银行。

开发银行是为了满足经济建设长期投资需要建立的。因为长期投资一般规模大、风险大、时间长、见效慢,商业银行不愿投资或无力投资,但对于经济建设意义重大,所以须由政府出面创办不以盈利为目的的开发银行来满足其需要。开发银行分国际性、区域性和全国性三种。国际性开发银行有国际复兴开发银行(简称世界银行),主要是提供长期贷款协助会员国特别是发展中会员国进行基本建设。区域性开发银行有亚洲开发银行,全国性开发银行有东欧的建设银行。

进出口银行是通过金融渠道支持本国对外贸易的银行。进出口银行一般是政府的金融机构,如美国的进出口银行,日本的输出入银行等。也有半官方性质的,如法国的对外贸易银行,就是由法兰西银行和一些商业银行共同出资建立的。创建进出口银行的目的是政府为促进商品输出而承担私人出口商不愿承担或无力承担的风险,并通过优惠出口信贷增强本国出口竞争力。

农业银行是为了配合国家的农业政策，为农业提供低利中长期优惠贷款，以促进和保护农业生产和经营活动的银行。农村地域广阔，农户分散，资金需求数额大、期限长、利息负担能力低；农业受自然因素影响大，对资金的需求具有强烈的季节性；农业贷款只能凭个人信誉。因此，一般商业银行都不愿冒这个风险。为此，西方许多国家专设了以支持农业发展为主要职责的银行。有美国的联邦土地银行合作银行，法国的土地信贷银行、农业信贷银行；德国的农业抵押银行，日本的农林渔业金融公库，等等。农业银行的资金来源有政府拨款、发行债券或股票，也有依靠吸收客户的存款和储蓄的。农业银行贷款的范围非常广，几乎涵盖了整个农业生产所需要的一切资金，不管是土地购买、租借还是化肥、种子、农药的购买都能进行贷款。有些国家还对农业银行的某些贷款给予利息补贴和税收优待。

第三节　我国金融机构体系

一、我国金融机构体系的演变和发展过程

中国早期的金融体系同样是从银行体系开始的。明朝末年出现的类似银行的钱庄和票号是中国金融机构的早期状态。鸦片战争后，一些外商银行纷纷进入我国开展金融业务，并凭借其特权获取了巨额的利润。我国境内第一家银行是 1845 年英国人设立的丽如银行，1897 年中国通商银行作为中国人自办的第一家银行开始营业，标志着中国现代银行信用的开始。

20 世纪 30 年代，统治旧中国的国民党政权建立了以中央银行、中国银行、交通银行、中国农民银行、中央信托局、邮政储金汇业局、中央合作金库（简称“四行二局一库”）为主体，包括省、市、县银行及官商合办银行在内的金融体系。此外还有一批民族资本家兴办的私营银行及钱庄，其中约三分之一集中在上海，但多半规模不大且投机性强，在经济运行中所起的作用十分有限。[8]

随着解放战争的胜利，1948 年 12 月 1 日中国人民银行在石家庄成立，并开始发行人民币。中国人民银行的成立，标志着新中国金融体系的建立。1949 年 2 月，中国人民银行迁入北平。建国后在计划经济体制下，中国人民银行形成了“大一统”的银行体系，即银行不划分专业系统，各个银行都作为中国人民银行内部的一个组成部分，从而使中国人民银行成为既办理存款、贷款和汇兑业务的商业银行，又担负着国家宏观调控职能的中央银行，其结果违反了金融业发展规律。

1978 年，我国进入了改革开放的新时期，银行业走上了改革开放的道路。1979 年初，国家相继恢复了主管农村金融业务的中国农业银行；从中国人民银行中分设出了主管外贸信贷和外汇业务的中国银行；从财政部中分设出了主管长期投资和贷款业务的中国人民建设银行；1981 年底又成立了负责接受国际金融机构贷款及其他资金转贷给国内企业的中国投资银行；1983 年 9 月 17 日，国务院发文明确规定中国人民银行专门行使中央银行的职能，同时决定成立中国工商银行，接办中国人民银行原有的信贷和储蓄等商业银行业务。至此，我国基本形成了以中央银行为领导、四大国家专业银行为骨干的银行体系。1986 年底《中华人民共和国邮政法》通过，将邮政储蓄业务法定为邮政企业的业务之一，从而使邮政储蓄

遍布全国,形成了一个"准银行"系统。

1987年,随着改革开放的深入,中国人民银行提出要建立以中央银行为领导、各类银行为主体、多种金融机构并存和分工协作的社会主义金融体系。1994年国家相继成立了专门办理政策性信贷业务的国家开发银行、中国进出口银行及中国农业发展银行,并实现了四大国有专业银行向真正的国有商业银行转变。1995年5月10日,《中华人民共和国商业银行法》通过。1996年底,我国四大国有商业银行已有机构153069个、职工168.68万人。[8]

与此同时,在改革开放的推动之下,其他各类商业银行也迅速发展。1986年7月,以公有制为主的股份制全国性综合银行—交通银行成立。中信实业银行、招商银行、深圳发展银行、烟台住房储蓄银行、蚌埠住房储蓄银行、福建兴业银行、广东发展银行、中国光大银行、华夏银行、上海浦东发展银行、海南发展银行、民生银行等12家股份制银行也随后相继成立。到1996年底,这13家股份制银行已有机构3748个、职工8.55万人。[8]

至此,我国已形成国有商业银行全面竞争,股份制银行、地方性商业银行以及外资银行广泛发展,各种非银行金融机构、民间金融机构不断成长的金融格局。

二、我国现行的金融机构体系

中国现行金融机构体系是以中央银行为核心、政策性银行与商业性银行相分离、国有商业银行为主体、多种金融机构并存的现代金融体系。按地位和功能可分为四大类:

第一类,中央银行,即中国人民银行。

第二类,银行类金融机构。包括政策性银行、普通商业银行等。

第三类,非银行金融机构。主要包括国有及股份制的保险公司、城市信用合作社、证券公司、财务公司等。

第四类,在境内开办的外资、侨资、中外合资金融机构。

以上各种金融机构相互补充,构成了一个完整的金融机构体系。表4-1为我国现阶段金融机构体系的构成。

表4-1 我国现阶段金融机构体系的构成

中央银行	中国人民银行
政策性银行	国家开发银行、中国进出口银行、中国农业发展银行
国有商业银行	中国工商银行、中国农业银行、中国建设银行、中国银行、交通银行
股份制商业银行	中信银行、招商银行、华夏银行、中国光大银行、中国民生银行、深圳发展银行、广东发展银行、上海浦东发展银行、兴业银行、恒丰银行、渤海银行、浙商银行
城市商业银行	北京、上海、深圳、大连等100多家
非银行金融机构	保险公司、证券公司、信托投资公司、财务公司、融资租赁公司、城市信用合作社、农村信用合作社
在华外资金融机构	外国独资银行、外国银行分行、合资银行、外国独资保险公司、外国保险公司分公司、合资保险公司、独资财务公司、合资财务公司

(一)中国人民银行

中国人民银行是在国务院的领导下,制定和实施货币政策,对金融业实施监督管理的宏观调控部门。中国人民银行是1948年12月1日在华北银行、北海银行、西北农民银行的基础上合并组成的。1984 年以前，中国人民银行身兼中央银行及商业银行的职能。1983 年 9 月，国务院决定中国人民银行专门行使中央银行职能，同时成立中国工商银行来办理其原来商业银行的业务。1995 年 3 月 18 日通过、2003 年 12 月 27 日修正的《中华人民共和国中国人民银行法》确立了其作为中央银行的法律依据。中国人民银行主要职责为：

(1)发布与履行其职责有关的命令和规章；

(2)依法制定和执行货币政策；

(3)发行人民币，管理人民币流通；

(4)监督管理银行间同业拆借市场和银行间债券市场；

(5)实施外汇管理，监督管理银行间外汇市场；

(6)监督管理黄金市场；

(7)持有、管理、经营国家外汇储备、黄金储备；

(8)经理国库；

(9)维护支付、清算系统的正常运行；

(10)指导、部署金融业反洗钱工作，负责反洗钱的资金监测；

(11)负责金融业的统计、调查、分析和预测；

(12)作为国家的中央银行，从事有关的国际金融活动；

(13)国务院规定的其他职责。

(二)政策性银行

1994 年，为了适应经济发展的需要以及遵循政策性金融与商业性金融相分离的原则，我国组建了三家政策性银行：国家开发银行、中国进出口银行和中国农业发展银行。

国家开发银行成立于 1994 年 3 月 17 日，成立时的注册资本 500 亿元人民币，由财政部拨款，100％由政府拥有。开发银行的资信评级在所有中国企业中最高、拥有几乎等同于财政部的资信等级。它的主要任务是按照国家有关政策，筹集和引导境内外资金，向国家基础设施、基础建设和支柱产业的大中型基本建设和技术改造等政策项目及其配套工程发放贷款，从资金来源上对固定资产投资总量进行控制和调节，优化投资结构。国家开发银行的资本金来源主要依靠的是发行金融债券，它是除中国政府之外最大的债券发行主体。

中国进出口银行成立于 1994 年 4 月 26 日，不以盈利为目的，实行自主经营、企业化管理。中国进出口银行主要为机电产品和成套设备等资本性货物出口提供出口信贷；办理与机电产品出口有关的各种贷款以及出口信用保险和担保业务。其资金来源以发行政策金融债券为主，在国际金融市场筹措资金。

中国农业发展银行成立于 1994 年 11 月 18 日，主要对农业基础建设、农副产品、农业发展提供支持，办理粮食、棉花、油料等主要农副产品的国家专项储备和收购贷款；管理扶贫贷款和农业综合开发贷款以及小型农、林、牧、水基本建设和技术改造贷款。成立时注册资本为 200 亿元人民币，其中一部分由中国农业银行、中国工商银行当时的信贷资金中划拨，其余部分由财政划拨。它的资金来源渠道以中国人民银行的再贷款为主，同时发行少量的政策性金融债券。

与政策性银行成立之初相比，近年来我国宏观经济、产业结构、市场需求和微观条件都发生了很大的变化。带有补贴的、政府指令的政策性业务比重正在逐步下降，银行自营的开发性业务比重上升，政策性银行实现职能调整和机构转型的条件日趋成熟。随着我国经济形势的发展，三家政策性银行都面临改革与转型的任务。2007 年 12 月 31 日中央汇金投资有限责任公司向国家开发银行注资 200 亿美元，开始了其向商业银行转变的过程。中国农业发展银行和中国进出口银行也将推进内部改革，大力加强内部控制和风险管理，稳步拓宽业务范围，努力提高市场化管理水平。

(三)国有商业银行

处于我国金融机构体系中心的是由中国工商银行、中国农业银行、中国银行、中国建设银行和交通银行组成的五家国有商业银行。除农行外，国有商业银行业务逐步向大中城市集中，主要服务于国有大中型和大型建设项目。目前，国有商业银行无论是在人员和机构网点数上，还是资产规模及市场占有份额上，都在我国金融领域占有举足轻重的地位。

中国工商银行成立于 1984 年，2005 年 10 月更名为“中国工商银行股份有限公司”。2006 年 10 月在上海证券交易所和香港联合交易所同时挂牌上市。中国工商银行是全国规模最大的商业银行，客户量众多，主要业务在全国排名领先。工行以城市工商业机关团体和居民为服务对象，主要经营工商企业存贷款和城镇居民储蓄业务。截至 2008 年 1 月底，中国工商银行总资产已超过 10 万亿元人民币，成为国内首家总资产超过 10 万亿元的企业。

中国农业银行主要经营农村金融业务，在广大农村普遍设有分支机构，主要职责包括领导和管理农村金融组织、农村资金办理转账、结算业务等。农行对自己的市场定位描述为“不放弃农村，但不局限于农村”。目前，农业银行是唯一一家在全国各县市都设有分支机构和电子化网络的国有商业银行。

中国银行是中国历史最悠久的银行，业务涵盖商业银行、投资银行和保险三大领域，拥有最广泛的海外分支机构网络，在外汇存贷款、国际结算、外汇资金和银行卡等业务领域居于领先地位。公司在全球 27 个国家和地区设有 600 多个分行、子公司及代表处，覆盖了纽约、伦敦、东京、香港、法兰克福和新加坡等主要国际金融中心。公司拥有完善的海外分支机构网络，可与境内机构共同实现对境内客户提供基于同一平台下的境内、外金融服务。中国银行在 2006 年 6 月于香港联交所上市，同年 7 月又在上海证券交易所挂牌上市。截至 2008 年 9 月 30 日，中国银行总资产为 95966 亿元，居我国商业银行第三位。

中国建设银行是一家以中长期信贷业务为特色的国有商业银行。这主要是因为它过去长期从事基本建设业务，在与大行业大企业的密切联系中积累了丰富的经验。2005 年 10 月，建行在香港联交所上市，2007 年 9 月又实现了在上海证交所的上市。2009 年 2 月初，英国《银行家》杂志刊载了 2009 年度全球金融品牌 500 强排行榜，中国建设银行以 90.24 亿美元的品牌价值列全球第 9 位，较上年度上升 9 位。截至 2008 年 9 月底，建行资产总额达 7.32 万亿元人民币，比 2003 年底增长一倍多。

交通银行是国务院在 1986 年批准重新组建的股份制银行。从 2007 年开始，交通银行在统计口径上被列为国有商业银行。交通银行于 2005 年 6 月在香港正式上市，2007 年 5 月正式回归国内 A 股市场。截至 2008 年 9 月 30 日，交通银行总资产为 24913 亿元，居我国商业银行第四位。

(四)其他商业银行

1986 年我国重组股份制商业银行以来，我国陆续成立了 12 家股份制商业银行，包括中信实业银行、招商银行、华夏银行、中国光大银行、中国民生银行、深圳发展银行、广东发展银行、上海浦东发展银行、兴业银行、恒丰银行、渤海银行、浙商银行。股份制商业银行股本以企业法人和财政入股为主，以商业银行机制运作，股份比较灵活，业务发展很快。

1998 年，从北京开始渐渐出现了以城市名命名的商业银行。他们是由各有城市原来的城市合作银行合并组建而成的，而原来的城市合作银行则是在原城市信用合作社的基础上组建的。这些城市商业银行是由城市企业、居民和地方财政投资入股组成的地方性股份制商业银行，重点是为城市中小企业的发展提供金融服务。截至 2007 年底，我国已有 10 家股份制商业银行和城市商业银行上市。

（五）保险公司

目前，我国保险公司的业务险种达 400 余种，大致可分为财产保险、责任保险、保证保险、人身保险四大类及保险机构之间的再保险业务。1995 年 10 月 1 日，新中国成立以来第一部保险法《中华人民共和国保险法》开始施行。

我国全国性的保险公司包括中国人民保险（集团）公司、中保财产保险有限公司、中保人寿保险有限公司、中保再保险有限公司、中国太平洋保险公司、中国平安保险公司、华泰财产保险公司、泰康人寿保险公司和新华人寿保险公司等；地方性的保险公司有新疆兵团保险公司、天安保险公司、大众保险公司、永安财产保险公司和华安财产保险公司等；外资、合资保险公司有香港民安保险深圳分公司、美国友邦保险公司上海分公司、美国美亚保险公司广州分公司、东京海上保险公司上海分公司、中宏人寿保险股份有限公司和瑞士丰泰保险公司上海分公司等。

（六）信托投资公司

信托投资公司是一种以受托人的身份，代人理财的金融机构。它与银行、保险并称为现代金融业的三大支柱。信托投资公司业务具有收益高、责任重、风险大、管理复杂等特点。我国信托投资公司的主要业务包括经营资金和财产委托、代理资产保管、金融租赁、经济咨询、证券发行以及投资等。根据国务院关于进一步清理整顿金融性公司的要求，我国信托投资公司的业务范围主要限于信托、投资和其他代理业务，少数确属需要的经中国人民银行批准可以兼营租赁、证券业务和发行一年以上的专项信托受益债券，用于进行有特定对象的贷款和投资，但不准办理银行存款业务。信托业务一律采取委托人和受托人签订信托契约的方式进行，信托投资公司受托管理和运用信托资金、财产，只能收取手续费，费率由中国人民银行会同有关部门制定。

中央汇金投资有限责任公司（Central Huijin Investment），简称汇金公司，是中国目前最大的金融投资公司。中央汇金公司是 2003 年 12 月 16 日成立的，经国务院批准组建的国有独资投资公司，代表国家对中国银行和中国建设银行等重点金融企业行使出资人的权利和义务。汇金公司原由国务院国有独资商业银行改革领导小组指挥运作，现并入中国投资有限责任公司。它是中国金融稳定局的窗口，是国务院维护金融稳定、防范和化解金融风险的一个“工具性”公司。

我国其他信托投资公司主要有中国光大国际信托投资公司、中国民族国际信托投资公司、中国信息信托投资公司、中国教育信托投资公司等，还有为数众多的地方性信托投资公司与国际信托投资公司。

(七)财务公司

我国的财务公司,是由企业集团内部各成员单位入股,向社会集中长期资金,为企业技术进步服务的金融股份有限公司。其主要业务有:吸收集团成员的存款;发行财务公司债券;对集团成员发放贷款;办理同业拆借业务;对集团成员单位产品的购买者提供买方信贷等。财务公司的特点是为集团内部成员提供金融服务,其业务范围、主要资金来源与资金运用都限定在集团内部,而不能像其他金融机构一样到社会上去开拓生存空间。我国第一家企业集团财务公司建立于 1987 年。我国比较著名的财务公司有华能集团财务公司、中国化工进出口财务公司、中国有色金属工业总公司财务公司等。截至 2007 年末,我国共有企业集团财务公司 73 家。

(八)证券公司

我国第一家证券公司 1987 年在深圳经济特区成立,此后,各省市都相继成立了证券公司。为了方便投资者买卖股票和债券,证券公司和信托投资公司在全国大中城市设立了证券交易营业部,在那里人们可以方便地买卖各种上市债券。截至 2008 年 4 月底,全国共有证券公司 106 家,总资产约 1.8 亿元。代表有中信证券、银河证券、国信证券、国泰君安、申银万国等。目前我国的证券公司与国外成熟的现代投资银行还有明显的差距,公司业务范围有限、规模小、机构分散且缺乏竞争力。

(九)信用合作组织

信用合作组织主要是指城市信用合作社和农村信用合作社。城市信用合作社是在改革开放初期发展起来的,作为城市集体金融组织,它是为城市集体企业个体工商户以及城市居民服务的金融企业,是实行独立核算、自主经营、自负盈亏、民主管理的经济实体。到 2007 年底,全国共有城市信用合作社 42 家。农村信用合作社是 20 世纪 50 年代中期,在全国广大农村普遍组建起来的。其组建原则是农民入股、社员民主管理、主要为入股社员服务三个方面。其主要业务是经营农村个人储蓄以及向农户贷款。2003 年国家对农村信用合作社的管理体制、产权模式和组织形式等方面进行了改革。

(十)其他金融机构

新中国成立以前,我国曾有中国邮政储金汇业局,它主要以个人为服务对象,以经办储蓄和个人汇兑等负债、结算业务为主。1986 年,为了更有效地利用遍及全国城乡的邮政机构来吸收日益增加的居民存款,我国开始办理邮政储蓄业务。2006 年 12 月,银监会批准中国邮政集团公司以全资方式出资成立邮政储蓄银行,成立后,吸收的资金不再需要全部缴存中国人民银行,新增存款由其自主运用。2007 年 3 月,中国邮政储蓄银行正式挂牌,并着手在全国筹建 36 家一级分行及所属的 20405 家分支机构。

我国的融资租赁业起源于 1981 年 4 月,最早的租赁公司以中外合资企业的形式出现,其原始动机是引进外资。自 1981 年 7 月成立的首家由中资组成的非银行金融机构“中国租赁有限公司”到 1997 年经原中国人民银行批准的金融租赁公司共 16 家。1997 年后,海南国际租赁有限公司、广东国际租赁有限公司、武汉国际租赁公司和中国华阳金融租赁有限公司(2000 年关闭)先后退出市场。目前,经过增资扩股后正常经营的金融租赁公司有 12 家,它们主要从事公交、城建、医疗、航空、IT 等产业,总资产已过人民币 159 亿元的规模,租赁资产占总资产 80%以上,平均资本充足率达到了 30.07%。租赁公司自担风险的融资租赁业务包括典型的融资租赁业务、转租式融资租赁业务和售后回租式融资租赁业务三个类别。租赁公司同其他机构分担风险的融资租赁业务有联合租赁和杠杆租赁两类。

(十一)在华外资金融机构

在我国境内设立的外资金融机构,有如下两类:一是外资金融机构在华所设的代表处。在华外资金融机构代表处的工作范围是进行工作洽谈、联络、咨询、服务等非赢利性活动,不得开展任何实际赢利的业务。二是外资金融机构在华设立的营业性分支机构。这包括外国独资银行、外国银行分行、合资银行、外国独资保险公司、外国保险公司分公司、合资保险公司、独资财务公司、合资财务公司等。

2001年11月,我国正式加入WTO。按照与有关国家签署的协议,我国正在采取循序渐进的原则开放包括银行、保险、证券在内的金融业,逐步实现外资金融机构的国民待遇。

第四节　现代金融机构的发展趋势

20世纪50年代特别是70年代以来,以西方发达国家为代表,金融业出现了大规模、全方位的金融创新,与此相应,金融机构的发展也出现了许多新的变化,具体表现在:

(1)金融机构朝全能型方向发展。金融机构在业务上不断创新,向综合化方向发展。随着世界金融由分业经营向综合性经营发展,很多原来国家分业经营的金融机构开始从事多元化的金融业务,金融机构通过直接经营和参股控股等多种形式向全能的金融机构发展。许多非银行金融机构通过业务创新开始涉足银行业务,使金融业发展更趋综合化。

(2)金融机构的全球化经营。金融机构的国际往来日益密切,传统的大银行、投资银行、保险公司、投资基金纷纷踏入国际金融市场,银行和非银行金融机构逐步向全球各金融中心扩散,代理本国或国外资金供求者的投资与筹资活动,甚至直接在金融市场上参与以营利为目的交易活动。大型金融机构的跨国直接投资增长迅速。

(3)金融机构的创新层出不穷。首先,金融机构的组织形式创新。科技进步大大促进了金融的发展,不仅改变了金融运行的载体和运作方式,而且拓展了金融活动的范围。金融机构组织形式出现了虚拟化发展的现象,如屏幕式的证券交易所、电话银行、网络银行等,可提供24小时服务,客户足不出户就可以办理各种金融业务。其次,金融机构的经营管理频繁创新。主要是业务制度、操作程序不断改进,旧部门撤并、新部门设立,不断推出新的金融管理办法,如20世纪60年代的负债管理、70年代的资产管理和资产组合管理、80年代的资产负债综合管理、90年代的全面质量管理、全方位客户满意度管理等。

(4)兼并重组成为现代金融机构整合的有效手段,同行业并购与跨行业并购并存。银行间的并购有日本的东京银行和三菱银行的合并,美国有化学银行和大通曼哈顿银行的合并,更具意义的是银行业、证券业和保险业三业的并购,代表性的有美国花旗银行和旅行者公司的兼并,合并后集团的业务范围囊括了商业银行、投资银行和保险业。这种并购推动了银行的集中趋势,提高了市场集中度,并且这一趋势仍在不断强化。在全球范围内,兼并的结果表现为大多数国家的少数几家金融巨无霸垄断了主要的市场份额,保持和加强了全球竞争中的实力与地位。

案例

山西票号的兴起与没落

社会学大师马科斯·韦伯曾经断言，中华帝国的社会环境和文化土壤不可能孕育出资本主义，然而，明清时期纵横海内外的山西晋商，差一点打破了这一预言。他们创造了中国金融的奇迹，"日升昌"票号就是晋商发展到极致的标志之一。当时的山西票号建立了令世人瞠目的金融帝国。

山西票号是20世纪以前中国最负盛名的银行。虽然称之为"票号"，然其业务不止于汇兑，其经营性质是家庭或家族控股的企业。拥有票号的家庭或家族，亦拥有田产和其他生意。山西票号的经营范围虽然遍布于山西内外，但仍以山西为老巢，且多集中于平遥、祁县和太谷。今天能见到的票号遗留下来的通信很明显地说明，各地票号活动需要依赖其与山西老家间的关系并要竭力维持这种关系。这种关系或许不止停留于情感层面；老家，很可能就是银行业务关键性的汇划地点。

关于山西票号之来源尚无定论。有说其起源于明代的盐业，因山西之出口商业而得以扩充，至19世纪发展成为清政府的汇兑机构。1820—1830年间，有些在中国各地建立了分号的山西票号就已经替政府汇款。但是，直至太平军兴起后，由于白银运京的困难，它们才替地方督抚运交税项。此后，税收之交运变成山西票号的重要业务。

太平军兴起后清朝税收的转变，实为近代史上一个非常重要的环节。长期以来，南北贸易并不平衡。北方的逆差，有赖南方的税收来填补。南方的税收以汇票支付，北京的票号则需要收购白银兑现汇票。北京收购的白银大约绝大多数来自于北方。汇票抬高了北京的银价。京城附近，甚至东北各省多年来积聚的白银都流向北京。同时，太平军兴起后北京实际税收的减少，令北方入不敷出。由于银价兑换铜钱升值，商人宁愿把铜钱运到其他有利可图的地方兑换。这样，市面流失的金属货币得不到有效补偿，商人只好以支票来代替。然而，纸钞流行更引起金属货币的囤积。当时的艰难处境是：市面流通的是纸币；但纸币没有法定的规律，流通范围狭窄。吉林将军长顺在光绪十四年的奏折反映了这种情况带来的后果。奏折称："乡民驼运粮米入城，非抹兑竟无售处，换回携帖回乡，又无用处。"抹兑就是当地商人发行的流通面窄的钞票。金属货币缺乏，加之纸币流通不畅导致了市面的萧条。

虽然运交税收是山西票号的重要业务，但在太平天国后的几十年里，沿海贸易的迅速复兴则为其发展提供了重要契机。与此同时，甲午战争导致的后果之一，是政府汇兑的大量增加。战争赔偿、兴建铁路、建立新军都需要大量的官帑，不管是"捐"、"摊派"，还是正规的税收，大量款项的汇兑给山西票号以发展事业的机会。

但是，沿海贸易的兴起，对山西票号的发展，也有两个负面影响。其一，山西票号之为山西票号，一则出于它们是山西人经营的票号，另一则是因为山西票号之汇划制度，以山西省老家的乡镇和县城作为中心。须知，银行制度最重要的环节，就是银行与银行的核算。这种核算，不止书面账目需要平衡，收支盈余还要以现银结算。一直以来，山西票号在全国经营，但是各分号的核算还是在山西平遥、祁县和太谷。因为有了稳定的核算制度，山西票号可以在南北贸易之间，作为银行的银行而运作。当北京是全国白银的积聚中心时，这个银行中心建立在近旁的山西省内，有其道理。然而，当沿海贸易兴起时，白银流向上海，银行中心也随之而转移。从清末开始，上海的钱庄为以上海为据点的贸易提供了汇划核算。辛亥革命后，当北京调节税收的作用也被取缔后，山西作为银行中心的作用就随之下降。其二，票号的没落，败于其与现代化银行的竞争。辛亥革命以后，中国银行以其明晰的产权和管理权，赋予投资者法定的权利，使得股东在委任管理人员和分配利润等方面享有一定的保障，并开启了向素未谋面的陌生人集资的方便之门，结果必然是在财力上远远超过任何山西票号。银行除了发行股票外，还可以在国债的运作过程中扮演发行钞票的角色。在这方面，山西票号也没有竞争的条件。中国银行还以其资本开发各地的分行，争夺最后能与其竞争的票号的汇兑业务。由此观之，山西票号之成败，实为中国企业早期现代化、国际化进程中的一段插曲。

（资料来源：光明网　www.gmw.cn）

思考题

1. 金融机构存在原因的经济学分析。
2. 西方金融机构体系的一般架构如何？
3. 我国金融机构体系如何构成？
4. 试分析金融机构的发展趋势及其成因。
5. 举例说明“逆向选择”和“道德风险”问题是如何产生的？应如何解决？

参考文献

1. 吴军等. 货币银行学. 北京：对外经济贸易大学出版社，2006
2. 李勇. 商业银行投资银行业务之路. 银行家，2007(4)
3. 丁溪. 货币银行学. 北京：中国商务出版社，2008
4. 中国人民大学金融与证券研究所. 金融机构的功能转型与结构演进：应对全球竞争. http://www.fsi.com.cn/fsidongtai/08062404.htm
5. 黄达. 货币银行学(第四版). 北京：中国人民大学出版社，2008
6. 吴腾华. 货币银行学. 上海：上海财经大学出版社，2008
7. 安烨. 货币银行学. 上海：上海财经大学出版社，2006
8. 张维. 金融机构与金融市场. 北京：科学出版社，2008
9. 根据百度百科整理. http://baike.baidu.com/

第五章

存款货币银行

内容提要

存款货币银行的类型有分业制与全能制，其制度组织可分单元银行制度、总分行制度、代理行制度和银行控股公司制度，介绍了存款货币银行的负债和资产业务、中间业务和表外业务后，分析了信用货币的创造原理、经营原则与管理。存款货币银行通过信用货币的创造既润滑着实体经济的正常运行，又体现出本身的高风险性，要通过适当的资产负债管理，达到其市场价值最大化的目标，即正确地协调经营三原则一盈利性、流动性和安全性，审慎运作。

第一节　存款货币银行的类型与组织

在金融机构体系中，国际货币基金组织把创造存款货币的金融机构叫做存款货币银行，而不论其具体采取的名称如何。西方国家的存款货币银行主要是指传统的商业银行或存款银行的银行；中国的存款货币银行包括国有商业银行、政策性银行中的中国农业发展银行、其他商业银行、信用合作社和财务公司等金融机构。

在西方市场经济国家，存款货币银行主要指商业银行。

一、西方商业银行的类型

在西方市场经济国家，商业银行的经营模式主要可分分业制与全能制。

( )分业制

分业制又叫职能分工型，顾名思义就是法律规定金融机构各司其职，如专门从事长期金融的，专门从事短期金融的，专门从事有价证券买卖的，专门从事信托业务，等等。商业银行主要经营短期工商信贷业务，如美国、日本、英国等。

实行分业制的商业银行与其他银行及非银行金融机构的最大区别在于：一是只有商业银行能够吸收使用支票的活期存款；二是商业银行一般以发放1年以下的短期贷款为其主要业务。

(二)全能制

全能制又叫综合式商业银行，或超级金融百货商店，或混业经营，它们可以经营一切金融业务，如各种期限和种类的存款与贷款及全面的证券业务等。如德国、奥地利和瑞士等。

普遍认为全能制有两层极端含义：一是金融业务的混合交叉经营，即“一个法人，一个执照，多种业务”，是一级法人制的全能银行，一个金融企业可同时经营银行、证券、保险业务；二是金融控股权的混业，即“多个法人，多个执照，多种业务”，是二级法人制的金融控股公司，在一个法人金融集团公司内有多个法人子公司，彼此独立的子公司被控制在一个母公司下，但各自之间仍实行分业经营。大多数混业经营的金融机构皆处于这两种极端模式的中间状态。从美国金融危机的情况来看，前者容易出问题，如美国的投资银行几乎全军覆灭。这是由于经营银行、投资、证券、保险业务之间若没有建立“防火墙”即财务独立，则就会“城门失火，殃及池鱼”，投资银行的覆灭，将拖累整个银行业。故历史表明，后者生存能力较强。如2008年9月15日，身为美国投资银行“老四”的雷曼兄弟因在次贷衍生品交易中发生巨额亏损向法庭申请破产保护，成为美国历史上最大的破产案。作为华尔街百年老店，雷曼兄弟曾经历了两次世界大战、20世纪30年代的资本主义大萧条、亚洲金融危机等一次次生死劫难。雷曼兄弟破产案恐怕需要耗费10年时间，才能最终结案。显见，若这种投资银行处于某银行中，各金融分机构之间又无防火墙，则这种全能制的金融风险是比较大的。

(1)金融服务业的巨大变化。自20世纪80年代以来，全球金融服务业经历了极大的变化，其中最引人注目的变化之一就是不同金融机构之间的传统藩篱被拆除，金融机构的集团化、全能化和全球化成为金融领域的突出现象。在发达国家，银行可以从事保险业务，这种金融机构在欧洲被称为Bank-Assurance；保险公司可以从事银行业务，被称为Assur-Finance；那些能够提供银行、证券、信托、保险和租赁等综合金融服务与产品的金融机构则被称为金融集团(Financial Conglomerates)；美国称之为金融持股公司(Financial Holding Company)，它们能够将各种金融产品进行拆分和重新组合，为客户提供量身订制的、风险与收益对称的一体化和个性化的金融产品。

(2)全能制的优势。一是规模经济。从理论上说，在投资规模或经营成本既定的情况下，业务量越大，其单位成本越低，从而效益越高。由于综合性金融机构的金融资源由不同业务部门或机构共同分享，其总体经营成本通常应低于每一机构单独经营时的成本总和。二是分散风险。从业务多样化角度看，由于综合性金融机构从事不同领域的业务，其业务波动的周期与基础多有不同，因此，当其中一个部门或机构的业务因某种原因陷入低谷时，由于有其他部门或机构的收益冲抵而不至于对该金融机构本身产生重大乃至致命的影响。三是调整灵活。从业务发展角度看，当综合性金融机构的某些业务因竞争不力、需求不足、经营不善或业务品种过时等内在或外在原因导致前景不佳时，该机构完全可以审时度势随时进行内部业务调整，果断转入其他市场。四是金融服务多样化。综合性的金融机构既能为客户提供全方位、低价位的金融服务，又有利于自身参与竞争，提高竞争能力特别是国际竞争力。

(3)全能制的缺陷。一是管理难度大。综合性的金融机构往往从事多种业务，而试图巩固在每一领域内的地位需要大量的资源，而且将面临来自各方面的激烈竞争。另外，在一个机构框架内同时管理、协调多类业务也极为不易，没有充分的资源、适当的规划和高效能的管理能力是难以如愿的。二是道德风险。如果缺乏健全的金融监管体系作保证，混业经营体制难以阻止道德风险问题的滋生。三是风险传递。投资银行业务的损失极有可能会影响到商业银行业务部门的经营收益，甚至有可能产生连锁反应：即经济形势严峻——投资者信心减退——抛售股票——股票下跌——综合性金融机构受到严重损失——银行信用危机——银行挤兑——全社会信用危机——出现金融危机(20世纪30年代美国大危机的情景,美国次贷危机所引发的金融危机正表现出类似性)。这种风险传递的危机在专业性金融机构之间是容易避免的。

二、商业银行的发展趋势

(一)银行业的产生

银行业的产生有两条途径,一是由在此之前的货币兑换商和银钱业发展而来,二是直接设立新的银行。银行业的最初产生是在13—14世纪,最先出现在经济贸易比较发达的欧洲,与该地区商品经济的发展直接相关。从历史沿革来看,商业银行是沿着商品贸易—货币保管业—货币兑换业—汇兑银行—汇划银行—商业银行—现代商业银行这一历史轨迹发展起来的。

(二)商业银行的发展趋势

在经济全球化和金融一体化的趋势下,随着计算机网络技术的迅猛发展,竞争日益加剧,金融创新层出不穷。从实行分业制的商业银行经营者来看,或者绕开法律和政府的管制,或者收购、合并、成立附属机构渗入原先不能涉足的领域,或者直接开办其他金融机构所经营的业务;从政府和法律的角度来看,或者执法放松,或者明确放弃分业制。上述两者的作为都是顺势而行,结果导致商业银行的发展趋势就是全能制。如果说20世纪30年代资本主义的经济危机导致分业制代替全能制是第一次否定的话,那么现在全球盛行的全能制代替分业制则是否定之否定。但这不是简单的回归,而是螺旋式的上升。

三、商业银行的组织制度

(1)单元银行制度。又叫单一银行制,指业务只由一个独立的银行机构经营而不设立分支机构的银行组织制度。如美国的部分银行,单一制使银行业务不能充分开展的矛盾通过代理行制解决。目前,这种制度已大为松动。

(2)总分行制度。又叫分支行制,是指银行在大城市设立总行,并在该市及国内外设分支行的制度,分支行的业务和内部事务统一遵照总行的规章和指示办理。总分行制是目前世界上较普遍的组织制度。

(3)代理行制度。又叫往来银行制度,指银行相互间签有代理协议,委托对方银行代办指定业务的制度。被委托的银行为委托行的代理行,相互间的关系则为代理关系。一般而言,银行代理关系是对称的,即互为对方代理行。国际上,代理关系是很普遍的。

(4)银行控股公司制度。又叫银行持股公司,指专以控制和收购两家以上银行股票所组成的公司。

美国的银行控股公司实际上是一个金融超级百货公司。

四、中国存款货币银行的类型和组织

中国的存款货币银行主要是四大国有商业银行,实行的都是总分行制,总行是法人。其他还有中国农业发展银行。而信用合作社与财务公司,是受到约束的部分存款货币银行。

第二节　存款货币银行的负债业务

一、负债业务

负债业务是指存款货币银行大部分资金来源的业务。

二、吸收存款

吸收存款业务是银行接受客户存入货币款项，存款人可随时或按约定时间支取款项的一种信用业务。传统的分类方法将存款分为活期存款、定期存款、储蓄存款三种，其他的存款项目基本上都是这三者的变种。

(1)活期存款。可由存户随时存取的存款。这种存款支用时须使用银行规定的支票，故又叫支票存款。一般不支付利息。

(2)定期存款。具有确定的到期期限才准提取的存款。利息较高。

(3)储蓄存款。主要是针对居民个人积蓄货币的需要而开办的一种存款业务。通常由银行发给存户存折，作为存款和提款的凭证；一般不能据此签发支票，支用时只能提取现金或先转入存户的活期存款账户。储蓄存款定期较多，活期较少，对定、活期都支付利息。

三、其他负债业务

(一)从央行借款

为缓解自身资金的暂时不足。可采取：①再贴现，即把自己办理贴现业务所买进的未到期票据、短期国库券等，再转卖给央行；②直接借款，即用自己持有的合格票据、银行承兑汇票、政府公债等有价证券作为抵押品向央行取得抵押贷款。

在市场经济国家，从央行的借款在存款货币银行负债中的比例及在央行资产中的比例都很小。

(二)银行同业拆借

拆借是指商业银行等金融机构以无担保的信用方式进行的短期融资交易。同业拆借市场是货币市场的核心组成部分。银行同业拆借是指银行间相互之间的资金融通。在现代银行制度下，存款机构必须交纳法定准备金(我国现行法定准备金率水平高于发达国家法定存款准备金率平均水平。部分发达国家，如加拿大采取了零准备金率。在发达国家，反对实行零准备金率政策的学者认为，在零准备金率条件下，无法保证一个有效的拆借市场，从而使央行失去基准的短期货币市场利率)。由于商业银行的临时性大额支付会减少其在央行的法定准备金，而出现法定准备金不足的情况，从而形成了短期拆借资金的需求。借入资金的银行主要是用以解决本身临时资金周转的需要，一般为短期，如今日借，明日还。利率水平较低。

同业拆借的方式有：通过各存款货币银行在央行的超额准备金的存款账户进行(如通过央行把款项从拆出行账户转到拆入行账户)、同业存款、回购协议等。

(三)国际货币市场借款

在国际货币市场上通过办理定期存款、发行大额定期存单、出售商业票据、银行承兑票据及发行债券等方式筹集资金。优点是能较易获得所需资金,缺点是易受冲击。

(四)结算过程中的短期资金占用

在为客户办理转账结算等业务中可占用客户的资金,由于该款项的流量较大,故在每一时点上的存量资金的数额也是很可观的。

(五)发行金融债券

发行金融债券的用途较多,如可补充资本金,为指定用途筹集款项等。

第三节　存款货币银行的资产业务

一、资产业务

资产业务是指将自己通过负债业务所聚集的货币资金,除了保留部分的现金以备提取、在央行的法定存款外,以贴现、贷款和证券投资等方式加以运用以获得收益的业务。显然,资产业务是商业银行盈利的主要途径。

(一)贴现

银行应客户的要求,买进其未到付款日期的票据。银行向客户所收取的一定利息叫贴现利息或折扣。

银行根据票面金额及既定贴现率,计算出从贴现日起到票据到期日止的贴现利息,并从票面金额中扣除,将余额付给客户。票据到期时,银行持票向票据载明的支付人索取票面金额的款项。

$$\text{贴现付款额}=\text{票据面额}\times(1-\text{年贴现率}\times\frac{\text{未到期天数}}{360\text{天}})$$

贴现业务形式上是票据的买卖,但实际上是信用业务。票据载明的支付人对持票人负债:在票据未贴现前,他对持有票据的客户负债;贴现后,则对购入票据的银行负债。故票据的贴现实际上是债权债务的转移,即银行通过贴现间接贷款给票据金额的支付人。

(二)贷款及其种类

贷款又叫放款,是银行将其所吸收的资金,按一定的利率贷放给客户,并约定期限按时偿还的业务。贷款可按不同的标准进行划分:

(1)按贷款有否抵押品划分,有抵押贷款与信用贷款。

抵押贷款是指以特定的抵押品作担保的贷款。抵押品可以是不动产、应收账款、机器设备、提单、栈单、股票和债券等资产。作为抵押的资产必须是能够在市场上出售的。若贷款到期时借款人不愿或不能偿还时,银行则可取消抵押品的赎回权,并处理抵押品。抵押品资产的价值一般要求大于贷款金额。

信用贷款是无抵押品作担保的贷款。通常仅由借款人出具签字的文书。信用贷款一般是贷给有良好资信者。银行通常收取较高利息，并往往附加一定条件，如提供资产负债表、个人收支计划和报告借款用途等。

(2)按贷款对象划分，有工商业贷款、农业贷款和消费贷款。消费贷款是指贷放给个人用来购买消费品或支付劳务费用的贷款，其中又主要是用于购买高档耐用消费品，如汽车、房屋等。消费贷款的清偿依靠借款人可靠的收入。

(3)按贷款期限划分，有短期贷款、中期贷款和长期贷款。短期贷款的期限一般少于1年，中期贷款期限一般为1年以上到7～8年之间，长期贷款的期限更长。

(4)按还款方式划分，有一次偿还的贷款和分期偿还的贷款。一次偿还的贷款是在贷款到期时，一次偿还本金，但利息可根据约定，或在整个贷款期间分期支付，或在贷款到期时一次支付。分期偿还的贷款是按年、季、月以相等的金额还本付息。

(三)贷款证券化

贷款期限的固定性或相对固定性，使贷款必然时刻面对各种风险，如流动性风险、利率风险等。在金融创新中，如何规避风险就是一个现实的问题。于是在实务中创造了可变利率即浮动利率贷款、贷款的证券化等规避风险的办法。

贷款的证券化是为解决资产流动性问题的创新。由于信息不对称、交易成本等，使贷款资产在银行间很难转化，造成银行不愿发放中长期贷款。贷款证券化的具体做法是：把抵押贷款标准化，把抵押贷款做成证券的形式，购买了这种证券，就相当于抵押贷款。而抵押贷款是收取利息的，购买了证券化的抵押贷款，就相当于购买了能获得利息的证券。故贷款的证券化大大地增强了银行资产(这里就是抵押贷款)的流动性。

另一方面，贷款证券化兼有资产业务创新与负债业务创新两重性质。如银行发行以其所放抵押贷款为担保的证券时，该笔抵押贷款仍是银行的资产，所发行的证券则列入银行的负债中。因为卖出证券就是收回货币，故使银行获得了新的资金来源。

贷款证券的投资者有银行、储蓄机构、投资基金、养老基金、保险公司等。

房地产抵押贷款证券化。这是对流动性和安全性进行控制，方式是将住房抵押贷款进行组合，通过风险隔离、资产重组和信用增级，在市场上发行住房抵押贷款债券的结构性融资行为。

银行资产证券化。资产证券化是近30年来金融市场最重要的金融创新之一，它于20世纪70年代在美国开始兴起，并逐步发展为国际金融领域最重要的金融创新。虽然资产证券化有很多的形式和内容，但总的来说，资产证券化是将缺乏流动性、但未来可以产生持续稳定现金流量的、信用品质易于评测的资产汇集起来，形成一个资产池，将其出售给投资银行等金融中介机构，然后由这些金融中介机构对其购买的组合资产通过信用评级，以及信用增强等机制的搭配，以这些资产未来可以产生的现金流为担保发行资产支持证券，并经过证券承销商出售给投资者的行为。资产证券化的过程实质上就是将原资产中风险与收益通过结构性分离与重组，使其转换为可以在金融市场上流通的证券，并据以融资的过程。融资者将被证券化的资产的未来现金收益权转让给投资者，并使其定价和重新配置更为有效，从而使参与融资的各方均有所受益。

资产证券化对于银行发展具有重要意义，它降低了银行的经营风险。通过资产证券化，使得商业银行贷款操作流程更趋于专业化。以前全部由商业银行独家承担贷款的发放、服务、信用风险控制和贷款投资功能可分解为由不同的机构完成，银行则可发挥专业优势，主营贷款发放和贷后服务，将集于一身的贷款投资风险和收益分散给社会上不同风险偏好的投资者，在提高银行经营效率的同时，也降低了银行经营的风险性，同时增强了金融系统的稳定性。

(四)证券投资

证券投资是指商业银行以其资金在金融市场上购买各种有价证券的业务活动。

(1)债券。证券投资的主要对象是信用可靠、风险较小，如流动性较强的政府及其所属机构的证券(公债券、国库券等)。优点是为暂时多余的资金寻找出路，获取收益，而需用资金时又可在金融市场上迅速售出变现。

(2)股票。无论是全能制的银行或分业制的银行，都对投资股票有较严的限制。前者是在兼营的各机构内部，主营的传统业务与兼营的业务大多彼此独立，分账管理，实行防火墙。后者是不允许经营。

即便允许银行对企业参股，也不允许银行参加企业的管理，防止银行垄断企业。

(五)租赁业务

租赁业务是人类古老的经济行为，由来已久，如土地出租、房屋出租。但现代的租赁业务，作为银行资产业务的一部分，则只有四五十年的历史，20 世纪 50 年代兴起于美国，60 年代在西欧和日本得到广泛普及，现已成为国际性业务。租赁范围小到耐用消费品、办公室设备，大到机器设备、飞机、油轮甚至整座工厂、核电站。

租赁业务通常由独立的或银行下辖的租赁公司经营。之所以把这种经营归入金融领域，是由于出租人总是要通过资金融通(不论哪种形式)才能使自己取得对一定对象的出租权利。

租赁业务的开展，有益于承租人，同时也使经办的银行得到好处，因此得到迅速发展。目前，西方不少银行都附设有专门从事租赁业务的公司或子公司。在西方各国的设备投资中，通过租赁方式的比重迅速增长；可供租赁的财产、设备以及租赁方式日趋多样；从地域上看也越来越国际化。

二、市场经济国家的贷款原则

为了确保贷款的安全与盈余，西方商业银行非常重视对借款人信用情况的调查与审查，衡量标准或放款审查 6C 原则。

(1)品德(Character)。指借款人——若是个人，则指其工作作风、生活方式和诚实等品德；若是企业法人，则指其负责人的品德、企业管理和资金运用等方面健全与否，经营稳妥与否及偿还愿望度高低如何等。不论具体借款者是个人还是企业，其履行协约条款的以往记录，对其品德的判断都有重要的意义。

(2)才能(Capacity)。指个人或企业负责人的才干、经验、判断能力、业务素质等方面。

(3)资本(Capital)。作为借款者，须有一定的资本，这是衡量其经济实力的一个重要方面。

(4)担保品(Collateral)。借款人应提供一定的、合适的物质担保品，以减少或避免银行贷款的风险。尤其是在中长期贷款中，无担保品作抵押，银行通常不予放款。

(5)经营环境(Condition)。指借款者的行业在整个经济中的经营环境及趋势。此外，经济状况、同业竞争、劳资关系、政局变化等也都是予以考虑的内容。

(6)事业的连续性(Continuity)。指对借款企业持续经营前景的审查。

第四节 存款货币银行的中间业务和表外业务

一、中间业务

中间业务是指银行不需要运用自己的资金,而代理客户承办支付和其他委托事项,并据以收取手续费的业务。如汇兑、信用证、代收、代客买卖、承兑等业务。

在国际金融发展史上,中间业务的发展有近160年的历史,但其广泛开展的时间基本上发端于20世纪70年代,近十几年伴随着世界金融创新浪潮,各种具有鲜明金融创新特征的新型业务品种不断涌现,中间业务的发展时刻都伴随着中间业务创新,中间业务创新是中间业务发展的直接动力。现实中中间业务的发展一日千里,其根源是各种金融创新理论的不断涌现。

Miller(1992)指出,素有“金融百货公司”之称的美国银行业,其中间业务的范围包括:传统的银行业务、信托业务、投资银行业务、共同基金业务和保险业务。它们既可以从事传统货币市场业务,也可从事商业票据贴现及资本市场业务。混业经营的金融制度及多元化的金融产品传送渠道为美国银行中间产品的创新和发展提供了良好的保障。

(1)汇兑业务。汇兑业务是客户以现款交付银行,由银行把款项支付给受款人的业务。如承(诺)汇(兑)银行向另一家银行或其分支行发出命令,命令后者向第三者支付一定数额的款项。随着电子计算机网络的发展,汇兑业务基本上是通过电子系统完成。

(2)信用证业务。信用证业务是由银行保证付款的业务。商品信用证是银行应客户(购货单位)的要求,按其所指定的条件开给销货单位的一种保证付款的凭证。其程序是:客户请求银行向销货单位开出信用证,并把货款的部分或全部交付银行;信用证上注明支付货款时所应审查的事项;销货单位按信用证所列条件发货后,可凭信用证要求银行付款。银行除了收取手续费外,还可占用部分客户资金。

(3)代收业务。代收业务是银行根据各种凭证以客户名义代替客户收取款项的业务。

(4)代客买卖业务。银行接受客户委托,代替客户买卖有价证券、贵金属和外汇的业务。其中最重要的是代理发行有价证券如股票或债券的业务,因为无论包销或代销,银行都能从发行总额中获得收益。

(5)承兑业务。银行为客户开出的汇票或票据签章承诺,保证到期一定付款的业务。当票据到期前或到期时,客户应将款项送交银行或由客户自己办理兑付。如若到期客户无力支付票据款项,则承兑银行必须承担付款责任。由于票据的兑付一般无须银行投入自己的资金,而是用客户的资金办理,故银行经办承兑业务,实际上是以其自身的信用来加强客户的信用。为此银行要向客户收取一定的手续费。由于经过银行承兑的票据在付款方面更有保障,故承兑业务的开展,促进了票据流通范围的扩大。

(6)信托业务。信托即信用委托,是指接受他人委托,代为管理、经营和处理经济事务的行为。简言之,受人钱财,替人理财。银行信托是经营金融性质的委托代理业务,即银行作为受托人，按委托人客户的委托，代为管理、经营、处理有关钱财方面的事宜。

可从不同角度、不同标准划分信托业务的种类：按组成信托关系的对象，分为个人信托、法人信托；按成立信托关系的方式，分为任意信托和特约信托；按受益对象，分为公益信托和私益信托；按信托资产的不同，分为资金信托、动产信托和不动产信托；等等。

一般要求经营信托业务的银行须将银行的信托部门与银行部门从营业场所、人事配备到会计账务等完全分开。

(7)代理融通业务。由银行或专业代理融通公司代顾客收取应收账款，并向顾客提供资金融通的一种业务方式。在赊销赊购的商业信用中，由商业银行代理赊销企业收账，有利于赊销账款及时收回。并且通过购买赊销账款，向赊销企业提供了资金融通。

(8)银行卡业务。银行卡是由银行发行、供客户办理存取款和转账支付的新型服务工具的总称。包括信用卡、支票卡、记账卡、智能卡等。

二、表外业务

表外业务是指未列入银行资产负债表内，且不影响资产负债总额的业务。广义的表外业务既包括传统的中间业务（又叫无风险业务），又包括金融创新中产生的一些有风险的业务，如互换、期权、期货、远期利率协议、票据发行便利、贷款承诺、备用信用证等业务。狭义的表外业务特指有风险的业务。

第五节　信用货币的创造

信用货币是指银行券和存款货币。

一、存款货币银行的银行券发行

随着商品经济的发展，贵金属产量的增长跟不上生产和交换增加的需要，金属铸币流通量供应不足，银行券应运而生。

银行券是在商业票据流通的基础上产生的，是用以代替商业票据的银行家的票据。由于商业票据本身具有一定的局限性，持有商业票据的企业往往需要将其转变为现款。这时，企业就将商业票据提请商业银行办理贴现。而商业银行通过存款所吸收的铸币并不能满足企业贴现的需要，为了解决这一矛盾，银行就发行一种以自己为债务人的不定期的票据——银行券来为企业办理贴现。银行保证持有银行券的人可随时向银行兑换金属铸币。

由于各家银行都发行银行券，缺陷日益显现。表现在：一是兑付能力弱，尤其是在经济危机时；二是分散的小银行受地域限制，流通受到限制。

国家就用法律限制或取消一般银行的发行权，把发行权集中于央行。

二、原始存款与派生存款

银行存款货币的创造与银行组织的转账结算有着密切的联系。银行的应收款和应付款的量虽然很大，但差额一般不大，其差额可用铸币结清。

当客户以现金或支票形式存入银行的原始存款会引起多倍的存款创造，形成派生存款，这是因为存在着两个前提条件：

(1)部分准备金制度。当客户存入银行一笔现金或支票后，银行不必将这笔金额都放在它的保险柜里，或存入央行，以备客户提取，而只要保留一定的比例作为准备金就行了，其余部分可以贷放出去，或者用来购买证券。在支票结算下，得到贷款或收到证券款的客户，为签发支票的方便，又将款项存入银行。这样，在银行账面上又出现了一笔新的存款，这就是创造出来的存款，如此循环往复，存款被不断地创造出来。设法律规定银行必须对它所吸收的存款保留 100％的准备金，这时，若客户存入 1 万元现金，银行除了把它锁入保险柜外，不能再有进一步的活动。因此，除了客户的存款增加了 1 万元之外，不会有别的存款增加，所以，存款也就没有被创造出来了。若真的这样，那么客户也就别指望从银行获得利息，反而要向银行交一笔保管费了。

(2)部分现金提取制度。我们现在放弃 100％准备金的不现实假定，而设法定准备金率为 10％，这样，银行收到的 1 万元存款之后，就可以把其中的 9 千元贷放出去。但若借款人在获得这笔贷款之后，立即以现金的形式将它从银行全部提走，而且在贷款归还之前，这笔现金始终在公众手中流通，而不被存入银行，这时，也不会有存款创造。这是因为收到 1 万元存款的银行，在它的 9 千元贷款被提走之后，就不再有多余的准备金来扩张贷款，从而也就不能创造出新的存款；同时，这笔现金又未被存入别的银行，故别的银行的资产和负债都保持不变。这样，整个银行系统存款和贷款的增加都是一次性的，不存在多倍的存款创造。

事实上，这种 100％的现金提取是不大可能的。银行向某一借款人发放一笔贷款之后，通常是把该笔资金贷记在该借款人的支票存款账户上，借款人可以利用这笔款项进行转账支付，而收款人的账户可以在同一银行或别的银行，就整个银行系统来看，这没有什么区别。因此，真正以现金形式游离在银行系统以外的，只能是贷款的一部分，而不是它的全部。

上述部分准备金制度和部分现金提取制度，为存款多倍扩张提供了可能。

三、存款创造的一般原理

假定：①没有现金从银行系统中漏出，即公众不从他们的存款账户上提取现金，或者提取现金用以支付后，收款方又立即将现金存入银行，不存在流通中现金；②所有商业银行都将其超额准备金全部用于发放贷款，或购买证券，而不持有任何超额准备金；③没有从支票存款向定期或储蓄存款(两者合称为非交易存款)的转化。

现假设某人向央行出售政府债券所得的 1 万元现金(或支票)，以支票存款形式存入 A 银行，从而使 A 银行的准备金资产和支票存款(即原始存款)负债均增加了 1 万元，A 银行的资产负债表如下：

资产	负债
准备金＋10000	支票存款＋10000

由于 A 银行按 20％缴纳法定准备金(或为了应付客户提现所留存的库存铸币)后，还有 8 千元的剩余，故可以用它来发放贷款，或购买证券。设 A 银行发放 8 千元的贷款给甲，并且甲用它来向某一供货商乙购买产品，乙收到款项后，将它以支票存款形式存入 B 银行，因

此,A、B两银行的账户变为:

A银行

资产	负债
准备金＋2000 贷款　＋8000	支票存款＋10000

B银行

资产	负债
准备金＋8000	支票存款＋8000

根据20%的法定准备金率,B银行只需对它新增的8000元支票存款保留1600元的准备,其余的6400都可贷出去。设这贷放出去的6400元最终被以支票存款形式存入C银行,则B、C两家银行的资产负债表为:

B银行

资产	负债
准备金＋1600 贷款　＋6400	支票存款＋8000

C银行

资产	负债
准备金＋6400	支票存款＋6400

依同样道理,C银行也可以把它多余的准备金贷放出去,从而形成D银行的支票存款。这一过程一直继续下去,直到整个银行系统都没有超额准备金的存在。为了更清楚地描述这一创造原理,列表如下:

存款创造的一般过程

银行	存款增加额	(库存铸币)法定准备金 (r_d＝20%)	贷款增加额
A	10000	2000	8000
B	8000	1600	6400
C	6400	1280	5120
D	5120	1024	4096
⋮	⋮	⋮	⋮
合计	50000	10000	40000

从上表可知,在支票存款转账系统的条件下,当银行根据经验,按存款的一定比例如20%的法定准备金率缴存准备金时,起初1万元的存款可使有关银行共发出4万元贷款,吸收包括最初1万元存款在内的5万元存款。从先后顺序来说,1万元是最初的存款,4万元是由于有了最初的存款才产生的。因此,把最初的存款1万元叫作“原始存款”,把在此基础上扩大的存款4万元叫作“派生存款”。

显然,各银行的存款增加额构成了一个无穷递减等比数列,即10000,10000(1－20%),

$10000(1-20\%)^2$,…,根据无穷等比数列的求和公式,可知整个银行系统的存款增加总额为:$10000\times\frac{1}{0.2}=50000$,设银行最初得到的存款用 R 表示,整个银行的存款增加额用 D 表示,活期存款的准备金率用 r_d 表示,可得存款创造的一般公式:

$$D=R\times\frac{1}{r_d}$$

可见,$\frac{1}{r_d}$就是存款创造倍数。

四、其他制约派生存款的因素

(1)在现实中,由于客户总会从银行中提取部分现金,造成现金漏损,现金漏损与存款总额之比叫现金漏损率,用 c' 表示,即

$$c'=\frac{C}{D}$$

其中:$\frac{C}{D}$为通货与存款比,C 为流通中的货币,是从银行部门流到社会中去的,故又叫现金漏损。

(2)银行为避免客户提款而造成商业银行在央行的法定准备金不足,通常要持有一定比例的超额准备金,银行超过法定准备金要求而保留的准备金与存款总额之比叫超额准备金率,用 e' 表示。

(3)设定期存款总额为 TD,设 $t'=\frac{TD}{D}$为定期总额与所有的活期存款总额之比,r_t 为法律所要求的定期存款法定准备率,则 $r_t t'$ 就是非交易存款(定期存款或储蓄存款合称为非交易存款)准备率,则乘数 K 就是:

$$K=\frac{D}{R}=\frac{1}{r_d+c'+e'+r_t t'}$$

五、派生存款的紧缩过程

设整个商业银行体系中某一银行减少了 100 元准备金,比如用于偿还央行贷款,则该银行为了维持其在央行的法定准备金水平,须收回一笔相同数量的贷款,假设该贷款是来自 A 银行的,而 A 银行是从 A 银行在央行的法定准备金中取出这 100 元,A 银行将其准备金 100 元先转化成活期存款,再偿还给某银行,故 A 银行的资产负债状况为:

若法定准备率为 20%,则活期存款减少 100 元,法定准备金最多应减少 20 元。假设活期存款不减少,则 A 银行在央行的法定准备金尚缺 100 元;而由于活期存款减少了 100 元,则按法律规定法定存款准备应减少 20 元:

单位:元

资产	负债
准备金　－100	活期存款　－100

故,尚缺的法定准备金＝100－20＝80 元。为弥补这 80 元的短缺,A 银行须收回 80 元贷款,以使自己在央行的法定准备金增加 80 元。故 A 银行的资产负债状况为:

单位:元

资产	负债
准备金　－20(－100＋80) 贷款　　－80	活期存款　－100

若A银行收回的贷款,是通过客户由B银行得来的,则B银行的准备金和活期存款将同时分别减少80元,其资产负债状况为:

单位:元

资产	负债
准备金　－80	活期存款　－80

同样依20%的法定准备率,B银行法定准备金短缺80－80×20%＝64元,B银行也要收回自己的贷款,以补足准备金,从而资产负债状况为:

单位:元

资产	负债
准备金　－16(－80＋64) 贷款　　－64	活期存款　－80

显然,B银行收回64元贷款的结果,也是以减少其他银行同等数额的活期存款,从而减少其准备金为条件的。这一过程将一直进行下去,直到银行系统的活期存款变化到如下水平:

(－100元)＋(－80元)＋(－64元)＋(－51.2元)＋(－40.96元)＋…＝－500元。

可见,派生存款的倍数缩减过程与其倍数创造、扩张过程是相对称的,其原理一样。

第六节　存款货币银行的经营原则与管理

商业银行是企业。商业银行与其他企业一样,都是拥有自有资本,实行自主经营、独立核算、依法活动、照章纳税、遵从市场经营原则、以营利为核心目标。

一、商业银行的经营原则

商业银行的经营原则通常称为"三性原则",即盈利性、流动性和安全性。盈利性是一切企业的要旨。流动性也就是变现能力。安全性是指避免经营风险,保证资金安全的要求。对于流动性和安全性的要求,商业银行通常比其他企业要高。

如何协调三性原则?商业银行必须具有高超的经营能力。若划分矛盾的双方,则可看出盈利性是矛盾的一方,流动性和安全性构成矛盾的另一方。经营者必须根据不同的历史时期,寻求最佳组合。资产与负债管理就是寻求解决这一矛盾的药方。

二、资产管理与负债管理

在过去几十年中,随着商业银行对风险的认知和把握能力不断提高,在稳定、发展和盈利动机的激励下,商业银行对风险管理的需求不断提升。伴随金融市场、IT 技术的迅猛发展,商业银行风险管理的内涵与外延发生了巨大变化,这些变化表面上看仅仅是风险管理方式的变化,实质上却是整个经营管理的综合性变革。

西方商业银行经营管理理论经历了资产管理、负债管理、资产负债综合管理、资本管理、全面风险管理等阶段的演变过程。

2007 年爆发的美国次贷危机已愈演愈烈,引发了全球金融市场的动荡。已造成了房地美及房利美强行收归国有、贝尔斯登及雷曼兄弟破产、美林公司被美国银行收购、美联银行破产等严重的后果。在这样的情况下,如何加强我国商业银行的风险控制,以应对全球金融危机,已成为保证国家的金融稳定的重中之重的任务。

(一)资产管理理论——核心是资产流动性的管理(偏重于资产)

1960 年以前,商业银行主要从事与短期贸易相关的融资业务。由于资金来源渠道比较固定和狭窄,客户资金需求单一,金融市场发达程度有限,商业银行风险管理的重点主要放在资产方面,即通过对资产结构的恰当安排来满足银行安全性、流动性和盈利性的需要。

(1)商业贷款理论(真实票据论)。因为用于商品生产和流通过程的贷款有自偿性,最理想,故为了保持资金的高度流动性,应以短期的商业性贷款为主。缺点:在经济危机时,即使是以真实票据为依据的贷款,也较难保证归还。

(2)可转换性理论。随着金融工具和金融市场的发展,可把资金投资于具备转让条件的盈利性资产如证券上。优点:扩大了资产的经营范围。缺点:当人们竞相抛售证券时,证券价格的下跌将造成银行资产的损失。

(3)预期收入理论。依借款人未来收入或现金流量制定贷款计划。优点:银行业务向中长期设备贷款、分期付款的消费贷款和房屋抵押贷款等延伸。缺点:由于主客观原因,使预期失效,造成银行的损失。

(二)负债管理理论——核心是靠借入资金来扩大流动性,增加收益(偏重于负债)

背景是金融创新,是为了弥补银行资产的不足和客户贷款的增加。1965 年之后,以欧洲货币市场兴起为代表的金融市场发展使商业银行在市场上主动融资成为可能,商业银行风险管理的重点主要是准备金和贷款头寸负债管理,即运用购入资金支撑贷款增长。

优点:主动负债支持资产。缺点:提高了融资成本;增加了风险;不利稳健经营。

(三)资产负债综合管理理论——核心是合理搭配资产和负债

1977 年开始,随着经济金融状况的日趋复杂,利率作为主要金融变量被用以调控金融和经济发展。商业银行风险管理的重点是在股东、金融管制等约束下,保持利差在较高水平上的稳定:一是根据预测利率变化调整银行资产负债结构;二是运用金融市场上的利率工具转移风险,如期货、期权、掉期等。

着重从资产和负债双方进行对应分析,围绕缺口或差距,通过调整资产和负债双方在某种特征上的差异,达到合理搭配。

如针对解决流动性问题,既从资产和负债两方面去预测流动性的需要,又从这两方面去寻找满足流动性需要的途径;既重视对流动性资产同易变性负债间缺口的分析,及对贷款增长额同存款增长额间差距的分析,同时密切监控银行日常流动性头寸状况,保持随时调节头寸、安排头寸的能力。

(四)资本管理阶段

巴西、阿根廷、墨西哥等拉美国家债务危机和美国储贷协会危机，催生了1988年的《巴塞尔协议》。在统一资本监管要求下，国际发达银行积极构建以资本充足率为核心的风险管理体系，资本被用于充分吸收银行非预期损失，以发挥对风险承受的缓冲作用，这在理论上使银行风险与资本之间建立了直接而明确的联系，产生了风险敏感性资本的概念。

随着计算机技术的日新月异，KMV、Credit Metrics等风险计量技术得到开发和运用，进而实现了对单一或组合资产风险计量的深度化和精确化，并通过风险损失对应资本承受，实现了资本管理从监管资本到经济资本的飞跃。

经济资本的提出和应用，不仅实现了高度量化基础上的风险损失与资本承受的相互统一，而且推动了商业银行风险管理和资本管理的相互融合，确立了资本约束在银行风险管理中的核心地位。

(五)全面风险管理阶段

1997年亚洲金融危机后，商业银行风险反映出新的特点，即损失不再是由单一风险造成，而是由信用风险、市场风险、操作风险等相关风险共同形成。市场风险与信用风险的综合模型，操作风险的量化问题，开始成为国际发达银行关注的重点。以2004年6月《巴塞尔新资本协议》正式颁布为标志，国际活跃银行进入全面风险管理阶段。《巴塞尔新资本协议》确立了银行监管的三大支柱(最低资本要求、监管当局的监督检查以及市场约束)，并全面覆盖了信用风险、市场风险和操作风险，要求更为精确和合理地计量银行各类风险和相应的资本要求，资本管理的风险敏感度进一步提高。

四、国内商业银行风险管理的发展

(一)国内商业银行风险管理的历史沿革

风险管理在中国银行业的探索已有20多年，这一进程是在整个银行业改革开放的大背景下进行的。从1979年到1985年，我国先后恢复成立了中国农业银行、中国银行、中国工商银行、中国人民建设银行等四家专业银行从事各类信贷业务。1986年以后，重新组建了交通银行，并陆续组建了一批股份制商业银行和地方性城市商业银行。从2004年开始，中国银行、中国建设银行和中国工商银行先后启动股份制改革。在整个银行业改革开放进程中，风险管理从无到有，逐步发展成为国内商业银行管理的重要组成部分。

1993年，国务院出台《关于金融体制改革的决定》，成为专业银行商业化改革的关键一步；1994年，三家政策性银行组建后分离了专业银行承担的政策性业务，实现了政策性金融与商业金融的分离；1995年，《中华人民共和国商业银行法》颁布，从法律上明确了商业银行要以效益性、安全性、流动性为经营原则，实行自主经营、自担风险、自负盈亏、自我约束。国内商业银行的风险管理从理论走向了实践。

1997年11月，国家召开全国金融工作会议后，陆续出台了一系列国有独资商业银行的改革措施，包括实行资产负债比例管理，将经营效益和资产质量纳入对四家银行管理者的考核等。以信贷资产质量管理为核心的国内商业银行风险管理模式逐步形成。

20世纪末，随着信用风险管理经验的逐步积累，以及风险管理技术的快速发展，国内商业银行陆续成立了信贷风险管理部门，开始将信用风险的监测、分析、预警和控制职能划归由一个专业部门进行独立管理。

21世纪初，随着新巴塞尔协议的正式颁布，以及银监会《商业银行资本充足率管理办法》的出台，国内商业银行全面风险管理理念和框架日渐清晰，逐步开始由被动、静态的传统管理模式，向积极、动态的现代管理模式转变；从信用风险管理，向信用风险、市场风险、操作风险并重的全面风险管理转变。

(二)国内商业银行风险管理的薄弱环节

经过10多年的改革开放和积极探索，国内商业银行风险管理水平有了长足进步，也取得了一定的成果，但与国际活跃银行相比，仍存在一定的差距。

(1)治理结构方面。近年来，国内商业银行的法人治理结构虽然发生了很大变化，但与真正市场化的金融企业相比仍显不足。部分银行不同程度地存在治理架构不健全、决策执行体系不合理、监督机制有效性不足等问题，导致风险管理的独立性不强，在一定程度上影响了风险管理的有效性。

(2)风险文化方面。风险文化的缺乏是目前国内商业银行普遍存在的问题。少数银行分支机构的经营管理者片面追求规模扩张的动机仍很强烈，为追求高速增长和账面利润展开无序竞争，个别甚至出现"遇到红灯绕着走"的违规问题。一些银行对风险管理的认识还停留在后台风险控制上，缺乏贯穿前、中、后台的风险管理意识。

(3)风险政策方面。目前，大部分国内商业银行缺乏系统的风险战略规划，无法有效识别和管理蕴涵在所有产品和业务中的各类已有和潜在风险。一些新产品或新业务实施前未能制定针对性的风险管理措施，不少风险政策在基层机构尚未得到真正落实。

(4)风险控制方面。风险控制还停留在合规检查的范畴，无法确保银行风险暴露控制在符合审慎监管原则和内部风险限额的范围内。国内商业银行风险的内部检查频率和深度尚不能与风险程度相匹配，在实际工作中发现和评估风险的能力仍显欠缺。

(5)管理技术方面。目前，大部分国内商业银行不具备对各类风险进行有效识别、计量、监测和管理的技术手段，尚未建立与其业务性质、规模和复杂程度相一致的内部评级系统，管理信息系统不能满足复杂的风险计量要求，无法提供有关风险的充分信息。

五、不良贷款与贷款风险分类

不良贷款，又叫不良资产，或不良债权。不良贷款，我国传统上认为是逾期贷款、呆滞贷款和呆账，简称"一逾两呆"。逾期贷款是指逾期未还的贷款，只要超过一天，就是逾期；呆滞是指逾期两年或虽未满两年，但经营停止、项目下马的贷款；呆账是指按财政部有关规定，确已无法收回，需要冲销呆账准备金的贷款。我国商业银行的呆账贷款，大部分已形成应该注销而未能注销的历史遗留问题。

这种分类方法的缺陷是明显的。国际金融组织推荐的5级分类法(见表5-1)，特点是根据所能获得的全部信息，包括贷款风险的信息，判断扣除风险损失后的贷款的当前价值。风险贷款价值和账面价值的差额，就是对银行所面对的信用风险的度量。为了弥补和抵御已得到识别的信用风险，银行应该计提专项呆账准备金。

表 5-1　贷款风险 5 级分类法

名称	定义	专项呆账准备金计提比例(%)
正常类	借款人能够履行合同,有充分把握按时足额偿还本息。	0～1.5
关注类	尽管借款人目前有能力偿还贷款本息,但是存在一些可能对偿还产生不利影响的因素。	5～10
次级类	借款人的还款能力出现了明显的问题,依靠其正常经营收入已无法保证足额偿还本息。	20～35
可疑类	借款人无法足额偿还本息,即使执行抵押或担保,也肯定要造成一部分损失。	50～75
损失类	在采取所有可能的措施和一切必要的法律程序之后,本息仍然无法收回,或只能收回极少部分。	100

附录

一、经济资本的概念

经济资本是一种风险指标。与其他风险指标不同的是,经济资本只用于抵补金融机构投资组合或业务的价值或收益的非预期损失(或称意外损失)或下降。非预期损失的风险特征与预期损失的风险特征截然不同,预期损失是金融机构业务经营的一部分,由准备金和收益来抵补。经济资本则用于抵补所有的非预期事件所遭受的损失,但不包括灾难性的事件。这是因为对灾难性的事件无法计提资本。经济资本指标具有普适性,可用于度量金融机构的所有风险类别,从而使得不同风险间、不同业务间以及不同金融机构间的比较成为可能。非预期损失,是指未来可能超过预期损失的那部分损失,以一定的统计概率计量,是银行真正的风险。

二、预期损失和非预期损失的区别

我们知道,投资组合的预期损失是构成该投资组合的各个交易的预期损失之和,这样,预期损失与收入和费用等概念相类似。但非预期损失就不能用简单的加总求和方式来计算。在计算投资组合的非预期损失时,需要考虑到另一个重要的变量,那就是相关性。投资组合内部的各个交易间以及不同的投资组合间都存在相关性,前者称为投资组合内的相关性,后者称为投资组合间的相关性。一般来说,零售投资组合的相关性明显低于商业投资组合,即与商业投资组合相比,零售投资组合更为分散。投资组合的分散化程度对投资组合内的相关性有根本的影响,从而对非预期损失或经济资本也有根本性的影响。故在经济资本管理中,相关性是一个十分重要的概念。

三、理解经济资本的关键

正确地区别预期损失和非预期损失是理解经济资本的关键。从金融实务工作者的角度看,在统计学意义上的定义是:非预期损失是投资组合损失分布的标准差。它是描述在一定的置信度水平上(如 99%),一定时间内(如一年),为了弥补银行的非预期损失(Unexpected Losses)所需要的资本。它是根据银行资产的风险程度的大小计算出来的。计算经济资本的前提是必须对银行的风险进行模型化、量化。这样才能计算出各个业务部门或各个业务产品所需要的资本来。其实，现在比较普遍使用的计算市场风险的模型(VaR)所计算出来的资本就是经济资本的概念。经济资本的一个重要特点，就是它是指所“需要的”资本，“应该有”多少资本，而不是银行实实在在已经拥有的资本；非统计学意义上的定义是：非预期损失等于较高百分位数(Percentile)上的总损失水平与预期损失之差。

需要注意的是，一个投资组合的预期损失比另一个投资组合高，并不必然意味着前者的经济资本也较大。如高度分散化的信用卡投资组合的预期损失可能为4%，而集中于某一特定地理区域的商业房地产投资组合的预期损失可能为1%，但用于支持信用卡投资组合的经济资本可能低于用于支持商业房地产投资组合的经济资本。

四、管理经济资本的作用

(1)度量和管理风险。

(2)调整风险定价，以使金融机构能从其承担风险活动中获得足够的回报。

(3)战略使用和最优配置资本。

(4)业绩考核，以推动金融机构以股东价值创造为导向。

(5)以经济资本为基础的薪酬激励机制。

从实践来看，无论在整个公司层面还是业务线层面，经济资本管理对金融机构各项关键职能的履行起着至关重要的作用。我们知道，金融机构主要面临四种风险，即信用风险、市场风险、交易对手风险和操作风险。

信用风险是指债务人或交易对手违约造成损失的风险。信用风险主要分布于公司类和个人类信贷业务、表外授信业务、对企业债券和短期融资券的投资、对金融次级债券和证券化资产的投资、贴现票据和信贷资产买卖业务、金融衍生交易等业务之中。

市场风险主要是由于市场条件(如利率、宏观经济指标、股市等)发生了变化，给银行未来的收益带来的不确定性。利率风险、汇率风险、资本风险、流动性风险等都属于市场风险。市场风险主要包括存贷款账户中的利率风险、外汇业务头寸中的汇率风险、债券投资和股票投资业务中的经济价值变动风险、固定资产或其他资产以及其他负债的市场价值变动风险。

银行利率风险的主要成因是资产负债结构不匹配。但市场利率变化并不是直接影响所有的资产和负债。在一定时期内直接受影响的是所谓的利率敏感资产(RSA，Rate Sensitive Assets)和利率敏感负债(RSL，Rate Sensitive Loads)，即在这一时期内(银行监测期)到期的或需要重新确定利率的资产和负债。资产负债结构不匹配导致的利率风险敞口，被称为利率敏感缺口，又称重定价缺口，即在一定时期内，银行利率敏感性资产和利率敏感性负债之间的差额。

汇率风险主要是外汇买卖风险。银行汇率风险来源于经营对企业、个人的外汇买卖业务形成的风险，以及外汇资产与负债不平衡需要调整形成的风险。银行处于外汇交易的中介地位，日常的外汇买卖主要是代客户买卖外汇。每日营业结束时必然出现买卖差额(即头寸)，可能多头，也可能空头。银行保有的多头或空头，在汇率变化时，可能会给银行的收益或经济价值带来损失，从而形成风险。银行为了防范这种风险，采取多种机制进行外汇头寸管理，其前提是确认外汇的风险敞口。在计算外汇敞口时，银行应当分析单一币种的外汇敞口，以及各币种敞口折成报告货币并加总轧差后形成的外汇总敞口。

操作风险是指因内部操作流程不完善、人为过失、系统故障或外来因素所造成的直接或间接的经济损失。

案例

案例一 13亿烂账葬送两任行长

2004年2月20日，中国银行新闻发言人向媒体正式披露，该行副董事长刘金宝涉嫌经济犯罪，目前已被移送司法机关进行审查。资料表明，刘金宝的主要问题发生在其上海任职期间。中国银行上海分行对于上海万泰集团的15亿元贷款，就是葬送了刘金宝和周路（刘在中行上海分行的继任者，于2003年7月被免职）两任行长的主要原因。而这一黑洞从初露端倪到彻底曝光，已经有3年了。

我们知道，不良资产一直是困扰着商业银行的一个大问题。

银行的不良资产是怎么造成的呢？主要原因有两个：一是政策性因素，例如，产业结构突然调整；一些国际政治因素造成一些行业受到有关国家限制和制裁等等。二是管理制度不健全，信贷管理有漏洞。要解决这一问题，必须加强对于银行信贷的监管，制定防范信贷风险的制度，此外还要对我国现行的金融高层管理者选拔方式进行改革，改善公司治理结构，加强风险控制，才能有效遏止金融腐败，防范金融风险。

案例二 花旗无奈一拆为二

美国花旗集团2009年1月16日发布财务报告，显示连续第五个季度亏损。为避免"倒旗"厄运，花旗同日宣布，计划把集团拆分为两家公司。

花旗由此告别引以为傲的"金融超市"型运营模式，依照"好银行、坏银行"发展战略上路。

一、一分为二

按计划，花旗集团拆分为花旗公司和花旗控股公司。

花旗公司主营传统银行业务，包括商业银行、投资银行、主要为普通消费者和小企业服务的零售银行、为高端个人客户提供服务的私人银行、信用卡业务和金融服务等。

花旗公司持集团1.95万亿美元总资产中大约1.1万亿美元资产，由花旗集团首席执行官维克拉姆·潘迪特亲自领导。

花旗控股公司则经营资产管理和消费者信贷等风险较高业务。其中消费者信贷业务由"花旗抵押"和"花旗财务"两个部门负责。

花旗控股持大约8500亿美元资产，其中约3000亿美元为抵押贷款等风险资产，领导人尚未确定。

花旗控股将掌握摩根士旦利美邦公司49%的花旗集团股份。

花旗集团和摩根士丹利美邦公司2009年1月13日宣布，借助合并各自旗下经纪业务部门，组建全球最大证券公司"摩根士丹利美邦"。摩根士丹利向花旗支付27亿美元以换得这家合资公司51%股份，且可能在今后5年内逐渐掌控花旗现持的49%股份。

花旗"分旗"、"瘦身"，实为形势所迫。花旗多年推行"金融超市"型运营模式，力图为个人和企业提供全套一站式服务。但不少业界人士指出，花旗摊子过大，且各部门业务之间缺乏协调。一些投资者数年来一直抱怨花旗规模过大不利于竞争，呼吁拆分花旗。这种呼声近来愈发高涨。

与此同时，花旗因在抵押贷款市场和其他信贷市场投资巨大，在金融危机中遭受巨创，从2007年第四季度开始连续5个季度巨额亏损。

花旗2009年1月16日发布2008年第四季度财务报表，显示集团净亏损82.9亿美元，每股亏损1.72美元。花旗5个季度净亏损总额超过280亿美元。

（摘自《钱江晚报》2009年1月18日）

思考题

1. 试述商业银行的性质和职能。
2. 商业银行资产负债业务的主要内容。
3. 商业银行经营管理的原则及相互关系。
4. 试述金融创新的深层含义。
5. 试述中国商业银行经营业务的发展趋势。

参考文献

1. 彭茂吾，康以同，刘军. 西方银行资本管理. 北京：企业管理出版社，2003
2. 王军. 西方跨国商业银行资产负债管理的启示与借鉴. 中国金融，1998(4)
3. 陈小宪. 加速建立现代商业银行的资产负债管理体系. 金融研究，2003(2)
4. 吴青. 西方银行管理. 北京：对外经济贸易大学出版社，2002
5. 章彰. 商业银行信用风险管理——兼论巴塞尔新资本协议. 北京：中国人民大学出版社，2002
6. 人民银行及银监会网站.
7. 崔霞. 中国国有股份制企业法人治理结构问题研究：[优秀硕士学位论文]. 武汉大学，2004
8. 刘晓波. 国有商业银行公司治理结构研究[优秀硕士学位论文]. 郑州大学，2006
9. 廖继全. 银行经济资本管理. 北京：企业管理出版社，2008
10. 张艳. 金融业混业经营的发展途径研究. 北京：中国金融出版社，2003
11. 席涛. 美国金融重回混业之路. 银行家，2006，03(10)
12. 沈卿. 金融业混业经营模式比较. 云南财经大学学报，2004，19(6)
13. 王淑敏，符宏飞. 商业银行经营管理. 北京：清华大学出版社，北京交通大学出版社，2007

第六章

中央银行

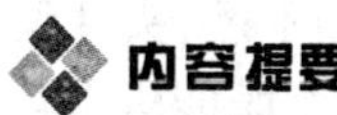

内容提要

中央银行制度是商品、信用经济发展到一定阶段的产物。中央银行的产生有其历史必然性,统一货币发行权、集中票据交换和清算、充当最后贷款人、保障金融业的稳健运营是导致中央银行产生的直接经济原因。

中央银行的产生有两条基本途径:一是由信誉好、实力强的大银行发展演变而来;二是由政府出面直接组建中央银行。从全世界范围看,中央银行的产生和中央银行制度的建立距今已经 300 多年了。中央银行从其产生到发展经历三个阶段,即初创时期、普遍推行时期和强化时期。

中央银行作为一种独特的政府性机构,是一国最高的货币金融管理机构,为商业银行等普通金融机构提供金融服务。同时,中央银行作为一国的宏观管理部门,在制定和实施货币政策、监督管理金融业、维护和规范金融秩序、保证经济与金融良性运行发挥关键作用。中央银行是一国金融体系的核心,为全社会货币、信用的协调发挥着重要的作用。

第一节　中央银行概述

一、中央银行的产生与发展

(一)中央银行的产生原因

中央银行的出现与中央银行制度的形成并不是人为的主观臆造,而是一种历史的产物。通过对中央银行发展演变的历史考察,可以发现中央银行的产生是现代商品经济、货币信用以及银行体系发展到一定程度的结果。中央银行产生于 17 世纪后半期,形成于 19 世纪初叶,具体产生的原因如下:

(1)信用货币统一发行的需要。在银行业发展初期,几乎每家银行都有发行银行券的权力,但随着经济的发展、市场的扩大和银行机构的增多,银行券分散发行的弊病就越来越明显。如发行银行的信用能力不强,一旦经营不善引起银行券不能兑现,就无法保证银行券的信誉和流通的稳定,从而引发信用危机。同时众多银行各自独立发行的银行券因其发行银行的实力、经营状况及分支机构的区域不同,其被接受程度和使用范围不尽相同。结果必然造成商品生产和流通的不便,制约商品经济发展。这从客观上要求有一个资力雄厚并在全国范围内享有权威的银行来统一发行银行券。

(2)票据交换和清算的需要。随着银行业务的不断发展,信用流通的范围不断扩大,银行受授的票据数量不断增加,各银行之间的债权债务关系日益复杂化,由各个银行自行轧差进行当日结算已十分困难。不仅同城结算有问题,异地结算的难度更大。因此不断增长的票据交换和清算业务,客观上需要一个有权威、公正的机构来完成银行之间的清算任务,这只能由中央银行来承担。

(3)充当最后贷款人的需要。资本主义产业革命促使生产力空前提高,生产力的提高又促使资本主义银行信用业蓬勃发展。主要表现为工商企业要求银行的贷款数量增多、期限延长,其结果一方面促进银行业务快速发展,但同时也可能造成银行营运资金不足、头寸调度不灵等问题,从而影响银行的清偿能力,引发挤兑风险。这就客观上要求一个既能集中众多银行的存款准备,又能不失时宜地为其他商业银行提供必要的周转资金的“后台”,为众多银行充当最后的贷款人,这个“后台”就是中央银行。

(4)保障金融业稳健运营的需要。随着信用经济的发展,银行与金融业在社会经济关系中的地位和作用日益突出,金融的稳定运行是经济稳定发展的关键。为了保证金融业的公平有序竞争,保证银行及各类金融业务、金融市场的健康发展,减少金融运行的风险,政府对金融业的监督管理极为必要。这就需要一个在业务上与银行业建立密切联系,同时对金融业的管理、监督及协调具备专业技术和操作手段的机构来承担,以保证金融体系的稳健运行,这是中央银行产生的又一个基本经济原因。

(二)中央银行的发展过程

当经济、金融发展到一个特定阶段的时候,国家通过法律或特殊规定对某家大银行或新建立一家银行赋予某些特权并要求其他银行和金融机构以及整个经济、社会体系接受该银行的这些特权时,中央银行便产生了。中央银行的产生基本上有两条途径:一是由信誉好、实力强的大银行发展演变而来;二是由政府出面直接组建中央银行。从全世界范围看,中央银行的产生和中央银行制度的建立距今已经300多年了。中央银行从其产生到发展经历三个阶段,即初创时期、普遍推行时期和强化时期。

1.中央银行的初创时期

从1656年最早成立的中央银行——瑞典银行到1913年美国联邦储备体系的建立,中央银行的整个初创时期历时257年。这个时期的银行大多是从商业银行演变而来的,也都“身兼数职”,即既是中央银行又是商业银行,且一般都不具备调节和控制金融市场的能力。

瑞典银行是世界上最早执行中央银行职能的银行,成立于1656年。创办初期它是一家私人的商业银行,但它的业务已经包含了发行银行券和办理抵押贷款。1668年因过度发行银行券被收归国有,改组为中央银行。但是如果以集中发行来衡量是否为中央银行的标志,那么它远落后于英格兰银行,直到1897年它才垄断货币发行权,成为真正的中央银行。

英格兰银行成立于1694年。该行最初也只是一家私人的商业银行,只是拥有一些特权:向政府贷款;获准以政府债券为抵押发行等值银行券(其他银行须以黄金准备担保发行)。1833年,国会通过法案:规定英格兰银行发行的纸币为全国唯一的法偿货币。1844年又通过《皮尔条例》,限制其他商业银行发行货币的数量。随着发行权的集中,英格兰银行与政府及国库关系密切,并独占货币发行权,从而确立了中央银行的地位。

美国中央银行制度的建立经历了一个漫长曲折的过程。20世纪以前美国政治的一个主要特征是对中央集权的恐惧，美国公众对于金融业一向持怀疑态度，尤其是作为金融业的代表——中央银行。所以一开始基于建立一个中央银行目的所成立的美国第一银行和美国第二银行都失败了。之后美国进入了历史上的自由银行时期和国民银行时期。不健全的银行制度导致金融危机频发，美国人认识到必须建立一个调节和监管全国金融运行的中央银行。1908 年美国成立了全国货币委员会，1912 年货币委员会提出改进银行制度的特别法案，1913 年通过了《联邦储备银行法》，美国中央银行成立。

在这一时期，世界上大约共设立中央银行 29 家。其中欧洲 19 家，美洲有 5 家，亚洲 4 家，非洲 1 家。从这组数据可以看出，在初创时期中央银行绝大部分产生在欧洲，这主要是由于欧洲经济、金融比其他地方要早得多也发达得多。

2. 中央银行的普遍推行时期

20 世纪初至 20 世纪中叶进入了中央银行制度的普遍推行时期。20 世纪初期，第一次世界大战爆发后，许多国家先后放弃了金本位制，金融恐慌和通货膨胀成为一个世界性的问题，各国政府当局和金融界的人士感到加强中央银行地位和对货币信用进行管理的重要性。于是，1920 年在比利时首都布鲁塞尔召开了国际金融会议，有人提出“凡未设立中央银行的国家应尽快建立中央银行”以共同维持国际货币贸易体系和经济稳定，从而掀起一个创建中央银行的高潮。1922 年瑞士日内瓦的国际经济会议又重申了现代经济社会建立中央银行制度的必要性，建议尚未建立中央银行的国家应尽快建立中央银行。从 1921—1942 年，世界各国改组或设立的中央银行有 43 家，其中欧洲 16 家、美洲 15 家、亚洲 6 家、非洲 2 家、大洋洲 2 家。世界上主要国家都在这个时期建立了中央银行。

3. 中央银行的强化时期

第二次世界大战后，世界经济政治形势风云变幻，在资本主义经济中美国占据了霸主地位，世界范围内的民族解放运动盛行。在摆脱了宗主国或殖民者的统治获得了独立后，一批经济比较落后的国家开始建立中央银行，并把建立中央银行作为民主独立和国家主权的一大标志。为恢复本国的经济发展，稳定国际金融秩序，各国都对中央银行加强了控制，同时也增强了中央银行的权利与责任。这个时期的中央银行的特征是，强调政府对中央银行的控制和中央银行宏观经济调控职能的进一步强化。

（三）我国中央银行的演变过程[①]

1. 清政府时期的中央银行

户部银行是清末官商合办的银行，1905 年 8 月在北京开业，它是模仿西方国家中央银行而建立的我国最早的中央银行，主要目的是为了整顿币值和统一货币。1908 年，户部银行改为大清银行。

2. 辛亥革命时期和北洋政府时期的中央银行

1911 年的辛亥革命，促使大清王朝覆灭，大清银行改组为中国银行。交通银行始建于 1908 年，成立之初，曾自我标榜为“纯属商业银行性质”。但事实上，它后来成了北洋政府的中央银行。1913 年，交通银行取得了与中国银行同等地位的发行权。1914 年，交通银行改定章程，已经具备了中央银行的职能。以上两行，共同作为北洋政府的中央银行。

---

① 仲德涛. 金融监管问题研究. 黑龙江对外经贸，2008，10(172)

3.孙中山创立的中央银行

1924年8月,孙中山领导的广东革命政府在广州创立中央银行。1926年7月,国府移迁武汉,同年12月在汉口设中央银行。原广州的中央银行改组为广东省银行。1928年,汉口中央银行停业,主要原因是政党纠纷、军需剧增导致货币发行超量以及经营目标不明确,所以事实上汉口中央银行没有发挥中央银行的作用。

4.国民党时期的中央银行

1928年11月1日,南京国民政府成立中央银行,总行设在当时全国的经济金融中心——上海,在全国各地设有分支机构,法定中央银行为国家银行,行使中央银行职责。1949年12月,中央银行随国民党政府撤往中国台湾。

5.革命根据地的中央银行

1927年大革命失败后,共产党在建立根据地以后,就成立了人民的银行,发行货币。如1927年冬,闽西上杭县蛟洋区农民协会创办了农民银行等。

1932年2月1日,苏维埃国家银行正式成立,苏维埃国家银行还在各地设分支机构,以带动根据地银行走向集中和统一。1934年10月,苏维埃国家银行跟随红军长征转移,1935年11月,它改组为中华苏维埃共和国国家银行西北分行。同年10月,国家银行西北分行改组为陕甘宁边区银行,总行设在延安。随着解放战争的胜利,解放区迅速扩大并逐渐连成一片,整个金融事业趋于统一和稳定。1948年11月,成立中国人民银行。

6.新中国的中央银行

(1)1948—1978年的中国人民银行。1948年12月1日,中国人民银行在石家庄正式宣告成立,并发行了第一套人民币。1949年2月,中国人民银行总行迁入北京,以后按行政区设立分行、中心支行和支行(办事处),支行以下设营业所,基本上形成了全国统一的金融体系。这一时期的中国人民银行,一方面全部集中了全国农业、工业、商业短期信贷业务和城乡人民储蓄业务;同时,既发行全国唯一合法的人民币,又代理国家财政金库,并管理金融行政,这就是所谓的“大一统”的中央银行体制。

(2)1979—1983年的中国人民银行。中国共产党十一届三中全会后,各专业银行和其他金融机构相继恢复和建立,对过去“大一统”的银行体制有所改良。但从根本上来说,在中央银行的独立性、宏观调控能力和政企不分等方面并无实质性进展。同时,随着各专业银行的相继恢复和建立,“群龙无首”的问题也亟待解决。

(3)1984—1998年的中国人民银行。1983年9月,国务院决定中国人民银行专门行使中央银行的职能,不再兼办工商信贷和储蓄业务,专门负责领导和管理全国的金融事业。1984年1月1日,中国工商银行从中国人民银行分离出来,正式成立,中国人民银行专门行使中央银行的职能。

(4)1998年以后的中国人民银行。1998年10月始,中国人民银行及其分支机构在全国范围内进行改组,撤销中国人民银行省级分行,在全国设立9个跨省、自治区、直辖市的一级分行,重点加强对辖区内金融业的监督管理。一个以中央银行为领导,以商业银行为主体,多种金融机构并存、分工协作的具有中国特色的金融体系已经形成。

二、中央银行的职能

中央银行作为国家调节宏观经济、管理金融事业的特殊金融机构,它的地位明显高于商业银行和其他金融机构，从而成为发行的银行、银行的银行和政府的银行。

(一)发行的银行

所谓发行的银行，是指国家赋予中央银行集中和垄断货币发行的特权，是国家唯一的货币发行机构。从中央银行产生和发展的历史来看，独立货币发行权是其最先具有的职能，也是它区别于普通商业银行的根本标志。中央银行作为发行的银行，银行券由它集中发行，有利于统一货币制度，克服因分散发行而引起的通货庞杂和币值混乱；同时也为控制市场货币流通量创造了有利条件。

中央银行掌管货币发行的基本职能主要有三个方面：

(1)中央银行必须根据经济发展和商品流通扩大的需要，保证及时供应货币。现代中央银行所发行的货币是法定通货，由中央银行垄断发行货币有利于货币流通的集中统一，有利于节约货币成本，符合商品货币经济发展要求。

(2)中央银行必须根据经济运行状况，合理调节货币数量，一方面为经济发展创造良好的货币环境，促进经济和社会稳定；另一方面，推动经济持续协调增长。

(3)中央银行要加强货币流通管理，保证货币的正常流通和币值的稳定。为此，中央银行要依法管理货币发行基金，严格控制货币投放，加强现金管理，做好货币印制、清点、保管、运输、收兑等方面的工作。

(二)银行的银行

所谓银行的银行，是指中央银行一般不与工商企业和个人，而只与商业银行和其他金融机构直接发生业务关系，在业务和政策上起着制约和领导的关系，同时也为商业银行和其他金融机构提供各种金融服务。其宗旨是作为整个社会信用体系的“最后贷款人”以及其他衍生职能，维护社会信用的正常秩序。具体体现在以下方面：

(1)中央银行集中保管全国的存款准备金。所谓存款准备金，是指商业银行和其他金融机构所吸收的存款，按规定比例存入中央银行的部分。这种存款准备制度的意义在于，一方面保证商业银行及有关金融机构的清偿能力，应付客户提存需要，从而保护存款人利益和保障商业银行及有关金融机构自身安全，另一方面，可相对节约整个社会存款准备数量，同时为中央银行调节信用规模、控制货币供应量创造条件。

(2)中央银行充当“最后贷款人”。在商品经济发展过程中，不可避免地会出于经济波动引发金融危机，这不但会影响经济的健康发展，还会使经济造成破坏。为避免这种事情的发生，中央银行充当“最后贷款人”，通过再贷款、再贴现和再抵押等手段，向资金周转困难的商业银行提供流动资金，补充其流动性的不足。

“最后贷款人”这个概念最早产生于 19 世纪中叶前后。当时连续不断的经济动荡和金融危机使人们认识到必须有一个能够全力支持那些资金周转困难的商业银行以及其他金融机构的“最后贷款人”，来避免银行挤兑风潮的扩大甚至整个行业的崩溃。英格兰银行转变为中央银行的契机就是在 1847 年后的英国三次金融危机中充当“最后贷款人”。

(3)中央银行是全国资金划拨与清算中心。中央银行对全国范围内的电子资金划拨系统，对商业银行各应收应付款项进行清算，同时对商业银行调拨资金提供划转服务。这不仅有利于加快社会资金周转，节约资金成本，而且对于提高资金使用效率也具有重要意义。

(4)主持各外汇管理银行的外汇抛补业务。这一方面是中央银行向商业银行提供外汇资金的融资便利,另一方面也是中央银行监督国际收支、谋求外汇收支平衡的一条重要渠道。

(三)政府的银行

所谓政府的银行,是指中央银行代表政府贯彻执行财政金融政策,代为管理国家财政收支以及为政府提供各种金融服务。中央银行与政府的关系非常密切,无论其资本金归谁所有,中央银行的性质决定了中央银行是政府的银行。中央银行是政府的银行主要通过以下几个方面来体现:

(1)代理国库收支。从世界范围来看,大多数国家中央银行都负有代理国库的职责。各级财政部门在中央银行开立账户,国库资金的收缴、支出、拨付、转账结算等均委托中央银行无偿办理。

(2)代理政府债券的发行。为了调剂政府收支或弥补政府开支不足,许多国家的政府经常利用政府债券这种形式。中央银行通常代理政府债券的发行以及办理债券到期时的还本付息等事宜。

(3)为政府融资。中央银行不仅代理国库存款执行国库出纳与结算,而且向国家提供贷款,在国家财政状况稳定的情况下,中央银行以国库券贴现或国家债券抵押的形式向国家提供贷款。这通常可解决财政年度内的收支不平衡。当国家财政状况出现经常性赤字时,中央银行贷款就会成为国家弥补财政赤字、平衡财政收支的手段。在现代经济社会中,中央银行向国家提供信贷的主要形式,是中央银行利用自己的资金购买国家公债,或以公债为抵押提供贷款,特殊情况下也直接向国家提供信用放款和透支。

(4)保管国家黄金、外汇等国际储备。中央银行通过为国家保管和管理黄金外汇储备,以及根据国内国际情况,适时、适量购进或者抛售某种外汇或黄金,以达到稳定币值和汇率,调节国际收支,保证国际收支平衡的目的。

(5)代表政府参加国际金融组织和从事国际金融活动。中央银行要代表政府参加国际组织,出席各种国际性会议,从事国际金融活动,以及代表政府签订国际金融协定;在国内外经济金融活动中,充当政府的顾问,提供经济、金融和决策建议。

三、中央银行的作用

中央银行的作用是由它的地位决定的,是中央银行在实际生活中执行各项职能所产生的结果。中央银行发挥作用是通过对宏观经济的调节和控制,带动微观经济,即通过对货币供应量的分配调节控制,影响整个社会的资金运动,达到促进生产流通的发展,促进经济结构比例的协调。中央银行的主要作用体现在:

(1)防止通货膨胀,稳定币值。“金银天然是货币,货币天然不是金银。”在金属货币制度下,由于金属本身就具有价值,可以自发地调节流通中的货币量,所以不存在通货膨胀的问题。在当前不兑现信用货币流通的情况下,通货膨胀很容易发生,中央银行垄断一国货币发行权,货币的需求必须通过中央银行实现,因此中央银行对货币供应量的控制就直接关系到币值的稳定。通常中央银行通过改变基础货币的供应量和货币乘数,收缩或扩张社会货币量,保持货币币值的稳定,防止通货膨胀。

(2)调整经济结构,促进经济协调发展。中央银行通过自身的业务活动,分析国民经济各部门的比例是否合理,研究生产、收入、消费、就业结构之间的内在联系和发展状况,提出经济结构的调整方案,促进经济均衡协调发展。

(3)集中票据清算,加速资金周转。中央银行作为票据清算中心,各家银行都在中央银行开立往来账户存款,它们每日营业终了将各自票据交换的差额,通过在中央银行开立的账户,相互划转,即时结清。通过这种清算,可以节约现金使用和流通费用,起到推动资金加速周转的作用。

(4)稳定金融秩序,防范金融业风险。一方面,中央银行能够通过对自己资产负债的调整,实现对全国货币供应量的控制,抑制过度的信用规模,保持币值稳定;另一方面,中央银行通过研究银行证券和保险业协调发展问题,评估金融系统风险,协调风险处置中的财政工具和货币工具的选择等手段来保持金融稳定,实现金融业稳健发展,保障金融安全,优化金融结构,不断提高金融效率。

(5)促进各国金融合作,推动国际经济发展。随着经济全球化,当代世界经济已成为一个互相依存的整体,各国经济发展的不平衡性要求资源突破国界,在国家范围内重新组合配置。中央银行作为各国政府对外金融关系的全权代表,对推动国家贸易发展、技术合作和交流、国际资金的一体化、各国金融政策协调以及重大经济关系和金融关系的往来都起到了举足轻重的作用。

案例

案例一 英格兰银行的成立过程[①]

1625年以来的两次内战和政局动荡使英国国库空虚,1689年威廉一世入主英国(由于娶了英国詹姆士二世的女儿玛丽才得到的王位)时面对的是一个烂摊子,再加上他和法王路易十四正在进行的战争,使得威廉一世四处求钱,几近饥不择食的程度,这时,以威廉·帕特森为首的银行家向国王提出一个从荷兰学来的新概念:建立一个私有的中央银行——英格兰银行,来为国王庞大的开支进行融资。

这家私人拥有的银行向政府提供120万英镑的现金作为政府的“永久债务”(Perpetual Loan),年息8%,每年的管理费4000英镑,这样每年政府只要花10万英镑就可以立刻筹到120万英镑的现金,而且可以永远不用还本钱!当然政府还要提供更多的“好处”,那就是允许英格兰银行发行国家认可的银行券(Bank Note)。英格兰银行的现金向社会招募,认购2000英镑以上的有资格成为英格兰银行的董事(Governor)。一共有1267人成为英格兰银行的股东,14人成为银行董事,包括威廉·帕特森。

1694年月27日,英王威廉一世颁发了英格兰银行的皇家特许执照(Royal Charter)第一个现代银行就这样诞生了。英格兰银行的核心理念就是把国王和王室成员的私人债务转化为国家永久债务,由全民税收做抵押,由英格兰银行来发行基于债务的国家货币。这样一来,国王有钱打仗或享受了,政府有钱做自己爱做的事了,银行家放出了他们日思夜想的巨额贷款和得到了可观的利息收入,似乎是一个皆大欢喜的局面,只有人民的税收成了被抵押品。由于有了这样强大的新的金融工具,英国政府的赤字直线上升,从1670年到1685年,英国政府财政收入是

① 资料来源:宋鸿兵:《货币战争》,第7—9页。

2480万英镑，从1685到1700年，政府收入增加了一倍多，达到了5570万英镑，但英国政府从英格兰银行的借贷从1685到1700年暴涨了17倍多，从80英镑涨到了1380万英镑。

更妙的是，这个设计把国家货币的发行和永久国债死锁在一起。要新增货币就必须增加国债，而还清国债就等于摧毁了国家货币，市场上将没有货币流通，所以政府也就永远不可能还清债务，由于要偿还利息和经济发展的需要，必然导致需求更多的货币，这些钱还得向银行借债，所以国债只会永远不断增加，而这些债务的利息收入全部落入银行家的钱袋，利息的负担则由人民的税收来负担！

果然从此以后，英国政府就再也没有还清债务，到2005年底，英国政府的欠债从1694年的120万英镑增加到了5259亿英镑，占英国GDP的42.8%。

第二节　中央银行体制

由于各国幅员、地理环境、发展历史、民族状况、社会制度、经济发展水平、金融业发达程度等千差万别，中央银行体制有很大差别。

一、中央银行制度的组织形式

目前世界各国都普遍实行了中央银行制度，但中央银行的组织形式有很大不同，总体来说，有单一式中央银行制度、复合式中央银行制度、准中央银行制度及跨国中央银行制度四种形式。随着经济全球化和金融全球化的迅猛发展，建立区域中央银行可能成为一种发展趋势。

(一)单一式中央银行制度

单一式中央银行制度，是指一国只设立一家中央银行，作为中央银行的管理机构，国家授权它行使中央银行的权力，履行中央银行的职责。其机构设置一般采取总分行制，逐级垂直隶属。世界上大多数的中央银行基本上采用这种体制，如英、法、日等国。单一式中央银行制度的特点是权力高度集中统一，职能较完善，有较多的分支机构。中国人民银行作为中国的中央银行，其组织形式也采取单一式组织形式。一般，中央银行总部或总行设在首都，少数设在该国的金融中心。同时根据经济发展需要，在全国设立分支机构。

(二)复合式中央银行制度

复合式中央银行制度，也称联邦中央银行制度，是指在实行联邦制的国家中，中央银行作为一个体系而存在，该体系由中央级中央银行和相对独立的地区级中央银行共同组成。中央级中央银行是最高金融决策机构，地区级中央银行要接受中央级中央银行的领导与监督。但地区级中央银行在其辖区内就货币政策的具体实施与业务操作有一定的独立性。这种制度的特点是：权力与职能相对分散。采用这种制度的国家有美国、德国等。

美国的中央银行称为联邦储备体系，在中央一级设立联邦储备理事会。美国联邦储备理事会设在华盛顿，负责管理联邦储备体系和全国金融决策，对外代表美国的中央银行。根据美国联邦储备法的规定，将全国50个州和哥伦比亚特区划分为12个联邦储备区，每个区设立1家联邦储备银行。12家联邦储备银行在各自的辖区内履行中央银行职责。

（三）准中央银行制度

准中央银行制度是指国家设立类似中央银行的金融管理机构，执行一部分中央银行的职能，并授权若干商业银行执行另一部分中央银行职能。采用这种中央银行制度的国家有：新加坡、马尔代夫、斐济、沙特阿拉伯等。在这类中央银行制度下，国家设立的金融管理机构的名称和职责也不相同。如新加坡设有金融管理局，隶属财政部，但不负责货币发行。货币发行权授予大型商业银行，并由国家货币委员会负责管理。除此之外，金融管理局全面负责中央银行职能，包括制定和实施中央银行的货币政策、监督管理金融业、为金融机构和政府提供各项金融服务等。

（四）跨国中央银行制度

跨国中央银行制度是指若干个国家联合组建一家中央银行，由这家中央银行在其成员国范围内行使全部或部分中央银行职能的中央银行制度。这类中央银行体制适用于有相对一致性多国区域性经济和货币联盟体制。实行这类体制典型代表是欧洲中央银行、西非货币联盟、中非货币联盟等。跨国中央银行为成员国发行共同使用的货币，制定统一的货币政策，监督各成员国的金融机构和金融市场，为成员国政府提供融资服务，办理成员国商定并授权的其他金融事项等。

二、中央银行的资本所有权

各国中央银行的资本所有权构成，是指作为中央银行营业基础的资本金是怎样构成的。可分为全部资本为国家所有的中央银行、股本由国家和私人混合所有的中央银行、全部股本为非国有的中央银行、资本为多国共有的跨国中央银行和无资本的中央银行等五种类型。

（一）全部资本为国家所有的中央银行

目前世界上大多数国家中央银行的资本金是归国家所有的，这类银行也被称为国有化中央银行。中央银行的国有化主要有两种途径：一是国家逐步把原来行使一部分中央银行职能的私人银行收归国有，实现中央银行资本国有化；二是由国家以政府拨款的方式拨付全部资本金。历史比较悠久的中央银行多是由私营银行或股份银行演变来的，最初资本多是私人投资或股份合作。目前中央银行资本为国家所有的国家有英国、法国、德国、意大利、澳大利亚、荷兰、挪威、西班牙、瑞典、丹麦、俄罗斯等，并且中央银行的国有化已成为一种发展趋势。中国人民银行的资本组成也属于这种类型。

（二）公私资本混合所有的中央银行

这类资本构成的中央银行，国家资本大多在50％以上，并且法律一般都对非国家股份持有者的权利作了具体的规定。如只允许有分红的权利而没有经营决策权，其股权转让也必须经过中央银行同意后方可进行。由于私股的持有者不能参与经营决策，所以对中央银行的政策基本没有影响。采用这种类型中央银行的国家有日本、墨西哥、巴基斯坦等。

（三）全部资本非国有的中央银行

这种类型的中央银行，国家不持有股份，全部资本由其他股东投入。只有少数几个国家，如美国、意大利和瑞士是这种类型的。美国联邦储备银行的股本全部由参加联邦储备体系的会员银行所拥有：会员银行按照自己的实收资本和公积金的6%认购所参加的联邦储备银行的股份，并按实缴股本享受6%的股息。意大利银行的资本股份最初是由私人持有，1926年转变为按公法管理的机构，并在1936年的《意大利银行法》规定其由储蓄银行、公营信贷银行、保险公司、社会保障机构等所拥有持有，其股份也只能在上述机构间进行转让。瑞士国家银行创立初期是联合股份银行，政府不持有该银行的股票，但掌握其人事权，国家银行的董事大部分由政府指派。

(四)无资本金的中央银行

这种中央银行在建立之初根本没有资本，而是由国家授权执行中央银行的职能，中央银行运用的资金主要是各金融机构的存款和流通中的货币，自有资金只占很少部分。韩国中央银行是目前唯一没有资本金的中央银行。1962年颁布的《韩国银行法》规定：韩国银行是“无资本金的特殊法人”。该行的利润首先用于偿还资产的折旧，然后把50%提为法定公积金，但在政府认可下，可以拥有特定的公积金，其余部分缴入政府收入。会计年度一旦发生亏损，首先用公积金弥补，不足部分由政府报销。

(五)多国共有资本的中央银行

多国共有资本的中央银行是指跨国中央银行的资本不为某一国所独有，而是由跨国中央银行的成员国所共有，比如西非货币联盟(由贝宁、象牙海岸、尼日尔、塞内加尔、多哥和上沃尔特等国组成)、中非货币联盟(由喀麦隆、乍得、刚果、加蓬和中非共和国组成)和东加勒比海货币区(由安提瓜、多米尼加、格林纳达、蒙特塞拉特、圣卢西亚、圣文森特等国组成)就属于这种类型。货币联盟成员国共同组建中央银行的资本金是由各成员国按商定比例认缴的，各国按认缴比例拥有对中央银行的所有权。

其实不管中央银行的资本金是属于国有还是公私共有，都不会对中央银行的性质和业务活动产生实质性的影响。因为国家对中央银行拥有直接控制和监督的权利，私人持股者既无决策权也无经营管理权。因此，从这个角度分析中央银行无论其所有制形式如何，都不影响其作为政府机构履行其职能，也不会对中央银行的性质、地位、作用产生实质的影响。

三、中央银行的权力结构

中央银行的权力结构主要指最高权力分配状况，通过权力机构的设置和职责分工表现出来。中央银行的最高权力大致可分为决策权、执行权和监督权这三个方面。其中决策权是权利的核心，是中央银行权威的象征；执行权是权力的集中体现；监督权是对决策和执行权力的约束，是对中央银行有效行使职能的保证。根据三权是否合一，可以分为下列三种类型。

(一)决策权、监督权和执行权统一于一个机构

这种国家的中央银行，其权利统一于一个机构，一般是由中央银行的理事会或董事会既负责各项政策和方针的实施，又负责实施和监督。优点是：决策层次少、权利比较集中，有利于政策间的衔接和一致，便于迅速决策和实施；缺点是：决策执行和监督之间缺乏有力的制衡机制。美国、英国、菲律宾等国的中央银行属于这种类型。以英国为例，英格兰银行理事会由正、副总裁各1人和16名理事组成，均由政府推荐，英王任免。正副总裁任期5年，理

事任期4年，轮流离任，每年更换4人。理事会成员包括商业银行行长、企业家和工会领袖等，议员、政府成员、公职人员不能担任理事。

（二）决策权、监督权和执行权由不同机构承担

这种类型的中央银行，其决策执行和监督权利分属于不同的权力机构，决策机构代表政府发布行政性命令，执行机构通过中央银行业务来掌握全国金融状况，监督机构则是执行金融管理纪律的司法机构。这种“三驾马车”式的机构设置，体现了行政、业务、司法三方面的配合。日本和韩国的中央银行是属于这种类型的。以日本银行来说，它的最高决策机构是日本银行政策委员会，负责调节日本银行的业务，调节通货与信用；最高执行机构是日本银行理事会，贯彻执行日本银行政策委员会制定的方针政策；最高监督机构是监事会，负责监督检查日本银行的业务和执行情况。

（三）决策权、监督权和执行权由不同机构交叉承担

通常这样设置权利分配结构的，除中央银行有一个主要的决策机构外，再另设专门的执行和监督机构，它们也有一定的决策权。比较典型的国家有瑞士、比利时和荷兰。以最典型的瑞士为例，瑞士国家银行是瑞士的中央银行，除股东大会以外，还设有参事会、联邦银行委员会和理事会等机构，这些机构交叉行使中央银行的三权。

四、中央银行的机构设置

（一）中央银行的内部机构设置

中央银行的内部机构设置其实是指中央银行总行或总部机关的职能划分以及分工。按照精干高效和有力配合协调等原则，各国中央银行的内部设置大致可以分为以下几种部门：

（1）与行使中央职能直接相关的部门。这是中央银行内设机构的主要部门，包括办理与金融机构业务往来的部门、货币政策操作部门、负责货币发行的部门、组织清算的部门等。

（2）为中央银行行使职能提供咨询调研和分析的部门，包括统计分析部门和研究部门。

（3）为中央银行有效行使职能提供保障和行政管理服务的部门，包括行政管理部门、服务部门、后勤保障部门等。

中央银行内部职能机构的设置不是固定不变的，随着中央银行职能和业务的变化，职能机构也随之调整，各部门之间的分工也随着业务的变化而有所改变，但在一定时间内是相对稳定的。目前，中国人民银行的内设机构有：办公厅、条法厅、货币政策司、金融市场司、金融稳定局、调查统计司、会计财务司、支付结算司、科技司、货币金银司、国库司、国际司、内审司、人事司、研究局、征信管理局、反洗钱局等。

（二）中央银行分支机构的设置

中央银行的分支机构是中央银行体系中的重要组成部分，是中央银行全面行使职能和履行规定职责所必需的组织保证。它以保证各项金融政策和基本职能得以有效贯彻实施为原则来设置。世界各国的中央银行分支机构的设置大致有三种情况。

1. 按经济区域设置分支机构

这种设置方法是根据各地经济金融发展状况和中央银行业务量的大小，视实际需要按经济区域设立分支机构，主要考虑区域经济与金融的密切程度、历史传统以及业务量。分支机构一般都设立在该经济区域的经济和金融中心。这种设置方式能更好地体现市场经济的

原则，主动权完全在中央银行，受地方政府的影响较小，有利于中央银行各项政策方针的贯彻执行和货币政策的集中统一操作。目前世界上大多数国家中央银行的分支机构是按照经济区域设置的，代表国家有英国、美国、瑞士、澳大利亚和加拿大等国。

2. 按行政区划设置分支机构

在这种设置方式下中央银行的分支机构设置与国家的行政区划相一致，逐级设置分行或支行。分支机构规模的大小与其所在的行政区的级别相关，而与业务量的关系不大。这种设置方式一般是与计划经济体制相一致的，前苏联和其他实行计划经济体制的国家基本采用这种方式。中国人民银行在 1998 年金融体制改革以前也是采取这种设置方式：总行设置在北京，各省自治区直辖市以及经济特区和国家确定计划单列的重点城市，设立一级分行；在省辖地区和市设立二级分行；在全国的县一级设立支行。

3. 以经济区域为主兼顾行政区划设置分支机构

这种设置方式下，中央银行的分支机构一般是按照经济区划设置分行，而分行之下的机构设置则考虑行政区划并尽量与行政区划相一致。代表国家有日本、德国、意大利、匈牙利和南斯拉夫等。

中国人民银行在国务院的领导下依法独立执行货币政策，履行职责，开展业务，不受地方政府、各级政府部门、社会团体和个人的干涉。1998 年年末，按照国务院的要求，中国人民银行对其内部管理架构实施了重大改革，设立了 9 个具有跨行政区域管辖职责的分行，它们是：天津分行、沈阳分行、上海分行、南京分行、济南分行、武汉分行、广州分行、成都分行、西安分行。在撤销省级分行、设立 9 大经济区域分行之后，在不设分行的省会城市设立中心支行，经济特区和国家确定的计划单列市的分行改为中心支行，原在省辖地区和市设立的一级分行也改设为中心支行，县级支行仍然保留。目前全国有 339 个中心支行，1766 个县(市)支行，这些分支机构是中国人民银行的派出机构，根据总行的授权，依法维护本区域的金融稳定，承办有关业务。所以，目前中国人民银行的分行是按照经济区域设置的，而中心支行和县级支行则是按行政区域设置的。

中国人民银行总行位于北京，2005 年 8 月 10 日在上海设立中国人民银行上海总部。

五、中央银行的独立性

(一)中央银行独立性问题

所谓中央银行的独立性是指中央银行在行使其职能过程中受到政府、财政或其他机构制约的程度。这一关系包括两层含义：一是中央银行应对政府保持一定的独立性；二是中央银行对政府的独立性是相对的。即使公认的独立性强的美国、德国的中央银行仍然要受到来自政府的影响，处于政府的指导和监督之下。因此，中央银行独立性就是指其相对独立性。

中央银行的独立性问题，一直是各国学者争论的焦点。在最初的中央银行产生，金本位条件下，经济运行稳定，而中央银行仅仅需要处理简单的银行券兑换业务和黄金业务。政府基本不干预央行的运行。此时的中央银行具有很强的独立性。第一次世界大战期间，各国出现了很严重的通货膨胀压力，然而西方的经济学家却提不出解决的方法。凯恩斯主义经济学的流行，使得各国政府干预宏观经济取得了理论支持，并且开始对国家的经济进行干预和调控，此期间，中央银行受到政府干预，独立性大大降低。到了 20 世纪 70 年代，国际金融秩序发生重大变化，布雷顿森林体系崩溃，“滞涨”问题使得发达国家陷入前所未有的经济困境，此时金融环境也出现不稳定的状况，而促进金融稳定，稳定币值，就成了各国十分重视的问题。此时，加强中央银行独立性的呼声日渐高涨。世界各国在历史发展的变迁中，对中央银行的独立性问题的认识，有一个变化的过程。对中央银行独立性问题的看法相继出现了独立、相对不独立和再度恢复独立的几种观点。

如何衡量中央银行独立性，存在不同的看法。总体看来，衡量中央银行独立性的标准有以下四个方面：一是职能独立性标准。主要看中央银行能否独立制定和执行货币政策，如何解决货币政策与政府其他宏观经济政策之间的矛盾和冲突，能否抵御财政透支及其他不合理的融资要求，能否独立进行金融监管。二是组织独立性标准。主要看中央银行是否隶属于政府或政府的有关部门，其内外组织机构与政府及政府有关部门的关联程度。三是人事独立性标准。主要看中央银行的主要领导人的任期、任命、组成及罢免是否由政府批准和决定，有无政府人员的兼职和渗透。四是经济独立性标准。主要看中央银行是否依赖于财政拨款，有没有可供独立支配的财源。上述四项标准中，第一项标准是确定性标准，亦即确定中央银行的法定职权，而后三项标准是保障性标准，是为确保中央银行法定职权自主行使的多方面的制度安排。

（二）中央银行相对独立性的类型

从中央银行对政府的独立性来看，可以分为以下三个类型。

1. 独立性较强的中央银行

这类银行的特点是中央银行直接对国会负责，中央银行运行在较大程度上独立于政府。中央银行在制定和实施货币政策享有较强的独立性，当中央银行与政府出现矛盾时，要通过协商解决。美国联邦储备体系和德国联邦银行就属于这种类型。如德国联邦银行隶属于国会，其独立性已经写入了宪法。

2. 独立性次强的中央银行

这类银行的特点是中央银行隶属于政府，名义上独立性较弱，实际上中央银行拥有较大的决策和管理权。英国、日本等国的中央银行属于这种类型。英格兰银行只是形式上隶属财政部，财政部也从未使用其在必要时向英格兰银行发布指令的权利，而且政府一贯尊重英格兰银行的货币政策，与政府的资金关系也保持相当的独立性，一般不向政府提供融资。所以事实上英格兰银行具有较强的独立性。日本和英国相似，其央行隶属于财政部，但可根据其自身的职责独立地制定和运用金融政策，且原则上不承担向政府提供长期贷款和认购长期政府债券的义务。

3. 独立性较弱的中央银行

这类中央银行的特点是中央银行隶属于政府，不论是名义上还是实际上，中央银行在制定和执行政策、履行其职责时，较多地服从政府或财政部的命令。如意大利银行、法兰西银行等。意大利银行在体制上隶属于财政部，财政部代表可以出席意大利银行的理事会会议，并在认为会议作出的决策与政府不符时提出暂停决议的执行。在货币政策的制定和执行上面，当意大利银行与政府的意见不一致时，一般也以政府的指令为准。我国的央行中国人民银行也属于独立性较弱的银行。它隶属于国务院，在其领导下独立行使职责，所以在履行其核心职责（制定和实施货币政策）方面不独立于国务院。

中央银行独立性的不同对于宏观经济的运行产生不同的效果。相关研究表明，不论在发达国家、发展中国家还是转型经济国家，中央银行独立性指数与通货膨胀率之间普遍存在负相关关系，中央银行独立对金融稳定性产生一定的影响。由此可见，中央银行的独立性研究有很大的意义。加强中央银行独立性可以遏制通货膨胀，且不会牺牲经济增长率。因此我国政府一直致力于对央行独立性的增强。

第三节　中央银行的业务

中央银行的职能决定中央银行的业务。中央银行通过其业务体现其职能，实现货币政策的目标。中央银行的业务主要包括三大类：资产业务、负债业务和其他业务。

一、中央银行业务活动的原则

中央银行作为一国金融体系的核心，其业务活动必须服从其职能的需要。从具体的业务经营活动来看，一般奉行非营利性、流动性、主动性和公开性四个原则。

（一）非营利性

非营利性是指中央银行的一切业务活动不以营利为目的。中央银行作为宏观金融管理机构，其一切活动都围绕调控宏观经济、稳定货币、稳定金融、为商业银行和政府服务。当然，不以盈利为目标并不等于不讲经济效益，在确保宏观调控目标和职能实现的前提下，中央银行应该获得应有的收益，并尽量避免或减少亏损，以降低宏观金融管理的成本。

（二）流动性

流动性是指资产业务要保持流动性。因为这是中央银行履行“最后贷款人”职能的基础，且央行在进行货币政策操控和宏观经济调控时，必须拥有相当数量的可用资金。一旦出现商业银行资金紧张甚至整体性的流动危机，或者政府需要立即支出大笔款项时，中央银行应该能够立即拥有并付出相当数量的可用资金。因此为了保持其流动性，央行一般不发放长期贷款。如《中华人民共和国银行法》第二十七条规定对商业银行的贷款期限不得超过1年。同时，中央银行在公开市场买卖有价证券时，应尽量避免购买期限长、信誉低、风险高的证券，如多数国家禁止中央银行购买股票。

（三）主动性

主动性是指资产负债业务需要保持主动性。中央银行的资产负债业务直接与一国的基础货币与货币供给总量相联系，例如货币发行业务直接形成流通中现金；存款准备金业务不仅导致基础货币的变化，还会引起货币乘数的变化；再贷款业务、再贴现业务、公开市场业务是提供基础货币的主渠道。因此，中央银行必须尽可能使其资产负债业务保持主动性。

（四）公开性

公开性是指中央银行业务状况公开化，定期向社会公众公布业务与财务状况，并向社会提供有关的金融统计资料。保持公开性，首先可以增强中央银行业务活动的透明度，使社会公众及时了解中央银行的货币政策意图、方向及操作力度，有利于货币政策的告示效应；其次，使中央银行的业务活动置于社会公众监督之下，有利于中央银行依法规范其业务活动，确保其业务的公平合理性，保持中央银行的信誉和权威性；第三，可以准确地向社会提供必要的金融信息，有利于各界分析研究经济和金融形势，形成合理预期，并调整其经济决策和行为。目前，多数国家以法律形式规定中央银行必须定期公布其业务、财务状况和金融统计资料，中央银行在业务活动中也必须保持公开性，不能隐匿或隐瞒。

二、中央银行的资产负债表

中央银行的业务活动及其主要职能可以从其资产负债表得到概括反映。由于各国中央银行的职能和业务大同小异，在国际经济一体化的背景下，为了使各国了解彼此的货币金融运行状况，加强国际交流与合作，国际货币基金组织定期编制《国际金融统计》刊物，以相对统一和规范的口径提供各成员国有关货币金融和经济发展的主要统计数据和报表，其中的一项"货币当局资产负债表"就是指中央银行的资产负债表。各国中央银行在编制资产负债表时主要参照国际货币基金组织的格式和口径，从而其主要项目与结构基本相近。表 6-1 就是一个简化的中央银行资产负债表。

表 6-1 IMF 公布的中央银行资产负债表

资　产	负　债
国外资产	储备货币
对中央政府债权	定期储蓄和外币存款
对各级地方政府债权	发行债券
对商业银行债权	进口抵押和限制存款
对非货币金融机构债权	对外负债
对非金融企业债权	中央银行存款
对特别机构债权	对等基金
对私人部门债权	政府贷款基金
其他项目	资本项目
	其他项目

(一)中央银行的资产

中央银行的资产是指中央银行在一定时点上所拥有的各种债权，包括国外资产和国内资产。

国外资产主要包括中央银行持有的可自由兑换外汇、黄金储备、不可自由兑换的外汇、地区货币合作基金、国库中的国外资产、其他官方的国外资产、对外国政府和国外金融机构贷款、未在别处列出的其他官方国外资产、在国际货币基金组织中的储备额头寸和特别提款权的持有额等。

国内资产主要由中央银行对政府金融机构和其他部门的债权构成。对政府债权包括有中央银行持有的政府债权、对财政的短期贷款和法律允许的透支。对金融机构的债权包括对商业银行、非货币金融机构的再贴现、再贷款和回购协议等。对非金融机构的债权是对特定机构的贷款。

(二)中央银行的负债

中央银行的负债是指金融机构、政府、个人和其他部门持有的对中央银行的债权，主要包括储备货币、发行债券、对外负债、政府存款和自有资本等。

储备货币是中央银行影响商业银行创造存款货币能力的基础货币。它是货币当局的主要负债项目,主要包括:流通中的货币金融机构、非金融机构的存款。

发行债券是中央银行为了对基础货币进行调控而发行的中央银行债券。

对外负债包括中央银行对非居民的所有本币和外币的负债。

政府存款是国库持有的货币活期存款、定期存款和外币存款。

自有资本包括中央银行的资本金、准备金和未分配利润。

虽然各国中央银行资产负债表的格式和主要项目基本一致,但由于金融制度等方面存在差异,资产负债表的项目多寡以及具体名称仍有所差别,即使是同一项目,其所占的比重也可能有明显不同。中国人民银行从 1994 年起根据 IMF 规定的统一格式编制资产负债表,并定期向社会公布。表 6-2 是我国央行 2008 年底的资产负债表。

表 6-2　2008 年 12 月货币当局资产负债表[①]　　单位:亿元

资产		负债	
国外资产	162543.52	储备货币	129222.33
外汇	149624.26	货币发行	37115.76
货币黄金	337.24	金融性公司存款	92106.57
其他国外资产	12582.02	其他存款性公司	211.85
对政府债权	16195.99	其他金融性公司	591.20
其中:中央政府	16195.99	不计入储备货币的金融性公司存款	45779.83
对其他存款性公司债权	8432.50	发行债权	732.59
对其他金融性公司债权	11852.66	国外负债	16963.84
对非金融性公司债权	44.12	政府存款	732.59
其他资产	8027.20	自有资金	219.75
		其他负债	13586.45
总资产	207095.99	总负债	207095.99

注:自 2008 年起,本表增设报表项目"不计入储备货币的金融性公司存款",删除原报表项目"非金融性公司存款"及其子项"活期存款"。

三、中央银行的资产业务

资产业务是中央银行发挥自身职能的重要手段。中央银行的资产业务就是其资金运用方式,反映中央银行进行宏观调控的货币政策工具运作及结果。中央银行运作并不以营利为目的,而且业务活动受相关法律的明确规定,所以资产业务比较单一,主要包括再贷款业务和再贴现业务、证券买卖业务和黄金及外汇储备业务。

① 资料来源:中国人民银行 www.pbc.gov.cn

（一）再贷款业务

中央银行的再贷款业务主要是对商业银行和其他金融机构发放贷款。这种贷款的目的主要是为了解决商业银行短期资金周转的困难。一般再贷款利率比较优惠，贷款期限较短。有时中央银行要求借款银行以有价证券为抵押。此外，在特殊情况下，中央银行也对财政进行贷款或透支以解决财政收支困难。但如果这种贷款数量过多、时间过长易引起信用扩张、通货膨胀。因此，正常情况下，各国对此均加以限制。从数量上看，再贷款业务的业务量呈下降趋势，主要原因是再贷款条件非常严格且成本较高，其利率往往高于市场利率。中国人民银行自1984年开始专门行使中央银行职能后，对我国金融机构的贷款一直是最主要的资产业务。再贷款业务是中国人民银行提供基础货币的最主要渠道。

（二）再贴现业务

中央银行再贴现业务是指中央银行买进商业银行票据，从而向商业银行融通资金的行为，是中央银行实施货币政策的重要工具之一。中央银行再贴现业务是解决商业银行短期资金不足的重要手段，同时使再贴现率对市场利率产生很大影响。1986年中国人民银行上海分行首次开办再贴现业务；从1994年10月起，中国人民银行总行开始办理再贴现业务。1995年颁布的《中国人民银行法》也明确规定，中国人民银行可以利用再贴现政策进行宏观调控，中国人民银行的再贴现业务得到了较快的发展。

（三）证券买卖业务

很多国家中央银行的一部分资金占用在有价证券上，但是，中央银行证券资产不是中央银行证券投资的结果，而是其公开市场业务操作的结果。中央银行在公开市场买卖的有价证券主要是国家债券，包括国库券和公债券。国库券由于其流动性强、发行数量大、便于市场操作，成为公开市场业务的主要操作品种。中国人民银行公开市场业务开始于1994年，当年建立了银行间外汇市场，中国人民银行每天在外汇市场上买卖外汇。中国人民银行于1996年4月9日开始在二级市场上买卖短期国债，之后又增加了中央银行融资券、政策性金融债券等其他证券种类的买卖业务。

（四）黄金及外汇储备业务

基于国家利益，稳定本国货币，以及加强国际经济往来角度的考虑，中央银行必需保留一定数量的黄金和外汇储备，以稳定币值、调节汇率和国际收支。同时各国央行还要根据一国经济发展的需要、经济的自主性状况、外贸依存度状况、国内经济政策等综合因素，考虑黄金、外汇储备的规模、结构与水平。中国人民银行的外汇储备业务主要通过银行间的外汇市场向外汇指定银行买入外汇，并通过经营外汇储备获得收益。自2000年放开白银市场、2001年放开了黄金市场后，中国人民银行不再统购金银，而是通过买卖金银，调节金银储备。

四、中央银行的负债业务

作为一国货币发行与管理的主体，中央银行的业务是影响基础货币投放和货币供应量增长的重要因素。中央银行开展负债业务不以其存款数量为限制，吸收存款发行债券等不是为了筹集资金，而是以此为调控工具，实现货币政策目标。中央银行的负债业务主要包括资本业务、货币发行业务、存款业务。

(一)资本业务

与其他银行一样,为了保证正常的业务活动,中央银行必须拥有一定数量的自有资本。中央银行的资本业务实际上就是筹集、维持和补充自有资本的业务。一般,中央银行自有资本的形成主要有四个途径:政府出资、地方政府或国有机构出资、私人银行或部门出资、成员国中央银行出资,其中政府出资是中央银行资本形成的主要形式。有些国家政府拥有中央银行的全部资本,如英国、法国、德国以及绝大多数发展中国家;有些国家政府拥有中央银行全部资本的一半或一半以上,如日本的中央银行和墨西哥的中央银行。中国人民银行资本全部来自政府。

(二)货币发行业务

货币发行业务是指中央银行向流通领域投放货币的活动,中央银行所发行的货币主要是中央银行券,即信用货币,此外还有一小部分现钞纸币和用作辅币的金属铸币。无论是哪一种货币都是一种债务凭证。所以,中央银行银行券的发行构成了中央银行的一项重要负债。在现代信用货币制度下,货币发行成为发行者的一项长期占有的稳定收益。为了使这一收益归国家所有,各国都通过法律程序规定由中央银行垄断货币发行权,独占发行利益。比如《中华人民共和国中国人民银行法》第十七条规定:"人民币由中国人民银行统一印制、发行。"正因为货币发行是各国中央银行的重要资金来源,各国为保持本国货币流通的基本稳定,防止中央银行滥用发行权,造成过多货币流通量,分别采取了不同方法对银行券发行数量加以限制。如现金准备发行制度、证券保证准备发行、证券保证限额制度、比例发行准备制度等。我国人民币货币发行并无发行保证的规定,但我国人民币货币坚持信用发行的原则,因而,实际上我国货币保证是国家信用和中央银行信用。

(三)存款业务

中央银行的存款业务完全不同于商业银行和其他金融机构的存款业务,中央银行的存款主要来自两个方面:一是来自金融机构,二是来自政府和公共部门。金融机构在中央银行的存款包括法定准备金存款和超额准备金存款。在现代存款准备制度下,中央银行集中商业银行和其他金融机构的存款准备金。此外,为债务清算需要,商业银行和其他金融机构也必须把一定数量的存款存放在中央银行,这部分存款称为超额准备金存款。政府和公共部门在中央银行存款也包括两部分:一是财政金库存款,二是政府和公共部门经费存款。由于中央银行代理国家金库和财政收支,所以国库的资金以及财政资金在收支过程中形成的存款也属于中央银行存款。

五、中央银行的支付清算业务

清算业务是中央银行为商业银行和其他金融机构办理资金划拨清算和资金转移的业务。由于各商业银行都向中央银行缴存存款准备金,因而它们均要在中央银行开立存款账户,它们之间由于交换票据所产生的应收、应付款项,可以通过在中央银行的往来账户办理清算,从而使中央银行成为全国的清算中心。中央银行组织全国银行清算包括同城(或同地区)和异地两大类。

(1)同城(或同地区)银行间的清算,主要通过票据交换所来进行。票据交换所在有些国家是由各银行联合举办的,在有些国家是由中央银行直接主办的。但无论哪种,票据交换应收应付最后都得通过中央银行集中清算、交换差额。

(2)异地银行间远距离的资金划拨都得由中央银行统一办理。由于各国使用的票据和银行组织的方式不同,一地资金划拨的具体清算做法也不一样。一般有两种类型:一是先由各商业银行等金融机构通过内部联行系统划转,最后由它们的总行通过中央银行办理转账清算;二是直接把异地票据统一集中到中央银行总行办理轧差转账。

中央银行通过组织全国银行系统的清算,一方面为商业银行等金融机构提供服务,提高了清算效率,加速了资金周转;另一方面,有利于中央银行对全国金融情况及各金融机构的资金状况加强了解,从而有助于中央银行履行金融监督与管理的职责,保证金融系统的平稳运行。

第四节 中央银行与金融监管

一、金融监管的含义

中央银行制度建立后,金融监管成为中央银行的主要职责之一。从某种意义上说,是金融监管的必要性促进了中央银行制度的产生。在相当长的时期内,大多数国家的中央银行同时承担着货币政策和金融监管的职能,这两项职能具有高度的关联性和互存性。中央银行实施的金融监管,主要指对金融机构实施全面性、经常性的检查和督促,并以此促进金融机构依法稳健地经营和发展。

二、金融监管的原则

巴塞尔委员会于1997年9月公布了《有效银行监管的核心原则》之后,各国金融监管当局都视之为金融监管的指导原则。主要可以概括为以下几点。

(一)监管主体的独立性原则

在一个有效的银行监管体系下,参与银行监管的各个机构要有明确的责任和目标,并应享有操作上的自主权和充分的资源。金融监管是专业性、技术性很强的工作,涉及社会各个方面的利益,如果不是独立性很强的专门机构,其监管过程和目标极易受到利益集团的干扰,难以公正、公平、有效地进行金融监管。

(二)依法监管原则

所有金融机构都必须接受国家金融监管当局的监督和管理。同时,为保证监管的权威性、严肃性、强制性和一贯性,从而达到监管的有效性,金融监管当局必须依法行政。

(三)“内控”与“外控”相结合的原则

由于金融监管中存在着信息不对称、监管者信息劣势以及金融机构的道德风险等问题,因此,无论外部强制管理多么缜密,也只能是相对的。如果监管对象不合作,不愿意自我约束,那么,外部监督管理也难以达到预期的效果。反之,如果把全部希望都放在金融机构自身“内控”上,则一系列不负责任的冒险经营行为和风险都难以有效避免。因此,最佳选择是遵循“内控”与“外控”相结合的原则。

（四）安全稳健与经济利益相结合原则

安全稳健是一切金融监管工作的基本目标，金融监管者必须掌握完善的监管手段，以便在银行未能满足审慎要求（如最低资本充足要求）或当存款人的利益安全受到威胁时采取纠正措施。在极端情况下，如果该金融机构已不具备生存能力，监管者可参与决定该机构被另一家更健康机构的接管或合并。当所有办法都失效后，监管者必须有能力关闭或参与关闭一家不健康的金融机构以维护整个金融体系的安全。金融稳定必须以保证社会经济效益作为终极目标，并将防范风险和提高金融机构经济效益结合起来。

三、中央银行实施金融监管的内容

（一）市场准入的监管

市场准入是所有国家金融监管的起点，通过控制市场准入，将那些可能对存款人的利益或金融体系健康运行造成危害的金融机构拒之门外。市场准入监管的目标是通过金融机构和金融产品准入审查，对整个金融体系实施有效的控制，保证金融机构的数量结构和规模符合经济发展和市场需求。市场准入的审查主要通过严格执行注册登记制度来实现。

（二）市场运作过程的监管

如果说市场准入的监管可以将一部分"逆向选择"者拒之门外，但那些获准进入金融市场的金融机构，其"道德风险"却无法排除。即使机构本身不存在"逆向选择"和"道德风险"，但他们所面对的客户仍存在这两种风险。所以，金融机构一旦进入市场就存在金融风险。加强市场运作过程的监管，可以从以下几方面入手：

(1)资本充足性监管。巴塞尔协议关于核心资本和全部资本（核心资本和附属资本）与风险资产4%和8%的比率规定已经被全世界普遍接受，这是银行业监管中有关资本充足率的最重要、最基本的标准。

(2)流动性监管。流动性管理包括本币与外币的流动性，有分开管理或集中管理。对银行流动性的测算相当的复杂，当前大多以考核银行的资产负债期限和利率结构搭配是否合理为基础，对流动性作出系统评价。

(3)业务范围的监管。主要针对金融机构的经营范围与品种、经营合规性等方面进行监管。如禁止商业银行和投资银行混业经营；禁止商业银行认购股票；限制银行对工商企业的直接投资等。

(4)贷款风险的控制。贷款风险是银行业最主要的风险来源。银行因其逐利性，往往把资金都尽可能投向高收益且高风险的项目。所以大多数国家的中央银行都尽可能限制贷款投向的过度集中，分散风险是金融监管的重要内容。通常的做法是限制一家银行对单个借款者或某个行业某一地区提供过多的贷款。

(5)准备金管理。银行资本的充足性与其准备金制度存在内在的联系。监管当局的主要任务是在充分考虑谨慎经营和真实评价业务质量的基础上提取银行的准备金。金融监管当局认为，准备金政策和提取方法的统一是增强国际金融体系稳定的一个重要因素，并有助银行业在国际范围的公平竞争。

(6)存款保险管理。存款保险制度是为了维护存款者利益和金融业的稳健经营与安全。鉴于此，有些国家在金融体制中设立负责存款保险的机构，规定本国金融机构吸收存款的一定比率向专门保险机构缴纳保险金，当金融机构出现信用危机时，可以共同承担风险。表6-3为部分国家和地区的存款保险制度情况。

表 6-3 部分国家(地区)存款保险制度情况表[①]

国别(地区)	最高保险金额	保险基金筹集方式	保险费率	保险范围	保险方式	保险机构所有制
美国	10万美元	保险费	—	本外币	强制	官办
英国	被保险存款的75%，最高为2万英镑	会员机构交纳固定款项与特别款项	—	本币	强制	同业合股
日本	1000万日元	保险费	0.012%	本币	强制	官民合办
德国	不超过银行负债的30%	会员机构聚资	0.03%	本外币	自愿	同业合股
法国	40万法国法郎	银行倒闭后计征	—	本币	自愿	同业合股
加拿大	6万加元	保险费	0.1%	本币	强制	官办
意大利	2亿里拉内100%，2亿～8亿里拉内75%	—	1%，必要时加0.5%	本外币	自愿	同业合股
瑞士	2万瑞士法郎(2万以内100%，2～3万75%)	—	—	—	自愿	—
印度	3万印度卢比	保险费政府提供	0.4%	本币	强制	—
荷兰	3万荷兰盾	—	—	本外币	强制	—
比利时	—	存款损失完全或部分依靠临时税补偿	—	本外币	自愿	—
丹麦	2万丹麦克朗	—	—	—	强制	—
芬兰	50万芬兰马克	—	—	—	强制	—
中国台湾	100万元台币	保险费	0.15%	本币	自愿	—

(7)管理评价。管理水平往往是左右一家金融机构安全与否的根本；一个有声望的有管理经验的经营管理层，是监管当局批准银行登记注册的若干条件之一。管理水平的评价在中央银行监管过程中的重要性已经被大多数国家承认。管理评价通常是借助一些指标现场的检查，反映金融机构内部管理和外部管理一体化的情况的资料，判断金融机构的管理能力和效率。

(三)市场退出的监管

金融机构市场退出的原因和方式分为两类：主动退出和被动退出。主动退出是指金融机构因分立合并或者出现公司章程规定的事由需要解散。被动退出则是指由于法定的理由，如法院宣布破产或因严重违规资不抵债等原因遭关闭，中央银行将金融机构依法关闭，取消其经营金融业务的资格。我国对金融机构的市场退出采取的形式有：接管、解散、撤销和破产等。

① 资料来源：王广谦主编：《中央银行学》(第二版)，第317－318页。

案例二　巴林银行倒闭和大和银行事件[①]

1995年2月，英国具有233年悠久历史，按照核心资本在全球1000家大银行中排名489的巴林银行宣布倒闭。巴林银行的倒闭是由于该银行在新加坡的期货公司交易形成巨额亏损引发的。1992年，新加坡巴林银行期货公司开始进行期货交易不久，集前台首席交易员和后台结算业务主管与一身的利森开立了“88888”账户，他不遵守巴林银行总部给他的交易限额，利用“88888”账户经常超额买卖期货，由于其大量买进日经225指数期货导致巴林银行亏损高达14亿美元而破产。

仅距离巴林银行倒闭七个月，日本的大和银行又爆出丑闻：大和银行纽约分行的主管交易的执行副总裁井口俊英坦言自己在长达11年的过程中累计隐瞒了高达11亿美元的巨额亏损。随即，大和银行被迫对外宣布其亏损。井口俊英1976年开始在大和银行纽约分行工作，三年后被提为交易部主任，从此负责前台交易、后线结算和债券保管。如此集三权于一身为井口俊英的违规交易提供了机会。自从1984年井口俊英在美国的政府债券市场上亏损20万美元后，他便开始利用职务之便篡改客户账目，把客户账上的债券出售，再造假账说这些债券并未卖掉。年复一年，假账和亏损迅速几类，然而大藏省、美国联邦储备银行及大和银行总行均未曾检查出问题，直到井口俊英自感难以为继才主动坦白。

巴林银行和大和银行的教训是深刻的：首先，银行的内部监督管理存在重大问题。利森和井口俊英都一人身兼数职，这就为他们后来的行为提供了便利。而且银行内的监管部门都没有发现其违规行交易。其次，内部和外部审计监督作用不能得到充分发挥。再次，金融机构内部应该建立有效的相互制约机制。最后，交易所的监管不尽完善。

思考题

1.简述中央银行产生的原因及其发展历程。

2.简述中央银行的职能。

3.如何从所有制形式、组织结构、与政府关系及管理体制将西方主要国家的中央银行进行分类？

4.简述中央银行的资产负债业务。

5.中央银行如何对商业银行等金融机构实施有效监管？

6.试评价中央银行的独立性问题？

参考文献

1.付一书.中央银行学.上海：复旦大学出版社，2007

2.王广谦.中央银行学.北京：高等教育出版社，2006

3.陈学彬.中央银行概论.北京：高等教育出版社，2007

4.周宗安.货币银行学.北京：经济科学出版社，2007

① 资料来源：何丽芬主编：《中央银行学》，第212—213页；安烨主编：《货币银行学》，第157页。

5. 安烨. 货币银行学. 上海：上海财经大学出版社，2006
6. 吴腾华. 货币银行学. 上海：上海财经大学出版社，2008
7. 何丽芬. 中央银行学. 北京：对外经济贸易大学出版社，2007
8. 吴军等. 货币银行学. 北京：对外经济贸易大学出版社，2006
9. 陈丹. 对我国中央银行独立性的思考，新西部，2008(08)
10. 仲德涛. 金融监管问题研究. 黑龙江对外经贸，2008，10(172)
11. 中国人民银行网站 http://www.pbc.gov.cn/
12. 维基百科. http://wiki.mbalib.com/

第七章

货币需求

人们为什么需要货币？决定人们货币需求的因素是什么？人们的货币需求同实际经济活动有什么关系？通过本章的学习，你可以对货币需求的概念和影响因素有一个概括性的了解；对马克思货币需求理论以及西方货币理论（含古典货币数量论、凯恩斯的流动偏好理论和弗里德曼的现代货币数量论）有着系统的掌握。通过对西方货币需求理论的学习，把握货币需求理论发展的脉络和研究方法。

第一节　货币需求概述

一、货币需求的含义

现代社会，人们每天都在与货币打交道：消费者用货币来购买所需的商品和服务；生产者用货币来购买原材料，进行生产，并换回货币。那么，我们为什么需要货币？或者从更深的层次思考：整个社会为什么需要货币？

从货币需求理论发展来看，经济学家曾经从两个不同角度来探讨货币需求的定义。一种是从社会的角度出发，仅仅把货币视为交易的媒介，从而探讨为完成一定的商品劳务交易量，流通中到底需要多少货币量。比如马克思的货币必要量公式和费雪的交易方程式都是建立在这一含义的基础上。另一种则是从微观经济主体出发，把货币视为一种资产，也就是一种财富持有形式。在选择资产持有的形式时，人们必须根据自己的具体情况和偏好，通过对各种资产的盈利性、流动性和安全性的衡量和比较，使自己的资产组合保持最佳的状态。因此，所谓货币需求，实际上就是人们愿意以货币的形式持有资产的数量。自从剑桥学派提出现金余额说以来，众多经济学家都是从这一角度分析货币需求的。

我们应该注意到，经济学家无论从哪个角度讨论货币需求，都是有一定的前提条件的，就好像经济学家在讨论消费者的商品需求时，都是以消费者的既定收入为前提条件的，如果没有这一约束，消费者对商品的需求就可能无止境，因而也就没有讨论的意义了。从上述两个探讨货币需求的角度来看，前者是以流通中需要交换的商品劳务量为前提的，后者是以人们拥有的财富总额为前提的。我们认为，随着金融市场的发展，金融资产作为财富的重要部分显得越来越重要，因此，人们自然把货币作为财富的一种形式持有。因为，当某人拥有一定量的财富总额时，他可以选择以多种形式来持有这笔财富，而他愿意以货币这种资产形式来持有的那部分财富就构成了他对货币的需求。可见,货币需求就是指银行体系以外的社会公众愿意以货币形式持有资产的需求。但要把握这一概念,还需要注意以下几点。

(1)货币需求是需求欲望和需求能力的统一。货币需求是指人们对货币的需求,但是这种需求不是社会学或心理学的需求。经济学上的需求是指欲望与能力的统一。货币需求欲望是指人们持有货币的各种动机和愿望,它决定了货币需求质的无限性。但由于货币是一般等价物,因此,货币需求能力大小受制于人们所拥有的价值量的大小,它决定了货币需求量的有限性。货币需求质的无限性和量的有限性这对矛盾的均衡和统一,就构成了某一时空中具体的货币需求量。

(2)货币需求是一个与流量有密切关系的存量概念。在计量分析中,存量和流量是两个不同的概念。前者是指某一时点的余额,而后者是某一时期的发生额。显然,货币需求是一个存量,我们考察货币需求量,通常都是从存量意义上观察和计量的。但是,由于货币本身固有的流动属性,货币需求存量和流量关系密切,并能相互转化,加之货币需求理论和货币政策所关注的并不是某一时点上的货币需求量,而是某一时期内货币需求的大致趋势及其变动幅度,因此,在货币需求计量研究中,需要同时把存量与流量结合起来考察,作静态和动态的全面分析。

3.在现代信用制度下,由于货币是由银行体系自身创造的,因此,货币需求指的是银行体系以外的各种经济主体(包括个人、企事业单位、政府等)对货币的需求,而不包括银行体系自身对货币的需求。

二、决定和影响货币需求的主要因素

由以上分析可知,货币需求是指人们以货币形式持有财富的行为。那么,哪些因素将决定人们的这一行为呢?也就是说,哪些因素将决定人们对货币的需求呢?为了回答这一问题,我们首先应该明确人们为什么要持有货币,即人们持有货币的动机是什么。

在本书的第一章中,我们已经分析了货币的职能。从这些分析中,我们已经初步了解到人们持有货币的一些主要动机。流通手段是货币的最基本的职能,因此,人们持有货币的首要动机就是把货币作为商品交易的媒介。同时,货币还具有贮藏手段的职能,所以,人们持有货币的另一个动机就是把货币作为保存财富的一种形式。

既然货币需求直接地决定于人们持有货币的各种动机,那么,凡是影响或决定人们持有货币动机的因素,就是影响或决定货币需求的因素。同时,既然人们持有货币的动机是多方面的,那么,决定或影响这些动机,从而决定或影响货币需求的因素,自然也是多方面的。而在这些因素中,有些只影响个人的货币需求,有些则影响整个经济的货币需求。为方便起见,我们将这些影响个人货币需求和影响整个经济货币需求的因素合在一起,并选择其中较重要的几个因素分别加以简要的说明。

(一)收入状况

1.收入水平的高低与货币需求

在其他情况一定的条件下,收入水平的高低与货币需求成正比。也就是说,收入水平越高,货币需求越多;反之,收入水平越低,货币需求越少。货币需求与收入水平成正比,是由以下两个原因决定的:第一,收入的数量在一定程度上制约着人们对货币需求的数量。这是因为,货币是人们持有财富的一种形式,所以,人们以货币形式持有的财富只是其总财富的一部分，而收入的数量往往决定着总财富的规模及其增长的速度。第二，收入的数量通常决定着支出的数量。在现代货币经济中，收入的取得与支出的发生都是以货币形式进行的。因此，在一般情况下，收入越多，则支出也越多，而支出越多，则需要持有的货币也越多。这是因为，在一般情况下，收入通常是定期地、一次性地取得的，而支出则是经常地、陆陆续续地发生的。因此，人们收入的取得与支出的发生一般不在同一时间，在一次取得收入到下一次取得收入之间往往存在着一定的时间间隔。在此时间间隔中，支出将陆续发生。因此，在这一时间间隔中，人们必须持有一定数量的货币，以随时用于支出。在这种时间间隔既定的条件下，人们需要持有的货币数量就直接地决定于这一时间间隔中的支出，从而间接地决定于定期取得的收入。这是因为，在正常情况下，人们将遵循量入为出的原则，所以，支出将由收入所决定。于是，货币需求最终仍是由这一定期取得的收入所决定的。

收入水平的变动对货币需求具有很大的影响。这种影响不仅表现为货币需求将随着收入水平的变动而同方向地变动，而且当收入水平变动时，货币需求往往以更快的速度或更大的幅度变动。根据美国经济学家弗里德曼（M. Friedman）和施瓦茨（A. J. Schwartz）对美国货币史的实证研究，货币需求的收入弹性高达 1.8 以上。这就说明，当收入增加 1%时，货币需求将增加 1.8%以上。

2. 人们取得收入的时间间隔与货币需求

在收入水平一定的条件下，人们取得收入的时间间隔与货币需求也成正比。也就是说，人们取得收入的时间间隔越长，货币需求就越多；反之，人们取得收入的时间间隔越短，则货币需求也就越少。在每个月取得一次收入时，人们必须持有足以应付一个月内支出所需要的货币额；而在每半个月即能取得一次收入时，则人们只要持有足以应付半个月内支出所需要的货币额即可。在全部收入用于当期支出而没有节余的假设条件下，其平均货币持有额即为货币需求额。这就说明，即使人们的收入水平一定，其取得收入的时间间隔的长短也将对货币需求产生明显的影响。

3. 收入水平的不确定性和货币需求

货币需求中出于预防动机的货币需求量依赖于个体收入和支出的不确定性。在同等收入层次下，当个体支出或收入存在较大不确定性时，其货币需求量也较大。例如，净收入水平相同的私营企业中的雇员与国家公务员相比，前者收入波动较大，面临着随时被解雇的风险，还缺乏医疗、失业等保障，预期外支出的可能性较大，因此，通常会持有更多的货币。

(二)市场利率

在市场经济中，市场利率也是一种价格，它是人们在一定时期内使用资金的价格。在现代货币经济中，资金的表现形式是货币，所以，资金的供求关系通常表现为货币的供求关系。于是，在正常情况下，市场利率与货币需求成反比，也就是说，市场利率上升，货币需求减少；市场利率下降，则货币需求增加。市场利率对货币需求的影响表现在两个方面：一是市场利率决定人们持有货币的机会成本；二是市场利率影响人们对未来利率变动的预期，从而影响人们对资产持有形式的选择。

1. 利率决定人们持有货币的机会成本

在现代市场经济中，可供人们选择的资产持有形式很多，货币只是其中的一种。与其他各种资产持有形式相比，货币虽然有着高度的流动性和安全性，但人们持有货币一般没有收益或只有很少的收益。而如果人们持有各种非货币的金融资产，则其收益率一般都高于货币，市场利率将在一定程度上决定或影响这些非货币金融资产的收益率，从而决定或影响着人们持有货币的机会成本。市场利率上升，意味着人们持有货币的机会成本（即因持有货币而放弃的收益）增加；市场利率下降，则意味着人们持有货币的机会成本减少。因此，市场利率上升，货币需求将减少；市场利率下降，则货币需求将增加。

2. 利率影响人们对资产持有形式的选择

在一般情况下，市场利率与有价证券的价格成反比，因此，若市场利率上升，则有价证券的价格就下跌；而市场利率下降，则有价证券的价格就上升。从市场利率的变动来看，它往往呈现出一种周期性变动的规律，而且从长期来看，它将稳定在某一个合理的或正常的水平上，所以，在利率市场化的条件下，利率上升到一定高度时将回落；反之，利率下降到一定水平时又将回升。因此，当利率上升时，特别是上升到一定高度时，人们往往预期利率将下降，从而有价证券的价格将上升。于是，他们将减少货币的持有量，相应地增加有价证券的持有量，以期日后取得资本溢价的收入。反之，当利率下降时，特别是下降到一定低度时，人们又通常预期利率将回升，从而有价证券的价格将下跌。在这种情况下，为了避免资本损失，人们将减少有价证券的持有量，相应地增加货币的持有量，并准备在有价证券价格下跌后以较低的价格再买进。

由此可见，市场利率的变动不仅因决定人们持有货币的机会成本而对货币需求产生负的影响，而且还将通过影响人们对未来利率变动方向的预期而改变他们的资产持有形式，从而对货币需求也产生负的影响。

（三）信用的发展程度

在信用制度健全、信用比较发达的经济中，货币需求量相对较少。一方面这是因为在这样的经济中，相当一部分交易可通过债权债务的相互抵消来了结和清算，于是，就减少了作为流通手段和支付手段的货币的必要量，人们的货币需求量亦因此而减少。另一方面，在信用比较发达的经济中，金融市场也必然比较完善。在这样的经济中，人们可将收入中暂时不用的部分先用来购买短期债券，而当他们需要支付时，再将这种短期债券在金融市场中出售，以换回现金。这样，人们既能保证正常的支付需要，又能在支付之前减少货币持有量而相应地增加债券持有量，以获取收益。但是，如果没有发达的信用制度，没有完善的金融市场，则人们只能将收入中准备用于支付的货币较长时间地保持在手中。这是因为，在这样的经济中，往往缺乏适当的短期债券可供人们购买，而且，即使买到了这样的债券，也往往难以及时地、无损失地出售这些债券而换回急需支付的现金。特别是在一些边远地区，更是因为信用制度落后、金融机构缺乏，人们甚至以窖藏现金的形式进行储蓄。所以，在一般情况下，信用的发达程度与货币的需求呈负相关的关系。

（四）消费倾向

货币需求与消费倾向一般呈同方向变动关系。即消费倾向越大，所需用作购买手段的货币持有量会增大，消费倾向越小，则用作购买手段的货币持有量也会减少。

(五)货币流通速度

货币流通速度是指单位货币在一定时期内被周转使用或流通支付的次数,反映了单位货币在流通中发挥作用的程度。货币流通速度越快,单位货币所实现或完成的交易量就越多,完成一定的交易量所需要的货币就越少;反之,货币流通速度越慢,需要的货币量就越多。

(六)社会商品可供量

社会商品可供量就是待实现的商品总量,在现代货币经济中,自给自足的自然经济及直接物物交换的简单的商品经济所占的比例极小。因此,就整个经济而言,生产的产品几乎都那被作为商品而进入流通领域,而且商品交换都将以货币作为媒介。所以,社会商品可供量越多,则流通中所需要的货币也越多;反之,则越少。

(七)人们的预期和偏好

货币需求除了决定于上述各种客观因素之外,还在相当程度上受到人们的主观意志和心理活动的影响,特别是受到人们对未来经济情况的预期以及对各种金融资产的偏好的影响。其中,人们对未来经济情况的预期主要包括对市场利率的预期、对物价水平的预期以及对投资收益率的预期。而人们对各种金融资产的偏好,则主要是指他们对货币金融资产和其他非货币金融资产的不同偏好。这种偏好主要取决于人们对货币金融资产和其他非货币金融资产优缺点的不同评价。

由于人们的心理活动本身是复杂的,因此,它对货币需求的影响也是复杂的。一般地说,人们的心理活动与货币需求之间存在着以下关系:①预期市场利率上升,则货币需求增加;预期市场利率下降,则货币需求减少。②预期物价水平上升,则货币需求减少;预期物价水平下降,则货币需求增加。③预期投资收益率上升,则货币需求减少;预期投资收益率下降,则货币需求增加。④人们偏好货币,则货币需求增加;人们偏好其他金融资产,则货币需求减少。

第二节　货币需求理论

一、马克思的货币需求理论

马克思的货币需求理论集中反映在货币必要量公式中,马克思的货币必要量公式是在总结前人对流通中货币数量广泛研究的基础上,对货币需求理论的总结概括,也是现代货币需求理论的先驱。

马克思以完全的金币流通为假设条件。按照这个假设条件,他进行了如下论证:①商品价格取决于商品的价值和黄金的价值,而商品价值取决于生产过程,所以商品是带着价格进入流通的;②商品数量的多少和价格的高低,决定了需要多少金币来实现它;③商品与货币交换后,商品退出流通,货币却要留在流通中多次与媒介商品交换,从而一定数量的货币流通几次,就可以媒介几倍于它的商品进行交换。这一论证可以用公式写成:

$$流通中的货币数量=\frac{商品价格总额}{货币流通速度}$$

即：

$$M=\frac{PQ}{V} \tag{7.1}$$

式中：M 为执行流通手段职能的必要货币量；P 为商品价格水平；Q 为待出售的商品数量；V 为货币流通速度。

式(7.1)中表明，在一定时期内，作为流通手段的货币必要量主要取决于流通中的商品价格总额和货币流通速度两类因素，它与商品价格总额成正比，与货币流通速度成反比。

这就是马克思所揭示的著名的货币流通规律，它反映了商品流通决定货币流通这一基本原理。货币是为了适应商品交换的需求而产生的，并随着商品的交换而进入流通，因交换的需要而变换自身的数量。货币流通规律是货币运动的一般规律，在存在商品货币关系的社会经济条件下普遍适用。而纸币的流通又同时要受到纸币的特有运动规律的支配。为此，马克思又专门研究了纸币流通规律。马克思揭示的纸币流通规律，其内容和要求包括三个层次的含义。

1.纸币无论发行多少，都能够被商品流通所吸收

纸币流通规律的这一基本前提，是由纸币的性质所决定的。纸币不具有内在价值，是由国家发行并强制流通的。纸币如果在流通界执行流通手段职能，它就能够代表相应的价值，具有与一切商品相交换的能力；若纸币处于流通之外，就因失去交换价值而成为一文不值的废纸。因此，纸币只要一投入流通，必然被商品流通所吸收，不会轻易退出流通界。

2.纸币所代表的价值决定于流通中的纸币数量

一方面，纸币无论投入多少，都会被商品流通所吸收；另一方面，商品流通又只能吸收一定量的金属货币，而纸币又代表一定量的金属货币流通。于是就产生了矛盾，这一矛盾是通过单位纸币所代表的价值量的自发调节来解决的。用公式表示纸币流通规律的这一层含义，即为

$$\begin{pmatrix}投入流通的全部纸币\\所能代表的价值量\end{pmatrix}=\begin{pmatrix}商品流通所能吸\\收的金属货币量\end{pmatrix}$$

$$单位纸币所能代表的价值量=\frac{商品流通所能吸收的金属货币量}{流通中纸币的实际数量}$$

3.纸币的发行限于它象征地代表金(或银)实际流通的数量

这是纸币流通规律的基本要求。纸币无论发行多少，无论带有多少铸币金额进入流通，在流通中总是被压缩为它所代表的那种金属铸币在实际流通中能够吸收的数量。因此，当纸币发行量超过了流通中所能吸收的同等金属货币量时，就会导致纸币贬值、物价上涨的现象。例如，假定国家投入的纸币数量为 5000 亿元，而当时流通界能够吸收的同等金属货币量为 4000 亿元，则这 5000 亿元的纸币只能代表 4000 亿元金属货币流通，此时，

$$单位纸币所能代表的价值量=\frac{4000}{5000}=0.8(元)$$

可见，单位纸币就贬值了 20%。因此，这就要求国家在发行纸币时，只能限于流通界所能吸收的同等金属货币的流通数量。

马克思的货币必要量公式具有很重要的意义，它反映了商品流通决定货币流通这一基

本原理。货币是为了使商品交换而产生的，并随着商品的交换而进入流通，因交换的需要而变化自身的数量。这种分析，即使在货币信用关系日趋复杂的今天，对深入理解商品流通与货币流通的内在联系，仍具有很重要的指导意义。

二、古典货币数量理论

货币数量论是一种研究商品价格同货币数量之间关系的理论。它的基本命题是：货币数量决定货币价值和物价水平，货币价值与货币数量成反比，物价水平与货币数量成正比。

货币数量论是一种古老的经济理论，最早可以追溯到古罗马的法学家鲍罗斯(Julius Paulus)，但人们一般认为是法国重商主义者吉恩·鲍丁(Jean Bodin)，第一次明确地将价格波动同货币数量的变动联系起来，正式创立了货币数量论。早期的货币数量论并不把货币需求作为直接的研究对象，而是研究名义国民收入及物价是如何决定的，但由于它建立了名义国民收入同货币量之间的关系，从而从一个侧面说明了在一定名义国民收入条件下需要的货币量，因而也被看成是一种货币需求理论。18 世纪和 19 世纪，一些经济学家如洛克、休谟、李嘉图等接受并发展了货币数量论，到 20 世纪 20 年代才得以完善起来。传统的货币数量说在 20 世纪 30 年代发展至巅峰，并引入了数学作为研究工具，由于货币数量学者对于货币数量与物价、货币价值之间关系的解释方法和侧重点不同，形成了不同的学派，其中最为人熟悉的有两种：现金交易数量说和现金余额数量说。

(一)现金交易数量说

古典学派的经济学家一般都认为货币本身并无内在价值，它仅仅起到方便交换的作用。货币是覆盖于实物经济上的一层“面纱”，对经济并不发生实际的影响。这一思想在经济学说史上也被称为传统货币数量说。因为货币对经济不发生实质的影响，所以物价水平的变动是由货币数量的多少决定的，流通中货币过多，会导致物价水平上涨，反之则物价水平下降。美国经济学家欧文·费雪(Irving Fisher)在 1911 年出版的《货币的购买力》一书中，对传统货币数量说作了系统、清晰的阐述，提出了著名的现金交易方程式(Equation of Exchange)：

$$MV=PT \tag{7.2}$$

式中：M 为在一定时期内流通中的货币数量；V 为货币流通速度，即一年内单位货币在商品买卖中的平均使用次数；P 为一般物价水平；T 为一定时期内商品或劳务的总交易量，故 PT 代表一定时期内商品或劳务交易的总价值。

显然，这是一个恒等式，它仅仅描述了这样一个简单的事实：在交易中发生的货币支付总额 MV 等于被交易商品或劳务的总价值 PT。设在某一年份中，平均货币余额为 500 亿元，而平均每元钱又被花费了 8 次，那么，在这一年中发生的货币支付总额就是 4000 亿元。显然，这 4000 亿元也就是这一年内利用货币进行交易的商品劳务的总价值。反过来，若某一年的交易总价值达 4000 亿元，并且都利用货币进行，而平均的货币余额又只有 500 亿元，那一定意味着每一元货币平均周转了 8 次。

由于所有商品或劳务的总交易量资料不容易获得，而且人们关注的重点往往也在于国民收入，而不在于总交易量，故方程式通常被写成下面的形式：

$$MV=PY$$

式中：Y 为以不变价格表示的一年中生产的最终产品和劳务的总价值，也就是实际的国民收入，而 P 为一般物价水平(用价格指数表示：$P_{(价格水平)}=\frac{P_{(现在的价格)}}{P_{(基期的价格)}}$)，故 PY 就是名义国民收入。

现金交易数量论者从交易方程出发，得出名义收入和物价水平都取决于货币供应量的结论。他们的基本依据是：认为货币流通速度 V 和总产出 Y 在短期内都具有相当的稳定性，故可看作不变。现金交易数量论的基本观点是：

1. 名义收入的决定

为了理解交易方程式如何转化为名义收入的决定理论，需要了解古典经济学家对影响货币流通速度各因素的解释。费雪认为，货币流通速度 V 是由个人交易方式的经济制度与技术条件所决定的。但是，在技术落后的年代，技术发展是相当缓慢的，一项技术的诞生需要历经数年时间，如信用卡从二战前出现到 20 世纪 60 年代银行成功开办信用卡业务，经历了相当长的时期。经济制度的变化也是一个长期渐进的过程，尤其是在社会稳定的年代，经济制度是稳定不变的。故古典经济学家有理由相信：制度与技术在短期内是不变的，从而货币流通速度是不变的。这样，由交易方程式可知，名义收入完全取决于货币数量，它与货币数量成正比。

2. 物价水平的决定

费雪认为，在 V 和 Y 不变的条件下，物价水平 P 与货币供应量 M 成正比。因为古典经济学家相信，在经济正常发展时期，流通中的商品劳务数量 Y 维持在充分就业水平上，因而可认为短期内交易方程式中的 Y 是不变的。这样，在短期内，货币流通速度 V 和总产出 Y 都为常数，从而交易方程式揭示出一个最为重要的关系：物价水平完全取决于货币数量，与货币数量成正比。

3. 货币需求的决定

从交易方程式出发，得到货币需求量公式：

$$M=\frac{P\times Y}{V}=\frac{1}{V}PY \tag{7.3}$$

由于货币流通速度是不变的，故货币需求量 M 完全由名义收入 PY 所决定，它等于名义收入除以货币流通速度。可见，货币需求仅为收入的函数，而与利率无关，即利率对货币需求没有影响。

虽然现金交易数量论已开始对货币需求进行了研究，并揭示了既定收入情况下的货币需要量。但这种货币需求学说存在着很大的缺陷：一是片面地把货币只看作是交易媒介，把交易看作是货币需求的唯一原因，忽视了货币的其他职能，忽视了货币的资产功能。二是它把影响货币流通速度的因素归结为技术条件和交易制度，不考虑货币的价值储藏职能对货币流通速度的影响，认为货币无一例外地都进入流通过程，从而得出货币流通速度不变的结论，这与实际不相符，现实中货币流通速度由于受到价值储藏的影响，而总是在不断变化的。三是现金交易数量论在商品运动与货币运动的关系问题上，把货币运动放在第一位，片面强调货币运动的主导作用和推动作用，用货币量的变动来解释经济的循环变动，从而引申出货币需求仅仅取决于名义收入的结论，显然这是颠倒主次的。在现实生活中，总是先有商品运动，才有货币运动的。

应当指出，费雪并不认为 V 和 T 是固定不变的常数，在长期内，它们都倾向于上升，但它们是整个经济体系的特征反映，变化很慢且与货币平均量 M 无关。

（二）现金余额数量说

传统货币数量论的另一种形式是现金余额数量说（Cash-Balance Approach）。以英国剑桥大学经济学家马歇尔（A. Marshall）、庇古（A. C. Pigou）为代表的一批古典经济学家，一反费雪从货币供应和货币流通速度角度看待货币需求的做法，直接从货币需求量或货币持有量的角度来分析货币数量，提出了现金余额数量论，对货币数量论进行了重新解释。尤其是庇古根据他的老师马歇尔的学说，在 1917 年发表了“货币的价值”的论文，提出了著名的剑桥方程式：

$$M=kPY \tag{7.4}$$

式中：Y 为人们的全部财富；P 为一般价格水平（通常用物价指数表示）；M 为现金余额，即货币数量；k 为现金余额占全部财富的比例，而 PY 代表了以货币形式表示的财富收入总额。式(7.4)表明，一国大众对名义货币的需求取决于影响 Y、k、P 的各种因素。

就 Y 来说，它主要是由人类所能控制的经济资源数、生产技术水平与生产要素供给等外生要素决定的，因而在短期内 Y 是稳定的。

就现金余额占全部财富的比例 k 而言，主要有三个重要的影响因素：第一，持有货币所得来的便利和所能避免的风险，持有货币所带来的便利越大，k 值就越大；第二，把以货币形式持有的资产用于投资所能获得的实际收入水平，投资收益越小，k 值越大；第三，把货币用于消费所能得到的效用满足程度，消费满足程度越大，k 值越大；而这三种因素在短期内也不容易变化，因此 k 值也是稳定的。

最后，剩下的是货币需求量 M 与价格 P 的关系。剑桥方程式用不同的方法对货币需求进行分析，但是在货币量和价格水平的关系上，最终还是与现金交易说得到一致的结论。

剑桥方程式向我们揭示了货币需求量的决定因素：货币需求量取决于手持财富占全部财富的比例 k、物价水平 P 和总财富 Y，若设 k 是个常数，则从中可以得出与现金交易数量论一样的结论：名义国民收入和物价水平都取决于货币供应量。

（三）两个货币需求方程式的比较

现金交易数量说和现金余额数量说作为货币数量说，具有以下共同点：

(1)两种学说具有相同的形式。当我们令交易方程式 $M=\frac{PT}{V}$ 中的 $\frac{1}{V}=k$，则有 $M=kPT$，从而同剑桥方程式 $M=kPY$ 具有相同的数学形式。

(2)在分析货币问题时均采取二分法，将货币分析与实体经济分开，认为货币与实际部门无关，货币唯一的作用就是决定物价水平，即两者都是关于价格水平的学说。

(3)现金交易数量说和现金余额数量说具有一致的结论。两者均认为物价水平和货币数量之间存在着一种因果关系，货币数量是因，物价水平是果，物价水平随着货币数量的变化成比例变化。

除了上述相同点之外，交易方程式与剑桥方程式也存在着明显的区别，这些区别包括：

(1)对货币需求分析的侧重点不同。现金交易数量论重视货币的交易媒介功能，而并不反映人们持有货币的利益动机；而现金余额数量论则重视货币的资产功能，认为人们持有货币不仅是为了满足当前交易的需要，而且是为了预防未来不测，把货币当作资产储藏，故货币需求是人们进行资产选择的结果。

(2)虽然剑桥方程式中的系数 k 等于交易方程式中的货币流通速度 V 的倒数,但两者的含义是完全不同的。货币流通速度只是货币作为交易媒介职能的反映,它决定于制度因素。而剑桥方程式中的系数 k 体现了人们持有货币的动机,除了制度和技术条件外,它还取决于经济主体对目前消费和未来消费的偏好程度、人们对于投资报酬的预期以及人们对价格变动的预期。故现金余额理论把货币需求与经济主体的动机联系起来,人们持有货币不仅是为了满足当前交易的需要,而且为了预防未来不测,留作不时之需,以保证一定的安全性。

(3)交易方程式把货币需求与支出流量联系在一起,重视货币支出的数量和速度,着重分析支出流;剑桥方程式则把货币需求当作以货币形式保有资产来处理,把货币当作资产存量的一种,持有货币自然成了资产选择理论的一部分。

(4)两者的研究方法不同。现金交易理论是从宏观上分析货币数量,将货币需求诉诸制度因素,重视货币支出的数量和速度,因而认为利率对货币需求没有影响。而现金余额理论却是从微观上分析货币数量,强调货币的方便性,着重于把货币需求作为一种资产、一种价值储藏的需要来分析,不仅仅局限于交易需要,因而没有排除利率对货币需求的影响,并且在马歇尔和庇古的理论中,隐含着利率对货币需求的作用。后来,凯恩斯更强调了利率的作用,进一步发展了货币需求理论。

三、凯恩斯的货币需求理论

凯恩斯(J. M. Keynes)是现代西方最著名的经济学家,宏观经济学的创始人之一,在货币理论的研究上也有辉煌的成就。凯恩斯最早曾是现金余额说的拥护者和剑桥学派的重要代表人物。但随着他的《货币论》在 1930 年的出版,他已经对传统经济学进行了新的思考和评价,并提出了很多质疑。到 1936 年他所著的《就业、利息和货币通论》出版时,他已经完全背离了传统的古典学派经济理论,彻底否定了萨伊定律,从价格分析转变到面向就业与产出的更为一般性的货币理论研究。凯恩斯认为:货币需求是指一定时期经济主体能够而且愿意持有的货币数量,他认为人们普遍存在着流动性偏好的心里倾向。因此,人们更愿意持有现金而不愿意持有其他缺乏流动性的资产。这一流动性偏好便构成了对货币的需求。所以凯恩斯的货币需求理论也称为流动性偏好理论。

(一)凯恩斯的流动性偏好理论

20 世纪 30 年代以前,古典货币数量理论盛行于西方世界。20 世纪 30 年代爆发的经济大危机,让古典货币数量论名声扫地。1936 年凯恩斯的《就业、利息与货币通论》一书的出版,让人们放弃了古典的货币数量论,代之而兴起的是凯恩斯所倡导的货币需求理论。凯恩斯在现金余额理论的基础上,对传统的货币数量论进行了修改,提出了货币需求的流动性偏好理论。

凯恩斯在建立其货币理论时,使用的是宏观的收入支出分析方法。凯恩斯认为,人们得到货币收入后,将进行两个抉择以确定其货币收入如何支出。第一个抉择是,决定收入中多少用于消费,多少用于储蓄。这是时间偏好的选择。就这种选择的消费而言,人们是需要货币的。但是这种需要是满足人们的什么动机呢?第二个选择是,决定用于储蓄部分的货币收入,是以现金形式储蓄,还是购买债券来储蓄,这是流动性偏好的选择。以现金形式储蓄的选择又是满足人们的什么动机呢?

凯恩斯经过进一步的分析认为,在上面的两个选择中,人们之所以需要货币,是为了满足以下三个动机。

1. 交易动机(Transaction Motives)

人们的货币收入和支出有一定的时间差距,在这个时间差距期间,货币是必不可少的交易媒介,因而人们必须持有一定数量的货币,以满足日常交易活动的需要。人们的交易动机取决于收入水平、生活习惯和交易制度等,而生活习惯和交易制度在短期内是稳定的,可视为不变。于是凯恩斯认为,货币的交易动机主要取决于收入,收入越高,交易需求越大,即货币的交易需求与收入成正比。

2. 预防动机(Precautionary Motives)

为了防备意外或为了应付不可预料的紧急需要,必须持有一定数量的货币。正如凯恩斯所认为的,未来是充满不确定性的,人们不可能把一切都计算好,并据此决定持有多少货币,而重要的是在日常的支出计划之外,留出一部分机动的货币,来应付诸如生病、原材料涨价等突发事件。这部分货币需求就构成货币的预防需求。凯恩斯认为,货币的预防需求也是同收入成正比的。这一点也不难理解,一个靠工资只能勉强糊口的小职员,又怎么能为预防起见而在手头持有大量的货币呢?

3. 投机动机(Speculative Motives)

凯恩斯认为,货币的投机需求是指人们为了在未来某一适当的时机进行投机活动而愿意持有一部分货币。决定这部分货币需求的因素是什么呢?为了分析方便起见,凯恩斯假定人们只以两种形式来持有财富:货币和债券。因此,影响财富在这两者之间进行分配的因素就是影响投机需求的因素。

凯恩斯认为,影响人们在货币和债券之间进行选择的因素主要是:两种资产分别能给人们带来多少预期报酬率。他假定,货币的预期报酬率是零,而债券能带来收益。但是债券的价格与利率是反方向变动的,当利率较低时,债券价格比较高,因此卖出债券的数量较大,即债券转化为货币的数量较大,说明货币的投机需求较大;相反,当利率较高时,债券价格较低,人们便要用手中的货币购买债券,因而手持货币数量减少,即货币的投机需求减少。换句话说,如果人们预期利率上升,即预期债券价格要下降,说明当前处于低利率、高价格时期,因而要抛售债券,将其转化为货币持在手中,于是投机需求增加。相反,如果预期利率下降,即预期债券价格上升,说明当前处于高利率、低价格时期,因而人们决定用手中的货币购买债券,导致手中持有货币减少,投机需求减少。于是凯恩斯得出了结论:利率上升导致货币投机需求下降,货币投机需求与利率负相关。

概括上述三个动机,凯恩斯认为,为了满足交易动机和预防动机而保持的货币需求主要取决于收入,是收入的增函数,与利率没有直接的关系。若以 L_1 表示这两种动机的货币需求,Y 表示收入,则其函数式为:

$$L_1=L_1(Y),\frac{dL_1}{dY}>0 \tag{7.5}$$

凯恩斯认为,交易性货币需求具有如下特点:①需求相对稳定,事先可以预计;②货币主要是充当交易媒介的职能;③这部分货币需求对利率不太敏感;④是收入的递增函数。

投机动机的货币需求主要取决于利息率,是利率的减函数。若以 L_2 表示投机动机的货币需求，r 表示利率，则其函数表达式为：

$$L_2 = L_2(r), \frac{dL_2}{dr} < 0 \tag{7.6}$$

凯恩斯认为，投机性货币需求有如下特点：①货币需求不太稳定，事先难以预测；②货币主要是充当贮藏财富的职能；③这部分货币需求对利率极为敏感；④是现行利率的递减函数。

这样，基于这三种动机的货币总需求为：

$$L = L_1(Y) + L_2(r) \tag{7.7}$$

这就是凯恩斯根据他对人们持有货币的动机的分析所提出的货币需求函数。

(二)凯恩斯货币理论的政策含义

凯恩斯货币需求理论的建立为其提出解决失业问题的政策措施提供了理论基础。因为，凯恩斯的整个经济理论体系是将货币通过利息率与投资、就业和国民收入等实际因素联系起来的。利息率是由货币的供应和需求所共同决定的，其中，货币供应取决于中央银行，货币需求则取决于人们心理上的流动偏好。在流动性偏好一定的情况下，中央银行增加货币供应会使利息率下降。这是因为货币供应量增加以后，人们就会感到他们所持有的货币超过了他们所愿意"储藏"的数量，于是人们就将多余的货币用于购买债券，使对债券的需求增加，结果导致债券价格上升，利息率下降。反之，中央银行减少货币供应会使利息率上升。

在以上的分析基础上，凯恩斯得出结论：如果中央银行通过增加货币供应量、降低利息率、使利息率低于资本边际效率，就会刺激投资的增加，并通过投资乘数的作用，提高有效需求，使就业量与国民收入成倍增长。这也就是凯恩斯所提出的解决失业问题的政策措施。

但是，凯恩斯又指出，当货币供应量大量增加，使利率降到某一底线以后，货币需求会变得无限大。这是因为在某一低利率情况，人们一致认为未来利率会上升，债券价格会降低，这时，无人再愿意持有债券，而只愿意持有货币，这就是"流动性陷阱"，也就是说，在这种情况下，货币需求的利率弹性为无限大。此时，不论条件如何合理，几乎没有人愿意把现金脱手(图 7.1)。

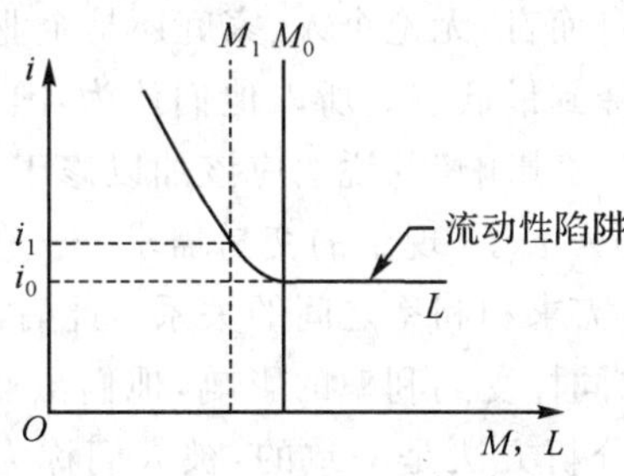

图 7.1 凯恩斯"流动性陷阱"

由于"流动性陷阱"存在，因此，无论货币供应量增加多少，都只能被"流动性陷阱"所吸收，而无法使利率下降，结果也就无法刺激投资需求。同时还有另一种情况，即由于资本家悲观情绪严重，对资本边际收益率的预期极低，这就导致投资对利率缺乏弹性，即使降低利率，资本家也不增加投资或者减少投资。

上述两种情况的存在都可能使货币政策完全失效，从而不能成为实现充分就业的有效工具。因此，解决的办法是采取财政政策，即由政府扩大财政支出，直接进行投资，以刺激有效需求的增长，从而使就业和国民收入增加，换言之，只有财政政策才能促成充分就业。正是在这个基础上，凯恩斯主张，为了医治失业和经济危机，国家必须对经济进行直接的调节和干预，这就是凯恩斯整个经济理论的基本论点。

(三)凯恩斯流动性偏好理论简评

凯恩斯的货币需求理论较之传统的货币数量说，有许多独创的地方：

第一，强调了货币作为资产或价值储藏的重要性。换言之，货币并非仅仅是一种交易手段，其本身也有保存的价值。

第二，凯恩斯更加强调心理因素的作用。传统的西方经济学把市场运行机制当作是“确定可知”的，而凯恩斯却认为市场是“不确定的”。因此才会产生投机行为。

第三，凯恩斯继承了传统货币数量说关于收入在货币需求决定中的作用，发现了利率也是货币需求的决定因素，把利率确定地视为货币需求函数中与收入同等重要的自变量。是否重视利率在货币需求中的作用，已经成为凯恩斯学派和新旧货币数量说的分水岭。这实际上也为凯恩斯后来的“管理通货制”政策主张奠定了理论基础。

第四，凯恩斯不仅非常强调利率在货币需求决定中的作用，而且还发现了“流动性陷阱”的极端情况，这为他以后的政策主张奠定了理论基础。

四、凯恩斯货币需求理论的发展

20 世纪 50 年代以后，一些基本上属于凯恩斯主义的经济学家，在深入研究凯恩斯的货币理论的基础上，进一步丰富和发展了凯恩斯的货币需求理论，并成为当代西方货币理论的重要组成部分。这些新出现的理论模型都有一个共同特点，那就是都突出地强调了利率对货币需求的影响。

(一)鲍莫尔—托宾模型

凯恩斯认为，交易性货币需求取决于收入，而与利率无关。但是在以鲍莫尔、托宾为首的凯恩斯学派的经济学家在深入研究凯恩斯的货币需求理论时发现：即使是交易需求，也对利率相当敏感，而且就交易本身而言，无论个人、家庭还是企业，都有节省货币交易需求的动机，以使持有货币的机会成本降到最低点。所以他们认为，凯恩斯“货币交易需求随着收入的变动而变动，利率对其没有什么影响”的说法应该加以修正。1952 年，美国经济学家威廉·鲍莫尔(William J. Baumol)发表了《现金的交易需求——存货的理论分析》一文，第一次深入浅出地分析了交易性货币需求和利率之间的关系。此后，詹姆斯·托宾(James Tobin)也撰文论述了货币的交易需求同样受到利率的影响，他们虽然从不同角度出发提出了各自的平方根公式，但基本结论和分析方法是一致的，被人们称为“平方根定律”，也就是“鲍莫尔—托宾模型”。

鲍莫尔将管理科学中最优存货控制理论运用于对货币需求的研究。根据存货理论，企业持有存货，是为了满足各种生产和交易活动的需要，但存货是要耗费成本的(如仓租、利息、管理费用等)，因此，企业必然在不妨碍生产和交易的前提下降低存货量。同理，经济主体为满足交易需求而持有的货币余额，也可以视为一种存货。货币没有利息收益，人们持有货币也意味着要承担一定的机会成本。因此作为理性的经济主体也必然会使作为交易用途的货币余额尽量减少。

鲍莫尔认为，理性的经济主体为了获得最大收益，必然会将暂时不用的货币转化为生息资本，以获得利息收益，然后在需用货币时再将生息资本转化为货币。但是，要将生息资产变现为货币，需要一定的手续费，即交易成本。因此，理性的经济主体就要在利息收益和交易成本之间作个比较再做出决策。

根据以上分析，鲍莫尔假定，设在某一时期内可预见的交易支出为 T，每次出售证券变现而获得的货币量均为 C。如果全部交易支出均需使用货币，则变现次数为 T/C，设每次出售证券获取现金需支出的手续费为 b，则为了融通整个交易活动而获取货币所需的总手续费为 $b\times\frac{T}{C}$。同时假设支出是连续和均匀的，即每次出售证券变现获得货币以后，以固定的比例和平均的速度支出，则经济主体手中平均持有的货币余额为 $\frac{C}{2}$。由于货币没有利息收入，当市场利率为 r 时，持有货币所牺牲的利息收入（即机会成本）$\frac{C}{2}\times r$，则经济主体为满足交易需求而持有货币的总成本 K 可以由下式表示：

$$K=\frac{bT}{C}+\frac{rC}{2} \tag{7.8}$$

显然，任何一个理性经济主体都务必使其持有货币的总成本降至最低限度，即使 K 值最小，对上式(7.8)求关于 C 的一阶导数，并令其为零。最后可得到：

$$C=\sqrt{\frac{2bT}{r}} \tag{7.9}$$

于是，使总成本 K 最小的货币持有额，也即交易性货币需求可写成：

$$M_d=\frac{C}{2}=\frac{1}{2}\sqrt{\frac{2bT}{r}}=\sqrt{\frac{bT}{2r}} \tag{7.10}$$

这就是著名的“平方根公式”。它表明：货币的交易需求，并不与交易总量以同一比例变化，而是与交易总量的平方根同一方向变动。另外，货币的交易需求与利率有关，这就补充和发展了凯恩斯的货币需求理论。鲍莫尔模型自 20 世纪 50 年代问世以来，对西方货币理论产生了重大影响，归纳起来有以下几点：

(1)该模型论证了最基本的货币需求——交易性货币需求也在很大程度上受到利率变动的影响。这一论证不仅为凯恩斯主义的以利率作为货币政策的传导机制理论上进一步提供了证明，而且向货币政策的制定者指出，货币政策如果不能够影响利率，那么它的作用就不大。

(2)根据平方根公式，假定利率和物价不变，收入增加的比例必须大于货币供给增加的比例，才能使公众吸纳新增的货币，因此在萧条时期，货币政策的效果可能比预期的要大。

(3)鲍莫尔模型虽然是针对国内经济单位的货币需求而做出的，但是其基本结论也可用于国际金融领域，有学者认为国际储备也有“规模经济”的特点，因此国际储备未必与国际贸易呈同一比例增长，使用一种普遍的国际货币，可以节省国际收支和交易成本。

对于鲍莫尔模型，也有很多学者提出了不同的批评意见，主要有：

(1)认为模型忽略了影响货币交易需求的一些重要因素，如时间价值、通货膨胀、货币界定、金融创新等，导致模型有失偏颇。

(2)认为模型关于未来货币收支的假定不能成立。经济单位只能保证现金在一定范围内波动，而不能准确地预测未来现金流。因此，随机性模型才更为合理。

(3)认为模型的数量关系不准确。布伦纳(K. Brunner)和梅尔泽(A. H. Meltzer)认为货币需求对交易量的弹性是一个变数：当交易量变小时，货币需求向下变动；当交易量变大时，货币需求向上变动。米勒(M. H. Miller)和奥尔(D. Orr)也根据他们的计量模型指出现金需求对交易量的弹性可以在1/3～2/3，甚至在更大范围内变动。

(二)惠论模型

在鲍莫尔等人用平方根公式证明交易性动机货币需求要受到利率影响后，1966年，美国经济学家惠伦(E. Whalen)、米勒(M. H. Miller)和奥尔(D. Orr)先后发表文章，进一步论证预防性动机的货币需求也是利率的减函数，其中比较有代表的是惠伦模型。

惠伦认为，预防性的货币需求来自事物的不确定性。这与交易性的货币需求以收入和支出为确定或可预料作为前提正好相反。一个人无法保证他在某一时期内的货币收入和货币支出同事先预料的完全一致，也不能排除实际支出超过实际收入或发生意外之事以及临时需要现金的可能性。因此，为稳妥起见，人们实际持有的货币总是比预期的需要多一些，其中的超额部分就是出自于预防动机的货币需求。

那么，人们出于预防动机的货币需求究竟受哪些因素的影响呢？惠伦认为，决定人们预防性货币需求大小的因素主要有两个：一是收入和支出的状况。因为只有当支出与收入的差额(即净支出)超过持有的预防性货币余额时，才需要将非货币性资产转化为货币，而这种可能性出现的概率分布受每次收入和支出数额、次数变化的影响。所以，收入和支出状况会引起预防性货币需求的变化。二是持有货币的成本。这又包括两项内容：一项是持有预防性货币余额的机会成本，即利息收益的损失；另一项是将非货币性资产转化为货币的手续费。

惠伦在分析了决定预防性货币需求的因素之后，提出了确定预防性货币需求的最佳值公式，即惠伦模型。

所谓预防性需求的最佳值是指能够使持币总成本最小的持币量。它与三个因素有关：①持币的机会成本；②变现(将非货币性资产转化为货币)的手续费；③变现的可能次数。

如果设 M 为预防现金持有量，r 为利率，则 $M\times r$ 为预防性货币需求的机会成本。如果在一定时期内净支出 N(即支出减去收入)大于预防性现金持有量 M，经济主体就需要将其资产变现(设变现费用为 b)，净支出的概率分布以零为中心(由于长期内收入等于支出，净支出为0)，设净支出大于预防性现金持有量的概率为 P，并以 S 代表净支出分布的标准差，则概率 P 的公式为：$P=\frac{S^2}{M^2}$。故所有的变现所需支付的总手续费为：$Pb=\frac{S^2}{M^2}\times b$，而变现所需支付的总手续费和持有货币的机会成本就构成持有货币的总成本。若以 E 代表经济主体为满足预防动机而持有货币的总成本，则有下式：

$$E=M\times r+\frac{S^2}{M^2}\times b \tag{7.11}$$

为使 E 最小，对上式求 M 的一阶导数，并令其为零，则有：

$$\frac{\partial E}{\partial M}=r-\frac{2S^2b}{M^3}=0$$

由上式可解出：

$$M=\sqrt[3]{\frac{2S^2b}{r}} \tag{7.12}$$

这就是著名的惠伦模型，也称为“立方根定律”。

惠伦模型的结论是：第一，最佳预防性货币余额的变化与货币支出分布的方差 S^2，变现的手续费 b 和持有货币的机会成本（利率 r）成立方根的关系，故惠伦模型又称为“立方根定律”。第二，假定一种净支出的正态分布确定后，最佳预防性货币余额将随着收入和支出的平均额的立方根的变化而变化。根据式(7.12)可求得预防性货币需求对收入和支出的弹性为 1/3。即在其他因素不变时，收入和支出每增加一个单位，则预防性货币需求增加 1/3 个单位。第三，预防性货币需求与利率呈反方向变动关系：利率越高，则持币的机会成本越大，此项货币需求就越小。根据式(7.12)可求得预防性货币需求的利率弹性为(－1/3)。即在其他因素不变时，利率每提高一个百分点，则预防性货币需求下降 1/3 个百分点。

对于惠论模型的评价，西方经济学家一般认为其基本结论比较符合现实，具有一定的政策意义。但该模型把预防性货币需求看作是固定的，只进行静态分析是不对的。一些学者认为，货币的预防性需求实际上是一种随机变量，与影响因素不存在固定的立方关系，其收入和支出弹性、利率弹性也不应是一个固定的数值。

根据鲍莫尔模型和惠伦模型，凯恩斯的货币需求函数就应该修正为：

$$M=L_1(Y,r)+L_2(r) \tag{7.13}$$

（三）托宾模型

凯恩斯对于投机性货币需求的分析，拓展了经济学家的视野，但是其分析方法的简陋却使他的追随者们感到不满意。按照凯恩斯的假设，人们对于货币和债券这两种财富持有形式的选择，仅仅取决于它们的预期报酬率，那么人们就可以据此推论，除非在极其偶然的情况下，即货币和债券的预期报酬率相等时，人们才会同时持有货币和债券，否则人们就会只选择其中预期报酬率更高的那种形式来持有财富，即人们要么持有货币，要么持有债券，而不会既持有货币，又持有债券。而这又显然与实际是不符的。为了弥补这一明显的不足，詹姆斯・托宾(James Tobin)于 1958 年发表了《作为应付风险之行为的流动性偏好》的著名论文，用投资者避免风险的行为动机重新解释流动性偏好理论，并开创了资产选择理论在货币理论应用的先河。

托宾认为，在现实生活中，人们的选择并非或货币或债券，大多数情况下是既持有货币，又持有债券，变动的只是两者的比例，人们可以选择货币和债券的不同组合（即就是资产组合）来持有其财富。那么，人们如何决定持有债券和货币的比例呢？在存在许多不确定因素的情况下，他们既要考虑持有债券能够获得利息收入，同时，也必然要考虑将冒多大的债券价格下跌的风险。也就是说，持有债券的比重增加，预期财富也会增加，但同时也意味着风险增大，从而遭受损失的可能性也相应加大。这就需要权衡利弊，并找出持有货币和持有债券的最佳比例关系。

(1)替代效应。设利率提高了，人们预期利率会下降。则预期债券价格将会上升，就会鼓励财富持有者冒更大的风险：少持有货币，多持有债券，这是利率提高所产生的“替代效应”。若当前的利率水平低，则替代效应就会朝相反的方向：多持货币，少持债券。

(2)收入效应。由于利率提高（还未到最高点）意味着财富持有者以储蓄的形式持有财富：货币，由于利息的增加，将会使收入更加提高，这将使他多持有货币；反之，若利率下降，但还未降到最低点，货币持有者的收入将减少，为避免减少收入，将使他少持有货币(如图7.2)。

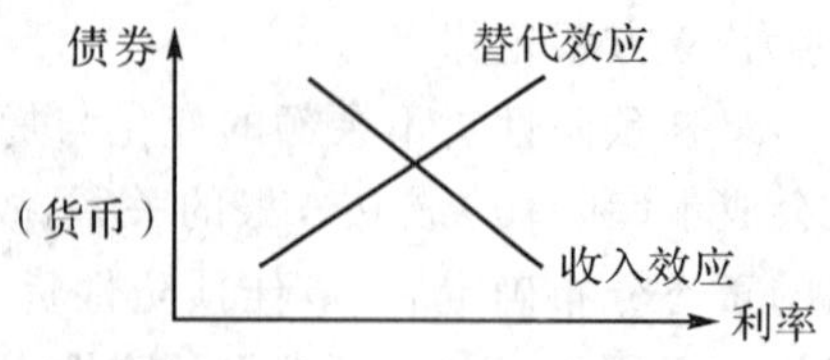

图 7.2 资产选择理论

在一般情况下，替代效应要大于收入效应。故货币需求总是与市场利率呈反向变化。

托宾进一步分析认为，人们持有债券可以得到利息，但也要承担由于价格下跌而遭受损失的风险，故债券是风险性资产；持有货币虽没有收益，但也不必承担风险(排除物价变动情况)，故货币是安全性资产。一般来说，若某人将其资产全部投入风险性资产，那么他的预计收益达到最大，与此同时，他所冒风险也最大；若某人的所有资产都以货币形式保存在手里，他的预计收益和所要承担的风险都等于零；若他将资产分作货币和债券各一半，那么，他的预计收益和风险就处于中点。由此可见，风险和收益是同方向变化的。

托宾把人们对待风险的态度分为：①风险回避者；②风险爱好者；③风险中立者。托宾认为，在现实生活中，后两种人占少数，第一种人占多数，即注重安全，尽可能回避风险。

托宾认为，收益的正效用随着收益的增加而递减，风险的负效用随着风险的增加而增加。若某人的资产构成中只有货币，没有债券，为了获得收益，他会把一部分货币换成债券，因为减少了货币的比例会带来收益的效用。但随着债券比例的增加，收益的边际效用递减，而风险的负效用递增。当新增加的债券带来的收益正效用与风险负效用之和等于零时，他就会停止将货币换成债券。同理，若某人的全部资产都是债券，为了安全，他就会抛出债券而增加货币持有额，一直到抛出的最后一张债券带来的风险负效用与收益正效用之和等于零为止。只有这样，人们得到的总效用才能达到最大。这就是资产分散原理。

托宾的研究弥补了凯恩斯关于货币投机性需求理论的某些不足，但是它更重要的意义还在于方法论上的革新。它将风险这一重要因素引入货币需求的决定中来，突破了过去的经济学家单纯从资产收益的角度考察货币需求的狭隘视野。

由于上述理论都强调利率对货币需求的作用，故它们进一步论证了凯恩斯关于货币流通速度不是一个常数的论点，从而进一步动摇了货币数量论的基础。

五、货币主义的现代货币数量理论

任何一个经济理论的诞生，都具有一定的社会和经济背景。凯恩斯的《就业、利息与货币通论》出版是以1933年大危机为经济背景，它对整个资本主义世界的学术思想和经济政策都产生了深刻的影响。在货币理论方面，最显著的变化是推翻了自18世纪以来占统治地位的传统货币数量论，代之以他称之为流动性偏好的货币需求理论，引起了强烈共鸣，出现了所谓的“凯恩斯革命”。但从20世纪50年代开始，经济形势发生了变化，大规模经济萧条现象已不是世界经济的主要问题，通胀成为经济中的头号难题。到70年代，简单的通胀又被更复杂的“滞胀”问题所代替。这种经济环境和背景的转变，在经济理论上反映为货币数量说的复兴。但是这种学说采用了理论分析和实证分析相组合的方式，与古典学派大不相同，所以称之为“新货币数量说”，这一理论主要是由美国芝加哥大学经济学教授米尔顿·弗里德曼(Milton Friedman)和他的同事们发展起来的。

1956年，弗里德曼发表了《货币数量说的重新表述》一文，奠定了现代货币数量说的基础。弗里德曼认为，货币数量说不是关于产量、货币收入或物价问题的理论，而是关于货币需求的理论。他认为传统的货币数量说虽然有一定道理，但由于没有把这一理论与货币需求联系起来，因此分析得比较肤浅，对货币与物价的解释也缺乏说服力。虽然弗里德曼在理论的一开始，就旗帜鲜明地反对凯恩斯主义，但在具体问题的分析上，弗里德曼也继承了凯恩斯等人把货币视为一种资产的观点，从而把货币需求作为一种资产选择行为进行分析。但弗里德曼没有像凯恩斯主义者那样把资产的范围局限在货币和证券上，而是把债券、股票以及各种实物资产都纳入货币的可替代性资产，并且得出了与凯恩斯主义完全不同的结论。

（一）影响货币需求的因素分析及货币需求函数

弗里德曼认为，决定人们对货币需求的因素有以下几点：

(1)预算约束(即财富)，也就是说，人们所能持有的货币以其总财富量为限。总财富是各种资产的总和。但是由于在实证研究中，很难获得总财富的估计数，因此弗里德曼把收入当作是总财富的代表。但是，表示财富状况的当期收入又常常在变动，因此弗里德曼就采用比较稳定的“恒久性收入”作为总财富的代表。所谓恒久性收入，是指过去、现在、将来收入的平均数。总财富包括人力财富和非人力财富两类。人力财富是指个人获得收入的能力，包括一切先天和后天的才能与技术，其大小受教育的程度紧密相关。非人力财富是指物质财富，如房屋、生产资料、耐用消费品等各种财产。由于人力财富不能像非人力财富那样随时可在市场上买卖以转换成收入或其他资产，例如，当对劳动力需求很少时，即出现失业时，就很难把人力财富变成收入。这两类财富在总财富中的不同构成比例，制约着它们所带来收入的不同比例。若总财富中人力财富所占比例较大，人们为了对社会人力财富需求不足时的情况做好准备，也为了应付紧急需要，就会持有较多的货币；反之，则只需持有较少的货币。基于这些考虑，弗里德曼便将非人力财富占总财富的比率，作为影响人们货币需求的一个重要因素。

(2)货币及其他资产的预期收益率。它有些类似于消费理论中的商品与其替代品和互补品之间的价格关系。货币能否产生效益，决定于货币种类。货币的名义收益率可以为零(现金)，也可以是正(定期存款的利息)，或为负(活期存款的各项费用)。债券和股票的名义收益率则由两部分组成：一是当期支付的收益，如利息、股息。二是这些资产的名义价格变动所导致的资本利得或资本损失。实物资产的名义收益率是物价水平的变动率，因为物价水平变动会使实物资产的名义收益率发生变动。这些资产的名义收益率就是人们持有货币的机会成本，因此他们自然会影响人们的货币需求。

(3)与持有其他资产相比，人们持有货币所得到的效用及影响这种效用的收入以外的其他各种因素，如人们的主观偏好、技术与制度等因素，也应该考虑。

根据以上分析，可得到最终财富持有者个人的货币需求函数。由于各种资产的实际收益取决于物价水平，货币需求函数又可分为名义和实际货币需求函数两种，名义货币需求函数为：

$$M_d = f\left(p, r_m, r_b, r_e, \frac{1}{p}\frac{\mathrm{d}P}{\mathrm{d}t}, W, Y, u\right) \tag{7.14}$$

式中：M_d 为名义货币需求；p 为价格水平；r_b 为债券的预期名义收益率；r_e 为股票的预期名义收益率；r_m 为货币的预期收益率；$\frac{1}{p}\frac{\mathrm{d}p}{\mathrm{d}t}$为物价水平的预期变动率，因而是实物资产的预期收益率；W 为非人力财富在财富中所占的比率；Y 为恒久收入；u 为随机变量。

弗里德曼认为，货币需求解释变量中的四种资产（货币、债券、股票和非人力财富）的总和就是人们持有的财富总额，其数值大致可以用恒久性收入 Y 作为代表性指标。因此，强调恒久性收入对货币需求的重要影响作用是弗里德曼货币需求理论中的一个重要特点。在弗里德曼看来，W，u 在一定时期内是相对稳定的，物价变动只有在较高且持续时间较长时才直接影响货币需求，因此上述三个因素可以从函数中略去。至于货币和各种债券的收益率，由于直接受市场利率的影响和制约，因此可以用市场利率 r 来概括，这样，货币需求函数可以简化为：

$$\frac{M_d}{P}=f(Y,r) \tag{7.15}$$

在通过对大量数据进行统计测量的过程中，弗里德曼建立了下列函数：

$$\frac{M_d}{P}=aY^{b}r^{c} \tag{7.16}$$

这里，a，b，c 是回归模型中的参数。这是一个幂函数曲线的回归方程式。为了减少曲线回归分析的困难，对上式两边取对数，将其变成线性方程：

$$\lg\frac{M_d}{P}=\lg a+b\lg Y+c\lg r$$

弗里德曼根据美国 1862—1960 年的历史数据，计算出美国实际货币需求与恒久性收入、利率之间的线性关系的方程式：

$$\lg\frac{M_d}{P}=3.003+1.394\lg Y-0.155\lg r \tag{7.17}$$

式(7.17)表明，美国在这期间实际货币需求的收入弹性为 1.394，它表示当恒久性收入提高1%，货币需求将提高 1.394%；而货币需求的利率弹性为 −0.155，即利率提高 1%，实际货币需求只减少 0.155%。可见，货币需求的利率弹性很小。弗里德曼认为，货币需求是相对稳定的，这是因为货币需求的利率弹性很小，利率变化对货币需求影响很小；而恒久性收入的波动幅度比现期收入小得多，且货币流通速度也相对稳定，货币需求因而也是比较稳定的。

货币需求函数这个稳定性的特点非常重要。弗里德曼认为，分析货币需求函数的稳定性，对分析整个经济社会中的其他重要因素（如货币收入或价格水平等）意义重大。这是由于名义货币收入或价格水平都是货币需求函数和货币供给函数相互作用的结果，论证并强调货币需求函数具有稳定性，其目的在于说明货币对于总体经济的影响主要来自货币供给方面。也就是说，既然货币需求函数高度稳定，且不受政府的金融政策等影响货币供给因素的影响，那么，名义收入和价格水平的变动就主要是由货币供给量的变动引起的。于是，货币供给及其决定因素也就与名义收入和价格水平之间发生直接而密切的关系。正是在这个意义上，弗里德曼才认为货币是最重要的，并由此得出他的政策结论：由于货币需求比较稳定，中央银行应专门致力于研究货币供给管理和货币供给的变化对国民经济运行的影响，而不必过问货币需求方面的问题。他主张实行一种与货币收入增长相一致的货币供给稳定增长的政策，即“单一规则”的货币政策。由此可见，稳定的货币需求函数是货币主义理论及政策的理论基础和分析依据。

(二)弗里德曼货币理论的政策含义

在以上货币理论的基础上，弗里德曼分析了西方各国面临的主要经济问题：通货膨胀，并提出了自己的政策建议。

弗里德曼认为，由于一定时期的国民收入(产量乘以物价)等于一定时期的货币供应量乘以货币流通速度，因此，在货币需求及货币流通速度稳定的情况下，一定时期的国民收入的变化都是一定时期货币供应量变动的结果，而不是货币流通速度变动的结果。而国民收入的变化意味着产量和物价的变化，因此，产量的变动都直接取决于货币供应量的变动。

在这个基础上，弗里德曼进一步得出结论：货币供应量的变化对名义收入变动的影响有一个时滞。一般说来，货币供应量变动后，平均约需 6～9 个月才使名义收入发生变化(由产量引起)。但在同一期间，物价水平几乎不受影响，只有在实际产量与潜在产量之间出现差距时才对物价下降产生压力。而货币数量的变化对物价的影响则来自它对名义收入和实际产量的影响发生之后的 6～9 个月，即产量变动在先，物价变动在后。所以，货币供应量变动到物价水平变动之间的总时滞平均约需 12～18 个月。这样，弗里德曼认为，在短期内，货币数量的变化既影响物价，又影响产量，因而是决定名义收入和产量的主要因素，从而成为经济波动的起因，这就是说，“唯有货币最重要”。但在长期内，货币数量的变动只影响物价水平，而不影响产量。至于产量，从长远来看，是由实际因素(如企业、人们的聪明才智、事业心和干劲、创新和勤俭的程度、各生产部门比例的协调、政府各部门的配合甚至还有国际关系等)决定的。因此，在长期内要想增加产量，仅靠增加货币数量是不行的，而必须靠这些实际因素。在弗里德曼看来，这些实际因素，不是靠政府调节所能得到的，靠的是自由放任的资本主义市场经济的内在力量。

弗里德曼认为，由于货币供应量的变动是物价水平发生变动的最根本的决定因素，通货膨胀是物价水平持续、普遍地上升，因而，通货膨胀始终是，而且处处是一种货币现象。当货币数量的增加明显快于产量的增加时，通货膨胀便会发生。弗里德曼在分析了被认为可能导致通货膨胀的其他原因(如垄断、政府赤字或工会等因素)之后指出，所有这些原因可以使个别物品的价格上涨，但不能使物价普遍上涨，这些原因可以造成通货膨胀的短期波动，但他们不能产生持续性的通货膨胀。因此，引起物价全面上涨和持续化，通货膨胀的根本原因，只能是货币供应量的过度增长。

弗里德曼指出，货币供应量过度增长的主要原因是政府所实行的凯恩斯主义的财政与货币政策，具体归结于两个方面：第一，政府实行赤字财政和廉价货币政策，即政府借助于低利率政策，不断地增加货币供应来弥补财政赤字。第二，政府推行充分就业政策，从而使政府支出迅速增长，结果就不得不大量增加货币供应。弗里德曼认为，这些政策非但没有从根本上解决失业问题，反而加剧了通货膨胀。

弗里德曼认为，不能像凯恩斯主义的货币政策那样，把限定利率作为货币政策的目标。因为这种政策的短期作用与长期作用正好相反。限定利率在短期会获得成功，但在长期却会遭到失败。

那么，能否把限制失业率作为货币政策的目标呢？弗里德曼认为也不能。货币当局无力做到这一点的原因与无力限定利率的原因是一样的，即这样一种政策所产生的短期效果和长期作用是不一样的。弗里德曼根据自然失业率假说和适应性价格预期的概念来具体解释这种情况。所谓自然失业率，是指在没有货币因素干扰的情况下，让劳动市场和商品市场的供求力量自动发挥作用，从而使经济中的总需求与总供给处于均衡状态的失业率。而适应性价格预期是指人们根据价格已有的变化，来一步一步地修改自己对未来价格变化的预测。如果政府试图借助扩大货币供应以便将"市场失业率"降到"自然失业率"以下，起初，货币供应增加所造成的物价上涨高于预期的水平，实际工资下降，雇主乐于增雇工人、扩大产量，于是就业增加。但是，物价上涨同时会影响人们的适应性价格预期。即随着人们意识到物价上涨、他们就会要求提高上资，使之能够抵补物价上涨所造成的损失，结果就会刺激名义工资上升，使实际工资恢复到原来的水平。于是，雇主就不会增雇工人或解雇工人，失业率又被拉回到与一个较快的物价上涨率相对立的自然失业率水平。

弗里德曼认为，既然不能将限制利息率和失业率作为货币政策的目标，而导致通货膨胀的根本原因又是货币供应量的过度增长，因此，货币政策的目标应放在控制货币供应量上。他指出，要医治通货膨胀，并实现经济的稳定增长，唯一有效的措施就是控制货币供应量的增长率，使它与经济增长率相适应。弗里德曼还根据美国的经济状况认为，要使货币供应量的增长率与经济增长率相适应，货币供应量就应按每年4%～5%的固定增长率有计划地增长(这是根据过去一百年间美国年产量平均增长3%，劳动力增长率年平均为1%～2%计算得出的)，这样，就能保证物价稳定。这种单一地控制货币供应量，使货币供应量始终不变地以一种固定的比率增加，并大致与经济增长率相适应的政策，就称为"简单规则"的货币政策。弗里德曼声称，只要实行他所主张的"简单规则"的货币政策，就能够保证经济稳定。这样，价格机制就能充分发挥其合理配置资源的作用，以实现经济增长，同时，又不引起通货膨胀，资本主义经济就能稳定而协调地发展。弗里德曼货币理论的政策含义就在于此。

(三)弗里德曼的货币需求论与剑桥方程式的比较

弗里德曼的货币需求理论没有摆拖传统货币数量说的窠臼，承袭了剑桥学派现金余额说的传统，也采纳了凯恩斯的一些观点，从而对传统货币数量论进行了修正和补充。主要表现在：

(1)弗里德曼的货币需求理论继承剑桥方程式的传统，研究货币需求，但是比剑桥方程式更具有实用性，为中央银行的货币政策服务。

(2)与剑桥方程式一样，弗里德曼的货币需求理论主要研究是什么因素影响微观经济主体所持有的货币余额。剑桥方程式研究的是名义现金余额，弗里德曼研究的却是作为一定购买力表现的实质货币余额。

弗里德曼把货币分为实质的货币数量和名义的货币数量。他认为这种区分是货币理论的核心，是新旧货币数量论的基本区别之一。光有名义货币数量是不够的，它没有任何经济意义，不论对个人，还是对社会，都是如此。弗里德曼更看重实质的货币数量，认为它对社会经济活动产生重要影响。

(3)弗里德曼的货币需求理论继承了传统货币数量说认为决定货币需求的最主要因素是收入的观点，但这种收入非当前的收入，而是所谓"恒久性收入"，即过去、现在和将来各时期收入加权平均。由于将历年的收入加权为恒久性收入后，就克服了现期的年度收入会有所波动的不足而趋于平衡，因而，主要受收入影响的货币需求就变得稳定。此外，弗里德曼也承认利率在货币需求函数中有微小的影响，也提及了价格预期、人力资本、其他因素对货币需求的影响。

(4)弗里德曼的货币需求理论继承了传统货币数量说认为社会对货币的需求相对稳定的观点，但他认为这种稳定不是稳定在绝对金额上，而是指“货币需求量与决定此需求量的诸变量之间的函数关系的稳定”，因而，货币需求是可以预测的。

(四)弗里德曼与凯恩斯的货币需求理论的比较分析

(1)货币需求函数中的某些金融变量所代表的含义不同。在凯恩斯的货币需求函数中 r 仅限于债券利率，也就是说，货币的替代物仅为债券，Y 代表实际收入水平。而在弗里德曼的货币需求函数中，r 包括各种财富的收益率，并且将商品也视为货币的替代物，这表明货币量的变动可能会对总支出产生直接的影响，Y 是具有特定含义的，作为总财富的恒久性收入，是决定货币需求的主要因素。

(2)利率在货币需求中的作用不同。凯恩斯的货币需求函数是以利率的流动性偏好为基础的，认为利率是决定货币需求的重要因素。而弗里德曼则认为，货币需求的利率弹性较低，即对利率不敏感。这是因为利率的变动对货币需求函数中的各项机会成本影响很小，因此可以通过货币需求函数对货币需求作出准确的预测。

(3)对货币流通速度和货币需求函数稳定性的认识不同。凯恩斯认为，一方面，由于利率的变动将会改变人们在既定收入水平上的真实货币余额，从而改变货币的周转率，即货币流通速度，因此，货币流通速度是不稳定的。另一方面，由于货币流通速度将随着人们对未来市场利率水平变动的预期变化而变化，人们对未来市场利率水平的不确定预期必将导致货币流通速度的不稳定。货币流通速度的不稳定，则意味着货币需求函数的不稳定。而弗里德曼则认为，货币需求函数高度稳定。

(4)货币的作用机制不同。凯恩斯认为，国民收入是由有效需求决定的，而不是由货币供给量(M)决定的，货币供给量对国民收入的影响是间接的过程，是经由利率(r)、投资(J)及投资乘数作用，再作用于总需求和国民收入。其作用过程可以表示为：$M\rightarrow r\rightarrow J\rightarrow D$。弗里德曼则认为，由于货币流通速度 v 是稳定的，M 的变动则直接引起 GNP 的变动，即直接引起产量和价格变化，所以，“唯有货币最重要”，货币是决定总支出的主要因素。其作用过程可表示为：$M\rightarrow D$。

(5)弗里德曼货币需求函数在形式上虽然受凯恩斯货币需求理论的影响，但在内容上却比凯恩斯的理论丰富得多。它是一个多元函数，且明确引进了预期因素，确定了预期因素在货币需求理论中的地位。弗里德曼认为，预期是可以实现的，市场利率并不是变幻莫测的，预期利率、预期价格变动和其他资产的预期收益率等都可以通过统计方法来得到。弗里德曼的这些论述为以后的理性预期学派的发展开辟了道路，同时也使他的理论具有较大的政策意义。

(6)弗里德曼与凯恩斯的不同还表现在：弗里德曼不仅重视定性分析，而且特别重视定量分析，它弥补了过去的学者在经济理论，特别是在货币理论中只顾抽象演绎的缺陷。弗里德曼利用计量经济学的方法对有关货币需求的一些因素(特别是收入、利率等因素)进行了实证研究，为货币需求理论的研究提供了新的方法。

第三节 货币需求的实证分析

前面介绍的货币需求理论,有的互为补充,有的则存在尖锐的对立。在凯恩斯主义与货币主义之间表现得尤为明显。对这些理论的正确评价,不仅要在理论层次上分析,而且要对其进行实证分析。任何理论在未经实证分析所证实之前,只能作为一种假设,而对其有效的解释和预测货币现象也只可暂时存疑。

在现代经济学中,所谓实证研究,也称为经验研究,是指运用计量经济学方法的过程,即先按理论假设以数学模型的形式表示,然后再以统计学的方法来测验资料,以证明和推翻该项假设。具体到货币需求的实证研究,则是以一定的货币需求量理论函数为基础,对以往较长时期内的有关资料进行统计分析(如常用的回归分析),以确定货币需求与各有关变量之间的关系及各变量的作用,从而检验各种货币需求理论的正确与否。具体来说,货币需求的实证研究主要解决以下几个问题:货币需求对利率是否敏感?货币需求函数是否稳定?货币流通速度是否稳定?

这几个问题不仅涉及货币需求理论本身,而且涉及货币对经济的作用,货币政策及财政政策的相对重要性,以及货币政策的具体操作等一系列重大的理论和现实问题。因此,经济学家对他们进行了大量的研究,这里只简要地介绍一下他们的研究成果,以便作进一步思考与研究。

一、货币需求对利率的敏感性问题

较早对这一问题进行实证研究的是詹姆斯·托宾。他将人们持有的货币分为交易余额和闲置余额,然后利用美国 1922—1941 年的统计,得出闲置余额确实和利率呈明显的反向关系,证明货币需求对利率是敏感的,这一观点为后来的大量实证研究所证实。例如,货币主义者阿伦·梅尔泽(Allen Meltzer)建立的货币需求函数:

$$\ln\frac{M_d}{P}=a+b\ln i+c\ln\frac{W_N}{P} \tag{7.18}$$

式中:$\ln\frac{M_d}{P}$,$\ln i$,$\ln\frac{W_N}{P}$分别为实际货币余额、利率和实际非人力财富的对数形式,a,b,c 则为待估计的系数。

利用上式,梅尔泽用美国 1902—1958 年的有关资料对货币需求函数进行回归分析,算出 b 在 -0.88 和 -0.93 之间,c 在 0.98 和 0.99 之间。由此可以看出,利率对货币需求的作用非常显著。梅尔泽还通过比较发现,非人力财富是一个比现期实际收入和持久性收入都更有力的解释货币需求的变量。

另一个货币主义者,英国经济学家大卫·莱德勒(David Laidler)则利用 1892—1960 年的美国资料对下述函数形式进行了回归:

$$\ln\frac{M_d}{P}=a+b\ln i+c\ln Y \tag{7.19}$$

式中：$\ln \frac{M_d}{P}$，$\ln i$，$\ln Y$ 分别为实际货币余额、利率和实际持久性收入的对数形式。他的研究同样发现货币需求对利率具有敏感性。和梅尔泽观点不同的是，他发现上式更适合用来描述货币需求，也就是说，持久性收入是一个比非人力财富更有力的解释变量。

上述结果表明，在货币需求对利率是否敏感这一问题上，实证研究的结果显示了利率的重要性。虽然不同经济学派所采用的模型、测验的时期不同，结论却都显示货币需求的利率弹性不为0，这就推翻了古典学派认为货币需求与利率无关的理论。

接着，经济学家又对凯恩斯的流动性陷阱进行了实证考察。即考察货币需求对利率的敏感性程度是否接近于使货币政策无效的超敏感状态。按照"流动性陷阱"的假设，当利率水平极低时，货币需求的利率弹性将比在正常情况下高出许多，直至变得无限大。但是，莱德勒以及其他一些经济学家的研究都证实，在利率下降时，并不存在货币需求利率弹性增大的倾向。以莱德勒的研究为例，他曾经将美国1892—1960年的资料分成两组，一组是利率高于平均值的年份，一组则是利率低于平均值的年份，并分别估计货币需求的利率弹性，发现二者之间的偏差小得不具有任何统计学上的意义，莱德勒据此认定，"流动性陷阱"的假定应予推翻。此外，布伦纳(K. Brunner)和马尔兹(A. Martz)发现，用20世纪30年代的数据估算的货币需求函数能够准确预测50年代的货币需求。这一实证结果对大萧条时期存在流动性陷阱的推断没有提供任何证据。

不同研究者对货币需求的实证研究得出的结论相当一致：都支持货币需求对利率变动敏感这一论断，但几乎都不支持存在流动性陷阱的论断。因此我们可以说，货币需求受到利率的影响，对利率变动是敏感的，但不存在流动性陷阱，即货币需求对利率变动超敏感的情形是不存在的。

二、货币需求的稳定性

货币需求函数的稳定性对于货币政策选择具有重要意义。如果按照凯恩斯的观点，货币需求函数不稳定，即货币需求曲线会经常发生位置移动，使货币需求发生大幅度的不可预测的变动，那么货币流通速度就不可预测，并且货币需求就不会像现代货币数量论认为的那样与总支出发生密切的关系，从而中央银行就不能以货币供应量，而应以利率作为货币政策的选择依据。相反，如果货币需求函数像现代货币数量论所说的那样是稳定的，那么中央银行就可以选择货币供应量来对总支出进行宏观调控。

在这个问题上，就美国的情况而言，1974年通常被认为是一个分界点。在此之前，货币需求函数是相当稳定的。经济学家卡尔·布伦纳(Karl Brunner)和阿伦·梅尔泽(Allen Meltzer)证明，即便是利用20世纪30年代那样一个政治、经济和社会高度动荡时期的数据估计出来的货币需求函数，也能够很好地预测战后的货币需求。另一名经济学家史蒂芬·戈德菲尔德(Stephen Goldfeld)利用美国战后季度数据进行的研究也有力地证实了货币需求函数的稳定性。

但是自从1974年开始，传统货币需求函数对货币需求的预测都出现了系统性的误差。从1974年到70年代末，根据传统货币需求函数估计出来的货币需求持续的高于实际的货币存量，而且偏差越来越大。戈德菲尔德将这种现象称为"货币失踪现象"(the Case of the Missing Money)。正当经济学家们为探讨"货币失踪"而大费脑筋时，从20世纪80年代初开始，货币需求又出人意料地出现了反常的上升，而这同样是传统的货币需求函数所无法解释的。这些问题表明，货币需求函数已经变得越来越不稳定，从而为能否继续将它作为一种有效的分析工具打上了一个问号。既然传统的货币需求函数难以解释20世纪70年代中期之后的货币需求，经济学家们便着手寻找新的稳定的函数形式。于是，关于货币需求函数的稳定性问题研究出现了两个发展方向。

一个方向是对货币重新进行定义。由于70年代以来飞速发展的金融创新浪潮导致了大量新的金融工具的出现，这些金融工具，如货币市场存款账户、货币市场共同基金股份、隔夜回购协议等，虽然未包括在传统的货币定义（M_1）中，但是却由于具有高度的流动性而能够在一定程度上使人们减少对货币的需求。正如持有大量随时可变现资产的银行不必持有太多的超额准备金一样，持有这些金融工具的财富所有者也可以不必持有过多的货币余额。因为在他们需要货币的时候，只需将这些流动性资产卖出就可以了。如果这种推理是正确的话，那么使用一种能够将上述几种、甚至更多的金融资产包括在内的货币定义（M_2 或 M_3），然后找出这种货币定义与相关变量之间的关系，也许就是更为适宜的。事实上，确实有研究表明，近年来 M_2 需求函数确实较 M_1 更为稳定。但实际上这种努力仅仅取得了有限的成功，因为没有人知道这种稳定性能否经受得住未来的检验。

另一种方向就是寻找一个新的变量，把这个变量放入货币需求函数后，便能让货币需求得以稳定。汉伯格(M. Hamberg)发现，若将普通股票的平均"红利/价格"比率作为利率的一种计量的话将会得到一个稳定的货币需求函数。还有一些研究者发现，若将利率的全部期限结构作为一种新变量，也能够得到一个稳定的货币需求函数。通过加入新变量来获得货币需求函数的稳定性，这种方法也受到一些批评。批评家认为，这些新加入的变量没有能够精确地反映持有货币的机会成本，所有没有足够地理论依据要让它们进入货币需求函数。

总之，自从20世纪70年代中期以来，传统的货币需求函数已经变得很不稳定，经济学家寻求新的稳定的需求函数的努力也仍未取得令人满意的结果，这就对货币需求函数在实际操作中的有效性提出了质疑，同时也对货币主义理论构成了挑战。

三、货币流通速度的稳定性

从交易方程式可以知道，货币流通速度和货币需求实际上是一个问题的两个方面。如果货币需求是稳定的、可以预测的，货币流通速度也便是稳定的、可以预测的。但是在实证研究中，由于货币流通速度是比较直观的、容易得到的（即等于名义国民收入除以平均货币存量），所以往往被反过来用于说明前两个问题。

从各国的货币流通速度数据中大致可以看出这样一个规律，那就是在经济繁荣时，货币流通速度上升；在经济萧条时，货币流通速度则要么是增长率放慢，要么是绝对地下降。也就是货币流通速度往往是顺周期变动的。这一现象和凯恩斯主义的观点是相吻合的。按照凯恩斯主义的观点，货币需求和利率是呈反向关系的，而利率的变动往往又是顺周期的。也就是在繁荣时上升，衰退时下降。受此影响，货币需求在繁荣时期会趋于下降，在衰退时会趋于上升，而根据交易方程式，货币需求又是和货币流通速度呈反向关系的，因此货币流通速度会表现出顺周期变动的特征。

有趣的是，弗里德曼的货币需求理论也能够对货币流通速度的顺周期波动提供合理的解释。他的解释是这样的：由于货币需求是由恒久性收入决定的，而在繁荣时期，恒久性收入的增长相对慢于现期收入的增长，因而货币需求的增长相对慢于国民收入的增长，货币流通速度也就上升或加快上升；在衰退时期，恒久性收入的下降也相对慢于现期收入的下降，因而货币需求的下降也相对慢于国民收入的下降，货币流通速度也就下降或增长放慢。这样，货币流通速度就表现出顺周期的特征。

因此，就这一点而言，凯恩斯主义和货币主义并没有分出高下。但是从长期的资料来看，货币流通速度稳定的观点受到了一定的挑战。以美国为例，在1915—1950年的35年间，货币M_1的收入流通速度变化率（绝对值）超过10%～16%的年份有9个（1917—1918年，1920—1921年，1931—1932年，1936—1937年，1937—1938年，1941—1942年，1942—1943年，1945—1946年，1947—1948年），货币M_2的收入流通速度变化率（绝对值）超过10%的年份有8个（1917—1918年，1920—1921年，1922—1923年，1931—1932年，1936—1937年，1940—1941年，1944—1945年，1947—1948年）。特别是在大危机期间的1931—1932年，M_1的收入流通速度下降达18.1%，M_2的收入流通速度下降也达16%。货币流通速度急剧下降反映了这一时期货币需求的急剧上升。从1950年至1981年，M_1的收入流通速度以一个较为稳定的速度缓慢增长，M_2的收入流通速度则大体稳定。但是至1982年后，货币流通速度又出现了较大的波动，变得很难以预测。

从中国的货币流通速度数据看，一个引人注目的现象是货币流通速度的持续下降。改革开放以来，这一趋势更加明显。从1978年至2004年，现金的收入流通速度从16.92下降为1.42；广义货币（M_2）的收入流通速度从3.10下降至0.54。

这些情况表明，将货币流通速度视为一个随时间缓慢变化的量是缺乏依据的，将它视为一个常数就更是不科学的了。特别是在一个经济高速发展或剧烈波动的时期，货币流通速度可能会有较大的波动。由此看来，像费雪那样将货币流通速度视为一个由制度因素决定的外生变量，并据以估计货币需求的方法是不正确的。必须将货币流通速度视为人们行为的结果，也就是说，必须用人们的货币需求来解释货币流通速度，而不是反过来。

第四节　中国的货币需求问题

随着我国经济、金融体制改革的不断深入和发展，货币政策作为间接调控经济运行的手段日益得到广泛的运用。而要选定适当的货币政策目标，认清货币政策的传导机制，我们首先应该对货币需求的影响因素及其微观基础有一个全面的认识。

一、中国货币需求的主要影响因素

（一）规模变量

规模变量主要是指收入和财富等表现经济活动规模的变量。经济学家的实证分析表明，我国的规模变量与货币需求量之间是正向关系，货币收入弹性大于1而且比发达国家要大。当然也有些实证研究的结果是货币收入弹性小于1。

（二）机会成本变量

机会成本是指持有货币，尤其是持有现金和活期存款等狭义形式货币所放弃的收益。

机会成本变量主要有：利率、通货膨胀率、交易成本，在开放经济条件下还有预期外国短期利率和汇率变动。

1. 利率

在我国，货币需求的利率弹性不大，甚至在实证模型中也总是不显著，这意味着利率调控机制仍落后于市场化改革进程。人民银行自从1996年以来，为缓解我们的通货紧缩，采取了新中国成立以来罕见的连续七次降低市场利率，同时配合加收利息税和调整中央银行存款准备金的政策，以图刺激需求增长拉动经济复苏，但一直收效甚微。这充分说明我国的货币需求影响因素严重缺乏利率弹性的。尽管近年来利率种类增多，但由利率代表的、由持币成本导致的投机性货币需求不论在长期还是在短期基本上均被通货膨胀率所覆盖。随着经济金融体制改革的深入，利率市场化进程的推进，货币需求的利率弹性将逐渐增大。

2. 物价水平变动

在刚性利率政策下，物价水平成为测量持币成本的主要指标。在一般的货币需求模型中，物价水平变动率无论是在长期还是短期都对货币量有显著的解释力。物价水平是货币量的解释变量，但不能就此确定货币量同时构成物价水平的外生变量。

3. 交易成本

经济单位在进行资产组合调整时，交易成本直接影响资产组合收益率。特别是在金融资产品种丰富，甚至包括实物资产时，交易费用对货币需求影响特别大。

4. 预期短期外国利率和汇率变动

在开放经济中一般均衡货币需求函数可以写成：

$$M_d = f(Y_e, i_e, P_e, r_e, S_e) \tag{7.20}$$

式中：M_d 为期望实际货币需求；Y_e 为预期实际收入；i_e 为预期国内利率水平；P_e 为预期通货膨胀率；r_e 为预期短期国外利率；S_e 为预期汇率。

本币需求随预期短期外国利率的上升而减少，出现本、外币代替现象。尽管人民币目前还未成为可兑换货币，中国资本项目还未完全开放，但在亚洲金融危机发生后通过各种合法和非法途径进行的通货代替或资本外逃的数量越来越大。预期汇率变动对货币需求的影响是不明确的：从贸易角度考虑，预期本币贬值，出口增加，收入增加，则货币需求增加；从资金流动角度考虑，本币贬值，资金外流，货币需求将减少。

(三)制度变量

制度变量是指社会经济体制和生产组织结构等影响货币需求的因素。改革开放使中国的制度变量发生了重大变化，因而制度变量对货币需求的影响非常大。有分析认为，如果把制度变量加进需求函数，则中国的货币需求还是符合一般数量论的。

影响中国货币需求的主要制度因素有：货币化进程、预算软约束、价格管制和被迫储蓄。

1. 货币化进程

改革本身就是一个货币化的过程，即通过货币进行的经济活动的比例不断提高，逐渐代替与传统计划体制相联系的非货币经济活动。这一过程刺激了货币需求的迅猛增长，衡量这一过程的指标就是广义货币 M_2 与 GDP 的比值。1978年，我国的 $\frac{M_2}{GDP}$ 为0.25，1992年为1.06，到1998年则变为1.34，说明我国货币化进程速度很快。

2. 预算软约束

社会主义经济中的国有企业一旦发生亏损，政府常常要追加投资、增加贷款、减少税收，这种现象被科尔奈(Kornai，1986)称为“预算软约束”。预算软约束对货币需求的上升起激化作用。但随着改革的深化、银行体制的改革和国有企业产权的逐步明晰，它对货币过度需求的引致力将逐步消失。

3. 价格管制

价格管制导致商品严重偏离市场出清价格。目前价格机制已经基本放开，因此价格管制因素对货币需求产生的影响较小。

4. 被迫储蓄

企业和个人被迫持有货币主要有两个方面的原因：一是商品供不应求；二是金融资产种类单一。目前我国的商品供给已经达到平衡，甚至在局部地区出现供大于求的局面。所以，造成被迫储蓄的原因是金融资产的品种单一，居民还是以储蓄存款的方式持有资产，导致 M_2 刚性增长，特别是 M_2 中准货币的比例不断提高。

二、我国总体货币需求测算方法

在计划经济体制时期，我们运用马克思的货币需求计算公式来度量我国的货币需求。随着经济体制由计划经济向市场经济转变，我们在运用这个公式时，也应作相应的变动。近年来我们主要的货币需求测算方法有以下几种。

1. 比较法

一般根据历史数据，选定一个经济变量(如国内生产总值)与不同层次的货币量(如 M_0，M_1，M_2)之间的比例系数，并根据发展情况加以修正，然后，据此来测算总体货币需要量，其公式为：

$$M_d = kG \tag{7.21}$$

式中：M_d 为总体货币需要量；G 为国内生产总值；k 为货币占国内生产总值的比例系数。

2. 公式法

公式法实际是对货币流通规律基本公式的进一步推导，以求得货币需求量的变动率，其公式是：

$$M_d = g + w \pm u \tag{7.22}$$

式中：M_d 为总体货币需要量的变化率；g 为经济增长率；w 为物价变动率；u 为货币流通速度变动率。

三、中国货币需求的微观基础

(一)居民的货币需求

在现代货币理论中，按照需求动机不同，货币需求被划分为三类：即交易性货币需求、预防性货币需求和投机性货币需求。

1. 居民交易性货币需求

居民交易性货币需求与交易费用、货币收入呈正相关，与利率呈负相关。从我国的实际情况看，改革开放以来，金融体系逐步健全和迅速发展，金融产品日益丰富，储蓄营业网点增多，使交易费用下降，因而现金持有量将下降，货币收入将增长。从而交易量增长使现金和活期存款持有量增长，股票、债券市场的发展又降低了交易性货币需求。

2.居民预防性货币需求

(1)常规的预防性货币需求，即源于日常收支不确定性所引致的预防性货币需求，中国居民也不例外。一方面，常规的预防性货币需求与净支出变动呈正相关，净支出变动越大，收支结构的不确定性越强，则居民的预防性货币需求越多；另一方面，预防性货币需求与发生流动性不足时的交易费用呈正相关，即非流动性成本越高，则预防性货币需求越多。此外，预防性货币需求与有息资产的收益呈负相关。

(2)体制性预防性货币需求。这是在中国经济改革和转型过程中，由于体制变迁引发的一种较为特殊的预防性货币需求。经济体制改革导致社会福利制度的改革，特别是医疗、就业、教育、住房、养老金等方面的改革措施的逐步推行，使居民对未来的收支结构变化预期中的不确定性因素增强。由于这些改革的总体特征是在提高个人收入的前提下增加个人对这些项目的支出，减少国家的财政负担，因此这类预防性储蓄动机明显增强。在其他条件不变时，如果预期未来收入下降，则当期消费倾向下降，并且把储蓄较多地投入到高收益、低流动性的债券和较长期储蓄存款即 M_2 中的准货币上。一些实证分析表明，1985—1997 年，中国居民收入对居民储蓄几乎没有影响，而未来收入不确定性是居民进行储蓄的主要原因。

3.居民投机性货币需求

居民投机性货币需求与利率呈反向关系。在一个完善的金融市场上，具有理性的居民总会根据收益最大化原则在货币、股票、债券及外币资产之间进行资产选择。随着中国金融市场的发育完善及金融产品的增多，利率对投机性货币需求的影响将十分明显。

(二)企业的货币需求

1.企业交易性货币需求

交易性货币需求与利率呈反向变动，与交易费用和交易规模呈正向变动。中国企业的交易性货币需求不仅包含西方经济学意义上的以降低企业外部和内部交易费用为目的货币需求，而且还包括维持生产经营中的资金供应，直接进入生产与交易过程，起到货币资本作用的部分。它们受多种因素影响，既有国家经济政策因素，又有企业经营环境和企业自身经营状况等因素，因此中国企业的交易性货币需求是企业经营过程内外因素的综合反映。

2.企业预防性货币需求

企业预防性货币需求是指企业为了预防收支的非常规变化、应付不时之需的货币支出，比如企业的与其收入未能实现或发生非正常的大量营业外支出等。

中国企业的预防性货币需求包含两个部分：一部分是以流动性最高的狭义货币形式持有，旨在应付企业生产经营管理过程中出现的一些不规则的货币支出需要，这也是西方经济学意义上的与凯恩斯的“谨慎动机”的流动性偏好基本一致的预防性货币需求部分，我们可称之为狭义的预防性货币需求；另一部分预防性货币需求则主要以企业存款等广义货币形式存在，流动性稍低，其目的是应付企业营运过程中出现的意外的投资需要。我们可称之为广义的预防性货币需求。此外，企业还存在资产性货币需求和信贷资产需求。决定企业资产性货币需求的因素，除了企业资金规模等变量因素以外，最为重要的、最为活跃的便是企业持有货币的机会成本变量，主要是持有实物资产和债券、股票、外汇等非货币金融资产的收益。企业的信贷资产需求与货币需求是相互交叉的两个概念。信贷资产需求中有相当多的一部分被企业以现金和银行存款形式持有，构成企业货币需求的主体，但仍有为数不少的信贷资产转化为企业的固定资产和非货币流动资产。

（三）政府的货币需求

政府一方面承担着公共职能，起到了维护经济制度和经济运行的作用；另一方面也有自身的利益，有较显著的寻租动机，是市场经济的行为主体之一。因此政府的货币需求行为表现在履行公共职能和追求自身利益两方面。

1.政府的职能性货币需求

政府的职能性货币需求主要表现在资源配置、收入分配和稳定经济三个方面。政府履行财政职能时发生的货币收支集中表现在财政存款的变动上。就中国现阶段情况看，证券资产在政府资产中的比重逐渐增加，而现金结余数额不大，财政存款在财政资金收支中占有重要地位。

2.政府的行政性货币需求

政府的行政性货币需求主要源于行政管理费用开支的需要。改革开放以来，中国的财政收支始终处于相当紧张的状态，但行政系统的管理费用有不断上升之势，这是促成政府的行政性货币需求持续增长的主要原因。政府机构的寻租行为是扩大行政性货币需求实现量的一个有力手段。

3.政府的预防性和资产性货币需求

政府部门预防性货币需求来源于对社会生活中突发事件的防范，为应付这种突发性事件的储备性货币的支出可能性相对较小，而支出规模通常又比较大，因此，一般不宜以持有现金持有，而以存款形式保存。政府机构的资产性货币需求在通常情况下相当薄弱。对政府的职能性货币需求来说，其货币的资产性需求不明显。政府在行政性货币需求方面，一般也不具备明显的资产保值动机，但在一定条件和范围下又会表现出一定的货币资产保值行为机制。

思考题

1.试说明货币需求理论的发展过程。

2.什么是现金余额数量说，其与现金交易数量说相比有何重要的进步？

3.凯恩斯货币需求理论和弗里德曼货币需求理论的基本内容是什么？

4.简述威廉·鲍莫尔（W. J. Baumol）和惠伦（E. I. Whalen）、托宾（J. Tobin）的货币需求理论。

5.货币主义者的货币需求函数有什么特点，与凯恩斯主义有什么区别？

6.如何评价西方货币需求理论？

7.西方货币需求理论对我们有什么启发？

8.为什么弗里德曼的货币需求理论认为货币流通速度可以预测，而凯恩斯的观点却与之相反呢？

参考文献

1.秦艳梅.金融学.北京:经济科学出版社,2006
2.李敏.货币银行学.上海:复旦大学出版社,2004
3.黄达.货币银行学.成都:四川人民出版社,1992
4.艾洪德,范立夫.货币银行学.大连:东北财经大学出版社,2005
5.黄宪,江春.货币金融学.武汉:武汉大学出版社,2008
6.胡庆康.现代货币银行学教程.上海:复旦大学出版社,2005
7.陈伟光.货币银行学.广州:中山大学出版社,2003
8.姜旭朝.货币银行学.北京:经济科学出版社,2004
9.章和杰.现代货币银行学.北京:中国社会科学出版社,2004
10.李海波.新编财政与金融.上海:立信会计出版社,2005
11.米什金 F.S.货币金融学.北京:中国人民大学出版社,1998
12.夏德仁,李念斋.货币银行学.北京:中国金融出版社,1997
13.约翰·格利,爱德华·肖.金融理论中的货币.上海:上海人民出版社,1994
14.戴国强.货币银行学.上海:上海财经大学出版社,2001
15.萨缪尔森.经济学(上、下).北京:商务印书馆,1998
16.刘正义著.货币金融理论.台北:三民书局,1984
17.王广谦.20世纪货币金融理论研究:进展与评述.北京:经济科学出版社,2003
18.施建祥,钱水土.货币银行学.杭州:浙江大学出版社,2001

第八章

货币供给

货币供给是货币政策理论中与货币需求理论相对应的另一个侧面。现代货币都是由银行体系创造的，货币供给量适度是国民经济健康发展的重要条件之一。问题在于，为了保证经济系统有效运行，必须供给多少货币？是谁在控制着货币供给？是什么因素导致货币供给量发生变化？本章通过对货币供给机制的分析，来回答这些问题。本章首先介绍了货币供给和货币供给量等一些相关概念；接着推导了货币供给的基本模型，分析了影响货币供给的两大因素：基础货币和货币乘数。并且从中央银行、商业银行和公众三个角度分析货币供给的调控机制。最后，介绍了弗里德曼—施瓦茨模型、卡甘模型、乔顿模型等一些著名的西方货币供给理论并对货币供给的内生性和外生性进行了简单分析。

第一节　货币供给概述

一、货币供给与货币供给量

(一)货币供给

货币供给是指货币供给主体向社会公众供给货币的经济行为。在现代经济社会中，能够向社会公众提供信用货币(现金货币和存款货币)的主体有中央银行、商业银行以及特定的存款金融机构，全社会的货币供给量都是通过这些金融机构的信贷活动而形成的。例如，中央银行根据社会需要发行现金，使得流通中的现金货币增加；商业银行向企业发放贷款，使得企业的存款货币增加等。以上两个过程的结果都使流通的货币增加，货币供给量扩大；反之，当现金货币回笼到中央银行，或商业银行收回贷款，企业存款货币减少时，货币供给量就会收缩。从货币供给过程来看，现金货币供给与存款货币供给是两个相互区别又相互联系的过程，总的来说，它是由中央银行和商业银行共同完成的。它以中央银行供给基础货币为起点，结算货币为终点，形成一个复杂的货币供给系统。

(二)货币供给量

货币供给量是指在企业、个人以及金融机构中的货币供给量。货币供给量是一个时点数，是一时刻的货币存量。货币供给量与货币流通量不是同一个概念。货币供给量是货币流通的静态概念，是指某一时点上存在的货币数量，揭示某一时点上货币数量的横断面。而货币流通量则是指货币在某一时期内支出或流动的数量，它是货币存量与每单位货币参加交易次数的乘积。与存量相比，流量反映的是货币的运动状态，是在某一时期内货币数量的纵断面。因此，货币供给量是时点量、静态概念；货币流通量是时期量、动态概念。

在第一章中，我们曾经介绍了货币供给量层次的划分，主要有 M_0，M_1，M_2 等。尽管各国对货币层次的划分标准不尽相同，但都是以货币的流动性为主要依据，货币的流动性是指某种能够充当货币的资产转换为现金或银行存款的能力的高低，包括交易成本的大小和变现的时间长短等。转换成本越低、时间越短、损失就越小，该资产的流动性高，货币层次也就越高，反之，货币层次就越低。而且，货币层次的划分有利于金融监测和调控。至于具体的货币层次以及各层次的组成内容，往往因一国经济、金融发达程度不同而有所区别。

二、名义货币供给与实际货币供给

名义货币供给是指一定时点上不考虑物价因素影响的货币存量；实际货币供给就是指剔除了物价影响之后的一定时点上的货币存量。若将名义货币供给记作 M_s，则实际货币供给就为 M_s/p（这里 p 为一般价格水平）。

人们日常使用的货币供给概念，一般都是名义货币供给的概念。例如说某年度或某季度的货币量增长多少、增长率的高低变动，都是该时期货币名义增加量与基期的货币存量相比较，如一国的物价水平长期比较稳定，等等。货币当局在作出决策之前，首先要解决的是货币供给是多了还是少了的基本判断问题。这一判断主要靠采用货币供给增长率与商品、服务供给增长率相对比的方法。当价格水平变动不大时，以货币金额表示的商品、服务供给增长率，既是名义增长率，也大体可以视为实际增长率。这时的货币供给也无须考虑是名义的还是实际的。但是，如果某一经济体系正经历着物价水平的剧烈波动，只分析名义货币供给的变动，就可能导致错误的判断和政策的选择。假如出现了由某种外生因素导致的物价上涨或下跌，要是不区分名义货币供给与实际货币供给，相对于商品、服务的流通，就会出现明显的货币供给不足或过多。假如一个国家流通中现有货币 100 亿元，在考察期间内商品、服务增长率均为 0，但商品价格水平却提高了 100%，在货币流通速度不变的状态下，原有的 100 亿元货币就只能购买流通中商品、服务的 50%。当把市场出清看成是最佳状态时，这个国家这一时期的货币供给量严重不足，整整少了一半。原因是，面对上升的商品价格与实际不变的商品、服务供给，实际的货币供给却由 100 亿元减到 50 亿元。

三、金融创新对货币供给与货币层次划分的影响

（一）货币层次的划分与经济运行的联系

不同层次的货币与各种经济活动联系的密切程度有所不同。例如，M_0 的变化主要反映并影响我国消费市场的供求与价格，与居民的生活联系密切；M_1 和 M_2 的变化主要和企业的行为相关，反映投资的各个环节的变化，而企业存款变化情况是货币政策的制定以及确定宏观调控力度所依据的重要指标；M_1 对经济的影响比 M_2 更直接、更迅速，因为 M_1 是更现实的购买力，它的变化将直接引起市场供求和价格的变化，而 M_2 由于没有直接的支付和转账功能，它只有转化为 M_1 后，才会产生这种影响。我们经常用“M_1 增长率 /M_2 增长率”来反映货币政策的实际效果。当“M_1 增长率 /M_2 增长率”>1 时，表明流通性货币在货币供应总量中的比例提高，有利于货币扩张；反之，当“M_1 增长率 /M_2 增长率”<1 时，表明流

通性货币在货币供应总量中的比例有所降低，有利于货币收缩。

（二）金融创新对货币定义与货币层次划分的影响

从整个货币发展的里程来看，一般认为货币经历了商品货币阶段、贵金属货币阶段、代用符号货币阶段和电子货币阶段四个阶段。各阶段就其作为货币的价值与本身所包含的价值而言，具有实物货币、金属货币、信用货币、电子货币和数字货币等多种形式（其中数字现金是电子货币发展的较高阶段形式）。金融创新的日新月异使得理论界对货币的定义变得日益困难。货币到底是什么？传统的货币定义认为货币是为广大公众所普遍接受的一般等价物的特殊商品。马克思和一些当代主流经济学家均认为"货币是一种社会关系"；而米尔顿·弗里德曼和新凯恩斯主义的经济学家、哈佛大学的年轻教授曼昆却说"货币是经济中人们经常用于购买其他人的物品与劳务的一组资产"；社会学家西美尔则把货币视作为"一切价值的公分母"、"价值的现金化"、"货币是人与人之间交换活动的物化，是一种纯粹功能的具体化"。在围绕着理解和把握货币到底是什么这一问题上，经济学家和社会学家们被长期困扰，特别是金融创新使货币的外延越来越广泛，所以对货币的界定越发复杂。

金融创新，特别是大量金融业务创新后，涌现了许多新型账户，这些账户的出现使传统货币供给层次划分出现混乱，例如 NOW（可转让提款单账户）、ATS（自动转账户）、MMDA（货币市场存款账户）等新型账户都具有开具支票的功能，类似于活期存款，理应划入 M_1，但这些账户余额又大部分放在投资性储蓄账户上，实际上它应属于 M_2。由于类似的金融创新，各国对货币供给层次的划分不断进行修改。英国已有 M_1、M_2、M_3、PSL_1（私人部门所持有的英镑 M_3，国库券，私人在地方机关和金融机构的存款，银行承兑汇票、纳税存款）、PSL_2（包括 PSL_1，其他各种流动性资产）等 8 个货币供给指标，从 1970 年到 1984 年间修改货币定义 9 次之多。美国在 1971—1984 年间共修改货币定义 7 次，货币供给指标发展到目前的 M_1、M_2、M_3、L（M_3 + 非银行公众持有的储蓄券 + 国库券 + 商业票据 + 银行承兑票据）和 $Debt$（国内非金融部门在信用市场上未清偿的债务）5 个。尽管频繁修改，金融创新带来的难题并未完全解决，如电子账户、多功能信用卡和网络支付账户等对应的货币层次，各国中央银行目前尚无明确答案。所以金融创新使得对与货币的定义和货币层次划分更加难以界定，从而直接影响到货币流通速度的分析与测定。

（三）金融创新影响宏观调控

金融创新不仅丰富了各层次货币的内容，使得每一层次货币包含的种类大大增加。而且，层出不穷的新品种提高了多种货币的流动性，使得各层次之间原较为明确区分界限日渐模糊。关于新品种货币的归属往往引发不一致的意见。金融创新为商业银行开拓了多种筹集资金的渠道与更多的市场空间，商业银行经营的灵活性与自主性都得到提高，从而减少中央银行宏观调控的不确定性，对于达到预期的调控目的提出了严峻的挑战。金融创新对货币层次划分的影响，也使得各层次货币与经济运行之间的联系有所变化，使得中央银行货币供给的调控重点在不断转移。

从上面的分析可以看出，决定一国货币供应水平的因素除了经济运行的基本情况意外，中央银行、商业银行、企业以及居民的行为都会影响货币供应量的大小。这将在以后的内容中详细论述。

第二节 货币供应理论的基本模型

一、货币供给与银行体系的合并资产负债表

当代经济中的货币都是信用货币。在信用货币流通条件下，伴随着货币信用化程度的不断加深，银行信用逐步演变为商品交换的媒介和担保，是商品经济得以正常运行的必要条件。而银行办理信用业务的工具，体现债权和债务关系的信用凭证，则因其具有的普遍接受性被社会公认，成为通用的抵押担保品而被广泛地当作货币使用。人们通过转移对银行的债权而实现价值的转移，通过保持对银行的债权而实现价值的储藏。这样，信用货币就具有双重性质：既是银行办理信用业务的工具，体现债权债务关系的信用凭证，又是以信用为基础的货币符号。因此，信用货币凭借信用关系而流通，因债权债务关系的发生而进入流通领域，随债权债务关系的消除而退出流通领域。

由于作为信用货币的货币供应量具有上述性质，所以我们在分析货币供应时，应当从银行机构的资产负债业务出发，通过分析这些机构的债权债务关系，来揭示货币供应量的决定因素。

需要指出的是，我们研究货币供应与银行机构的资产负债关系是建立在把整个社会的银行机构看成是一个整体的前提下，至于在中央银行与商业银行分立条件下的货币供应问题，后面将进行研究。

(一)银行体系合并资产负债表

信用货币是银行的资金来源，所有的信用货币归根到底都是银行通过资产业务发行的，货币供应量的变动与银行资产、负债的变化有着十分密切的关系。首先分析一下我国银行机构体系的资产负债表结构。

表 8-1 银行系统整个资产负债表

资产	负债
A_a 各项贷款	L_a 储蓄和定期存款
A_b 财政借款	L_b 财政存款
A_c 在国际货币基金组织的资产	L_c 国际金融机构往来
A_d 黄金、外汇占款	L_d 自有资金及其他
	M_1 现金
	活期存款

根据会计核算“总资产＝总负债”的原理，即：

$$A_a + A_b + A_c + A_d = L_a + L_b + L_c + L_d + M_1 \tag{8.1}$$

所以：

$$M_1 = A_a + A_b + A_c + A_d - (L_a + L_b + L_c + L_d) \tag{8.2}$$

进一步整理得：

$$M_1=(A_a-L_a)+(A_b-L_b)+(A_c+A_d-L_c)-L_d \tag{8.3}$$

(二)货币供应量的影响因素

从上式可以看出,货币供应量 M_1 受四个因素制约:

(1)信贷收支状况。A_a 为银行贷款,L_a 为银行体系的储蓄及定期存款。(A_a-L_a)表示银行信贷收支的平衡程度,即银行与除财政之外的经济单位的债权债务净额。若贷款增加额大于储蓄及定期存款增加额,则会引起货币供应量 M_1 的增加。

(2)财政收支状况。财政收支具体表现在财政存款和财政借款的变动上。如果财政出现赤字,必然表现在财政借款 A_b 大于财政存款 L_b,或财政存款出现透支,从而引起货币供应量 M_1 的增加。

(3)国际收支状况。国际收支最终体现在黄金外汇储备的变化和银行体系在国际金融机构的债权债务净额的变化上。如果国际收支出现顺差,A_d 增加或 A_c 增加,从而引起货币供应量 M_1 的增加。

(4)银行自有资金的变化与货币供应量 M_1 的增减呈反比关系。

综合上述因素可以看出,一国货币供应量的变化实际上受到一国信贷开支、财政收入、国际收支以及银行自有资金等诸多因素的影响。

二、货币供应理论的基本模型

从以上整个银行系统对非银行部门的资产业务来看,收兑黄金外汇和购买政府债券主要是中央银行的资产业务,对企业、团体和个人的贷款和投资则是商业银行的资产业务。根据定义,货币供应量由通货和活期存款组成,其中通货是由中央银行发行的,它是中央银行的负债,活期存款则是商业银行和其他存款性金融机构的负债。因此,银行系统中性质完全不同的中央银行和商业银行在货币供应量的决定中起着不同的作用。

现代银行制度都实行部分准备金制度,作为赢利性企业的商业银行只需对其新增原始存款保留一定比率的法定准备金,就可将其存款余额的大部分用于向公众贷款或投资于有收益的证券资产,从而创造出派生存款,使货币供应量扩张,故经济学家们在讨论货币供应量的决定因素时,常把准备金数量和法定存款准备金比率作为货币供应量的限制因素,从而形成简单的货币乘数理论,它用公式可表示为:

$$D_d=\frac{1}{r_d}\cdot R \tag{8.4}$$

式中:D_d 为活期存款总额;r_d 为法定存款准备金比率;R 为准备金总额。

由于上式中假定公众只持有活期存款,因此过于简单化。在现实中,公众基于各种动机会提取一部分现金或以定期存款的形式持有一部分存款。银行为保持流动性,也需要经常保持一部分超额准备金,这些因素都影响到活期存款的扩张。就整个银行系统和经济社会而言,以上各部分与活期存款之间呈现出一种较稳定的比率关系。为了使对货币供给的分析更加贴近现实经济,我们逐一取消上述假定,并把假定变为更贴近现实的给定条件。

假定公众意愿持有的通货 C、定期存款 T 以及银行的超额准备金 E 与活期存款的比率分别为 k、t 和 e,则有:

$C=k\cdot D_d$;

$T=t\cdot D_d$;

$$E = e \cdot D_d \tag{8.5}$$

由于公众是从商业银行提取现金的，那么，当商业银行对活期存款的持有者支付现金时，中央银行对商业银行的负债中就有一部分转化为中央银行对通货持有者的负债。这样，中央银行所提供的基础货币 B 就不再只有商业银行的准备金 R，而且还包括公众所持有的通货 C，即：

$$B = R + C \tag{8.6}$$

设活期存款和定期存款的法定准备金比率分别为 r_d 和 r_t，则银行系统所持有的总准备金为：

$$\begin{aligned} R &= r_d \cdot D_d + r_t \cdot t \cdot D_d + e \cdot D_d \\ &= (r_d + r_t \cdot t + e)D_d \end{aligned} \tag{8.7}$$

此时，中央银行所提供的基础货币为：

$$B = R + C = (r_d + r_t \cdot t + e + k)D_d \tag{8.8}$$

因此，银行系统的活期存款货币为：

$$D_d = \left(\frac{1}{r_d + r_t \cdot t + e + k}\right) \cdot B \tag{8.9}$$

根据货币供应量的定义有：$M_1 = D_d + C$。将上面公式代入此定义就可得到较为复杂的货币供应模型：

$$M_1 = D_d + C = \left(\frac{1 + k}{r_d + r_t \cdot t + e + k}\right) \cdot B \tag{8.10}$$

这就是货币供应量的基本模型。括号里的数就是货币乘数，如果用 m 表示，则货币供应理论的基本模型可以概括为：

$$M_1 = m \cdot B \tag{8.11}$$

第三节　基础货币与货币乘数

一、基础货币

(一)基础货币的定义

基础货币(Basic Money or Monetary Base)，又称为强力货币(High Power Money)，由流通中的货币和商业银行的存款准备金所构成。由于基础货币是中央银行的负债，因此可根据中央银行的资产负债表来考察决定基础货币大小以及变动的因素。

(二)基础货币的决定因素

在现代经济中，每个国家的基础货币都来源于货币当局的投放。所谓“货币当局”，一般是指一国的中央银行，但有的国家或地区的货币当局则除了中央银行外，还包括财政部。也就是说，财政部也参与基础货币的投放。货币当局投放基础货币的渠道主要有以下三条：一是直接发行通货；二是变动黄金、外汇储备；三是实行货币政策(其中以公开市场业务为最主要)。基础货币的决定因素主要有以下 11 个：①中央银行在公开市场上买进有价证券；②中央银行收购黄金、外汇；③中央银行对商业银行再贴现或再贷款；④财政部发行通货；⑤中央银行的应收未收款项；⑥中央银行的其他资产；⑦政府持有的通货；⑧政府存款；⑨外国存款；⑩中央银行在公开市场上卖出有价证券；⑪中央银行的其他负债。在以上 11 个因素中，前 6 个为增加基础货币的因素，后 5 个为减少基础货币的因素，而且这些因素均集中地反映在中央银行的资产负债表上(见表 8-2)。

表 8-2　我国中央银行资产负债表

资产	负债
1.贴现贷款	1.发行在外的现金
2.证券	2.银行存款
3.对政府的债权	3.中央银行自有资金
4.国外资产	4.政府存款
5.对特定存款机构的债券	5.非金融机构的存款
6.对非金融机构的债权	6.发行债券
7.其他资产	7.国外负债
	8.其他负债

(三)基础货币变化的根本原因

进一步深究引起上述各因素变动的原因，包括以下几方面。

1.政府的财政收支

当政府财政收支恶化，出现赤字时，弥补的方法有：增加税收、发行新的公债、增发通货或直接向中央银行透支。后两种方法都会直接扩大基础货币供应。财政部发行的通货一般都是辅币，数量有限；直接向中央银行透支扩大基础货币，可能引发通货膨胀，因此许多国家明令禁止这种做法。通过征税或发行新的债券来筹集开支，一定意义上并不会影响基础货币。当公众支付税收或购买政府债券时，货币基数会暂时减少，但是当政府支出这些债务，它又回到流通中，使基础货币恢复到原来水平。如我们假设货币流入和流出在同一时期，那么在这一段时期内，对货币基数的总影响为零。另外，在财政收支出现赤字时，财政部持有现金和在中央银行的存款倾向于减少，这也会扩大基础货币。当政府财政收支出现盈余时，则财政部在央行存款和持有现金数增加；财政部偿还部分政府债务会减少财政部在外通货或减少央行的政府债券持有量。所有这些变化，都倾向于减少货币供应。

2.黄金存量变化和国际收支状况

当黄金存量增加时，无论这些黄金是本国地下采掘还是从国外流入的，出售黄金将获得一笔等值的款项。因此，中央银行在收购黄金的同时，投放了等值的通货。当国际收支出现持续顺差，或中央银行为了调控汇率，在外汇市场购入外汇时，效果和收购黄金相同，也会增加基础货币投放。

3.技术和制度性因素

结算中的票据实际是中央银行为结算而向存款机构提供的短期信贷。存款机构将收到的支票送交中央银行进行清算，准备金增加；由于传递耽搁等原因，中央银行不能立即借记出票存款机构的准备金账户。因此一方面收款机构已经贷记了该支票；另一方面出票机构尚未进行借记，总的准备金就会暂时增加。当支票最终清算时，准备金的暂时增加会消失。但是对于整个银行系统来说，这种在途结算中的票据始终存在，其数额除随经济活动总量增加而有所增加的趋势外，还与资金结算技术有关。通过建立计算机网络和卫星通信形式的结算中心，会大大缩短在途结算中票据数额，减少基础货币。

上面讲到政府在征收税收或发行公债时，基础货币会暂时减小，是因为假设政府将这些收入存入中央银行，通过清算，政府在央行的存款增加了，存款机构的准备金就减少了相同数额。既然这些资金通过政府支出必然会重新回到流通领域，为减少纳税高峰期基础货币的急剧波动，财政收入不能一次性全部存入中央银行，而应采取逐渐转移的方法。如果外国政府在中央银行也有账户，当它们将资金从存款机构转到中央银行时，其效果如同财政部将存款从存款机构转到中央银行，也会降低基础货币供应。

4. 中央银行的行为

上述影响基础货币的因素中央银行不能直接加以控制，但是，中央银行拥有一项强有力的措施，可以精确地调节基础货币总量，它就是公开市场操作。中央银行通过在公开市场买卖证券（主要是政府债券），调整基础货币量，抵消其他因素造成的基础货币量的波动。例如当中央银行为维持汇率稳定，被迫在外汇市场买入外汇时，会扩大基础货币供应量，通过在公开市场卖出等额证券，基础货币恢复到原来水平，这种操作方法称为冲销。

中央银行实施公开市场操作手段的前提是要存在一个活跃的政府债券二级市场。虽然在形式上，中央银行购入政府债券和直接向政府透支有相似之处，但前者是中央银行的一项积极主动的货币政策手段，可以进行双向操作，与后者被动单向扩大基础货币有本质区别。为了保证公开市场操作这一精确的货币政策工具的有效性，有时政府在财政状况良好时，仍发行一定量的公债，以保持其二级市场的广度和深度。

表 8-2 表明，政府证券是联邦储备体系信用的最大组成部分，它也是由中央银行调节银行准备金（或基础货币）的最主要工具。由于中央银行能够通过公开市场操作，抵消其他因素对基础货币的影响。因此基础货币总量就可以看成是由中央银行完全控制的外生政策变量。

二、货币乘数

货币乘数（Monetary Multiplier）是货币供应量对基础货币的倍数。正是由于货币乘数的作用，才使货币供应量发生数倍于基础货币的变化。因此，货币乘数是货币供应理论的焦点。那么，货币乘数又是如何决定的呢？

由货币供应模型（8.11）可知，货币乘数为：

$$m=\frac{1+k}{r_d+r_t\cdot t+e+k} \qquad (8.12)$$

从式（8.12）看出，货币乘数 m 是由许多复杂的因素 t,k,e,r_t,r_d 组成的，因此货币乘数是由多个变量所决定的。

（一）货币乘数与存款创造倍数的关系

我们已经发现，货币乘数 m 和存款创造倍数非常相似，所不同的仅仅在它的分子上多一个 k。这个 k 显然是不难理解的，因为货币包括了流通中的现金，所以我们在推导货币乘数时，被除数中多了一项 k。

从（8.12）来看，只要 $(r_d+r_t\cdot t+e)<1$，货币乘数 m 就大于 1，而这一条件一般会满足的，因此，基础货币的增减将导致数倍的货币供给增减。由于货币乘数大于 1，我们可以通过

图 8-1 来形象地描述基础货币与货币供给量之间的关系。从中不难看出，货币供应量之所以和基础货币之间具有倍数的关系，主要是由于商业银行准备金 R 的多倍存款创造的作用。

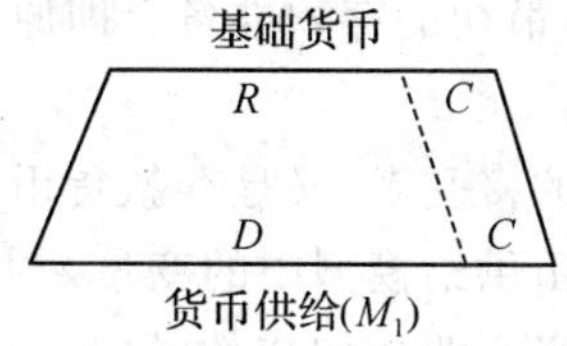

图 8-1　基础货币与货币供应量的关系

(二)影响基础货币的因素

从上式可以看出，影响货币供应量的因素有以下几方面。

1. 通货比率 k

所谓通货比率 k 是指流通中现金占活期存款的比率。流通中的现金存入银行，可以成倍派生存款，扩大货币供应量。但若现金被存款户从银行中取出，则会成倍减少存款货币量。因此，在基础货币确定的情况下，通货比率的变化反方向作用于货币供应量的变动。决定通货比率的主要因素有：①公众可支配收入水平的高低；②商品或劳务价格的变化；③公众对未来通货膨胀的预期等。

2. 定期存款占活期存款的比率 t

影响 t 的因素主要有：①定期存款利率；②其他金融资产的收益率；③收入或财富的变动等。

3. 商业银行持有的超额准备金占活期存款的比率 e

e 的变动较强的反向作用于货币供应量的变动。这一比率的变动主要决定于商业银行的经营决策行为。影响 e 值的因素有：①市场因素；②借入资金的难易程度及资金成本；③社会大众的资产偏好及对资产的调整。

4. 活期存款准备金比率 r_d 和定期存款准备金比率 r_t

现假定法定准备金 r_d、r_t 发生变动，其他因素保持不变，则法定准备金率的提高，意味着银行需要保持更多的准备金，因而产生准备金不足。为了弥补准备金不足，银行就得收缩贷款，这一行为将引起银行体系的活期存款成倍收缩，从而使货币供应量减少。可见，法定准备金率的提高也必然导致货币乘数变小，所以货币乘数与法定准备金率呈负相关。

第四节　货币供给的调控机制

一、货币供给的模型

第二节中，我们已经推导了货币供给模型(8.10)。在此模型中，我们可以看到影响货币供给的经济主体有三类，它们在货币供给机制中的地位和作用是不同的。

1. 央行

央行既是通货的发行者，又是货币政策的制定者和执行者，对货币供给的影响最大。货

币供给模型中的 B、r_d、r_t 等变量都是由央行所控制的，这说明央行的行为对货币供给的影响。央行通过自己的直接资产业务如发行通货或间接资产业务如再贴现、公开市场业务等提供基础货币，形成了商业银行的最初的存款准备金即原始存款。

2.商业银行

商业银行既是央行基础货币的接受者，又是存款货币的创造者，它们对货币供给的成倍扩张或收缩起着决定性作用。货币供给模型中的变量 e 主要说明商业银行的行为对货币供给的影响。商业银行通过自己的资产业务如贷款、贴现、证券投资等，把从央行获得的基础货币成倍扩张为存款货币，从而形成非银行部门对商业银行的负债。

3.非银行部门

非银行部门也就是企业和社会公众，它们对货币和对其他金融资产的选择，对货币供给也产生很大的影响。模型中的变量 k 和 t 就反映了非银行部门行为对货币供给的影响。

上述三个经济主体在货币供给机制中的作用可以概括如下：中央银行通过自己的直接资产（如发行通货）或间接资产业务（如再贴现、公开市场业务等）提供基础货币，形成了商业银行的最初的存款准备金；商业银行再通过自己的资产业务（如贷款、贴现、证券投资等），把基础货币成倍扩张为存款货币，从而形成非银行部门对商业银行的负债。

二、货币供给的调控机制

通过上节对基础货币和货币乘数的讨论表明，货币供应主要取决于下列因素：①基础货币 B；②活期存款法定准备金率 r_d；③定期存款法定准备金率 r_t；④超额准备金率 e；⑤通货与存款比率 k；⑥定期存款与活期存款的比率 t。由于前三个因素是由央行提供或决定的，故只要后三个因素保持足够的稳定，央行就可以通过调整基础货币 B、活期存款法定准备金率 r_d、定期存款法定准备金率 r_t，把货币供应量保持在它所希望的水平。但现实的情况并非如此，如果说央行对基础货币还有一定的控制能力的话，它要对货币乘数进行控制就要困难得多。这是因为后面三个因素实际上是经常变动的，其中超额准备金率是取决于商业银行的行为，流通中的现金与活期存款的比率 k 则主要取决于非银行公众的行为。可见，要真正控制货币供应过程，除央行自身的调控行为外，还必须对商业银行及非银行公众的行为加以全面分析。

（一）央行行为与货币供给

央行虽能直接决定法定准备金率，但对基础货币的提供还是要受到一些外来因素的影响。

1.央行提供基础货币的主要方式

央行提供基础货币的主要方式有公开市场业务和贴现贷款。前者在许多发达国家尤为重要，后者在许多金融市场不发达的发展中国家起主导作用。

（1）公开市场业务。是指央行在公开的金融市场上通过买卖有价证券来增加或减少基础货币的方法。设央行决定通过公开市场买入来增加 10000 元的证券持有量，那么有以下几种情况：

第一，证券出售者是一家商业银行，若该商业银行将出售证券所得的央行支票存入央行，则央行和该商业银行的资产负债表分别是：

央行

资产	负债
证券＋10000	准备金存款＋10000

商业银行

资产	负债
证券　　　－10000 在央行存款＋10000	

若央行支付的是现金，则有

央行

资产	负债
证券＋10000	流通中现金＋10000

商业银行

资产	负债
证券　　－10000 库存现金＋10000	

第二，证券出售者是一家非银行企业或个人，即非银行公众。若央行付给证券出售者10000元支票，出售者将支票存入一家商业银行，该商业银行又将支票存入央行，则有

央行

资产	负债
证券＋10000	准备金存款＋10000

商业银行

资产	负债
在央行存款＋10000	存款＋10000

非银行公众

资产	负债
证券－10000 存款＋10000	

若证券出售者收到支票后，拿到一家商业银行去兑现，商业银行付出现金，并将收到的支票存入央行，则有

央行

资产	负债
证券＋10000	准备金存款＋10000

商业银行

资产	负债
库存现金 －10000 在央行存款＋10000	

非银行公众

资产	负债
证券－10000 存款＋10000	

上述几种情形中，基础货币增加都是10000元。总之，无论央行采取何种方式向商业银行或社会公众购入一定数额的证券，都会使基础货币增加相应的金额。

对于公开市场卖出证券的情况，可照此类推。结论：无论央行采取何种方式向商业银行或公众卖出一定数额，都会使基础货币减少相应的金额。

由于公开市场业务能够精确地使基础货币发生一定数量的增减，从而达到央行的预期目的，故它成为当今发达国家央行控制基础货币的最重要的手段。

(2)贴现贷款。央行的贴现贷款指商业银行将它为客户办理贴现业务而收进的各种票据拿到央行去再贴现，以获得暂时的资金融通。贴现贷款的增加，将直接表现为获得贷款的商业银行的准备金的增加。设某商业银行从央行获得了10000元的贴现贷款，这10000元贷款就成为该商业银行可以动用的准备金，从而整个经济中的基础货币就增加了10000元。用资产负债表表示就是：

央行

资产	负债
贴现贷款＋10000	准备金存款＋10000

商业银行

资产	负债
从企业收进的贴现票据－10000 从央行获得的贴现贷款＋10000	

显然，当该商业银行将这10000元贴现贷款归还央行时，这新增的10000元基础货币将随之消失。

央行主要是通过调整贴现贷款的利率来影响商业银行的贷款需求，从而影响贴现贷款量。当然，央行也可以像一般的商业银行那样，对商业银行的贷款进行审核，决定是否给予贷款，从而对贴现贷款量进行进一步的控制。但总的来说，央行对贴现贷款量的控制远不如对公开市场业务量的控制那样精确。

2.影响央行控制基础货币的主要因素

央行对基础货币的控制主要受下面几个因素的影响：

(1)商业银行的贴现贷款需求。虽然央行可以通过调整贴现率来影响商业银行的贷款需求，并且进一步拥有是否发放贷款的决定权，但正如一切商品买卖取决于供求双方一样，贴现贷款量最终是由央行和商业银行共同决定的。首先，在商业银行的贴现贷款需求萎缩时，央行尽管可以通过降低贴现率来刺激这种需求，但若整个社会对经济前景都感到悲观，不愿向商业银行借款以扩大投资，商业银行的资金也贷不出去，它又如何会去向央行申请贴现贷款呢？其次，当商业银行面临资金困难，急需央行的资金援助时，作为“最后贷款人”的央行又很难坐视不救，这是因为单个商业银行的危机，可能会殃及整个银行业，从而变得一发而不可收。

上述情况表明，央行对贴现贷款的数量缺乏足够的控制能力。这一点在中国的银行体制中表现得特别明显。事实上，这是中国金融体制中最突出的问题之一。尽管央行每年都要制订全社会的信贷计划，包括央行对各存款机构的贷款计划，但是在计划执行过程中，央行又不得不对各存款机构的贷款需求作出让步，从而导致对基础货币的失控。

正因为央行对贴现贷款不能完全控制，因此目前在发达国家，作为货币政策的最主要工具，又被公开市场业务所取代，贴现贷款量在央行资产业务中所占的比例已很少。而在一些发展中国家如中国，开发公开市场业务的条件还不成熟，贴现贷款仍是央行控制基础货币的主要手段。

(2)政府的预算赤字。当政府的预算支出大于预算收入时，就产生了预算赤字。政府要弥补其赤字，通常可以选择三种方法：一是增加税收；二是发行债券，向公众融资；三是通过央行发行货币。这三种方法对基础货币的影响是不一样的。设政府要修建一条高速公路，预计要支出 2 亿元的成本，但其他政府预算支出已正好用完所有的预算收入，故该项支出就成为政府的预算赤字。而高速公路的建设又是急需的，政府将如何筹集资金来弥补这一赤字呢？

首先，政府可以说服公众为建设这条公路纳税。虽然政府享有这一特权，但这是不易的事。现在假设政府说服了公众，政府获得了 2 亿元的税款，并把它用于建设公路，那么它将不会对基础货币产生任何影响。这是因为公众在交纳税款时，流通中的现金或公众在银行的存款，也就是基础货币将减少 2 亿元。但当政府将这 2 亿元税款用于支付建路的各项费用时，它们又回到了公众手中。当然，并不是回到所有交税的公众手中，而是到了那些为建路提供各种劳务和商品的公众手中。故基础货币既不增加，也不减少。

其次，政府可以向公众发行债券。这也不会对基础货币产生直接的影响。因为在公众购买政府债券时，基础货币减少了 2 亿元，但政府将这 2 亿元花费之后，基础货币又回到了原来的水平。但是，应该注意的是，这种方式有可能对基础货币产生间接的影响。政府债券发行量的增加，可能导致利率上升，因为这样才会使债券对公众更有吸引力，从而将增发的债券销售出去。若利率上升到一定程度，央行就不能坐视不管了，这是因为维护利率的稳定通常也是央行的目标之一。央行要使过高的利率降下来，就必须在公开市场上买入证券，其结果将使基础货币增加。故政府以发行债券的方式弥补赤字，对基础货币会有潜在的影响，至于这种影响究竟有多大，经济学家的看法不同。

第三，是增发货币。利用这种方式来筹集所需的资金，表面上是最方便的，政府既不必费心思去动员公众交税，也没有发行债券方式下的还本付息问题，而只需多印 2 亿元钞票。而且，每一个政治家都不愿留下一个搜刮民脂民膏的恶名，也不愿让自己肩上的债务负担过于沉重，因此，若不受限制的话，他们都会倾向于选择增发货币的方式来筹集资金。但实际上，由于货币发行过多的种种恶果，多数国家都对政府运用这种权力作出种种限制。根据限制程度的不同，增发货币的方式也不同。在有的国家，财政部可以直接向央行透支，也就是说，当财政部的支出超过了它在央行存款账户上的余额时，其差额自动转化为央行对财政部的贷款，显然，在这种方式下，发行货币来弥补赤字是最为方便的。在另一些国家，财政部不能向央行透支，但是可以向央行申请贷款。还有一些国家如美国，这两种方式都受到严格限制，因此，政府只有通过向公众发行政府债券，央行再在公开市场上向公众买入这些政府债券，从而增加基础货币的投放。我国《银行法》第二十八条和二十九条规定："中国人民银行不得对政府财政透支，不得直接认购、包销国债和其他政府债券"，"中国人民银行不得向地方政府、各级政府部门提供贷款"。说明我国已明确限制了发行货币来弥补赤字的方法。

(3)央行稳定汇率的目标。央行稳定汇率的目标也可能与控制基础货币的目标相互冲突。假定在外汇市场上，本国货币的升值过快，以至有可能影响到本国的出口，央行就可能被迫通过购买更多的外币来阻止这种趋势。央行在外汇市场上用本币去交换外币，造成了对外币需求的上升，这样就可以有效地减轻本币对外币的升值压力，但同时也意味着本币的投放和基础货币的增加，虽然这可能并不是央行所愿意看到的局面。同理，当央行为阻止本币的贬值而抛出更多的外汇时，基础货币又将随之减少。

例如我国在1994和1995年的通货膨胀，一定程度上与外汇储备的急剧上升有很大关系。1994年由于我国外汇体制改革，人民币大幅度贬值，带动了出口，同年我国的出口增长高达31.9%，贸易收支由1993年的逆差122.2亿美元一举转变为顺差53.9亿美元，增幅达22.7%；实际利用外资额458亿美元。由于上述因素，使得央行的外汇储备由年初的212.0亿美元猛增到年末的516.2亿美元，增加304.2亿美元。按照1994年人民币兑美元的比价：1美元＝8.6元人民币的平均汇率计算，仅此一项就意味着央行要增加2600多亿元的基础货币投放。尽管央行对此采取一些抵消性措施，如加大力度收回对金融机构的再贷款，压缩其增长速度等，但1994年的基础货币增长仍达到30%左右。汇率的调整增长带来的货币供给的相应增长，是造成当年及下一年高通货膨胀的主要原因。

(二)商业银行行为与货币供给

1.影响超额准备金率的因素

为了了解商业银行为什么采取这种超额准备金率，而不采取另一种超额准备金率，必须分析银行持有超额准备金的成本和收益。事实上，商业银行决定把一部分本来可以用于贷放或购买证券的资金作为超额准备金闲置在自己手中，显然是有其道理的，一个理智的银行家会比较这样做的成本和收益。持有超额准备金的成本又是什么呢？就是银行若把这笔资金拿去放贷或购买证券所可能获得的收益，即市场利息，这是一种机会成本。显然，这种成本大小与当时的市场利率高低有关。那么，银行持有超额准备金的收益是什么呢？就是银行因持有而避免的因为流动性不足造成的损失。故超额准备金率的高低又取决于银行出现流动性不足的可能性，及出现流动性不足时从其他渠道获得流动性的难易程度。由此可见，影响商业银行超额准备金率高低的因素主要有三个：

(1)市场利率。银行持有超额准备金的成本是机会成本，也就是因为银行持有超额准备金而放弃进行贷款和证券投资所能得到的收益。机会成本的大小取决于贷款和证券的市场利率大小。若贷款和证券的市场利率上升(或下降)，那么持有超额准备金的机会成本增加(或减少)，因此银行要减少(或增加)超额准备金的持有量，从而超额准备金率下降(或上升)，贷款和投资增加(或减少)。这说明超额准备金率与市场利率呈负相关，从而货币供应与市场利率(指市场的贷款利率)呈正相关。

(2)借入资金的难易程度。当商业银行面临流动性不足时,可以通过下述渠道补充流动性。一是向别的银行借入同业资金;二是与客户签订证券回购协议;三是向央行申请贴现贷款;四是出售证券;五是催还贷款,或将未收回的贷款销售给其他银行。显然,从上述渠道获得流动性都要付出一定的代价。例如,借入同业资金、签订回购协议或申请贴现贷款,都要支付利息,出售证券要支付佣金;催还贷款会伤害与客户的关系,销售未收回的贷款则可能蒙受巨大的本息损失。银行持有超额准备金的收益,就在于能够避免获得流动性的代价,从而避免银行的倒闭。因此,不难理解,商业银行的负债管理能力越强,既在必要时获得流动性补充的渠道越是畅通,费用越是低廉,它所愿意持有的超额准备金率就越低。

(3)预期存款外流的可能性。银行持有超额准备金是为了应付存款的突然外流对银行造成的流动性问题。当银行预期存款外流增加时,存款外流造成的损失就预期增加,从而持有超额准备金的收益预期增加,银行就会决定持有更多的超额准备金。这说明超额准备金与预期存款外流呈正相关,预期存款外流增加将导致超额准备金率上升。

2.影响贴现贷款需求的因素

我们知道,央行能否发放贴现贷款,很大程度上取决于商业银行的贴现贷款需求。在此,我们从贴现贷款成本与收益角度分析影响商业银行从央行借入贴现贷款的因素,主要是贴现率和市场利率,其中贴现率是影响成本的因素,市场利率是收益的因素。

(1)贴现率。贴现率是指央行发放贴现贷款的利率。贴现率越高,商业银行从央行那里借入贴现贷款的成本就越高,商业银行也就越不愿意借入贴现贷款,从而贴现贷款数量越少。故贴现贷款与贴现率呈负相关,导致货币供给与贴现率呈负相关。

(2)市场利率。贷款和证券的市场利率可以抵消贴现贷款的一部分负面影响。若市场利率高于贴现率,商业银行就愿意借入贴现贷款,然后把借入的资金用于贷款或证券投资,取得利差的收益。这说明市场利率越高,尤其是市场利率与贴现率之差越大,贴现贷款数量就越大,货币供应量越大。

(三)非银行公众行为与货币供给

非银行公众对流通中的现金、支票存款(活期存款)和定期存款的选择,是一种典型的资产选择行为,也就是财富所有者选择以何种资产组合持有其财富的行为。它决定了影响货币乘数的另外两个变量:通货与活期存款比率 k 和定期存款与活期存款的比率 t。

1.流通中通货与活期存款比率 k

我们知道通货与活期存款比率 k。它反映了人们是持有现金还是持有支票存款的意愿。根据资产选择理论,财富所有者对某种资产的需求,或者说以该种资产形式持有其财富的愿望,主要取决于:财富的多少,该种资产相对于其他资产的预期报酬率,该种资产相对于其他资产的风险大小,该种资产相对于其他资产的流动性大小等。

(1)财富多少的影响。非银行公众财富总额的增长,将会使流通中现金、活期存款的数额都增大,但由于这两种资产的财富弹性是不同的,它们之间的比率将发生变化,随着财富总额的扩大,以现金形式持有资产将显得越来越不方便,而活期存款的方式(通过支票或信用卡进行支付)进行交易将变得更有吸引力。因此,流通中现金同活期存款的比率是随着财富的增加而下降,各国经济发展的实际经验也证实了这一点。财富增加导致通货与存款比率 k 下降,货币供应量增加。

(2)预期报酬率的影响。从资产的相对预期报酬率来看,持有现金的报酬率为零,而持有支票存款则不仅可以获得少量利息，还可以享受银行提供的某些服务，如代付水电费等。显然，活期存款的利率提高或银行对活期存款提供的服务增加，都会使通货与活期存款比率 k 下降。另外，其他资产预期报酬率的变化，也可能影响到通货与活期存款比率 k。这是因为当其他资产如股票的预期报酬率上升（或下降）时，人们对现金和活期存款的需求都将减少（或增加），但是，对两者需求的减少（或增加）不大可能是同比例的，一般认为，活期存款对其他资产预期报酬率的变化可能较为敏感，即当其他资产预期报酬率上升时，活期存款减少的比例较大，因此，通货与活期存款比率 k 将上升；反之将下降。

(3)规避风险的影响。从风险角度来看，流通中现金是最安全的资产，活期存款则具有一定的风险，这就是当发生银行恐慌或倒闭，如在 20 世纪 30 年代大危机时的美国，大量银行的倒闭，使得公众对银行的信心发生严重动摇，纷纷将存款从银行中提取出来，从而使流通中大量增加超额准备金的持有量，也使超额准备金率迅速上升。这两个因素的共同作用，使得货币乘数急剧下降。故在大危机时，虽然美国的基础货币增加了 20%，但 M_1 货币供给却下降了 25%，这使本来就深陷于危机中的美国经济雪上加霜。

(4)流动性偏好的影响。从流动性角度看，现金和活期存款（支票）都可以充当交易媒介，因此，它们都属于流动性最高的资产。但相对来说，现金作为一种交易媒介，仍有着活期存款所无法代替的好处，主要是因为一是人们认识和接受支票有一个过程，人们对支票这种交易媒介缺乏足够了解之前，更习惯于用现金来进行交易，这时，支票的流动性就不如现金。二是当开立支票账户的银行规模较小，覆盖的地域范围有限时，支票的使用范围也可能受到限制，而现金几乎不受到任何限制，在任何时间、任何地点都可以使用。

(5)地下非法经济活动的影响。用支票进行非法交易支付会留下证据，易被发现，使交易一无所获，从而预期收益率很低。以现金进行非法交易支付不留痕迹，不易查获，比如贩毒、赌博、走私等交易，都是以现金来支付的地下交易，躲避了当局的追查，这就使得非法活动中现金的预期收益率远远高于支票存款的预期收益率。若非法经济活动数量增加，那么，支票存款的预期收益率就明显地相对很低。非法活动数量增加导致支票存款预期收益率下降，通货与存款比率 k 上升，货币供应量减少。

(6)税收的影响。一方面，对财富征税导致人们拥有的财富减少，从而通货与活期存款比率 k 上升；另一方面，税率的提高又增强了人们逃税的动机。由于利用支票进行的每一笔交易都记录在银行的账户上，无法逃税，而利用现金进行交易可使人们在交易中得到的收入不易被税收部门发现，故税率的提高增大了人们利用现金进行交易动力，导致人们要手持更多的现金，从而通货与存款比率 k 上升。因此，征税和税率的提高与通货与存款比率 k 呈正相关。

2. 定期存款与活期存款的比率 t

社会公众所持有的定期存款与活期存款比率 t 主要受下列因素的影响：

(1)财富总额的变化。一般来说，定期存款同活期存款的比率会随着财富总额的增长而稳步上升。这是因为，当财富增长到一定程度，除了应付日常的交易之外还有一定的剩余时，定期存款显然是一种比现金和活期存款更有吸引力的财富持有形式。也就是说，定期存款的财富弹性大于现金和活期存款。

(2)定期存款的利率水平。如果非交易存款的利率上升，人们将使部分活期存款转化为定期存款，此消彼长的结果会使 t 上升。

(3)其他资产的预期收益率。由于定期存款不像现金和活期存款那样,具有其他资产很难代替的交易媒介功能,所以其他资产预期报酬率的变化对定期存款的影响要比对现金和活期存款的影响要大得多。因此,定期存款同活期存款的比率 t 会随着其他资产的预期收益率的上升而下降。

第五节　货币供给理论

货币供应理论主要是研究货币供应量由哪些因素决定及如何决定的理论,它是货币理论的重要组成部分。这一理论最早可追溯到 18 世纪的信用创造论。信用创造论的先驱者是英国经济学家约翰·劳(1671—1729 年),而后由英国的麦克鲁铂(1821—1902 年)和德国的哈思(1889—? 年)完成。信用创造论关于银行可以通过创造货币提供信用的观点,成为货币供应理论中派生存款理论和货币乘数理论的理论基础。但是,在实物货币和金属货币流通时代,流通中货币数量具有自动调节机制。而在金属货币制度崩溃后的相当长时期,特别是凯恩斯主义盛行之时,货币供应又被当做仅由中央银行决定的外生变量,所以经济学家在研究货币理论问题时,只重视货币需求研究,忽视货币供应研究。只是进入 20 世纪 60 年代以后,由货币主义经济学家开始对货币供应的决定理论进行比较完整的构造,于是货币供应理论才逐渐丰富起来。在本节中,将摘要介绍几种货币供应理论的模型及其主要理论观点。

一、菲利普斯的货币乘数论

菲利普斯可以说是最早对货币乘数问题进行系统研究的经济学家。1921 年,菲利普斯出版了《银行信用》一书,其中最早使用了“原始存款”和“派生存款”这对概念,他认为原始存款是现金通货,或其他银行的支票和汇票等易兑换为现金的等价物存入银行而形成的存款。派生存款则是接受银行放款和票据贴现的顾客,将其资金存入银行所形成的存款。菲利普斯假设,银行不持有超额准备金,公众也不持有现金和定期存款。于是银行的存款总额要大于所增加的准备金若干倍,这个倍数就是货币乘数,表示为 $m=\frac{1}{r}$,r 为法定存款准备金率。这就是最为简单也最为经典的货币乘数理论。

此后,萨缪尔森依据现实情况发展了菲利普斯的简单乘数模型。在其模型中加入了超额准备金比率和现金漏损率的因素,放宽了原先的假定前提,从而得出较为符合实际的乘数模型:$m=\frac{1}{r+e+k}$。这里 e 代表超额准备金率,k 表示现金漏损率。

二、弗里德曼—施瓦茨货币供应模型

弗里德曼和施瓦茨(M. Friedman and A. J. Schwarts)关于货币供应决定因素的分析见两人合著的《1867—1960 年的美国货币史》一书。弗里德曼和施瓦茨将现代社会的货币划分为两种类型:一是货币当局的负债,即通货。二是商业银行的负债,即银行存款。如果分别以 M、C、D 代表货币存量、社会公众所持通货和商业银行存款，则有下列公式：

$$M = C + D$$

而根据高能货币定义，又有：

$$H = C + R$$

其中 H 和 R 分别代表高能货币和商业银行存款准备金。因此：

$$\frac{M}{H} = \frac{C+D}{C+R} = \frac{\frac{D}{R}(C+D)}{\frac{D}{R}(C+R)} = \frac{\frac{D}{R}\cdot C(1+\frac{D}{C})}{C(\frac{D}{R}+\frac{D}{C})} = \frac{\frac{D}{R}(1+\frac{D}{C})}{\frac{D}{R}+\frac{D}{C}}$$

所以

$$M = \frac{\frac{D}{R}(1+\frac{D}{C})}{\frac{D}{R}+\frac{D}{C}}\cdot H \tag{8.13}$$

令

$$m = \frac{\frac{D}{R}(1+\frac{D}{C})}{\frac{D}{R}+\frac{D}{C}} \tag{8.14}$$

则 m 就是货币乘数。

$$M = m \cdot H$$

这就是弗里德曼—施瓦茨分析货币供应决定因素时所使用的基本方程式。从这一方程式可以看出决定货币存量的三个因素：高能货币 H；商业银行存款与其准备金的比率 $\frac{D}{R}$ 以及商业银行的存款与社会公众持有的通货的比率 $\frac{D}{C}$。

从高能货币来看，它是非银行公众所持有的通货与银行的存款准备金之和。它们之所以被称为高能货币，是因为一定量的这样的货币被银行作为准备金而持有后可引致数倍的存款货币。弗里德曼—施瓦茨认为高能货币的一个典型特征就是能随时转化为（或被用作）存款准备金，不具备这一特征就不是高能货币。

$\frac{D}{R}$ 和 $\frac{D}{C}$ 两者的变化会引起货币存量的同方向变化。这是因为，$\frac{D}{R}$ 比率越高，一定量的存款准备金所支持的存款越多。同样，$\frac{D}{C}$ 的值越大，高能货币中充当银行准备金的部分也越大，从而货币乘数就越大，货币存量就越大。

弗里德曼—施瓦茨还认为，上述三个决定货币存量的因素涉及公众、银行、货币当局三个经济主体，是分别由这三个经济主体的行为决定的。首先，在信用货币制度下，高能货币量决定于政府的行为，即决定于政府发行多少信用货币来满足公众持币需要和银行保留准备金需要。其次，银行存款与其准备金的比率决定于银行体系。银行体系并不能决定其存款和准备金的绝对量，因为它们受到高能货币量的限制，并同 $\frac{D}{C}$ 比率有关。但一般说来，银行体系能通过改变其超额准备金数量，决定银行存款与其准备金两者之比。当然，这一比率还受制于政府对银行存款准备率的规定并与经济形势直接相关。最后，存款与通货的比率首先决定于公众的行为。同样，公众也只能决定其存款与通货的比率，而无法决定各自的绝对量，而且这一比率还受到银行存款服务水平和利率的影响。

弗里德曼—施瓦茨利用上述分析方法，检验了1867—1960年美国货币史，得出的基本结论是：高能货币量的变化是广义货币存量长期性变化和主要的周期性变化的主要原因；$\frac{D}{R}$比率和$\frac{D}{C}$比率的变化对金融危机条件下的货币运动有着决定性影响，同时，$\frac{D}{C}$比率的变化还对货币存量长期缓慢的周期性变化起重要作用。

三、卡甘货币供应模型

菲利普·卡甘是美国著名经济学家，就在弗里德曼—施瓦茨两人写作其《1867—1960年的美国货币史》一书的同时，菲利普·卡甘也系统地研究了美国85年中货币存量的主要决定因素，并于1965年出版了专著《1875—1960年美国货币存量变化的决定及其影响》。这一研究成果是对近100年来美国货币供应量决定的最全面最深入的分析。

(一)决定货币存量的三个因素

同弗里德曼—施瓦茨一样，菲利普·卡甘也将货币定义为公众手持通货及商业银行的活期存款和定期存款。菲利普·卡甘货币供应模式的推导过程如：

$$\frac{H}{M}=\frac{C+R}{M}=\frac{C}{M}+\frac{R}{M}=\frac{C}{M}+\frac{R}{D}\cdot\frac{D}{M}$$

$$=\frac{C}{M}+\frac{R}{D}\cdot\left(1-\frac{C}{M}\right)=\frac{C}{M}+\frac{R}{D}-\frac{R}{D}\cdot\frac{C}{M}$$

即

$$M=\frac{H}{\frac{C}{M}+\frac{R}{D}-\frac{R}{D}\cdot\frac{C}{M}} \tag{8.15}$$

令

$$m=\frac{1}{\frac{C}{M}+\frac{R}{D}-\frac{R}{D}\cdot\frac{C}{M}} \tag{8.16}$$

则式(8.15)可写成

$$M=mH \tag{8.17}$$

其中，字母M、C、D代表货币存量、非银行公众所持通货和商业银行存款；H和R分别代表基础货币和商业银行存款准备金。

式(8.17)就是菲利普·卡甘的货币供应模型，它表明货币存量由强力货币乘以货币乘数，即$m=\frac{1}{\frac{C}{M}+\frac{R}{D}-\frac{R}{D}\cdot\frac{C}{M}}$决定。

这一模型与弗里德曼—施瓦茨的模型相似，但有两个特点：一是菲利普·卡甘将通货比率定义为$\frac{C}{M}$，即通货占货币存量的比率，并以此取代存款与通货比率；二是菲利普·卡甘将准备金比率定义为$\frac{R}{D}$，即准备金与存款比率，并以此取代存款准备金比率。

同弗里德曼—施瓦兹一样，菲利普·卡甘也认为，政府控制高能货币，而公众和商业银行则决定持有高能货币的比例。公众通过通货与银行存款的相互转化改变其高能货币持有额；而商业银行则通过贷款和投资的放出和收回来改变其高能货币的持有额。显然，公众的行为改变着通货比率，而商业银行的行为改变着准备金比率。此外，如果公众减少通货持有而相对增加银行存款时，银行准备金就增加了。如果此时准备金比率不变，则货币存量将增加。同样，当银行增加贷款时，如果存款不变，准备金就减少了，货币存量则增加了。

从 $M=\dfrac{H}{\dfrac{C}{M}+\dfrac{R}{D}-\dfrac{R}{D}\cdot\dfrac{C}{M}}$ 来看，通货比率与准备金比率均小于1，所以等式右边分母中第三项小于前两项中任何一项。因此，若通货比率和准备金比率其中一个比率上升，而另一比率与高能货币不变，则货币存量减少。总之，货币存量与通货比率和准备金比率呈负相关关系。

除了分析货币存量的各个决定因素外，菲利普·卡甘还阐述了这些因素间的相互联系。菲利普·卡甘认为，这种相互联系表现在两方面：一是这些决定因素都受到某些经济现象影响，比如在金融危机时 $\dfrac{C}{M}$ 和 $\dfrac{R}{D}$ 均会提高。二是一个因素的变化会影响到另一个因素，比如当公众将一部分手持通货转化为银行存款时；若银行不及时增加贷款或投资，则通货比率的降低会提高准备金比率。

（二）各决定因素对货币存量变化率的作用

菲利普·卡甘不仅分析了决定货币供应量的各个因素，而且还深入地检验了各决定因素对货币存量变化率的作用，这是菲利普·卡甘的分析具有特色的一方面。菲利普·卡甘根据 $M=\dfrac{H}{\dfrac{C}{M}+\dfrac{R}{D}-\dfrac{R}{D}\cdot\dfrac{C}{M}}$ 导出检验公式。卡甘首先对公式(8.15)两边取对数，得：

$$\ln M=\ln H-\ln\left(\frac{C}{M}+\frac{R}{D}-\frac{R}{D}\cdot\frac{C}{M}\right) \tag{8.18}$$

再对两边分别对时间求导数，并化简为：

$$\frac{1}{M}\cdot\frac{\mathrm{d}M}{\mathrm{d}t}=\frac{1}{H}\cdot\frac{\mathrm{d}H}{\mathrm{d}t}+\frac{M}{H}\left(1-\frac{R}{D}\right)\frac{\mathrm{d}\left(1-\dfrac{C}{M}\right)}{\mathrm{d}t}+\frac{M}{H}\left(1-\frac{C}{M}\right)\frac{\mathrm{d}\left(-\dfrac{R}{D}\right)}{\mathrm{d}t} \tag{8.19}$$

公式(8.19)左边代表货币存量的变化率，右边分别代表高能货币的变化率、通货比率的变化率及准备金比率的变化率对货币存量变化率的作用。利用该等式，菲利普·卡甘运用统计手段从理论上检验与分析了美国 1875—1960 年间，各决定因素在货币存量的长期性增长和货币存量变化率周期性变化中的作用。

根据菲利普·卡甘的货币定义，美国货币供应量从 1875—1960 年平均每年增长 5.7%。高能货币的变化是货币存量在长期中增长的主要原因，而通货比率和准备金比率的作用则很小，这两个比率下降所引起的货币长期增长大约只有 1/10，因为在大部分时期，这两个比率的变化对货币量的影响差不多都相互抵消了。此外，菲利普·卡甘还侧重研究了各因素在货币存量增长率或下降率的周期性变化中的作用。他发现在货币存量变化率的周期性变化中，通货比率的周期性变动是最重要的，差不多前者变化原因的一半可归于此，而另一半原因大约可归于高能货币和准备金率的变化。

(三)各决定因素自身变动的原因

菲利普·卡甘不仅分析了货币存置的各决定因素，而且深入分析了各决定因素自身变动的原因。这是菲利普·卡甘关于货币存量决定因素分析的又一特点。

第一，从高能货币的变动原因看，当今美国高能货币实际上有三大来源，即黄金存量、联邦储备银行和财政部。卡甘认为尽管美国高能货币的发行从来没有完全集中过，但是，高能货币最终决定于政府对它的控制，因为政府能改变高能货币的发行条件和发行量。所以，政府对货币的管理在绝大多数国家(尤其是美国)的货币史上扮演了重要角色。此外，高能货币在长期的变化中还受经济条件的影响，这些经济条件主要是物价水平、利率水平及一般经济状况。

第二，就通货比率来说，在美国，从长期来看通货比率具有下降的趋势。菲利普·卡甘把这一趋势主要归因于收入和财富的增长以及城市化。人均实际收入和人均财富的增长会提高人均消费额，从而降低单位支出的成本，人们会增加对存款的需求，而相对减少对通货的需求。城市化有助于降低通货比率是因为它扩展了银行业而减少了通货的使用，比如银行存款在城市中往往比在乡村中多，银行账户的使用在城市也总是比在乡村中广泛。

第三，就准备金比率变动的原因来看，菲利普·卡甘认为，法定准备金率的变化是准备金率变动的主要原因。

综上所述，菲利普·卡甘在深入研究了美国1875—1960年货币存量变动的主要决定因素后，得出了以下结论：长期的和周期性的货币存量变动决定于高能货币、通货比率和准备金比率这三个因素。高能货币的增长是货币存量在长期中增长的主要原因；而货币存量的周期性波动则主要决定于通货比率的变动。高能货币的增长在金本位制下，主要来源于黄金储备的增长，而现在则同时取决于黄金储备的增长和联邦储备体系的操作。通货比率在长期中的下降趋势主要归因于收入和财富的增长和城市化。至于准备金比率的变动，则主要是由法定准备金率的变化所引起。

四、乔顿的货币供给模型

在西方经济学界，弗里德曼—施瓦茨模型及卡甘模型是较早提出的货币乘数模型。但是，这两个模型过于复杂，不易被一般人所理解。同时，这两个模型中的货币都是广义货币 M_2 。因此，在这两个模型的基础上，美国经济学家乔顿于1969年10月发表的论文《决定货币存量的各个因素》中，对这两个模型进行了改进和补充，导出了一个比较简洁明了的货币乘数模型，该模型也被称为货币供给决定机制模型：

$$M_1 = C + D = \frac{C+D}{H} \cdot H = \frac{C+D}{C+R} \cdot H = \frac{kD+D}{kD+r(D+T+G)} \cdot H$$

$$= \frac{kD+D}{kD+r(D+tD+gD)} \cdot H = \frac{k+1}{k+r(1+t+g)} \cdot H \qquad (8.20)$$

其中，

$$m = \frac{1+k}{k+r(1+t+g)} \qquad (8.21)$$

式中：r 为各种存款的加权平均准备金率，存款包括商业银行活期存款 D、私人定期存款 T 和政府存款 G；又记公众手持通货 C、定期存款 T、政府存款与活期存款的比率分别为 k，

t, g。

从模型中我们不难发现，当 r, t, g 上升时，货币乘数 m 减少。而对于通货比率 k，只从公式分析情况就不是很明显，因为分子分母都含有 k。从理论上说，通货比率越大，现金从银行体系的漏出就越多，货币乘数就越小。一般情况下，这种分析是正确的，但是从下面公式(8.22)可以看出，当 $r(1+t+g)>1$ 时，也就是货币乘数小于 1 时，就会出现 k 与货币乘数 m 同方向的变动。当然在现实中，货币乘数一般情况下是不能小于 1 的，所以我们可以说货币乘数和通货比率是反方向变动的。

$$m=\frac{1+k}{k+r(1+t+g)}=1+\frac{1-r(1+t+g)}{k+r(1+t+g)}=1-\frac{r(1+t+g)-1}{k+r(1+t+g)} \tag{8.22}$$

由以上分析可知，乔顿模型中的货币乘数是由多种复杂因素共同决定的，而这些因素又分别受到货币当局（主要是中央银行）、商业银行及社会公众等不同的经济主体的行为的影响。由此可见，货币当局或中央银行实际上只能对决定货币乘数的部分因素而不是全部因素具有控制能力。也就是说，除了中央银行以外，商业银行和社会公众等其他经济主体的行为也将对货币乘数，从而对货币供给产生一定的影响，甚至产生比较重要的影响。这就说明，货币供给并不是一个完全决定于货币当局的主观意志，而不受经济运行的内在规律影响的外生变量。

五、布伦纳—梅尔泽的货币供给模型

美国著名经济学家布伦纳(Brunner)与梅尔泽(Mertzer)关于货币存量决定因素的分析，比 20 世纪 60 年代出现的其他任何一种分析都更数学化和复杂化。他们以货币供应过程的理论模型为基础，发展了一种货币供应函数。这一函数概括了决定货币存量及其变化的各种因素，并且反映了政府、银行和公众的货币行为，这一分析也较以前各种货币供应理论都更有特色。

布伦纳—梅尔泽的线性货币供应函数包括的主要因素是基础货币(B)、自由准备金(L)、公众手持通货(C)、商业银行定期存款(T)和银行超额准备金(ER)。

自由准备金是指因法定准备率的变化而引起的法定准备金累积变动额，以及由于存款转移而导致的准备金变动额。这里的存款转移是指在接受不同法定准备率的银行之间和定期、活期之间的存款转移。布鲁纳—梅尔泽将货币基数和自由准备金($B+L$)合称为“扩大了的基础货币”(Extended Base)。

公众对通货与定期存款的需求取决于很多因素。首先是货币财富的多少。所谓货币财富是指公众持有的通货、活期存款和定期存款。随着货币财富的增加，公众对通货和定期存款的需求也增加。布伦纳—梅尔泽称这种现象为外溢效应(Spill-Over Effect)。此外，利率、保有存款账户的成本，以及非货币财富等变量的变化也会引起通货和定期存款的变化，在函数中分别用 C 和 T 来表示由这些因素引起的通货和定期存款的变化。

布伦纳—梅尔泽认为银行超额准备金的变化是货币存量变化的基本因素，而超额准备金的变化又源于许多变量的变化。比如银行私人存款、法定准备金率、银行持有超额准备金的机会成本、银行准备金不足的风险等。超额准备金的变化分为两种情况：一种情况是由银行私人存款变化引起，即由外溢效应造成，这已包括在前述变量中；另一种情况是由上述其他各种变量的变化引起的。用ER来表示这种超额准备金的变化。

在上述分析基础上,布伦纳—梅尔泽分别根据狭义和广义货币定义建立了货币供应函数,但其分析重点是狭义货币供应。根据美国经济学家安德森(L. C. Andersen)对其狭义货币供应函数的简化,有下列方程式:

$$M = m_0 + m_1(B+L) + m_2 C_0 + m_3 T_0 + m_4 ER_0 \tag{8.23}$$

式中:M代表狭义货币供应量,等式右边第一项m_0为一常数,第二项$m_1(B+L)$表示扩大了的基础货币的变化对货币存量的影响。m_1是一货币乘数,其大小主要取决于各种存款的平均法定准备金率及通货、定期存款、超额准备金的外溢效应。外溢效应对货币供应的影响体现在m_1中,而该式右边后三项则代表了其他要素的影响,包括公众所持通货的影响(m_2C_0)、商业银行定期存款的影响(m_3T_0)及联储成员银行超额准备金的影响(m_4ER_0)。乘数m_2、m_3、m_4不仅不同于m_1,而且相互间也互不相同。又由于C_0、T_0和ER_0的变化对货币供应产生反方向的影响,所以这三个乘数都是负值。

从前述分析可以看出,布伦纳—梅尔泽的线性货币供应函数中没有私人活期存款这一变量,这是因为当活期存款发生变化时,它不是转变为定期存款就是转变为公众手持通货。即使活期存款持有者将其转变为其他资产,原以活期存款形式存在的资金终将以活期存款、定期存款或通货形式存在。因此,活期存款的变化实际上已经反映在定期存款或通货的变化中了。

布伦纳—梅尔泽关于货币存量决定因素的分析有两个重要结论:一是扩大了的基础货币及公众对通货的需求变化是引起货币存量变化的主要原因。二是联储公开市场业务操作是决定基础货币的变化从而决定货币存量变化的主要因素。布伦纳—梅尔泽没有采用传统的货币存量等于基础货币与货币乘数之积的分析方法,而是区别了决定货币存量的各因素的不同乘数,更精确地反映了各因素变化对货币存量的影响。在这四个乘数中,m_1是最重要的乘数,因为它不仅决定了扩大的基础货币对货币存量的影响,而且反映了各决定因素的外溢效应。

六、泰根的货币供给模型

美国经济学家R. L. 泰根在《美国的货币需求与供给函数:某些结构估算》一文中独辟蹊径,从货币供求两个方面研究货币供给的决定问题。泰根认为,现实中的货币供给量不是由货币供给一方面就可以决定的,必须考虑货币需求。他的货币供给模型可以表述成:

$$M = \frac{1}{g}\left[R^* - R^{f(r,r^d)} - t \times T(r, r_t, Y)\right] - \frac{1-g}{g}\left[N(r, r_t, Y)\right] \tag{8.25}$$

式中:M是货币供应量,R^*为中央银行接受的实际准备金来源,R^f为商业银行的自由准备金,g为活期存款的法定准备金率,r为市场利率,r^d为再贴现率,t为定期存款的法定准备金率,T表示商业银行的定期存款,r_t为定期存款利率,Y为国民收入,N为非银行社会公众对通货和活期存款的需求。

从该方程式中可以看出,决定货币供给量的主要因素包括:基础货币,商业银行的自由准备金,公众对通货和活期存款的需求等。其中,商业银行的自由准备金是市场利率和再贴现率的二元函数;在市场利率不变时,它随着再贴现率的上升而增加;当再贴现率不变时,它随着市场利率的上升而减少。社会公众对通货和活期存款的需求取决于短期市场利率、定期存款利率和国民收入三个因素:在其他条件不变时,社会公众对通货和活期存款的需求随市场利率的上升、定期存款利率的上升而减少,随国民收入的增加而增加。

总之,泰根方程表明,货币供给是由许多因素共同决定的变量,是货币供给方(中央银行和商业银行)与货币需求方(社会公众),根据国民收入状况和市场利率水平、利率结构共同决定的。因而,货币供给量不是一个能由中央银行绝对控制的外生变量。

第六节 货币供给的外生性和内生性

通过中央银行体制下货币供给过程的分析,我们知道,货币供给量是由基础货币和货币乘数共同决定的。其中,货币乘数又是由多个因素共同决定的。由此就引出货币当局和货币供应量之间到底是一种什么关系的问题,即货币供给量到底是外生变量,还是内生变量。

关于货币供给是内生的还是外生的,始终存在着争论。如果说货币供给量是外生变量,其含义是货币供给量并不是由经济因素如收入、储蓄、投资、消费等因素所决定的,而是由货币当局完全操纵的,那就表明货币当局能够有效地通过对货币供给的调节影响经济运行的实际过程。如果说货币供给量是内生变量,其含义是货币供给的变动是货币当局决定不了的,起决定作用的是经济体系内部的多种因素,那就等于说,货币供给总是要被动地决定于客观经济过程,货币当局不能有效地控制货币供给的变动,货币政策的调节作用总是有限的。

一、外生的货币供应理论

(一)凯恩斯的货币供应外生论

在货币的本质问题上,凯恩斯一直是一个名目论者,这是他一直坚持国定货币论的原因之一。凯恩斯认为,货币这种符号之所以能被流通所接受,完全凭借于国家的权威,依靠国家法令规定强制流通。因此,货币是国家的创造物。在此基础上,凯恩斯提出了外生的货币供给理论。

他认为,货币供给是由中央银行控制的外生变量,它的变化影响着经济运行,但自身却不受经济因素的制约。凯恩斯指出,对于商品货币来说,它的生产受到自然资源的限制,在绝大多数非产金国,即使投入再大的劳动力,货币供给的增长也是微乎其微;而对于管理货币,更不是私人企业所能生产的,唯有依靠国家的权利才能发行流通。无论经济生活中对货币的需求多么强烈,货币供应都不会受他们的影响而自行变化,货币供给的控制权牢牢掌握在政府手中。

凯恩斯认为,公开市场业务是控制货币供给的主要手段。要改变货币数量,则只要公开市场政策或类似的办法就可以办到,故已在大多数政府掌握之中。在公开市场业务的具体操作上,凯恩斯认为:“在货币管理技术上,最切实最重要的政策是让中央银行按照一组规定的价格买卖各种期限的金边债券,而不是只依照一个银行利率买卖短期票据。”

(二)货币主义的货币供应外生论

在现代西方货币供应理论中,货币学派的货币供应理论占有十分重要地位,弗里德曼是倡导货币供应外生理论的典型代表，在上一节介绍过的弗里德曼一施瓦茨模型就是其货币供应理论的核心内容。他认为，货币供给方程中的三个主要因素——高能货币 H、存款与准备金比率$\frac{D}{R}$和存款与通货比率$\frac{D}{C}$，虽然分别决定于货币当局的行为、商业银行的行为和公众的行为，但其中，中央银行直接决定 H，而 H 对于$\frac{D}{R}$和$\frac{D}{C}$有决定性影响。也就是说，货币当局只要能够控制和变动 H，就必然能在影响$\frac{D}{R}$和$\frac{D}{C}$的同时决定货币供给量的变动。在这种情况下，货币供给无疑是外生变量。弗里德曼、施瓦茨、卡甘等人利用美国大量的货币供给数据进行了全面的实证研究，为强调货币政策的可行性和有效性提供了重要的理论依据。

二、内生的货币供应理论

内生的货币供给理论是由凯恩斯学派在发展凯恩斯本人的货币供给理论，批评货币主义货币供给理论的基础上提出来的，主要包括新剑桥学派的货币供给理论和新古典综合学派的货币供给理论。以托宾为首的后凯恩斯学派，认为货币函数的性质极不稳定，货币供给量是多变的经济状况与经济过程的内生变量，因而提出了货币供给的内生模型，也称为"货币供给新理论"。

(一)剑桥学派的货币供给理论

新剑桥学派认为，虽然从形式上看，现有的货币供应量都是从中央银行渠道出去的，但实质上这个量的多少并不完全由中央银行自主决定，在很大程度上是中央银行被动地适应公众货币需求的结果。这是因为，公众的货币需求经常且大量地表现为贷款需求，而银行贷款和货币供给量是紧密联系在一起的。这实际上是说，对现有货币供给量有决定性影响的主要是货币需求，而货币需求的大小又取决于经济的盛衰与人们的预期。

关于货币供给的控制问题，新剑桥学派也认为中央银行能够控制货币供给。但其控制能力是有限度的，且在货币供给的增加和减少方面分布不均匀，即其增加货币的能力远远大于其减少货币的能力。

新剑桥学派虽然未明确提出货币供给理论，但在论述中已包含此意，分析也已脱离外生货币供给理论。然而，其论述不够完善。

(二)新古典学派的货币供给理论

新古典学派发展了凯恩斯的理论，批评了货币主义的理论，提出了自己的观点。

1. 内生货币供给论

新古典学派认为，货币供给量主要由银行和企业的行为所决定，银行和企业的行为又取决于经济体系内的许多变量，中央银行不可能有效地限制银行和企业的支出，更不可能支配它们的行动。因此，货币供给量主要是内生的，中央银行对货币供给的控制不可能是绝对的，而只能是相对的。

2. 货币供给新理论

货币主义学派是 20 世纪 50 年代发展起来的，其理论受到英国拉德克利夫委员会、新古典综合学派经济学家的质疑。货币供给新论最早由美国经济学家格利和肖发起，后经过托宾等人的发展完善最终成为一种系统的货币供给新论。这些经济学家大多采用一般均衡的方法，来分析货币供给量和利率等经济变量之间的复杂关系。

(1)拉德克利夫的新观点。以拉德克利夫为首的英国货币系统运行研究委员会在1959年提出的关于"货币体系之运行"的研究报告中，除了将货币定义为"流动性"(即不仅包括传统意义上的货币供给，而且包括银行和非银行的金融机构所创造的所有的短期流动资产)之外，还指出流动性的最重要来源是大量的非银行金融中介机构。报告用大量的篇幅论述这些非银行金融机构，包括贴现公司、保险公司、退休金基金会、邮政储蓄局、建房贷款公司、信托投资公司等，强调了现代金融制度基础结构的变化对货币政策的影响。

该报告指出，各种非银行金融机构的迅猛发展使对货币供给量的控制变得毫无意义，原因在于货币流通速度存在理论最大值的限制，在发生变化的现代金融结构中已不复存在，大量的非银行金融机构的信用活动会使货币流通速度发生变化。

这些金融机构具有比银行更低的准备金率，一旦人们的资产选择发生了变化，银行的存款负债就有可能被转移到这些金融机构中。于是，整个社会的现金准备尽管未变，信用却得到了扩张。非银行机构在全社会的信用扩张中扮演着非常重要的角色。

决定整个社会支出的是整个流动性状况，而不仅仅是货币供给。因此，中央银行若试图控制总需求，需要的不在于控制货币供给，而在于控制包括非银行金融机构在内的信用规模，把注意力放在其行为可以对经济中的流动性大小造成重要影响的所有金融机构上。只有控制住了全体金融机构的信用规模，才能最终控制住全部货币供给。该报告指出把货币供给量作为货币政策控制目标的不恰当性，实际上就是认为货币供给量是一个内生变量，不受中央银行的控制。

(2)格利和肖的观点。1960年格利(Hohn G Gurley)和肖(Edward S. Show)出版了《金融理论中的货币》一书，对以往提出的观点作了进一步的阐述。

格利和肖认为，货币不是货币金融理论的唯一分析对象，货币金融理论应该面对多样化的金融资产，而货币仅仅是无数金融资产中的一种；控制货币的政策不是决策者可以依赖的唯一经济政策，影响金融制度乃至经济制度的应该是一套完整的金融政策，它包括了货币政策、债务管理政策以及财政政策。

格利和肖试图建立一个以研究多种金融资产、多样化的金融机构和完整的金融政策为基本内容的广义的货币金融理论。他们明确提出了非银行金融机构的信用创造功能问题。

货币金融理论有一种传统观点认为，商业银行在现金准备的基础上和在以放款和投资为形式的信用扩张过程中，拥有创造货币的能力，而其他金融机构，如美国储蓄贷款协会互助储蓄银行等，仅仅起到筹集公众储蓄用于投资建设的作用。格利和肖认为，除商业银行以外，形形色色的非银行金融机构也在信用创造过程中扮演着重要角色；在金融机构中，商业银行是唯一有能力创造活期存款形式的货币机构，而其他金融机构却是能创造某种独特的金融债权凭证的机构，他们通过放款和投资与商业银行分享着扩张信用的能力。因此，他们主张以更广义的货币定义(M_3 或 M_4)作为理解货币与总体经济之间关系的基础，并以此来分析复杂的货币供给决定机制。他们将非银行的金融中介机构与非货币的金融资产引进货币供给的决定机制中，分析非货币间接资产的需求与供给的决定因素，分析非货币中介机构活动影响货币需求的方式以及对货币控制效率的影响。

(3)詹姆斯·托宾的观点。1963年托宾(J. Tobin)教授发表了"作为货币创造者的商业银行"一文，其主要观点是：由于商业银行与其他金融机构之间、货币与其他资产之间的区别日渐消失，货币越来越多地决定于经济过程的内部变动，即成为内生变量，从而使人为的对货币供给的“外生”控制日渐失去其有效性。

托宾从分析银行与非银行金融机构在货币创造能力方面的趋同性入手，提出上述货币供给的“内生性”和“不可控性”。他认为，金融经济的发展已经冲淡了货币与其他资产（尤其是商业银行的活期存款与其他金融负债）、商业银行与其他金融机构之间的传统区别。

在实际生活中，其他金融机构所发行的负债与活期存款一样，都具有支付的功能，并能获得货币收益，因而常被视作良好的货币替代物。这样一来，两类负债间的高度替代性必然通过人们的资产选择行为而对信用的创造产生干扰作用。况且，当今商业银行与非银行金融机构之间的竞争非常激烈，竞争的结果是两类负债规模的此消彼长，商业银行的可用准备金数量因此而改变，商业银行创造存款的能力也得以改变。也就是说，在现代的竞争性金融世界下，随着金融体系的日益发达及其内部竞争的加剧，随着社会大众可选择的资产持有形式日益多样化及其相互替代性的增强。一方面，商业银行的资产负债规模会受到存款者的资产偏好和银行的贷款、投资机会的影响；另一方面，其他非银行金融机构的存款创造能力也会随其贷款融资活动的增加而增加。这样，就货币创造能力而言，商业银行与非银行金融机构之间的程度上的差异，已没有本质上的区别。即已不再存在“货币创造者”和“非货币创造者”的严格区分。

正是社会大众的资产偏好及资产结构随整个社会经济活动经常调整的结果，促使货币供给的变动往往是内生的，远远不是单凭对商业银行实行的法定准备金制度所能控制的。比如，在经济繁荣时期，非银行金融机构存贷款条件相对优惠，这样，一方面，社会大众会将其在商业银行的存款取出存入非银行金融机构；另一方面，社会大众更趋向于向非银行金融机构融资，使后者夺走商业银行的贷款投资机会。这时，商业银行的货币信用创造能力就会被非银行金融机构部分取代，而非银行金融机构的货币创造能力恰恰是货币当局无法控制的。可见，大量非银行金融机构的存在对货币供给的决定机制产生了不容忽视的干扰作用，大大降低了中央银行通过控制货币供给调整金融经济的能力。

托宾在上述观点的基础上，进一步阐述了货币供给的“内生性”与“不可控性”。他认为，金融机构的多样化与金融资产的多样化使货币的供给函数变得极为复杂。由于银行与其他非银行金融机构的资产负债规模以及社会大众对资产结构的选择，都会对社会的货币供给产生影响。所以应将银行对准备金的需求行为函数与社会大众的货币需求行为函数引入货币乘数的计算。这样一来，利率、收入等影响资产结构调整的经济变量就通过对上述两种行为函数的影响而使货币乘数发生变动，导致货币供给量的变动过程变得极为复杂。由此可见，托宾非常重视利率、收入和货币需求的因素对货币供给的影响以及货币需求与货币供给之间互为因果的关系。

(4)货币供给新理论小结。综上所述，货币供给新理论的主要内容有以下几个方面。

第一，非常重视利率和货币需求的因素对货币供给以及它们相互之间的影响。其理论模型可简单地表述为

$$M=[B,rf(i),kf(y,i,e)]$$

该模型说明，货币供给量由中央银行、商业银行和社会大众的行为共同决定。模型中的行为函数均是由复杂的经济生活决定的，银行对准备金的需求行为函数(rf)由利率的状况决定，公众的货币需求行为函数 kf 受收入(y)、利率(i)及其他因素(e)的支配，而利率、收

入、货币需求、货币供给等是互相制约、互为因果的。也就是说，虽然银行创造存款的能力与存款准备金和活期存款及定期存款准备金率等外生变量密切相关，但是，如果没有足够的贷款机会，存款也就不能被创造出来。贷款机会是由经济运行的状况和经济发展的水平决定的，同时，还要受利率和货币需求的影响。这些因素显然属于内生变量，是中央银行无法直接加以控制的。

第二，主张以更广义的货币定义（M_3 或 M_4）作为理解货币与总体经济之间关系的基础，并以此来阐述复杂的货币供给决定机制。

第三，认为商业银行和非银行金融机构具有相似性，即都具有创造货币和创造信用的能力。因此，非银行金融机构的数量变化和存款余额的增减，改变了社会对商业银行的货币需求量，影响货币供给的规模，造成货币流通速度的不稳定，削弱了货币政策的效果。因此，中央银行要使货币政策有效，就必须对非银行金融机构实行全面的管理。

第四，应用资产选择理论和避免风险理论分析商业银行的决策行为。货币供给新理论者指出，银行作为一个与工商企业不同的特殊信用机构，不可能为了追求盈利而只保持最低限度的现金资产。在银行所持有的各种资产中，除了现金以外的其他资产在能获得一定收益的同时，也都承担着不同程度的风险。银行在其持有的每项资产的边际收益率经过风险调整后仍然相同的情况下，才能使利润达到最优化。商业银行的这种决策行为决定了银行资金运用的规模和方向，而后者又会对银行存款的创造能力产生极大的影响。

第五，运用资产选择理论来分析货币政策的效果，内生论者认为，资产多样的偏好制约，而资产偏好又由经济发展来决定。人们在不同的时期，根据利率的变化和各种资产风险的比较来调整其资产结构，他们既考虑相对的流动性和安全程度，也考虑收益水平。货币需求与利率成反比，与债券价格成正比，特别是当利率降至一定程度时，货币需求量趋于无限大，此时货币当局无法通过公开市场业务等手段来控制，货币政策失效。可见，货币供给由经济内在决定，货币当局无法直接控制。

第六，中央银行的宏观金融控制手段应该改变。中央银行只有根据经济生活动荡不定的特点，采取相机抉择的货币政策，才能及时抵消经济的波动对信用状况的不利影响。同时，中央银行的操作应集中在影响利率的各种措施。除对商业银行的信用活动进行合理的限制和管理外，还须对非银行金融机构的信用活动进行全面的管理。新古典综合派的货币供给理论在西方经济学界受到广泛的重视，并对西方各国政府制定经济政策、强化宏观金融控制发挥了重要的作用。

案例

货币数量增加与物价上涨之间关系的讨论

16 世纪地理大发现之前，欧洲国家由于金银矿少、通货相对不足而导致物价下跌。新航路的开辟使西方殖民者从殖民地，特别是从美洲掠夺和开采的大量贵金属，源源不断地流入欧洲。仅 16 世纪内，欧洲的黄金数量大约从 55 万千克增加到 119.2 万千克；白银从 700 万千克增加到 2140 万千克。相对于已有的储存，来自新世界的金银数量相当可观。这就改变了市场上货币与商品的供求关系，太多的金银追逐太少的商品，于是物价上涨，出现了“价格革命”。西班牙从殖民地掠夺中获得的金银最多，物价上涨得最早也最甚。16 世纪，由墨西哥和秘鲁的矿山产出的 18.1 万千克黄金和 1700 千克纯银流入西班牙。除官方渠道，走私的数量估计相当于官方进口的 10%。16 世纪，西班牙物价上涨 4 倍多，年上涨率 1.5%。

1923 年德国一战败北之后，丧失了 1/7 的领土和 1/10 的人口，各种工业产品减少，同时按 1921 年马克赔偿 1320 亿元。在操作中，德国不得不靠发行纸币来渡过难关。当时政府以极低的利率向工商业者贷款，同时投放巨额纸币，债务人可以用廉价的马克偿还贷款。“新富”们在通货膨胀中发了大财，“旧富”们则相应负债累累，纸币发行过多产生了财富再分配的效应。由于拿破仑的战车在欧洲大陆驰骋，英国被迫于 1793 年向法国开战，为维持部队的军事支出，政府大规模地向英格兰银行透支，使该行的金银储备不断流出。1795—1796 年间英格兰银行被迫紧缩纸币发行，结果造成流通手段不足，迫使政府不得不发行国库券以减轻压力。由于军费支出不断增加，终于在 1797 年 2 月引起了对英格兰银行的挤兑，为防止整个银行系统陷入危机，英国于同年 5 月颁布“枢密院命令”，暂时中止英格兰银行用黄金赎回它所发行的银行券的义务，但这个原打算 6 月即告终止的计划，一直拖到 1821 年。英格兰银行在此期间获得了大量发行不可兑换纸币的权力，流通中的纸币大大超过了实际的货币需要量，英镑汇率下降和用纸币计算的金价相应上升。

（http://202.195.144.113：800/C31/Course/Index.htm.）

思考题

1.什么叫基础货币？对其他货币供给有何重要影响？

2.影响货币乘数的因素有哪些？

3.如果中央银行规定的法定存款准备金比率为 10%，有人将 1000 元现金存入一家商业银行，在没有任何“漏损”的假设下，试说明存款货币的多倍扩张与多倍收缩（包括过程与结果）。

4.怎样理解货币供给量是由中央银行、商业银行和社会公众共同决定的？

5.卡甘的分析中，影响货币供应量的因素与弗里德曼—施瓦茨分析中的因素有何异同？

6.试根据乔顿货币乘数模型分析货币乘数的决定因素。

7.货币供给理论中的“新观点”新在哪里？

8.联系我国实际，你认为我国货币供给量是外生变量还是内生变量？为什么？

9.下列因素如何影响银行准备金的变化？

(1)公众持有现金增加；

(2)财政部在中央银行存款增加；

(3)财政部购买黄金；

(4)财政部发行通货；

(5)财政部持有现金增加；

(6)外国政府在中央银行存款增加；

(7)中央银行买入政府债券；

(8)中央银行向商业银行提供贷款；

(9)中央银行提高法定准备金比率。

参考文献

1.秦艳梅.金融学.北京:经济科学出版社,2006
2.李敏.货币银行学.上海:复旦大学出版社,2004
3.黄达.货币银行学.成都:四川人民出版社,1992
4.艾洪德,范立夫.货币银行学.大连:东北财经大学出版社,2005
5.黄宪,江春等.货币金融学.武汉:武汉大学出版社,2008
6.胡庆康.现代货币银行学教程.上海:复旦大学出版社,2005
7.陈伟光.货币银行学.广州:中山大学出版社,2003
8.姜旭朝.货币银行学.北京:经济科学出版社,2004
9.章和杰.现代货币银行学.北京:中国社会科学出版社,2004
10.李海波.新编财政与金融.上海:立信会计出版社,2005
11.米什金 F.S.货币金融学.北京:中国人民大学出版社,1998
12.夏德仁,李念斋.货币银行学.北京:中国金融出版社,1997
13.约翰·格利,爱德华·肖.金融理论中的货币.上海:上海人民出版社,1994
14.戴国强.货币银行学.上海:上海财经大学出版社,2001
15.孙伯银.货币供给内生的逻辑.北京:中国金融出版社,2003
16.宁咏.内生货币供给:理论假说与经验事实.北京:经济科学出版社,2000
17.施建祥,钱水土.货币银行学.杭州:浙江大学出版社,2001

第九章

通货膨胀与通货紧缩

内容提要

通货膨胀与通货紧缩是当代经济学研究面临的主要问题之一。尤其是20世纪60年代以来，通货膨胀逐渐成为一种常规性、世界性现象。到了20世纪70年代，许多主要的发达国家的通货膨胀率都曾达到两位数。因此，无论是经济学家还是政策制定者，都对通货膨胀给予了极大的关注。但进入20世纪90年代以来，世界各国却不同程度地出现了通货紧缩的现象，经济出现衰退，失业不断增加，这又使经济学家面临一个新的课题。因此，本章从总需求和总供给的角度对通货膨胀和通货紧缩进行探索，着重讨论五个方面的内容：通货膨胀的定义、测量与类型；通货膨胀的成因；通货膨胀的效应、治理；西方通货紧缩理论以及通货紧缩的治理。

第一节　通货膨胀的定义及其度量

一、通货膨胀的定义

通货膨胀的定义，是正确理解和治理通货膨胀的理论前提和基础，引起了西方经济学家的浓厚兴趣。他们在定义何谓通货膨胀的基础上，展开了对通货膨胀产生的原因、后果和对策的研究。但由于战后五十多年来，通货膨胀在不同国家、不同地区和不同时期，表现出不同的特征，故经济学家对其成因、表现形式及内在机制的认识有所不同，从而使得在通货膨胀定义的表述上发生了一系列变化。这个变化过程大体可分成三个阶段：

第一阶段，从20世纪初到30年代，特别是第一次世界大战之后，通货膨胀一般定义为货币的过度发行，从而使单位货币购买力降低。这是因为当时的欧洲各国政府为弥补财政赤字和筹借军费而超量发行货币，导致物价剧烈上涨。

第二阶段，从20世纪30年代到60年代中期，凯恩斯主义占据经济学统治地位，经济学界普遍认为货币数量的变化不是决定价格水平的主要因素，货币数量变化对物价水平的影响是通过货币数量对工资和就业量的影响来实现，只有在达到充分就业时，货币数量增加，才会直接导致物价上涨，引致真正的通货膨胀。在这期间，大部分经济学家将通货膨胀直接定义为物价的全面上涨。

第三阶段，从20世纪60年代至今，资本主义世界出现一个持续通胀的阶段，其原因和形式表现为多样化和复杂化，以弗里德曼为代表的货币学派在西方经济学界占据一定地位。

经过长期的理论探索和实证分析，货币数量增加和物价上涨的直接关系也被部分接受。在通货膨胀的定义中，货币过量发行、物价上涨、货币购买力下降，作为三个等同要素被予以确认。

至此，我们可以看出，西方经济学家主要从如下两个方面来定义通货膨胀：

(1)从通货膨胀的结果上去定义，即通货膨胀是指在一定时间内一般物价水平的持续上涨现象。保罗·萨缪尔森(Paul A. Samuelson)认为：通货膨胀的意思就是"物品和生产要素的价格普遍上升的时期——面包、汽车、理发的价格上升；工资、租金等也都上升"。夏皮罗(Shapiro)亦认为通货膨胀是"一般物价水平的一贯和可以觉察到的增长"。综合他们的定义，通货膨胀实际上就是指物价上涨，币值下降。

(2)从成因的角度去定义通货膨胀。如弗里德曼认为："通货膨胀随时随地都是一种货币现象，其产生的原因只能是货币数量的增长大大快于产量的增长。"哈耶克也认为："通货膨胀是指货币数量的过度增长，以致太多的货币追逐太少的商品，从而导致物价上涨。"他们在第一种通货膨胀定义的基础上加入了货币供应与通货膨胀的关系，其核心在于通货膨胀就是货币供应太多。

目前，西方经济学家似乎比较倾向于如此定义通货膨胀：一般物价总水平持续的、大幅度的上涨。因为，不管其具体原因如何，人们就是通过它才直接感受到通货膨胀的存在，在完全市场经济中，只要货币发行量过大，最后结果都必然是物价水平的上涨。

在掌握通货膨胀的定义时，我们还应注意以下几个问题：

(1)通货膨胀所指的物价上涨不是指个别商品或劳务价格的上涨，而是指价格总水平(即所有商品和劳务价格的加权平均)的上涨。比如，家用电器的价格上涨了，但是食品价格却下降，假如上涨与下降的幅度一致，一般物价水平不变，那么这就不是通货膨胀。还有一种情况，在一个相当长的时期，国内商品供应严重不足，价格应随之上升，但由于政府实行价格管制，物价被冻结并不上涨，在市场上出现了排队抢购、定量供应、持币待购等现象。人们把这种现象称为潜在的通货膨胀或抑制性的通货膨胀。

(2)通货膨胀不是指一次性或短期的价格总水平的上升，而是指一般物价水平持续上升，且成为不可逆转的趋势时，才可称为通货膨胀。

(3)价格总水平上升幅度多大才应称之为通货膨胀？许多经济学家认为，价格总水平在一定限度内的上涨是无害的，超过了这个限度，有可能造成危害时，才应称其为通货膨胀。但有的学者认为这种规定难免有主观任意性，因此许多人主张用"可以察觉到的"这样一些比较模糊的定语，将通货膨胀定义为价格总水平可观察到的上涨。

二、通货膨胀的度量

(一)对公开型通货膨胀的测度

既然通货膨胀是一般物价水平的持续上涨现象，那么，通货膨胀的程度就可以用一般物价水平的上涨程度来表示。在实际的经济分析中，一般物价水平的变动是通过物价指数来衡量的。物价指数是本期物价水平对基期物价水平的比率，通常人们将基期物价指数设定为100%。物价指数多以样本商品或劳务的价格为基础，采用加权平均方法计算。其公式如下：

$$I_t = \frac{\sum p_{it} Q_{i0}}{\sum p_{i0} Q_{i0}} \times 100\% \tag{9.1}$$

式中：I_t 为计算期物价指数，p_{i0}，Q_{i0} 分别表示第 i 种商品的基期价格和基期数量，p_{it} 表示第 i 种商品的计算期价格。

利用物价指数就可以计算出一般物价水平的上涨幅度即通货膨胀率：

$$\pi_t = \frac{I_t - I_{t-1}}{I_{t-1}} \times 100\% \tag{9.2}$$

式中：π_t 为 t 时期的通货膨胀率 。

有时候我们会发现，在不同资料中同一时期通货膨胀率会是不同的数字，这时你需要注意计算这一通货膨胀率所使用的物价指数。根据所选的样本数量和范围的不同，通常使用的物价指数有三个。

1. 消费物价指数(Consumer Price Index，CPI)

消费物价指数(CPI)是根据具有代表性的家庭消费开支所编制的物价指数，又被称为零售物价指数或生活费用指数，它表示的是在不同时期内为购买一篮子样本商品所支付的成本的价格指数。

消费物价指数的优点是资料取得容易，公布次数较频繁，因而可以及时地反映影响居民日常生活成本变化的趋势，许多国家都将这个指标作为衡量通货膨胀的主要指标。但这个指标也有缺点，如：①这个指标无法分析出商品或劳务的价格上涨中，哪些是产品质量提高、功能增强而使商品价格上升(即合理的价格上升)；哪些是由于货币投放太多、商品供不应求而造成的价格上升。②由于该指标所包含的范围只局限于消费品的劳务，因而不能反映用于生产的资本品、进出口商品等价格的变动趋势。

我国消费物价指数是在全国挑选出 450 种具有代表性的商品计算的，其中，粮食、食用植物油、棉花等 70 种主要消费品的零售额占选样商品零售额的 80%左右，基本上能够反映我国居民家庭消费结构情况。

2. 批发物价指数(Wholesale Price Index，WPI)

与消费物价指数是一种零售价格指数不同的是，批发物价指数(WPI)是根据制成品的原料的批发价格编制而成的指数，它衡量的是生产或批发环节的价格水平。这一指数的优点是对商业循环较为敏感，在商业领域广为使用，但缺点是因为各种劳务并不包括在内，其范围较消费物价指数更为狭窄。

3. 国民生产总值物价平减指数(GNP Deflator)

国民生产总值平减指数是以可变价格计算的国民生产总值与按不变价格计算的国民生产总值之比。其计算公式是：

$$I_{GNP} = \frac{GNP_t}{GNP_0} \tag{9.3}$$

式中：I_{GNP}为国民生产总值物价平减指数；GNP_t 为按现行价格计算的国民生产总值；GNP_0 为按基期价格计算的国民生产总值。

国民生产总值物价平减指数的优点是其包括的范围广，涵盖了 GNP 的所有最终商品和劳务的价格，因而，它能够比较全面地反映一个国家整体物价水平的变动趋势。但编制 GNP 物价平减指数需要收集大量资料，一般只能一年公布一次，时效性差，某些统计制度和技术落后的国家甚至编不出这一指标。

（二）对隐蔽型通货膨胀的测度

由于隐蔽性通货膨胀并不通过公开的物价上涨表现出来，所以我们很难运用上面的三个价格指数来进行测定，需要借助于其他指标。常用的指标有：结余购买力（指一定时期内未实现的购买力，由居民储蓄存款和手持现金组成）、货币流通速度变动率、市场官价与黑市价格的差异、价格补贴状况、市场供求状况等。这些衡量指标各自从不同的角度反映隐蔽型通货膨胀的情况，具体分析时需要结合起来综合考察。

三、通货膨胀的类型

对于通货膨胀的类型，人们可以从不同的角度，按照不同的标准对其进行划分。

（一）根据通货膨胀率的高低划分

通货膨胀率的高低是判断通货膨胀严重程度的基本标准，根据通货膨胀率的高低把通货膨胀分为三类：温和的通货膨胀、奔腾的通货膨胀和恶性的通货膨胀。

温和的通货膨胀一般是指通货膨胀维持在可容忍的幅度内，具体的数量界限难以确定；这种通货膨胀下物价较为稳定，货币不会有明显贬值。有些经济学家认为这种通货膨胀有利于刺激经济，可以作为经济增长的润滑剂。就短期而言，不容易感到物价上涨的压力，但仍有利于经济的发展；就长期而言，则仍有不利的影响。而当物价水平完全失去控制、无限制地迅速上涨时，则称为恶性的通货膨胀；介于两者之间的就叫做奔腾的通货膨胀。从历史上看，1923 年，德国通货膨胀率曾超过 1000000%；1978—1984 年之间，阿根廷的通货膨胀在 200%以上，这样的通货膨胀就可以称为恶性的通货膨胀。

（二）根据通货膨胀的表现形式划分

根据通货膨胀的表现形式，可以将其分为公开型的通货膨胀和隐蔽型的通货膨胀。

公开型的通货膨胀是指在价格普遍放开、自由升降的条件下，由各种价格指数充分反映出来的物价上涨情形。隐蔽型的通货膨胀则是指上文中提到的，价格因严格的政府管制而维持在表面上的稳定，商品和劳务供求之间的矛盾通过各种非价格的形式反映出来的情形。我国在改革开放以前，物价的控制较严，通货膨胀往往是以隐蔽型通货膨胀的形态出现，而且有些年份还较为严重。例如，在 1959—1962 年期间，官方的零售价格总指数上涨 24.4%，而市场的消费物价指数却上涨 168.6%。如此巨大的反差反映出当时存在着严重的隐蔽型通胀。随着经济体制改革的展开，中国的通货膨胀逐渐由隐蔽型为主转变成隐蔽型和公开型并存。进入 20 世纪 90 年代以后，由于绝大多数价格已经放开，中国的通货膨胀已经转变为以公开型为主。

（三）根据通货膨胀的成因划分

根据通货膨胀的原因，可将其分为需求拉上型通货膨胀、成本推动型通货膨胀、供求混合型通货膨胀和结构型通货膨胀。

除了上述分类以外，根据是否有预期作用，还可以分为预期的通货膨胀和非预期的通货膨胀；根据通货膨胀发生的时间可划分为战时的通货膨胀、战后的通货膨胀和和平时期的通货膨胀；根据通货膨胀与经济增长的联系可划分为恢复性通货膨胀、适应性通货膨胀和停滞性通货膨胀。

第二节　通货膨胀的成因

关于通货膨胀的成因，各国经济学家有多种不同的理论解释，但基本上都是是从需求和供应两方面入手进行分析的，概括起来，主要有以下几种理论解释：

一、需求拉上说

这一理论认为通货膨胀是由于总需求超过总供给，以至于“太多的货币追逐太少的商品”而引起的。或者说，因为社会对商品和劳务的需求超过了按现行价格可得到的供给，从而引起一般物价水平的上涨。由于经济学所讨论的需求是有货币支付能力的需求，因此从需求角度寻找通货膨胀的成因，就必然涉及货币供应量对总需求的影响问题。在西方经济学中，“需求拉上说”是产生最早、流传最广、影响力最大的通货膨胀理论。凯恩斯学派和货币学派都从不同的角度论述了这一观点。

凯恩斯学派认为，由于总体支出(即消费、投资和政府开支的总和)大于国民生产总量所造成“通货膨胀的缺口”(Inflation Gap)，因此物价上涨，这一缺口就被堵满。这里的“通货膨胀的缺口”是指投资大于充分就业时的储蓄，也就是超过在充分就业条件下所能生产的商品和劳务的过量需求的价值。

凯恩斯认为，一般物价水平的上升是由总需求的过度增加所引起的，而总需求的过度增加却并非如传统的货币数量说所言那样由货币数量增加所引起。在充分就业的条件下，只要经济中的总支出不增加，即使货币数量增加，物价也会因货币流通速度的减慢而保持不变；反之，即便货币数量不变，只要经济中的总支出增加，物价也会因货币流通速度的加快而上升。因此，凯恩斯认为，货币数量与一般物价水平同比例上升只是在经济达到充分就业以后的特殊情形，而非一般情形。在经济尚未达到充分就业之时，货币供给量的增加所形成的总需求的增加，只会使产出增加，而不会引起物价的同比例上升；在经济达到充分就业之后，货币供给量的增加所形成的过度总需求，才会引起物价的同比例上升，此时，传统货币数量说才是正确的。

凯恩斯学派的通货膨胀理论可用图 9-1 表示。图 9-1 中，横轴代表总产出或国民收入(Y)；纵轴代表物价水平(P)；社会总供给曲线 AS 可按社会的就业状况分为 AB、BC、CD 段。

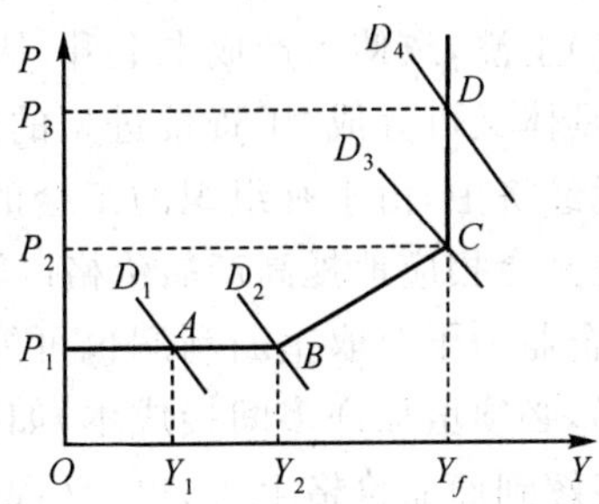

图 9-1　需求拉上型通货膨胀

(1)AB 阶段的总供给曲线呈水平状态，这意味着供给弹性无限大，这是因为此时社会上存在着大量的闲置资源或失业，故总供给的增加能力很大。当总需求从 D_1 增至 D_2 时，国民收入便从 Y_1 增至 Y_2，而物价并不上涨。

(2)BC 阶段的总供给曲线则表示社会逐渐接近充分就业，这意味着社会上闲置的资源已经很少，故总供给的增加能力也较小，此时为扩大产量而增加的需求会促使产量和生产要素资源价格的上涨。因此，当总需求从 D_2 增至 D_3，国民收入虽也增加，但增加幅度减缓，同时物价开始上涨。

(3)CD 阶段的总供给曲线则表示社会的生产资源已经到达充分利用的状态，即不存在任何闲置的资源，Y_f 就是充分就业条件下的国民收入，这时的总供给曲线也就成为无弹性的曲线。在这种情况下，当总需求从 D_3 增至 D_4 时，只会导致物价上涨。凯恩斯将这一现象称之为“真正的通货膨胀”(True-Inflation)。在这种情形下，传统的货币数量说的结论才成立。在此阶段，出现了“停滞膨胀”(Stagflation)的现象，即经济停滞增长与物价上涨同时并存的现象。

货币学派认为，货币因素即货币数量的过度增加，是导致总需求过剩从而引发通货膨胀的根本原因，也就是说，通货膨胀是由于太多的货币追逐太少的货物而导致物价的上涨。因此，他们认为，通货膨胀无论何时何地都是一种货币现象。弗里德曼认为，如果货币数量与产量以同一比例增长，就不会引发通货膨胀。但是，如果货币数量的增长率超过了产量的增长率，则势必造成通货膨胀。特别是在经济达到充分就业之后，货币数量的任何增长都将引起一般物价水平的上升。而一旦人们对这种物价上升产生相应预期之后，整个经济则会陷入工资—物价螺旋式上升的过程，导致由货币供给过多所引发的通货膨胀愈演愈烈。与凯恩斯学派的需求拉上说相比，其主旨在于强调货币供给量是一个外生变量，即货币量的变动必先于物价变动而发生。因此，治理通货膨胀的有效政策措施即减少货币供给量，使其增长率与产量增长率相适应。

我国经济学家经常用总需求膨胀来指代需求拉上的通货膨胀及其性质。总需求膨胀又包括消费需求膨胀和投资需求膨胀。所谓消费需求膨胀是指由于国民收入分配向消费倾斜，使居民可支配收入增长速度快于国民收入增长速度，同时消费品供给不能满足消费需要而引起的物价整体水平上涨。投资需求膨胀是指由于积累率过高、投资规模过大引起的需求膨胀。

二、成本推动说

成本推动说认为成本推动型的通货膨胀是指在总需求不变的情况下，由于生产要素价格(包括工资、租金、利润和利息)上涨，致使生产成本上升，从而导致物价总水平持续上涨的现象。成本推进型的通货膨胀具体又可分成“工资推进型的通货膨胀”和“利润推进型的通货膨胀”两种。前者是指在现代经济中，由于有组织的工会的存在，工人可以迫使企业提高工资，而具有一定垄断性的企业又会相应地提高产品价格以转嫁工资成本的上升，从而引起了通货膨胀。而后者是指垄断企业为了获取垄断利润也可能先行提高产品价格。此外，现代企业为了加强竞争，扩张市场，必须增加许多间接成本，如技术改进费、广告费、新产品开发费等，这种增加的间接成本转嫁到商品价格上去，也会引起物价上涨；由于汇率变动引起进口产品和原材料价格的上升以及由于资源枯竭、环境保护政策不当等造成的原材料、能源生产成本的提高也会引起成本推动型通货膨胀。

成本推进型的通货膨胀可用图 9-2 表示。

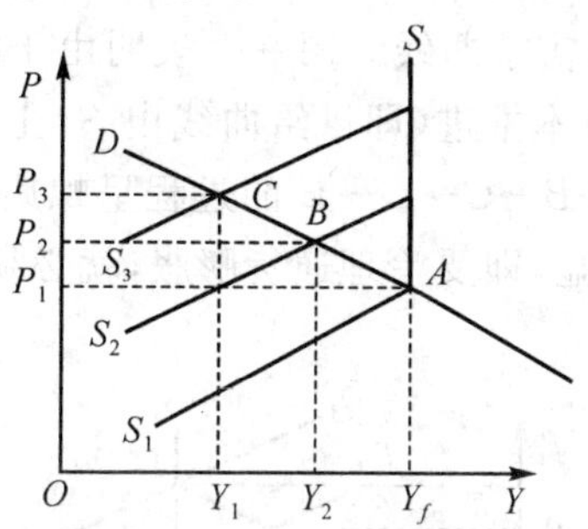

图 9-2 成本推动型通货膨胀

在图 9-2 中，横轴代表国民收入(Y)，纵轴代表物价水平(P)，Y_f 为充分就业时的国民收入，S 为充分就业时的总供给曲线，S_1、S_2、S_3 分别代表不同成本水平的供给曲线，D 代表总需求曲线，且假定总需求保持不变。由于生产要素的价格提高，生产成本上升，使总供给曲线由 S_1 上移到 S_2，再由 S_2 上移到 S_3。在总需求不变的情形下，总供给曲线上移的结果是：一方面，国民收入由 Y_f 减少到 Y_2，再由 Y_2 减少到 Y_1，另一方面，物价水平却由 P_1 上升到 P_2，再由 P_2 上升到 P_3。

"成本推进"的通货膨胀理论解释了 20 世纪 50 年代后期在整个经济尚未达到充分就业之际所出现的经济衰退与物价上涨的实际经济现象。它说明在总需求一定的条件下，由于生产成本的上升，导致物价上涨，销售量下降，进而导致企业生产缩减，工人失业率上升。

在我国成本推进型通货膨胀可能有三个原因：一是内生的成本上升；二是外生成本提高，具体反映在国外进口的设备材料等价格上涨上；三是需求拉上型通货膨胀导致各种基础产品涨价，反过来导致企业生产成本提高，而生产成本提高进一步推动物价上涨。

成本推进型通货膨胀旨在说明在整个经济还未达到充分就业的情况下物价上涨的原因，这种理论也试图被用来解释"滞胀"的原因。

三、供求混合型说

供求混合说是将供求两个方面的因素综合起来。它们认为通货膨胀是由需求拉上和成本推进共同起作用导致的。持这种观点的经济学家认为，在现实经济社会中，通货膨胀的原因究竟是需求拉上还是成本推进是很难分清的，因此他们反对将通货膨胀划分为"需求拉上"和"成本推进"类型，认为通货膨胀既有来自需求方面的因素，又有来自供给方面的因素，即所谓"拉中有推、推中有拉"。例如，通货膨胀可能从过度需求开始，但由于需求过度引起的物价上涨会促使工会要求提高工资，因而转化为成本推进的因素；另一方面，通货膨胀也可能从成本方面开始，如迫于工会的压力而提高工资等，但如果不存在需求和货币收入的增加，这种通货膨胀过程是不可能持续下去的，因为工资上升会使失业增加或产量减少，结果将会使"成本推进"的通货膨胀过程终止。可见，"成本推进"只有加上"需求拉上"才有可能产生一个持续性的通货膨胀。现实经济中，这种观点也得到论证：当非充分就业均衡的情形较严重时，则往往会引出政府的需求扩张政策，以期缓解矛盾。这样，成本推进与需求拉上并存的混合型通货膨胀就会成为经济生活的现实。

在图 9-3 中，横轴代表国民收入(Y)，纵轴代表物价水平(P)，Y_f 为充分就业时的国民收入，S 为充分就业时的总供给曲线，S_1，S_2，S_3 分别代表不同成本水平的供给曲线，D_1，D_2，D_3 代表不同成本价格水平的总需求曲线。图 9-3 表明由于需求拉上(即需求曲线 D_3 上移到 D_2，再由 D_2 上移到 D_1)和成本推进(即供给曲线由 S_3 上移到 S_2，再由 S_2 上移到 S_1)的共同作用，使物价水平通过 $A \to B \to C \to D \to E$ 的过程呈螺旋式上升之态势。供求混合的通货膨胀理论的政策含义非常明显，即要治理通货膨胀，就必须要通过工资—价格的管制以抑制生产成本的上升。

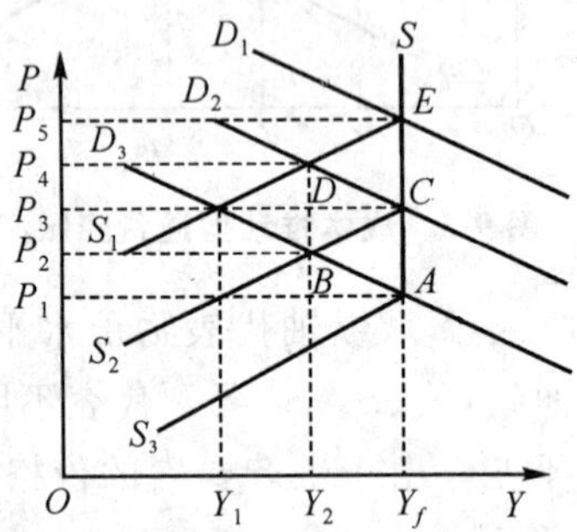

图 9-3 混合型通货膨胀

四、结构型的通货膨胀说

结构型的通货膨胀(Structural Inflation)是指在总需求和总供给没有发生变化的情况下，由于经济结构方面的因素，导致物价持续上涨的现象。结构型的通货膨胀产生于 20 世纪 60 年代初。这种理论最初由斯特里坦(Paut Streeten)、奥利维拉(Julio H. G. Olivera)、鲍莫尔(William Baumol)等人提出。到了 20 世纪 70 年代，又有梅纳德(Geoffrey Maynard)、希克斯(John R. Hicks)、托宾(James Tobin)和北欧学派的奥克鲁斯特(Odd Aukrust)、艾德格伦(Gosta Edgren)、法克森(Karl Olof Faxen)、奥得勒(Clas Erik Odhner)等人进一步加以发展。根据其成因不同，结构型的通货膨胀又可以分为需求转移的通货膨胀、部门差异的通货膨胀、斯堪的纳维亚型的通货膨胀和落后经济的结构型的通货膨胀等四类。

(一)需求转移的通货膨胀

即在总需求不变的情况下，某个部门的一部分需求转移至其他部门，而劳动力及其他生产要素却不能及时转移，这时，需求增加了的部门的工资和产品价格上涨，而需求减少了的部门的产品价格却未必相应下降，结果导致物价总水平的上升。

(二)部门差异的通货膨胀

该理论认为，在社会经济中，工业部门和服务部门存在不同的劳动生产率的增长率。一般来说，工业部门的劳动生产率的增长率高于服务部门；而两部门的货币工资的增长率却存在趋于一致的特点。因此，随着工业部门的劳动生产率的增长，其货币工资也相应增长，这就给服务部门造成了持久性的增加工资成本的压力。而在现代资本主义经济制度下，大多数产品的价格都实行“成本加成定价”法(Cost—Plus Pricing)，即价格水平的确定是在上涨的工资成本之上相应地加上固定的利润。在这种定价制度之下，两部门的不同的劳动生产率的增长率及相同的货币工资的增长率必然会导致成本推进的通货膨胀。

（三）斯堪的纳维亚小国型的通货膨胀

挪威经济学家奥克鲁斯特（Odd Aukrust）将结构型通货膨胀同开放经济结合起来分析，创立了著名的“小国开放模型”。所谓“小国”不是根据国土和人口因素而言的，而是指该国在世界市场上只是价格接受者，而不能决定商品的国际价格。“小国开放模型”所要研究的是处于开放经济中的这样一个“小型国家”如何受世界通货膨胀的影响而引起的国内通货膨胀的。这个模型将一国经济分成两大部门，一是“开放经济部门”，即产品与世界市场有直接联系的部门，如制造加工业等；二是“非开放经济部门”，即产品与世界市场没有直接联系的部门，如服务业、建筑业等。由于小国在世界市场上是价格接受者，因此，当世界市场上的价格上涨时，开放经济部门的产品价格也随之上涨，结果也会使开放经济部门的工资相应上涨。一旦开放经济部门的工资上涨后，非开放经济部门也必然会向开放经济部门看齐而提高工资，结果非开放经济部门的生产成本上升，其产品价格也必然随之提高。这样，就导致了“小国”全面的通货膨胀。

（四）落后经济的结构型的通货膨胀

这种类型的通货膨胀主要发生在发展中国家。这种观点是由产生于拉丁美洲的结构主义经济学家提出的。结构主义者认为，在发展中国家，由于落后的、不合理的经济结构不适应经济发展的需要，尤其是农业、外贸和政府部门具有的制度性的刚性（Institutional Rigidities），使物价水平随着经济的发展一起上涨。他们认为：第一，在农业部门，由于存在着过时的土地所有制，限制了农业投资的增长和农业生产技术的改进，使农业生产结构僵化，导致农业生产率和供给弹性低下，结果农业所生产的农产品不能满足工业化及经济发展和人口增长的需要，使农产品价格上涨。由于农产品价格是一种基础价格，其上涨会引起一系列的连锁反应，从而它又会带动整个物价水平上涨。第二，从理论上说，对农产品的过度需求可以通过进出口贸易来加以解决，即通过出口工业品来换取农产品。然而，发展中国家的外贸部门的生产率也十分低下，进出口结构很不合理，出口以初级产品为主，初级产品在国际市场上需求的价格弹性很低，贸易条件十分不利，再加上出口部门供给弹性不足，致使出口增长十分缓慢。另一方面，进口又以资本品及中间投入品为主，这些进口品是维持国内生产及经济增长所必不可少的，而为促进国内经济增长就必须大量增加进口。这样，出口收入的增长便赶不上进口支出的增加，结果势必导致国际收支的逆差。在这种情况下，本币的贬值就不可避免。而本币贬值后，进口品的国内价格就会立即上升。在进口需求呈刚性的情况下，进口品的价格上涨就会推动国内生产成本和物价水平的上涨。第三，在政府部门，由于发展中国家的人均收入水平低，故税收体制以间接税为主，所得税所占的比重很小，而间接税税收的收入弹性很低，其税收的增长速度赶不上国民收入的增长速度。同时，由于面临着发展经济的艰巨任务，发展中国家的政府又必须不断扩大支出（特别是投资支出）以推动经济的增长，结果形成越来越大的结构性财政赤字，而这种结构性财政赤字最终势必以增发货币的形式来加以弥补，这样，通货膨胀就会接连而来，等等。以上各种复杂的结构性因素综合在一起，就从总体上推动了一般物价水平普遍的和持续的上涨。

五、通货膨胀预期说

通货膨胀预期说主要通过对通货膨胀预期心理作用的分析来解释通货膨胀的发生。该理论认为，在完全竞争的市场条件下，如果人们普遍预期1年后的价格将高于现在的价格，就会在出售和购买商品时将预期价格上涨的因素考虑进去，从而引起现行价格水平提高，直至其达到预期价格以上。这种在市场预期心理作用下发生的通货膨胀被称为预期的通货膨胀。

预期心理引致或加快通货膨胀的作用主要表现在三个方面：一是加快货币流通速度。当人们产生对通货膨胀的预期后，会尽快地购买实物资产，而不愿意持有货币，因此货币流通速度加快，相当于增加了货币流通数量，从而引起通货膨胀。二是提高名义利率。当储蓄者有了通货膨胀预期时，为了保证实际利息收入不变，会要求按照其预期通货膨胀的幅度提高名义利率，而商家和企业经营者则会提高商品价格，以转嫁由于名义利率提高而增大的生产成本或维持利润水平，从而导致通货膨胀。三是提高对货币工资的要求。在通货膨胀预期心理的作用下，工人或企业经营者会要求提高工资和其他福利待遇，从而提高生产成本和产品价格。

西方经济学家对通货膨胀预期如何形成有两种不同的观点。一种观点认为，人们在形成预期时是“向后看”的，即主要根据以往的经验来形成对未来的预期，这种观点被称为“适应性预期假说”。另一种观点则认为，人们在形成预期时是“向前看”的，即主要根据各方面的信息，分析有关变量发展变化的可能，从中形成对未来的预期，这种观点被称为“合理预期假说”。实际上，人们在形成通货膨胀预期时是两者兼而有之的。在物价持续上涨时期，一旦人们形成通货膨胀预期，就会在各种经济活动中将预期的通货膨胀考虑进去，政府也会根据预期的通货膨胀率制定财政、货币政策，从而使通货膨胀产生惯性。这种由于预期通货膨胀率而持续存在的通货膨胀被称为“惯性通货膨胀”。预期通货膨胀率会随着市场供求关系的变化和政府调控政策的实施而相应调整，其惯性力的大小主要取决于预期形成的方式。如果人们在形成预期时是向后看的，预期通货膨胀率通常会有较大的惯性；如果人们在形成预期时是向前看的，预期通货膨胀率就会有较小的惯性。

第三节　通货膨胀的效应

一、通货膨胀的效应

(一)收入分配效应

在通货膨胀时期，虽然人们的名义货币收入可能提高，但是由于社会各阶层收入的来源不同，各种所得来源受通货膨胀的影响各不相同，因此，有些人的实际收入会提高，有些人却反而下降。这种由于物价上涨造成的收入再分配，就叫做通货膨胀的收入分配效应。

在一个社会中，如果一切价格都与物价水平同比例变化，那么物价水平的变化既不会使任何人受益，也不会使任何人受到损失。此外，如果人们能够正确预计到通货膨胀，并找到防止自己的收入与财富受到损失的办法，那么他们的分配状况也不会因为通货膨胀而受到损害。但是在现实生活中，任何人不可能做到这一点。事实上某些人的货币收入的提高速度会低于物价水平的上升速度，那么他们的实际收入就会减少。一般而言，固定收入者，如职员、教员、养老金领取者等，他们在通货膨胀期间由于其收入调整滞后于通货膨胀，从而会使实际收入因通货膨胀而减少。与此同时,非固定收入者,如企业,其产品售价的提高一般都要快于其成本的上升,尤其在总需求膨胀造成了许多提价的机会和条件时,而通货膨胀又减轻了企业的债务负担,从而使企业受益。不过当通货膨胀持续发生时,随着工资和原材料价格的调整以及利息的调整,企业利润的相对收益就会减少。

(二)财富分配效应

财富分配效应,也称为资产结构调整效应,即通货膨胀对实物资产和金融资产有不同影响,通货膨胀有利于债务人不利于债权人。

就财富的再分配来看,整个社会,每个人或阶层总会或多或少积累一定财富,但人们持有财富的形式极不相同。面值固定的金融资产,其价值随着物价上涨而下跌,各种变动收益证券和实物资产则随着通货膨胀而增大其价值。同时,个人所持有的各种金融资产分别是社会其他部门的负债,比如通货是未附利息的政府负债,各种存款是金融机构的负债,国库券和公债是附有利息的政府债务,商业票据和公司债是企业的债务,等等。因此,通货膨胀的财富再分配效应是通过改变金融资产的实际价值和债务人的债务负担实现的。

面值和收益率稳定的金融资产,在通货膨胀期间其价值会降低。因此持有这些资产的个人和阶层会受到损失,其债务人则会因通货膨胀而收益。各种实物资产在通货膨胀期间会因价格上涨而使其持有者受益,不过各种不同实物资产价格上涨程度有所不同,因此其持有者所持有的实际价值会发生变化。至于收益和价值不稳定的金融资产,在通货膨胀期间收益增长与其价格上涨并非一致,因此其持有者是否获益将取决于两者的相对变化。

总之,通货膨胀会导致整个社会财富不公平的再分配。一般来说,债权人是通货膨胀最大的受害者,而债务人则成为通货膨胀最大的受益者。

(三)强制储蓄效应

这里所说的储蓄,是指用于投资的货币积累。这种积累的来源主要有三个:即家庭、企业和政府。在正常情况下,家庭的储蓄由收入扣除消费支出构成;企业的储蓄由用于扩张生产的利润和折扣基金组成;政府的储蓄从来源看有两方面,一方面是政府用增加税收的办法来筹集搞生产性投资这部分储蓄是从其他部门的储蓄中挤出来的,从而全社会的储蓄总量并不增加。另一方面是政府向中央银行借债,或政府财政出现赤字,向中央银行透支,造成直接或间接增发货币,这种筹借建设资金办法就会强制增加全社会的储蓄总量,结果是物价上涨。在公众名义收入不变的条件下,按照原来的模式和数量进行的消费和储蓄,两者的实际金额均随着物价的上涨而减少,其减少部分大体相当于政府运用通货膨胀实现的储蓄部分,这部分储蓄就称为强制储蓄。

上面的分析是基于这样的假定,即经济已经达到充分就业水平,因此,用扩张货币的政策来强制储蓄会引起物价总水平的上涨。在实际经济运行中,可能尚未达到充分就业,实际GDP 低于潜在 GDP,生产要素大量闲置,这时政府运用财政政策或货币政策来扩张有效需求,虽然也是一种强制储蓄,但并不会引发持续的物价上涨。

(四)就业效应

关于通货膨胀与失业率的关系,目前比较公认的观点是:通货膨胀和失业在短期内存在交替关系,而在长期中,通货膨胀对失业基本没影响。

通货膨胀与失业之间的短期关系通常用菲利普斯曲线表示,如图 9-4 所示。菲利普斯曲线最初是由经济学家菲利普斯对英国 1861—1957 年的失业率与货币工资变动率之间的关系进行实证分析的结果(菲利普斯考察的是名义工资的膨胀而不是物价的膨胀,但这种区别对最终的结论并没有影响,因为这两种膨胀的衡量指标通常是同时变动的),它表明了通货膨胀率和失业率呈负相关关系。后来,经济学家弗里德曼和菲利普斯指出,通货膨胀与失业之间的负相关关系在短期内是成立的,但在长期中则不成立。该观点可用以下公式来进行分析:

$$失业率 = 自然失业率 - \alpha(实际通货膨胀率 - 预期通货膨胀率)$$

其中,α 是大于 0 的参数。

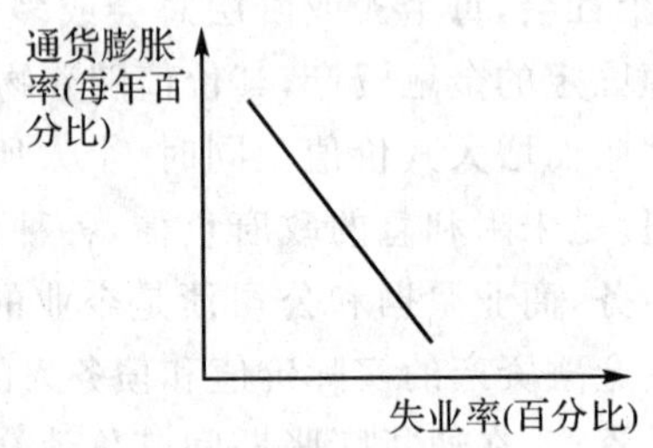

图 9-4 菲利普斯曲线

在短期,预期通货膨胀率既定,因此失业率与实际通货膨胀率呈负相关关系。在长期,实际通货膨胀率等于预期通货膨胀率,则失业率就等于自然失业率。因此在长期,通货膨胀曲线应为一条垂直线。由此得出结论:无论通货膨胀率如何,失业率最终要回到其自然率,该结论即为自然率假说。根据此观点,决策者通过采用通货膨胀政策来降低失业率的做法在短期内可能有效,而在长期内只能导致通货膨胀率的提高,对失业则无正面影响。

菲利普斯曲线本身也会发生移动,总供给曲线的移动是引起菲利普斯曲线移动的重要原因。例如,当总供给曲线向左发生不利移动时,在物价上升的同时产量减少,失业增加,因此,菲利普斯曲线将向右发生不利移动。这时通货膨胀率和失业率同时提高,即出现所谓滞胀现象。

二、通货膨胀与经济增长

通货膨胀对整体经济增长的影响,西方经济学家在 20 世纪 60 年代就有过激烈争论。主要观点有以下 3 点。

(一)促进论

"促进论"认为通货膨胀能促进经济增长。持这种观点的学者有弗兰克斯、希尔斯及萨尔沃等人,其理由如下:

(1)在通货膨胀的情况下,由于商品价格的提高一般快于工资的提高,结果导致实际工资降低,厂商的利润增长,这样就会刺激厂商扩大投资,进而促进经济增长。

(2)在货币经济中,通货膨胀是一种有利于高收入阶层而不利于低收入阶层的收入再分配。由于高收入阶层的边际储蓄倾向较高,因此,通货膨胀会促使社会储蓄率的提高,这就有利于经济增长。

(3)通货膨胀实际上是货币发行者从货币持有者手中获得较大收入的过程。因为在人们货币需求一定的情况下,政府通过发行货币,获得对一部分商品或劳务的支配权,这实质上是政府向所有货币持有者征税(货币税或通货膨胀税),从而使政府收入增加。如果政府将所获得的这种通货膨胀税收收入用于投资,则将提高社会的投资率,从而推动经济增长。

正是由于以上原因,有些学者认为,适度的通货膨胀对经济增长是有促进作用的。

(二)促退论

"促退论"认为,通货膨胀不仅不利于促进经济增长,反而会损害经济的增长,这是绝大多数学者的看法,其中以法玛和彼得·马歇的两篇论文最具有代表性。"促退论"者认为,由于以下原因,通货膨胀必然会导致低效率和阻碍经济增长。

(1)在持续性的通货膨胀过程中,市场价格机制将遭到严重破坏。由于市场价格机制失去了其应有的调节功能,这就往往会促使消费者和生产者做出错误的决策,从而导致经济资源的不合理配置和严重浪费,使经济效益大大下降。

(2)通货膨胀意味着货币购买力的下降,它降低工薪阶层的实际收入水平和储蓄价值,因此公众都不愿以货币的形式进行储蓄,以免遭受经济损失。在预期物价会进一步上涨的心理支配下,公众势必为避免将来物价上涨所造成的经济损失减少储蓄而增加目前消费,这就会使社会储蓄率下降,从而投资率和经济增长率下降。

(3)通货膨胀会动摇人们对货币的信心,并促使人们更多地持有那些价格随通货膨胀不断上涨的实物资产,囤积货物,抢购黄金、外汇以及各种奢侈品或从事房地产等投机活动,而不去从事正常的生产性活动,结果将严重地阻滞经济的增长。而且,在严重的通货膨胀情况下,人们会放弃货币,而用实物作为交易媒介,这将使交易成本大大提高,从而造成经济效率的损失。

(4)如果本国通货膨胀长期高于外国,则使本国产品相对于外国产品的价格上升,从而不利于本国的出口,并刺激进口的增加。本国通货膨胀率长期高于外国,还会促使人们将国内储蓄转移到国外,这样就势必导致本国国际收支的逆差,并使黄金和外汇外流,从而给本国经济增长带来压力。

此外,如果通货膨胀超过一定的限度,便会产生预期作用,造成物价与成本螺旋式地上涨,从而有可能演变成累积性的恶性通货膨胀,这种恶性的通货膨胀甚至有可能导致经济和社会的崩溃。

国内大部分经济学家比较支持这种观点。他们认为,通货膨胀对经济的促进作用只是在开始阶段的极短时间内,而且需要具备一定的条件,就长期来看,通货膨胀对经济只有危害,而无任何正面效应。

(三)中性论

"中性论"认为,人们对通货膨胀的预期最终会中和它对经济的各种效应,因此,通货膨胀对经济既无正效应,也无负效应,它是"中性"的。同时"促进论"与"促退论"相比,持"中性论"观点的学者并不多,其理论依据似乎还比较模糊和牵强,故人们一般主要讨论"促进"和"促退"两种效应,也即通货膨胀的正效应和负效应。

综合以上观点,并根据世界各国的经济发展经验来看,通货膨胀所带来的经济效应应该是弊多利少。

三、通货膨胀对非经济领域的影响

(1)通货膨胀造成社会的不安定。通货膨胀发生时,许多以工资收入为生的社会成员,如果收入不增加,则实际生活水平下降。如果能通过工资或补贴增加收入,就可以减少通货膨胀带来的损失。但是通货膨胀毕竟给他们带来了不利的影响,引起了人们的不满,从而造成社会的不安定。

(2)通货膨胀加剧社会腐败,加剧社会分化和社会矛盾。当通货膨胀率高出银行存款利率时,就出现了负利率,负利率吞食了存款人的收入,而贷款者却可以"坐吃利差"。如我国1994年通货膨胀率超过了20%,一年期银行储蓄存款利率10.98%,20000亿居民存款一年损失利息2000亿元。通货膨胀的受益者是资金的使用者,从而使一些手中握有贷款特权的人,靠职权为自己牟私利,一些企业家不靠竞争而靠通货膨胀发财。通货膨胀加剧了银行界和企业界一部分人的腐败,出现了一批想依靠高通货膨胀率剥夺存款人利益的"食利者阶层"。而通货膨胀的受害者,首先是存款的城乡居民,其次是工薪阶层、离退休者及无任何收入的老年人。尤其是那些失业、半失业人员,他们或是无收入或是收入水平极低,因而受到通货膨胀的打击更严重。因而在通货膨胀时期,社会两极分化就相当严重,社会矛盾也尖锐。

(3)通货膨胀降低政府的声誉和权威。纸币是国家强制发行的价值符号,代表着政府信誉的高低。政府强制居民使用一种货币,并保证其购买力不降低,同时政府还要保护产权、债券的安全和公平竞争,给经济发展提供良好的外部条件。如果政府不能行使这些职能,纸币发行过多,不能实现其价值,就会引起社会公众对政府的不信任,在某些突发事件的影响下,就可能出现大规模的抢购与挤兑。纸币是一种"经济选票",与政治选票所不同的事,不是对信任者投票,而是对不信任者投票。当相当部分的居民不信任政府时,抢购和挤兑就难免发生。

总之,通货膨胀给社会经济、政治等各个领域造成了严重的不利后果,它使社会动荡,两极分化加剧,政府信誉扫地,从而导致整个社会的危机。因此,我们绝不能轻视通货膨胀的影响,应该采取积极措施抑制通货膨胀,使国民经济能健康地发展。

第四节　通货膨胀的治理对策

通货膨胀既然有各种不同的类型和多种不同的病因,而且对经济带来的破坏作用是明显的,因此西方各国都深入研究和尝试过治理通货膨胀的政策措施。这些措施主要包括:货币政策、财政政策、收入政策等。从货币银行学的角度,本节仅以介绍货币政策为主,因为它是最基本的宏观经济政策之一,它也是治理通货膨胀的一个重要手段。运用货币政策来抑制通货膨胀主要通过两条途径来实现,一是降低货币供应量的增长率,以压抑总需求;二是提高利率,以抑制投资需求并刺激储蓄增加,从而保证总需求和总供给的均衡。

一、货币政策方法的通货膨胀目标制

1983年,巴罗和戈登(Barro&Gordon)将"动态不一致性"(Dynamically Nonconsistent)的概念引入货币政策的研究,提出抑制通货膨胀应让货币政策有规则决定而不是相机抉择。所谓的"动态不一致性",是指政策当局在t时按最优化原则制定一项$t+n$时执行的政策,

但这项政策在 $t+n$ 时已非最优选择。巴罗和戈登认为，动态不一致性导致初始的政策承诺是不可信的，假定实行低通胀是一最优选择，则当公众有较低的通货膨胀率预期时，中央银行就将面对某种现实的通胀激励——通过制造意外的高通胀率以获取产出的额外收益；但公众预期是理性的，他们确信政策制定者会屈从这种激励，因此一开始就会有较高的通胀率预期，结果是货币当局的政策造成了高通货膨胀，却又得不到任何产出的好处。因而有相机抉择权力的中央银行更可能出现短期行为，也更容易导致政策的动态不一致性。因此，须使用规则的货币政策以保证调控效果。

规则货币政策的做法之一，是实施赋予中央银行一个目标的政策框架。为经济学界所推崇的目标的政策框架包括货币供应量（或其增长率）目标、汇率目标和通货膨胀率目标。货币主义的兴起，曾使货币数量目标风行一时，但随着金融市场创新的不断发展和放松管制，货币与非货币金融资产之间的界限日益模糊，货币数量与政策目标之间的关系更加捉摸不定。这一系列变化，使得各国中央银行不得不放弃货币主义。汇率的目标也曾一度被频繁使用，但是在固定汇率制度下，一国不再能独立地实行货币政策。不但不能用货币政策对国内的需求冲击做出有效应对，而且目标国的经济波动亦会随时传入。在资本自由流动的情况下，为稳定汇率，一方面可能要耗费大量的外汇储备，另一方面，频繁地变动利率会造成"工具不稳"现象，增加了真实产出与就业的波动。20 世纪 90 年代以来，通货膨胀目标制成为一些发达国家以及新兴市场国家采用的治理通货膨胀的方法。通货膨胀制的含义是：中央银行制定并公开宣布要达到的目标通货膨胀率，并灵活地采用各种政策手段以配合这一目标的实现。在通货膨胀目标制下，传统的货币政策体系发生了重大变化，在政策工具与最终目标之间不再设立中间目标，货币政策的决策依据主要依靠定期对通货膨胀的预测。一国政府或中央银行根据预测提前确定本国未来一段时期内的中长期通货膨胀目标，中央银行在公众的监督下运用相应的货币政策工具使通货膨胀的实际值和预测目标相吻合。从 1990 年到 1994 年，先后有新西兰、加拿大、英国、瑞典、芬兰、澳大利亚、西班牙等 7 国的货币当局宣布了通货膨胀目标或目标区。以色列自 1991 年起实行了通货膨胀目标制，新兴市场国家智利、墨西哥分别在 1991 年、1996 年宣布采用通货膨胀目标制，随后，转轨经济国家波兰、捷克也相继采纳了这一新的货币政策。

通货膨胀目标制的执行方式有多种表现形式，但总的说来，公开宣布一个真实的通货膨胀目标是关键，而这通常伴随着中央银行通货膨胀预测的公开发表。可以利用下列形式的目标函数将这一规则模型化：

$$L_t^{IT} = E_t \sum_{t=0}^{\infty} \beta^i [(\pi_{t+i} - \pi^T)^2 + \lambda_{IT} x_{t+i}^2] \tag{9.4}$$

式中：$\beta(0<\beta<1)$ 为贴现因子；E_t 为在可获得的信息下 t 时刻的损失期望值；π^T 为通货膨胀目标；x_{t+i}^2 为产出缺口；λ_{IT} 为赋予产出缺口目标相对于通货膨胀目标的相对权重系数。

由于中央银行在正常情况下不能兼顾产出目标，因此，该损失函数的值就主要取决于通货膨胀目标的实现。在通货膨胀目标制下，政策工具与最终目标之间不再设立中间目标，货币政策的决策依据主要依靠定期对通货膨胀的预测，如果预测值超出目标范围，货币当局就会立即采取行动。中央银行的目标就是通过选择政策工具，使得通货膨胀对目标值的偏离达到最小。

与利率、货币供应量、汇率等货币政策中介目标相比，采用通货膨胀目标制的优越性是

显而易见的:

(1)通货膨胀目标制克服了传统货币政策框架下单纯盯住某种经济、金融变量的弊端,实现了规则性和灵活性的高度统一。通货膨胀目标制是建立在一定的规则之上的,货币当局一旦公布了通货膨胀目标,中央银行就要在政策连贯性方面做出承诺,维持实际通货膨胀率和目标通货膨胀率的基本一致;与此同时,中央银行有权自主决定使用何种货币政策工具来实现通货膨胀目标,并且这个目标是一个区间值,当发生无法预见的经济危机的时候,通货膨胀率允许超出这个区间范围。这样,通货膨胀目标制就实现了规则性和灵活性的高度统一。

(2)通货膨胀目标制提高了货币政策的透明度。实行通货膨胀目标制国家的中央银行不但预先公布明确的通货膨胀目标或目标区间,而且还定期向政府和公众解释当前的通货膨胀状况和应对措施。这样,中央银行、政府和公众之间就形成了一个开放、透明的沟通机制与监督机制。通过与公众的交流,一方面有利于增强公众对货币政策的信心,另一方面也有利于公众评估中央银行货币政策的实绩。

(3)通货膨胀目标制有助于经济的稳定。盯住汇率的货币制度往往为了实现外部均衡而放弃内部均衡。而直接盯住通货膨胀目标的货币制度是以国内经济均衡作为首要目标的货币政策制度。它可以直接缓和经济的波动,有利于经济的稳定。

但是,通货膨胀目标制也受到许多经济学家的批评,一些经济学家认为,通货膨胀目标制在实践中缺乏效率,因为要精确地预测通货膨胀和判断中央银行是否尽力实现目标是很困难的。此外经过10年的政策实践表明,实行通货膨胀目标制的国家,通货膨胀率急剧下降,但同时引起相对较高的失业率。

在实行通货膨胀目标制的国家,失业的增加并不是偶然的现象。通货膨胀目标制过分重视来自需求方面的扰动,而在处理供给方面因素的时候缺乏必要的弹性;同时完全忽视了货币政策对就业的影响以及频繁变动政策工具对实体经济的不利影响。

(1)实行通货膨胀目标制可能会导致失业的增加,在通货膨胀目标制下。中央银行只对通货膨胀率负责而不需要考虑其他变量。当通货膨胀率的预测结果高于目标通货膨胀率,则采取紧缩性货币政策。根据传统的凯恩斯主义理论,如果这种价格的上涨是由过度需求引起的,那么紧缩性货币政策就是正确的;如果这种价格的上涨是供给冲击条件恶化的结果,那么紧缩性货币政策就是错误的,它将进一步减少产出,增加失业,1991年加拿大经济的严重衰退证实了这一结论。当时,加拿大保守党实行了通货膨胀目标制,恰好遇上世界石油价格的上涨和国内税收政策引起的供给冲击,中央银行为了尽快实现通货膨胀目标,实行提高利率等紧缩性货币政策,结果使得产出减少,失业激增,导致加拿大经济的严重衰退。

(2)通货膨胀目标制容易导致货币政策工具的过度波动。当货币政策工具对货币政策目标的影响随着时间的推移而逐渐增强时,不顾经济条件变化而长期盯住一个具体的政策目标会增加政策工具的波动性。货币政策时滞的存在,使得政策变量对政策目标的当期影响较小而滞后影响较大,由于当今各国均以利率为货币政策的主要工具,因而实行通货膨胀目标制必然造成利率水平的过度波动。利率的频繁变化,不但增加了公众对未来的不确定性预期,提高了金融中介的成本,而且还降低了产出的增长率,使得这些国家的失业率长期居高不下,阻碍了经济的进一步繁荣。

二、货币政策方法的泰勒规则

通货膨胀目标制的实施方法是首先对中央银行的目标函数作出规定,然后推导出货币政策工具的最优设定方法,以实现预定目标。另一种规则货币政策的实施方法是对工具规则做出直接规定,最著名的工具规则是泰勒规则。

泰勒规则是泰勒于1993年针对美国的实际数据提出的描述短期利率如何针对通胀率和产出变化调整的准则,该规则的基本思想是:在实施货币政策过程中,工具利率只需要按照既定程序对"通货膨胀缺口"和"产出缺口"做出反应即可。

泰勒规则的数学表达式如下:

$$i_t = i^* + \pi^T + ax_t + b(\pi_t - \pi^T) \tag{9.5}$$

式中:i 为美国联邦基金利率;i^* 为均衡实际利率;x_t 为GDP实际增长率与潜在GDP趋势增长之间偏离的百分点数;π^T 为目标通货膨胀率;π_t 为前4个季度的平均通货膨胀率。

泰勒规则简洁表达式说明,当通货膨胀超过目标水平或者产出大于潜在水平时,实际利率将会上升到均衡水平以上。式(9.5)中的后两个因素,概括了货币政策的两个目标;即在促进经济实现最大化、可持续增长的情况下,保持较低的、稳定的通货膨胀。这两个因素的权重反映了一种在通货膨胀与产出之间平衡的倾向。许多学者的后期研究也证明,美国联邦储备银行在20世纪90年代中期以来,对作为中介目标利率的操作基本上是按照这种方式和力度进行的,从而有效地将短期利率控制在2%左右的水平,这说明泰勒规则与美国联邦储备银行货币政策在实际操作中拟合得还不错。其他西方国家基于实现环境的改变和理论的支持,也先后改为以利率为货币政策中介目标。但是泰勒本人也强调,工具规则在实际应用中不能被机械地遵循,各种特殊的经济冲突和需要估计潜在的GDP增长率这两点就是对工具规则的制约。在大多数情况下,泰勒规则可用作一种"指导线",但不是唯一。

三、其他的对策和方法

(一)紧缩的财政政策

治理通货膨胀的财政政策是指通过调节财政收支而达到治理通货膨胀目的的政策与措施的总称,这是凯恩斯经济学的产物。凯恩斯学派认为,货币政策是用来影响信用成本和信用供给的,而财政政策则是直接影响收入水平;货币政策对总需求中的投资需求影响最人,而财政政策则是对消费需求和政府支出影响最大。财政政策可以通过以下几种方式来治理通货膨胀。

1.提高税率,增加税收

为抑制通货膨胀,政府可以提高所得税、流转税、营业税、增值税、进口关税等税种的税率,减少企业与个人的收入,从而抑制消费需求和投资需求。并且,税收的增加,可以降低财政赤字,缩减货币的财政性发行量,货币供给量也会相应减少,有利于缓解供求矛盾。此外,通过提高税率,还可以调节产业结构和产品结构,改善供求关系。

2.缩减政府支出

一方面,可以减少财政赤字,从而减少货币的财政发行量,削弱通货膨胀的隐患和压力;另一方面,政府财政支出的减少,本身就是减少了社会总需求。

3.缩减财政的转移性支付

财政转移性支付的减少,削弱了人们的购买力,消费需求也会相应有所减少。

(二)实施收入政策

收入政策主要是采取工资—物价管理政策,以阻滞工会和垄断企业这两大团体互相抬价所引起的工资—物价轮番上涨的趋势,其目的在于力图控制通货膨胀而又不至引起失业增加。

收入政策是主要针对成本推进型的通货膨胀。当工人要求提高工资在国民收入中的份额或厂商试图提高利润份额时,就会导致成本推进的通货膨胀并引起工资和物价的螺旋式上升。这如看戏一样,有人想看得更清楚一些,站了起来,结果是所有的人都站了起来,但没有人比以前看得更清楚。这种情况下,通过限制工资和物价过分上涨能够用较小的代价遏制通货膨胀。

收入政策有如下形式:①指导性为主的限制。对特定的工资或物价进行"权威性劝说"或施加政府压力,迫使工会或雇主协会让步。对一般性的工资或物价,政府根据劳动生产率的提高等因素,制定一个增长标准,作为工会和雇主协会双方协商的指导线,要求他们自觉遵守。②以税收作为手段的限制。政府以税收作为奖励和惩罚的手段来限制工资—物价的增长。如果增长率保持在政府规定的范围内,政府就以减少个人所得税和企业所得税作为奖励;如果超过界限,就以增长税收作为惩罚。③强制性限制,即是政府颁布法令对工资和物价实行管制,甚至实行暂时冷冻。

但是,收入政策也存在着缺陷:①如果是指保守性的指导性政策或税收政策,效果取决于劳资双方与政府能否通力合作。②强制性的收入政策会妨碍市场机制对资源的有效配置。因为市场是通过价格信号来指导生产和要素流动的。如果禁止价格上涨,价格限制也就等于取消了资源转移的动力。③如果在价格管制的同时没有采取相应的紧缩需求措施,公开的通货膨胀变为隐蔽型的,一旦重新开放价格,通货膨胀会以更大的力量爆发出来。

(三)供给政策

以拉弗等为首的供应学派认为,通货膨胀是与供给紧密联系在一起的。通货膨胀与供给不足之间的关系:通货膨胀的主要危害在于损伤经济的供给能力,而供给不足,需求相对过剩又是引起通货膨胀的主要原因。他们认为,虽然通货膨胀的直接原因是货币量过多,但从根本上来说,需求膨胀,货币过多是相对于商品供给过少而言的。

供应学派认为,治理通货膨胀,摆脱滞胀困境,治本的方法在于着力增加生产和供给。其主要政策主张有:

1. 减税

通过降低税率刺激生产力提高,从而增加供给是消除停滞膨胀的根源。具体来说,供给学派关于降低税率对劳动生产率的促进作用主要表现在:①降低税率有利于提高工作意愿。一般而言,就业者对自身税后工资所得是最关心的,所以,只要就业者有足够数量,政府降低税率就可以使工人税后工资有所提高,从而增加劳动供给。②降低税率有利于提高资金运用效率。这是因为,一方面,在高税率下,一部分社会资源将浪费在寻求偷漏税中,降低税率可以降低逃税意愿,从而减少资源浪费,提高资源运用效率。另一方面,在高税率下,因税后收入所得降低,一部分投资及就业机会可能会取消,这导致失业人员增加,资源浪费。相反,降低税率可使个人和企业税后所得增加,从而刺激就业机会的扩大。③降低税率有利于提高储蓄意愿。由于降低税率后，企业或个人税后所得增加，因此，在储蓄倾向不变或提高的情况下，会有更多企业或个人所得转为储蓄。储蓄的增加就会为增加投资、促进供给创造条件。④降低税率有利于刺激投资。这是因为降低税率以后，企业投资的税后所得增加，或者投资的边际收益率提高，因而在利率不变的情况下，投资会增加，这就会刺激经济增长和降低失业率。

2. 削减社会福利开支

这一方面可削减财政赤字，以消除通货的压力；另一方面又可杜绝人们对社会的依赖心理，促使人们更多地工作，从而使失业减少。

(四)收入指数化政策

收入指数化政策一般当作是一种适应性的反通货膨胀政策。所谓收入指数化就是工资、利息、各种证券收益以及其他收入一律实行指数化，同物价变动联系起来，使各种收入随物价指数的变动而做出调整，从而避免通货膨胀所带来的损失，并减弱由通货膨胀所带来的分配不均问题。很显然，收入指数化政策只能缓解通货膨胀对收入阶层的损失，但并不能对通货膨胀起多大的抑制作用。

(五)对外经济政策

一般来说，一国国内的通货膨胀与其国际收支具有相互推拉的作用。在各国都出现通货膨胀的情况下，一国必须采取适当的对外经济政策，以减轻国际收支失衡对国内物价的不利影响，并阻止国外通货膨胀的输入。这方面的措施主要有：

1. 实行浮动汇率

由于在浮动汇率下，本国货币对外汇汇率的升降完全由市场供求关系所决定。例如，当国外发生通货膨胀，将使本国国际收支出现顺差时，本国货币升值。这一方面使本国出口减少，而进口增加，从而有利于恢复本国国际收支的平衡；另一方面，本币升值还将使进口国的国内价格下降，从而可以隔绝国外通货膨胀对本国物价的影响。

2. 与各国在贸易和金融领域采取协调措施

如与各国加强协作，共同采取控制各国货币供应量的增长、改善国际金融制度以及其他反通货膨胀的措施，以制止世界性通货膨胀的蔓延，等等。

第五节 通货紧缩

一、通货紧缩的概念

尽管在 20 世纪 30 年代以前，世界很多国家多次发生过通货紧缩，但是西方经济学家对它的研究还是不多。第二次世界大战以后，因为很少发生通货紧缩，相反是持续发生通货膨胀，因此在 20 世纪六七十年代的西方经济学教材中，以及八九十年代流行的宏观经济学教程中均有专章介绍通货膨胀理论，而通货紧缩这个名词却往往不加以重点分析。

萨缪尔森和诺德豪斯在其《经济学》(第十六版)中是这样定义通货紧缩的：所有商品和服务的一般价格水平的下降，或者说单位货币购买力的上升。

斯蒂格利茨在其所著的《宏观经济学》教程中对通货紧缩的定义为：一般价格水平的持续下跌。

在西方流行的经济学辞典中，货币主义代表人物 D. 莱德勒在《新帕尔格雷夫财政金融大辞典》中对通货紧缩的定义是：一种价格下降和货币升值的过程，它是和通货膨胀相对应的。

托宾在《经济学百科全书》中对通货紧缩的解释是："通货紧缩也是一种货币现象，它是每单位货币的商品价值和商品成本的上升。"

从以上所提到的西方经济学教科书和辞典中关于通货紧缩的定义来看，都是根据价格总水平的下降来定义通货紧缩的，大致反映了西方经济学界的主流观点。但也有少数经济学家如加拿大的 G. L. 斯根认为：通货紧缩不只是价格下降，还包括货币数量减少和货币流通速度下降以及经济萧条。但是这观点未能写进经济学教科书和辞典中，无法代表主流观点。

综上所述，通货紧缩可以定义为：一种物价水平持续下跌，币值不断升值的一种货币现象。

既然通货紧缩是与通货膨胀相对应的一种货币现象，因此衡量通货膨胀的指标同样适用于通货紧缩。

二、西方关于通货紧缩原因的理论

（一）凯恩斯关于通货紧缩的理论

凯恩斯在《就业、利息和货币通论》中除仅有一处直接提到了通货紧缩外，更多的是使用"就业不足均衡"和"有效需求不足"这样的术语。由于发生有效需求不足的时候物价往往是下降的，因此后人将实际有效需求与能够实现充分就业的有效需求之间的差额称为通货紧缩缺口。我们可以认为《就业利息和通论》中的分析适用于对紧缩的分析。

在封闭经济中，有效需求包括消费(C)、投资(I)和政府开支(G)三个部分，有效需求决定了社会的产出水平。

由于消费较为稳定、波幅很小，因而凯恩斯认为经济波动主要源于企业投资的不稳定，而投资需求取决于企业的利润预期。因此凯恩斯认为经济衰退的原因在于企业家利润预期的突然下降，投资无利可图，甚至在很低的利率水平也是如此。投资的不稳定对经济总量的影响会因为乘数效应而加剧，当企业投资减少时，总产出会以多倍的数额减少。

凯恩斯理论的政策含义是：当企业投资低落、经济衰退、特别在经济严重衰退时，企业家的利润预期非常低，以至于任何正利率都显得太高，因此通过放松银根、降低利率的货币政策来抑制衰退，效果不会很明显，只有通过增加政府开支来增加有效需求。

在《货币改革论》和《劝言集》中，凯恩斯针对当时英国的情况，着重分析了由于一国汇率高估而导致本国产品出口价格过高、外部需求减少、国际收支状况恶化、黄金外流而引发通货紧缩的情况。凯恩斯认为，通货紧缩将会使社会生产陷于低落。不论通货膨胀还是通货紧缩，都会产生巨大的损害，两者都会改变财富的再分配，不过通胀相对严重一些；而在对生产财富的影响上，通胀有过度刺激的作用，而通缩有阻碍作用，且更具有危害性。这是由于通缩加重了债务人的负担，而企业经营所需的资金大量都是借来的。对于任何一个企业经营者，这时暂时退出经营也是有益的；对于任何一个打算支出的人，尽可能地推迟支出也是有益的。精明务实的人会把它的资产转变为现金，摆脱风险，停止工作，静候其现金价值向它预期好的方向稳步提高。因此通货紧缩导致生产过程的低落，从而导致失业的增多。

（二）费雪的通货紧缩理论及其发展

20 世纪 70 年代后期，西方经济的滞胀频繁波动，且凯恩斯理论又显得束手无策，则迫使经济学家们致力于研究和解释这些经济现象。其中以明斯基（H. Minsky）和金德尔伯格为代表的所谓“债务通货紧缩学派”具有较大影响力。

该理论指出，现代资本主义经济并非是那些忽略了许多重要的变量的即从物物交换中抽象出的经济规律能够解释的，而且资金、债券、股票等金融工具的运动是比原始的货物流动更加活跃的经济活动。也正是因为金融市场在资本主义经济中的作用越来越大，才使得现代资本主义经济变得越来越脆弱。其实早在 1933 年，剖析大萧条的经济学大师欧文·费雪（I. Fisher）就在其“债务—通货紧缩”理论中指出：大萧条是企业的过度负债所致。由于受经济繁荣前景的鼓励，企业从金融机构获得了大量的贷款，其债务比率急剧增长，逐步导致部分企业经营困难并出现了一些企业由于不能偿还到期债务而被迫破产重组的现象。企业的大量债务重组会破坏整个社会的商业信用，从而导致企业销售量全面下降，企业销售量下降的一个直接后果是存款货币增长速度和整个货币流通速度的下滑。这种双重下滑引致了物价总水平的下跌，降低了企业的净值和利润率。企业资信水平的降低，导致金融机构贷款规模的收缩。货币流通速度和物价总水平又因此而下降，而企业负债又会因真实利率的上升而扩大，即进入了通货紧缩越来越严重的自我加速的恶性循环。直至 20 世纪 80 年代，经济学家们才开始通过扩大凯恩斯 IS-LM 分析框架中金融商品的种类（伯南科和布林德 1988 年的 CC-LM 模型）和放松真实经济周期（RBC）模型的假设条件（卢卡斯在 1972 年所发展出来的随机增长模型，考虑信息结构的作用、动态均衡分析和系统的外生冲击）这两个途径把费雪、金德尔伯格和明斯基的理论加入主流宏观经济模型，这既增强传统模型的解释能力又标志着通货紧缩研究的进一步发展。而后伯南科和格特勒（M. Gertler）于 1989 年在《美国经济评论》上所发表的一篇论文中提出的从戴蒙德 1965 年的世代交替模型（OLG）中发展出的 RBC 模型的改良模型和“金融加速器模型”（Bernakeet al.，1996），都是对费雪、金德尔伯格和明斯基的理论的完善和发展。其基本内容是基于不完全信息基础之上的金融市场中是可以放大外生冲击的影响，并使之持续下去的。这种理论解释了通货紧缩形成的机理和所具有的恶性循环特点。到目前为止，后来大部分在这个领域的研究都是基于伯南科和格特勒的上述模型。

（三）萨缪尔森等人的“滞—缩”理论

这是战后出现的一种反凯恩斯主义的、与“滞—胀”相对应的新理论。由于战后西方国家纷纷采用凯恩斯的通货膨胀政策，加强了国家干预，进入 20 世纪 70 年代以后，资本主义经济便出现了“滞胀”，即生产停滞和通货膨胀交织并发。凯恩斯主义便在实践中陷入了困境，在理论上开始受到攻击，众多资本主义国家开始实施强有力的反通货膨胀政策，即通货紧缩政策。“滞—缩”理论的主要代表人物有布坎南、瓦格纳和萨缪尔森等。他们认为，通货膨胀和通货紧缩都是政府政策的产物，原因在于政府干预过多，政策失当。布坎南、瓦格纳认为：“政府活动的扩展本身就可能是不稳定的根源。”通货紧缩的一个重要标志是“市场呆滞”，要从高通货膨胀恢复到经济正常发展过程必然会经历衰退，并特别强调指出：“只要采取减少总支出的紧缩政策就可以减缓通货膨胀，失业要求扩大开支，而通货膨胀又要求紧缩，这就是其窘境，简单又明了。”控制过高的通货膨胀容易导致通货紧缩，而治理通货紧缩又要求扩大开支，实行通货膨胀，两者一旦交替循环，便会陷入进退两难的困境。

关于“滞—缩”的形成和作用机理，萨缪尔森在其《经济学》一书中明确指出，货币收缩(通过公开市场业务)提高利率，从而压低投资支出，并且通过货币乘数抑制总需求，并以此降低产量和价格。这个基本程序是：货币量降低，导致利率上升，利率上升导致投资下降，投资下降导致社会总需求下降，最终导致国民生产总值减少，物价下降。“滞—缩”理论指出了通货紧缩的政策原因，并大力反对国家干预过多，反对通货膨胀，这对我国是有实用价值与借鉴意义的。

(四)克鲁格曼(Paul Krugman)的通货紧缩理论

美国著名经济学家、2008年诺贝尔经济学奖获得者保罗·克鲁格曼的货币金融理论在国际上享有盛名。自1998年以来，在两年多的时间内就发表了近20篇研究通货紧缩问题的论文，他对通货紧缩进行了大量的研究，逐步形成了一个较完整的理论框架。在发展凯恩斯主义流动性陷阱理论的基础上，提出了向传统的货币理论与政策挑战的“激进的货币政策”主张。首先，克鲁格曼认为由于全球化进程加快、技术进步、高投资率等带来的全球生产能力巨大的增长，固然造成全球性生产过剩、通货膨胀降低或商品价格水平下降，但也应刺激经济增长。这就说明了从供给方面不能解释目前通货紧缩的价格和经济增长持续下降且难以通过增加基础货币及扩大财政支出等手段刺激总需求来维持价格稳定的现象。因此，通货紧缩起因于总需求不足。由于不同国家和不同时期的社会、制度的根源导致 $P>P_e/(1+i)$(P 为当期物价水平，$P_e/(1+i)$ 为贴现后的预期未来物价水平，i 为市场利率)，则理性经济主体会减少当前消费，而尽可能地增加储蓄以备未来消费，从而迫使 P 下降并造成总需求不足。那么要防止通货紧缩只有提高预期通货膨胀率和降低名义利率两条途径。其次，由于通货紧缩时期的经济已处于流动性陷阱状态，不完全资本市场和资本输出也不能有效地解决流动性陷阱，且名义利率不能低于零，故利率对经济的调整作用完全丧失。因此，必须用通货膨胀治理通货紧缩。最后，所谓用通货膨胀治理通货紧缩，即在由于流动性陷阱和同样的心理预期(李嘉图等价原理)，使货币和财政政策均失效的情况下，中央银行必须采取有管理的通货膨胀以提高 P_e 并将经济拉出流动性陷阱，从而治理通货紧缩。克鲁格曼甚至强调中央银行应允许和鼓励一定的通货膨胀，规定一个合理的长期的通货膨胀率并在公开市场上买入长期国债以保证治理有效。

克鲁格曼的通货紧缩理论过分强调预期因素在货币政策传导中的作用，而没有充分重视传导机制中的金融市场因素。全面否定了积极的货币和财政政策对经济的拉动作用，而过分强调不知采用何种方式才能实现的及其危险的激进的货币政策。

三、通货紧缩对经济社会的影响

如同通货膨胀会对经济运行产生种种不利影响外，作为一种扭曲的经济现象，通货紧缩也会对经济生活产生各种消极影响。

(一)通货紧缩对消费的影响

通货紧缩对消费需求的影响体现在两个方面：一是价格效应。价格总水平的持续下降意味着货币购买力不断提高，消费者会推迟购买，以等待将来更低价格的出现，从而在储蓄增加的同时，个人消费相应减少。二是收入效应。就业预期和工资收入因经济增长下降而下降，预期收入的减少将使消费者缩减开支。因此，通货紧缩条件下，价格效应使消费者缩减消费；而收入效应使消费者缩减支出，最终使社会总需求受到抑制。

同时，消费需求下降将导致商业活动相应萎缩，进而影响就业增长、形成工资下降的压力等，经济会因此而陷入通货紧缩的螺旋之中，最终可能导致衰退或萧条。

(二)通货紧缩对投资的影响

通货紧缩使投资项目的吸引力下降，因为持续的物价下降意味着实际利率的上升，使投资成本变得昂贵。同时在价格水平下降的预期情况下，投资项目预期的未来重置成本也会趋于下降，会使投资者推迟当期投资。

加之，通货紧缩下社会总供给大于总需求的环境也使投资前景变得黯淡，企业、个人和国家增加投资的冲动会受到抑制。

(三)通货紧缩对银行业的影响

通货紧缩还可能引发银行业的危机。首先，通货紧缩使实际利率上升从而增加债务人的负担，债务人因经营困难不能按时还贷，导致银行不良资产的比率上升；第二，通货紧缩会降低资产抵押和担保的价值，银行被迫要求客户尽快偿还贷款，将会导致资产价格的进一步下降、贷款者净资产的进一步减少，使破产的财富效应趋强。

(四)通货紧缩的财富分配效应

由于物价水平下降，实物资产的货币价值通常也会随之而降低，降低的幅度，有的会高于通货紧缩率，有的则低于通货紧缩率。金融资产中的股票由于其货币价值取决于市场价格，而市场价格受诸多因素影响，所以，股票的货币价值在通货紧缩中的变动方向更难确定。

对存款、债券等货币性资产而言，由于利息固定，其货币价值会上升，有利于债权人；而对货币性负债来说，通货紧缩将加重债务人的负担。

(五)通货紧缩的收入分配效应

经验表明，高收入阶层的边际消费倾向低于低收入水平的社会阶层的边际消费倾向。在通货紧缩时期，收入下降，高收入者减少了奢侈品的支出，中低收入者则可能减少日常的消费支出，原本就存在的分配不公就会加剧通货紧缩。

通货紧缩时期，因为物价普遍下跌，名义收入一般也会下降，如果工资收入的下调滞后于物价下跌，那么，实际工资并不会下降。但是严重的经济衰退会削弱企业的偿付能力，致使企业下调工资。然而，工资的下降存在刚性，在经济增长呈剧烈下降的情况下，工资下降的刚性会阻止价格的进一步下降。进一步说，在通货紧缩期间，如名义工资基本不动，实际工资会出现上升的倾向，这一点，对于制止通货紧缩的进一步恶化是有益的。

(六)通货紧缩对经济增长的影响

在现实经济中，物价的持续下降往往是与经济疲软或衰退一起发生的，上述分析可以说明这种现象产生的原因。但如果价格水平下降是由技术全面进步、生产率提高所引起的，则有助于企业降低成本和价格，增加企业利润。由生产力进步产生的通货紧缩大多是短期的，不会阻碍经济增长，因为生产力提高带来的好处会抵消价格下降带来的消极影响。

四、通货紧缩的治理

近些年来，通货紧缩成为困扰一些国家经济发展的新现象，如何治理通货紧缩是理论界和实际部门不断探索的新问题。目前治理通货紧缩的方法主要集中在尽量扩大有效需求不足方面，包括消费需求和投资需求，所采取的措施主要是扩张性的货币政策和财政政策等。

（一）扩张性的货币政策

在通货紧缩时期，扩张性的货币政策主要是通过降低存款准金率、再贴现率和在公开市场上买进有价证券，增加货币供应量，以刺激经济发展。

但在通货紧缩时期，由于货币流动性下降，削弱了货币供给对产出的拉动作用，货币供给的政策功能下降。另一方面，由于货币供给所具有的外生性，使得中央银行货币政策工具在实行紧缩性货币政策时，效果较为理想，而在推行扩张性货币政策时效果却不明显。因为中央银行无法强制商业银行扩大贷款，也不能主动改变货币的流动性，货币政策只能起指导性作用。

（二）扩张性的财政政策

在通货紧缩已经形成后，仅靠货币政策刺激总需求，收效不一定显著。这是因为，首先，货币供给不是中央银行所能完全控制的，特别是当银行"惜贷"现象十分严重时，银行体系超额准备金的增加很难通过贷款来形成存款货币。其次，在通货紧缩阶段，利率水平往往很低，经济已经接近或进入流动性陷阱的状态，利率水平很难再降。再次，当通货紧缩发生时，经济主体对未来充满悲观预期，各项支出的利率弹性较低，即使利率还有下降的空间，也并不意味着降息就可以增加社会需求。此时，仅仅依赖货币政策可能很难彻底根治通货紧缩，往往还需要其他政策特别是财政政策的相互配合。

1. 削减税收

削减税收可以增加企业和个人的可支配收入，从而鼓励其对投资和消费的需求和支出，增加社会总需求。

2. 加大公共工程支出

公共工程期限长，直接经济效益低，民间资本不愿投入，不存在挤出效应，可以通过支出的乘数效应，扩大总需求。至于财政支出的资金来源，可以通过发行国债来集中经济主体持有但并不打算支出的货币，用于即期支出。

3. 加强各种社会保障体系

保证养老、医疗、失业等社会保障有充裕的资金，以减少社会公众对未来预期的不确定性。

（三）其他政策

1. 推行信贷担保制度

在通货紧缩条件下，银行出于对信贷资产安全性的考虑，往往不愿意发放新贷款，从而进一步削弱了企业的投资需求。这一情况，在一定程度上可以通过对符合条件的企业和个人提供信贷担保得到改善。政府通过设立专门的机构为某些符合条件的投资项目或企业提供担保。对政府而言，并不直接投入资金就可以拉动和协调企业投资活动，引导社会资金的流向、规模和结构，体现国家的产业政策；对生产率高、经营状况良好的企业而言，也能够使其得到所需资金，从而扩大经营，加速发展；对银行而言，更可消除其后顾之忧，一方面使社会投资活动得以继续，总需求得以扩大，另一方面也有利于中央银行通过货币政策推动经济的发展。因此，建立政府信贷担保制度既符合经济长远发展的需要，又有利于通货紧缩的治理。

2. 货币贬值

在货币政策和财政政策都不能扩大内需时，允许货币的对外贬值，或许不失为治理通货紧缩的有效政策。因为货币贬值会提高本国商品在国际市场上的竞争力，刺激企业扩大生产规模，购买原材料并雇用工人，最终对物价形成向上的压力。不过，让本国货币贬值的政策不能轻易使用，一旦他国采取了报复性的贬值措施，或者出口部门在国民经济只占很小的比例，货币贬值的政策就不会收到预期的效果。

五、对我国通货紧缩问题的分析

长期以来困扰中国经济的难题是需求过旺、供给相对不足，但 1998 年，受到亚洲金融危机的影响，我国经济中也出现了通货紧缩现象。

(一)此次通货紧缩的特征

1. 物价总水平持续下降、经济增长有所萎缩、失业(下岗)率明显升高。从我国的经济、金融的实际运行过程分析，自改革开放以来，我国的经济总的趋势是以增长为主，但经济发展很不稳定，有明显起伏，并且，经济波动频繁且幅度较大，这充分反映出我国也确实存在着周期性的膨胀与衰退问题。1993 年以后，国家实施了“适度从紧”的财政政策和货币政策，通货膨胀势头自 1995 年开始被抑制住了，该年的消费物价上涨率比上年回落了 7 个百分点，而同期的国内生产总值仍维持着 10.5%的较高增长速度，并于“九五”时期的第一年基本实现了经济的“软着陆”：在物价上涨率降至 10%以下的同时，仍保持着 10%左右的经济增长速度。

然而，1997 年以后，伴随着物价水平的零增长、甚至负增长的现象，我国的经济生活中出现了有效需求明显不足的现象：消费物价自 1998 年 6 月起呈负增长，1998 年末为 −1.0%，到 1998 年的经济增长率也下降了 1 个百分点；值得注意的是，我国的这一轮经济波动是以物价水平的波动幅度明显大于经济增长率的波动幅度为特征的：消费物价上涨率由 1994 年的 24.1%跌落到 1997 年的 0.4%，3 年下跌了 23.7 个百分点，年均下跌 7.9 个百分点；GDP 增长率由 1992 年的 14.2%下滑到 1997 年的 8.8%，5 年内下跌了 5.4 个百分点，年均下滑不到 1 个百分点。并且，直到 1998 年末，物价水平仍呈负增长趋势，而经济增长却还维持着 7.8%的较高速度，而物价的下跌则是与社会购买力萎缩、有效需求不足相联系的。由此可见，当时经济不景气问题的主要矛盾在于物价方面。

2. 货币供应量增幅不断下降的趋势已经相当严重

当货币供应量与社会商品以及劳务的总供给量失衡，货币供给小于经济运行的实际需要时，货币作为一般等价物的购买力就会持续提高。从 1993 年到 2000 年，尽管货币供应量一直高于同期经济增长和物价涨幅，但从总体上看，增幅不断下降的趋势是显然存在的，且已经出现了数年，1998 年 M_0，M_1，M_2 的增幅均不及 1991 到 1997 年年均增幅的一半(见表 9-1)。从这一情况看，货币供应量难以满足实际经济周转要求的因素不能否定。

表 9-1 我国 1991—1998 年货币供应量增长情况 单位:%

年份	1993	1994	1995	1996	1997	1998	1991—1997	
							增长	年均
流通中现金(M_0)	35.3	24.3	8.2	11.6	15.6	10.1	220.3	21.4
狭义货币(M_1)	38.8	26.1	16.8	18.9	22.1	11.9	303.4	26.2
广义货币(M_2)	37.5	34.5	29.5	25.3	19.6	14.8	379.3	29.4

注:本表来自艾洪德、张贵乐:《货币银行学》,东北财经大学出版社 2002 年版,第 307 页。

3. 货币流动性明显减弱

就长期而言,我国货币流动性呈逐渐减弱的趋势,M_1 占 M_2 的比重由 1986 年的 63%,按平均每年将近 2.2%的速度下降到 1998 年的 37%,12 年下滑了 26 个百分点。

按动态的观点,货币流动性的短期波动由 M_1 和 M_2 的增长比率体现。从我国的情况看,从 1985 年到 1998 年的 14 年中,狭义货币 M_1 平均每年递增 20.8%,而准货币 M_2 平均每年递增 26.0%,两者的平均年递增比率为 80%。也就是说,在这 14 年中,M_1 的年递增率明显低于 M_2,意味着同量的货币供给,形成的反映现实社会购买力的狭义货币 M_1 的比重降低、转化为储蓄性质的准货币 M_2 的比重上升,表明货币流动性长期的绝对减弱;M_1 和 M_2 的实际增长比率围绕平均增长比率上下波动,表明货币流动性短期的相对增强或减弱。而货币流动性在长期呈减弱趋势条件下的短期相对减弱,会使隐含在货币流动性长期减弱趋势中的短期性有效需求不足问题和阶段性通货紧缩问题的可能性转化为现实性。

4. 结论

由此可见,1998 的通货紧缩,是经济不景气的货币表现,其实质与我国的经济波动有关,体现了国民经济在 1992—1993 年达到顶峰后又逐渐下滑到有效需求不足,出现经济衰退现象的低谷。通货紧缩的实证依据是;

(1)货币供给增长率萎缩,是通货紧缩的基本特征。其中 M_1 的增长率明显低于 M_2 的增长率,货币流动性明显减弱,决定了现实社会购买力的萎缩,从而导致了社会有效需求不足。

(2)物价水平持续下跌,经济增长速度缓慢下降,而物价的下降则是与社会购买力萎缩、有效需求不足相联系的。反映出经济过程中存在着由有效需求明显不足而引致的经济衰退问题。

(二)我国出现此次通货紧缩的原因

1. 生产能力相对过剩

根据国内市场主要商品供求情况调查:2002 年中国有 86%的商品供过于求,没有供不应求的商品。目前,我国许多重要产品的生产能力利用率都很低,如果考虑高库存情况,生产能力的闲置就更为严重,严重的供给相对过剩是通货紧缩的重要原因。造成生产能力过剩的根源是长期以来的盲目投资和重复建设,是以往速度型经济增长方式的必然结果。1998 年我国 GDP 产出缺口为-3.7%,全社会闲置生产能力为 33.9%。这说明一方面,改革开放以来我国的供给能力或潜在生产能力方面达到空前的增长趋势;另一方面,由于有效需求不足,实际产出水平下降,形成了前所未有的大量生产能力过剩。

2.经济结构发展不平衡

我国经济发展不平衡(包括历史因素、地理条件)造成了地区之间发展不平衡、城乡之间发展不平衡。这造成我国消费中存在的“消费不足”与“消费不起”并存的现象,形成消费不平衡。而一个国家的经济发展要依靠消费需求、投资需求、出口需求的拉动。而消费水平偏低,明显对经济发展的良好势头造成一定的打击。

3.亚洲金融危机的影响

首先,亚洲金融危机导致我国出口需求明显减速。据统计,1998 年我国进出口总额 3239.3 亿美元,比上年下降 0.4%,其中出口 1837.6 亿美元,仅增加 0.5%,远远低于我国 90 年代初出口的平均增长率 18.7%。出口增幅的下降直接影响了 GDP 的增长率,同时也加大了国内市场的压力,导致国内市场商品萎缩。

其次,亚洲金融危机使我国进口商品价格下降。亚洲金融危机,周边国家需求减少,货币大量贬值,国际市场多数商品(特别是原材料)价格下跌。国外商品以较低的价格输入国内市场,进一步加剧了国内市场供大于求的矛盾,导致国内商品价格进一步下滑。

最后,亚洲金融危机对我国人民币汇率稳定构成巨大压力。由于人们对人民币汇率稳定的信心不足,人民币虽没有贬值却产生了严重的贬值预期。1998 年全年贸易顺差 435.9 亿美元,但我国国际收支顺差所得外汇,基本上作为企业存款,没有结汇变成国家外汇储备,这就减少了中央银行外汇占款和基础货币的发行。而且,人民币不贬值,也减少了我国的出口需求,扩大了进口供应。

4.缺乏新的投资需求扩张机制

随着经济体制改革的进一步深入,国有商业银行和国有企业预算约束正在逐步“硬化”,过去那种无限扩张的不计投资回报、重复建设的虚假投资需求和随之派生的消费需求被有效抑制。在金融企业风险约束机制强化后,银行产生“惜贷”、“慎贷”倾向,由繁荣时期的乱贷变成萧条时期的不贷款,金融机构出现强烈的信贷紧缩趋向。虽然中央银行取消了对商业银行多年以来的贷款额度的限制,大幅度降低利率,贷款仍然放不出去。与此同时,在创造需求方面更具有活力的非国有企业由于得不到资本市场直接融资和金融部门间接融资等正规渠道的融资便利,缺乏足够的资金支持而失去发展活力。因此,当前我国微观需求扩张存在严重体制障碍,旧的虚假需求被抑制,新创造的有效需求尚不足以弥补被抑制的虚假需求,有效需求不足,从而导致我国出现通货紧缩现象。

5.居民的即期消费缩减

近年来我国加快了社会福利市场化改革的步伐,许多原来由国家支付的福利项目费用,比如说住房、养老、医疗等,今后将大部分转化为由居民家庭或个人开支,再加上对未来就业岗位、子女的教育费用等不确定性的预期费用增加,因此尽管在 2002 年 6 月末居民储蓄存款已达 8 万亿元,但人们花钱消费仍然总是小心翼翼,非理性预期导致的持币待购现象严重。另一方面,随着改革深化和体制转型,社会就业竞争加剧,城镇待业人口和下岗职工增加,给居民以未来收入水平增长将减缓的预期。于是,人们为了应付将来福利费用支出增长的需要,只好缩减即期消费,增加储蓄,从而导致城市消费品市场购买力萎缩,物价水平下降。近年来我国农民社会负担过重,实际收入增长缓慢,导致农村市场购买力不旺。市场购买力疲软,加剧了供给相对过剩,进而导致物价总水平持续下跌。

案例

制约日本经济回升的通货紧缩[①]

2001年3月，在讨论《月例经济报告》的阁僚会议上，日本政府的经济财政大臣麻生太郎公开认定："现在的日本经济正处在缓慢的通货紧缩之中"。

在美国经济减速、股市暴跌已对日本经济造成严重冲击的情况下，日本政府越来越强烈地感受到物价下跌对经济持续回升的恶劣影响，并逼迫日本银行进一步采取金融缓和措施以制止物价持续下跌。根据日本官方的观点，日本经济中出现的这种通货紧缩状态在战后还是第一次，并且在此时的整个西方世界中也只有日本处于这种状态。

战后日本也曾出现过多次物价下跌现象，但都因仅具有局部性和短暂性的特点，未被日本政府视为通货紧缩。而此次日本的物价下跌却具有全面性和持续性特征。全面性体现在几乎全部或绝大部分商品的价格都同时呈下跌态势。比如，1999年和2000年，不仅综合批发物价指数分别比上年下跌了3.3和0.1个百分点，而且综合消费物价指数也分别下跌了0.3和0.7个百分点。此外，从各种商品和服务的分类统计看，物价下跌所涉及的商品范围也极其广泛。持续性表现在物价下跌已成为一种长期态势：从1991年到2000年这10个年份中，有8个年份的综合批发物价指数呈下跌态势，尤其是综合消费者物价指数在1999年和2000年出现了战后从未有过的连续两年下降的情况。

思考题

1. 什么是通货膨胀？衡量通货膨胀的主要方法是什么？
2. 需求拉上型通货膨胀理论产生的原因是什么？
3. 通货膨胀从其产生的原因上看可以分成哪几种类型？
4. 结构型通货膨胀是如何产生的？
5. 简述通货膨胀对经济的影响。
6. 我国通货紧缩产生的原因是什么？
7. 面对通货紧缩，我们应该采取什么样的措施进行治理？
8. 请用西方的通货紧缩理论分析当前我国出现的通货紧缩的原因。
9. 我国由于人口众多，在今后相当长的一段时间内，将面临较大的就业压力。因此，有些经济学家提出，牺牲一定程度的物价稳定来缓解剩余劳动力过多是值得的，请对这一观点加以评论。

① 资料来源：金雪军主编：《西方经济学案例》，浙江浙江大学出版社2004年版，第178－179页。

参考文献

1.秦艳梅.金融学.北京:经济科学出版社,2006
2.李敏.货币银行学.上海:复旦大学出版社,2004
3.黄达.货币银行学.成都:四川人民出版社,1992
4.艾洪德,范立夫.货币银行学.大连:东北财经大学出版社,2005
5.黄宪,江春等.货币金融学.武汉:武汉大学出版社,2008
6.胡庆康.现代货币银行学教程.上海:复旦大学出版社,2005
7.陈伟光.货币银行学.广州:中山大学出版社,2003
8.姜旭朝.货币银行学.北京:经济科学出版社,2004
9.章和杰.现代货币银行学.北京:中国社会科学出版社,2004
10.李海波.新编财政与金融.上海:立信会计出版社,2005
11.米什金 F.S.货币金融学.北京:中国人民大学出版社,1998
12.夏德仁,李念斋.货币银行学.北京:中国金融出版社,1997
13.约翰·格利,爱德华·肖.金融理论中的货币.上海:上海人民出版社,1994
14.戴国强.货币银行学.上海:上海财经大学出版社,2001
15.史纹青.中国通货膨胀问题研究.北京:中国财政科学出版社,2000
16.王明舰.中国通货膨胀治理问题分析:经济计量方法与应用.北京:北京大学出版社,2001
17.王耀媛.通货膨胀治理的国际比较.北京:社会科学文献出版社,2003
18.吴军,郭红玉,陈涛.货币银行学.北京.对外经贸大学出版,2006

第十章

货币政策

货币政策一般涉及货币政策目标、货币政策工具、货币政策传导机制和货币政策效应等内容。一般认为，货币政策的最终目标是物价稳定，充分就业，经济增长和国际收支平衡。但近20年来的货币政策单一目标——通货膨胀目标制的较广泛的成功实施，在理论和实践中对认为货币政策包含四大最终目标的传统观念提出了挑战。通货膨胀目标制是以物价稳定为优先目标，尽管距其诞生不到20年，但备受国际货币当局的青睐，举世为之瞩目。

第一节　货币政策目标

一、货币政策的含义

货币政策是指中央银行为实现既定的经济目标，运用各种政策工具，调节货币供求，进而影响宏观经济的诸多方针和措施的总和，是国家宏观经济政策的重要组成部分。货币政策由三大要素组成：货币政策目标，货币政策中间目标，货币政策工具。

从广义上讲，货币政策(Monetary Policy)包括政府、中央银行和其他有关部门所有有关货币方面的规定和所采取的影响货币数量的一切措施。如有关建立货币制度的规定，旨在影响金融系统的发展、利用和效率的措施，包括政府借款、国债管理、政府税收和开支等可能影响货币支出的行为。

西方国家比较概括的提法：中央银行在追求可维持的实际产出增长、高就业和物价稳定所采取的用以影响货币和其他金融环境的措施。

狭义的货币政策定义：中央银行为实现既定的经济目标，运用各种工具调节货币供给和利率，进而影响宏观经济的方针和措施的总和。包括政策目标；实现目标所运用的政策工具；预期达到的政策效果。

二、货币政策目标的异同

货币政策目标是指国家通过中央银行制定和实施货币政策，对国民经济进行金融调控，最终要达到的目标。这种目标的制定与一定时期内的社会经济发展状况相联系，要与国家的宏观经济目标相适应。西方国家在长期的经济发展中，逐渐将保持物价稳定、维持充分就业、促进经济增长、保持国际收支平衡，作为货币政策的最终目标。货币政策各个目标之间，是对立统一的关系:从长期看,这些目标是统一的,相辅相成的;从短期看,这些目标之间存在着矛盾和冲突。所以,金融调控面临的任务,是要在这些既相互统一又相互矛盾的目标之间,做出最优的选择取舍,进行目标的最优组合。

依各国的国情不同,货币政策的最终目标(Goals of Monetary)简称货币政策的目标除表述上的差异外,具体做法也有异同。美国联储银行把经济增长、充分就业、稳定物价和国际收支平衡作为货币政策目标。日本银行在1998年新银行法实施前,把稳定物价、国际收支平衡和维持对资本设备的适当需求作为货币政策目标。英格兰银行把充分就业、实际收入的合理增长率、低通货膨胀率和国际收支平衡当作货币政策目标。欧元正式流通前的德国注重对马克币值和物价稳定的保护。

从历史的演化过程来看,传统上,货币政策目标的确立经历了五个阶段。20世纪30年代之前的国际金本位制时期,各国中央银行货币政策的主要目标是稳定币值和汇率,由于货币的价值或价格有两种表现形式,一是国内价格就是利率,二是国际价格就是汇率,故当时的货币政策是单一目标。由于1929—1933年的资本主义经济大危机造成的高失业率,到了20世纪40年代中期,凯恩斯主义的国家干预经济主张盛行以后,英、美等国相继以法律形式宣称,谋求充分就业是它们的货币政策的目标之一。这样,货币政策目标就由原来的单一目标转化为稳定币值和实现充分就业。从20世纪50年代起,鉴于普遍和持续的通货膨胀,修改了稳定币值的内容,如把稳定解释为要求将物价上涨控制在可接受的水平之内;到了20世纪50年代后期,经济增长理论在西方国家中广泛流行,为了提升自身经济实力和国际地位,将发展经济、促进经济增长纳入货币政策目标,使之成为三目标。从20世纪60年代开始,国际收支逆差的出现使维持固定汇率发生困难,伴随着随后发生的两次美元危机,一些国家重视国际收支平衡,使货币政策目标成为四目标。

三、货币政策目标的内容

经历了一个逐步发展的过程后,货币政策目标定位在保持物价稳定、维持充分就业、促进经济增长、保持国际收支平衡。

(一)物价稳定

在经历了通货膨胀对经济带来的阵痛之后,经济学家及政府都意识到了通货膨胀在社会经济方面的代价,因而更加关心把保持物价稳定作为货币政策的一项目标。如德国有了1921—1923年的恶性通货膨胀后,德国中央银行毫不犹豫地对保持物价稳定承担了最强的义务。欧洲其他国家的政策制定者们也转而认为中央银行的基本目标应当是维护物价稳定。1991年12月欧洲联盟缔结的《马斯特里赫特条约》,明显提高了物价稳定这一货币政策的重要性。该条约建议创立欧洲中央银行体系,该体系与美国的联邦储备体系十分相似。其章程把物价稳定设定为它的基本目标,并宣称欧洲联盟的总经济政策只有在不与物价稳定目标相冲突时,都会得到欧洲中央银行体系的支持。

人们之所以希望物价保持稳定,是因为物价水平的持续上升将造成经济中的不确定性。如在物价水平不断变化的情况下,商品和劳务中所包含的信息就更加难以理解,消费者、企业和政府的决策更加难以决定。德国在1921—1923年恶性通货膨胀的后两年中,物价水平持续上涨,严重冲击了德国的经济,使德国国内生产总值急剧下降。通货膨胀也使得人们难以对未来作出计划。如在通货膨胀的环境中,要决定为子女上大学应该积蓄多少钱,成为一个难以确定和计划的问题。另外，通货膨胀也可能造成一个国家的紧张气氛，让人民对货币失去信任，严重的将会使该国的货币成为“烫手山芋”，人们一刻也不愿持有它们，从而引发经济和社会的动荡。

中央银行究竟应该把一般物价控制在什么水平上才算稳定呢？这要依各国的具体情况如人们的承受能力而定，一般认为物价涨幅控制在3%以内较合理。

由于20世纪末全球性通货紧缩的出现，通货紧缩问题已引起各国货币当局的高度重视，许多国家已经把反对通货紧缩与反对通货膨胀放在同等重要的位置。

由于稳定物价与稳定币值是对同一现象的两种表述，因此这一目标又可称为币值稳定目标。

(二)充分就业

美国《1946年就业法》和《1978年充分就业与均衡增长法》，使美国政府承担了既要促进充分就业，又要保持物价稳定的双重任务。充分就业问题之所以重要，在于：一是高度失业给人们造成了许多苦难，家计艰难、个人自尊心丧失、社会犯罪增加；二是高度失业不仅让大量的工人闲置，而且造成经济资源的大量闲置，如工厂关闭、设备闲置，从而使经济的总产出大幅降低。因此，人们向往充分就业。

充分就业并不是没有失业。这是因为有些失业属于磨擦性失业，有些失业则对经济是有益的。如工人常常自愿离开工作岗位去从事其他活动，而当他们决定重新就业，进入求职市场寻找新的工作时，需要花费一些时间才能找到合适的工作。这段时间内，该工人就处于失业状态，但这种失业只是暂时的，属于磨擦性失业。经济中存在一些失业的益处就像旅馆的客户闲置率不等于零对旅游业带来的好处一样。这样，对充分就业的定义就是：凡是愿意就业者都可在较短的时期内找到一个适当的工作。

充分就业不等于失业率为零，应当允许一个不为零的自然失业率的存在，在这个自然失业率水平上，劳动力的供给——愿意并且能够提供的劳动力等于劳动力的需求，从而这个自然失业率的存在给经济带来益处。

问题到这里似乎已经结束，但现实情况并非如此，它给我们留下了一个没有回答的问题：失业率为多少才算自然失业率？美国经济大萧条时期的20%以上的失业率显然不是自然失业率，因为这个失业率明显太高了。而20世纪60年代初期被美国经济学家认为合理的4%的失业率，可能太低了，因为它引起了当时美国加速的通货膨胀。目前，认为自然失业率为6%左右。具体的指标应该根据各国的不同历史条件而定，判断标准是以对经济发展有利为目的。充分就业目标的实质就是力争使失业率降低到一个社会所能容忍的水平。

(三)经济增长

经济增长是指在保持生态平衡的前提下，经济发展速度稳定或加快、结构优化和效率提高。虽然保护生态环境已经成为共识，但如何将对环境破坏后的成本纳入GDP还有不同看法，故目前经济增长还是指一国或地区在一定时期内所生产的商品和劳务总量的增加，或者指一国或一地区人均国民生产总值的增加，计算中并没有扣除修复由于人们的不当经济活动而被破坏后的环境的成本。经济增长是所有经济政策的目标，因而也是货币政策的目标。它反映了一国的经济发展水平，并与充分就业目标紧密相关。在失业率很低时，企业更乐于进行资本设备投资以提高生产率，从而促进经济增长。相反，若失业率较高，工厂设备闲置，企业就不会把钱再投资于增添厂房和资本设备上，从而阻碍经济增长。当然，在具体衡量经济增长时，要扣除通货膨胀率。即：

实际经济增长率＝名义经济增长率—通货膨胀率。

(四)国际收支平衡

国际收支(Balance of Payments)是一国或地区(如香港特别行政区)居民与外国居民在一定时期内各项经济交易的货币价值的总和。大家可从以下几个方面加深对国际收支的理解。

(1)国际收支是一个流量概念。经济学中，流量是指一定的时期内测算出来的量值，存量是指一定的时点上测算出来的量值。例如，储蓄 S 是一个流量概念，而由历年的储蓄所形成的财富 W 是一个存量概念。这两者之间的关系是：$W=W_{-1}+S$，此式表示：本期结束时的财富存量 W 等于上期结束时的财富存量，加上在刚刚结束的本期内所作的储蓄 S，即存量的变化量 $\Delta W=W-W_{-1}=S$ 流量。

(2)国际收支反映的内容是以货币记录的交易。与国际收支这一名词的含义不同，它不是以收支为基础的，而是以交易为基础的，有些交易可能不涉及货币支付，但这些未涉及货币收支的交易须折算成货币加以记录。

(3)国际收支记录的是一国或地区居民与非居民之间的交易。判断一项交易是否应包括在国际收支的范围内，所依据的不是交易双方的国籍，而是依据交易双方是否有一方是该国居民。在国际收支统计中，居民是指一个国家的经济领土内具有一定经济利益中心的经济单位。一国的经济领土一般包括一个政府所管辖的地理领土，还包括该国天空、水域和邻近水域下的大陆架，以及该国在世界其他地方的飞地。依照这一标准，一国的大使馆等驻外机构是所在国的非居民，而国际组织是任何国家的非居民。所谓在一国经济领土内具有一定经济利益中心，是指该单位在某国的经济领土内，在一年或一年以上的时间中，已经大规模地从事经济活动或交易，或计划如此行事。对于一个经济体来说，它的居民单位主要是由两大类机构单位组成：一是家庭和组成家庭的个人；二是法定的实体和社会团体，如公司和准公司、非营利机构和该经济体中的政府。

国际收支账户是指将国际收支根据一定原则用会计方法编制出来的报表，包括经常账户、资本与金融账户、错误与遗漏。

国际收支平衡是指一国的国际收入大致等于国际支出。

短暂的如一年或几年的国际收支不平衡不一定是坏事。如某一年出现逆差，可能意味着该年度多进口了外国的机器、设备、先进技术和其他商品，促进了本国的经济增长。当然，某年出现顺差则更受欢迎。但若多年出现逆差或顺差，就可能存在问题了。如多年逆差将大量消耗国家的外汇储备，多年顺差，则造成外汇资源闲置或浪费。因为一般发展中国家的外汇储备都是购买发达国家如美国的国债，它们利率低，但较安全。所以，各国将国际收支大致平衡作为货币政策的主要目标之一。

四、货币政策各个目标之间的复杂关系

货币政策各个目标之间的关系比较复杂。经济增长与充分就业基本上是正相关的，如经济增长了，就业就增加；经济下滑，就业减少或失业增加。此外，各个目标之间都有矛盾。

(一)充分就业与稳定物价的矛盾

澳大利亚籍的英国经济学家菲利普斯,研究了1861—1957年英国的失业率与工资物价变动之间的关系后得出结论:在失业率和物价上涨率之间存在着此消彼长的代替关系。他把这种现象用一条曲线表示,就是菲利普斯曲线。如图10-1。

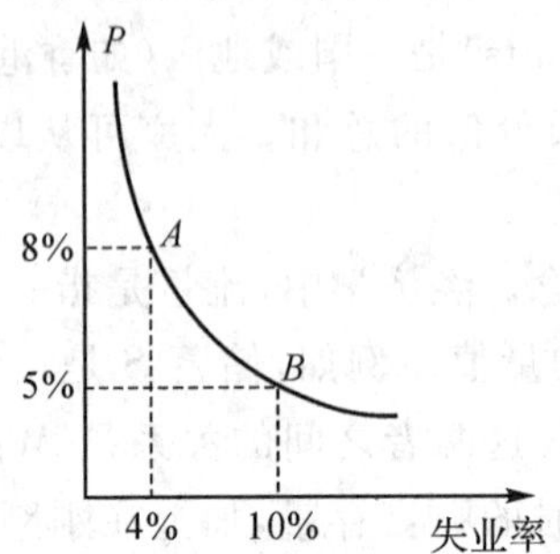

图10-1　菲利普斯曲线

从图上可看出,若要减少失业或实现充分就业,比如要将失业率控制在相当于4%的水平上,就必然要增加货币供应量,以刺激社会总需求的增加,而总需求的增加则会引起物价水平的上涨,比如可能导致物价上涨到8%的水平;若要降低物价上涨率,比如要将物价稳定在5%,那就要求减少货币供应量,以抑制社会总需求的增加,而总需求的减少必然使失业率提高,比如可能使失业率达到10%。因此,要么是失业率低,而物价上涨率高,如图中A点;要么是失业率高,而物价上涨率低,如图中B点。

经济学家和政府官员们都怀着振奋的心情看待菲利普斯曲线;因为这条曲线可以告诉我们:社会可以在失业与通货膨胀之间作出合理的选择,找到两者的最佳结合。我们面临的选择有:一是失业率较高的物价稳定;二是通货膨胀率较高的充分就业;三是在物价上涨率和失业率的两者之间进行权衡或相机抉择。所以,按照菲利普斯曲线,作为中央银行的货币政策目标,只有根据当时的社会经济条件,寻求物价上涨率和失业率之间的某一适当的组合点,而不可能同时兼顾。比如,后来人们研究了美国的菲利普斯曲线,发现20世纪60年代初期,要保证美国的失业率不超过3%,通货膨胀率必须达到4%~5%。然而,进入20世纪70年代以后,情况发生了变化,西方国家出现了经济停滞(高的失业率)和通货膨胀并存的局面,即"滞胀"现象。经济学家对滞胀的认识是不同的。

(二)物价稳定与经济增长的矛盾

物价稳定与经济增长是货币政策目标的核心内容,但短期内,这两个目标往往存在着冲突。比如在经济衰退时,采取扩张性的货币政策以刺激需求,刺激经济增长和增加就业,但这常常造成流通中的货币数量大于与经济发展相适应的货币需要量,导致物价上涨。相反,在经济扩张时,为了抑制通货膨胀,保持物价稳定,而采取紧缩性货币政策,减少货币供应量,这又往往会阻碍经济增长,并使就业机会减少。

从现代市场经济的历史来看,经济的增长大多伴随着物价的上升。原因可能是上面所解释的物价上涨与充分就业的关系。当然,也有不同的看法。认为适度的物价上涨能够刺激投资和产出的增加,从而促进经济增长;经济增长又取决于新生产要素的投入和劳动生产率的提高,而在劳动生产率提高的情况下,产出的增加伴随着单位产品生产成本的降低。因此，随着经济的增长，价格可能趋于下降或稳定，也就是说，稳定物价的目标与经济增长的目标并不矛盾。更进一步的观点认为：物价稳定也完全能够维持经济增长。这是因为由于生产率是随着时间的推移而不断提高的，而生产率的提高自然伴随着经济的增长，而且也只有物价稳定，才能使整个经济正常运转，并维持其长期增长的势头。

(三)经济增长与国际收支平衡的矛盾

经济增长通常会增加对进口商品的需求，同时，由于国民收入的增加带来的支付能力的增强，又可能提出对一部分本来用于出口的商品的需求。两方面作用的结果，使出口的增长慢于进口的增长，这就可能导致贸易差额的来临。就资本项目来说，要促进经济增长，就要增加投资，在国内资金来源不足的情况下，必须借助于外资的流入。外资流入可能使国际收支中的资本项目出现顺差，一定程度上可弥补贸易逆差造成的国际收支失衡，但并不一定能使经济增长与国际收支平衡共存。

(四)物价稳定与国际收支平衡的矛盾

在世界经济一体化中，一国保持物价稳定，但若其他国家发生通货膨胀，这必将使以外币表示的本国商品价格上升，从而本国的出口下降，进口增加，导致国际收支出现逆差或者使已有的逆差加大。可见，一国的物价稳定并不能保持国际收支平衡，只有世界各国都能维持大致相同的物价水平，而且在贸易形态不发生变化的情况下，物价稳定和国际收支平衡才可能同时达到，而这事实上是不可能的。

5. 充分就业与国际收支平衡的矛盾

就业人数增加，收入水平提高，这使得国内对外国商品的进口增加，国内商品的出口相对减少，从而扩大了国际收支逆差。为了减少逆差，采用紧缩性货币与财政政策，来抑制国内需求，这又导致就业机会的减少，使失业增加。可见，从短期来看，充分就业时的国际收支很可能是不平衡的，而当国际收支平衡时，却很可能存在大量失业。

货币政策各目标之间的冲突关系，是当代各国政府及经济学家所面临的一个最大的难题。为了实现一个目标而采取的货币政策措施，可能会损害另外一个目标的实现，或者会破坏另外一些已达到很好状态的目标。所以，金融调控面临的任务是：要在这些既相互统一又相互矛盾的目标之间，通过各个时期的主要战略目标，进行目标的最优组合，做出最优的选择。

在存在矛盾的前提下，我们的做法：一是侧重于统筹兼顾，力求协调；二是侧重于权衡或选择，视经济环境的需要而突出重点。

由于对目标间冲突协调的难度的看法不同，各国中央银行也就有不同的政策目标选择。如德国和澳大利亚等国的货币当局一直认为自身的货币政策只有一个，就是稳定货币。美国在不同时期，出现过货币政策目标有所变换的情况。

五、通货膨胀目标制

近 20 年来的货币政策目标一通货膨胀目标制与上述传统的货币政策目标有较大的不同。通货膨胀目标制是 20 世纪 90 年代诞生的新型的货币政策框架，以物价稳定为优先目标，尽管距其诞生不到 20 年，但备受国际货币当局的青睐，举世为之瞩目。1989 年率先采用通货膨胀目标制的国家是新西兰。随后，加拿大、英国、瑞典、芬兰、澳大利亚、西班牙、瑞士、冰岛、挪威等十多个工业化国家和智利、以色列、秘鲁、捷克、韩国、波兰、墨西哥、巴西、哥伦比亚、南非、泰国等发展中国家或者新兴市场国家也先后实行了通货膨胀目标制。欧洲中央银行(ECB)和美联储虽然没有明确宣布采用通货膨胀目标制,但实际上都把通货膨胀作为主要政策目标,具有通货膨胀目标制的一些主要特点,是隐含的通货膨胀目标制。2006年3月,日本银行宣布长达10年的通货紧缩结束,并将价格稳定界定为核心通货膨胀率维持在0～2%的区间。乌克兰于2007年采用通货膨胀目标制。根据IMF(2006)对88个非工业化国家的调查表明,其中超过半数的国家表达了采用显性或隐性通货膨胀目标制的意向,有大约3/4的国家计划在2010年之前采用正式通货膨胀目标制。(谭小芬,2007)尼日利亚计划在2009年施行通货膨胀目标制。

浮动汇率制度、中央银行独立性(主要是工具独立性)是实施通货膨胀目标制的两大核心前提,原则上只要满足这两个条件,就可以基本实施通货膨胀目标制。我国在未来5～10年中,该条件应该会逐渐满足。目前,在我国宏观政策中,是弱势的货币政策,强势的财政政策。欲使弱势的货币政策趋强、有效,在逐渐扩大人民币汇率的浮动区间的同时,在我国实行通货膨胀目标制是一条较优的路径选择。

中央银行⟶货币政策工具⟶通货膨胀目标(点或区间)

图10-2 通货膨胀目标制的传导过程示意图

(一)相关货币政策理论回顾

1.货币政策作用

货币政策效果即货币政策有效性问题是国内外长期争论的焦点。凯恩斯主义认为通胀与失业率存在替代关系而主张运用扩张性货币政策换取充分就业,弗里德曼和费尔普斯分别在1967年和1968年批评了凯恩斯主义的菲利普斯曲线假设,他们区分了经济模型的长期和短期,认为:在短期,由于工资变动存在刚性,高通胀可以降低厂商的生产成本,促进实际经济的增长,并降低失业,因此存在一定的替代关系。而在长期,合约价格的滞后调整得以实现,实际经济会回到自然率水平,货币扩张带来的仅仅是通胀的永久性上升,即长期不存在向下倾斜的菲利普斯曲线。他们被称为货币主义,核心观点是货币在长期是中性的,即通货膨胀在长期仅仅是一种货币现象,货币扩张的企图只能带来长期通胀的上升和实际经济的波动。

与货币主义分庭抗礼的是新凯恩斯主义。货币主义关注市场出清而不主张政策干预,而新凯恩斯主义关注非均衡的普遍存在、强调价格和工资的刚性,因而积极进行政策研究。而在基本的理论框架方面,新凯恩斯主义与以弗里德曼为代表的货币主义几乎完全相同——他们接受菲利普斯曲线短期与长期的差别,主张货币的长期中性及通胀与失业短期替代关系的存在性,从而使这一观点成为主流经济学在货币政策作用问题上的共识,(杨灵琴,2009)这也是本节对货币政策有效性的定位。

2.货币政策的最终目标和名义锚

对货币政策的作用有了上述的认识之后,还需对货币政策的最终目标进行定位。由于承认了货币的长期中性,货币政策的长期目标应该围绕货币的价值问题。

金本位下的货币价值有贵金属作为后盾,各国规定了本国货币与黄金的固定比价并承诺无限量兑换,造就了人类历史上价格水平最为稳定的时期。而法币时代与金本位时代不同,流通中的货币本身不再具有价值,其价值实现于购买商品和劳务的未来某时刻,而在此之前则取决于公众对购买力的预期。因此,在法币时代,与其将通货膨胀定义为价格水平的持续上涨,不如从更本质的意义上将之定义为公众对货币购买力预期的持续下降,因而货币政策当局的职责是寻找一种有效的名义锚来为公众预期提供参照。价格水平是货币购买力预期的现实表现,所以,货币政策的最终目标表现为对价格水平长期稳定性的追求。而由于承认了短期菲利普斯曲线的存在性,货币政策的实践会在短期内对实际经济产生影响。因此,对价格稳定的追求还通常需要避免给实际经济带来太大的动荡。二战后初期各国都尝试以汇率作为名义锚,布雷顿森林固定汇率体系下作为名义锚的是35美元/盎司的美元黄金比价,通过无限制兑换的承诺来增加其可信度。该体系瓦解后各国仍继续对汇率目标进行尝试,承诺实现某种形式的固定币值比。然而维持固定汇率意味着金融风险,进而意味着实际经济受到冲击威胁。20世纪90年代以来的数次金融危机均说明了这一点,如1992—1993年的欧洲、1994年的墨西哥、1997年的东南亚、1998年的巴西和俄罗斯、2000—2001年的土耳其等,逐渐否定了汇率目标的可行性。在新兴市场经济国家的汇率制度选择问题上,理论界普遍认为,可行的选择要么是纯粹的浮动(货币政策当局允许汇率完全由市场力量决定),要么是硬性盯住(如货币局和美元化),任何介于两者之间的选择都是不能持久的。美元化或货币局制度直接将保持币值稳定的政策性考虑输出到目标国,通常目标国通胀率较为稳定,因此小国放弃货币政策自主权的动机往往是搭政策便车。但与此同时,他们也将本国的通胀税受益权一并输出到了目标国,这必将引发目标国更高的货币扩张动机,从而削弱了这种汇率安排本身存在的合理性。硬性盯住的安排其实并不能充分地为货币价值提供参照,它仅仅是规定了货币与货币间的比值关系,而并没有在货币与实体经济间建立联系。正如欧洲实施统一货币欧元、但欧洲中央银行要面临通胀管理问题那样,实施美元化或货币局制度的小国输出货币政策自主权后,美国作为目标国仍然要面临通胀管理问题。因此汇率目标并不能确保货币价值的长期稳定,不能作为有效的名义锚。故越来越多的国家放弃固定汇率开始尝试更为灵活的汇率安排,并推行通货膨胀目标制的货币政策框架,以通胀率本身作为名义锚,有效地帮助公众对本国货币的购买力做出预期。很多研究也显示,这一安排对通胀管理相当有效,且这一成效的实现总体上未对实际经济带来不良影响。(杨灵琴,2009)

3. 规则与相机抉择之争

确认了货币政策的长期目标之后,还需清醒地认识到政策制定者在短期面临的实际诱惑。Kydland and Prescott(1977)指出运用最优控制理论相机抉择制定的最优政策存在动态不一致问题。由于人们的决策会受到对未来政策的预期的影响,因而,当所谓的最优政策实施以后,人们会因改变了对未来政策的预期而改变行为决策,从而使事前的最优不再是事后的最优,即存在"不一致"问题。由于预期对微观决策的这种影响,以相机抉择方式实施的政策往往会成为经济中的不稳定因素,因此他们主张实施规则性的政策将人们的预期和政策目标相统一。早期的规则包括Friedman简单规则,主张不管实际经济如何都保持货币供应量以固定速率增长;后期则盛行反应方程类规则,方程系数通常由历史数据回归得到,在经济结构模型基础上模拟出政策工具的路径,并将其作为判断实际货币政策是松是紧的参照。主要的反应方程类规则有McCallum(1988)的基础货币规则,规定了基础货币增长率如何对名义产出增长率偏离产出增长目标作出回应;Taylor(1993)的利率规则,规定了名义利率工具对通胀缺口和产出缺口的反应规则；还有 Orphanides(1999)的利率对通胀、名义产出及均衡利率的反应规则。不幸的是这些政策规则的优劣很难比较。

Barro and Gordon(1983)进一步在货币政策领域内指出了动态不一致问题，从而质疑了中央银行低通胀政策的可信性。由于货币政策能够在短期内换取失业的下降和产出的增长，中央银行短期的最优选择是推行货币扩张。而当人们意识到低通胀承诺的不可信而调整通胀预期之后，货币扩张对实际经济带来的影响会消失殆尽，长期来看只会产生一个高于社会最优水平的通胀偏差(Inflation Bias)。理论研究随后致力于寻找消除通胀偏差的方法，通过各种方法保证规则承诺的可信度和透明度。Rogoff(1985)提出可以将货币政策的实施委托给一个独立的中央银行，并任命一个厌恶通胀的中央银行行长。还有人建议中央银行承诺低通胀政策的同时延长行长任期，那么出于保护名誉的动机，货币政策的短视倾向会受到抑制。从契约理论角度出发的一种解决方案是像新西兰储备银行那样在中央银行与政府之间建立契约，将中央银行行长的收入与低通胀的实现情况相挂钩，从而对中央银行的政策动机施加影响。通胀目标制的思路是以公开发布的量化的通胀目标作为承诺，也同时作为对中央银行行为的长期约束。而在此约束之下，中央银行仍有足够的空间进行最优化决策。这种有约束的相机抉择方案，结合了相机抉择的灵活性、简单工具规则的可信度和透明度两者优点，因而被尊为"货币政策的新范式"而得到普遍的推广。(杨灵琴，2009)

(二)通货膨胀目标制——弹性汇率制度下的货币政策框架

在全球经济一体化程度不断加深的背景下，各国经济与世界经济息息相关，联系日益紧密，不管是发达国家还是新兴市场国家，汇率制度是各国宏观经济政策的重要组成部分。自以维持固定汇率制度为己任的布雷顿森林体系瓦解后，国际资金流动迅速，国际汇率制度安排多元化。而僵化的固定汇率制度在经济开放度不断加大和资本自由流动的情况下，货币政策干预宏观经济的效力弱化，使内外政策协调难度加大。根据蒙代尔"不可能三角"(Impossible Trinity)理论，货币政策独立性、资本流动和固定汇率三个目标不可能同时实现，想要保持独立的货币政策必须放弃固定汇率制度。在各国金融对外开放不断深化的国际背景下，固定汇率制度十分脆弱，更加容易遭受到国际游资等不确定因素的外部冲击，使一国经济暴露在不稳定的风险之中。因此，众多新兴市场经济国家纷纷进行了汇率制度的转型，放弃原先的弹性汇率制度或盯住汇率制度，转向更具有弹性的汇率制度或自由浮动汇率制度。新兴市场国家在 20 世纪 90 年代初实行盯住汇率制度的一个主要原因是国内通胀较高。为了降低通胀，则纷纷选择低通胀国家的货币作为盯住的目标，希望以此锚住本国的通胀率，发挥钉住汇率制度名义锚的作用。随着新兴市场国家汇率制度的转轨，原先名义锚的作用在不断下降或消失，然而更具弹性的汇率制度或自由浮动汇率制度易使货币政策操作缺乏"纪律"，国内面临着通胀的压力，故而中央银行迫切需要一个在浮动汇率机制下能够有效稳定物价水平的货币政策，必须对原有的货币政策框架进行重构，选择一种新的货币政策框架，而通货膨胀目标制的出现则为这些国家解决了名义锚缺失的问题。目前实行自由浮动汇率制度的新兴市场国家有 90%实行了通货膨胀目标制这种货币政策，实行中间汇率制度的国家有 40%实行了通货膨胀目标制的货币政策。可见通货膨胀目标制加上弹性汇率制度这种政策组合已成国际的流行趋势。

在通货膨胀目标制这种货币政策框架下，中央银行更加重视稳定物价的目标，提高货币政策的透明度，中央银行的货币政策必须要有很高的公信力，只有如此，中央银行公布的通货膨胀目标才具有可信度，才能够锚住公众的通货膨胀预期。而中央银行公信力的获得取决于中央银行的独立性，因此实施通货膨胀目标制的国家往往修订中央银行法，对货币政策有关的制度实施了全面的改革以及财政改革等。当前各国通货膨胀目标制的实践情况初步表明，通货膨胀目标制是一个较为成功的货币政策框架。迄今为止，还没有一个采用通货膨胀目标制的国家退出就是一个很好的证明。(杨灵琴，2009)

(三)通货膨胀目标制概述

1. 通货膨胀目标制的内涵

简单的通货膨胀目标制规则性定义可概括为：中央银行要制定一个比较明确的、量化的通货膨胀目标值；并且，中央银行要随时对通货膨胀的未来走向做出预测，将预测值与通货膨胀目标(或目标区)相比较，根据两者之间的差距来决定货币政策工具的运用；不仅如此，中央银行还必须采用具有高透明度和可以说服公众的货币政策，并为此定期发布公告，向公众做出解释，从而推动货币政策的有效实施。基于上述理解，可以得到如下的通货膨胀目标制的概念构架。

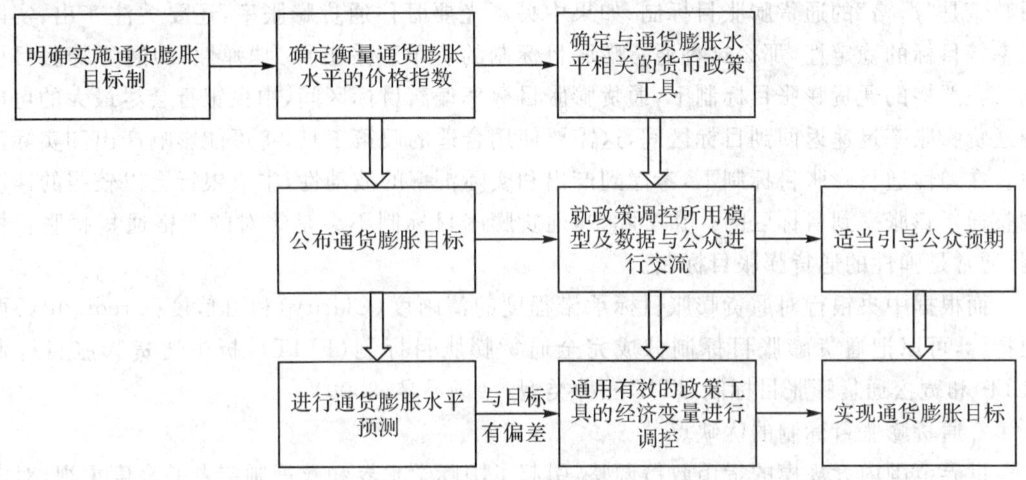

图 10-3 通货膨胀目标制的概念构架

由于通货膨胀目标制产生于各国中央银行的实践，因而并没有一个统一的定义，而国际上很多经济学家对通货膨胀目标的阐述大多集中在其制度特征上。Bernanke 和 Mishkin (1997)指出通货膨胀目标制是介于简单规则和相机抉择之间的一套系统的货币政策框架(Monetary Framework)，因为它提高了货币政策的透明度和一致性，并且在处理无法预见的冲击时，具有一定的相机选择权。Mishkin(2000)指出通货膨胀目标制这种货币政策策略包括五个主要因素：①中央银行或政府公开宣布在某一时期内要达到通胀率的量化目标；②在制度上明确稳定的物价水平为货币政策的首要目标，而其他政策目标都处于从属地位；③使用比货币总量和汇率更广泛的指标体系获取有关未来通胀走势的信息，并根据这些信息制定货币政策，操作货币政策工具；④提高货币政策的透明度，广泛利用各种沟通手段向公众和市场说明中央银行未来的计划、目标和决定；⑤应当提高对中央银行实现通货膨胀目标任务的可问责性。Kuttner(2004)认为大部分实行通货膨胀目标制的中央银行具有以下几个共同特点：①货币政策的主要目标是长期价格稳定，但价格稳定并不是唯一目标，其他目标必须与通货膨胀目标相一致；②有一个明确的通货膨胀目标和达到该目标的时间表，通货膨胀目标大多在2%左右,并且所有都力图在两年之内达到;③货币政策要有较高的透明度,货币政策当局要出版有关经济总体情况及通货膨胀展望的详细报告,通常每季度一次,在某些情况下,这些报告中还包括其他主要宏观经济变量;④责任感,中央银行出版的通货膨胀报告应有评估通货膨胀目标执行情况的方法,若达不到通货膨胀目标需要中央银行采取明确措施。以英国为例,若通货膨胀偏离2.5%的目标值1个百分点,英格兰银行行长必须提出应对措施和解决的时间表。

通货膨胀目标制的本质是一种名义锚,因此,最关键的是可信度问题,只要公众认为政府和中央银行"愿意去做"(即愿意保持低通货膨胀),并且"能够做到",那么这种制度就是成功的。名义锚的功能主要是通过两个途径实现的:①增加政策制定者和公众的交流,如通过定期公布有关的数据,领导人的公开讲话等方式与公众进行沟通;②对货币政策的制定产生了约束,增加了货币当局的可信度。

此外,Svensson(1997)还区分了"严格的通货膨胀目标制"和"有弹性的通货膨胀目标制"。如果中央银行仅仅关注实现通货膨胀率,而不关注其他经济目标的通货膨胀目标的货币政策是"严格"的通货膨胀目标制;如果中央不光要盯住通货膨胀率,还要关注产出、实际汇率等目标的稳定性,那么这种通货膨胀目标制的货币政策被称为"弹性"的通货膨胀目标制。在严格的通货膨胀目标制下,通货膨胀目标率偏离目标区间,中央银行会尽最大的可能使通货膨胀率迅速返回到目标区间,这需要使用合适的政策工具,将可能影响产出和实际汇率。在弹性通货膨胀目标制下,考虑到产出和实际汇率的波动性,中央银行会以较缓的速度调整通货膨胀率到目标区间。在实际中,通货膨胀目标制不会是绝对的严格通货膨胀目标制,通常是弹性的通货膨胀目标制。

而根据中央银行对通货膨胀目标承诺程度的清晰度(Clarity)和可信度(Credibility)两项指标,可以把通货膨胀目标制分成完全通货膨胀目标制(FFIT)、折中通货膨胀目标制(EIT)和宽松通货膨胀目标制(ITL)三种类型。(杨灵琴,2009)

2. 通货膨胀目标制的优缺点

世界范围内大规模的货币政策调整,引起了国际学术界和政策制定者的高度重视,对实行通货膨胀目标制的优越性展开了广泛而深入的讨论。其优点如下:

(1)通货膨胀目标制数字化的目标增强了中央银行的责任,降低了中央银行陷入时间不一致陷阱的可能性。同时,中央银行的独立性增强,明确授权中央银行可以采取一切必要的措施维护物价稳定。这不仅是货币政策发挥其调控作用的内在要求,也是市场经济条件下国家进行宏观调控的一种合理制度安排。

(2)通货膨胀目标制拓宽了中央银行与公众的沟通渠道,可以提高货币政策的透明度和可信度。

(3)通货膨胀目标制是一种前瞻性政策。货币政策对国民经济的调控需要经过一系列的中间环节,经历一定的时滞之后才能最终显现效果。由于通货膨胀目标制不再设立中介目标,而是直接盯住通货膨胀水平,这就要求中央银行对经济形势的走势和物价变动的反应超前而灵敏,特别是要密切关注那些国民经济的先行指标。因为货币政策操作对物价变动存在着滞后效应,中央银行为实现政策目标必须准确预测未来通货膨胀变化。

(4)通货膨胀目标制提高了通货膨胀和产出的绩效。Mccallum(1997)和Bernanke(1998)等的实证研究认为,通货膨胀目标制的采用可以有效降低通货膨胀率而不付出产出损失的成本(产出在经历了短期下降后，随着预期的形成会恢复到潜在水平)。Corbo 和 Hebbel(2001)从一个广阔的视角分析了拉美 5 国运用通货膨胀目标制的经验和结果。他们发现通货膨胀目标制在拉美取得了可喜的成绩,这些国家的通货膨胀率均大幅降低。

虽然通货膨胀目标制有诸多优点,但它并不是完美无缺的。Mishkin(1999)及 Bernanke(1999)等经济学家曾对通货膨胀目标制作出了一系列的批评。有些经济学家认为其太僵硬,而有些却认为其相机抉择度太大。通货膨胀目标制以目标期的通货膨胀率是否落入目标区间作为评价中央银行政策绩效的首要标准,会激励中央银行唯"物价稳定"是图,使得中央银行回避对其他政策目标(如经济短期波动、失业率等)的关注与责任。通货膨胀目标制对预测通货膨胀目标的要求很高,由于经济现象的错综复杂与货币政策时滞的存在,使得通胀难以控制。通货膨胀目标制要求较灵活的汇率制度,可能导致金融不稳定。通货膨胀目标制无法确保财政政策自律或真正规避财政政策的货币化(Fiscal Dominance)。

上述争论表明,由于通货膨胀目标制产生的历史并不是很长,其绩效有待进一步观察和总结。不过,目前实行通货膨胀目标制的大部分国家的经验表明,其实践基本上是令人鼓舞的。只有少数情况下(主要是一些新兴市场国家)通货膨胀目标制不是非常成功,但问题常常出在其他方面,多数情况是由于财政政策的误导所致。

3.通货膨胀目标制与其他货币政策框架的比较

根据国际货币基金组织(IMF)的分类,货币政策框架主要包括:货币总量目标制(Money Aggregate Targeting)、汇率目标制(Exchange Rate Targeting)和通货膨胀目标制(Inflation Targeting)和其他。其中货币总量目标制和汇率目标制均设有监测最终目标实施效果的中介指标,货币当局通过对中介目标的调控,实现预定的最终目标;而通货膨胀目标制则是由货币当局通过货币政策工具的运用,直接影响最终目标。

4.实行通货膨胀目标制的初始前提

实施通货膨胀目标制的前提主要有三点:(1)中央银行的工具独立性。(2)中央银行需有一个有效的货币政策工具,其与通胀有相对稳定的关系。大多数通货膨胀目标制货币当局采用短期名义利率,而不是信贷控制或者货币供给。(3)中央银行需有问责机制、决策透明并与公众沟通。(4)只能有一个名义锚,如果另有一个固定汇率制度,则不能实行通货膨胀目标制。但是,如果汇率制度适当放松,譬如采用爬行盯住(Crawling Pegs)或者目标区域(Target Zones)方式,则理论上可以共存;只是在发生冲突时,需要强调盯住通货膨胀的优先性,并放弃对汇率制度的固守或承诺。前述四个前提条件中,第一个和第四个是相对关键的,而第二个和第三个则相对容易做到。原则上,只要满足第一和第四这两个基本条件,就基本可以采用通货膨胀目标制。

在实践中,实施通货膨胀目标制的国家都是市场经济比较完善的国家,这些国家具有许多相同的市场经济特征,如中央银行具有制定货币政策的独立性、利率市场化和汇率自由浮动等。因此,通常来说,通货膨胀目标制实施的条件主要有中央银行的独立性,货币政策的高度透明度,利率的市场化,实行浮动汇率制。(杨灵琴,2009)

六、中国的货币政策目标

关于中国究竟采取什么作为货币政策目标,有不同的看法。

1.单一目标论

单一目标论的货币政策目标是稳定币值,或者发展经济。稳定币值和稳定物价两者之间虽有区别,但币值的稳定总是要通过其对立面——物价的稳定来体现的。在货币政策目标中所说的稳定币值和稳定物价,其内涵是一样的。我国通常的提法是稳定币值。

(1)主张以稳定币值作为货币政策的唯一目标。认为货币政策的多种目标之间存在矛盾,如坚持多重目标,就难以保证币值稳定。而币值稳定是经济正常运行和发展的基本前提,也是中央银行的首要职责,没有中央银行的宏观调节与控制,任何部门也无法保持币值的稳定。中央银行对经济增长、充分就业和国际收支平衡的直接调节则较弱,因此,稳定币值是货币政策的唯一目标。

(2)主张以经济增长作为货币政策的唯一目标。认为货币是再生产的第一推动力,应该以最大限度的经济稳定增长作为货币政策目标,并在经济发展的基础上稳定币值,即经济增长应是首要目标。

2.双重目标论

即以稳定币值和发展经济作为货币政策的目标。他们认为稳定币值是发展经济的前提,发展经济则是稳定币值的物质基础。两大目标互相依存,互相促进,又互相制约。

3.多重目标论

随着我国的经济逐渐溶入世界经济,充分就业和国际收支平衡也逐渐提到议事日程。有人主张将稳定币值、经济增长、充分就业和国际收支平衡都纳入货币政策的目标中。

1995年3月18日,第八届全国人民代表大会第三次会议通过的《中华人民共和国中国人民银行法》把我国的货币政策目标明确为:保持货币币值的稳定,并以此促进经济增长。从这一规定来看,我国货币政策的目标是稳定币值。或者,即使不能说稳定币值是我国货币政策的唯一目标,至少稳定币值是我国货币政策的首要目标,并通过稳定币值来促进经济增长。为什么要以稳定币值作为我国货币政策的目标呢?这是因为:

第一,以“稳定币值,发展经济”作为货币政策的双重目标,实际是混淆了政府的宏观经济政策目标和中央银行的货币政策目标之间的区别,其直接危害是以发展经济取代了稳定币值。政府的宏观经济政策目标是国民经济发展的总体目标,中央银行是政府的部门之一,其货币政策是部门目标,两者是从属关系,而不能等同看待。总体目标要通过许多部门共同努力,才能实现,仅靠中央银行一家是无法保证总体目标的实现的。中央银行的货币政策有别于政府宏观经济政策目标。从我国实际看,地方政府、部门和企业行为扭曲,总是倾向于片面追求高速度。扩大投资规模,使总需求膨胀,要求增加货币供应,这使得发展经济和稳定币值之间常产生矛盾。二者发生矛盾时,又总是牺牲稳定币值为代价来求得经济的发展,结果货币超量供应,引发通货膨胀。

第二,自改革开放以来,在经济发展的过程中,日益严重地受到通货膨胀的威胁,把货币政策目标转移到稳定币值上来很有必要。实践也证明:只要币值稳定,经济就能健康、快速、协调地发展;通过发行货币换取高速度会扭曲经济结构,降低产品质量,危及社会稳定,最后被迫进行调整,使经济发展大起大落,反而降低速度。

第三,稳定币值是实现发展生产的目的,维护人民群众利益的需要,也是社会安定,顺利改革和建设的必要条件,而且中央银行能够直接调节和控制。

4.十六届三中全会制定的新的货币政策目标

维持金融稳定,重点是维持总量平衡。货币政策对国民收入、调整经济结构、促进经济增长不发挥主要作用。过去用货币政策解决经济结构性问题如西部开发等是错误的。货币政策要在保持币值稳定和总量平衡方面发挥重要作用。

5.通货膨胀目标制是我国汇率制度改革的政策搭配

中国是世界上最大的新兴市场国家,而在开放经济下汇率政策作为货币政策的重要组成部分,对我国宏观经济的调控具有重要的作用。1994 年 1 月 1 日,中国实行了实质性的外汇管理体制改革,实现官方汇率和调剂市场汇率并轨,建立银行间外汇市场,名义上开始实行以市场供求为基础、单一的、有管理的浮动汇率制度。1994 年到 1997 年亚洲金融危机之前,中国的汇率政策目标是促进出口获得外汇,而这种制度在汇率安排上是一种浮动的制度安排。亚洲金融危机后,人民币汇率制度转向了名义锚钉住,并呈现两个非常突出的特点:一是单一钉住美元。日元和欧元汇率的变动对人民币汇率几乎没有影响;二是固定。因为从 1997 年 8 月—2005 年 7 月 21 日,人民币汇率基本维持在 1∶8.277 的水平上。所以这期间我国的汇率制度是传统的事实上单一盯住美元的固定汇率制度。这种僵化的固定汇率制度,在我国经济开放度不断加深的情况下,使我国的货币政策和汇率政策发生了多次的冲突:1994—1996 年外汇储备快速增加与较高的通货膨胀之间的冲突,1998 年外汇储备增幅快速下降和物价持续下降之间的冲突,1998—2000 年汇率稳定和本外币利差倒挂之间的冲突,2002 年以来人民币升值压力和国内投资过热的冲突。三次冲突说明我国中央银行陷入了"囚徒困境",货币政策受到了桎梏,我国的货币政策的病根很大程度上在于汇率的刚性、中央银行的货币政策操作独立性和自主性的缺乏。我国中央银行的行为受制于外汇的供求状况,当市场上外汇供大于求时,中央银行被动投入基础货币,反之,当市场上外汇供不应求时,中央银行必须投放外汇,收回基础货币,不能自主决定基础货币投放、回笼及规模。为维持固定汇率制度,中央银行不得不直接入市大量买入外汇,导致外汇储备激增,大量外汇储备集中在中央银行手中,导致汇率风险得不到风散,外汇储备的机会成本增加,并且资金的使用效率受到损失,极大地限制了我国实行独立货币政策的能力,并加剧了宏观经济的波动。可见为了维护人民币汇率的稳定而牺牲了货币政策的独立性,货币政策沦为汇率政策的附庸,维持固定汇率锚的成本已大大超过其收益,不利于维护宏观经济的内部均衡和外部均衡,不利于维护国内中长期的可持续健康发展。

2005 年 7 月 21 日,中国开始实参考"一篮子货币"的有管理的浮动汇率制度,人民币汇率不再盯住单一美元,而是形成更富弹性的人民币汇率机制。我国选择战略性地退出盯住汇率制,并且我国政府已经非常明确地表明,随着时间的推移,将允许汇率走势有更大的灵活性。可以预见,浮动汇率制度将是我国汇率制度改革的必然方向。因此,我国必然失去"汇率"这个名义锚。而货币供应量目标作为另外一个名义锚也面临淘汰的命运,自从 1998 年以来实行货币供应量目标制诞生的那天起,国内经济学家对这一货币政策框架的有效性不断提出质疑,近些年来货币政策的实践表明,我国货币政策中介变量的目标值和实际值之间在大多数年份存在着较大的差距(见表 10-1),并且随着金融创新的发展、金融深化的日益增强以及货币流通速度的发展,货币供应量的可控性、可测性和相关性均受到不同程度的影响,钉住货币供应量的货币政策框架,客观上已经不合时宜。(杨灵琴,2009)

同时,近些年来的国际实践已表明通货膨胀目标制很好地充当了浮动汇率制度下的名义锚作用。因此，汇率改革后，将通货膨胀目标作为名义锚是我国货币政策的合理选择和努力方向。我国的货币政策调整思路应以内部均衡调控为主，采用通货膨胀目标制；外部均衡主要以市场为主决定人民币汇率的形成机制(章和杰，2005)。

表 10-1 1994—2006 年货币供应量目标与实际值对比(%)

年份	M_1 目标	M_1 实际	M_2 目标	M_2 实际
1994	21	26.2	24	34.5
1995	21～23	16.8	23～25	29.5
1996	18	18.9	25	25.3
1997	18	16.5	23	17.3
1998	17	11.9	16～18	15.3
1999	14	17.7	14～15	14.7
2000	14	16	14	12.3
2001	13～14	12.7	13～14	14.4
2002	13	16.8	13	16.8
2003	16	18.7	16	19.6
2004	17	13.6	17	14.6
2005	15	11.78	15	17.57
2006	14	16.9	16	12.6

资料来源：根据历年《中国金融年鉴》和《中国人民银行 2006 年第四季度货币政策执行报告》整理，转摘自杨灵琴硕士论文。

6.通胀和紧缩的交替循环对我国货币政策的挑战

回顾我国货币政策的调控历史，我国的经济增长速度一直保持着不可思议的增长速度，但经济运行一直处于膨胀－紧缩的怪圈，有必要深思由于中央银行独立性的缺乏导致宏观调控不佳。自 1994 年以来，我国的货币政策实践大致可以分为四个阶段：

1994—1997 为第一阶段。这一期间货币政策的主要任务是抑制通货膨胀，并以现金计划和贷款规模作为中介目标。1992 年在房地产业的高投机冲击下，经济出现了严重过热的现象，于是 1993 年，中央提出加强宏观调控，1994 年中央银行明确提出实行“适度从紧”的货币政策，1996 年 GDP 的增长率从经济过热时 13.5%回落到 9.8%，通货膨胀率从曾经高达两位数的 24.1%回落到 2.8%，经济实现软着陆。

1998—2003 年为第二阶段。自 1997 年东南亚金融危机以来，这一期间货币政策的主要任务是治理通货紧缩。随着 1998 年我国取消对贷款规模的控制，我国货币政策实现了由直接调控向间接调控的重大转变，货币供应量开始充当我国唯一的货币政策中介目标。这期间五年的通货紧缩、预期通货膨胀与紧缩共存，到 2004 年上半年通胀压力增大。随着社会总供求关系发生根本性变化，特别是 1997 年亚洲金融危机爆发以后，国内有效需求不足矛盾日益突出，通货紧缩趋势显现。中央明确提出要把扩大内需作为促进经济发展的一项长期战略方针，改适度从紧的财政货币政策为积极的财政政策和稳健的货币政策。从 1998 年以来的 5 年中，在世界经济不景气的情况下，我国经济增长率始终保持在 7%～8%。但在 2003 年底，由于居民消费指数有所上升，出现了通货膨胀的预期，使得预期通货膨胀与紧缩共存，到 2004 年上半年转为通胀压力增大。

2004—2008上半年为第三阶段。这一期间货币政策的主要任务是防止局部经济过热和通货膨胀。进入2004年后，伴随着固定资产投资高速增长、煤电油运供求矛盾持续紧张、粮食价格大幅度上涨带动食品价格上升以及国际市场原油价格猛增等多种因素，国内市场价格总水平开始一路上涨并出现涨幅加速上升的趋势。2005年以来，我国居民消费价格总水平上涨，继续处于温和上涨的状态。2007年3月以来，受猪肉、食用油等食品涨价的影响，我国CPI涨幅连续9个月超过3%的警戒线。2007年2季度经济增长达到12.6%的峰值。2007年3季度以来，我国进入高通胀、经济减速通道。2007年12月份召开的中国经济工作会议明确提出要把防止经济增长偏快转为过热、防止价格由结构性上涨演变为明显通货膨胀作为当前宏观调控的首要任务。由于通胀飙升成为经济失衡的焦点问题，我国货币政策放弃自亚洲金融危机以来十年之久的稳健的货币政策，中央银行迅速动用加息和高频提高准备金率来应对。从紧货币约束下，CPI环比保持稳定下降。由于人民币汇率保持高位、股市暴跌和国际金融市场动荡三大因素的严重影响，我国经济增长大幅减缓。

2008下半年以来为第四阶段。2008年8月以来，CPI经季节性调整后环比趋势降为负数，截止2008年11月份，通货膨胀的威胁已经基本消除，但却出现了通货紧缩的可能。而在2008年下半年，我国开始实施了宽松的货币政策和积极的财政政策，经济重心从防止通货膨胀转到保持经济增长。但在负利率刺激和成品油等基础商品价格改革可能实行的影响下，2009年通货膨胀也有可能卷土重来。

从这四个阶段可以看出，我国中央银行的货币政策相应在抑制通胀和治理紧缩上疲于奔命，可以看出我国中央银行的确是"世界上最忙碌的中央银行"。我国"走走停停"的货币政策是一种事后补救，当经济出现严重问题时才采取头痛医头、脚痛医脚的"相机抉择"的货币政策操作，难以确定实现经济的宏观调控的政策目标，甚至引发剧烈的经济波动。经济发展有其内在规律性，要有宏观经济的稳定，才可能实现国民经济的可持续发展。任何短期的经济过度膨胀，都有可能造成严重的经济困境和艰难的调整。我国的宏观经济政策必须为经济的良性运行创造条件，切莫使宏观经济政策成为经济不稳定之源，切莫重蹈泡沫经济时期的日本经济的覆辙，切莫重蹈亚洲金融危机前的部分国家短期的繁荣被长期的萧条所耗尽的覆辙。

我国经济通胀和紧缩的交替对我国货币政策提出了严峻的挑战。我国中央银行必须实施前瞻性的货币政策(Forward-Looking-Monetary Policy)，选择货币政策与控制通货膨胀的货币政策的长期目标相结合，即中央银行要根据货币政策的远期目标，事先对未来的经济走势做出判断，并采取相应的措施，以确保实现既定的货币政策目标。因此将货币政策目标转向通货膨胀目标制，不仅可以抑制通胀，也可以防止紧缩。为了防止国民经济的反复无常，实现经济的可持续发展，为了实现2020年国内生产总值比2000年翻两番的目标，我国中央银行必须把物价的稳定作为首要职责，实施通货膨胀目标制这一前瞻性的货币政策框架。

总之，我国货币政策在经济体系日趋复杂的背景下面临更大的不确定性，改革现有的货币政策框架变得十分迫切和必要。鉴于通货膨胀目标制的优势、汇率制度改革需要解决名义锚的缺失问题以及宏观经济在通胀与紧缩之间的交替循环对传统的货币政策框架提出的挑战，我们认为我国有充分的理由采取通货膨胀目标制，以此作为货币政策目标改革的长期路径。(杨灵琴，2009)

第二节 货币政策的中间目标

一、货币政策中间目标的含义

货币政策中间目标又叫中介目标(Intermediary Targets of Monetary Policy),中介指标,是比较短期的、可以明确衡量的数量化金融指标。它是货币政策工具和货币政策目标之间的中介或桥梁,在货币政策的传导中起着承上启下的传导作用。它使货币政策工具能正确、有效、稳步地对宏观经济发生作用,避免货币政策实施的盲目性和带来经济上的巨大波动。

建立货币政策中间目标,是为了及时测定和控制货币政策的实施程度,为中央银行提供一个追踪监测的指标,保证货币政策最终目标的实现。这是因为:

(1) 要有一个能随时体现货币政策效果的指标。货币政策最终目标的实现,需要经历较长时间的过程,最终目标的统计资料,也需要较长时间的汇集整理,等统计计算得出最终目标的结果时,即使与原定目标相差甚远,也已成定论,无可挽回。因此,在货币政策实施过程中,必须要有一个能随时体现货币政策效果的指标,以便实施有效的适时调节,这个指标就是中间目标。

(2)货币政策的传导存在着时间滞后的现象。由于中央银行掌握的是间接的调控手段,较少强制性,在很大程度上必须依靠金融市场的机制,才能接近其最终目标,因此,无法避免时滞现象。所以,中央银行有必要在金融市场上选取若干可以控制的金融指标,作为货币政策的中间目标,使中央银行能随时了解货币政策效果,及时做出必要的调整,从而避免因时滞而影响货币政策的最终效果。

二、选择货币政策中间目标的标准

作为货币政策的中间目标必须符合以下条件。

(一)相关性

相关性就是作为货币政策中间目标的金融指标,必须与货币政策的最终目标密切相关。只有把具有相关性的金融指标作为中间目标,才能通过它的数值变化测知货币政策的实施状况。也只有对具有相关性的指标进行调节和控制,才能影响货币政策实施的效果,确保最终目标的实现。

(二)可测性

可测性是指中央银行能迅速、准确地获得所选择的中间目标的有关资料,以便进行分析和预测。若货币政策的中间目标不具有可测性,必须取得的资料得不到,或不能及时得到,甚至资料的可信度很差、不准确,必然影响中央银行的宏观调控效果,影响货币政策最终目标的实现。

(三)可控性

可控性是指货币政策中间目标要能为中央银行所控制。要求中间目标与所能适用的货币政策工具之间要有密切的、稳定的和统计数量上的联系。

(四)抗干扰性

只有选取那些受干扰程度较低的中间指标,才能通过货币政策工具的操作达到最终目标。

(五)与经济体制、金融体制有较好的适应性

经济及金融环境的不同,中央银行为实现既定的货币政策目标而采用的政策工具不同,选择作为中介指标的金融变量也必然有区别,因此,货币政策中间指标的选择必须依各国或地区的具体条件决定。

根据以上几个条件,尤其是根据前三个条件所确定的中间指标一般有利率、货币供应量、超额准备金和基础货币等。这四种也是西方国家的中央银行通常采用的货币政策中间目标。根据这些指标对货币政策工具反应的先后和作用于最终目标的过程,又可分为两类:一是近期指标,即中央银行对它的控制力较强,但离货币政策的最终目标较远。如超额准备、基础货币和短期市场利率。二是远期指标,即中央银行对它的控制力较弱,但离政策目标较近。如长期利率和货币供应量。

三、西方国家较常用的货币政策中间目标

西方国家的中央银行通常采用的货币政策中间目标有:利率、货币供应量、基础货币和超额准备金。

(一)长期利率

长期利率主要指中长期债券利率。作为中间目标的利率的优点是:(1)可控性强。中央银行可直接控制再贴现率,而通过公开市场业务或再贴现政策,也能调节市场利率的走向。(2)可测性强。中央银行在任何时候,都能观察到市场利率的水平及结构。(3)从相关性上看,凯恩斯主义者认为,长期利率作为货币政策的中间目标,与货币政策的最终目标之间存在很强的相关性,原因在于长期利率对投资有着显著影响。(4)货币当局能够通过利率影响投资和消费支出,从而调节总供求。但是,利率作为中间指标也有不理想之处:(1)作为内生经济变量,利率的变动是顺循环的:经济繁荣时,利率因信贷需求增加而上升;经济停滞时,利率随信贷需求减少而下降。然而,作为政策变量,利率与总需求也应沿同一方向变动:经济过热,应提高利率,以抑制需求;经济疲软,应降低利率,以刺激需求。这就是说,利率作为内生变量和作为政策变量往往很难区分。比如,确定一个利率提高的目标,为的是抑制需求;但经济过程本身如果把利率推向了这个高度,作为一个内生变量,它却是难以直接抑制需求的。在这种情况下,中央银行很难判明自己的政策操作是否已经达到了预期的目的。(2)利率的数据虽然容易获得,但从中选出一个有代表性的利率并不容易。(3)名义利率与预期的实际利率之间有差别,直接对经济运行产生影响的是实际利率。而中央银行只能盯住名义利率,而无法确切地知道社会公众的预期实行利率,因而也就无法准确预测货币政策的效果,无法掌控货币政策的松紧。(4)作为中间目标的长期利率必须通过短期利率来传递信息,但由于证券的期限结构、流动性和风险各不相同,使短期利率与长期利率之间存在复杂的关系要,给中央银行的操作带来不确定性。

需要指出的是,作为货币政策中间目标的利率,必须是市场利率,即是由经济体系内部因素决定的内生变量。

（二）货币供应量

无论从相关性、可测性还是可控性考虑，货币供应量都很适合作为货币政策的中间目标。货币供应量与经济发展、物价水平等都有直接的联系。在经济繁荣时，银行扩大信贷规模，增加货币供应量；当经济增长速度下降或衰退时，银行就会缩减信贷规模，相应减少货币供应量。货币供应量也直接影响物价水平。货币供应过多，就会引发通货膨胀，物价总水平上涨；减少货币供应，则可治理通货膨胀，稳定物价水平。货币供应量的有关资料，中央银行也能迅速、准确地获得。就可控性而言，由于货币供应量的变化，主要地取决于货币政策的变化，较少受非货币政策因素的干扰，因此，它能准确体现中央银行货币政策的方向和力度，中央银行通过控制基础货币供给和调整法定存款准备金率等方式，就可对其进行调节和控制。货币供应量作为中间目标，其优点在于该项指标与经济发展状况联系密切，社会总供给与社会总需求不管由何种因素引起失衡，都会通过货币供应量的过多或过少反映出来。并且这一指标与货币政策最终目标比较接近。同时，货币供应量的变化作为内生变量是顺循环的，而作为政策变量是逆循环的，因此，中央银行比较容易判断其政策效果。但遇到的困难是：确定哪种口径的货币供给作为中间指标：是现金，还是 M_1，或是 M_2。就可测性、可控性来说，三个指标均可满足。它们随时都分别反映在中央银行和商业银行及其他金融机构的资产负债表上，可以进行测算和分析。现金直接由中央银行发行并注入流通，通过控制基础货币，中央银行也能有效地控制 M_1 和 M_2。问题在于相关性，到底是哪一个指标更能代表一定时期的社会总需求和购买力，并从而通过对它的调控，就可直接影响总供求。现金，在现代经济生活中已经起不了这种作用。问题是 M_1 和 M_2 的优劣比较。对此，有很不相同的看法。而在网络金融条件下，就是 M_1 和 M_2 也越来越难客观反映现实的经济生活。为什么？

若在货币供应量和利率中选择，到底选择哪一个？没有定论。一般而言，市场经济较发达的宜采用利率作为中间目标，计划色彩较浓的宜采用货币供应量作为中间目标。但也不尽然。比如 20 世纪 70 年代中期以后，西方各国中央银行纷纷将中间指标由利率改为货币供应量；而进入 90 年代以来，一些发达国家又先后放弃以货币供应量作为中间指标，转而采用利率，如七国集团中除德国中央银行外都这样。原因是 20 世纪 80 年代末以来的金融创新、金融放松管制和全球金融市场一体化，使得各层次货币供应量之间的界限更加不易确定。使得基础货币的扩张系数失去了以往的稳定性。也使得货币总量同最终目标的关系更难把握。结果，中央银行失去了对货币总量的强有力的控制，重新采用利率作为中间指标。

（三）基础货币

基础货币是流通中的现金和商业银行的存款准备金的总和。它构成了货币供应量倍数伸缩的基础。从可测性上看，基础货币是中央银行的负债，其数额随时反映在中央银行的资产负债表上，所以很容易被中央银行掌握。从可控性上看，商业银行的存款准备金中的非借入准备金可由中央银行通过公开市场业务加以控制，借入准备金即贴现贷款虽不能完全控制，但可以通过贴现窗口进行目标设定和预测，因此可控性也较强。从相关性上看，由于基础货币与货币乘数之积为货币供应量，所以在货币乘数稳定的条件下，只要中央银行能控制住基础货币的投放，就可以控制货币供应量，进而影响到利率、价格和国民收入，从而实现货币政策的最终目标。不少国家把它看作较为理想的近期目标。

（四）超额准备金

商业银行的准备金分为法定准备金和超额准备金两个部分。在中央银行的法定准备金,商业银行无权改变其数量;而超额准备金数量的多少、是否使用则是由商业银行自主决定的。一般来说,商业银行体系的超额准备金增加,意味着信贷规模缩减,货币供应量减少。这时,若经济是处于过度繁荣阶段,出现了通货膨胀,则有利于缩减社会总需求,稳定市场物价,促进经济稳定发展;若经济处于衰退时,就会导致价格下降,失业增加,经济继续衰退。相反,商业银行体系的超额准备金减少,则意味着社会的信贷规模扩大,货币供应量增加。因此,超额准备金与货币政策的目标具有高度的相关性。商业银行的超额准备金虽有部分存放于其他商业银行等金融机构,但大部分在中央银行的账上,可测性也不是比较好的。虽然超额准备金对商业银行的资产业务规模有直接决定作用,但是,超额准备金的高低取决于商业银行的意愿和财务状况,中央银行难以直接控制。

(五)短期市场利率

短期市场利率通常被选作近期指标的短期市场利率是指银行同业拆借利率。银行同业拆借市场作为货币市场的基础,其利率是整个货币市场的基准利率。中央银行可以通过对银行同业拆借利率的调控来影响长期利率,并使货币供应量有所改变。从可测性上看,中央银行可以很方便地获得有关银行同业拆借利率水平和变化情况的信息;从可控性上看,当中央银行根据既定的目标认为有必要维持或改变现有的利率水平和结构时,可以通过相应的公开市场操作及对贴现率的规定,来调控同业拆借利率;从相关性上看,作为货币市场基准利率的同业拆借利率,其变化会进一步引起金融市场其他利率的变化,并最终影响到货币供应量及其他经济活动。

短期市场利率作为近期指标的最大问题在于利率对经济活动产生作用存在着时滞,且利率的变化是顺周期的,容易造成货币供应的周期性增加或紧缩。而且短期利率非常容易受到通货膨胀、市场供求、心理预期等非货币因素的影响,不利于中央银行对货币供给做出正确判断并采取相应的行动。

此外,有一些经济、金融开放程度高的国家和地区,是以汇率作为其货币政策的中间指标。这些国家或地区的货币当局确定其本身同另一个较强国家货币的汇率水平,并通过货币政策操作,盯住这一水平,以此实现最终目标。

四、中国货币政策的中间目标

(一)可供选择的中间目标

中国货币政策的中间目标与西方国家大体相同,但是由于我国经济体制、市场发育程度与西方国家不同,因此,要根据我国的实际对中间目标进行选择。可选择的中间目标:货币供应量、现金发行量、信贷总规模、基础货币量、同业拆借利率等。下面仅讨论信贷总规模等。

1. 信贷总规模

银行信贷总规模是指银行体系对社会公众及各经济单位的贷款总额。由于信贷规模与货币供应量密切相关,因此改变信贷规模就成为改变货币供应量的一条重要途径,将对货币政策最终产生直接影响。

从可测性上看,中央银行通过统计商业银行和其他金融机构资产负债表上各有关项目及其构成,就可以迅速准确地得到银行信用总量和结构和信息。从可控性上看,中央银行可以采用直接信贷管制和间接调控的方式对银行信贷规模进行控制。从相关性上看,银行信贷规模的变化会直接导致货币供应量的变化，进而影响社会总需求的规模，所以银行信贷规模与货币政策最终目标之间有很强的相关性。之所以将信贷总规模作为我国货币政策的中间目标，是因为：

(1)银行贷款是我国主要的信用形式和企业资金的主要来源，贷款规模和结构较正确地反映了国民经济的总量和结构。

(2)信贷总规模能正确地体现中央银行货币政策意图及对经济的影响。

(3)信贷总规模是引起货币供应量变动的直接原因。

(4)对信贷总规模的定量分析有比较系统的统计资料和经验数据。

2. 银行同业拆借利率

在利率体系中，中央银行再贷款利率是基础，是中央银行直接操作的对象，而同业拆借利率则是操作效果的直接体现，因此，同业拆借利率更适合作为货币政策中间目标。

(二)货币政策中间目标的现实选择

在西方国家，货币政策中间目标最主要的是利率和货币供应量。货币供应量直接在供给数量方面起调控作用，利率则主要在资金需求的控制方面起作用。就货币供应量来说，它既可以用间接的手段，如法定准备金率、再贴现率等手段进行控制，也可以用直接手段如买卖政府债券及综合信贷计划手段进行控制。利率是一个通过利益调节机制，主要起间接制约货币需求水平的指标，利率是否可以选作货币政策的中间目标，关键是看它与社会总支出的密切程度。

1. 构成社会总支出的基本内容

从我国的情况看，构成社会总支出的基本内容有消费支出和投资支出。

(1)消费支出。消费支出是城乡居民货币收入中用于消费的部分。城乡居民的货币收入一般都分为三部分：消费支出、银行存款和现金保有余额。在总收入不变的条件下，三者之间是此消彼长的关系。因此，若储蓄和现金余额有较高的利率弹性，那就说明利率能够对消费性支出产生重要影响，或者说消费支出有较高的弹性。从实证数据看，我国利率变动对消费支出还是有一定的影响，但根本不具有决定性作用。

(2)投资支出。我国的投资利率弹性还是相当低的。这不仅是因为我国资金长期处于紧缺状态，利率水平较低，而且还在于旧的经济体制下脱胎出来的国有企业预算软约束的坏习气至今还没有得到根治。国有企业在很大程度上依赖国家的支持，即使经营不善，出现了亏损，企业总是指望能够通过讨价还价，从减免税收、财政补贴和银行贷款停息挂账等方面得到补偿。资金使用效益的好坏，并不直接影响企业经营者的利益，因此，企业对投资的需求没有一个自我抑制调节的机制。利率水平即使不低，也很难对其起到制约性的作用。

总之，利率对消费支出不起决定性的作用，利率的投资弹性也很低，故就不能把利率作为我国货币政策的中间目标。

2. 监控银行贷款和现金发行已经远远不能适合中央银行货币政策操作的要求

从我国的历史发展来看，改革开放之后的相当长一段时间，尽管没有正式对外宣布，但我国中央银行一直沿用贷款规模和现金发行作为货币政策的中间目标。理论依据是：贷款＝存款＋现金，同时，货币都是通过贷款供应的，因此，只要控制贷款就能控制住货币供应。实践证明，在改革开放之前和改革初期，将贷款规模和现金发行作为货币政策中间目标是有效的和正确的。因为我国那时金融业的状况是：一是居民的储蓄存款很少，金融资产单一。

二是中国经济对外开放程度较低,因而国际收支变动对货币供应量的影响较小。三是财政长期以来实行“收支平衡,略有节余”的预算管理政策,赤字较小,所以,对货币供应量的影响也较小。四是货款管理一直实行“统存统贷”的政策,贷款几乎成为银行资产的唯一存在形式。在这种背景下,除了银行贷款之外,很少有其他渠道供应货币,因此,只要控制住贷款,就基本上可以控制住社会信用量。比如,在几次货币紧缩政策的实施过程中,中央银行都通过收缩贷款规模而有效地抑制了经济过热和通货膨胀,这也部分强化了贷款规模作为中间目标的地位和作用。

但是,1979 年改革开放之后,这种情况也在悄悄地发生变化。特别是 20 世纪 80 年代中期以后,随着经济体制改革的深入,变化日益明显:一是居民储蓄存款迅猛增加,而且随着金融意识的增强,居民资产的存在方式已不仅限于银行存款,债券、股票等资产的持有量逐渐增多。二是直接融资在企业融资中所占的比重不断上升。三是随着我国对外开放的不断扩大,外向型企业的结售汇数额持续增加,因此,外汇资产的变动对中央银行货币投放的影响也越来越大。另外,一些银行的“绕规模”放款,也使贷款规模的直接控制产生了越来越大的负效应。

这种情况说明,仅仅监控银行贷款和现金发行已经远远不能适合中央银行货币政策操作的要求,因为它已经不能客观反映全社会的货币支付能力,据此也就很难全面科学地判断银根的松紧。因此,中央银行加速了对货币供应量的统计分析与研究,从 1994 年第三季度开始,按季度向社会公布货币供应量,1995 年开始尝试将其纳入货币政策中间目标体系,并从 1996 年开始正式将货币供应量作为货币政策的中间目标。

第三节　货币政策工具

货币政策工具(Tools of Monetary Policy)是中央银行为了实现货币政策目标,对货币供应量进行调节和控制所运用的政策手段。中央银行货币政策工具的实施过程,就是通过货币政策工具调控中间目标,进而影响最终目标来实现的。货币政策工具一般可分为:一般性货币政策工具,选择性货币政策工具,直接信用控制和间接信用指导四大类。

一、一般性货币政策工具

一般性货币政策工具是指中央银行从总量的角度,通过对货币供给总量或信用总量进行调控,能经常使用且能对整个经济运行产生普遍影响的工具。西方国家的一般性政策工具主要有三种传统手段,或三大法宝:法定存款准备率,再贴现率,公开市场业务。

(一)法定存款准备金政策

商业银行等金融机构按照规定的比率,将所吸收的存款的一部分交存中央银行,本身不得使用,这部分交存中央银行的存款叫法定存款准备金(Reserve Requirements)。中央银行对商业银行吸收存款所规定的交存存款的比例,叫法定存款准备率。

中央银行最初实行法定存款准备金制度的主要目的是为了保证商业银行的清偿能力,保护存款人的利益。存款准备金制度最早始于 18 世纪的英国,伴随中央银行体制的建立,商业银行开始按照一定的比例向中央银行缴存存款准备金。法定存款准备金制度在实施过程中，体现出对商业银行创造派生存款的制约作用，从而逐渐演变成为中央银行的货币政策工具。从20世纪30年代初开始，美国和欧洲一些国家的政府通过法律，赋予中央银行自由调节法定存款准备金率的权利，从而使法定存款准备金率成为控制银行体系信用创造能力和调节货币供应量的重要工具。从西方国家的货币政策实践情况看，存款准备金率在20世纪90年代前一直作为信贷总量调节工具，这和我国目前的情况类似；而20世纪90年代以后，存款准备金在西方国家的信用调节功能日益减弱。20世纪90年代初，以美国、法国、加拿大等国家为代表，部分西方国家首先取消了定期存款的准备要求，随后这一做法为其他发达国家采用，目前主要发达国家的存款准备金水平已基本降为0%，大部分国家放弃使用存款准备金率作为货币政策工具。

导致以上情况出现的主要原因在于：

一是与再贴现率和公开市场操作相比，存款准备金率更多的作用于传统银行机构而不是金融市场体系。在金融市场地位提高、市场参与者日益多元化的情况下，存款准备金工具对于那些金融市场依赖度高、混业经营的金融机构影响很小，而对于一般性的存款储蓄机构则会产生较大的影响，人为制造了不公平竞争。存款准备金的选择性成为其广为诟病的一大原因。

二是存款准备金率的调控功能日益减弱，很难满足央行货币政策操作的需要。相对于公开市场操作等货币政策工具，存款准备金作用剧烈，作用时滞大，不利于央行及时调整货币概览，并对金融市场进行微调。近年来，西方央行在货币政策中介目标选择上日益偏重价格型指标，工具选择上也更倾向于价格型工具，利率指标的重要性远远大于货币供应量，而存款准备金工具作为典型的数量性工具只能作用于银行机构的可贷资金量而不能有效影响金融市场资金价格并引导资金流向，这一数量型特征也导致存款准备金工具逐渐淡出舞台。另外，存款准备金率工具对信用收缩或扩张的影响力度过大，而该工具在实际作用过程中会出现严重的时滞，在金融市场国际化程度高的国家，这一时滞特征更为明显，使得中央银行主动性减弱，政策适用性下降。

三是过去二十年间，存款准备金的风险管理功能也在逐渐减弱。随着1988年巴塞尔资本协议和新资本协议的全面实施，资本监管日益取代存款准备制度成为当局对商业银行进行风险监管的主要手段。其主要原因为：其一、在金融创新条件下，规避存款准备的金融创新产品繁多，存款准备要求日益失去了风险监管功能；其二、金融界对风险管理的认识日益深刻，监管者意识到商业银行面临的风险绝不仅仅是支付问题，支付困难只是银行体系风险爆发后的表现，通过建立存款准备制度或存款保险制度并不能在事前预防银行体系风险；其三、随着全面风险管理思想的深入，以资本监管为核心，资本充足率要求为核心的资本监管模式日益成为各国中央银行控制商业银行风险水平的主要手段。

中央银行通过调高或调低法定存款准备率，来增加或减少商业银行应交存的存款准备金，从而影响商业银行的贷款能力和派生存款的能力，以达到调节货币供应量的目的。若中央银行调低法定存款准备率，就减少了商业银行必须交存中央银行的法定存款准备金，增加了商业银行的贷款能力，并通过货币乘数机制，数倍地扩大货币供应量。反之，中央银行调高法定存款准备率，则增加了商业银行交存的存款准备金，抑制了商业银行的贷款能力；若商业银行的超额准备金已全部贷出，则会迫使商业银行迅速收回已贷出的部分款项或已进行的部分投资，使其在中央银行的存款准备金符合法定要求。这也会通过货币乘数机制，数倍地缩减货币供应量。

1.法定存款准备金政策的基本内容

(1)对法定存款准备率的规定。该比率规定一般根据不同存款的种类、金额及银行规模和经营环境而有所区别。也有采用单一比率的，如1953年后建立法定存款准备金制度的国家，大多对所有存款按统一比率计提准备金。

(2)对作为法定存款准备金的资产种类的限制。一般限定为银行在中央银行的存款。在有些国家，一些高度流动性的资产，如库存现金和政府债券等也可作为法定存款准备金。

(3)法定存款准备金的计提。包括存款余额的确定及缴存基期的确定等。

(4)法定存款准备金比率的调整幅度等。

2.法定存款准备金政策的作用

(1)保证银行的资金流动性和现金兑付能力。在金融业发展的初期，由于银行同业间的资金拆借及中央银行作为最后贷款人的机制尚未完全发育成熟，银行资产对临时性的现金需求弹性系数小，应变能力差，往往在资金流动性需求突发性上升，或出现大量现金挤兑时，发生金融恐慌和危机。法定存款准备金制度的建立，为银行资产的流动性提供了一个缓冲和保险装置，这就是前面所说的法定存款准备金产生的初始动机。

(2)控制货币供应量。根据货币乘数理论，货币供应量为基础货币与货币乘数之积，而法定存款准备金比率是决定乘数大小，从而决定派生存款创造能力的重要因素之一，派生存款和货币供应量对法定存款准备率的弹性系数影响很大，准备金率的微小变化，将导致货币供应量的大幅度增加或减少。因而法定存款准备率可成为中央银行调节货币供应量的一种手段。

(3)进行结构调整。对以直接控制为主要特征的中央银行信用体制而言，法定存款准备金制度的建立还有助于中央银行进行结构调整。中央银行借助准备金的缴存，集中银行资金，通过直接贷款或调整再贷款等计划，就可以实施以结构调整为目的的信贷控制。

(4)改变社会公众的预期行为。调整法定存款准备金率具有强烈的“告示”效应，会对社会公众的心理预期产生重大影响。中央银行调高(低)法定存款准备金率，预示着中央银行对经济形势的判断趋于过热(冷)，公众预期政府将会进一步采取紧缩(扩张)型的政策，从而导致社会信用需求的降低(增加)。

3.法定存款准备金政策的优缺点

作为一种重要的货币政策工具，法定存款准备金政策的优点在于中央银行对其具有绝对控制力，对货币供应量会产生极强的影响力，其对所有存款机构的影响也是平等的，并且效果明显、收效迅速。

但这一政策工具的局限性也很突出。由于银行存款基数大，法定准备金率具有极强的调节效应，只要法定准备金率有较微小的变动，对银行准备金就会产生极大影响，也会引起大众心理预期的强烈变化；而且，法定存款准备金是存款机构日常业务统计和报表中的一个重要指标，频繁地调整，势必会扰乱存款机构正常的财务计划和管理，同时也破坏了准备金需求的稳定性和可测性，不利于中央银行的公开市场操作和短期利率的控制。因此，不宜经常使用，也不宜大幅度调整法定存款准备率。

(二)再贴现政策

再贴现是相对于贴现而言的。企业将未到期的商业票据卖给商业银行以获得短期贷款,称为贴现;商业银行在资金不足时,又将未到期的商业票据再出售给中央银行,从而获得中央银行的贷款,称为再贴现。中央银行在贴现过程中,向商业银行收取的利息率就称为再贴现率。事实上,近年来,由于商业银行从中央银行取得资金除了采取再贴现的方式,还有其他的贷款方式,所以,准确地说应是“再贷款利率”。同时,虽然各国中央银行一般不再提“再贴现政策”,而提“贴现政策”,不再使用“再贴现率”这个说法,但不管是再贴现率、再贷款率、再贴现政策、贴现政策,都是通过调整中央银行对商业银行的贷款利率来改变商业银行的信用活动,故我们仍使用“再贴现率”概念。

再贴现政策(Rediscount Policy)是指中央银行通过调整再贴现率和规定再贴现票据的资格等方法,影响商业银行等存款货币机构从中央银行获得再贴现贷款的能力,进而达到调节货币供应量和利率水平、实现货币政策目标的一种政策措施。

1.再贴现政策的内容

(1)再贴现率的调整。再贴现率的调整主要着眼于短期,即中央银行根据市场资金供求状况,随时调低或调高再贴现率,以影响商业银行借入资金的成本,刺激或抑制资金需求,从而调节货币供应量。

(2)规定向中央银行申请再贴现票据的资格,从而影响商业银行的资金投向。主要着眼于长期,对要再贴现的票据签发行业和申请机构规定条件,如区别对待,可起到抑制或扶持的作用,改变资金流向,从而使货币供给结构与中央银行的政策意图相符合。

2.再贴现政策的作用

(1)再贴现率的升降会影响商业银行等存款货币机构持有准备金,或借入资金的成本,从而影响它们的贷款量和货币供给量。当再贴现率升高时,商业银行借入资金的成本上升,因而会减少对中央银行的再贴现贷款的需求,减少贴现贷款的发放。从而就会缩减市场的货币供给量,进而引起市场利率的上升。相应地,社会对货币的需求也就会降低。反之,则反是。

(2)再贴现政策具有告示效应。当再贴现率提高时,人们就会预期到中央银行将实行较为紧缩的货币政策,促使人们减少未来对资金的需求。从而通过告示效应来达到紧缩的目的。当再贴现率降低时,则情况相反。

(3)再贴现政策可以防范金融恐慌。再贴现是中央银行作为最后贷款人而发挥作用的主要形式。当商业银行发生流动性不足乃至支付危机时,中央银行可以通过再贴现途径给予流动性支持,从而可以帮助商业银行渡过难关,免于因商业银行倒闭而引起的整个金融领域的支付危机与金融恐慌。

3.再贴现政策的局限性

(1)中央银行缺乏足够的主动权,甚至市场的变化可能违背其政策意愿。从控制货币供应量来看,再贴现政策并不是一个理想的控制工具。在再贴现政策实施过程中,中央银行处于被动的地位。虽然中央银行可以规定再贴现的各种条件,但商业银行是否愿意到中央银行申请再贴现,或再贴现多少,取决于商业银行的行为。如商业银行可通过其他途径筹措资金,而不依赖于再贴现,则中央银行就不能有效地控制货币供应量。在经济萧条阶段,投资需求不旺,商业银行很难发现有价值的贷款项目,即便中央银行下调再贴现率,商业银行也不愿意借入资金，那么增加货币供应量的目标就不会实现；反之，在经济高涨的阶段，企业信贷需求旺盛，商业银行能以很高的利率发放贷款，有时中央银行提高再贴现率也阻止不了商业银行的借入准备金的意愿，信用扩张的势头难以拟制。

(2)调整再贴现率的告示效应是相对的，存在出现负面效应的可能。如中央银行调高再贴现率，这时，人们有可能会认为社会上已出现了较严重的通货膨胀，中央银行的行为是为了治理通胀，于是就会产生通胀预期，这种预期指导下的反应，就是当前多借入资金，等到出现更高的通胀时再还，于是中央银行调高再贴现率，不但没有减少人们的资金需求，反而可能会刺激人们的借款欲望。这就是再贴现政策的负面告示效应。

(3)再贴现率只能影响利率的总水平，而无法影响利率的结构。只有中央银行对再贴现票据进行质量管理时，才能对利率结构产生部分影响，但在目前的实际操作中，各国中央银行基本上不对再贴现票据进行质量管理。

(4)再贴现率调整的灵活性和伸缩性有限。相对法定存款准备率来说，再贴现率比较易于调整，但由于再贴现率的调整主要通过利率的变化来发挥作用，而利率的经常波动不利于商业银行和社会公众形成正常的心理预期，不利于经济的正常运行，故随时调整再贴现率，也会引起市场利率的经常波动。在正常情况下，再贴现率不宜经常变动。

(三)公开市场业务

公开市场业务又叫公开市场操作(Open Market Operations)。它是指中央银行为了将货币数量和利率控制在适当的范围内，而在金融市场上公开买卖有价证券，来改变商业银行的超额准备金，进而影响商业银行的信用创造能力，实现金融宏观调控的政策行为。这一政策最早被19世纪初英格兰银行采用，当时，英格兰银行为了维持国库券的价格，而公开买卖国库券。到1913年，美国也利用公开市场业务来维持财政收支平衡。后来，在20世纪30年代的大危机中，美联储意外地发现公开市场业务可以极大地影响信用条件，从而将其确定为控制、调节货币供应量的主要工具。

中央银行在公开市场业务中买卖的主要是政府短期债券，交易对象主要是商业银行，作用机制主要是通过买卖商业银行持有的政府债券，改变其准备金，从而影响其信用创造能力，达到扩大或收缩货币供应量的目的。

1.分类

(1)保卫性公开市场业务。中央银行担负有货币发行，并保持币值稳定的职责，因此中央银行必须保证社会中的流通货币量在一个合适的数量范围内。当某种外在因素如外汇储备上升等，引起货币供给增加，中央银行就必须采取相反的措施，在公开市场上卖出有价证券，以冲销货币供给的增加。这种为保证货币政策目标的实现，而被动地采取的操作，就是保卫性公开市场业务。

(2)主动性公开市场业务。即当货币当局决定改变货币政策时，就在公开市场上连续、同向操作，买入或卖出有价证券，以达到紧缩或扩张的货币政策效果。

2.公开市场业务的作用

(1)公开市场业务可以调控存款货币银行的准备金和货币供应量。中央银行通过在金融市场上买进或卖出有价证券，可直接增加或减少商业银行的超额准备，从而影响这些金融机构的放款能力，进而影响货币供应量。

(2)公开市场业务可以影响利率水平和利率结构。中央银行通过公开市场业务影响利率水平有两个渠道：当中央银行购入有价证券时，一方面证券需求上升，证券价格上升，收益率下降；另一方面，商业银行超额储备增加，货币供给增加，引起利率水平下降。反之，则反是。此外，中央银行可以根据需要同时购入或卖出不同期限的有价证券，进行长短期债券的转换操作，即买进一定数量的政府短期债券的同时，卖出等量的政府长期债券，这样，货币供给总量不变，但长短期债券的市场价格会发生变化，进而使得长短期利率水平发生反向变动。通过改变各期限的有价证券的供求状况，进而达到调节利率的目的。

在中央银行的一般性政策工具中，公开市场业务通常被认为是最重要、最常用和效果最理想的工具。

3.公开市场业务的优点

与前两种货币政策相比，公开市场业务有明显的优点：

(1)中央银行能够运用公开市场业务，影响商业银行准备金，从而直接影响货币供应量。

(2)正反操作灵活使用。公开市场业务使中央银行能够随时根据金融市场的变化，进而经常性、连续性及试探性的操作，而且具有较大的弹性，操作规模完全由中央银行自己控制。当中央银行在公开市场业务的操作中发现错误时，可以立即通过逆向使用该工具进行纠正，以避免出现过大的损失，以灵活调节货币供应量。

(3)公开市场业务可迅速进行。当中央银行决定进行公开市场操作时，只要向有关交易商发出买入或卖出的指令，交易就可以很快执行。

(4)通过公开市场业务，中央银行可以主动出击，不像贴现政策那样，处于被动地位。

(5)由于公开市场业务的规模和方向可以灵活安排，中央银行可以运用它对货币供应量进行微调，用较小的规模和步骤进行操作，可以较为准确地达到货币政策最终目标，避免对经济产生巨大的冲击。不会像存款准备金的变动那样，对经济产生震动性影响。

4.公开市场业务的缺陷

(1) 其操作较为细微，技术性较强。

(2)可能会因金融市场上其他民间债券的增加而削弱其影响力。

(3)该政策工具对商业银行的强制影响力以及大众的预期影响力较弱。

5.实施公开市场业务的条件

(1)中央银行必须具有强大的、足以干预和控制整个金融市场的金融势力。

(2)必须是全国性的发达的金融市场，必须具有相当的独立性，证券种类必须齐全，并达到一定的规模。

(3)必须有其他政策相配合。

二、选择性货币政策工具

传统的三大货币政策工具，都属于对货币总量的调节，以影响整个宏观经济。其中除再贴现政策可通过规定某些企业票据可享受再贴现贷款、或通过调控再贴现贷款利率影响商业银行的资金投向外，法定存款准备金率和公开市场业务操作两者不能对商业银行的资金用途以及不同信用方式的资金利率产生影响。因此，在这些一般性政策工具之外，中央银行还有有选择地对某些特殊领域的信用加以调节和影响的措施。其中有消费者信用控制、证券市场信用控制、不动产信用控制、优惠利率、预缴进口保证金等。

(一)消费者信用控制

消费者信用控制是指中央银行对不动产以外的各种耐用消费品的销售融资予以控制。其主要内容:(1)规定用分期付款购买耐用消费品时,第一次付款的最低金额。(2)规定用消费信贷购买商品的最长期限。(3)规定可用消费信贷购买的耐用消费品种类,对不同消费品规定不同的信贷条件,等等。在消费信用膨胀和通货膨胀时期,中央银行采取消费信用控制,能起到抑制消费需求和物价上涨的作用。

(二)证券市场信用控制

证券市场信用控制是中央银行对有关证券交易的各种贷款进行限制,目的在于抑制过度的投机。其中如规定一定比例的证券保证金率,并随时根据证券市场的状况加以调整。

(三)不动产信用控制

不动产信用控制是指中央银行对金融机构在房地产方面放款的限制措施,以抑制房地产投机。如对金融机构的房地产贷款规定最高限额、最长期限及首次付款和分摊还款的最低金额等。

(四)优惠利率

优惠利率是中央银行对国家重点发展的经济部门或产业,如出口工业、农业等,所采取的鼓励措施。优惠利率不仅在发展中国家多有采用,发达国家也普遍采用。

(五)预缴进口保证金

预缴进口保证金是类似证券保证金的做法,即中央银行要求进口商预缴相当于进口商品总值一定比例的存款,以抑制进口的过快增长。预缴进口保证金多为国际收支经常出现赤字的国家所采用。

三、直接信用控制

这是指从质和量两个方面,以行政命令或其他方式,直接对金融机构尤其是商业银行的信用活动所进行的控制。其手段包括利率最高限制、信用配额、流动性比率和直接干预等。

(一)规定存贷款最高利率限制

规定存贷款最高利率限制是最常用的直接信用管制工具。如在1980年以前,美国有Q条例,条例规定,对活期存款不准支付利息,对定期存款及储蓄存款则规定利率最高限。其目的是为了防止银行用抬高利率的办法,竞相吸收存款和为谋取高利而进行高风险存贷。

(二)信用配额(Credit Allocation)

信用配额是指中央银行根据金融市场状况,及客观经济需要,分别对各个商业银行的信用规模加以分配,限制其最高数量。在多数发展中国家,由于资金供给相对于需求来说,极为不足,这种办法相当广泛地被采用。

(三)规定商业银行的流动性比率

规定商业银行的流动性比率是限制信用扩张的直接管制措施之一。流动性比率(Liquidity Ratio)是指流动资产对存款的比重。一般说来,流动性比率与收益率成反比。为保持中央银行规定的流动性比率,商业银行必须缩减长期放款,扩大短期放款,增加易于变现的资产等措施。

(四)直接干预

直接干预是指中央银行直接对商业银行的信贷业务、放款范围等加以干预。如对业务经营不当的商业银行拒绝再贴现或采取高于一般利率的惩罚性利率。如直接干涉商业银行对存款的吸收等。

四、间接信用指导

间接信用指导是指中央银行通过道义劝告、窗口指导等办法,间接影响商业银行的信用创造。

(一)道义劝告

道义劝告是指中央银行利用其声望和地位,对商业银行和其他金融机构经常发出通告、指示,或与各金融机构的负责人举行面谈,劝告其遵守政府政策,并自动采取贯彻政策的相应措施。例如,在国际收支出现赤字时,劝告各金融机构减少海外贷款。在房地产与证券市场投机盛行时,中央银行要求商业银行缩减对这两个市场的信贷等。

(二)窗口指导

窗口指导是中央银行根据产业行情、物价趋势和金融市场动向,规定商业银行每季度贷款的增减额,并要求其执行。若商业银行不按规定的增减额对产业部门贷款,中央银行可削减向该银行贷款的额度,甚至采取停止提供信用等制裁措施。虽然窗口指导没有法律约束力,但其作用有时也很大。第二次世界大战结束后,窗口指导曾一度是日本货币政策的主要工具。

间接信用指导的优点是较为灵活,但要起作用,必须是中央银行在金融体系中有较强的地位,较高的威望,拥有控制信用的足够的法律权力和手段。

五、中国货币政策工具的使用和选择问题

中央银行使用什么样的货币政策工具来实现其特定的货币政策目标,并无定式,只能根据不同时期的经济及金融环境等条件而定。

就目前来看,中国货币政策工具主要有:存款准备金制度,再贷款,再贴现,公开市场业务,信贷窗口指导,利率政策以及外汇市场的调控等。

(一)存款准备金制度

1983 年 9 月,中国人民银行在明确专门行使中央银行职能后,按照各专业银行存款种类分别核定了不同的存款准备金率。从 1984 年起,存款准备金制度开始成为中央银行调节货币供应量和信贷规模的政策工具之一。不同于西方国家,该制度的初始设计思路,就是为了使中央银行能集中控制相当部分信贷资金,进而通过再贷款形式控制信用规模及调整信用结构。为此,不仅确定了较高的法定准备金比率,而且后来又为商业银行规定了硬性的备付金比率,从而提高了总准备金率。如 1987—1988 年,我国出现了较为严重的通货膨胀,为紧缩银根,人民银行将存款准备金率由 10%调高到 13%,并将各行超额准备金率提高到 5%～7%,使实际存款准备金率达到 18%以上。由于偏高的准备金率,使得商业银行可支配资金不足,反转过来增强了它们对中央银行强烈的借款需求,而中央银行实际上也往往不

能不满足这种需求。结果，使得存款准备金对控制银行机构的信用创造能力并不显著。1993年以后，随着政策性银行的建立，人民银行不再集中财政性资金进行专项贷款活动，存款准备金率进入下调通道。1998年3月，对上述制度进行了改革，将原来的准备金存款账户与备付金存款账户合并为一个账户，统称为准备金存款，同时将存款准备金率由13%下调到8%，并赋予了存款准备金支付和清算功能。这一方面，有利于理顺中央银行与商业银行等金融机构之间的资金关系；另一方面，有利于充分发挥存款准备金制度的功能。至2003年初我国存款准备金率已降至6%。2003年9月以后，中国再次进入存款准备金上调通道，2006年7月以来，出于对庞大流动性的担忧，为收回巨额外汇占款，人民银行连续14次上调存款准备金率。截至2008年1月末，人民币存款准备金率已经达到15%，处于历史最高水平。

2004年以来，人民银行调整存款准备金率的动因主要有两类，第一类是宏观调控动因，主要是为对冲货币供应量和收缩信贷规模；第二类是资本充足率动因，也就是为了配合资本充足率管理，实现调控货币供应和降低金融系统风险的双重目标而进行差异化调整。但从实际情况看，除2004年4月存款准备金率调整是出于资本充足率动因考虑外，其他调整均是为了满足宏观经济调控的需要。特别是2007年以来，由于外汇占款大幅度增加，国内银行体系流动性过剩，货币信贷增量大大超过预期，存款准备金率上升成为人民银行货币政策由稳健变为从紧的重要特征。具体而言，这一阶段存款准备金率上调的动因主要有：对冲外汇占款，应对偏快的经济及投资增长形势，抑制货币信贷规模高速增长、防止通货膨胀。

(二)再贷款业务

再贷款的“再”字是一个很不准确的词，它实际是指中央银行对商业银行等金融机构发放的贷款。目前来看，再贷款的对象基本就是国有商业银行与中国农业发展银行。从推出这一政策工具时起，再贷款在中央银行的资产中就占有很大的比重，是我国基础货币吞吐的主要渠道和调节贷款流向的重要手段。在中央银行实施金融宏观调控中，特别是在其他货币政策工具的功能尚得不到应有发挥的条件下，通过再贷款调节信贷规模与结构，并从而控制货币供应量，确实起到了重要的作用。但由于我国存款准备金制度的扭曲，中央银行对再贷款工具的运用往往缺乏自主性，即不是出于实现宏观调控目标，而仅仅是迫于商业银行资金需求的压力。这不能不使再贷款这一政策工具的作用力度有所削弱。1994年外汇体制改革以来，伴随外汇占款在中央银行资产中的比重大幅上升，再贷款的比重开始下降，更多地引进和发挥其他政策工具的作用成为既定方向。另外，随着近年金融改革的深化，特别是规范商业银行经营行为改革的很多措施的出台，再贷款工具本身及其运用也在逐步规范和完善之中。

(三)再贴现业务

再贴现业务的开展始于1986年。由于我国的商业信用欠发达，票据承兑贴现量小、不规范，商业信用行为扭曲，其他政策工具扭曲或过强(如再贷款)等，客观上使得再贴现业务量在中央银行资产中的比重微不足道。另外，由于我国的再贴现率与其他银行存贷款利率一样，都是由国家统一规定的，它往往既不反映资金供求状况及其变化，也无法对商业银行的借款和放款行为产生多大的影响。凡此种种，使得再贴现工具在我国的作用一直不明显。近年来，中央银行从公布实施票据法，到加大利率体制改革，从引导广泛开展票据承兑、贴现，到倡导和推行票据结算等方面，为再贴现的扩展创造条件。1996 年以来，再贴现规模已呈明显的扩张势头，其作用也将逐渐凸现出来。

(四)利率

中央银行规定的利率，一是中央银行对商业银行的存贷款利率；二是商业银行对企业和个人的存贷款利率；三是金融市场的利率。第一种利率在一定程度上决定了后两种利率。一般推论，当中央银行提高对商业银行的贷款利率和再贴现率时，相应增加各商业银行的筹资成本，商业银行可能减少对中央银行的资金需求，或提高它们对企业单位和个人的贷款利率，资金市场的利率相应上升，资金需求相应减少，从而达到调节货币供应量的作用。但是，这样的机制发挥作用，其所要求的条件是利率的变动能真实反映资金供求，融资成本的变动能够在很大程度上影响资金供求。就现阶段来看，这两个条件均在发展变化之中。

利率政策是我国货币政策的重要组成部分，也是实施货币政策的主要手段之一。建国初期，为支持国民经济的恢复，国家对利率进行了严格管理。“文革”期间，利息被看作资本主义的东西，利率管理向简化档次、降低水平的方向发展，利率在国民经济中的调控作用不断弱化，但利率集中管理的体制仍然没有改变。1978 年以后，调控方式逐步由以指令性计划为主的直接控制转向以经济手段为主的间接调控，利率管理体制不断得到完善和发展。我国利率市场化改革的方式是渐进、有序，原则上遵循先外币后本币、先贷款后存款、先大额后小额、先农村后城市、先市场后信贷的步骤。在这一进程中，我国的利率体系是统一利率、有限浮动和自由浮动三个层次并存。1996 年我国利率市场化进程正式启动，1996 年 6 月 1 日中国人民银行放开了银行间同业拆借利率，1997 年 6 月放开了银行间债券回购利率。1998 年 9 月，国家开发银行在银行间债券市场首次进行了市场化发债，1999 年 10 月，国债发行也开始采用市场招标形式，从而实现了银行间市场利率、国债和政策性金融债发行利率的市场化。2004 年 10 月 29 日，中央银行在调高商业银行存贷款利率的同时，宣布彻底放开金融机构(不含城乡信用社)贷款利率的上限，城乡信用社贷款利率浮动上限扩大为基准利率的 2.3 倍，所有金融机构贷款利率下限仍为基准利率的 0.9 倍。同时，中国人民银行决定允许金融机构的人民币存款利率在不超过各档次存款基准利率的范围内下浮，实现了“放开下限、管住上限”的既定目标。标志着我国利率市场化顺利实现了“贷款利率管下限、存款利率管上限”的阶段性目标。境内的外币利率市场化得到进一步推进。

(五)公开市场业务

根据规定，中央银行为执行货币政策，可以在公开市场上买卖国债和其他政府债券及外汇。1994 年以前，由于尚不具备开展公开市场业务的条件，中央银行一直无法通过这一工具来吞吐基础货币，调节货币供应量。随着 1994 年外汇体制的改革，外汇并轨的实施，中央银行开始进行外汇公开市场操作。1995 年，中国人民银行开始通过融资券的买卖试行公开市场业务；1996 年 4 月 9 日正式启动中央银行国债公开市场业务。1997 年，中央银行停止了公开市场业务操作。1998 年 5 月 26 日恢复以国债回购为主要形式的公开市场操作。公开市场业务的日常工作由中国人民银行公开市场业务操作室(简称操作室)负责。操作工具是国债、中央银行融资券、政策性金融债，交易主体是国债一级交易商。1999 年以来，公开市场操作在中央银行吞吐基础货币中的作用逐渐增大。如果公开市场业务通过政府债券来完成，则公开市场业务连接国家的财政政策和货币政策。发达国家的中央银行一般会干预政府债券的二级市场，将货币控制与债务管理间的干扰降到最低。而在金融市场不发达的条件下，中央银行难以执行真正意义上的公开市场操作业务。近年来，在中国的中央银行资产结构中，外汇占款是基础货币的主要投放方式；中央银行对政府的债权所占比例仍然很低，2005年末，中央银行对政府的债权为2892.43亿元，中央银行对政府的债权所占比例仅为3.13%。2007年6月中央银行对政府的债权为2825.75亿元，2007年6月中央银行总资产为148105.37亿元，对政府的债权所占比例仅为2%。作为公开市场业务工具的政府债券的不足仍是制约中央银行开展公开市场业务的瓶颈。与中国基础货币供应方式相比，美国基础货币的投放主要通过公开市场业务进行，对中央政府的债权是其中央银行资产负债表的主要资产。为避免运用政府债券开展的公开市场业务使货币和债务管理在同一市场上、运用同一种工具进行，中央银行有时更愿意用中央银行票据来避免这种情况的发生。2005年，中国人民银行主要通过中央银行票据进行公开市场操作，共发行125期央行票据、27882亿元(面值)，年末央行票据余额为20662亿元。票据的运用给了中央银行控制货币供应量更大的自主权和自由度，但若大量发行，会给中央银行形成支付成本的压力，而且中央银行票据占用的货币资源会影响货币市场和资本市场上其他金融工具的发展。由于货币供应量明显偏多，央行发行了大量的票据以回笼货币。为了控制货币持续快速增长局面，央行一方面面临巨大的票据赎回压力，另一方面又必须进一步增发票据。2007年前六个月央行共发行票据2.6万亿元，同比多发行0.4万亿元。6月末，央行票据余额达3.8万亿元，比上年末增加0.8万亿元。目前发行1元钱的央行票据，大约只能回笼0.3元的市场流动性。通过发行央行票据对冲流动性是不可持续的。

货币政策工具的运用由直接转向间接使中央银行与财政部门的相关性更强。两个部门协调不足会破坏中央银行的操作机制，影响中央银行货币政策操作的有效性。因而，在选择用于执行中央银行公开市场操作的工具、减少货币与债务管理的干扰及促进金融市场发展方面，两个部门的协调尤其重要。

从1996年到2009年运用公开市场操作政策工具的作用来看，可以说是有作用，但效果或影响有限。主要原因在于为开展公开市场业务的条件还有不少的欠缺。比如，国债的发行与交易没有达到足够大的规模，国债品种的结构及对国债持有的微观主体结构的不合理或不对称，外汇领域实施非意愿结售汇制度，集中储备体制等，都在很大程度上限制了这一政策工具的运作空间和运作力度。期限结构方面，发行的多为中长期国债，而适合于公开市场业务操作的短期国债却很少：持有结构方面，大部分国债被居民个人当作储蓄持有，而商业银行又将国债当作低风险、高效益的优质资产持有，因此流动性不大。国债市场期限、结构不合理，流动性低，使得央行无法通过国债进行灵活、快速的公开市场操作以实现对基础货币和货币供应量的有效控制，也阻碍了货币政策意图经由微观经济主体的有效传导。随着改革的深化，各方面条件的进一步成熟，利用公开市场业务调节货币供应量的做法，有可能成为我国一个较重要的货币政策手段。

(六)信贷规模控制

长期以来，信贷政策是我国货币政策的主要内容。1948年12月1日，中国人民银行的建立标志着新中国金融体系的开始。从1948年到1953年，中国人民银行逐渐成为全国唯一的国家银行，信贷管理制度处于萌芽阶段。随着国家经济管理制度从计划经济体制向市场经济体制的过渡，信贷资金的宏观管理体制先后经历了“统存统贷”、“差额包干”、“实贷实存”和“比例管理”阶段。由于信贷计划具有其自身的局限性，从 1998 年 1 月 1 日起，中国人民银行取消了对商业银行的贷款限额控制，改为指导性计划，实行“计划指导、比例管理、自求平衡、间接调控”的信贷资金管理体制，给商业银行贷款自主权，货币政策调控由直接调控向间接调控转变。中国人民银行的宏观金融调控，不再以信贷规模为中介目标和操作目标，而改为调控货币供应量和商业银行的资金头寸；不再依靠贷款限额这一行政手段，而改为综合运用存款准备金、再贷款、再贴现、公开市场业务和利率等货币政策工具，及时调控基础货币，保持贷款适度增长，避免货币供应过多或不足，维护币值稳定，促进国民经济快速健康发展。

除上述工具外，中央银行还采取优惠利率政策、专项贷款、利息补贴和特种存款等办法。通过这些措施，分别扶持国家急需发展的部门，如能源、交通、出口、民族贸易和支持重点建设工程等。这类选择性的货币政策工具，能够针对特殊情况，灵活地加以运用。但其直接行政决策的色彩过浓，对充分发挥信贷资金的运用效率也有不利的一面。

第四节　货币政策的传导机制与效果分析

货币政策的传导机制(Conduction Mechanism of Monetary Policy)，是指中央银行通过货币政策工具的实施，对货币政策中间目标的观测和操作，最终将货币政策的影响导入一国经济的实际领域，实现货币政策的预定目标，如图 10-4。

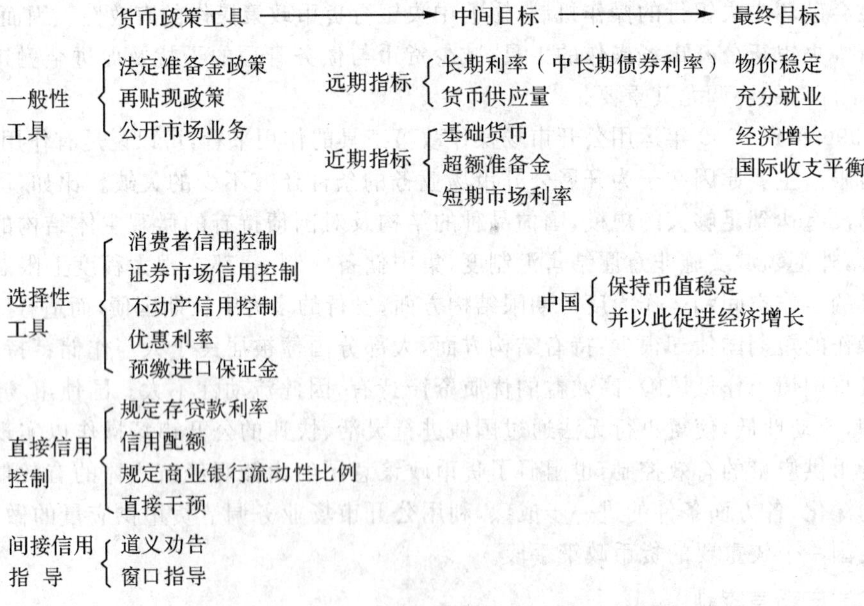

图 10-4　货币政策工具通过中间目标作用到最终目标的示意图

一、西方国家关于货币政策传导机制的理论

对货币政策传导机制的分析，在西方，主要有凯恩斯学派的传导机制理论、货币学派的

传导机制理论、托宾的 q 理论等。

(一)凯恩斯学派的货币政策传导机制理论

凯恩斯学派的货币政策传导机制理论，其最初思路可归结为：通过货币供给 M 的增减，影响利率 r，利率 r 的变化，则通过资本边际效益的影响，

$$M \longrightarrow r \longrightarrow I \longrightarrow E \longrightarrow Y$$

使投资 I 以乘数方式增减，而投资的增减会进而影响总支出 E 和总收入 Y。

在这个传导机制发挥作用的过程中，主要环节是利率：货币供应量的调整，首先影响利率的升降，然后才使投资乃至总支出发生变化。

上述分析，在初级阶段，他们称之为局部均衡分析，只显示了货币市场对商品市场的初始影响，而没有能反映它们之间循环往复的作用。考虑到货币市场与商品市场的相互作用，就有进一步分析，他们称之为一般均衡分析。

第一，假定货币供给增加，若产出水平不变，利率会相应下降；下降的利率刺激投资，并引起总支出 E 增加，总需求的增加推动产出量上升。这与原来的分析是一样的。

第二，但产出量的上升，提出了较原来为大的货币需求；若没有新的货币供给投入经济生活，货币供求的对比就会使下降的利率回升。这是商品市场对货币市场的作用。

第三，利率的回升，又会使总需求减少，产量下降；产量下降，货币需求下降，利率又会回落。这是往复不断的过程。

第四，最终会逼近一个均衡点，这个点同时满足了货币市场供求和商品市场供求两方面的均衡要求。在这个点上，可能利息率较原来的均衡水平低，而产出量较原来的均衡水平高。

对于这些传导机制的分析，凯恩斯学派还不断增添一些内容。主要集中在货币供给到利率之间和利率到投资之间的更具体的传导机制，及一些约束具体化。但不论有何进展，凯恩斯学派传导机制的特点是对利率这一环节特别重视。

(二)货币学派的货币政策传导机制理论

与凯恩斯学派不同，货币学派认为，利率在货币传导机制中不起重要作用，而更强调货币供应量在整个传导机制上的直接效果。

$$M \longrightarrow E \longrightarrow I \longrightarrow Y$$

$M \longrightarrow E$ 是指货币供给量的变化直接影响总支出。这是因为：

(1)货币需求有其内在的稳定性。

(2)货币需求函数中不包含任何货币供给的因素，因而货币供给的变动不会直接引起货币需求的变化。

(3)当作为外生变量的货币供给改变，比如增大时，由于货币需求并不改变，公众手持货币量会超过他们所愿意持有的货币量，从而必然增加支出。

$E \longrightarrow I$ 是指变化了的支出用于投资的过程，货币主义者认为这将是资产结构的调整过程。这是因为：

(1)超过意愿持有的货币或用于购买金融资产，或用于购买非金融资产，直到人力资本的投资。

(2)不同取向的投资会相应引起不同资产相对收益率的变动，如投资于金融资产偏多，

金融资产市值上涨,收益相对下降,从而会刺激非金融资产,如产业投资,产业投资增加,既能促使产出增加,也会促使生产品价格下跌,如此等等。

(3)这就引起资产结构的调整,而在这一调整过程中,不同资产收益率的比,又会趋于相对稳定状态。

名义收入 Y 是价格和实际产出的乘积。由于 M 作用于支出,导致资产结构调整,并最终引起 Y 的变动,这一变动究竟在多大程度上反映实际产量的变化,又有多大比例反映在价格水平上?货币主义者认为,货币供给的变化,短期内对两方面均可发生影响,就长期来说,则只会影响价格水平。

(三)托宾的 q 理论

以托宾为首的经济学家沿着一般均衡分析的思路,把资本市场、资本市场上的资产价格,特别是股票价格纳入传导机制,扩展了凯恩斯的模型。他们认为货币理论实际上是微观经济主体资产结构管理理论,沟通货币经济与实体经济的并不是货币数量或利率,而是资产价格以及关系资产价格的利率结构等因素。其传导过程可表达为:货币是起点,直接或间接影响资产价格(主要是股票价格),资产价格的变化引起实际投资的变化,并最终影响实体经济和产出。他们认为,股票价格是对现存资本存量价值的评估,是评价企业市场价值的依据,而企业的市场价值与资本的重置成本的比较将影响投资行为。托宾将 q 定义为企业市场价值与资本重置成本之比,q 值较高,意味着企业市场价值高于资本的重置成本,在生产要素价格未上涨时,企业家愿意增加投资支出,追加资本存量,此时会使投资需求增加,总需求上升,国民收入增加。因此,q 值是决定投资的主要因素。这一过程可以表示为:

$$M \longrightarrow R \longrightarrow P_E \longrightarrow q \longrightarrow I \longrightarrow Y$$

P_E 为股票价格,托宾 q 理论与早期凯恩斯学派的货币政策传导机制理论不同的是,货币供给变动导致的利率变化,在后者是直接作用于实际投资和总支出,而在前者,则是通过资产如股票价格,再作用于实际投资,表面上看,只不过增加了一个环节,实际上,托宾在货币传导机制中加入了资本市场的因素,揭示了货币市场、资本市场和商品市场之间的联系,将人们的注意力引到资产价格方面,为货币政策传导机制理论带来新的视角和更丰富的内涵。

二、中国货币政策传导机制分析

1990 年之前,我国的融资渠道为单一的间接融资渠道,货币政策传导机制只通过银行信贷渠道进行传递。中央银行根据经济发展和价格的控制指标来确定贷款规模计划,根据贷款规模计划执行货币政策。贷款规模计划既是货币政策工具,又是中介目标。这种传导机制简单、过程短。1991 年以后证券市场的运作开辟了直接融资的渠道,货币政策传导机制也因此发生了变化。但我国金融市场并不发达,根据中国人民银行调查统计司的统计(中国人民银行 2006 年第二季度货币政策执行报告),贷款仍是当前我国非金融机构主要的融资渠道。2005 年和 2006 年上半年,国内非金融机构贷款融资分别占融资总量的 86.8%和 87.8%,因而我国货币政策传导渠道仍以信贷渠道为主。不同的是,1998 年贷款规模控制取消以后,原来非市场化的信贷传导机制就变为市场化的信贷传导机制了。

发达国家的中央银行信贷政策一般只作为短期的窗口指导,不承担结构调整、信贷创新等多重任务。而我国的信贷政策不仅要进行窗口指导,还要规范和引导商业银行信贷创新。中国的信贷政策在对房地产行业的调控、对商业银行的窗口指导、支持中小企业发展、调整经济结构，以及支持农村信用社体制改革试点等方面发挥着重要的作用。因而，信贷政策仍具有较浓的计划性色彩，还不是一种真正意义上的市场化的货币政策工具。另外，商业银行的不良贷款等问题影响了信贷政策的运用，商业银行的产权制度改革仍是影响信贷政策工具有效性的重要因素。

三、货币政策效应分析

货币政策的实施受多种因素的影响。时滞是影响货币政策效应的重要因素。货币流通速度、微观主体的预期、客观经济条件和政治因素等，对货币政策效果也有重要的影响。

（一）货币政策的时滞效应

任何政策从制定到获得主要的或全部的效果，必须经过一段时间，这段时间就称为时滞。若收效太迟或难以确定何时收效，则政策本身能否成立，也就成了问题。时滞由内部时滞和外部时滞两部分组成。

1. 内部时滞

内部时滞指从政策制定到货币当局采取行动这段时间。它可再分为两个阶段：

(1)从形势变化需要货币当局采取行动，到它认识到这种需要的时间距离，称为认识时滞。

(2)从货币当局认识到需要行动到实际采取行动这段时间，称为行动时滞。

内部时滞的长短取决于货币当局对经济形势发展的预见能力，制定对策的效率和行动的决心，等等。

2. 外部时滞

外部时滞又称影响时滞，指从货币当局采取行动开始，直到对政策目标产生影响为止的这段过程。外部时滞主要由客观的经济和金融条件决定。不论是货币供应量，还是利率，它们的变动都不会立即影响到政策目标。比如，企业是扩大还是缩减投资，要决策，要制订计划，然后付诸实施。每个阶段都要时间。

时滞是影响货币政策效应的重要因素。若货币政策可能产生的大部分影响，能较快地有所表现，那么，货币当局就可根据期初的预测值，考察政策生效的状况，并对政策的取向和力度作必要的调整，从而使政策能够更好地实现预期。假定政策的大部分效应要在较长的时间，比如两年后产生，而在这两年内，经济形势会发生很多变化，那就很难证明货币政策的预期效应是否实现。

（二）货币流通速度的影响

对货币政策有效性的另一主要限制因素是货币流通速度。对于货币流通速度一个相当小的变动，若政策制定者未能预料到，或在估算这个变动幅度时，出现小的差错，都可能使货币政策效果受到严重影响，甚至有可能使本来正确的政策走向反面。假设，在预测的年度，GDP 将增长 10%；再假设，根据以前一些年份的有关数据的实证规律，只要包括货币流通速度在内的其他条件不变，货币供给等比增加即可满足 GDP 的增长对货币的追加需求。若货币流通速度在预测的期间加快了 5%，不考虑其他条件的变化，货币供给只需增加 5.1%即可。要是货币当局没有预见到货币流通速度的变化，而是按流通速度没有多大变化的考虑决策，增加货币供给 10%，那么新增的货币供给量则必将成为助长经济过热的因素。

但是，在实际生活中，对货币流通速度变动的估算，很难做到不发生误差，因为影响它发生变动的因素太多。这当然也就限制了货币政策的有效性。

(三)微观主体预期的抵消作用

对货币政策有效性或效应高低构成挑战的另外一个因素是微观主体的预期。当一项货币政策提出时，各种微观经济主体立即会根据可能获得的各种信息预测政策的后果，从而很快地作出对策，而且极少有时滞。货币当局推出的政策面对微观主体广泛采取的抵消其作用的对策，政策可能归于无效。例如，政府拟采取长期的扩张政策，人们通过各种信息预期社会总需求会增加，物价会上涨，在这种情况下，工人会通过工会与雇主谈判，要求提高工资。企业预期工资成本的增大，而不愿扩大经营。最后的结果是，只有物价上涨，而没有产出的增长。鉴于微观主体的预期，似乎只有在货币政策的取向和力度没有或没有完全为公众知晓的情况下，才能生效或达到预期效果，但是这样的可能性不大。货币当局不可能长期不让社会知道它所要采取的政策；即使采取非常规的货币政策，不久之后，也会落在人们的预期之内。假如货币当局长期采取非常规的货币政策，则将导致微观经济主体做出错误判断，并会使经济陷入混乱之中。但实际的情况是，公众的预测即使是非常准确的，实施对策即使很快，其效应的发挥也要有个过程。这就是说，货币政策仍可奏效，但公众的预期行为会使其效应打很大的折扣。

(四)其他政治经济因素的影响

除时滞、货币流通速度和微观主体的预期等因素，货币政策的效果也会受到其他的或体制的因素所影响。

1.政治因素对货币政策效果的影响

由于任何一项货币政策方案的贯彻，都可能给不同阶层、集团、部门或地方的利益带来一定的影响。这些主体若在自己利益受损时，做出较强烈的反应，就会形成一定的政治压力。当这些压力足够有力时，就会迫使货币政策进行调整。

2.客观经济条件的变化

一项既定的货币政策出台后，总要持续一段时间，在这段时间内，若生产和流通领域出现某些始料不及的情况，而货币政策又难以作出相应的调整时，就可能出现货币政策效果下降，甚至失效的情况。比如，在实施扩张性货币政策中，生产领域出现了生产要素的结构性短缺，这时，纵然货币、资金的供给很充裕，由于瓶颈部门的制约，实际的生产也难以增长，扩张的目标便无从实现。再如，实施紧缩性货币政策以期改善市场供求对比状况，但在过程中，出现了开工率过低，经济效益指标下滑过快等情况。这就是说，紧缩需求的同时，供给也减少了，改善供求对比的目标也未能实现。

(五)货币政策效应的衡量

衡量货币政策效应，一是看效应发挥的快慢。二是看发挥效力的大小，这或许是更主要的方面。

对货币政策效应大小的衡量，一般着眼于实施的货币政策所取得的效果，与预期所要达到的目标之间的差距。以评估紧缩政策为例，若通货膨胀是由社会总需求大于社会总供给造成的，而货币政策正是以纠正供求失衡为目标，那么，这项紧缩性货币政策效应的大小，甚至于是否有效，就可以从这样几个方面考察：

(1)若通过货币政策的实施,紧缩了货币供给,并从而平抑了价格水平的上涨,或者促使价格水平回落,同时又不影响产出或供给的增长率,那么可以说,这项紧缩性货币政策的有效性最大。

(2)若通过货币供应量的紧缩,在平抑价格水平上涨,或促使价格水平回落的同时,也抑制了产出数量的增长,那么,货币紧缩政策有效性的大小,则要看价格水平变动率与产出变动率的对比而定。若产出数量虽有减少,但减少规模还不算大,而抑制价格水平的目标接近实现,可视为货币紧缩政策的有效性较大;若产出量的减少非常明显,而价格水平目标的实现并不理想,货币紧缩的有效性就较小。

(3)若货币紧缩政策无力平抑价格上涨,或促使价格回落,却抑制了产出的增长,甚至使产出的增长为负,则可以说货币紧缩政策是无效的。衡量其他类型的货币政策效应,也可采用类似的思路。

第五节 通货膨胀目标制下的货币政策框架*

由于各个国家的宏观经济环境和经济发展的迥异,因此各个国家通货膨胀目标制的货币政策框架也不尽相同。

一、通货膨胀目标制的制度性框架

通货膨胀目标制的可信度建立在中央银行实施货币政策的独立性、问责机制和以物价稳定为优先目标相一致的决策框架的基础之上。在整个制度设计中,透明度是一个关键因素。

(一)中央银行独立性

通货膨胀目标制要求中央银行具有较高的独立性,其要义在于中央银行不受财政支配和政治压力,从而确保通货膨胀目标不会服从于其他货币政策的目标,稳定公众预期,加强其可信度。建立支持通货膨胀目标制的制度框架时,必须区分中央银行的货币政策目标独立性(goal autonomy)、目标值独立性(target autonomy) 和工具独立性(instrument autonomy)。货币政策目标独立性是指中央银行可以独立制定货币政策的最终目标,并以物价稳定为首要目标。即使中央银行没有货币政策目标的独立性,中央银行要有目标值独立性,即中央银行有权制定与物价稳定这一目标相一致的通胀目标值。最后,中央银行要有工具独立性,即中央银行需要独立设定政策工具来实现通胀目标。

(二)可问责性

可问责性是指当中央银行未实现预先宣布的通胀率目标时,公众及政府有权力对中央银行展开问责,要求中央银行做出合理解释。各个国家的问责机制不尽相同,一些制度安排比较正式,另外一些则较不正式。

* 本节参照杨灵琴,2009。

3.决策机构

多数通货膨胀目标制国家的货币政策都是由中央银行货币政策委员会(MPC)或者类似的机构来决策。货币政策委员会作为一个独立的部门,使货币政策的决策不再依赖于单一的个体,也增加了信息决策的范围,有助于抵制政府施加给中央银行实施宽松的货币政策的压力,最终减少了政府对货币政策施加的短期影响。

二、通货膨胀目标的设计

迄今为止,世界上并没有统一的通货膨胀目标制,一般都是根据各国的实际情况,如中央银行的可信度、抵御国际游资的冲击能力、采集经济数据的广度和深度等,来设计和实施通货膨胀目标,并根据经济的发展程度,适时调整通胀目标。在设计通货膨胀目标时,要考虑到目标的持续时间,价格指数的选取,目标点和区间,长期通胀目标的选择等。

(一)价格指数的选择

通货膨胀目标制的制度设计中最关键的一步,就是正确选择衡量通货膨胀程度的指标。所选择的物价指数应当同时反映当前以及未来的商品和服务的价格水平,指数选择应当在目标发挥作用的整个期间保持连续性,应当定义明确,使公众确信中央银行没有操纵数据的一个方式,是由一个独立于货币当局的机构(如美国的劳工统计局)统一编制数据。

(二)通货膨胀目标

通货膨胀目标如何设定更合理。通货膨胀目标制要求必须明确规定一个数量化的通货膨胀目标值,如果通货膨胀目标值规定过大,可能会诱发通货膨胀;但如果通货膨胀目标值过小,又容易导致经济衰退,如何更合理地确定通货膨胀目标值是有效实施通货膨胀目标制的首要问题。

大多数国家的中间点和区间比较类似或接近,发达国家的通货膨胀目标中间点落在2%~3%之间,新兴市场国家的目标中间点较为分散,部分原因是有些新兴市场国家还未降低通胀。但没有一个国家的政策当局将目标通货膨胀率设为0或0附近。根据国际经验,零通胀会导致货币政策过紧的误解和通货紧缩的担忧;过高的目标会削弱中央银行反通胀的可信度;通胀目标与工业化国家的通货膨胀率相一致的好处是它对名义汇率相对于其他主要货币没有明显的影响,这就是为什么通货膨胀目标制国家到稳定期后通胀区间很接近的原因。

通胀路径的选择也是一个重要的问题。下降路径太快,会导致经济衰退,失去通货膨胀目标制的支持者;下降过慢,公众会认为政府和银行没有维持低通胀的承诺,从而公众的通胀预期提高。大多数国家选择逐渐下降的路径,通常每年降低的程度少于2%,逐步下降可以减少短期波动性。为了决定合适的抵制通货膨胀的路径,中央银行应该计算损失率,即损失产出的成本除以低通胀的收益。

(三)目标期限

多数中央银行把低通胀作为长期目标后,还必须规定承诺实现事先申明通胀目标的期限。由于一国的通货膨胀总是受到不可预测的冲击影响,加上货币政策产生效果总要经历一个时滞,因此中央银行不可能在任意时间内实现唯一的通货膨胀目标,因而分期实现不同的通货膨胀目标的做法更为可行。

(四)点目标和区间目标

数字化的通胀目标通常在是以区间的形式,或者点目标的形式。区间目标包括纯粹区间目标和瞄准区间中点的区间目标,简称“中点区间目标”。挪威、英国目前采用点目标。冰岛、加拿大、瑞典、智利、捷克、秘鲁、波兰、巴西、墨西哥、匈牙利采用中点区间目标。澳大利亚、以色列、新西兰、韩国、西班牙、泰国、哥伦比亚、菲律宾、南非采用区间目标。

(五)免责条款

免责条款就是提前规定当目标偏离时,中央银行可以进行调整,从而避免担负不必要的责任。

三、货币政策的沟通策略

与公众沟通是通货膨胀目标制框架中一个重要的内容。实践中的中央银行通常采取如下方法和公众沟通:

(一)发表文件

发表文件包括货币政策或通胀报告,统计公告,年度报告,公布的货币政策决策委员会的会议记录,特别报告和公开信,研究和讨论论文,新闻公告,及小册子等。

(二)公开介绍

公开介绍包括公开演说,新闻发布会,新闻采访,以及参加会议,区域访问,和有新闻媒体在场的其他公开露面等。

(三)非官方的介绍

非官方的介绍包括非官方的发言或评论和高级中央银行官员参加的会议、研讨会、讲习班,以及不定期向公众和媒体开放的各种群体的圆桌会议等。

(四)教育活动

许多中央银行的博物馆向公众开放和接待学校探访。一些还向学校提供货币政策的教材。一些国家(如新西兰)还在高校举办货币政策的竞赛。

(五)中央银行网站

中央银行网站的作用日益重要,它给所有类型的公众提供广泛的中央银行的材料。

(六)直接回应民众

大多数中央银行花一些精力和资源来回应信件、电子邮件等,或要求由公众寻求信息或表达意见等。

四、货币政策工具的选择和预测模型的使用

(一)货币政策工具的选择

通货膨胀目标制的操作工具仍然是现代中央银行的三大法宝:公开市场操作、法定存款准备金、再贴现或再贷款。由于公开市场操作具有灵活性和微调性,各国中央银行已普遍将它作为货币政策操作的主要工具。至于其他一些如信贷规模、利率管制等非市场性手段,由于实行通货膨胀目标制的国家一般都是市场化国家,所以不用这类工具。

通货膨胀目标制的操作目标可以是基准利率，也可以是基础货币。大部分实施通货膨胀目标制的国家把短期利率作为操作目标，如发达国家澳大利亚、新西兰及西班牙把隔夜利率作为操作目标。这些国家根据通货膨胀偏离目标通货膨胀的程度和产出缺口调整短期利率，即利率的设定一般遵循泰勒规则(Taylor Rule)。一些开放经济体的中央银行(如加拿大)则使用货币状况指数(Monetary Conditions Index)作为操作目标或者以此作为传递政策意图的途径。货币状况指数是衡量短期利率和汇率综合变化的指数。

(二)汇率制度的选择

通货膨胀目标制国家在对外承诺实行通货膨胀目标制时，所采用的汇率制度通常都是某种类型的浮动汇率制度，如独立浮动、管理浮动、并没有预先对外公开汇率路径和在爬行区间内浮动的汇率。虽然各国的经济发展路径、经济规模、发展水平以及应对外部冲击的能力不同，但是各国在选择汇率制度上存在一定的共性。除了匈牙利、以色列、捷克、挪威等少数国家分别采用爬行区间浮动汇率或管理浮动汇率制度外，大部分通货膨胀目标制国家，如澳大利亚、巴西、加拿大、智利、哥伦比亚、冰岛、韩国、墨西哥、新西兰、秘鲁、菲律宾、波兰、南非、瑞典、泰国和英国，都采用自由浮动汇率制度。

(三)预测模型的使用

由于货币政策的实施及其对通货膨胀的影响之间存在时滞，因此准确预测通货膨胀率是有效实施货币政策的一个关键前提。通货膨胀的预测方法通常包括两种：通过统计途径的调查分析和通过计量建模途径的分析。加拿大及新西兰由私人机构展开对通货膨胀预期的调查，比如新西兰直接对市场的消费预期进行抽样调查；英国由中央银行负责对市场通货膨胀预期进行调查并总结。

用来制定通货膨胀指标的基本经济指标，通常包括总需求和总供给、货币供应量、利率、汇率、通货膨胀率、价格等变量，这些变量对未来通货膨胀的变化提供有效的信号。中央银行掌握这些基本信息后，可以建立预测模型。预测模型主要有宏观经济计量模型、时间序列模型、结构模型和卫星模型等。

许多工业化国家普遍使用大型的宏观计量经济模型。美国使用 MPS 模型，加拿大和新西兰使用动态大型的模型进行通货膨胀预测，而澳大利亚、德国、芬兰等国也都建立了自己的宏观经济模型。宏观经济模型对宏观经济的反应是比较全面的，对宏观经济运行的理解也较为深刻，在一定程度上可以模拟宏观经济的运行并做出预测，提供政策建议。但从预测的精确度来看，这些宏观经济模型对物价的预测并不是十分令人满意。多数工业化国家也使用小型结构模型来研究一个特定部门或关键变量。结构模型根据通货膨胀的发展和国家的经济结构现实来预测通货膨胀。从理论上来说，若能较好地模拟通货膨胀的经济金融基础，可以提供较好的预测结果。但正是由于结构模型的经济金融基础，它要求有较为丰富的历史数据，经济结构较为稳定。很显然，发展中国家和新兴市场国家难以满足结构模型的要求，结构模型在这些国家的预测能力也大打折扣，因此发展中国家和新兴市场国家较少依赖结构模型来预测通货膨胀。此外，时间序列模型如向量自回归模型能够考虑时间序列间的同期相互作用，而不必进行结构假设，能够提供较好的短期预测，并且能为较大的结构模型提供一致性检验。巴西、智利和以色列的中央银行采用这种多变量的时间序列模型。大部分实施通货膨胀目标制的新兴市场国家如巴西中央银行，已经开始借鉴工业化国家的模型理论为自己所用。而事实上，对通货膨胀的预测通常是根据最新的数据、数量模型结果和专家的头脑风暴判断结合起来定期进行更新。

五、中国货币政策工具与通货膨胀关系的研究——基于通货膨胀目标制

自20世纪90年代以来，通货膨胀目标制是许多工业化国家和新兴市场国家相继实施的一种新型的弹性汇率制度下的货币政策框架。国际实践表明通货膨胀目标制是较为成功的货币政策框架，实施通货膨胀目标制国家的物价水平常保持在较低、稳定的水平，且宏观经济运行状况稳定。在经济不断融入全球、资本流动更为迅速的背景下，2005年7月21日我国实行了参考"一篮子货币"的有管理的浮动汇率制度。汇改后，将低通货膨胀目标作为稳定经济的名义锚是我国货币政策的合理选择和努力的方向。因此在篮子货币汇率制度的大背景下，为加强中央银行独立性、提升货币政策的有效性和前瞻性，研究通货膨胀目标制这一货币政策框架在我国的构建是现实迫切的要求。

实施通货膨胀目标制的前提之一是货币政策工具和通货膨胀之间存在稳定、可预测的关系。通货膨胀目标制是高度前瞻的货币政策，因而要求货币当局必须有能力建立模型来模拟该国货币政策通货膨胀的动态路径，并且对通货膨胀水平有一个合理的预测。杨灵琴利用1996—2008年的物价指数、货币供应量、名义汇率、利率、实际产出的季度数据进行协整分析，构建包含两变量、三变量、四变量的4个向量自回归模型，并进行格兰杰因果检验、方差分解、和脉冲响应来检验我国货币政策工具对物价的效力。结果表明我国货币政策工具和通货膨胀之间存在长期稳定的关系，但货币政策工具的预测能力不强。可见对通货膨胀的预测能力是我国实施通货膨胀目标制的难点之一。同时，我国目前的货币政策调控以货币供应量作为数量型工具为主，而大多数通货膨胀目标制货币当局采用短期名义利率，而不是信贷控制或者货币供给。加上我国经济体制正处在转轨当中，完全通货膨胀目标制(FFIT)目前在我国不具备可行性。然依长远之见，可以先考虑采取"宽松通货膨胀目标制(ITL)＋有管理的浮动汇率制"这种新的货币政策组合方案。当前我国货币政策有效性亟待提高，应建立有效的通货膨胀预警机制模型，加强对通货膨胀的预测能力，引导公众形成正确的通货膨胀预期；加快利率市场化的改革，提高金融市场化程度，把SHIBOR(即上海银行间同业拆借利率，被称为中国的LIBOR(London Interbank Offered Rate，伦敦同业拆借利率)，是中国人民银行希望培养的基准利率体系)建成我国的货币政策操作目标；进一步完善汇率的市场形成机制，扩大浮动区间；实行稳健的货币政策，合理制定货币供应量的目标，在发挥货币供应量调控作用的同时，加强对利率、汇率等价格型工具的应用；借鉴国外通货膨胀目标制经验使其"本土化"，创造有利条件进行相关的经济体制改革，建立前瞻性的基础设施以完善我国货币政策框架，以时机成熟时，如中央银行不隶属于国务院而成为独立机构，真正意义上的有管理的浮动汇率制度时，可考虑试行通货膨胀目标制。

国际经验表明，全面和成功的通货膨胀目标制建立在良好的财政状况、稳定的宏观经济、发达的金融体系、中央银行货币政策的独立性和维持物价稳定的责任、货币政策工具与通货膨胀之间具有明白易懂的传导机制、有可靠的通货膨胀预测方法、建立责任制和信誉所需要的货币政策透明度这些基础之上。浮动汇率制度、中央银行独立性(主要是工具独立性)是实施通货膨胀目标制的两大核心前提，原则上只要满足这两个条件，就可以基本实施通货膨胀目标制。所以当前我国实行参考"一篮子货币"的有管理的浮动制度，为汇率政策

与货币政策目标的协调拓展了空间，为通货膨胀目标制的实施提供了良好的契机。而浮动汇率制度有通货膨胀的倾向，通货膨胀目标制可以起到稳定预期的名义锚作用。中央银行独立性是实施通货膨胀目标制另一核心前提，建立通货膨胀目标制的过程，就是不断加强中央银行独立性的过程，中央银行独立性的增强，可以使货币政策的实施更加有效力。而实施通货膨胀目标制的其他前提如透明度、可信度与责任追究制、金融体系的稳定等，对一个非通货膨胀目标制国家来说也是所必须或值得借鉴的。

思考题

1. 货币政策的最终目标及含义。

2. 货币政策最终目标之间的矛盾何在？

3. 具备哪些条件才能成为货币政策的中间目标？可供选择的货币政策的中间目标有哪些？

4. 比较三种一般性货币政策工具的优缺点。

5. 在简述凯恩斯主义与货币主义在有关货币政策传导机制问题上的分歧的基础上，综合它们的理论，尝试解释中国的货币政策传导机制功能。

6. 影响货币政策效果的因素有哪些？

7. 我国目前暂时不能实行通货膨胀目标制的深层次原因是什么？

参考文献

1. 杨灵琴. 货币政策的选择：通货膨胀目标制——基于篮子货币汇率制度. 浙江工业大学硕士论文，2009
2. 李萌. 中国的通胀管理——兼论通胀目标制的适用性. 复旦大学硕士论文，2006
3. 肖曼君. 通货膨胀目标制的国际比较. 湖南大学博士论文，2007
4. 刘宇飞. 货币银行学. 北京：中国发展出版社，2008，6(1)
5. Barro R J, Gordon D B . Rules, Discretion, and Reputation in a Model of Monetary Policy. Journal of Monetary Economics，1983，12：1101－1211
6. Bernanke, Ben and Mishkin, Frederic. Inflation Targeting: A New Framework for Monetary Policy ? Journal of Economic Perspectives, 1997，11：197－1161
7. Christoffersen P T, Sløk and Wescott R. Is Inflation Targeting Feasible in Poland? Economics of Transition, 2001，9：153－174
8. Dabla-Norris, Era, Kim, Daehaeng, Zermeno Livas, Mayra Rebecca, Billmeier, Andreas and Kramarenko V. Modalities of Moving to Inflation Targeting in Armenia and Georgia(June 2007). IMF Working Paper No. 07/133.
9. Eser Tutar. Inflation Targeting in Developing Countries and Its Applicability to the Turkish Economy. Virginia Polytechnic Institute and State University, 2002
10. Gottschalk J, Moore D. Implementing Inflation Targeting Regimes: The Case of Poland. Journal of Comparative Economics，2001，29(1)
11. Hoffimaister A W. Inflation Targeting in Korea: An Empirical Exploration. IMF Working Paper WP/99/7, Washington DC, 1999
12. Hoffimaister A W. Inflation Targeting in Korea: An Empirical Exploration. IMF Staff Papers，2001，48(2)
13. Jonsson G. The Relative Merits and Implications of Inflation Targeting for South Africa. IMF Working

Paper WP/99/116, Washington DC, 1999

14. Mccallum, Bennet T. Robustness properties of a rule for monetary policy[J]. Carnegie-Rochester Conference Series on Public Policy, Elsevier, 1988,29(1):173-203
15. Mario I. Blejer, Alain Ize, Alfredo M. Leone, and Sérgio Werlang. Inflation Targeting in Practice Strategic and Operational Issues and Applicationto Emerging Market Economies. IMF,1999
16. Nelson-Douglas B. Inflation Targeting Framework For Jamaica: An Empirical Exploration. Research and Economic Programming Division Bank of Jamaica,2007
17. Orphanides A. The quest for prosperity without inflation. Manuscript,Federal Reserve Board of Governors: Washington DC, 1999
18. Orphanides, Athanasios. The quest for prosperity without inflation[J]. Journal of Monetary Economics, Elsevier, 2003,50(3): 633－663
19. Simwaka K. The feasibility of adopting inflation targeting in Malawi: an empirical analysis. Macroeconomics 0407015, EconWPA, 2004
20. Schaechter, Andrea, Stone, Mark R. and Zelmer, Mark. Adopting Inflation Targeting: Practical Issues for Emerging. Market Countries. IMF Occasional Working Paper, No2021, 2000
21. Taylor,John. B. Discretion versus policy rules in practice[J]. Carnegie-Rochester Conference Series on Public Policy, Elsevier, 1993,39(1):195－214
22. Thenuwara H N. The Scope for Inflation Targeting in Sri Lanka; A Focus on the Transmission Mechanism. Central Bank of Sri Lanka, Stuff Studies, 1997,27
23. Tuladhar A. Governance Structures and Decision-Making Roles in Inflation Targeting Central Banks [R]. IMF Working Paper 05/183,2005
24. Woglom, G. Inflation Targeting in South Africa: A VAR Analysis. Journal for Studies in Economics and Econometrics, 2000,24(2).
25. 陈飞,赵昕东,高铁梅.我国货币政策工具变量效应的实证分析.金融研究,2002(10)
26. 胡冬梅.我国货币政策传导机制实证研究.南京社会科学,2008(5)
27. 姜波克,朱云高.论人民币资本账户开放下货币政策制度的选择.复旦学报(社会科学版),2004(6)
28. 刘军.货币政策传导机制有效性的实证研究,统计与信息论坛,2006(5)
29. 颜嘉川,易棉阳.论转轨通货膨胀的内生性,湖北经济学院学报,2006(4)
30. 章和杰.人民币一揽子货币汇率制度中权重的建构.北京:中国社会科学出版社,2005
31. 周英章,蒋振声.货币渠道、信用渠道与货币政策有效性——中国 1993—2001 年的实证分析和政策含义.金融研究,2002(9)
32. 谭小芬.通货膨胀目标制与宏观经济绩效:最新研究进展与评述.经济评论,2007(5)
33. 胡国晖,崔奇.货币银行学.武汉理工大学出版社,2006
34. 杨丽华.货币政策透明度的国际比较,上海金融,2008(11)
35. 卢庆杰.中国货币政策工具有效性分析.复旦学报(社会科学版),2007(1)
36. 李智,秦艳梅.对我国存款准备金率调整及其存在问题的分析.北京工商大学学报(社会科学版),2008(3)
37. 杨桂根.当前我国货币政策效应探讨——基于货币政策工具制度缺陷的制约分析.华北金融,2008(2)
38. 姜波克.国际金融学.北京:高等教育出版社,1999

第十一章

财政政策与货币政策的合理搭配

内容提要

财政政策、货币政策和汇率政策作为调节内外失衡的三大主要宏观经济政策，共同服务于宏观调控的总目标，但分工而互补，需要相互协调配合，促使经济运行趋于总量均衡和结构优化的理想状态。本章主要阐述财政政策与货币政策的合理搭配，在讲清基本原理的基础上，着重结合中国的实际，具有较好地融会贯通的作用。

第一节　财政政策与货币政策在宏观调控中的作用

一、宏观调控的概念

宏观调控是指对国民经济的全局和整体所进行的调节与控制。经济可分为宏观经济和微观经济。宏观经济是指把国民经济即社会再生产作为一个全局和整体的经济活动，微观经济则是指各个基层单位的经济活动。微观经济的活动必须在宏观的调节和控制下，才能实现国民经济持续、快速、健康的发展。

宏观调控的目标是指一个国家的政府在进行宏观决策，制定经济政策时，所要达到的经济目标。现代市场经济社会中，政府对经济社会发展的积极干预是不同体制国家的共同选择，而宏观目标即通过干预手段所要达到的目的的确定，则是政府宏观调控的核心。各个国家及一个国家在不同时期的经济目标是各不相同的，但归纳起来主要有经济增长、充分就业、稳定物价和国际收支平衡。为了实现国家的宏观调控目标，可采用不同的财政政策和货币政策。

我国对宏观调控目标的认识是有个过程的。

二、中国宏观调控目标体系的演变

从新中国成立以来的实践看，国民经济和社会发展的宏观调控目标体系并不是一成不变的，而是适应经济实体发展水平和经济体制的变化，与时俱进，不断发展完善，具有比较鲜明的时代特征。随着社会主义市场经济体制的逐步建立，宏观调控的内容和着力点已发生了重大变化，迫切要求我们摆脱传统计划经济体制思维观念的羁绊，进一步完善和规范宏观调控目标体系。

(一)探索阶段

改革开放以前,我国实行的是高度集中的计划经济管理体制。虽然对工业生产、农业生产、基本建设、交通运输、商业、文教卫生和科学研究事业、劳动工资等方面都有详细的计划安排,但没有非常突出的宏观目标,计划主要是对主要产品的产量和增长速度进行安排。

改革开放以后,国家计划从偏重于微观经济活动的干预逐渐转到搞好宏观调控上来,从对经济的直接调控转到间接调控上来,从原来主要是定指标、分投资、批项目、分物资转到抓大事、谋大局、促进经济发展上来,突出宏观性、战略性和政策性,宏观调控目标体系开始形成。

1979 年 6 月,在第五届全国人民代表大会第二次会议上,国务院副总理兼国家计划委员会主任余秋里,作了拨乱反正之后的第一个人代会上的《计划报告》,即《关于一九七九年国民经济计划草案的报告》。在这一年的《计划报告》中,首次集中列出了主要宏观目标,表述为“1979 年计划的总轮廓是:农业生产比去年增长 4%。工业生产比去年增长 8%,其中轻工业增长 8.3%,重工业增长 7.6%。……国家预算内直接安排的基本建设投资 360 亿元,加上利用外汇贷款安排的基本建设,总数为 400 亿元,保持去年的实际水平。社会商品零售总额 1750 亿元,比去年增长 14.6%。进出口总额 440 亿元,比去年增长 24%。”

1983 年以后,听取和审议《计划报告》成为全国人民代表大会制度的一个正式议程。1983 年 6 月在第六届全国人民代表大会第一次会议上,国务院副总理兼国家计划委员会主任姚依林作了《关于一九八三年国民经济和社会发展计划的报告》,提出“1983 年计划的基本轮廓是:农业生产比上年增长 4%。工业生产比上年增长 4%,执行中争取增长 5%。其中,轻工业生产增长 4.1%,重工业生产增长 3.9%。固定资产投资 747 亿元,比上年减少 98 亿元。其中,基本建设投资 507 亿元,更新改造投资 240 亿元。社会商品零售总额 2760 亿元,比上年增长 7.8%。普通高等学校招生 36 万人,比上年增加 4.5 万人”。此后,基本计划又增加了财政收入和普通高等学校招生指标,扩充了基本建设投资指标内容,变成包括基本建设和更新改造两方面的固定资产投资。

1988 年 3 月,姚依林同志在七届全国人大第一次会议上的《计划报告》,首次提出“计划目标”的概念:“国民生产总值比上年增长 7.5%。农业生产增长 4%;工业生产在降低物资消耗、减少资金占用、提高产品质量、保证适销对路的前提下增长 8%。全社会固定资产投资总规模 3300 亿元,其中,全民所有制单位的固定资产投资 2060 亿元,略低于上年的实际水平,既要有利于币值的稳定,又要有利于经济的增长。财政赤字控制在 80 亿元,维持上年的水平。除了工资奖金、价格补贴、科学文教卫生事业、国内外债务还本付息等支出适当增加外,基本建设拨款、行政费和其他事业费等支出都低于或大体维持上年水平。城乡居民的收入在扣除物价上涨因素之后,要比上年水平有所提高。”

1989 年,七届全国人大第二次会议的《计划报告》第一次明确提出了“宏观调控目标”的概念,将目标体系变成为主要包括经济增长、投资、财政、金融和物价方面的指标。

(二)形成阶段

随着党的十四大提出建立和完善社会主义市场经济体制的经济体制改革目标,宏观调控目标体系也进一步调整并逐渐明确。1993 年八届全国人大一次会议上,国务院副总理兼国家计划委员会主任邹家华作了《计划报告》,第一次列出了国民经济和社会发展的八大主要目标:①经济增长;②固定资产投资;③金融财政;④外贸进出口和外汇储备;⑤商品零售;⑥物价;⑦经济效益;⑧人口自然增长率。

1994 年 3 月在八届全国人大第二次会议上,国家计委主任陈锦华作的《计划报告》,沿用了在八届全国人大第一次会议上提出的主要目标体系的内容,但把金融财政指标分开,成为国民经济和社会发展计划的九大主要宏观调控目标。第二年,不再列出经济效益指标,国民经济和社会发展计划的八大主要宏观调控目标调整为①经济增长;②固定资产投资;③财政;④金融;⑤商品零售;⑥外贸;⑦物价;⑧人口自然增长率。并且对零售指标的内容进行了调整,用"社会消费品零售总额"代替了"社会商品总额"。1996 年又一次调整,不再列出商品零售指标,增加了就业目标,即城镇新就业人数和农村劳动力的转移人数指标,国民经济和社会发展计划的主要宏观调控目标乃为八大方面。同时,金融目标中的内容也有新变化,"银行新增贷款规模"指标被"货币发行量"指标所替代。

1997 年,宏观调控目标体系再次调整,就业目标被控制失业率目标所取代,形成了八大目标体系:①经济增长率;②固定资产投资;③价格;④财政收支差额;⑤货币发行量;⑥外贸进出口总额;⑦人口自然增长率;⑧城镇登记失业率。1998 年以后,这八个目标的体系统称为"国民经济和社会发展的主要预期目标"体系。

(三)规范阶段

2002 年 11 月,党的十六大报告确定了宏观调控的主要目标是:"促进经济增长、增加就业、稳定物价、保持国际收支平衡。"这意味着我国宏观调控目标体系的定位,向着与现代市场经济统一目标的规范阶段转变。

宏观调控目标体系明确为四个基本目标。一是兼顾了集中和全面。基本目标虽然只有四个,但内涵丰富,覆盖面广。经济增长是衡量经济全面发展的主要指标,是一个宽泛、综合的概念,投资和消费需求的增减最终会体现在经济增长的变化。增加就业是体现力求充分利用劳动力要素,而且能促进城乡居民收入增长。这既是经济健康发展的标志,也是社会公平和稳定的体现。稳定物价是经济健康、平衡发展的保证,财政政策和货币政策的变化一般都会引发物价的变动。国际收支是在一定时期内一个国家或地区与其他国家或地区之间进行的全部经济交易的系统记录。随着开放型经济迅速发展,保持国际收支平衡,实现外部平衡,可为内部平衡(物价稳定和充分就业)创造良好的条件。二是与国际惯例接轨。大多数西方学者认为,现代市场经济条件下,政策目标主要集中在效率、稳定和公平三个问题上。由于通货膨胀(或紧缩)、失业(或过度需求)以及国际收支失衡,都会导致利益在不同主体之间的重新分配,是造成经济不平等、导致影响稳定和公平问题的原因。因此,为履行好现代市场经济的政府职责,各国基本上都将经济增长、充分就业、价格稳定、国际收支平衡列入基本的宏观调控目标体系。三是有利于促进国家计划职能的进一步转变。四个基本目标更具宏观性、战略性,是第一层次的目标,把它们作为宏观调控目标体系,国家计划的着眼点将更加集中到抓大事、谋大局、促发展上来。

同时,为在宏观调控下更好地发挥市场机制配置资源的基础性作用,处理好速度和结构、质量、效益的关系,实现经济发展和人口、资源、环境相协调,各种经济政策还有不同的具体目标,即其他辅助性指标。这些指标也非常重要,宜在国民经济和社会发展的各项工作任务中部署。

(四)十六届三中全会的提法

完善国家宏观调控体系,进一步健全国家计划和财政政策、货币政策等相互配合的宏观调控体系。国家计划明确的宏观调控目标和总体要求,是制定财政政策和货币政策的主要依据。财政政策要在促进经济增长、优化结构和调节收入方面发挥重要功能,完善财政政策的有效实施方式。货币政策要在保持币值稳定和总量平衡方面发挥重要作用,健全货币政策的传导机制。十六届三中全会制定的新的货币政策目标,维持金融稳定,重点是维持总量平衡。货币政策对国民收入、调整经济结构、促进经济增长不发挥主要作用。过去用货币政策解决经济结构性问题如西部开发等是错误的。货币政策要在保持币值稳定和总量平衡方面发挥重要作用。

三、财政政策、货币政策在宏观调控中的作用

(一)稳定经济

财政政策和货币政策的宏观调控作用首先表现在稳定经济上,它可以防止经济出现大的波动。而另一方面,当经济出现波动时,通过财政、货币政策手段的实施,使波动的经济恢复稳定。它可通过对经济增长速度的调节、对货币流通的调节,对各阶层收入水平的调节来稳定经济。

(二)促进经济增长

要实现经济的增长,必须要有大量的资金投入,而财政、货币政策是我国分配资金的两条渠道,通过财政、货币的活动,就增加了社会的投资。如财政可以通过增加投资,进行国家重点建设和其他大中型项目的基本建设。由于财政投资数量大,作用力强,远远大于企业和个人投资的乘数效应,它的投入能大大提高全社会的积累水平,促进整个国民经济的增长。银行通过提高存款利率,吸收社会上的闲置资金,把消费基金转化为生产性投资,甚至可以加大贷款的投入来促进经济增长。如 1998 年财政通过增发 1000 亿元国债搞基本建设来启动经济,同时银行配套 1000 亿元资金发放贷款,总数为 2000 亿元的资金投入形成最终需求,拉动 1998 年国内生产总值增长 2 个百分点,从而有助于 1998 年经济增长 8%的目标。由此可以得出结论:现代经济要高速增长,必须要有完善的财政货币体系和完备的财政货币政策,以及财政、货币政策的相互配合和协调。

(三)财政、货币政策对产业结构的调整

在商品经济条件下,产业结构的调整要根据市场供求变化,靠经济手段来实现。但仍然需要国家通过财政、货币政策来进行调节。

第二节　财政政策

财政政策是国家以宏观经济目标为基准的,调节和控制政府经济活动的财政工作的总称。财政政策由财政政策目标、财政政策手段和财政政策效应三部分组成。

一、财政政策的分类

可以按照不同的标准对财政政策进行分类。

(1)按财政收入、财政支出和财政管理活动进行分类:可分为税收政策、支出政策、投资政策、财政信用政策、补贴政策、固定资产折旧政策、国有资产政策、国家预算政策。

(2)按财政收支活动与社会经济活动之间的关系分类:可分为总量财政政策和个量财政政策。

①总量财政政策是对经济总量发生作用,影响经济总量增减变化的政策,通常也被称为宏观财政政策。总量财政政策又可分为膨胀性财政政策、紧缩性财政政策和中性(或平衡)的财政政策。膨胀性财政政策,简称松的财政政策,它是通过降低财政收入或增加财政支出,以刺激社会总需求增长的政策。由于减收增支的结果表现为财政赤字,所以也称赤字财政政策。紧缩性财政政策,简称紧的财政政策,是指通过增加财政收入,减少财政支出,以抑制社会总需求增长的政策,由于表现为财政结余,因此也称为盈余性财政政策。中性财政政策,是指通过财政收支平衡来实现社会总需求与总供给的平衡。

②个量财政政策是对有关经济个量发生作用,只影响经济个量增减变化的政策,也称为微观财政政策。如在税收政策中,在不改变税收负担总水平的情况下,只对部分税种的征税范围和税率进行调整。

二、财政政策目标

财政政策目标是指财政政策所要达到的最终目的。它构成财政政策的核心内容,使政策具有确定的方向和指导作用。财政政策目标一般有三个:

(1)优化资源配置。通过财政政策的作用,引导资源在部门、地区、行业间合理流动。

(2)理顺分配关系。运用财政手段调整分配比例,保证生产正常进行。

(3)经济增长。保证经济持续、稳步增长。

三、财政政策手段及效应

财政政策手段是指可以影响财政政策目标的实施的工具。一般有国家预算、税收、公债、财政投资和财政补贴。

(1)国家预算及其效应。国家预算是财政政策的主要手段,它具有综合性、计划性、法律性。综合性是指国家财力的综合反映。计划性是指作为国家财政收支计划,是国民经济计划的重要组成部分。法制性是指国家预算具有法律效力,必须贯彻执行。国家预算可以通过调整收入和支出,实行赤字的财政政策或盈余的财政政策,来实现社会总供给和社会总需求的平衡。

(2)税收及其效应。税收是带有强制性的政策手段,其形式有税种、税率、减免税。税收可以通过减税,增加企业和个人可支配部分,以扩大社会需求总量,也可以通过增加税率,使国民收入更多掌握在国家手里,以抑制社会总需求。通过多开征新税,或对税率的增减,都可以调节社会供给与需求的关系。

(3)国债及其效应。国债是有偿性的政策手段,它可以通过国债的种类、利率、发行规模和偿还等形式,来调节供求。在经济过热时,可以扩大发行规模,以减少流通中的货币,在经济萎缩时,可以用偿还国债的方式,向流通中注入货币量,以启动经济的复苏。

(4)财政投资及其效应。财政投资是国家财政预算内安排的投资,它是进行国家重点建设和其他大中型项目的主要资金来源,是形成国有资产的主要物质基础,也是实现国家宏观调控的重要手段。财政可以通过增加投资规模,促进经济稳步发展,而且还可以通过对不同部门和产业的投资,实现社会总供给在结构上的平衡。

(5)财政补贴及其效应。财政补贴是国家为了某种特定需要,将一部分财政资金直接补助给企业或居民的一种再分配形式。它可以通过增加补贴来刺激生产,促进供给的增加,或减少补贴来抑制生产,减少供给。

财政政策各项手段可以单项使用,也可以综合运用,目的都是为了财政政策的顺利实现。

第三节 财政政策与货币政策的合理搭配

一、财政政策与货币政策搭配的必要性

(一)财政政策与货币政策之间存在着统一性

财政政策与货币政策具有紧密的联系,这种紧密联系从根本上说植根于双方政策调控最终目标的一致性。两大政策调控的着眼点,都是针对社会供需总量与结构在资金运动中表现出来的有悖于货币流通稳定和市场供求协调正常运行状态的各种问题;两大政策调控的归宿,都是力求社会供需在动态过程中达到总量的平稳和结构的优化,从而使经济尽可能实现持续、稳定、协调发展。两大政策的紧密联系还来源于双方政策手段的互补性以及政策传导机制的互动性,一方的政策调控过程,通常都需要对方的政策手段或机制发挥其特长来加以配合策应,经济学理论对此可以作出很好的阐释(如蒙代尔一弗莱明模型)。从社会总资金的运动来看,财政政策对资金运动的影响和货币政策对资金运动的影响,相互间必有千丝万缕的联系和连锁反应,各自的政策实施及其变动,必然要牵动对方,产生协调配合的客观要求。

(1)目标。财政与货币政策调控的目标是统一的,都是为了实现经济的稳定增长。

(2)财政政策和货币政策都是属于需求管理政策,是国家调整社会需求总量和结构的重要手段。

(3)财政政策和货币政策都参与国民收入的分配,通过对当年国民收入的再分配,达到货币供应量的稳定。

(4)财政政策和货币政策都制约社会资金的流量和流向。两大政策和社会资金运动相联系,共同调节生产资金的循环,来制约社会资金的流量和流向。

在财政政策与货币政策存在紧密联系的同时,又由于各自在经济体系中所侧重的不同领域和具备的不同作用,而具有一系列的差异性特征。

(二)财政政策与货币政策之间存在着差异性

(1)政策工具不同。或称调节手段不同。财政政策的工具主要是税种、税率、国家预算收支、国债、财政投资和财政补贴、贴息等,而货币政策的工具主要是利率、存款准备金率、再

贴现率、贷款限额或贷款安排和公开市场业务等。

(2)调节范围不同。货币政策受金融系统功能边界的制约，主要处理商业性金融系统功能边界内的事务，其调节范围基本限于经济领域(当然，可以由经济领域间接传导到其他领域)。财政收支及其政策体现政府职能的各个方面，其调节范围不仅限于经济领域，还包括非经济领域。

(3)调节渠道不同。或称调节的侧重点不同。财政政策不是直接调节经济总量，而是通过调节经济结构，间接影响或作用于经济总量。货币政策可以直接作用于经济总量如货币供应量等。

虽然财政政策与货币政策都对总量与结构发生调节作用，但财政政策相对于货币政策而言带有更为强烈的结构特征，因为财政收入按不同项目与不同规定来组织，可以直接调节不同地区、部门、企业及个人的收入水平，财政支出按资金性质与用途来安排，可以直接调节产业结构、部门结构和社会经济结构的各个方面。财政政策对总量的调节，主要以政府收支及其乘数作用影响社会总资金运动的全局。反之，货币政策相对不同，一般而言带有更为鲜明的总量特征，因为国民经济中的一切投资需求和消费需求，都要表现为有支付能力的货币购买力，央行作为唯一能够直接管理全社会货币供应总量的部门，正是运用货币政策对之加以调控，同时，商业性金融信贷自身的市场化经营原则要求银根松紧的变化大体一视同仁地覆盖其全部资金运动，借款差别利率等旨在区别对待不同产业、行业、企业、项目等以调节结构的手段，只能在比较有限的范围内实行和发挥作用，并将随着我国市场化改革的推进而日趋有限。宏观经济政策的特定目标，可归纳为经济增长、资源优化配置、稳定物价、充分就业、反周期波动、收入公平分配、产业结构合理化和高级化等方面。财政政策和货币政策固然都服务于这一系列目标，但由于上述侧重点的不同，各自对于不同目标的作用，便有所区别。如在产业结构合理化、收入公平分配方面，财政支出政策与税收政策的重要性居先；在稳定物价方面，货币政策的重要性则排在首位。

(4)政策的时滞性与调节的时滞不同。时滞就是时差，指政策影响经济变量所需时间，是指决策机关从认识到需要改变政策，到实际上实行新的政策所需的时间。

一是政策的时滞性不同。由于宏观经济数据的采集和整理需要较长时间，故货币政策认识时滞长；而由于货币政策通常是由具备较强独立性的央行的人数不多的高级决策层所制定，故决策时滞短，可以在短期内决策。而财政政策的认识时滞短，问题容易暴露。但是财政政策的制定与修订必须经过立法机关审议、批准这样一整套程序的情况下，决策时滞长。

二是调节的时滞不同。调节时滞，是指政策从其调节运作的发生到调节效果的显现所需的时间。一般而言，货币政策由于通常完全依靠间接手段作用于调节对象，其调节时滞较长。而财政政策由于通常具有政府直接安排收支和可以运用某些强制性手段的背景，其调节时滞较短。

(5)在经济周期的不同阶段，两大政策的功能空间不同。例如，人们可以把货币政策比作一根拴在经济之车后面的绳子，认为当经济向上步入通货膨胀时，它可以拉住其别走太远。但当经济处于通货紧缩而无力向上爬坡时，它却无法推动。这种比喻形象地描绘了不同经济运行状况下，货币政策作用效果的差异。一般而言，货币政策擅长应对通货膨胀阶段的问题，而财政政策在应对内需不足、解决通货紧缩阶段的问题时更具优势。我国 1998—

2002 年间政策实践中的调控效应，与凯恩斯理论中关于萧条阶段财政政策更具有效性的认识是相吻合的。

需要指出的是，一方面，用相机抉择型财政政策熨平经济的波动。针对 20 世纪 80 年代以来我国经济的每次波动，中国政府都实施了相机抉择型财政政策，交替使用“松”或“紧”的手段去作用于经济周期。这些政策运作都起到了一定的甚至很大的效果，但副作用也显而易见，尤其 1998 年开始的“积极财政政策”更是如此，它改变了中国财政政策的运作模式，从被动型赤字财政政策模式正式转到主动型上来，大大加强了相机抉择型财政政策运作的分量，增强了经济运行对财政政策相机抉择性的依赖。

另一方面，相机抉择型财政政策又是导致经济波动的主要因素。财政政策中导致经济波动的主要因素是政府支出，而政府支出中的相机抉择部分是导致经济波动的关键原因。

政府必须选择规则型的财政政策，避免相机抉择的政策带来的经济不稳定；中国财政政策问题的根本出路，在于深化财政制度的公共化改革。

要解决相机抉择政府支出手段的滥用问题，关键在于控制和压缩政府支出规模。然而，目前中国政府支出的失控状态，是错综复杂的多种因素影响的结果，而公共财政制度尚未真正建成，政府收支不受社会公众、不受市场和资本的决定、约束、规范和监督，则是其中的决定性原因。换言之，不受社会公众决定和控制的政府，是不可能依靠自我约束而有效克制强烈的支出扩张欲望和冲动的。这就需要全面改革已经建成的公共财政制度框架，其中尤其是需要建立起真正的政府预算制度，确保政府收入必须依法课征，政府支出必须遵循预算行事，才能有效解决政府支出的失控问题，使得政府的财政政策运作能够建立在健全的基础上。

(6)两大政策所调控的资金所遵循的经济运行机理不同。货币政策调控下的商业性金融资金是按照追求微观直接效益（利润）目标的市场原则展开竞争的，只愿意“锦上添花”，即按照产业化原则投向尽可能高收益、低风险的领域和状态良好的企业，这对于商业性金融而言是合理的、无可厚非的。与此不同，财政政策下的资金运作在承认市场一般原则的前提下，可以并且应该超越微观直接效益的眼界而活生生追求长远、综合、宏观、社会的效益，财政政策可以和必须在关注基本民生、施行“雪中送炭”式的支持扶助和调节收入分配差距、优化生态环境等方面发挥积极作用。

正是由于财政政策与货币政策存在着统一性和差异性，即两者之间存在十分密切的相互联系，又存在一系列不同特点和侧重点，因此，在宏观调控中，就需要两者之间相互协调配合，取长补短，合理运用。

二、财政政策和货币政策的搭配方式

内外均衡政策搭配是建立在一定政策工具的基础上，而政策工具主要分为调节社会总需求的工具和调节社会总供给的工具。而在内外均衡政策搭配中主要运用调节社会总需求的工具，包括需求增减型政策（Expenditure-Changing Policy）（财政政策和货币政策）、需求转换型政策（Expenditure-Switching Policy）（汇率政策）。

市场经济的宏观调控体系以间接调控为基本特征，即政府调控主体主要通过政策手段把经济参数附加到市场上多种生产要素的价格信号上，进而调节、引导市场主体的生产经营行为。间接调控所依赖的主要是政策手段，就是财政政策、货币政策和汇率政策三大政策。这三大宏观调控政策共同服务于宏观调控的总目标，但分工而互补，需要相互协调配合，促使经济运行趋于总量均衡和结构优化的理想状态。

财政政策和货币政策的搭配必须根据经济的实际需要进行。

(1)松的财政政策和松的货币政策。财政政策采取减税让利、增加财政支出、甚至搞赤字财政。货币政策则采取放松银根、降低利率,扩大货币供应量。这种配合用于货币总需求严重不足,用于刺激社会总需求的增长。这种宽松的财政政策与宽松的货币政策相配合的搭配方式,叫双松政策。这种配合如果放松的幅度不当,极易引发通货膨胀。

(2)紧的财政政策和紧的货币政策。财政政策采取增加税收、缩减财政支出,形成财政结余。货币政策采取收紧银根、提高利率、减少货币供应量,来抑制社会总需求。这种双紧的财政政策与货币政策的搭配方式,叫双紧政策。如果控制力度过猛,容易导致经济萎缩,失业率上升。

(3)紧的财政政策和松的货币政策。这种配合适合于在社会总供求大体平衡,而消费偏旺,投资又不足的状况。

(4)松的财政政策和紧的货币政策。这种配合适合于在社会总供求大体平衡,而消费不足,投资过旺的状况。

三、中国的实践

(一)伴随经济高速增长财政政策的调控空间越来越大

1.我国财政政策调控地位的历史演进

我国计划经济时期,国家财政是国民收入分配的主体,不仅行政国防文教卫体靠财政拨款,发展国有经济和支援农业的资金也主要依赖国家财政支持。由此,财政在国民经济中居于支配地位,财政政策"独木撑天",在宏观调控中发挥着重要作用。这从20世纪50年代提出的"三平理论"的权威解释——财政收支平衡是关键,物资供求平衡是基础,信贷收支平衡是综合反映,即可得到说明。

改革开放初期,不少人认为财政分配权过分集中,从而对经济运行的干预力量过强,不利于搞活经济,极端的意见则是要财政退出经济建设领域。现实发展结果是国民经济"紧运行",财政日益贫困化。在财政日益贫困化的情况下,从改革开放初期到东南亚金融危机(1978—1997年)这一时期,财政政策很难承担其在现代市场经济中本该承担的调控任务,一直默默无闻。东南亚金融危机以来,伴随我国经济的高速稳定增长,国家财力日益增长,财政政策重新崛起。我国财政政策作用空间的变迁可简单归纳,如表11-1所示。

表11-1　我国财政政策作用空间的变迁

时间	计划经济时间(1956—1977)	改革开放第一阶段(1978—1997)	改革开放第二阶段(1998—现在)
经济运行环境	国民经济"紧运行";经济发展的制约因素主要是体制约束	国民经济"紧运行";经济发展的制约因素主要是资源约束和供给约束	经济持续高速增长;但结构性矛盾日益尖锐
财政政策	财政是国民收入分配主体;财政政策"独木撑天"	财政贫困化;财政政策默默无闻	中央政府财权集中度提高;财政政策重新崛起

摘自:崔建军,2008:《财政、货币政策作用空间的历史变迁及其启示》,《经济学家》第3期。

2.财政政策的调控空间越来越大

伴随经济高速增长财政政策的调控空间越来越大。具体表现是：

(1)财政收入高速增长，占 GDP 的比重日益提高。1997 年东南亚金融危机以来，我国经济增长持续保持良好势头，与此同时，财政收入增长率也稳步提高。1997 年我国财政收入增长率为 16.8%，至 2007 年已提高到 32.4%

伴随改革开放逐步走向深入和经济高速稳定增长，国家财政收入占 GDP 的比重日益提高。同时，国家财政已有能力通过增加债务来集中财力，为财政政策发挥调控作用提供强有力的财力保证。1997 年，我国财政收入占 GDP 比重为 11%，至 2007 年已提高到 21%。财政收入与债务收入已成为国家集中财力，保证财政政策有效调控经济运行的基础。

(2)税收的强制性有利于财政政策调控作用的“全天候”发挥。2007 年 5 月 8 日，为了抑制信贷过度增长和股市投机，中国人民银行三管齐下：提高存款准备金率、加息和扩大人民币对美元的波动幅度。但股市逆势而上，不跌反涨；2007 年 5 月 30 日，财政部宣布，调整股票交易印花税(由 1‰上调为 3‰)，股市应声而落，900 多只股票下跌至跌停板。货币政策和财政政策对调控股市效应的巨大反差，向人们充分展示了财政政策优于货币政策的调控威力即税收的强制性有利于财政政策调控作用的“全天候”发挥。

诚然，中央政府财权集中度的提高为财政政策发挥调控作用提供强有力的财力保证。但是也应看到，财政收入占 GDP 比重的日益提高，中央政府财权的过分集中与市场化改革之间又存在着潜在的难以克服的矛盾。

(二)面对流动性过剩货币政策调控效力日益弱化

1.我国货币政策调控地位的历史演进

前已说明，我国计划经济时期，国家财政是国民收入分配的主体，财政政策在经济运行调控中占据主导地位，发挥着巨大的调控作用。但那时银行却是财政的附庸，无足轻重，甚至连相对独立的中央银行和货币政策也不存在，更谈不上货币政策的调控作用。改革开放特别是 1984 年二级银行体制建立以后，我国货币政策开始登上历史舞台，在宏观调控中扮演重要角色。改革开放初期至东南亚金融危机(1978—1997 年)这一阶段，货币政策一枝独秀，宏观调控作用得到了淋漓尽致的发挥。东南亚金融危机以来，面对通货紧缩和流动性过剩，货币政策受到重挫，调控空间受到挤压。我国货币政策作用空间的变迁可简单归纳如表 11-2。

表 11-2　我国货币政策作用空间的变迁

时间	计划经济时间 (1956—1977)	改革开放第一阶段 (1978—1997)	改革开放第二阶段 (1998—现在)
经济运行环境	国民经济“紧运行”；经济发展的制约因素主要是体制约束	国民经济“紧运行”；经济发展的制约因素主要是资源约束和供给约束	经济持续高速增长；但结构性矛盾日益尖锐
财政政策	银行是财政的附庸；没有相对独立的货币政策	银行财力扩大；货币政策“一枝独秀”	通货紧缩和流动性过剩；货币政策调控功能弱化

摘自：崔建军，2008：《财政、货币政策作用空间的历史变迁及其启示》，《经济学家》第 3 期。

2. 流动性过剩：货币政策发挥调控功能的约束条件

当前，我国经济运行环境发生了巨大变化，这种变化简而言之就是一个时期以来备受经济界和社会有识之士广泛关注的“流动性过剩”。就流动性而言，我国经济学界并没有统一的认识。但流动性过剩在金融领域大体具有下列表现：

(1)M_2/GDP 过高。M_2/GDP 是美国经济学家戈德史密斯提出的衡量金融发展的两大重要指标之一(另一个是金融相关比率)。戈德史密斯认为，一国的货币化率越高，表明一国的金融发展程度越高。经过近 30 年的改革开放，我国的货币化率已高达 165.03，已是全球最高的货币化率了。这一方面表明我国流动性过剩，货币资本由短缺转为过剩；另一方面则表明我国金融资源配置效率低下。理由很简单，货币化率的倒数 GDP/M_2 是个金融效率指标，它代表单位货币供给量所推动的 GDP 产出。货币化率越高，表明单位货币供给量所推动的 GDP 产出越少。

(2)金融机构巨额存差。自 1995 年以来，我国金融机构开始持续出现存差，从而一举结束了金融紧运行的格局。至 2006 年底，存差规模已达 110148.82 亿元，存贷比 148.89%。巨额存差表明，金融机构资金十分充裕，是金融机构流动性过剩的集中体现。

(3)外汇储备激增。继 1995 年我国金融机构出现持续存差后，2002 年以来我国国际收支同时呈现双顺差格局。在结售汇制度下，中央银行在外汇市场上购买外汇，外汇储备和外汇占款迅速增加。至 2009 年初，我国外汇储备已近 2 万亿美元，是全球最大的外汇储备国；与此同时，外汇占款已高达 90%×2 万亿美元＝1.8 万亿美元，若按 1∶7 汇率计算，约 1.8 万亿×7＝12.6 万亿人民币。巨额外汇储备造成基础货币大量被动投放，货币供给的内生性日益加强，市场流动性日益加剧。

3. 目前参考篮子货币的汇率制度使货币政策弱化

流动性过剩有其产生的我国外汇体制和国际背景根源。外汇体制就是名义上是参考篮子货币的汇率制度而实际上基本上是盯住美元的固定汇率制度，使国内货币供给的增加被动受制于外汇储备的增加，导致货币政策的弱化。

(三)财政政策和货币政策的协调配合

由于中国的财政金融格局方面的原因，在中国有一种明显的倾向：改革开放初期，人们普遍高估货币政策的作用；而在 1997 年东南亚金融危机之后，财政政策开始受命于危难之际，在启动内需方面发挥了巨大作用。这时人们又普遍看好财政政策而贬低货币政策。为此，如何正确看待货币政策、财政政策以及它们之间的配合，就具有十分重要的现实意义。

货币政策与财政政策真正发挥调控作用是在 20 世纪 30 年代凯恩斯革命之后。基于当时有效需求不足，经济衰退的背景，凯恩斯强调财政政策的作用。进入 20 世纪 40 年代，长期的经济萧条暂时为战后繁荣所取代，有效需求不足得以缓解，通货膨胀开始抬头，在此形势下，凯恩斯主义者进而提出了“补偿性财政货币政策”(Compensative Fiscal and Monetary Policy)，即根据经济的冷热，交替实施紧缩和扩张政策。著名的凯恩斯主义者汉森、萨缪尔森、索罗、托宾等更看重财政政策与货币政策的搭配组合。

从世界各国财政政策和货币政策实践来看，人们对货币政策与财政政策逐步形成了下列共识：一是财政政策和货币政策的目标都是为了实现总供求的平衡，即 $AD=AS$；二是货币政策利用利率、货币供给量等工具来影响总供求的平衡；财政政策利用支出和税收影响总供求的平衡；三是阿尔文·汉森(A. H Hansen)关于货币政策与财政政策作用的非对称性原理已经得到中外学术界的普遍认同即货币政策对治理通货膨胀具有强效应而对治理通货紧缩效应较弱，财政政策对治理通货紧缩具有强效应而对治理通货膨胀效应较弱。

表 11-3 财政政策与货币政策的异同

	财政政策	货币政策
目标	$AD=AS$	$AD=AS$
工具	利率、货币供应量	财政支出、税收
传导	金融系统	财政系统
效应	治理通货膨胀—强效应 治理通货紧缩—弱效应	治理通货膨胀—弱效应 治理通货紧缩—强效应

摘自：崔建军，2008：《财政、货币政策作用空间的历史变迁及其启示》，《经济学家》第 3 期。

1. 加强我国财政政策和货币政策协调配合的紧迫性

现阶段，进一步加强我国财政政策和货币政策协调配合的紧迫性，源于我国改革开放新阶段的客观要求以及经济发展运行的实际状况。

我国加入 WTO 后，无论是进出口规模，还是跨境资本流动规模都出现了迅猛增加，国民经济融入全球化的进程迅速加快，国内外经济运行的关联度和互动性大大增加，宏观调控既要考虑外部冲击对本国经济的影响，又要考虑本国政策对其他国家的影响及其反馈作用情况。同时，人民币汇率浮动的弹性不断提高，汇率浮动为经济主体带来更多交易灵活性、便利度的同时，也带来了更多的风险和调控成本。因此，宏观调控任务的复杂性显著增加，要求两大政策在更广泛的领域达成共识，在更为复杂的环境下，对更为复杂的政策事项作出及时、合理的相互配合。

国内形势。1998 年在运用财政政策之前，我们采用的是货币政策。央行一年降息 3 次，两年降息 6 次，其力度不仅我国历年来从未有过，而且世界上也少见，但仍未见效。企业惜投，居民惜购，资金上储蓄大于投资，存款大于贷款，劳动力资源存在不少失业，生产能力闲置，生产处于停产半停产状态，商品库存增多，特别是大量闲置资金未被金融系统释出用于投资，在这种情况下，实施积极的财政政策。财政部增加财政投资，增加赤字，以及增加国债发行，这都是为了扩大内需，实现 1999 年经济较快增长的宏观经济目标。

在 1998 年上半年经济增长速度出现减缓趋势，中央果断决定实施积极的财政政策，经全国人大常委会批准调整预算后，国务院增发 1000 亿元财政债券，重点用于增加基础设施建设投资。1999 年继续由财政向商业银行发行长期国债，也主要用于基础设施投资。利用财政债券搞建设，不是没有风险，问题是在于能否合理利用这笔钱。若大搞重复建设和劣质工程，那就会给财政背上沉重的包袱，迟早要引发严重的通货膨胀。所以，在利用财政债券搞建设时，一定要确保资金的合理投向，集中搞好基础设施的建设。

积极的财政政策是以较高的税率、财政赤字为前提的，很容易带来支出结构不合理的矛盾，产生较大的财政支出风险，而国家长期负债对经济的负面影响不可低估。财政政策应该只是抹平经济波动的手段，而不应带来可能产生经济更大波动的潜在风险。实施积极的财政政策是在特定条件下采取的特定政策，从中长期来看，仍然要坚持财政收支基本平衡，实行适度从紧的财政政策，严格控制并逐步缩小财政赤字。因此在经济发展的均衡时期，应控制税收的增长，藏富于民，刺激私人投资。如何利用宏观财政政策，从而最大限度的促进经济增长是对决策者智慧的挑战。

须注意的是：不能用一个财政手段来达到扩大内需、刺激经济增长的任务。因财政手段与货币信贷手段对偿还的要求等性质不同，各有其适用的领域。财政手段更适用于公共性和难以取得直接回报的项目，而那些在比较短时间内，能够得到直接回报的项目，更宜于用信贷手段来进行。基础设施建设项目要看其回报情况的不同，有的可用财政手段来启动，有的也可吸收非财政性资金，包括信贷资金来实施。所以，在 1998 年在财政发行 1000 亿元国债的同时，商业银行还动用了 1000 亿元信贷资金来配套，从长远看，财政政策工具和货币政策工具必须配合使用，才能发挥最佳的宏观调控经济的作用。

2003 年以后，经济运行出现了通货膨胀的隐忧，2007 年下半年以来，通货膨胀压力显著增加。为防止经济增长由偏快转为过热，防止价格由结构性上涨演变为明显的通货膨胀，财政政策和货币政策的组合安排由“双稳健”转变为“一稳一紧”，即稳健的财政政策和紧缩的货币政策。而到 2008 年底以来，由于受美国次贷危机引发的金融危机的影响，我国出现了通货紧缩的苗头，经济增长下滑，部分中小企业倒闭。财政政策和货币政策的组合安排由“一稳一紧”，转变为积极的财政政策和适度宽松的货币政策。

在全球经济的不确定形势和国际竞争环境下，我国迫切需要加快转变经济发展方式和进行结构优化调整，宏观调控在总量平衡和结构优化方面的任务都很严峻，财政政策和货币政策不仅要在各自的调控领域中发挥应有的作用，还要加强协调配合，发挥调控的互补和联动效果，而避免相互掣肘和抵消。

2. 当前财政政策和货币政策在协调配合中的角色侧重

我国二元经济结构和地区差异显著的特点，决定了经济增长过程中结构变动因素特别强烈，问题十分突出，涉及总需求结构、产业结构、城乡结构、区域结构、国民收入分配结构等诸多领域的矛盾，而且在开放程度日益提高的环境中，这些结构性问题更容易传递总量问题。例如，在总需求结构中，消费需求比例偏低是导致出口压力大的重要原因，而出口快速增长又是诱发流动性过剩以及通货膨胀的重要因素。与此同时，我国实现现代化战略目标的赶超性质和激烈的国际竞争环境等，不允许我们坐等由漫长的平均利润率形成过程和调节资源配置过程来解决结构问题。因此，必须清醒地看到政府在现代化过程中通过国家干预促进结构优化的责任，在大力推进市场取向改革的同时，努力提高决策水平，积极而有分寸地把握好调节结构方面的工作。对此，财政收支可以成为非常重要的操作手段，财政政策可以积极发挥其结构调整功能的优势，以区别对待的方式，通过调整财政收支的流向和流量，达到促进结构优化的效果。另一方面，货币政策调控的特点决定了它不宜实施过多差别性的调控措施，因此，两大政策在我国结构优化调控方面的协调配合，应以财政政策为主，货币政策为辅。近期，财政政策的重点是合理把握财政支出规模，优化支出结构，较大幅度增加在社会保障、生态保护和科技创新等方面的支出，同时积极探索有关税制改革和推进收入分配格局合理化。

在总量方面，目前我国所要解决的问题是避免经济过热和防止明显的通货膨胀，由于货币政策对于总量调控的功能更为显著，效果更为直接，尤其擅长通货膨胀时期的总量紧缩，所以，货币政策应在当前担任总量调控的主力。而财政政策的总量调控效果具有间接性，并且我国财政政策需要在较长时期内承载优化结构和为改革提供财力保障的历史任务，不到非常时期，不宜实施过分紧缩的财政政策。因此，近期在紧缩总量的调控方面应以货币政策“从紧”为主导，财政政策发挥适当配合作用，使其在总需求调控方面的影响尽量保持中性，并在增加有效供给方面更多发挥财政政策的作用。

3.关注财政政策和货币政策调控的结合部，加强重点领域的合理协调

财政政策和货币政策在宏观调控过程中虽然覆盖不同领域，使用着不同的政策工具，但是，它们在某些领域存在天然的结合点，例如国债和财政国库存款领域。而在有些特定领域，通过政策制定者的主动设计，也会成为它们的结合部，例如通过发行特别国债购买超额储备的外汇建立主权基金。

(1)国债领域。国债是财政政策和货币政策协调配合的一个最基本的结合部。国债可作为弥补财政赤字的重要手段，从另一个角度看，其规模的扩大或者缩小，正是财政政策实现扩张或紧缩效果的一个重要工具，而国债进入二级市场之后，由于其低风险和高流动性，则成为央行通过回购或逆回购方式，以回收或投放基础货币的重要载体。作为公开市场操作的工具，通常需要国债具有一定的余额和足够数量的中短期债券。但目前我国国债发行中短期国债发行存量不足，这为货币政策的公开市场操作带来了一定制约，因此，2003 年之后，央行为避免通货膨胀，大规模发行央行票据对基础货币投放量进行对冲，央行票据已成为货币市场的主体交易品种，也成为央行回收流动性的主要手段。比较而言，通过国债回购回收流动性的操作手法应用不多。但是，央行票据的发行存在一定的成本，而且也存在“借新债还旧债”的现象，可用于冲销流动性的空间逐步缩小，从长期来看，通过央行票据回收流动性的冲销政策“独木难支”，有必要加强国债品种的配合。

2007 年下半年，财政部发行了 15500 亿元左右的特别国债，用于购买国家外汇储备中的一部分超额储备，央行通过商业银行买入这些特别国债，增加了央行持有的国债数额，为央行公开市场操作提供了载体。目前，央行已经开始用这些特别国债作为质押，通过正回购业务回收流动性，从而降低了央行货币政策操作的成本。这一举措是财政政策和货币政策在国债这个结合点上进行合理协调配合的创新性做法，为货币政策进行紧缩调控提供了新工具。

但是，在国债这一结合部上，也还有可能出现财政政策和货币政策相左的现象，政府制定宏观经济政策时，需要关注这方面的问题。原则上说，对于财政政策而言，在经济萧条时，可以通过增加国债发行、扩大政府支出的方式实现经济的扩张，而在经济过热时，则需要减少国债的发行，减少政府支出，紧缩经济。但是，我国现阶段在经济趋于过热的情况下，央行要回收流动性却需要更多的国债作为载体，这就带来了一定的矛盾。当然，由于财政政策和货币政策本身的特点不同，其松紧配合的方式多种多样，同时采用紧缩性财政政策和紧缩性货币政策的时候较少。因此，我国现在可以通过财政政策和货币政策各自不同的松紧，形成最佳配合来缓解国债方面可能存在的不协调，也包括今后探索在已有的国债“余额管理”制度框架下，更多发行短期国债的办法。

(2)财政存款领域。财政存款是财政政策和货币政策协调配合方面的另一个重要结合点。我国财政存款的数额由于季节性因素出现明显波动特点，会对央行货币政策的操作带来一定的影响。近年来，随着我国财政收入快速增长，在央行的政府存款出现了逐年攀升态势，同时，财政存款规模变化的明显特征是前 11 个月存款余额基本上是增加趋势，而在每年

的12月份会出现大幅度下降。央行在制定和实施货币政策时,需要根据财政存款的季节性变化特点,有针对性地采取相应措施,这在一定程度上加大了货币政策调控的复杂性和难度。

现阶段我国财政存款的大幅增加也与国库集中支付制度改革推行的阶段性特点有关。国库集中支付制度改革是我国预算管理制度改革的重要内容,对于提高财政收支规范性、增强财政收支透明度、实施全程监督和提高财政资金使用效益,具有重要意义。国库集中支付制度改革在按照"横向到边、纵向到底"方针继续深化过程中,不断减少在途资金和单位滞存资金,使国库库底资金和财政存款规模走高。在"国库现金管理"尚很幼稚而不能充分发挥作用的阶段内,这一矛盾会较为突出。随着国库集中支付制度、预算制度以及国债发行管理制度的逐步完善,财政存款的较大波动问题会逐步得到缓解,国库现金管理的发展,也会使国库存款数量平均规模降低。但是,财政收支的不一致性是一直存在的,这意味着财政存款规模随着季节性因素而变化的特点在相当长时期内仍然会存在。因此,有必要积极探索相应的缓冲机制,合理明确财政部与央行在国库资金收支管理中的有关职责,发展财政、央行的动态协调机制,逐步提高国库现金管理业务水平,在加强与税收部门、非税收部门、主要政府支出部门、整个银行系统的合作与预测信息交流的基础上,提高国库现金流的预测水平,使得国库在满足财政日常支出需要的前提下,积极稳妥使出超库底资金部分进行安全投资,并提前预测财政存款余额大幅波动对货币供应量带来的压力。

(3)外汇储备领域。近年来,随着我国贸易顺差的不断增长,外汇储备规模也在不断扩大,通过外汇占款投放基础货币成为央行货币投放的主要方式,并已经超出了经济发展的需要,央行要使用大量的政策工具来对冲。这种被动式的货币投放使我国货币政策的制定和操作增大了难度。与此同时,外汇储备资产变动的不可控性与波动性也使我国货币政策调控构成了较大的干扰。

2007年,15500亿元特别国债的用途是购买部分外汇,并通过中国投资有限责任公司进行投资运作。这种做法,一方面有利于提高外汇存量储备资金的收益率,另一方面也是对目前我国推行的"藏汇于国"或者说是藏汇于央行的结售汇制的一种突破,这点可配合外汇体制改革。更为重要的是,这种做法明显降低了超额外汇储备对货币政策调控的干扰程度和运行压力,有利于在总体上降低宏观调控的成本,提高其有效性。

但值得关注的是,通过发行特别国债降低外汇储备的方式是受制约的,财政政策和货币政策进行这种协调配合的操作空间也是有限度的,不能期望仅仅通过这一种方式持续地解决我国外汇储备增长过快给货币政策带来的压力问题。在未来一段时间,我国"双顺差"的国际收支格局仍将持续,因此,目前需要继续对外汇储备与货币政策调控之间的缓冲机制进行探索和完善,逐步改革外汇结售汇体制,探讨藏汇于国家结合藏汇于企业、藏汇于居民等制度安排的可行性与具体路径,研究解决债权性与债务性外汇储备分类管理等问题的对策措施,以减轻外汇储备变动对货币政策的影响和提高财政、货币政策配合及其宏观调控的水平。

思考题

1. 试述财政政策。分析我国目前实行积极的财政政策的利弊。
2. 财政政策和货币政策的几种搭配方式。

参考文献

1.欧阳进.我国宏观调控目标体系之演变.宏观经济管理，2003(4)
2.贾康，孟艳.现阶段财政政策与货币政策协调配合的几个问题.财经问题研究，2008(7)
3.崔建军.财政、货币政策作用空间的历史变迁及其启示.经济学家，2008(3)
4.张馨，康锋莉.中国相机抉择型财政政策：时间一致性分析.管理世界，2007(9)
5.胡毅，周彬.我国财政政策与经济增长动态的均衡效应检验.统计与决策，2007(17)

第十二章

国际金融

内容提要

国际金融是国内金融活动在国际范围内的扩展。国际金融活动内容广泛，由于不同国家或区域使用的货币不同，因而国际金融活动首先涉及不同国家之间货币的兑换问题——外汇与外汇汇率。外汇汇率是国际金融的核心和基石。国际金融活动离不开市场，外汇市场是最基本的一类国际金融市场，各种外汇交易都可以在外汇市场上进行，外汇交易的基本目的之一就是为了规避外汇风险。一国对外的各种经济活动最终将通过国际收支反映出来，一国国际收支经常处于不平衡的状态，往往需要政府当局进行政策干预和调节。

第一节　外汇与外汇汇率

一、外汇

外汇的概念有“动态的外汇”和“静态的外汇”之分。动态的外汇是指国际汇兑行为，即把一国货币兑换成另一国货币，以清偿国际债权、债务关系的行为和活动。在这一意义上，外汇的概念等同于国际结算。

静态的外汇有狭义和广义之分。狭义的外汇是指以外币表示的，可以用于国际结算的支付手段。根据2008年8月6日修订后的《中华人民共和国外汇管理条例》第三条，外汇是指下列以外币表示的可以用作国际清偿的支付手段和资产：①外币现钞，包括纸币、铸币；②外币支付凭证或者支付工具，包括票据、银行存款凭证、银行卡等；③外币有价证券，包括债券、股票等；④特别提款权；⑤其他外汇资产。其他外汇资产包括租约、地契、房契等。

广义的外汇，按照国际货币基金组织对外汇的解释是：“外汇是货币行政当局（中央银行、货币管理机构、外汇平准基金组织及财政部）以银行存款、国库券、长短期政府债券等形式所保有的国际收支逆差时可以使用的债权。其中包括中央银行之间及政府间协议而发行的在市场上不流通的债券，而不论它是以债务国货币还是债权国货币表示”。可见，广义的外汇是能用于国际结算的国际债权，它可以用外币表示，也可以用本币表示。本币债权具有外汇职能需要具备一定的条件：①以本币表示的债权形式，必须经过中央银行、官方或具有官方职能的机构之间的协议而形成；②以本币表示的债权，必须以偿付双边国际收支逆差为前提；③以本币表示的债权形式，在市场上不允许流通；④以本币表示的债权形式，主要系指协定（记账）外汇。

根据外汇可否自由兑换，可以分为自由外汇和记账外汇。

自由外汇是指无需货币发行国批准，可以随时自由兑换成其他货币，或可以向第三者办理支付的外币及支付手段。根据《国际货币基金组织协定》第八条规定，自由兑换需具备三个条件：①对国际收支中经常收支项目的资金流动不加限制；②实行单一汇率制；③当其他国家提出要求时，有责任以对方可接受的货币或回购对方经常收支项目下所积存的货币。目前，美元、英镑、欧元、日元、加拿大元、新加坡元等都属于自由外汇。

记账外汇又称双边外汇，是指未经货币发行国批准，不能自由兑换为其他国家货币或不能向第三国进行支付的外汇。记账外汇只能根据两国政府间的清算协定，在双方银行开立专门账户记载使用。二战后，中国与苏联、东欧国家的进出口贸易就曾使用记账外汇进行结算。

外汇是国际经济往来中不可缺少的工具。它的重要作用表现在：可以促成国际间货物、服务等的买卖；可以便利国际债权债务的清偿；可以实现国际资金余缺的调剂；可以作为一国国际储备，维持本币汇率稳定，促进经济发展和增长，提升本国国际经济地位。

二、汇率

汇率又称为汇价、外汇行情，是指一国货币兑换成另一国货币的比价，亦即两种货币之间的交换比率。

汇率的标价方法有两种：直接标价法和间接标价法。

直接标价法是指以一定单位（1、100 或 10000）的外国货币为标准，折算为若干单位本国货币来表示的方法。例如，上海外汇市场：USD1＝CNY6.8355。直接标价法又称为应付标价法。

在直接标价法下，外国货币数额固定不变，外汇汇率上涨，以本国货币数额增加来表示；外汇汇率下跌，以本国货币数额减少来表示。目前世界上绝大多数国家都使用直接标价法，中国也使用直接标价法。

间接标价法是指以一定单位（1、100 或 10000）的本国货币为标准，折算为若干单位外国货币来表示的方法。例如，伦敦外汇市场：GBP1＝USD1.5640。间接标价法又称为应收标价法。在间接标价法下，本国货币数额固定不变，本币汇率上涨，以外国货币数额增加来表示；本币汇率下跌，以外国货币数额减少来表示。目前只有英国和美国（除英镑外）等少数国家使用间接标价法。

直接标价法和间接标价法是汇率表示的两种方法，二者在本质上是相通的，它们互为倒数。

三、汇率的分类

（一）按汇率确定的方法来划分

按汇率确定的方法，可以将汇率分为基本汇率和套算汇率。

一国在制订汇率时，通常选择某一种货币作为关键货币，计算出本币与关键货币之间的比价，这就是基本汇率。基本汇率确定后，再根据关键货币与其他货币之间的比价套算出本币与其他货币之间的比价，这就是套算汇率。这里，作为关键货币的选择一般需要以下条件：本国国际收支特别是贸易收支中使用最多；外汇储备中所占比重最大；该种货币可以自由兑换，被国际社会普遍接受。

(二)按银行买卖外汇的价格来划分

按银行买卖外汇的价格，可以将汇率分为买入汇率、卖出汇率和中间汇率。买入汇率又称为买入价，是指银行买入外汇所使用的汇率。卖出汇率又称为卖出价，是指银行卖出外汇所使用的汇率。中间汇率是买入汇率和卖出汇率的平均数。买入汇率和卖出汇率之间一般存在1‰～5‰的差额，这个差额就是银行买卖外汇的收益。

由于汇率的标价方法不同，不同标价法下买入汇率和卖出汇率的位置也不同。

在直接标价法下，例如：

上海：USD1＝CNY6.8355－6.8375

其中，前者为银行买入美元的价格，后者为银行卖出美元的价格。

在间接标价法下，例如：

伦敦：GBP1＝USD1.5640－1.5660

其中，前者为银行卖出美元的价格，后者为银行买入美元的价格。

在国际金融市场上，通常采用"美元标价法"，即：①所有货币对美元报价，②除英镑、爱尔兰镑、澳元、新西兰元、EUR、SDR外，采用以美元为外币的直接标价法，即以美元为基准货币。此时，买入汇率和卖出汇率的区分是以买卖基准货币为准。例如：

USD1＝CHF1.5660－1.5685

其中，前者为买入汇率，后者为卖出汇率。

买入汇率是银行买入基准货币(美元)的价格，卖出汇率是银行卖出基准货币(美元)的价格。

此外，外汇现钞不同于外汇现汇，外汇现钞必须运回发钞国才能流通，所以银行买入时要扣除运费、保险费等，因而，外汇现钞买入汇率低于外汇现汇买入汇率，其卖出汇率在理论上与外汇现汇卖出汇率相等。

(三)按外汇交易的交割时间来划分

按外汇交易的交割时间，可以将汇率分为即期汇率和远期汇率。

即期汇率又称为现汇汇率，是指买卖双方成交后在两个营业日内进行交割所使用的汇率。远期汇率又称为期汇汇率，是指买卖双方成交后签订合同，约定在将来的某日按照事先约定的条件进行交割的汇率。远期汇率是成交时约定好的，以后不管市场行情如何变化，双方都必须按照这一汇率进行交割。

远期汇率与即期汇率的差额，成为远期差价。若远期汇率大于即期汇率，称之为远期汇率升水；若远期汇率小于即期汇率，称之为远期汇率贴水；若远期汇率等于即期汇率，称之为远期汇率平价。在直接标价法下，远期汇率等于即期汇率加上升水(或减去贴水)；在间接标价法下，远期汇率等于即期汇率减去升水(或加上贴水)。

(四)按外汇汇兑方式来划分

按外汇汇兑方式，可以将汇率分为电汇汇率、信汇汇率和票汇汇率。

电汇汇率是指银行以电报或电传的方式通知国外分行或代理行付款给收款人所使用的汇率。由于电汇交收时间最快，银行很难占用客户的资金，加之电报电传费用较高，所以电汇汇率通常高于其他汇率。电汇汇率能够比较迅速地反映两种货币之间的比价，因而又称为基础汇率。各国公布的外汇牌价一般是电汇汇率。

信汇汇率是指银行以信函方式通过邮寄通知国外分行或代理行付款给收款人所使用的汇率。由于邮寄所花费时间较长,银行可以占用客户的资金,加之邮寄费用较低,所以信汇汇率较电汇汇率低。

票汇汇率是指银行开立由国外分支机构或代理行付款的汇票在国外取款所使用的汇率。票汇汇率包括银行买卖各种外汇汇票、支票和其他票据所使用的汇率。票汇汇率一般较低。票汇汇率可以分为即期汇票汇率、远期汇票汇率。

(五)按汇率形成的方式来划分

按汇率形成的方式,可以将汇率分为官方汇率和市场汇率。

官方汇率又称为法定汇率,是指政府机构(中央银行、外汇管理机构)制定和公布的汇率。市场汇率是指由市场供求关系决定而形成的汇率。一般来说,外汇管制较严格的国家使用官方汇率,外汇管制较宽松的国家使用市场汇率。

(六)按不同汇率制度来划分

按不同汇率制度,可以将汇率分为固定汇率和浮动汇率。

固定汇率是指一国货币与另一国货币的汇率基本固定,汇率的波动限定在一定的幅度内。政府有义务对汇率进行干预和维持,以保持汇率的波动幅度不超过规定的界限。浮动汇率是指汇率根据外汇市场供求变化而变化,中央银行不规定汇率波动的界限,原则上也没有进行干预的义务。但政府不一定不干预汇率,因为通过干预,可以使汇率向有利于本国的方向变动。

四、汇率的决定

汇率是两种货币之间的比价,决定汇率的基础自然就是价值与价值的对比,即两国货币的价值量之比。但由于不同时期的货币制度不同,汇率决定基础的表现形式也不同。

(一)金本位制度下汇率的决定

金本位制度是以黄金作为一国本位货币的一种货币制度,即以黄金规定货币所代表的价值。金本位制度具有三个特点:①金币可以自由铸造;②金币可以自由兑换;③黄金可以自由输出输入。

金币是用一定重量和成色的黄金铸造的,金币所含有的一定重量和成色的黄金叫做含金量。两国货币含金量之比,叫做铸币平价。铸币平价就是金本位制度下决定汇率的基础。例如:在金本位制度的1925—1933年间,1英镑的含金量是7.32238克纯金,1美元的含金量是1.50463克纯金,则英镑与美元的铸币平价就是7.32238/1.50463=4.8665,即英镑与美元的汇率为1英镑=4.8665美元。

在实际的外汇市场上,由于受供求关系影响,外汇汇率表现为以铸币平价为基础,并围绕铸币平价上下波动,但其波动的幅度受制于黄金输送点。如果汇价涨得太高,人们就不愿意购买外汇,而愿意运送黄金进行清算,但运送黄金是需要种种费用的,如包装费、运费、保险费和运送期的利息等。假定在英国和美国之间运送一英镑黄金的费用为0.03美元,那么,铸币平价4.8665美元加上运费0.03美元就等于4.8965美元,这是美国对英国的黄金输出点。如果1英镑的汇价高于4.8965美元,美国债务人觉得购买英镑不合算,不如直接向英国运送黄金有利，于是美国的黄金就会向英国输出。铸币平价 4.8665 美元减去运送费 0.03 美元等于 4.8365 美元，就是美国对英国的黄金输入点。如果 1 英镑的汇价低于 4.8365 美元，美国的债权人就不要英镑，而宁肯自己从英国输入黄金。黄金输入的界限，叫做黄金输入点，是汇率波动的下限；黄金输出的界限，叫做黄金输出点，是汇率波动的上限。黄金输出点和黄金输入点统称为黄金输送点。由于黄金输送点限制了汇率的变动，所以汇率波动的幅度比较小，基本上是稳定的。

(二)纸币本位制度下汇率的决定

在纸币本位制度下，纸币是价值的代表，两国纸币之间的汇率可用两国纸币各自所代表的价值量之比来确定。纸币所代表的价值量或纸币的购买力，是决定汇率的基础。纸币本位制度下汇率决定的基础是购买力平价。

五、影响汇率变动的主要因素

(一)国际收支

国际收支是一国对外经济活动的综合反映，它对一国货币汇率的变化有直接影响。当一国的国际收入大于国际支出，即国际收支顺差时，表明外汇的供应大于需求，因而本国货币汇率上升，外国货币汇率下降。反之，当一国的国际收入小于国际支出，即国际收支逆差时，表明外汇的供应小于需求，因而本国货币汇率下降，外国货币汇率上升。

必须指出，国际收支状况并非一定会影响到汇率，这主要要看国际收支顺(逆)差的性质。短期的、临时性的、小规模的国际收支差额，可以轻易地被国际资金的流动、相对利率和通货膨胀率、政府在外汇市场上的干预和其他等因素所抵消。不过，长期的巨额的国际收支逆差，一般必定会导致本国货币汇率的下降。

(二)相对通货膨胀率

货币对外价值的基础是对内价值。如果货币的对内价值降低，其对外价值即汇率则必然随之下降。在纸币流通条件下，通货膨胀是不可避免的。在考察通货膨胀率对汇率的影响时，应比较本国通货膨胀率与外国通货膨胀率的相对状况，一般来说，相对通货膨胀率持续较高的国家，其货币的国内价值会持续下降，因而其货币汇率也随之下降。

(三)相对利率

利率作为使用资金的代价或放弃使用资金的收益，也会影响到汇率水平。当一国利率相对较高时，使用本国货币资金成本上升，在外汇市场上本国货币的供应相对减少；与此同时，当相对利率较高时，放弃使用资金的收益上升，将吸引外资内流，使外汇市场上外国货币的供应相对增加。这两个方面的推动，将使利率相对较高货币的汇率上升，使利率相对较低货币的汇率下降。

当然，相对利率主要对短期汇率产生较大的影响，而且必须有一个前提，即两国间的资本可以自由流动，不受限制。

(四)心理预期

心理预期，包括经济的、政治的和社会的各种预期。就经济方面而言，心理预期可以是对国际收支状况的预期，对相对物价水平和通货膨胀率的预期，对相对利率或相对的资产收益率的预期，以及对汇率本身的预期，等等。当对捕捉到的某种信息产生预期，就会影响人们的行动。当外汇市场的参加者预期某种货币的汇率在今后可能下跌时，他们为了避免损失或获取额外的好处，便会大量抛出这种货币，引起这种货币汇率下跌。反之则大量购进，引起这种货币汇率上升。

(五)货币当局的干预

各国货币当局为了维护经济稳定，避免汇率变动对国内经济产生不良影响，常常在外汇市场上买进或卖出外汇，将汇率的波动控制在一定的幅度内。若货币当局不希望本国货币继续上升，就可以在外汇市场上卖出本币，买入外汇，来实现干预目标。若货币当局不希望本国货币继续下跌，就可以在外汇市场上卖出外汇，买入本币，来实现干预目标，但此时的前提是要求政府当局手中有足量的外汇，否则干预目标很难实现。在当今国际投机资本巨大的情况下，一国的力量非常有限，通常需要各国货币当局进行联合干预。

(六)国际储备

一国拥有较多的国际储备，表明政府干预外汇市场、稳定货币汇率、平衡国际收支的能力较强。因此，储备增加能加强外汇市场对本国货币的信心，从而有助于本国货币汇率的上升。反之，储备下降则会引诱本国货币汇率下降。

另外，一国的财政赤字状况、宏观经济政策、投机活动、政治军事因素等都可能影响汇率的波动。

第二节　外汇市场与外汇风险

一、外汇市场

(一)外汇市场的概念和分类

外汇市场就是外汇买卖的场所。在外汇市场上，外汇的买卖有两种类型：一类是本币与外币间的相互买卖，另一类是不同币种的外汇之间的买卖。不同市场参与者通过市场买卖，来实现各自的经济目的。

按照不同的标准，外汇市场有不同的分类。

根据外汇交易的参与者不同来划分，可以将外汇市场分为广义的外汇市场和狭义的外汇市场。广义的外汇市场是指在外汇银行之间、外汇银行与外汇经纪人或一般客户之间、外汇银行与中央银行之间进行外汇交易的场所；狭义的外汇市场是指在外汇银行之间进行外汇交易的场所，狭义的外汇市场又称为批发外汇市场。

根据有无固定交易场所来划分，可以将外汇市场分为有形外汇市场和无形外汇市场。有形外汇市场是有固定交易场所的外汇市场，一般是在证券交易所建筑物内或交易大厅内设立外汇交易所，买卖双方须是外汇交易所会员，在每个营业日规定的时间内进行交易；无形外汇市场是没有固定交易场所的外汇市场，一般是通过电脑、电话、电报、电传等电子通讯网络与各外汇市场进行接触和联系。

根据外汇受管制的程度来划分，可以将外汇市场分为自由外汇市场、平行市场和外汇黑市。自由外汇市场是指政府、机构和个人等参与者可以自由买卖任何币种、任何数量外汇的市场，汇价随行就市，这种市场主要存在于无外汇管制的发达国家；平行市场是受管制的外汇官方市场的一种替代，我国曾在1988—1993年设立了外汇调剂市场，这就是一种平行市场，平行市场上的汇率能相对地反映外汇的实际供求状况，平行市场上的汇率通常成为政府管理汇率的参考；外汇黑市是指在外汇管制严格、政府限制或禁止外汇交易的发展中国家所形成的外汇非法交易市场。

(二)外汇市场的参与者

外汇市场的参与者主要有以下几类：

(1)外汇银行。外汇银行是指经国家批准专营或兼营外汇业务的本国商业银行、外国商业银行分行或代办处，以及其他金融机构。外汇银行不仅是外汇供求的主要中介人，而且它们自己也对客户买卖，外汇银行在外汇市场中占据着主要地位。

(2)外汇经纪人。外汇经纪人是指以赚取佣金为目的，在外汇市场上为银行与银行、银行与客户之间的外汇交易进行介绍、接洽并具有一定资格的中介人。外汇经纪人可分为一般经纪人和跑街经纪人两种。一般经纪人是指以自有资金参与外汇交易，自负盈亏的经纪人，这类经纪人就是自营商；跑街经纪人是指代客户进行外汇买卖，只收取佣金，不承担任何风险的经纪人。

(3)外汇客户。外汇客户是指与外汇银行和外汇经纪人进行外汇业务往来的自然人和法人。客户按其进行外汇交易的目的可以分为交易性客户和投机性客户。

(4)中央银行。各国政府为了防止国际短期资金的大量流动对外汇市场产生猛烈冲击，往往由中央银行对外汇市场加以干预，即在市场外汇短缺时大量抛售，外汇过多时大量买进，从而使本国货币的汇率不至于发生剧烈的变动。因此，中央银行不仅是外汇市场的成员，而且还是外汇市场的实际操纵者。

(三)外汇市场的作用

外汇市场的作用主要表现在以下几个方面：

(1)清算作用。国际的政治、经济和文化往来等都会产生国际的货币支付行为。为实现国际债权债务关系的清偿与支付，必须借助于外汇和外汇市场。清算作用是外汇市场的基本作用。

(2)授信作用。外汇银行是外汇市场的主要参与者，由于银行经营外汇业务，这就可能利用外汇收支的时间差，为进出口商提供贷款。

(3)套期保值作用。套期保值就是保值性的外汇买卖，即为了使一项外汇收入不会因今后汇率的变动而遭受风险所进行的外汇买卖。套期保值对进出口商来说非常必要。例如，某出口商有一笔远期外汇收入，为了避免因汇率变化可能导致的风险，可将此笔外汇做远期或期货卖出。

(4)投机作用。所谓投机，即预测外汇价格变动而进行买卖以赚取差价的行为。在外汇市场上，投机者通常利用汇价的变动来做“多头”或“空头”以牟取利益。“多头”就是预计某种外汇的汇率将上涨，即按当时的价格买入，在远期交割到期时，若该种外汇汇率上涨，再按“即期”价格立即卖出，就可牟取汇率变动的差额。“空头”就是预计某种外汇的汇价将下跌，即按当时价格售出远期交割的外汇，到期后价格下跌，再按“即期”价格买进补上而赚取差额。如果实际外汇汇率走势与自己的预期相反，上述“多头”或“空头”的投机活动就将亏损。

“多头”或“空头”的投机活动是利用不同时间外汇汇率的波动为前提而进行的。

(四)外汇业务

1. 即期外汇交易

即期外汇交易又称现汇交易，指买卖双方成交后，在两个营业日内办理交割的外汇买卖。被作为买卖标的物的外汇就是即期外汇或现汇。这里所说的交割是指买卖双方履行交易契约，进行钱货两清的行为。在外汇买卖中，是购买外汇者付出本币，出售外汇者付出外汇。

即期外汇交易是外汇市场上最常见的一种交易形式，其交易量居各类外汇交易之首。即期外汇交易中使用的汇率是即期汇率。即期汇率是外汇市场的基础汇率，因此，即期汇率的确定无论对银行，还是对客户均具有重要的影响。一般来说，外汇银行在制订即期汇率时应注意以下原则：

(1)应在基本汇率的基础上，通过与其他外汇市场的相应汇率进行套算来确定三种货币的汇率，以便使制定出来的汇率与三地外汇市场保持基本一致。

(2)任何货币的汇率，均应分别制定买入价和卖出价。

(3)在交易过程中，银行应根据市场动态和自身的头寸情况，适时调整买入汇率与卖出汇率，从而在调节外汇资金的供求和自身头寸的基础上扩大银行的外汇业务。

即期外汇交易的作用主要有：

(1)即期外汇交易可以满足临时性的国际结算需要。

(2)即期外汇交易可以调整各种外汇的头寸比例，以避免汇价波动带来的风险。

(3)即期外汇交易可以实现央行对外汇市场的干预。

(4)可以依据汇率比值的涨落差价进行外汇投机业务。

2. 远期外汇交易

远期外汇交易又称期汇交易，它是指外汇买卖成交后，双方先签订合同约定交易币种、金额、汇率和交割期限等，并于将来的约定时间办理交割的一种外汇交易。远期外汇交易的交割期限通常有 1 个月、2 个月、3 个月、6 个月、9 个月和 12 个月等多种。远期外汇交易使用远期汇率。

远期外汇交易按交割日期不同，分为固定日期交割和择期交割两种形式：固定日期交割的远期外汇交易的交割日一经确定，必须按时实行，不得提前和拖后，买卖双方均无权更改交割日期。择期交割的远期外汇交易是交割日不固定的远期外汇买卖，客户可以在规定的期限内选择其中某一天按约定的汇率进行交割。

远期外汇交易的主要作用在于：

(1)进出口贸易商可用于防止汇率变动造成的风险。由于任何一项国际商品交易，从签订合同到货款的清算，一般总要经过一段时间。对进口商来说，在此期间若外汇汇率上升，则意味着他将付出更多的本国货币购买一定量的外汇；对出口商来说，若在此期间，外汇汇率下降，他所能得到的以外币标价的货款折算成本币的数额将减少。此时，进出口商均可以通过远期外汇买卖来避免这种汇率变动给自己带来的损失。例如，某英国进口商从美国进口一批货物，价值 100 万美元，2 个月后货到付款。当时即期汇率为 GBP1＝USD1.8000，按此汇率英国商人需要支付 555556 英镑，2 个月以后的汇率到底是多少呢？目前并不知道，因为汇率是在经常变动的。如果 2 个月后汇率变为 GBP1＝USD1.6000，那么英国商人就要支付625000英镑。英国进口商为了避免汇率风险，他在与美国出口商正式签订合同的同时，就可以向银行按约定的远期汇率(如GBP1＝USD1.7800)买进2个月后的美元，这样，他就事先把2个月后的进口成本确定了下来，从而避免汇率波动带来的不确定性。

(2)可使资金借贷者防止其国外投资或所欠国外债务到期时因汇率变动而蒙受损失。因为在国际债权债务得以清算以前，无论对于债权方还是债务方而言，外汇汇率的变动都可能导致他们的实际所得减少或所付增加，因此，双方都有固定未来结算日汇率的要求，远期外汇交易的开展为这一要求提供了可能性。

(3)可使外汇银行通过平衡其外汇头寸而达到避免汇率变动风险的作用。国际贸易商和资金借贷者利用远期外汇交易，将汇率变动的风险转嫁给了外汇银行，外汇银行为了避免这一风险，也必须通过远期外汇的买卖综合平衡其外汇头寸。例如，当远期外汇"超买"时，则需抛出这一部分期汇；若远期外汇"超卖"时，银行就需要补进同等金额的期汇，这样就可以平衡外汇银行的外汇头寸，避免汇率变动带来风险。

(4)进行外汇投机交易。当外汇投机者预期未来一定时期某种货币的汇率变动程度与该时期这种货币的远期汇率存在差异时，就会通过买进或卖出期汇而从中获利。

3.掉期交易

掉期交易是指将货币相同、金额相同，但方向相反、交易期限不同的两笔或两笔以上的外汇交易结合起来进行，即在买进某种外汇时，同时卖出金额相同的同种货币，但买进和卖出的交割日期不同。进行掉期交易的目的是为了避免汇率变动的风险。掉期交易大致可以分为三种形式：

(1)即期对远期(Spot Against Forward)，就是在买进或卖出一笔即期外汇的同时，卖出或买进一笔相同货币的远期外汇。远期外汇的交割期限可以是1星期、1个月、2个月、3个月、6个月等。例如，在短期资本输出中，为了避免汇率变动带来投资收益损失，可以在买进一定数量即期外汇的同时，卖出相应数量该种货币的远期。

(2)远期对远期(Forward to Forward)，就是将不同交割期限的相同金额相同货币的远期外汇进行反向交易。例如，某企业3月20日出口某商品将于1个月后收汇100万美元，同时该日该公司又进口某商品将于2个月后付汇100万美元，由于两笔交易的收付时间不同，使两笔交易都面临汇率风险，该公司就可以做远期对远期的掉期交易来避免汇率风险，即在卖出1月期100万美元的同时，买进2月期100万美元。

(3)明日对次日(Tomorrow-Next or Rollover)，就是做一笔成交后第二个营业日交割的交易后，第三个营业日(次日)再做一笔反向交割的相同货币相同金额的交易。这种掉期交易在银行同业间隔夜资金拆借中用得较多。

4.套汇交易

由于外汇供求关系，各国汇率常常会存在不一致的情形，在同一时间内，两地同一货币汇率发生差异到一定程度时，对一种货币在汇价较低的市场买进，在汇价较高的市场卖出，就可获得差额利益，这就是套汇(Arbitrage)。

套汇可以分为直接套汇和间接套汇两种。直接套汇就是利用两国间同一时点上汇率的差异，将资金由一国转移到另一国，进行贱买贵卖以获取差额利益的交易，又称为两角套汇。

例如，在同一时间内，纽约外汇市场和苏黎世外汇市场的汇率如下：

纽约市场：USD1＝CHF1.1487－1.1497

苏黎世市场:USD1＝CHF1.1417－1.1427

可见,纽约市场美元贵,瑞士法郎便宜;苏黎世市场美元便宜,瑞士法郎贵。根据贱买贵卖原则,套汇者可以在纽约市场以USD1＝CHF1.1487卖出1美元,买进瑞士法郎,得到CHF1.1487;同时在苏黎世市场以USD1＝CHF1.1427的汇率买入美元,卖出瑞士法郎,付出CHF1.1427。由于在这两个外汇市场每1美元存在0.006瑞士法郎差额,如果套汇者以100万美元的本金去套汇,最后就可以获利6000瑞士法郎(这里未考虑其他交易成本)。

间接套汇是利用同一时点三地或多地间汇率的差异,在三地或多地外汇市场进行贱买贵卖,以赚取差额利益的外汇交易。

判断两角套汇的机会比较容易,但对多个市场多种货币之间是否有套汇机会就比较难判断了。通常可以使用下列方法进行判断:首先,将多个市场上的汇率转换成用同一种标价法表示;其次,将被表示的货币单位数量都统一为1;最后,将得到的各个汇率值相乘。如果乘积等于1,说明没有套汇机会;如果乘积不等于1,说明存在套汇机会。即如果以E_{ab}表示1单位A国货币以B国货币表示的汇率,以E_{bc}表示1单位B国货币以C国货币表示的汇率,…,以E_{mn}表示1单位M国货币以N国货币表示的汇率,E_{na}表示1单位N国货币以A国货币表示的汇率,则对于n点套汇,存在套汇机会的前提条件是:

$$E_{ab} \times E_{bc} \times \cdots \times E_{mn} \times E_{na} \neq 1$$

例如,在同一时间内,纽约、苏黎世和伦敦外汇市场的汇率如下:

纽约市场:USD1＝CHF1.1480－1.1490

苏黎世市场:GBP1＝CHF1.5200－1.5400

伦敦市场:GBP1＝USD1.5500－1.5700

若套汇者以10万瑞士法郎去套汇,他1有没有套汇机会?若有套汇机会,套汇收益是多少(不考虑交易成本)?

第一步,判断有无套汇机会。首先,将各市场的汇率标价法统一为间接标价法:

纽约市场:USD1＝CHF1.1480－1.1490

苏黎世市场:CHF1＝GBP1/1.5400－1/1.5200

伦敦市场:GBP1＝USD1.5500－1.5700

然后,用三个汇率报价中的低价连乘,测算单位货币投入的收益:

$$1.1480 \times 1/1.5400 \times 1.5500 = 1.1554 > 1$$

该乘积表明,1单位货币投入(第一个汇率的基准货币),通过连续买卖,最终可以买回的该种货币的数量。从乘积可以看出,套汇有机会。

第二步,计算套汇收益。套汇者首先进入苏黎世市场,用GBP1＝CHF1.5400卖出10万瑞士法郎,买进英镑,得到64935.06英镑;然后进入伦敦市场,用GBP1＝USD1.5500卖出64935.06英镑,买进美元,得到100649.34美元;最后,进入纽约市场,用USD1＝CHF1.1480卖出100649.34美元,买进瑞士法郎,得到115545.44瑞士法郎。通过套汇,得到115545.44－100000＝15545.44瑞士法郎的收益。

二、外汇风险

(一)外汇风险的种类

外汇风险是指在涉外经济活动中,以外币计价的资产或负债由于汇率变化而引起其价值涨跌的不确定性。根据外汇风险的表现形式，可以把外汇风险分为以下几种类型：

1. 结算风险

结算风险是指以外币计价的交易，由于汇率波动引起结算时应收债权或应付债务实际价值变化的不确定性。结算风险在商品劳务的进出口交易中表现明显。例如，收进（或付出）外币货款时，如果外币汇率较合同签订时上涨（或下跌）了，出口商（进口商）就会收进（或付出）更多（或更少）的本国货币。此外，外汇银行持有的外汇头寸，以及以外币计价的国际借贷和国际投资等活动中都会存在结算风险。

2. 折算风险

折算风险又称会计风险、转换风险，是指经济主体对资产负债进行会计处理时，将功能货币转换成记账货币，因汇率变动而产生的风险。功能货币是经济主体在经营活动中流转使用的各种货币；记账货币是经济主体在编制综合财务报表时使用的报告货币，通常是母国货币。在企业运用资产负债表对其经营状况进行管理总结的过程中，拥有的各种外币资产和负债需要按一定汇率折算为母国货币进行计量。由于汇率的变动，按不同汇率折算所形成的财务结果大不相同，有时会使企业负债增加或资产减少，从而产生折算损失；有时会使企业的负债减少或资产增加，从而产生折算收益。

3. 经济风险

经济风险是指意料之外的汇率变动，通过影响企业销售数量、价格或成本等，引起企业未来预期收益变化的潜在风险。经济风险直接影响企业的生产、销售和资金融通，对企业的影响最大，因而是企业最关心的一种外汇风险。

（二）外汇风险的管理

1. 结算风险的管理

（1）货币选择法。在国际经济交易中，应做好计价货币的选择工作。在选择计价货币时应遵循的一般原则主要有两个：一是选择可以自由兑换的货币，以便于根据汇率变化趋势和外汇资金的需要进行兑换和转换；二是在外汇收付中，应尽量争取出口收汇使用硬货币（汇率趋升的货币），进口付汇使用软货币（汇率趋跌的货币）。

（2）提前或延期收付法。提前或延期收付法是根据有关货币对其他货币汇率的变动情况，更改该货币收付日期的一种防止外汇风险的方法。如果一个企业持有软货币但发生了硬币计价的负债，那么，可以考虑立即用手上的软币支付硬币债务，以免汇率变化使得软币贬值。相反，如果一个企业持有硬币发生了以软币计价的债务，那么，最好能延迟债务的偿还，以等待硬币升值后再支付。

（3）调整价格（或利率）法。出口商或债权人应争取使用硬货币，而进口商或债务人应争取使用软货币。但在交易中，交易双方不可能都能争取到有利于自己的货币。当一方不得不接受对己不利的货币作为合同货币时，还可以争取在价格（或利率）的谈判中作适当调整。若选择软币作为合同货币，出口商或债权人可以要求提高价格（或利率），若选择硬币作为合同货币，进口商或债务人可以要求降低价格（或利率）。

（4）货币保值法。货币保值法是在经济交易中，对选用货币在合同中加列保值条款，以防止外汇风险的方法。货币保值法的做法一般有三种：一是在合同中增加黄金保值条款。在合同中规定按当时的黄金市场价格将合同货币的金额折合成若干盎司的黄金，到实际支付日，若黄金市场价格上涨，则合同货币的金额相应增加，反之相应减少；二是硬币保值条款。即在合同中规定选择一种硬币对合同货币保值。在合同中规定保值货币与合同货币的汇率，到实际支付日，如果保值货币与合同货币之间的汇率发生了变化，则对收付的合同货币金额作相应调整；三是一篮子货币保值条款。即在合同中规定选择多种货币对合同货币保值。在签订合同时，确定好所选择的多种货币与合同货币之间的汇率，并规定每种所选货币的权数，到实际支付日，根据当时汇率变动幅度和每种所选货币的权数，对收付的合同货币金额作相应调整。

(5)配对法。配对法是一种使外币流入(收入)与外币流出(支付)在币种上、数额上及时间上相互平衡的方法。它既可运用于跨国公司的内部资金往来，也可以用于公司与第三方的交易结算。配对法一般有两种做法：一是自然配对，它是指将某种特定的外币收入用于该货币的支出，从而使收支平衡，避免外汇风险；二是平行配对，它是指一种货币的收入(或支出)以另一种货币的支出(或收入)来平衡。平行配对的两种货币之间的汇率通常呈固定的或是稳定的正相关关系，具有朝同一方向变动的特征。

(6)外汇交易法。外汇交易法是指通过外汇市场的各种外汇交易来转嫁和避免外汇风险。如即期外汇交易、远期外汇交易、外汇期货交易、外汇期权交易等都可用来规避外汇风险。

2.折算风险的管理

折算风险管理的目标是尽量减少企业的会计性暴露净头寸，实现这一目标的重要方法是实行资产负债匹配保值。资产负债匹配保值方法要求在资产负债表上以各种功能货币表示的受险资产与受险负债的数额相等，以使其折算风险头寸为零。因此，经济主体在资产负债表的管理上应尽可能对各种功能货币表示的受险资产头寸与受险负债头寸进行调整，使资产负债匹配，以避免折算风险。

3.经济风险的管理

经济风险管理的目标是要预测意料之外的汇率变化对企业未来资金流量的影响。同时，提前采取必要的措施，使得一旦发生汇率变化时，企业能应付自如。为了实现这一目标，企业在管理中可采取的办法有两个：一是企业经营的国际性分散化，企业经营的国际性分散化意味着企业销售、生产和原材料供应应该实现国际化；二是企业筹资的国际性分散化，筹资的国际化意味着必须实现在不同的资本市场，以不同的货币进行筹资，这样，在有的外币贬值、有的外币升值的情况下，经济主体就可以将外汇风险相互抵消。

第三节 国际收支

一、国际收支的概念

按照国际货币基金组织《国际收支手册》(第五版)的定义，国际收支(Balance of Payments)是指在一定时期内，一国或地区居民与非居民之间进行的全部经济交易的系统记录。目前各国普遍采用这一定义。理解国际收支概念必须注意以下几点：

(1)国际收支是一个流量概念。它是指一定时期内的总流入量和总流出量。这里的“一定时期”通常是指一年，但也可以是一个月、一个季度等。我们在研究国际收支时，可以按照需要确定具体的时期。

(2)国际收支所反映的内容是全部经济交易。经济交易是指经济价值从一个经济体向另一个经济体的转移。国际收支所反映的经济交易包括:商品、劳务与商品、劳务之间的交换,即物物交换;金融资产与商品、劳务之间的交换,即商品、劳务的买卖;金融资产与金融资产之间的交换;无偿的、单向的商品与劳务的转移;无偿的、单向的金融资产的转移。

(3)国际收支所记录的经济交易必须发生在居民与非居民之间。所谓居民是指在一国(或地区)居住或营业的自然人或法人,在一国(或地区)以外居住或营业的自然人或法人就是非居民。只有居民与非居民之间的经济交易才构成国际收支的内容,居民与居民之间的经济交易属于国内经济交易,不构成国际收支范畴。

居民包括个人、政府、企业和非盈利团体。按照国际货币基金组织的规定,移民属于其工作所在国家的居民,逗留时间在1年以上的留学生、旅游者也属于其工作所在国家的居民。官方外交使节、驻外军事人员一律算所在国的非居民;各级政府、非营利团体、企业属于所在国的居民;国际性机构如联合国、国际货币基金组织、世界银行等属于任何国家的非居民。

二、国际收支平衡表

按照国际货币基金组织的规定,国际收支平衡表(Balance of Payments Statements)是系统地记录一国一定时期内(通常为1年)国际收支状况的统计报表,它集中反映该国国际收支的具体构成和总体面貌。

(一)国际收支平衡表的编制原则

国际收支平衡表以各种经济交易所有权变更日期为准,按照复式簿记原理进行记录编制。每个项目都有借方和贷方两栏,借方记录资产的增加和负债的减少,贷方记录资产的减少和负债的增加。每笔交易按照“有借必有贷,借贷必相等”的原则进行记录。记录法则是:凡是引起本国外汇收入的项目记入贷方,用“+”(可以省略)表示,凡是引起本国外汇支出的项目记入借方,用“-”表示。

例如,英国人在韩国旅游花销50万美元,韩国旅游企业将所得50万美元存入银行,记

借:对外国私人银行的短期债权　　50万美元

　　贷:旅游收入　　50万美元

根据复式簿记原理,一国的国际收支平衡表最终总是平衡的,但并不等于说该国的国际收支就是平衡的。

(二)国际收支平衡表的内容

按照国际货币基金组织的规定,国际收支平衡表包括经常项目、资本和金融项目、平衡项目三大类。

1. 经常项目(Current Account)

经常项目是指一国居民与非居民之间进行的经常发生的经济交易的收支项目。它是国际收支平衡表中最基本、最重要的项目,它反映一国国际经济交易的主要状况。它一般包括货物、服务、收益和经常转移四个二级项目。

(1)货物(Goods)。货物贸易又称为有形贸易。货物包括一般商品、用于加工的货物、

货物修理、各种运输工具在港口采购的货物及非货币黄金。在货物项下记录商品的进口和出口,出口记入贷方,进口记入借方。根据 IMF 统计口径,商品进出口均按 FOB 价格计算。

(2)服务(Service)。服务贸易也称为无形贸易。服务贸易包括运输、旅游、通讯、建筑、保险、金融服务、专利权使用、咨询设计以及其他商业服务等。在服务项下记录服务的输出和输入,服务的输出记入贷方,服务的输入记入借方。

(3)收益(Income)。收益项下记录劳动力和资本在国际流动而发生的外汇收支,包括职工报酬和投资收入。职工报酬主要记录在国外工作期限不超过一年的季节工、边境工人以及在外国使领馆及国际组织驻本国机构工作人员的外汇工薪收支。投资收入主要记录由于借贷、货币或商品直接投资、证券投资而产生的利息、利润、股利等外汇收支。

(4)经常转移(Current Transfers)。经常转移又称单方面转移,是商品、服务或金融资产在居民与非居民之间的单方面、无偿的转移。其中主要包括政府之间的经济、军事援助,战争赔款和捐款等,以及私人的赠与、侨汇等。

2.资本和金融项目(Capital and Financial Account)

资本和金融项目反映居民与非居民之间资本或金融资产的转移。它包括资本和金融两个二级项目。

资本项目包括资本转移(含投资捐赠和债务注销)和非生产、非金融资产(如非生产就已存在的土地、地下矿藏;专利权、商标权等的所有权)的收买或出售。金融项目包括直接投资、证券投资和其他投资(如预付款、各种信贷和存款、金融租赁项下的货物、短期票据等)。

3.平衡项目(Balancing Account)

平衡项目是为了平衡经常项目与资本和金融项目出现“缺口”而设置的。它包括官方储备、净误差与遗漏两个二级项目。

官方储备是指一国货币当局所持有的、能随时动用的可以用于对外支付的资产,又称为国际储备,包括货币性黄金、外汇储备、在国际货币基金组织的储备头寸和特别提款权。当经常项目与资本和金融项目的差额相抵后,贷方大于借方时,说明余额在贷方,官方储备余额放在借方,表明储备资产增加;反之,当经常项目与资本和金融项目的差额相抵后,贷方小于借方时,说明余额在借方,官方储备余额放在贷方,表明储备资产减少。

4.净误差与遗漏

净误差与遗漏是人为设立的一个项目。国际收支平衡表是按照会计学的复式簿记原理进行编制的,因此,经常项目、资本和金融项目以及官方储备三项的借方总额应与贷方总额相等。但是,由于各具体项目登录所用的统计资料来源不一、不完整,有的统计数据是估算的等,致使上述三项的借方总额与贷方总额不能保持相等,所以,人为地设置了净误差与遗漏这个项目,使国际收支平衡表人为平衡起来。如果经常项目、资本和金融项目以及官方储备三项的借方总额大于贷方总额,说明余额在借方,则净误差与遗漏的贷方列出差额;反之,如果经常项目、资本和金融项目以及官方储备三项的借方总额小于贷方总额,说明余额在贷方,则净误差与遗漏的借方列出差额。2007 年中国国际收支平衡表见表 12-1。

表 12-1 2007 年中国国际收支平衡表 （单位：千美元）

项 目	行次	差额	贷 方	借 方
一.经常项目	1	371,832,620	1,467,881,998	1,096,049,377
A.货物和服务	2	307,476,604	1,342,205,962	1,034,729,358
a.货物	3	315,381,397	1,219,999,629	904,618,232
b.服务	4	－7,904,793	122,206,333	130,111,126
1.运输	5	－11,946,918	31,323,823	43,270,740
2.旅游	6	7,446,953	37,233,000	29,786,047
3.通讯服务	7	92,886	1,174,551	1,081,665
4.建筑服务	8	2,467,280	5,377,097	2,909,817
5.保险服务	9	－9,760,431	903,696	10,664,127
6.金融服务	10	－326,437	230,486	556,924
7.计算机和信息服务	11	2,136,680	4,344,752	2,208,072
8.专有权利使用费和特许费	12	－7,849,433	342,634	8,192,067
9.咨询	13	724,182	11,580,552	10,856,370
10.广告、宣传	14	575,347	1,912,265	1,336,918
11.电影、音像	15	162,569	316,285	153,716
12.其他商业服务	16	8,676,788	26,914,852	18,238,064
13.别处未提及的政府服务	17	－304,260	552,339	856,599
B.收益	18	25,688,492	83,030,308	57,341,816
1.职工报酬	19	4,340,072	6,833,130	2,493,058
2.投资收益	20	21,348,421	76,197,179	54,848,758
C.经常转移	21	38,667,524	42,645,727	3,978,204
1.各级政府	22	－165,960	34,947	200,907
2.其他部门	23	38,833,484	42,610,780	3,777,297
二、资本和金融项目	24	73,509,250	921,960,702	848,451,452
A.资本项目	25	3,099,075	3,314,699	215,624
B.金融项目	26	70,410,175	918,646,003	848,235,828
1.直接投资	27	121,418,332	151,553,693	30,135,361
1.1 我国在外直接投资	28	－16,994,854	1,929,982	18,924,836
1.2 外国在华直接投资	29	138,413,185	149,623,710	11,210,525
2.证券投资	30	18,671,987	63,969,241	45,297,254
2.1 资产	31	－2,324,017	42,643,237	44,967,254
2.1.1 股本证券	32	－15,188,600	1,753,200	16,941,800
2.1.2 债务证券	33	12,864,583	40,890,037	28,025,454
2.1.2.1（中）长期债券	34	10,590,583	38,616,037	28,025,454
2.1.2.2 货币市场工具	35	2,274,000	2,274,000	0

续表

项目	行次	差额	贷方	借方
2.2 负债	36	20,996,004	21,326,004	330,000
2.2.1 股本证券	37	18,509,607	18,509,607	0
2.2.2 债务证券	38	2,486,397	2,816,397	330,000
2.2.2.1（中）长期债券	39	2,486,397	2,816,397	330,000
2.2.2.2 货币市场工具	40	0	0	0
3. 其他投资	41	−69,680,144	703,123,069	772,803,213
3.1 资产	42	−151,485,862	29,879,034	181,364,896
3.1.1 贸易信贷	43	−23,800,000	0	23,800,000
长期	44	−1,666,000	0	1,666,000
短期	45	−22,134,000	0	22,134,000
3.1.2 贷款	46	−20,805,513	294,330	21,099,842
长期	47	−4,119,000	0	4,119,000
短期	48	−16,686,513	294,330	16,980,842
3.1.3 货币和存款	49	−2,381,759	15,994,859	18,376,618
3.1.4 其他资产	50	−104,498,590	13,589,846	118,088,436
长期	51	0	0	0
短期	52	−104,498,590	13,589,846	118,088,436
3.2 负债	53	81,805,718	673,244,035	591,438,317
3.2.1 贸易信贷	54	29,100,000	29,100,000	0
长期	55	2,037,000	2,037,000	0
短期	56	27,063,000	27,063,000	0
3.2.2 贷款	57	17,296,028	548,960,080	531,664,053
长期	58	6,988,110	20,882,738	13,894,628
短期	59	10,307,918	528,077,342	517,769,425
3.2.3 货币和存款	60	34,316,941	91,634,184	57,317,243
3.2.4 其他负债	61	1,092,750	3,549,771	2,457,021
长期	62	1,132,310	1,167,941	35,631
短期	63	−39,561	2,381,830	2,421,391
三、储备资产	64	−461,744,102	239,766	461,983,869
3.1 货币黄金	65	0	0	0
3.2 特别提款权	66	−78,869	0	78,869
3.3 在基金组织的储备头寸	67	239,766	239,766	0
3.4 外汇	68	−461,905,000	0	461,905,000
3.5 其他债权	69	0	0	0
四、净误差与遗漏	70	16,402,232	16,402,232	0

资料来源：中国国家外汇管理局网站

三、国际收支不平衡的调节

(一)国际收支不平衡的含义

国际收支平衡表中所记录的各种经济活动,根据性质不同,可以分为两种类型:

(1)自主性交易(Autonomous Transaction)。自主性交易是指各经济主体或居民个人出于自身特别的目的而进行的交易活动。这种交易活动体现的是各经济主体或居民个人的意志,不代表哪一个国家或政府的意志,不以政府的意志为转移,因而具有自发性和分散性的特点。经常项目、资本和金融项目所代表的交易活动都属于自主性交易。

(2)调节性交易(Accommodating Transaction)。调节性交易是指由于自主性交易不平衡,中央银行或货币当局进行的各种弥补性交易。它是由政府出面进行的交易活动,体现了一国政府的意志,具有集中性和被动性等特点。通常,平衡项目属于调节性交易。

根据国际收支平衡表的编制原则和编制方法,国际收支平衡表最终一定是平衡的,但自主性交易却不一定平衡。若自主性交易的贷方与借方平衡,我们说该国的国际收支是平衡的;若自主性交易的贷方与借方不平衡,我们说该国的国际收支是不平衡的。因此,国际收支平衡表的平衡与国际收支的平衡是两个不同的概念。判断一国国际收支是否平衡的条件是自主性交易引起的货币收支是否相抵。

国际收支不平衡有两种表现形式:一是表现为国际收支顺差,即自主性交易引起的货币收入大于支出;二是表现为国际收支逆差,即自主性交易引起的货币收入小于支出。

(二)国际收支不平衡的原因

导致一个国家国际收支不平衡的因素很多,主要有:

1. 经济周期

在社会化大生产条件下,生产资料被不同的所有者占有,由于各生产资料所有者对自身利益的追求,将导致一个国家在经济发展过程中出现周期性的波动,形成所谓的经济周期:危机—萧条—复苏—繁荣。在经济周期的不同阶段,个人的收入和企业收入都会发生相应的变化,企业的生产也会发生同样的变化,从而导致社会总需求和总供给发生变化,最终将使一国的国际收支发生不平衡。这种由于经济的周期性变化而造成的国际收支不平衡,称为周期性不平衡。

2. 经济结构

一国经济结构状况对该国国际收支会产生直接影响,这种影响主要是通过进出口结构的变化来体现的。从进口结构来看,如果一国的进口结构与国内经济发展和市场需求相适应,那么,其进口量基本上应该保持稳定增长,其贸易支出也应该是稳定增长;如果一国的进口结构与国内经济发展和市场需求不相适应,那么,就会导致进口的大起大落,从而造成贸易外汇支出的剧增或锐减。从出口结构来看,如果一国的出口结构适应了国际市场的需求,那么,出口就会增加,贸易外汇收入就会相应增加;反之,如果出口结构不能适应国际市场的需求,那么,就会导致贸易外汇收入下降。例如,当国际市场发生变化、新款式高质量产品不断淘汰旧款式低质量产品、新的替代品不断出现的时候,如果一国的出口结构不能及时根据形势加以调整,其出口就会减少,贸易外汇收入就会下降。可见,不合理的进出口结构,将导致贸易收支的不平衡,从而引起国际收支的不平衡。这种由经济结构引起的国际收支不平衡称为结构性不平衡。

3. 国民收入的变化

引起国民收入发生变化的因素很多,可能是周期性因素、货币性因素,或经济处于高速增长阶段所引起的。当一国国民收入增加时,该国贸易支出和非贸易支出将增加,容易造成该国国际收支出现逆差;当一国国民收入减少时,该国贸易支出和非贸易支出都会减少,从而容易导致该国国际收支出现顺差。这种由国民收入变化而引起的国际收支不平衡,称为收入性不平衡。

4. 货币币值的变化

在一定汇率水平下,如果本币币值高估,将不利于出口,而有利于进口。反之,如果本币币值低估,将有利于出口,而不利于进口。进出口的变化必然会导致外贸收支的变化,最终引起国际收支的不平衡。这种由一国货币币值变化造成的国际收支不平衡,称为货币性不平衡。

(三)国际收支的调节

在没有政府干预的条件下,当一国国际收支出现不平衡时,将引起供给、需求、价格、利率和汇率等一系列经济变量发生变化,使国际收支产生自发调节,从而促使国际收支从不平衡趋向平衡。当今,各国政府在国际收支出现不平衡时,一般采取主动的政策调节。政府调节的主要措施有:

1. 财政政策

财政政策是指一国政府通过调节税率和政府支出等来控制和改变总需求和物价水平的政策措施。当一国国际收支出现逆差时,政府可以实行扩张性的财政政策,即提高税收或削减政府开支,从而抑制总需求的增加,同时抑制对外需求的增加,以改善贸易收支和国际收支。反之,当一国国际收支出现大量顺差时,政府可以实行扩张性的财政政策,即减少税收或增加政府开支,从而扩大总需求和对外需求,以恢复国际收支平衡。当然,一国实行怎样的财政政策还取决于国内经济状况。

2. 金融政策

金融政策是指一国货币当局通过改变法定准备金率、再贴现率及公开市场业务等手段,控制和调节总需求和物价水平的政策措施。当一国国际收支出现逆差时,货币当局可以实行紧缩性的货币政策,减少货币供应量,促使利率水平提高,从而有利于外国资金流入,减少本国货币流出。同时,利率水平提高,会使投资减少,国民收入下降,从而抑制进口,这两方面的作用将有助于改善国际收支逆差。反之,当一国国际收支出现顺差时,货币当局可以实行扩张性的货币政策,以达到降低顺差的目的。

3. 直接管制

直接管制是指政府通过发布行政命令,对经济交易实施直接行政控制,以实现国际收支平衡的调节政策。直接管制包括贸易管制和外汇管制。贸易管制是政府以行政干预方式,直接鼓励或限制进出口数量。通常主要是实行鼓励出口,限制进口的贸易保护性政策,如采用出口退税、出口补贴、出口优惠利率等措施鼓励出口;采用进口许可证、进口数量限制、进口高关税、技术壁垒等措施限制进口。

外汇管制是政府通过外汇管理法规,对一切涉及外汇的经济活动进行管理,以实现调节国际收支的目的。常见的外汇管制措施有复汇率、限制资本流出流入、限制私人持有外汇等。直接管制通常能有针对性地进行,能发挥迅速改善国际收支的效果,但它并不能真正解决国际收支平衡问题,一旦取消管制,国际收支逆差还是会出现。而且,直接管制也容易遭到他国的反对和报复。

4. 国际经济合作

各国间经济贸易往来，都是以本国利益为出发点而展开的，这必然带来国与国之间经济利益的不平衡，而国际收支顺差和逆差正是这种不平衡的表现。一国为了追求本国国际收支的平衡而采取有利于本国的政策措施，或将对他国产生不利影响，以致引发矛盾与报复，导致国际经济秩序混乱。加强各国间财政、货币、汇率等经济政策的协调与合作，有利于解决各国存在的国际收支不平衡问题。

案例

中国国际收支失衡分析

改革开放以来，中国国际收支呈现持续顺差状态。至2008年底，我国外汇储备已达19460.30亿美元，是世界外汇储备最多的国家。表12-2反映了1991—2007年中国国际收支一级项目差额与储备资产的变化情况。

表12-2 1991—2007年中国国际收支一级项目差额与储备资产的变化

（单位：亿美元）

年份	经常项目差额	资本和金融项目差额	净误差与遗漏	储备资产变化	外汇储备变化
1991	132.71	45.80	−67.60	−110.91	217.12
1992	64.01	−2.51	−82.52	21.02	194.43
1993	−119.04	234.74	−98.03	−17.67	211.99
1994	76.58	326.44	−97.75	−305.27	516.20
1995	16.18	386.75	−178.30	−224.63	735.97
1996	72.42	399.67	−155.47	−316.62	1050.29
1997	369.63	210.15	−222.54	−357.24	1398.90
1998	314.71	−63.21	−187.24	−64.26	1449.59
1999	156.67	76.42	−148.04	−85.05	1546.75
2000	205.19	19.22	−118.93	−105.48	1655.74
2001	174.05	347.75	−48.56	−473.24	2121.65
2002	354.22	322.91	77.94	−745.07	2864.07
2003	458.75	527.26	184.22	−1170.23	4032.51
2004	686.59	1106.60	270.45	−2063.64	6099.32
2005	1608.18	629.64	−167.66	−2070.16	8188.72
2006	2532.68	66.62	129.49	−2469.81	10663.44
2007	3718.33	735.09	164.02	−4617.44	15282.49

资料来源：国家外汇管理局网站公布的“中国国际收支平衡表”。

中国国际收支失衡的原因是多方面的。第一，国际收支失衡是我国参与国际分工过程的必然现象。在国际产业分工过程中，我国优良的投资环境、大量廉价的熟练劳动力和广阔的市场显示出明显的比较优势，发达国家成熟的低端产业如加工制造业纷纷向我国转移，在一定程度上促使我国成为世界加工制造中心，并由此带动了我国利用外资直接投资和外贸出口的迅速增长。另一方面，我国利用比较

优势参与国际分工过程中，对外经济政策取向是以实现资本积累为主，而资本输出是次要的。这决定了直接投资和外贸出口必然出现大量顺差。第二，内部有效需求不足是国际收支失衡的根本原因。2001—2006年我国国民经济实现了9%以上的平均增长速度，国家综合国力迅速提升。但是，由于国内医疗、社会保障和教育等涉及国计民生的制度体系不完善，广大低收入水平居民预期支付未来子女上学、养老保障和购房支出大额费用等原因，使国内有效需求不足，导致国内过剩的产品到海外寻求市场，中国2001年加入WTO则为此提供了契机，外贸顺差成为国际收支顺差的主要来源，国际收支不平衡矛盾进一步凸显。第三，市场机制不完善放大了国际收支失衡的效应。我国推行市场化改革以来，市场机制建设不断得到推进，但由于资本项目部分可兑换、市场利率体系不完善和汇率制度等因素的存在，使出口企业劳动力成本扭曲，财政转移支付弱化出口成本的市场调节机制等，这在一定程度上放大了国际收支顺差效应。第四，外汇管制的部分失效使境外游资通过各种渠道流入，加剧了我国国际收支失衡。在我国经常项目和部分资本项目可兑换条件下，国际资本包括境外游资可以绕开外汇管制进入境内，而我们的外汇管理无能为力。如境内、境外个人的外汇资金按照现行个人外汇管理办法区分了资本项目和经常项目，并对个人经常项下资金按照“可兑换”原则进行管理，对外汇资金流入和结汇无金额限制。但银行人员在操作实践中，对客户提供的材料只能做到表面真实性审核，而对通过个人经常项目渠道流入的投机资金则无法甄别。

思考题

1. 如何理解外汇的含义？
2. 直接标价法与间接标价法的关系怎样？
3. 在纸币本位制度下，影响汇率变动的主要因素有哪些？
4. 举例分析外汇市场上的各种外汇交易。
5. 如何理解国际收支和国际收支不平衡的含义？
6. 国际收支平衡表的主要内容有哪些？
7. 简述国际收支不平衡的原因及调节措施。

参考文献

1. 姜波克. 国际金融新编(第三版). 上海：复旦大学出版社，2001
2. 迟国泰. 国际金融(第三版). 大连：大连理工大学出版社，2003
3. 陈雨露. 国际金融(第二版). 北京：中国人民大学出版社，2006
4. 刘舒年. 国际金融(第三版). 北京：对外经济贸易大学出版社，2005
5. 孙克强. 国际金融市场. 北京：中国青年出版社，2004
6. 徐荣贞. 国际金融与结算. 北京：中国金融出版社，2005
7. 穆怀朋. 国际金融. 北京：中国金融出版社，2000
8. 国家外汇管理局广安市中心支局，四川省分局国际收支处联合课题组，我国国际收支失衡原因及治理对策初探. 西南金融，2007(6)
9. 任子琳. 浅析中国的国际收支与超额货币. 时代金融，2008(09)

第十三章

金融创新和金融监管

从金融监管理论的演变来看，激烈的市场竞争需要金融不断地创新。一般而言，只要法律没有禁止的，都可以进行金融创新；而金融监管必须依法监管，由于法律的滞后性，往往使得金融监管或者不到位，或者过头。不同的国家，由于经济发展的历史阶段不同，要求有不同的金融监管形式与其相适应。世界上并没有最优的金融监管模式，能促进本国经济发展的金融监管模式就是最适模式。

第一节　金融监管理论的演变

一、金融监管的理论基础

金融监管的理论基础是金融市场的不完全性，金融市场的失灵导致政府有必要对金融机构和市场体系进行外部监管。现代经济学的发展，尤其是“市场失灵理论”和“信息经济学”的发展为金融监管奠定了理论基础。其主要内容是：

（一）金融体系的负外部性效应

金融体系的负外部性效应是指：金融机构的破产倒闭及其连锁反应，将通过货币信用紧缩破坏经济增长的基础。按照福利经济学的观点，外部性可以通过征收“庇古税”来进行补偿，但是，金融活动巨大的杠杆效应——个别金融机构的利益与整个社会的利益之间严重的不对称性，显然使这种办法显得苍白无力。另外，科斯定理从交易成本的角度说明，外部性也无法通过市场机制的自由交换得以消除。因此，需要一种市场以外的力量介入，来限制金融体系的负外部性影响。

（二）金融体系的公共产品特性

一个稳定、公平和有效的金融体系带来的利益为社会公众所共同享受，无法排斥某一部分人享受此利益。而且增加一个人享用这种利益，也并不影响生产成本。因此，金融体系对整个社会经济具有明显的公共产品特性。在西方市场经济条件下，私人部门构成金融体系的主体，政府主要通过外部监管来保持金融体系的健康稳定。

（三）金融机构自由竞争的悖论

金融机构是经营货币的特殊企业，它所提供的产品和服务的特性，决定其不完全适用于一般工商业的自由竞争原则。一方面，金融机构规模经济的特点，使金融机构的自由竞争很容易发展成为高度的集中垄断，而金融业的高度集中垄断，不仅在效率和消费者福利方面会带来损失，而且也将产生其他经济和政治上的不利影响。如要进入金融市场，必须具有巨额的注册资本和初期广告宣传费，这就在市场进入时就形成了强大的资金壁垒，而一旦进入运行，必然会增加营业网点，因为繁多的网点本身就是实力的象征，具有强大的吸引力，从而形成规模效益，这意味着金融市场具有自然垄断特征；另一方面，自由竞争的结果是优胜劣汰，而金融机构激烈的同业竞争，将导致整个金融体系的不稳定，进而危及整个经济体系的稳定。这是因为金融业与其他行业相比，具有其特殊性，即单个机构的危机会引起普遍的恐慌，一旦金融恐慌引发挤兑，很容易出现连锁效应。因此，自从自由银行制度崩溃之后，金融监管的一个主要使命就是如何在维持金融体系的效率的同时，保证整个体系的相对稳定和安全。

(四)不确定性、信息不完备和信息不对称

在不确定性研究基础上发展起来的信息经济学表明，信息的不完备和不对称是市场经济不能像古典和新古典经济学所描述的那样完美运转的重要原因之一。金融体系中更加突出的信息不完备和不对称现象，导致即使主观上愿意稳健经营的金融机构也有可能随时因信息问题而陷入困境。然而，单个金融机构又难以承受搜集和处理信息的高昂成本，因此，政府及金融监管当局就有责任采取必要的措施，减少金融体系中的信息不完备和信息不对称。

二、金融监管理论的演变

政府干预还是自由放任问题，历来是各经济学派争论的主要焦点，尽管金融监管本身并不等同于政府干预，但是金融监管理论却受到政府干预理论的强力支持，因而也随着争论双方的此消彼长而发生变化。同时，金融监管活动又具有很强的实践性和历史性，因此，我们在对金融监管理论的发展脉络进行回顾分析的时候，既要考虑到当时主流经济学思想和理论的影响，还必须考虑到当时金融领域的实践活动和监管理念。

(一)20 世纪 30 年代以前:金融监管理论的自然发轫

早期的金融监管并没有固定的制度安排可循。政府对金融活动实施监管的法规依据，最初可以追溯到 18 世纪初英国颁布的旨在防止证券过度投机的《泡沫法》。但真正意义上的金融监管，是与中央银行制度的产生和发展直接相联系的。中央银行制度的普遍确立，是现代金融监管的起点，有关的金融监管理论也由此初步形成。众所周知，古典经济学和新古典经济学历来是反对政府干预的，市场这只“看不见的手”的信条在理论上与中央银行的金融监管职能相悖。根据亚当·斯密的“真实票据”理论，只要银行主要投资于体现实际生产的短期商业票据，就不会引发通货膨胀或通货紧缩，“看不见的手”仍然能够发挥作用，并不需要中央银行专门来管理货币。对此，亨利·桑顿在 1797—1825 年的“金块论战”中指出，真实票据的不断贴现过程，将会导致信用链条的延长和信用规模的成倍扩张，故而真实票据原则并不能保证银行有足够的流动性或货币供给弹性，从而避免银行遭到挤提以及引发通货膨胀或通货紧缩。因此，以真实票据原则发行银行券，存在发行过度的危险，应该受到集中的监管。在随后半个多世纪的争论中，桑顿的观点得到实践的支持，统一货币发行的中央银行纷纷建立。因此，中央银行制度最初建立的目的在于统一管理发行货币，而不是监管整个金融体系，更不涉及金融机构的微观行为。

另外，在亚当·斯密的古典经济学和马歇尔的新古典经济学里，货币是“中性的”，对经济没有实质性的影响，因此中央银行统一货币发行与统一度量衡一样，只是便利于经济活动，其行为仍然是“守夜人”意义上的，而不是政府干预。中央银行的另一项职能——建立全国统一的票据清算系统、协调票据清算，在性质上也是如此。

统一货币发行和统一票据清算之后，货币信用的不稳定问题仍然没有消失，许多金融机构常常由于不谨慎的信用扩张，而引发金融体系连锁反应式的波动，进而引起货币紧缩并制约经济发展。这就与古典经济学和新古典经济学的“货币中性”主张明显相悖。因此，作为货币管理者，中央银行逐渐开始承担起信用“保险”的责任，作为众多金融机构的最后贷款人，为它们提供必要的资金支持和信用保证，其目的是防止因公众挤提而造成银行连锁倒闭和整个经济活动的剧烈波动。这样，中央银行就从以统一货币发行和提供弹性货币供给为特征的货币管理职能，又逐渐衍生出最后贷款人的职能，承担稳定整个金融和经济体系的责任。

中央银行充当最后贷款人的积极作用得到普遍的肯定，被传为佳话的案例就是 1987 年美国联邦储备当局的行动。当时美国面临又一次股市崩溃，美联储相当成功和精彩地扮演了危机中稳定器的角色。美联储主席格林斯潘在 10 月 20 日开市之前宣布，联邦储备体系“已经准备就绪，随时准备提供流动性资金，支持经济和金融体系”。作为对这一非同寻常的声明的补充，美联储明确表示，它将向任何给证券业发放贷款的银行提供贴现贷款。纽约的一位银行家从上面的信息中读出了美联储是在说：“我们在这儿，无论你们需要什么，我们都会给你。”结果，一场金融恐慌被成功地遏止了，当日道·琼斯工业股票平均指数攀升了 100 多点。

“最后贷款人”(LLD)制度仍然算不上金融监管，但是它却为中央银行后来进一步自然演变为更加广泛的金融活动的监管者奠定了基础。因为中央银行的最后贷款可以成为迫使金融机构遵从其指示的一个重要砝码，由此，中央银行就有可能而且也有必要进一步对金融机构的经营行为进行检查。这种对经营行为的检查活动一直发展到现代央行对所有金融机构，主要是商业银行进行的各种现场检查和非现场检查。但这种检查主要是基于贷款协议的安排，类似于商业银行对借贷企业所进行的财务及信用检查，而不是行政上的或法律上的行为。所以，真正现代意义上的金融监管是在 20 世纪 30 年代大危机后。

美国在 20 世纪 30 年代大危机爆发以后不久，便通过国会立法赋予央行及后来设立的证券监管机构以真正的监管职能，并由此开始了对金融体系进行行政监管和法律监督。

总之，20 世纪 30 年代以前的金融监管理论主要集中在实施货币管理和防止银行挤提政策层面，对于金融机构经营行为的规制、监管和干预都很少论及。这种状况与当时自由市场经济正处于鼎盛时期有关。然而，20 世纪 30 年代的大危机最终扭转了金融监管理论关注的方向和重点。

(二)20 世纪 30 年代到 70 年代：严格监管、安全优先

20 世纪 30 年代的资本主义大危机表明金融市场具有很强的不安全性，“看不见的手”无所不至的能力只是一种神话。在金融市场上，由于市场信息的不完全和金融体系的本身特点，市场的运作有时也会失灵。在 30 年代大危机中，大批银行及其他金融机构的倒闭，给

西方市场经济国家的金融和经济体系带来了极大的冲击，甚至影响到了资本主义的基础。

大危机后，立足于市场不完全、主张国家干预政策和重视财政政策的凯恩斯主义取得了经济学的主流地位，这也是当时金融监管理论快速发展的大的历史背景。在这一时期，金融监管理论主要以维护金融体系安全，弥补金融市场的不完全为研究的出发点和主要内容。主张政府干预，弥补市场缺陷的宏观政策理论，以及市场失灵理论和信息经济学的发展，进一步推动了强化金融监管的理论主张。这段时期的金融监管理论研究成果认为，自由的银行制度和全能的金融机构具有较强的脆弱性和不稳定性，认为银行过度参与投资银行业务，并最终引发连锁倒闭是经济危机的导火索。

这一时期金融监管理论主要是顺应了凯恩斯主义经济学对“看不见的手”的自动调节机制的怀疑，为20世纪30年代开始的严格而广泛的政府金融监管提供了有力的注解，并成为第二次世界大战后西方主要发达国家对金融领域进一步加强管制的主要论据。在凯恩斯主义宏观经济理论的影响下，传统上央行的货币管理职能已经为制定和执行货币政策，并服务于宏观经济政策目标，金融监管更加倾向于政府的直接管制，并放弃自由银行制度，从法律、法规和监管重点上，对金融机构的具体经营范围和方式进行规制和干预逐渐成为这一时期金融监管的主要内容。

(三)20世纪70年代到80年代末：金融自由化，效率优先

20世纪70年代，困扰发达国家长达十年之久的“滞胀”宣告了凯恩斯主义宏观经济政策的破产，以新古典宏观经济学和货币主义、供给学派为代表的自由主义理论和思想开始复兴。在金融监管理论方面，金融自由化理论逐渐发展起来，并在学术理论界和实际金融部门不断扩大其影响。

金融自由化理论主要从两个方面对20世纪30年代以后的金融监管理论提出了挑战。一方面，金融自由化理论认为政府实施的严格而广泛的金融监管，使得金融机构和金融体系的效率下降，压制了金融业的发展，从而最终导致了金融监管的效果与促进经济发展的目标不相符合；另一方面，金融监管作为一种政府行为，其实际效果也受到政府在解决金融领域市场不完全性问题上的能力限制，市场机制中存在的信息不完备和不对称现象，在政府金融监管过程中同样会遇到，而且可能更加严重，即政府也会失灵。

“金融压抑”和“金融深化”理论是金融自由化理论的主要部分，其核心主张是：放松对金融机构的过度严格管制，特别是解除对金融机构在利率水平、业务范围和经营的地域选择等方面的种种限制，恢复金融业的竞争，以提高金融业的活力和效率。

如果说20世纪30到70年代金融监管理论的核心是金融体系的安全优先的话，那么，金融自由化理论则尊崇效率优先的原则。20世纪30年代以前，基本不受管制的自由金融体系在30年代的大危机中崩溃，导致金融体系的安全性成为人们优先考虑的目标。30年代到70年代日益广泛、深入的金融监管，特别是那些直接的价格管制和对具体经营行为的行政管制，严重束缚了金融机构自主经营和自我发展的手脚，而在存款保险制度已充分发挥其稳定作用、银行挤提现象已经大为减少的情况下，金融机构的效率、效益要求就日益凸显出来，并超越了安全性目标的重要性。所以，金融自由化理论并不是对政府金融监管的全面否认和摒弃，而是要求政府金融监管做出适合于效率要求的必要调整。

(四)20世纪90年代以来：安全与效率并重的金融监管理论

自由主义经济理论的复兴并没有否定市场的固有缺陷，它们与“政府干预论”的差异，主

要体现在干预的范围、手段和方式等方面。因此，无论是在发达国家，还是在发展中国家，金融自由化的步伐一直没有停止，在20世纪80年代的后半期和90年代初，金融自由化达到了高潮，很多国家纷纷放松了对金融市场、金融商品价格等方面的管制，一个全球化、开放式的统一金融市场初现雏形。

然而，从20世纪90年代初开始，一系列区域性金融危机的相继爆发，迫使人们又开始关注金融体系的安全性及其系统性风险，金融危机的传染与反传染一度成为金融监管理论的研究重点。在1997年亚洲金融危机以前，面对各国金融开放的热潮，一批有识之士，如斯蒂格里茨和日本的青木昌彦曾经提出过的金融约束论，成为金融监管理论进一步发展的标志性文献。对于金融危机爆发的原因，在理论界研究甚多。一般倾向于认为:金融自由化和金融管制的放松并不是最主要的，事实证明，很多高度开放的经济体，同时拥有较高的金融自由度和市场稳定性，并且为经济发展提供了效率保证。一些专家认为，问题的关键可能在于，那些实行金融自由化的国家，其政府管理金融活动的能力，及经济发展和开放策略的顺序可能存在差异。

20世纪90年代的金融危机浪潮，推动了金融监管理论逐步转向如何协调安全稳定与效率的方面。与以往的金融监管理论有较大不同的是，现在的金融监管理论除了继续以市场的不完全性为出发点，研究金融监管问题之外，也开始越来越注重金融业自身的独特性对金融监管的要求和影响。这些理论的出现和发展，不断推动金融监管理论向着管理金融活动，防范金融体系中的风险方向转变。鉴于风险和效益之间存在着替代性效应，金融监管理论这种演变的结果，既不同于效率优先的金融自由化理论，也不同于20世纪30到70年代安全稳定优先的金融监管理论，而是两者之间的新的融合与均衡。

另外，面对经济一体化、金融全球化的发展，对跨国金融活动的风险防范和跨国协调监管，也成为当前金融监管理论的研究重点。以国际清算银行、国际货币基金组织等为代表的国际金融组织，对国际金融监管理论的发展作出了新的贡献。

以美国为例，20世纪60年代的金融自由化以来，美国金融业发生了翻天覆地的变化，特别是银行业、证券业和保险业之间的分界逐渐消失。为了适应社会经济发展的需要，1998年，美国国会就制定一个反映市场和经济特征的现代化金融法案进行了激烈的辩论，最后众议院通过了H.R.法案。H.R.法案经过1999年美国参众两院辩论后最终形成并通过《1999年金融服务现代化法》。其法案的目的就是要废除金融业的分业经营制度，通过促进金融业的有效竞争，提高金融业的创新能力与经营水平。这次立法除了废除金融业分业制度以外，还允许设立新型的金融批发机构，建立了更有效的金融监管体系。

《1999年金融服务现代化法》允许银行、证券公司和保险公司以控股公司的方式相互渗透，但不允许以子公司的方式进行业务渗透；该法禁止银行通过金融控股子公司从事非金融业务，但允许非金融公司通过购并储蓄性金融机构的非金融控股公司参与金融业务，充分体现了对金融全面开放的重视。该法在加快金融业自由化改革步伐的同时，也调整改善了现有的金融监管体系。例如，改以往分业立法、分业监管的纵向监管体系为统一立法、横向监管体系。规定美联储对金融控股公司进行全面监管，必要时对银行、证券、保险等子公司拥有仲裁权，同时也规定当各领域监管机构断定美联储的监管制度有不当监管时，可优先执行各领域监管机构的制度，起到相互制约的作用。新监管体系以金融服务功能进行分类管理，当一种新的金融商品出现时，不同背景的金融控股公司都有相同的经营权，既适应了金融融合的要求，又能够按不同服务功能进行有效监管。该法还对以往用“列举”式界定新金融商品滞后性改为以“灵活判断”的方式定义金融商品。这样，当市场出现新金融商品时，监管机构可随时根据情况进行判断，既适应了日新月异的金融市场的变化，又有效地鼓励了金融创新。

《1999 年金融服务现代化法》的通过与实施，对美国乃至国际金融业发展将产生难以估量的影响。首先，美国以法律的形式重新确立金融业的利益格局，必然导致美国金融业乃至国际金融市场整个利益的大调整。其次，新法案的实施，必然会促使集各种金融于一身的超级银行的出现。此外，美国既是金融分业制的鼻祖，也是目前世界上最大的金融强国，金融分业制在美国退出舞台，必将在美国乃至世界范围内引发一场包括金融制度变革、金融机构整合、金融服务创新、经营理念重塑的金融革命，从而对全球金融业未来发展产生深远的影响，特别是对金融监管体系的冲击不可低估。

需要指出的是，发端于 21 世纪初的美国次贷危机，到 2008 年下半年已演化成金融危机。2009 年以来，金融危机除向世界蔓延外，也从金融虚拟部门向经济实体部门蔓延。何日见底？至今尚不得而知。但从已经暴露的问题可以看出，美联储监管不力，是这次金融危机发生的重要原因。较详细讨论可参见第十六章“美国金融危机的起因、发展趋势和启示”。

第二节 概念与思路

一、明晰概念

金融监管是指央行或金融监管当局依据法律、法规和社会公众利益需要，运用政策手段和法律手段，对各类金融机构、金融市场的所有活动进行监督和管理的总称。在市场经济体系中，金融业是一个竞争最激烈、风险性最高的领域，是整个国民经济的神经中枢。金融领域一旦出现较大的危机，就会给一国国民经济发展造成巨大的影响。故各国政府都非常重视通过央行对金融活动实行严厉的监管，以保障金融体系的运行安全，保护货币所有者的利益。

金融监管体制是指金融监管的职责和权力分配的方式和组织制度。由于各国的历史发展、政治经济体制、法律与民族文化传统等方面的差异，在金融监管体制上，各国也存在着一定的差别。

金融风险产生的一个极其重要的原因在于金融监管的滞后。而存有较大风险、不稳健的、监管不足的金融体系会严重损害宏观经济政策和经济运行。我们通过金融监管体制的国际比较及发展趋势来考察中国金融监管体制的现状、造成金融风险的弊端，并提出改进措施。

表 13-1 综合性金融监管机构(王君,2001)

国别与金融监管机构名称	成立时间	成立的方式	监管目标	经营方式	央行功能
挪威 Kredit Tilsynet	1986 年	将银行监管局与保险监管局合并	审慎监管	分业	不负责银行监管
丹麦 Danish Financial Supervisory Authority	1988 年	同上	审慎监管	分业	同上
瑞典 Sweden Finans Inspektione	1991 年	同上	审慎监管	分业	负责银行监管
英国 Financial Services Authority	1997 年	将银行监管职能从英格兰银行分离,与 9 家金融监管机构合并	审慎监管与消费者保护	混业	以维护金融体系稳定为目标
澳大利亚 Australian Prudential Regulatory Authority	1998 年 7 月	将银行监管职能从储备银行分离,与银行保险监管当局合并	同上	分业	此前是独立的银行监管机构
日本 Financial Services Agency	2000 年 7 月	将银行监管职能从大藏省分离出来,成立综合性监管局	同上	混业	此前与大藏省共同负责
韩国 Korean Financial Supervision Commission	1998 年 4 月	将银行监管职能从央行分离出来,成立综合性金融监管委员会	同上	分业	此前与银行监管局共同负责

分业经营是指金融机构所从事的业务比较单一,如商业银行主要从事银行业务,证券公司主要从事证券业务,保险机构主要从事保险理赔业务等,目前中国金融业主要是分业经营。混业经营一般是指金融机构在主营业务外可同时从事其他业务,如商业银行可进行某些证券业务等,如英国、美国等金融机构。分业监管或叫专业监管是指对某项金融业务如银行等进行专门监管。综合监管是指某一综合监管机构可同时拥有对银行、证券和保险等业务进行监管的职能。按照经营业务和监管模式可以有各种不同方式的搭配,如分业经营、分业监管;分业经营、综合监管;混业经营、分业监管;混业经营、综合监管。另外,从监管主体的设立看,可以针对不同金融机构设立监管机构——机构监管,也可以针对不同金融功能设立监管机构——功能监管,需要注意的是混业经营推不出综合监管。由于银行的资产和负债在流动性上具有天生的不对称性,它要在满足存款人随时提现的要求与为获取较大利益而进行风险投资之间进行权衡。故银行部门极易遭受挤兑冲击并产生传染效应,从而给整个经济体系带来系统性风险。所以,银行业的风险主要是系统性风险,对银行及从事银行业务的金融公司的监管应以审慎为目标。以审慎为目标是指维护金融机构的稳健经营和金融体系的稳定。审慎性监管是旨在督促金融机构约束其风险承担行为,避免产生因贪图高收益而过分冒险,最终导致牺牲客户复位的恶果。由于证券业和保险业的风险通常体现在信息披露与消费者保护上,故对证券业和保险业及一般从事证券、保险业务的金融公司的监管主要体现在以经营行为与消费者保护为目标上,以经营行为与消费者保护为目标是指防止欺诈行为、损害客户利益等等。

二、思路

（一）一般制度路径

依照生产力与生产关系、上层建筑与经济基础（即生产关系）的矛盾运动规律，当属于上层建筑的金融监管体制适应属于经济基础的金融机构的运动、发展时，就会促进经济基础的发展，从而达到促进生产力的发展的要求；反之，则反是。这条规律告诉我们，一国的金融监管模式一定要与一国当时的生产关系即金融机构的具体运动特点相适应，不能一味地追求什么趋势，盲目从众、崇洋。

（二）具体制度路径——《巴塞尔核心原则》

1998 年 9 月，巴塞尔银行监管委员会推出了《巴塞尔核心原则》，认为有效的金融监管必须具备五大条件：一是稳健且可持续的宏观经济政策；二是完善的公共金融基础设施；三是有效的市场约束；四是高效率解决银行问题的程序；五是提供适当的系统性保护（或公共安全网的机制）。

表 13-2　有关国家金融监管组织模式及央行的作用（王君，2001）

机构特征	监管对象	国家或地区	备注
在央行以外设立综合监管机构	银行、证券、保险	英国、日本、韩国、丹麦、挪威、瑞典	央行仍对金融稳定负责
央行负责综合监管	同上	新加坡、中国（1998 年以前）	
完全分业监管		美国、中国（1998 年以后）、波兰、柬埔寨、中国香港特区、中国台湾地区	
在央行以外设立不完全综合监管机构	银行＋证券、银行＋保险	芬兰、墨西哥、瑞士、澳大利亚	芬兰金融监管机构仍挂靠在央行
央行监管银行与证券业，不监管保险业	银行、证券	百慕大、塞浦路斯、多米尼加共和国、爱尔兰、卢森堡、乌拉圭	
央行监管银行与保险业，不监管证券业	银行、保险	哥伦比亚、厄瓜多尔、澳门、马来西亚、巴拉圭	

（三）特殊制度路径——适合中国现状及发展趋势的监管制度

我们以一般制度路径为指导思想，以具体制度路径为出发点，通过金融监管体制的国际比较及发展趋势来看中国金融监管体制的现状、造成金融风险的弊端及改进措施，以便完善金融监管、降低金融风险、加强金融安全、初步构建适合中国特色的金融监管制度。

第三节　金融监管体制的国际比较及发展趋势

一、历史梳理

有关金融监管的著述很多，而涉及监管的制度及绩效的却不多。经对文献的历史梳理后得出:上层建筑即金融监管模式是与一定时期的生产力即经济发展水平相适应的生产关系即一定的金融运作模式相适应的。如除了瑞典银行和英格兰银行等少数央行建立的目的是为政府赤字融资外,绝大部分国家都是在经历了一系列金融危机后,为了对银行体系进行监管并作为最后贷款人的角色,从而保证金融体系和经济运行的稳定,才组建央行的。如1913年美联储的建立,一战后在世界性金融危机和通货膨胀的背景下各国掀起的建立央行的高潮。透视金融监管的历史,可以发现:

(一)迄今为止没有一个公认为最佳的金融监管模式

从表13-1、表13-2可看出北欧的挪威、丹麦和瑞典在20世纪80年代后期就已开始尝试综合性的金融监管,而综合性的金融监管较彻底的改革是在英国。1997年英国工党上台后,把银行监管职能从英格兰银行分离出来,成立了综合性的金融监管服务局,统一负责对银行、保险、证券及其他非银行金融机构的监管。不久除了澳大利亚、韩国和日本实行了类似的改革外,一些新兴市场经济国家也尝试建立综合性金融监管机构。在入世前后,中国也有不少人提出设立综合性金融监管机构建议。似乎在金融业的混业经营是个趋势的前提下,建立综合性金融监管机构也是一个趋势。事实果真如此吗? 从文献上来看,在央行以外设立综合性金融监管机构的约有10个国家,只处于萌芽状态。相反,3/4的OECD国家的央行仍负责银行监管,约有40多个国家仍处于分业监管,它们代表了金融监管的主流方向。在分业监管的主流趋势的国家中,央行单独或与专门的银行监管机构共同负责银行监管,很多央行作为银行监管委员会下设的执行机构,具体负责银行监管如波兰。故混业经营的趋势并不必然导致建立综合性金融监管机构。

(二)依国情设立金融监管机构

设立什么样的金融监管机构是一个社会实践问题,是与一国或地区生产力发展、生产关系的状况密切相关的实践问题。如美国、德国的金融监管体制就反映了联邦制政府结构的特点,即在联邦制银行监管机构之外,州一级的银行监管局也有独立的银行监管权力。美国在联邦政府一级还设立了多家银行监管机构,体现了美国人对权力平衡制约的偏好。实行全能银行制度的德国在战后多年,由联邦银行和专门的银行监管局共同负责,甚至没有证券监管委员会等机构,这是因为德国联邦银行一直实行控制总量的货币政策。战后几十年的低通胀,加上股市的欠发达,导致银行贷款和债券融资占主导地位。直接融资量不大,证券业的监管也没有成为很大的问题。几年前虽然建立了证券业监管机构,但其主要目标也仅在于保护消费者和维护市场秩序。

新加坡和中国的情况也是这样。作为城市国家的新加坡根本没有必要设立多家监管当局和分支网点,故新加坡金融管理局就独立行使对银行、保险和证券业的综合监管。1998年以前的中国人民银行负责对综合性金融进行监管,当然与转轨经济初期的客观实际情况基本相符。

(三)混业经营与综合监管之间没有必然的联系

混业经营采取分业监管的如德国和1997年之前的英国。之所以建立综合性金融监管机构的英国等国的原因至少有三:

(1)对生产力发展的一定程度相适应的生产关系调整即混业经营程度加深所作出的在上层建筑领域的反应。这些国家多是市场经济成熟的发达国家,如具有健全的金融基础设施、强有力的市场约束、良好的微观治理结构、有效的激励机制以及丰富的人力资本等优势，它们的金融业内各部门的业务交叉有着很长的历史，也有丰富的金融监管经验。

(2)央行单独负责货币政策的实施。金融危机过后，央行不得不承担由于单个银行的失败或对金融危机发生监管不力的责任，导致央行退出金融监管而单独负责货币政策的实施，如韩国和日本。针对俄罗斯政府宣布要在2005年将银行监管从俄央行分离出去，外界认为是针对央行的批评。

(3)政治上的考虑。政治与经济密不可分，有时为了社会稳定，着重从政治上考虑建立综合性金融监管机构。

(四)分业经营与分业监管之间也没有必然的联系

从实践来看，分业经营不一定就非得分散监管，如北欧国家。美国1999年的新法案虽然取消了分业经营限制，但是并没有像英国那样设立综合性的金融监管机构，而是规定由美联储牵头对金融控股公司实行综合监管。

(五)在分业监管和综合监管之间的监管模式也有若干

有的在央行以外(或隶属财政部)设立专门的监管机构，分别负责银行加保险的监管如澳大利亚，银行加证券的监管如芬兰。有的由央行本身负责银行加保险、银行加证券的监管(见表13-2)。这是由具体的生产关系如银行可以从事的非银行金融业务的性质所决定的。

综之，英国(1997年之前)、美国金融的混业经营程度是公认最高的，尚且不一定实行综合监管，何况发展中国家的金融混业经营程度显然没有达到非得建立综合监管机构的地步。

二、央行在金融监管中的作用

央行一般是通过制定、实施货币政策，承担支付体系和金融监管的职能，来达到维持货币和金融的稳定的目标。

(一)协调货币政策与金融监管政策

货币政策是指一个国家为了实现其宏观经济目标所规定的调节货币和信用的行动准则。包括货币政策的终极目标、中介目标和实现货币政策目标的操作工具或手段(又叫货币政策工具)。一般来讲，货币政策不仅影响资产的相对价格，而且往往决定某些行业和企业的命运。如央行调整利率通过净利差的变化影响商业银行的利润，过窄的利差可使业绩良好的银行亏损。故央行在制定货币政策时须充分考虑金融机构的财务状况，避免自身的失误触发金融危机。金融监管政策实施不当会抵消货币政策的作用。如资本充足率在本质上是反周期性的，因为当经济处于衰退时，无力偿还银行贷款的企业增加，导致银行不良贷款增加，银行需计提更多的专项贷款损失准备金。若其他条件不变，而银行要保持较高的资本充足率就不得不减少新发放的贷款，甚至提前收回贷款。若惜贷成为银行的普遍行为，就会出现信贷紧缩，使经济衰退加剧或延缓经济的复苏。故银行监管当局的资本充足率要求应该是顺周期的，即在经济景气时要求银行适当补充资本，以备在经济衰退时可适当放松资本充足率要求，使银行保持较合理的信贷能力，促进经济的发展。

在防范和及时处理银行体系的危机时，货币政策和金融监管之间的协调关系尤显重要。银行是高负债经营企业，世界上资本充足率较高的银行产生流动性困难、引发银行危机的事例也时有所闻。故央行独有的创造货币的能力使其能在关键时刻以最后贷款人的身份有条件地向有流动性困难的银行提供支持。若央行身兼监管职能，就能及时获取银行的信息，必要时施以援手。若央行无监管职能，势必大大削弱央行及时获取信息的能力，在信息不对称的情形下，将会造成央行的最后贷款人职能的运用过滥，助长道德风险；或运用过缓，不能起到防范银行危机的作用。尤其在银行问题较多，金融危机概率较高的国家，客观上要求央行频繁地行使最后贷款人的角色。故在这些国家，由央行统一负责货币政策的制定和实施金融监管，显然可大大减少有关机构之间的协调成本，以免延误决策时机。

在建立了综合性金融监管机构的发达国家，央行不直接负责金融监管，但都为银行危机时的资金救助问题做了正式安排。并且在实行英美法系的国家，法律一方面较好地保护债权人，另一方面给政府有关部门之间的协调与合作留有较充分的余地，使政府机构之间可以通过备忘录等形式，协调应对不断变化的形势。如英格兰银行和金融服务局就是在这种法律体系内实行互相介入，它们的负责人交叉参加对方的理事会，韩国、日本和澳大利亚等国的央行和金融监管当局之间也有类似安排。但需注意的是这种安排只能涉及重大的宏观层面上的决策，不可能完全代替密切协调。事实上，在实行欧洲大陆法系的国家如多数发展中国家，政府部门之间的协调相当困难，这时若把对银行的监管保持在央行内，或许能降低协调成本。

从文献上来看，随着综合性金融监管机构的出现，一些央行丧失了监管职能。不赞成央行负责金融监管的理由有：一是央行的货币政策和金融监管有利害冲突。如当单个银行或整个银行体系出现流动性困难时，央行以最后贷款人的身份提供流动性支持，易产生道德风险，具有一定的通货膨胀效应，将与央行稳定货币的目标背道而驰。二是若央行承担金融监管势必将涉及大量微观的和具体的金融活动，将影响央行集中精力搞好货币政策。但仔细分析可发现央行为了审慎的目标提供的流动性支持与货币政策的目标发生矛盾的概率较小。这是因为向单个银行提供流动性支持，不至于造成通货膨胀压力；若整个银行体系发生流动性困难，银行系统发放贷款的功能减弱，将造成通货紧缩。此时，央行提供适度的流动性支持也不会引发通货膨胀。

（二）信息互补

在理论上说，央行通过支付清算体系可以方便地监控银行的资金流向和流动性，并通过非现场手段收集银行信息；或者通过有关部门之间事先达成的协议，信息共享，如英国通过在央行、财政部和金融服务局之间签订谅解备忘录的形式，对信息共享作出明确规定，但实践证明这是远远不够的。美联储理事佛格森认为央行若要时刻准备处理金融危机，就须了解具体的金融机构是如何管理和演变的，仅仅了解金融市场和机构的运作是不够的，甚至还需要了解决策人、内部控制和管理信息系统。也就是说，央行通过现场检查获得的单个银行的具体印象，是无法替代的第一手资料。央行一身兼制定货币政策和监管银行两任，将有助于信息渠道的畅通。因为几乎所有银行保密的法律都规定，在现场检查中获得的银行信息不得向第三方提供，当然司法机关犯罪调查除外。更何况发展中国家的信息尤其是公共领域的信息质量一般较差，不能奢望通过一般意义上的信息共享进行有价值的分析。佛格森认为美联储的货币政策由于监管职责取得更好的效果，而它稳定价格的职能也使其对银行监管取得更好效果。

（三）发展中国家银行监管的环境

在发达市场经济国家，金融机构有较好的治理结构和内控机制，金融监管框架较完善，从业人员素质较高，加上法制、会计等基础设施较健全，市场约束力较强，使得金融监管工作基本上处在一个相对稳定的条件下运作。这些条件客观上为监管人员高度分工和专业化创造了条件，从实践上看，监管行为也基本上可以保证连续性。显然发展中国家不具备上述条件，因为监管当局在人才和资源较匮乏的条件下，一方面要解决历史遗留问题，防范可能爆发的金融危机；另一方面要进行金融监管框架的建设，监管法规和程序的开发与不断修订，促进金融市场和机构的发展，制订银行业重组中涉及的公共政策等。保护消费者的利益与发达国家相比要轻一些。另外，由于在发展中国家一般证券、保险业务欠发达，银行业占主导地位，而银行资产过度集中在少数大银行。设想一下这时的央行若无监管银行职能，央行实施货币政策的宏观经济政策效果就会大不尽如人意。

（四）监管的独立性与央行的特殊地位

从文献上看，在央行以外成立综合金融监管机构的国家，一般要通过立法解决监管机构的独立性问题，并通过向被监管对象收取一定的费用来维持监管机构的生存问题。由于经济上等原因，发展中国家较难做到这一点，另一方面，在发展中国家若从央行中分离出金融监管机构，将导致金融监管的地位下降。

总之，从发展中国家的角度思考问题，可得出将金融监管职能留在央行更符合现实经济发展。但必须同时辅之以对央行实施有效监督，以便尽量减少或杜绝央行的道德风险。因为央行创造基础货币的能力可以方便地被用来弥补央行对银行金融监管所造成的失败，导致在平时削弱监管当局为构造监管制度所作出的艰辛努力，而在面临潜在的金融危机时又将拖延采取措施，加重纳税人的负担。故在条件成熟时，应将金融监管机构从央行中分离出来。

为了构建适合中国国情的金融监管模式，我们进一步尝试将曾遭受过金融危机的亚洲国家的金融监管模式与中国现有的金融监管模式进行对比，以便找出有益的经验和教训。

第四节　金融危机发生国的金融监管模式的弊端与中国金融监管模式弊端的比较

一、韩国在金融危机爆发前金融监管的弊端

(1)监管体系分散。商业银行由货币委员会（韩国银行的首脑机构）和银行监督办公室直接管理。虽然韩国财政和经济部将对一些非银行金融机构的现场检查委托给韩国银行监督办公室，但专业银行和非银行金融机构仍由财政和经济部管理。这种缺乏统一性的监管制度体系，加上财政和经济部对非银行金融机构监督不力，为监管制度套利和高风险的经营提供了鼓励性的环境，这在商业银行的信托业务和商人银行中表现尤为明显。此外，监管当局有权豁免某些不正当要求的做法不仅助长了在监管中的宽纵，而且也使得规定在贯彻执行中缺乏透明度，滋长道德风险。

(2)贷款分类标准和贷款损失准备提取规定相当不严格。只有当贷款被拖欠时间大于等于 6 个月时才被确认为不良贷款。在公布的坏账数据中，只包括那些没有抵押品的不良

贷款。只根据贷款的偿还记录和抵押品是否可进行贷款进行分类,而不考虑借款人未来的偿还能力。坏账准备根据贷款类别提取,提取规定见表13-3。但是,最低呆账准备提取比例是在1998年末以前分几年逐步实施的。按预期,呆账不会超过贷款总额的2%,因此对任何超过2%的呆账准备没有税收抵扣。故到1997年末,呆账准备仍小于2%。

表13-3 坏账准备提取标准

贷款类别	正常	关注	次级	可疑	损失
提取%	0.5	1	20	100	100

(3)对持有证券的准备提取规定和会计标准与国际最佳惯例之间也存在着较大差距。韩国银行所持证券按成本记价,而市价重估的会计方法并没有被普遍运用。同时,银行还有大量的在股票价格下跌期间因持有股票而形成的损失并未考虑。此外,韩国母公司和子公司之间没有合并的会计报告。

(4)不严格的风险集中限制助长了韩国企业集团高负债率的公司财务结构的形成。1991年韩国对银行通法的修改规定,对单个借款人的贷款不得超过银行自有资本的20%,为其担保不得超过自有资本的40%,而且宽容地表示不追溯既往和3年内逐步实施。对大型企业集团的贷款限额根据"篮子控制体系"由银行确定,在该体系下,对于最大的5到30家企业集团的贷款占银行总的贷款的比率不得超过金融监管办公室的规定。1997年8月又降低了这些限额,银行对单个财团的放款(包括担保)比例,商业银行为自有资本金的45%,商人银行为自有资本金的150%。虽然这些规定较以前较为严格,但仍比其他经合组织国家宽松。尽管这样,韩国的许多银行仍没有加以执行。

二、马来西亚在金融危机爆发前金融监管的弊端

主要是有关当局的豁免权太大。在对关联方的放款(如禁止向董事会成员、官员和雇员以及以上个人作为合伙人、经理、代理人或担保人在其中的利益比重超过5%的公司贷款。那些经理、董事会成员或雇员持有的股份的公司也不能得到银行贷款),银行的股权比例和大的敞口限额(马来西亚银行和金融机构法BAFIA禁止金融机构持有任何公司的股权,除非作为抵押品持有,或因为丧失赎回权或偿还贷款而持有)等方面,一般说来需经马来西亚央行——Negara银行正式建议后,财政部才能在有关单个审慎性管理规定方面享有很大的豁免权。但由于这种制度并未广泛实施,财政部的豁免权使得审慎性法规和监管暴露出较大的弱点。造成向私人部门的信用扩张以接近年率30%的速度持续增长,金融体系暴露在潜在的不动产和其他资产价格(如股票市场证券)下跌的风险中。在马来西亚高额的对外负债,经济增长放慢,资产价值下降,林吉特的国内价值——利率升高,国际价值——汇率贬值的冲击下,金融业的利差缩小,不良贷款不断增加。

三、菲律宾在金融危机爆发前金融监管的弊端

(1)审慎性标准与国际规范相比的不足。其表现在:一是贷款分类和准备金提取。一直到1997年年中,菲律宾对有抵押支持的银行资产还没有要求提取贷款损失准备,即便是此类资产已被有关当局列为次级资产,或在许多银行已被列为"特别关注"资产(指被监管者在有关文件上发现是次要的问题,包括第三方担保人文件上的问题贷款),菲律宾央行评估银

行风险的能力不强。二是市价重估。美国模式不要求银行对其证券投资的股票投资进行市价重估。菲律宾虽然模仿这一模式,但却与美国的模式相反,将此类核算放在交易类账户中,造成对资产损失确定的延迟。当金融危机造成银行证券资产的价值发生了巨大的变化时,不能按市价重估并进行记账价值的调整。三是透明度不够。菲律宾虽然有规定要求在股票交易所上市的银行需按季度披露资产负债表,但并没有提供有关不良贷款、资产分类、贷款损失等方面的信息,而非上市的银行则没有公开披露其财务报表的义务。银行的外部审计没有纳入监管的程序中,故外部审计人员没有义务向银行监管机构客观地报告不利因素和事件。四是并表监管薄弱。菲律宾央行不从并表监管的角度考虑银行的偿付能力,也没有将银行的信托业务与表内业务合并在一起来计算资本充足率。在评价是否符合现行规定时,也没有将银行和附属的外汇存款部门合并在一起计算外币敞口限额。

(2)监管的有效性不足。其表现在:一是现场检查不重风险只重合规性。在现场检查中不是用一种分析的方法来评估银行存在的风险和银行管理风险的方法(1998 年初,以风险为基础的监管的试验性测试开始在一家银行进行),而是将重点放在了检查资产的质量及银行业务的合法、合规性及遵守制度的状况上,对银行资信能力的评估不是依据合并报表的财务数据进行。现场检查的时间安排受到过多的限制,如现场检查每年一次,额外的检查要获得货币委员会的批准。此外银行保密的立法阻碍了监管人员获得具体的贷款信息,阻碍了监管人员对风险集中程度的评估。二是非现场监督几乎无效。非现场监督的方法不能很好地适用于对机构财务状况的评估。资本、资产、管理、权益、流动性系统(CAMEL)没有包含对市场风险的敏感度分析,只是机械地套用单个评判标准,而没有加入管理人员的判断;此外,为了确定一家银行总的 CAMEL 评级,监管人员一般采用各个组成部分的评级的平均值,结果有可能将一家资不抵债的银行评估为一家“良好”的银行。

(3)监管实施能力有限。监管当局对银行的常规要求一般都能被遵守,但是其要求银行采取行动去改正问题的能力却是有限的。此外,对违规的处罚很轻,而且对监管人员在履行职责过程中涉及法律纠纷时的保护也不足。

(4)银行退出不畅。关闭有问题银行的过程旷日持久。货币委员会认为一家有问题的银行已不能恢复,则这家银行将被关闭并由菲律宾存款保险公司实施破产管理。但是,对货币委员会做出这类决定没有一定的时间限制,存款保险公司须在 90 天之内决定是否恢复或关闭一家银行。由于在银行被关闭之前存款保险公司不能处置受接管的银行的资产,故其作为破产管理人的作用是有限的。更糟的是银行存款保密法限制存款保险公司在其被任命为一家银行的破产管理人之前获得被保险的存款的信息。在当时的体制下,一家银行的实际清盘工作可能需要几年的时间才能够完成,表明司法制度不尽完善。在个别情形中,甚至即使已经完全进入清盘程序,法院也会要求当局改变决定,并使一家银行重新开业经营。由于监管者及央行管理层和理事会没有明确的豁免权,司法部门的否决权不利于央行职能作用的发挥。

四、泰国在金融危机爆发前金融监管的弊端

(1)审慎性管理一般比较薄弱和不统一。财政部全面负责对银行和财务公司实施监管,但将日常监管权力授予了泰国银行(央行)。财政部有权发放、中止和取消银行的经营许可证,有权通过针对每一家机构设立的控制委员会对银行和财务公司进行干预。对金融机构

的清算也由财政部负责，非金融机构的清算则按照破产法办理。

(2)贷款分类、呆账准备提取和会计核算等的规定不完善，运用也不统一。其表现在：一是由于贷款没有实行恰当的分类和提取相应的呆账准备，故资本充足率基本不能反映实际情况。二是对贷款的集中程度没有实行审慎性限制，造成银行对某些不动产业发放了过多的贷款。加上许多贷款的发放是依据抵押品而不是适当的信用评估，故当资产价格泡沫破灭时，银行就面临抵押品价值迅速下降的局面。

(3)续计不良贷款的利息，盈利高估。明明知道是不良贷款而续计利息，用本不存在的利润支付红利、奖金和税收，实际上减少了这些金融机构的资本金。

五、中国金融监管模式的演变及弊端

表 13-4 中国金融监管体制演变图

时间	特征	监管重点	缺陷
1984 年前	计划经济，单一银行制，无风险，无监管		
1984—1998 年	中国人民银行行使央行职能，集银行、保险、证券监管于一身的综合监管当局	市场准入，合规性	不以风险为重点
1998 年[1] 机构重组	央行监管银行，保监会监管保险，证监会监管证券	分业监管	同上
2003 年[2] 机构重组	银监会监管银行业金融机构，保监会监管保险，证监会监管证券		

注：(1)央行撤销外资司、稽核监督局，成立银行监管一、二司，非银行金融机构监管司和合作金融监管局。目标是实现非现场监控和现场检查的统一。随后成立 9 个跨省的大区分行和两个营业管理部，及 21 个监管办。

(2)银监会成立于 2003 年 4 月

监管法正式施行时间：2003 年 12 月 27 日通过，2004 年 2 月 1 日起正式施行

修正时间：2006 年 10 月 31 日

监管范围：银行业金融机构

银行机构：商业银行、城市信用合作社、农村信用合作社以及政策性银行

非银行机构：金融资产管理公司、信托投资公司、财务公司、金融租赁公司以及其他金融机构

监管职责 17 项

监管理念："管风险"、"管法人"、"管内控"、"提高透明度"。

监管目标：银行业监督管理的目标是促进银行业的合法、稳健。①通过审慎有效的监管，保护广大存款人和消费者的利益；②通过审慎有效的监管，增进市场信心；③通过宣传教育工作和相关信息披露，增进公众对现代金融的了解；④努力减少金融犯罪。

监管标准：①能够促进金融的稳定，同时又促进金融的创新；②努力提升我国银行业在国际金融服务中的竞争能力；③对各类监管权限做到科学合理，监管者要有所为，有所不为，减少一切不必要的限制；④为金融市场上的公平竞争创造环境和条件，并且维护这种有序的竞争，反对无序竞争；⑤对监管者和被监管者两方面都应当实施严格明确的问责制；⑥高效、节约地使用一切监管资源，做到权为民所用、情为民所系、利为民所谋。

监管措施：①市场准入；②非现场监管；③现场检查；④监管谈话；⑤信息披露监管。

从表 13-4 看出，中国金融监管体制的演变基本适应了中国当时生产关系的变化，最大的优点在有效地避免了 1997 年亚洲金融危机的巨大冲击。不容否认的是以往的改革的重

点都落在机构的增加或撤并以及权力的再分配上，没有从管理科学的角度出发，在监管机构的独立性、激励机制和专业化分工等方面作出实质性的改进。如被国内外所称道的单一政府体制内设立跨省的大区分行，从摆脱地方政府干预的角度有积极的意义，但也只解决了形式上的独立性，央行本身如何实现高度专业化？如何运转有效和享有法律赋予的真正的独立性？如何引入对央行监管的制约机制？相对稳定充足的资金从何而来？如何构建吸引、留住优秀人才的激励机制？如何完善央行与商业银行间的委托一代理机制？尚存较大疑问。现存的最大缺陷是银行监管还没有走上正轨，如在监管的理念、体制、方法等方面尚无形成适合现阶段的框架，也没有真正完成从合规性监管向以风险为基础的监管过渡。金融体系分别监管的效率也不是很高，目前分业监管有以下问题：金融业虽是分业经营，但业务有很强的关联。综合上述，表 13-5 列出了发生金融危机的国家和地区与中国金融监管模式的比较。

表 13-5 金融危机发生前有关国家的金融监管弊端与中国金融监管弊端的比较

	菲律宾	马来西亚	韩国	印尼	泰国	中国
审慎性标准不完全符合国际规范	●	●	●	●	●	●
监管重合规，不重风险	●	●	●	●	●	●
法规和监管框架的实施不足	●	●	●	●	●	●
市场退出不畅	●			●	●	●
贷款分类存在缺陷	●		●	●	●	●
监管体系分散			●		●	●
监管者豁免权太大		●	●			1
央行评估银行风险的能力不强	●	●	●	●	●	●
透明度不够	●	●	●	●	●	●
法规不健全	●	●	●	●	●	●

注：●表示有类似情况；1 表示法律处罚太轻；空白的表示情况不详

从表 13-5 可见，曾发生金融危机的亚洲国家在金融监管中所暴露出来的弊端，中国几乎都程度不同的涉及，故改革中国现存的金融监管制度就显得极为迫切。

第五节 改革中国金融监管体制弊端的措施

一、什么样的金融监管机构更适应中国的需要

综上所述，央行在货币政策的制定和操作上具有较强的独立性是将银行监管职能从央行分离出来的必要条件。若央行在货币政策的制定和操作上不具有独立性，就没有必要将银行监管职能从央行分离出来。因为央行不独立，就意味着稳定物价不可能成为央行货币政策的首要目标，经济运行面临不确定因素的干扰，再审慎的金融监管也难免受到系统性风

险的冲击。由于中国的现实国情,如从市场角度考察,市场经济欠发达,市场约束力较弱,从事金融业务的微观经济主体并不具备混业经营的条件;从金融监管角度考察,央行尽管有过混业监管的尝试,但时间不长,经验不足;从融资的角度考察,中国现实的金融市场远非发达国家以私人部门为主、直接融资占很大比重的金融市场,而是以间接融资为主、金融资产集中在五大国有商业银行的金融市场;从历史的角度考察,中国央行的独立性较弱,法制建设滞后。故中国金融监管的改革路径只能是循序渐进,以适应中国的生产关系、进而促进生产力发展为要旨。

二、中国金融监管的具体路径

第一阶段,即在2009—2014年期间,以分业监管为主,辅以必要的层次较高的金融综合部门及信息披露、社会舆论和法律等的制约。

(1)在上层建筑上仍以现行监管框架即分业监管为主,以适应分业经营的生产关系的客观需要。但为了弥补分业监管中信息不对称、难共享,易产生道德风险,并鉴于中国混业经营程度正在逐渐加深,可考虑设立金融监管委员会,人员组成包括财政部、央行、银监会、证监会、保监会、国家计委、研究人员等,机构可考虑设在国务院或央行,任务是定期研究中国金融制度的突出问题,交换信息,协调有关政策。这样既可以提高金融监管的地位,又能保持现有分业监管格局,保持监管工作的连续性。并对现有的生产关系即金融经营进行适当调整,逐渐增加经营项目的花色品种,以适应生产力的发展。在WTO框架下,市场纪律不仅对于微观经济主体来说是首要的,对于银监会、证监会、保监会的监管行为也是极为重要的。故在逐渐完善有关法律的前提下,适时地披露银监会、证监会、保监会的监管行为的信息,达到舆论制约的目的也是极为重要的。

(2)发挥社会中介组织在金融监管中的作用。积极发挥社会中介组织在金融监管中的作用,用社会舆论、法律等监督委托人——银监会、证监会、保监会对金融机构的监管行为。

①积极发挥社会中介组织在金融监管中的作用。为弥补银监会在金融监管中的人力和业务素质的局限,可考虑适当委托会计(审计)师事务所等社会中介组织来对金融机构进行稽核。

②用社会舆论、法律等监督委托人——银监会、证监会、保监会对金融机构的监管行为。一般而言,银监会监管的有效性取决于三个方面:充分的信息;监管对市场发展带来的效果,即限制的成本;法律支持的力度。所以,首先,必须加快金融监管信息系统的建设,使得商业银行、银监会和社会公众都能从该信息系统中获益;其次,用社会舆论、法律等监督银监会的监管行为,强化监管工作责任制,建立监管不力责任追究制,减少银监会道德风险的产生;最后,要加快我国的金融立法,是规范我国金融监管的关键。像现在这样,没有一部完善的金融法规出台,要实现我国金融监管工作的根本改进是不可能的,尤其是由于我们没有重视金融业的风险,种种政策、规章、制度都不是以风险管理为中心,这与市场条件下金融的特征严重不符。因此,从风险管理出发,加快出台有关法律,是我国金融改革的一项迫切任务。除了信息披露、舆论监督等软约束外,可考虑硬约束。如借鉴英国成立金融服务和市场特别法庭(Financial Services and Markets Tribunal)的做法。该法庭用以处理被监管的金融机构与英国唯一的金融监管机构——金融服务监管局(Financial Services Authority,简称金管局,FSA)之间的、不可经双方协商解决的问题。而我国成立的类似金融专门机构(Financial

Special Supervision，简称 FSS）的工作范围似更为宽泛，它涉及银监会、证监会、保监会和被监管的金融机构和公众三者之间的关系。为防止监管者（银监会、证监会、保监会）、被监管者（金融机构）和公众滥用 FSS，可用法律规定在闭门审理监管者和被监管者（对公众保密）的案件期间，不服判决一方不得上诉；而对公开审理的案件（包括监管者、被监管者和公众任意两者之间或三者之间），不服判决一方可以上诉。为了提高金融业的整体法制水平，一般而言，大部分案件应该公开审理，以促进监管者认真地监管，被监管者合法、合规地经营，公众享有知情权。

第二阶段，即在 2015—2020 年，根据国际上金融综合监管的运行经验和教训，尝试建立符合当时中国国情的综合金融监管机构，以适应金融混业经营的生产关系变化的客观需要。

三、央行与银监会的职能分工

（1）央行的货币政策属短期宏观政策，这里的短期是指货币政策可以朝令夕改，如当中央银行在公开市场业务的操作中发现错误时，可以立即通过逆向使用该工具进行纠正，以避免出现过大的损失，以灵活调节货币供应量。而银监会监管金融机构的政策、法律、法规等必须具有一定的持久性，否则金融机构将无所适从。

（2）货币供应总量取决于基础货币和货币乘数，基础货币由央行的货币政策的松紧决定，货币乘数由银监会的监管力度决定。两者适当分工，有利于货币政策的实施，有利于调控货币供应量。若两者均由央行决定，可能不能较好地调控货币供应量。

（3）信用评级机构帮助金融监管。我国目前的情况是信用评级机构众多，但缺少权威的信用评级机构。

（4）外部审计师（会计师事务所）帮助金融监管。外部审计师在审计过程中，主要是衡量审计对象的业务活动是否合理、合法、真实有效，职责是帮助审计对象依法合规经营，并向审计对象收取费用，参与商业银行的年报制订。

（5）央行不仅要对商业银行进行检查，而且应当对所有在央行开户、与央行有交易行为的金融机构进行检查，要把握包括货币市场、债券市场、股票市场、保险市场在内的整个金融市场的动向和资金流向，维护金融市场的稳定。但央行的这种检查与银监会的监管又有所不同，它只需要了解整个市场的真实情况，而不需要对监管失职个案承担责任。

第六节　学习借鉴《有效银行监管核心原则》提高银行监管水平

《有效银行监管核心原则》（以下简称《核心原则》）是巴塞尔银行监管委员会与非十国集团国家监管机构合作起草的用于指导和评价各国实施有效银行监管的国际性文件，发布于 1997 年 9 月，已经为国际银行界广泛认可。

一、《核心原则》的形成背景和重要地位

银行业是高风险行业，同时，银行风险还具有强烈的传染性，一家机构的倒闭可能产生

严重的多米诺骨牌效应，引发整个金融体系的危机。随着金融国际化、全球化、一体化趋势的发展和科技的突飞猛进，金融市场快速发展，金融创新日新月异，金融竞争日益激烈，金融风险明显加大，金融危机此起彼伏。从墨西哥金融危机到亚洲金融风暴，从巴林银行倒闭到日本大和银行破产，金融危机的传染性、破坏性日趋严重。为此，各国金融监管当局都把加强银行监管作为其金融监管工作的重中之重。在这样的背景下，《核心原则》应运而生。从美国次贷危机所引发的全球金融海啸至今未见底的严峻现实表明，《核心原则》可能要进一步与时俱进地严加修订。

《核心原则》是国际银行监管领域继 1988 年《巴塞尔资本协议》发布后又一部具有里程碑意义的重要文献。如果说世界各国在实施《新资本协议》问题上还有争议的话，在借鉴《核心原则》问题上则高度一致。

《核心原则》是世界各国为共同防范金融风险而做出艰苦努力的结果。为促进在全球范围内建立稳健的监管标准，七国政府首脑（由法、美、英、德、日、意、加主要西方工业国家参加的最高级首脑会议通称为西方七国集团首脑会议）在 1996 年 6 月里昂峰会后发表声明，呼吁巴塞尔委员会参与强化新兴市场国家监管标准的工作。为此，在十国集团国家（美国、英国、法国、联邦德国、意大利、日本、荷兰、比利时、加拿大和瑞典）监管当局的协助下，巴塞尔委员会在 1997 年的丹佛峰会上推出了《核心原则》。1997 年 10 月，《核心原则》在国际货币基金组织和世界银行香港年会上得到国际金融界的认可，其所体现的准则获得了世界广泛的支持。为保证各国在实施《核心原则》过程中能客观、全面、准确地评估自身银行业监管体系，巴塞尔委员会又于 1999 年 10 月发布了《巴塞尔核心原则评估方法》，指导各国的自我评估工作。

二、《核心原则》的主要内容

《核心原则》共 25 项内容，细分为 227 条评估标准（包括 169 条必要标准和 58 条附加标准）。从总体上看，25 项原则可归纳为七个方面：有效银行监管的先决条件；发照和结构；审慎法规和要求；持续银行监管手段；信息要求；正式监管权力和跨境银行监管。这七个方面的内容既相互联系又各有侧重，每个部分都贯穿着风险监管的主线，具有丰富的内涵。

（1）全面充分的先决条件是有效银行监管的必要前提。这些条件主要包括：稳健且可持续的宏观经济政策；完善的公共金融基础设施；有效的市场约束；高效率解决银行问题的程序和提供适当的系统性保护（或公共安全网）的机制。这些前提条件本身不属于银行监管者的职权范围，但不具备这些条件或者这些条件恶化，都会影响或损害银行体系的安全与稳健，我们把这些条件称为有效银行监管的“大前提”。另外，还有“小前提”，包括明确的监管责任和目标框架；充足的监管资源；必要的银行法律框架；对诚信履职的监管者的法律保护；建立在国内外监管机构之间的合作与信息交流体系等，这些前提是做好银行监管工作的重要基础。

（2）严格规范的市场准入程序与标准是有效银行监管的首要任务。《核心原则》特别强调，监管机构必须严格控制“银行”名称的使用范围；制定明确的准入标准并有效控制银行机构准入；严格审查银行向其他方面的大笔股权或控制权的转让；制定并审查银行大笔收购资产、投资和各项标准；确保新审批设立的银行有合理的股权安排、充足的财力、严密的内控制度以及具备专业知识、道德水准并善于审慎经营的管理人员。银行机构的业务活动必须与监管当局批准的范围相一致，否则，银行监管者有权吊销其执照。监管机构应建立清晰、客观的准入标准，这既有助于减少机构审批过程中潜在的行政干预，也有助于控制不稳定机构进入银行市场，以便更好地维护公众对银行的信心。

(3)持续性监管是有效银行监管的核心。银行业务的特点决定了其随时都可能发生风险。因此，银行监管必须立足于防范风险，并且适应银行业务不断发展和风险不断变化的情况进行持续性监管。《核心原则》对此给予了充分的重视，花了约60%的篇幅，从不同层次、不同方向进行了深入的论述。《核心原则》要求银行监管机构必须密切关注银行面临的主要风险，如信用风险、国家和转移风险、市场风险、利率风险、流动性风险、操作风险、法律风险、声誉风险等；必须制定审慎的法规并保证其得到实施，以促进商业银行控制风险，其中包括资本充足率、贷款损失准备金、资产集中、流动性、风险管理和内部控制等方面的制度和管理要求；必须具备持续监管的手段等。

(4)准确完整的信息是有效银行监管的基础。为帮助银行监管者进行有效的非现场检查，评估银行的总体状况，银行监管机构必须定期获取财务报告，并通过现场检查或外部审计对信息的准确性和依据的会计政策的合法性进行定期审核。若银行故意提供虚假的信息蒙蔽或误导监管者，监管机构应对有关机构或个人采取惩罚措施。

(5)正确行使监管者的权力是有效银行监管的保证。《核心原则》要求银行监管者必须拥有必要的监管手段，以便在银行未能满足审慎要求或当存款人的安全受到威胁时采取纠正措施。一般来说，对有问题银行主要采取两个办法，一是“采取纠正措施”，即为保护存款人和债权人，防止问题扩散，监管者实施适当的干预并跟踪干预效果；二是“进入清算程序”，即在第一个措施无效时，监管者可以决定对不再具备存续能力的银行予以清盘，或者关闭不稳健的银行，以保持整个银行系统的稳定性。

(6)加强国际监管协调是有效银行监管的重要手段。《核心原则》分别就如何加强国际监管协调、母国监管者责任和东道国监管者责任等问题作了明确。在这一方面，《核心原则》强调的一个中心议题是要求各国监管当局有能力实施全球性并表监管，确保跨境银行安全经营。银行监管者必须对银行在世界各地的所有业务进行适当的监测并执行审慎监管原则，包括其外国分行、附属机构和合资机构。

三、《核心原则》对世界各国银行监管体系建设的指导意义

《核心原则》是巴塞尔银行监管委员会在总结西方发达国家近百年银行监管成功经验和该委员会过去二十多年监管实践的基础上，对银行监管最佳做法的概括。《核心原则》为各国建立有效的银行监管体系提供了指导和借鉴，已成为有效银行监管的通行标准，为国际金融界评价银行监管体系的有效性提供了准绳。

(1)《核心原则》为银行监管者提出了清晰的监管思路。《核心原则》在阐述有效银行监管的整体前提条件后，在正文部分首先对监管主体作出规定，然后再对其行为作出规范。《核心原则》规定：监管当局应该有明确的法律授权，有足够的资源和专业能力；应通过准入监管，排除不符合条件的银行和个人；建立符合国际惯例的审慎规章；对银行实现有效的持续监管；要求银行提供符合国际会计准则的统计信息，并进行核实；对违规的银行和个人作出惩罚，必要时让资不抵债的银行退出市场；加强跨境银行监管；等等。

(2)《核心原则》为商业银行了解监管当局的思路与方法，从而实施稳健经营提供了重要

借鉴。若没有商业银行的理解和实施，若《核心原则》的精神不能转化为商业银行的审慎经营行为，监管当局是无法单方面实现有效银行监管目标的。《核心原则》中有关审慎监管的内容，也是商业银行风险控制的核心内容。此外，监管当局的持续监管方法也值得商业银行在进行内部审计时借鉴。因此可以说，《核心原则》及其评价方法对商业银行稳健经营具有重要的指导意义，并且理所当然应当引起各国商业银行的普遍关注。

(3)《核心原则》对各国政府提出了要求。《核心原则》列举的五个前提条件表明，没有良好的宏观经济政策和环境以及市场约束等外部条件，仅仅靠银行监管，是不能维持银行体系的稳健经营的。因此，先进的银行监管文化必须伴以良好的宏观政策环境和政府强有力的支持。

(4)《核心原则》为国际银行监管合作提供了框架和基础。《核心原则》的初衷就是为世界各国的银行监管工作提供统一的监管原则和良好的监管方法；其所遵循的基本原则就是防范金融风险，促进世界各国银行业的健康发展。《核心原则》所提出的基本方法，也正是各国银行业监管机构尤其是发展中国家的银行监管当局所急需补的课程。因此，无论是东道国监管当局还是母国监管当局以及国际金融机构，均可在《核心原则》中找到共同语言，因而也为进一步促进国际银行业的健康发展奠定了基础。

(5)《核心原则》推动了各国监管当局对其银行监管有效性进行自我评估。1998 年以来美国、印度、捷克、澳大利亚、法国、德国、日本、匈牙利等国都已对本国的银行监管有效性进行了评估。国际货币基金组织和世界银行也将《核心原则》评估作为衡量成员国银行业体系稳健程度的主要标准，将其纳入了"金融部门稳定性评估计划"之内。目前，有 60 多个国家加入了该计划，有 40 多个国家在该计划之下进行了《核心原则》自我评估。

(6)中国银行监管将面临更加复杂多变的局面。目前，我国银行业的资产约占全部金融资产的 90%以上，经济增长在很大程度上依赖于银行的稳健运行，也在很大程度上影响着银行体系的安全性。由于受计划经济及经济转轨过程的影响，加上银行风险管理和内部控制薄弱以及银行监管的滞后，我国银行体系已经积聚了很大的风险。此外，在加入 WTO 后，我国的银行监管受到前所未有的挑战，国际上实施有效银行监管核心原则、新资本协议和金融稳定评估的压力不断加大，对我国银行监管工作提出了更高的要求。2006 年后，国内银行机构面临的外资银行竞争将日趋激烈，经济金融全球化的趋势将使我国银行业风险进一步加大，我国银行监管将面临更加复杂多变的局面。

(7)对银行监管的国际化作出应有的反应。从国际金融发展的历史看，各主要国家的银行业基本都是沿着发展、动荡、治理、再发展这一轨迹前行的。《核心原则》为国际银行业的稳健发展、减少震动开出了很好的处方。因此，从可预期的较长一段时期来看，国际银行监管标准的一体化、规范化、审慎化、普及化是必然的趋势，各国银行监管当局均应对此作出及时的反应。

四、中国银行业的监管与《核心原则》要求的差距

我国是巴塞尔委员会联络小组成员之一，积极参与了《核心原则》及其评估方法的起草工作。通过主动评估，发现我国银行业的监管在许多方面还处于"大体不符合"的档次，表现在：

(1)银行监管的有效性受内外部环境的制约较大。从外部环境看，评估小组认为我国宏

观经济从总体上看稳定性和持续性在增强，但仍存在结构失衡等影响持续性发展的不确定因素，制约着对银行业的有效监管。从银行监管的内部环境来看，主要存在监管者责任不够明确，监管机构的独立性受到制约，银行监管法规框架存在缺陷，监管支持系统还较薄弱等。

(2)在市场准入监管方面依然不够科学规范。主要是银行的市场准入监管还不够规范、高效和透明，现行法规规定的发照标准存在缺陷，没有制定明确的细则；对商业银行新业务的准入设限不科学，一定程度上抑制了商业银行的业务创新，也影响着银行监管有效性的提高。

(3)审慎性法规的系统性和完整性不强。主要是还没有建立结构完整、层次清晰的监管法规体系，法规的制定、修改还不够及时；对商业银行资本风险、信用风险、市场风险、流动性风险、利率风险、操作风险的监管存在诸多缺陷；对商业银行内部控制机制不健全的问题尚没有提出一整套有效的办法等。

(4)持续银行管理手段还需进一步完善。现场检查尚未实现制度化，缺乏计划性、连续性；非现场监测的风险识别、分析和预警功能较弱；现场检查与非现场监测的有机结合不够；对商业银行特别是国际活跃银行的并表监管能力不足。

(5)监管信息的统一性、完整性、真实性和透明性方面还需花大力气改进。在《金融企业会计制度》适用范围、信息连续性和相关性、银行的监管信息系统建设、信息披露机制等方面都急需加以调整、改进。

(6)监管权威性不强，难以确保监管的公平与效率。目前，商业银行市场退出的法律、法规还不健全，由此导致监管机构对有问题银行处置不及时、成本高，也影响了监管的效率。在其他方面也存在着监管者权威不强的问题。

(7)跨境银行监管的能力存在明显不足。主要是对商业银行境内外并表监管的能力严重不足；与一些东道国监管当局信息交流的范围和深度十分有限等有关。

上述问题的存在，决定了我国银行监管体系建设任务的艰巨性。

五、中国银行业近期监管的主要任务

在 3～5 年内，中国银行业监管的主要任务是：建立高效的组织管理体系和合作有序的监管协调机制；建立规范、公正、透明、高效的市场准入管理体系；建立持续、有效的现场检查体系和非现场监测体系；建立科学有效的跨境银行业监管机制；建立专业化、国际化人才的培养与激励机制；建立银行监管有效性的跟踪评价机制；促进建立有利于银行稳健发展的外部环境。

六、存款保险

即使银行监管者尽职了，但在一个活跃的市场经济中会不可避免地发生银行倒闭。此时，部分或全部资金的可能损失增加了存款人丧失对其他银行信心的风险。许多国家使用存款保险方案来保护小额存款人。这些方案通常由政府、中央银行或相关银行家协会来组织，主要是强制性的而非自愿性的安排。存款保护为许多银行的债权人提供了一个安全网，由于可增加公众对银行的信心并使金融体系更加稳定。一个安全网同时也限制了某一家银行出现的问题对同一市场中其他较健全的银行的影响，从而降低整个银行体系中扩散或连锁反应的可能性。存款保险的一个主要优点在于：它与适当的退出程度结合在一起，可以让银行监管者有更多的允许银行倒闭的自由。存款保险制度最早由美国于1933年首创，宗旨是通过确保在银行危机发生时维护存款者的利益，来恢复公众对银行体系的信心，同时，也监督和促使银行在保证安全的前提下从事经营活动。美国主要通过成立联邦存款保险公司(FDIC)负责具体操作，它为存款者提供两种保护，一是在必要时向存款者支付最高为10万美元的补偿；二是采用各种它认为合适的方法，如“购买和代偿债务交易”(Purchase & Assumption Transaction)，为不在保险之列的存款也提供了保护。其具体做法是：由FDIC安排一个规模更大、经常稳健、资本充足的银行接管倒闭银行的良好资产、存款和其他非后偿性债务，而由FDIC本身承担倒闭银行的不良资产和损失。在这种援助性合并中，一视同仁地看待所有的存款者，无论其存款是否投保。结果，从1933年到20世纪80年代初期，银行倒闭的数目急剧减少，从1934年的61家到1942年的23家；不算1975年倒闭14家、1976年倒闭17家外，从1943年起直到1978年，倒闭数都在个位数之内；1979年到1981年，每年倒闭10家。这段期间存款保险的安排被看成是效果卓著的。

然而，存款保险会增加个别银行出现轻率行为的风险，因为即使在银行推行高风险战略的情况下，小额存款人也很少会抽走资金，从而削弱了对不谨慎的管理层的一种重要约束手段。从1982年起，存款保险制度出现了危机，从当年银行倒闭42家，到1990年倒闭169家。从实践看，单凭收取保险费的办法来筹集资金已经不足以应付拯救倒闭银行的计划了，而不得不求助于美国财政部贷款。贷款额度从1984年的30亿美元，到1991年的300亿美元。所以，政府官员和监管者必须识别这种安全网的影响，采取措施制止银行冒过大的风险。限制此类冒险的一个方法就是运用“共同保险”的存款保险机制，在这种机制下，存款保险只对单一存款人的一定比例(如90%)的存款投保，并且仅保险到某一绝对金额，这样，存款人仍有部分资金存在风险。其他方法包括对风险性的收入进行收费或抑制大额机构存款人的存款保险。应该根据每个国家或地区的具体情况，设计存款保险方案。

思考题

1. 试说明央行与商业银行资产负债业务的不同。
2. 试述中国金融监管体制的改革方向。

参考文献

1. [美]米什金. 货币金融学(第四版). 王传纶校，李杨，施华强，高培勇，潘功胜，刘菲，赖观荣译. 北京：中国人民大学出版社，1996
2. 中国银行业监督管理委员会《有效银行监管核心原则》自我评估小组. “有效银行监管核心原则”学习纲要. 北京：中国金融出版社，2005
3. 刘宇飞. 货币银行学. 北京：中国发展出版社，2008
4. http://hi. baidu. comfxcnblogitema32441a905e3a3fd1f17a24c. html

第十四章

金融发展理论

内容提要

在经济与金融的关系上，追根溯源表现为经济发展对金融的产生和发展起着决定性的作用。金融从经济中产生后，对经济的作用表现在正面推动和反面阻碍上。发展中国家的金融结构大致相当于发达工业化国家19世纪后期的水平，表现在金融相关率较低，金融工具中债权凭证仍大大超过股权凭证的比率，金融机构中银行居于主导地位，政府和政府金融机构具有重要的作用，经济具有混合型的特点。麦金农和肖认为发展中国家的货币金融政策应该是利率随行就市，政府减少对金融业的行政干预，不以通货膨胀刺激经济发展，充分挖掘本国资本，减少依赖外国资本。

第一节　经济发展中金融制度的特性

在后冷战时代，国与国之间的竞争力体现为综合国力，而其中又以经济为要点。经济的核心是金融，金融依托经济发展，而又反作用于经济。正确处理好经济与金融的关系，有利于国民经济的可持续发展。

一、经济决定金融

在经济与金融的关系上，追根溯源表现为经济发展对金融的产生和发展起着决定性的作用。

(1)金融是商品经济发展的产物。货币的产生是商品生产与交换发展的必然产物，信用也是随着商品经济的发展而逐步发展完善的。只有在以交换为基本关系的商品经济中，才存在着为交换而生产的劳动产品，或为交换而提供的劳动服务，才需要货币这种一般等价物来体现各自平等独立的商品生产者之间等价交换的原则；才会出现货币信用的各种形式和工具，用以解决交换中价值盈余和赤字部门之间的调剂、债权债务关系的频繁变换，以及清算支付等困难；才会形成银行等各类专门经营货币信用业务的金融机构；才有必要建立宏观金融管理机构，来协调解决全社会商品交换的价值总量平衡问题。因此，商品经济越发达，交换关系越复杂，金融就越发达，脱离了商品经济，金融就成了空中楼阁。

(2)不同阶段的商品经济要求有与之相对应的金融状况。从结构上看，经济发展的结构对金融结构有决定性作用。表现为宏观经济的部门结构决定了金融结构，如现代部门与传统部门并存的二元经济结构决定了与之相适应的二元金融结构的存在;经济中开放部门与非开放部门的结构决定了金融业的开放比例;企业的组织结构和商品结构决定了金融的业务结构;市场经济的结构决定了金融体系的组织结构和金融总量的结构。

从规模上看,经济规模决定了金融规模。由于货币需求量取决于社会总供给,而货币供给量的依据主要是货币需求量,所以,一定时期的货币供给量,主要受制于当期的商品可供量;而当期信用总量或金融总量的多少,要求与经济发展的规模成正比,否则,或者金融受到压抑,或者经济受到阻滞。一国金融机构的数量、分支机构、从业人员的数量,也要求与该国或地区的经济规模直接相关。

从历史发展上看,经济发展的不同阶段决定着金融发展的不同阶段。在经济发展初期,对金融的需求较为简单,金融活动只能解决货币流通、资金融通和支付清算等基本的融资需求活动。金融机构的经营范围较小,金融市场上只有少量的金融交易活动,与之相适应,金融发展也就处于初期。随着经济活动的发展,提出了许多复杂的金融需求,金融工具也逐渐增多,金融机构必须通过产业现代化才能向社会提供所需要的金融产品和服务,随着竞争的加剧,金融市场上也必须推出大量的创新工具和创新交易手段,才能满足投资者和筹资者日益增长的不同需求。从金融监管的角度来讲,必须不断完善金融宏观调控与监管体系,才能调控金融总量与结构,保持金融运作的安全与秩序,金融发展也由此而进入高级阶段。

总之,金融内生于经济的发展,其基本功能是满足经济发展的投融资需求和服务性需求,金融只有适应经济发展,才能具有坚实的基础和持久的动力。金融发展的立足点必须放在开发和加强金融产业的基本功能上,以提供足量优质的金融商品与服务,满足实际经济运行中的各种金融需求,在促进经济发展的过程中,推动自身的健康发展。

二、金融对经济的作用

金融从经济中产生后,对经济的作用表现在正面推动和反面阻碍上。

(一)金融对经济的推动作用

(1)为经济发展提供条件。现代市场经济是高度发达的货币信用经济,一切经济活动都离不开货币信用因素,所有商品和劳务都以货币计价流通,各部门的余缺调剂都要借助各种信用形式,各种政策调节的实施也都与货币信用相关。而金融正是通过自身的运作特点,为现代市场经济发展服务,如提供货币促进商品生产和流通,提供信用促进资金融通和利用,提供各种金融服务来便利经济运作,达到合理配置资源,提高经济发展的效率。这些都为现代市场经济的发展提供了必要的条件。

(2)金融业的产值直接构成 GDP 的部分。GDP 主要由工业、农业和服务业的产值构成。随着现代市场经济的发展,金融业有了快速的发展,金融业的产值大幅度增加,其占 GDP 的比重也在不断上升。西方发达国家在 20 世纪 60 年代时,金融业占 GDP 的比重约为 10%,到 20 世纪 90 年代初上升到 15%～20%,是第三产业中增长最快的行业。金融业产值的快速增长,直接增加了 GDP。

(二)金融对经济的阻碍作用

(1)因金融总量失控,出现通货膨胀,信用膨胀,社会总供求失衡,危害经济发展。在当代不兑现信用货币制度下,由于货币发行不受贵金属储备的硬约束,在技术上具有无限供应的可能性，而在信用货币的供给完全由人为因素确定的状态下，一旦人们的认识发生偏差或操作失当，就可能引发货币供大于求的状态，引致通货膨胀。同样，由于当代信用关系已经渗透到经济生活的各个方面，信用形式日益丰富发展，信用不仅能解决盈缺部门间的调剂问题，还可以创造需求。当社会总供求大于总需求时，信用的扩张可以发挥扩大社会总需求、提高经济均衡点的作用，但若信用过度膨胀，或经济已经进入总需求大于总供给时，信用扩张只会加剧供求矛盾。当信用膨胀导致经济过度扩张时，就会出现泡沫经济，引致通货膨胀，造成信用危机和金融危机，对生产、流通、分配和消费起到阻碍作用。

(2)金融业的风险失控将导致金融业的危机，破坏经济发展的稳定性和安全性，造成经济危机。金融业的高风险一是表现在行业风险。这是因为金融业的负债比率很高，一般银行均在90%以上，自有资金很少，营运依靠外部资金来源；现代金融机构均采用部分准备金制度，从事短借长贷的期限变换，及证券投资等高风险经营。同时，又必须随时满足客户提款或支付的需要，因此金融机构的经营具有内在的风险性。可以说，任何一个金融机构的正常运转依赖公众的高度信任。二是营运风险。银行经营必然受到利率、存款结构和规模、借款人的信誉和偿债能力、汇率等因素变化的影响，这些未知因素给金融机构带来了利率风险、流动性风险、信用风险和汇率风险等。三是系统性风险。金融业内部及其与其他部门、国内外市场存在着盘根错节的相互依赖性，易受外部的连带风险。四是因电子货币而产生的电子转账和信息系统风险。五是金融全球化产生的国际风险。上述风险直接威胁着金融业的安全，理应严加防范和控制。但由于金融机构的管理人员的个人或部门利益或能力有限，不能充分评估自身存在的风险，在市场的激烈竞争和利益的诱惑下，金融机构可能冒险经营。当风险失控时，就会出现债务危机、清偿力危机。而个别金融机构不能应付挤兑风潮时，将失去市场的信任，动摇信用基础，引致全社会的挤提存款，抛售有价证券，抢购保值品，造成金融恐慌，严重的会引发中断社会支付体系，造成货币信用关系的混乱。而大批金融机构的相继倒闭，将整个国家或地区拖累到金融危机中。

(3)信用过度膨胀造成金融泡沫，使金融与实体经济的联系疏远。20世纪50年代以来，金融创新蓬勃高涨。这些金融创新，在活跃金融、推动金融发展的同时，也加大了信用膨胀，尤其是衍生性金融工具与市场。从虚拟资本中衍生出来的股票指数交易、股票指数期货交易、股票指数期权交易等，从外汇交易中衍生出来的外汇掉期、利率互换、货币互换等，它们从设计到交易，都与真实信用和现实社会再生产无关，与市场流通或产业发展无关，不具有便利筹资和投融资、促进储蓄向投资转化的基本功能，而设计初衷主要是为了规避风险。1970年代以来，国际资金流动的发展，对汇率变动产生了重大影响。在外汇市场上，90%以上的交易量都是与国际资金流动有关的。如果说在1970年代以前，汇率如固定和浮动汇率与经济的基本面结合相对较密切，那么从1970年代以来，国际资金流动的发展对汇率变动产生了重大影响，汇率与经济的基本面的结合愈来愈远，如1973年全球性的外汇交易量每天为100～200亿美元，根据国际清算银行披露的数据，2007年，全球外汇资金和金融衍生品全年交易量合计达到3259万亿美元，相当于2006年全球GDP总和的67倍。全世界虚拟资本日平均流动量在1.5万亿美元以上，大约是世界日平均实际贸易额的50倍，即世界上每天流动的资金中只有2%真正用在国际贸易上，其他的都是在金融市场中进行以钱生钱的活动。据预计，随着电子商务和电子货币的发展，虚拟经济的规模还会进一步膨胀。[①]

在资金流动而不是实体经济主宰了汇率的变动之后，外汇市场上的汇率呈现出了与股票市场等资产市场上的交易相近的特点，如汇价的变动极为频繁而且波幅很大，价格受心理预期因素影响很大等。它们在金融市场上通过反复易手而膨胀，成为最有刺激性的投机工具，在交易量呈几何级数的过程中，拉大了有价证券与真实资本价值的差距，产生金融泡沫，刺激过度投机，陡增风险，对实体经济的发展具有极大的破坏性。当它们的金融价值高涨时，吸附了大量实体资金，而当金融价值暴跌时，不仅造成了金融市场的巨幅振荡，也拖累了实体经济的正常运转，极易引发金融危机和经济危机。

(4)国际游资在带来流动性的同时，也使得金融危机和经济危机迅速蔓延。在经济一体化的过程中，发展中国家若对经济、金融的开放把握不当，在吸引国际竞争促进本国经济、金融发展的同时，很可能造成对本国经济的巨大灾难，1997年的亚洲金融危机就是明证。

金融对经济的阻碍作用的典型例子就是发端于21世纪初的美国次贷危机，到2008年下半年已演化成金融危机，步入2009年，已拖累整个世界经济。

第二节　金融结构与金融发展

发展中国家的金融制度有何特殊性？20世纪50年代末至60年代初期，美英一些经济学家共同进行国际比较经济学研究。比较经济学的研究领域非常广泛，美国经济学家哥德史密斯及美国耶鲁大学的部分经济学家承担了比较各国金融结构、金融发展的研究任务。哥德史密斯在20世纪60年代初通过对近百年金融发展史和当代几十个国家货币金融制度现状进行了比较研究，经过6年的努力，写出了《金融结构与金融发展》，提出了衡量一国金融发展水平的一系列指标。该书的缺憾是没有建立比较金融学的基本理论体系，缺乏对金融发展的政策性建议。但其重要意义是探索研究比较金融问题的基本方法，创建了衡量一国金融发展水平的数量指标FIR，描述了各国金融发展的带有规律性的趋势。

一、金融结构与经济发展

(一)金融相关率

哥德史密斯在研究中使用的是金融结构观，他认为各种金融现象可归纳为金融工具、金融机构和金融结构三个方面。金融工具是指对其他经济单位债权或所有权的证明；金融机构是以金融工具作为其资产和负债主要形式的经济单位；而金融工具和金融机构的综合构成了一国的金融结构。各种金融工具和金融机构的形式、性质及相对规模构成了一国金融结构的特征。可从如下角度衡量一国的金融结构：金融上层结构与经济基础结构间的关系体现在金融相关率上，金融上层结构的构成可用金融工具的相对发行量、金融工具在主要经济部门中的分布及发行总额在主要经济部门中的分布，一国金融结构的特征还体现在各种金融机构的相对重要性上，衡量指标是各种金融机构在所有金融机构资产总额中的比例、在

① 《世界财经报道》(日期：2009-04-12 16：22)，http://finance.icxo.com/htmlnews,04/12/1372866_1.htm

金融工具总额中的比例,各国金融机构的活动能力,指标是金融机构发行货币额、持有金融工具的总额等。上述指标中金融相关率 FIR 最重要,FIR=FT/WT,其中 FT 表示金融资产,是一定时期内金融活动的总量;WT 表示国民财富,是一国经济活动总量。

决定 FT 的因素很复杂,无现成的国民经济统计指标,哥德史密斯选择了相对重要的 5 个指标:3 个流量指标——非金融部门发行的金融工具(股票、债券及各种信贷凭证),金融部门(央行、存款银行、清算机构、保险组织和二级金融交易中介)发行的金融工具(通货与活期存款、居民储蓄、保险单等),国际金融活动发行的金融工具;2 个存量指标——新发行乘数,价格调整指数。

可用 GNP 直接代替 WT。但因 GNP 只考虑了产品的最终销售,忽视了生产单位之间的中间产品的销售,尤其是资本形成的交易行为,而这些销售的实现也要借助于各种金融工具,所以,经济活动总量中除 GNP 外还要加上各产业部门之间的交易量,才是考察金融活动的现实基础。若产业部门之间销售占全部 GNP 的比重为 ψ,则 $WT=y(1+\psi)$。

哥德史密斯认为世界各国存在着唯一的一条金融发展道路。发达国家有着共同的发展趋势,发展中国家早晚会走上发达国家已经走过的道路,这条发展道路可由金融相关率表示。从纵向看,在一国或地区的经济发展过程中,金融资产的增长比国民财产的增长更加迅速。故金融相关率有提高的趋势,其间还会发生迅速提高的暴发活动。但金融相关率的提高并非是无止境的,一旦金融发展到一定水平,该比率的变动就趋于稳定。从横向看,发展中国家的金融相关率比欧洲与北美国家的金融相关率低得多,这也体现了两类国家在金融发展上的时代差别。金融相关率还受到一国或地区经济结构基本特征如生产集中程度、财富分配状况、投资动力、储蓄倾向等的影响,这些特征反映在非金融部门发行的债权和股权证券与国民生产总值的比率中。该比率越高,说明储蓄与投资的分离程度越高。随着金融的发展,银行资产占金融机构全部资产的比重趋于下降,非银行金融机构的资产占有比重相应提高。目前在某些发达国家,非银行金融机构的金融资产总额已超过银行资产总额。我国的金融相关率,1978 年为 95.2%,2000 年为 225%,22 年增长了 129.8 百分点,平均每年增长 5.9 个百分点。尽管与美国、日本、德国、法国等发达国家(1988 年)的 326%、392%、294%和 254%相比还有差距,但与马来西亚和印度(1988 年)的 175%和 114%相比,已明显居高[①]。

(二)货币化率

货币化率就是社会的货币化程度,指一定经济范围内通过货币进行商品与服务交换的价值占国民生产总值的比重。随着商品经济的发展,使用货币作为商品与服务交换媒介的范围越来越广。鉴于货币是金融资产的一个重要部分,故可用货币化率反映一个社会的金融发达程度。在使用货币率指标时,必须注意电子货币的现象,也就是必须注意货币的定义,及时修订货币的定义。

二、金融结构对经济的引致增长效应

哥德史密斯特别强调的是金融发展对经济发展的积极主动作用。两个重要前提:一是

① http://www.cqvip.com/qk/95499X/200204/6065794.html

在一个经济体系内部,各不同成员运用生产要素的能力、聚积财产的本领是有区别的,同时,其未来价值观及冒险精神也各不同;二是每一个生产单位都存在规模经济与外部经济问题,并不是什么样的要素组合都可顺利组织生产。结论:从社会分工原理出发,在一定的生产技术水平下,设消费者储蓄偏好、投资风险大小均为不变的因素,则金融机构与金融资产种类越丰富,金融活动对经济的渗透力就越强,经济发展水平就越快。

在此前提下,假设资源供给是有限的,其他因素是不变的,则通过一种特殊社会分工,使缺乏经济能力及冒险精神的人主要从事储蓄活动,其余人更多地进行投资活动,则必将提高总经营水平和生产能力。这种特殊社会分工,使金融部门与其他社会经济部门分离。若没有金融机构与金融工具,储蓄与投资职能就混在一起。每个经济人要想扩大投资,就必须先储蓄;反之,若没有投资机会,则储蓄只能是财富的贮藏。

金融活动的出现使储蓄与投资为两个相互独立的职能。这种分工的意义类似于间接交易给商品市场带来的利益:通过货币进行的间接交易,有效地克服了商品市场上物物交换在时间与空间上的局限性,金融活动则克服了资金运动中收支不平衡产生的矛盾;一方面,它使投资者可以超过本期收入进行支出,另一方面,它又为储蓄者本期积累的收入带来了增值。结果,储蓄者和投资者都非常愿意接受金融活动带来的社会分工。

即使人们的经营能力与冒险精神是一样的,进行筹资和经营的机会在人们间的分布还是不均衡的。若每个人都有同样机会,即都能用同样的投资获得同样的收益,则储蓄与投资职能的分离只会给储蓄者与投资者带来好处,对整个经济发展并没有多大意义。正由于存在机会的不均等,储蓄与投资的职能相分离,才对经济增长起积极作用。通过金融机构与金融资产的多样化,金融活动为那些没有投资机会的储蓄者创造了新的投资机会,这不但使他们也能分享投资带来的好处,且推动了整个经济的发展。

金融机构本身不是储蓄者也不是投资者,它们只有小规模的直接储蓄与投资。它们对经济的引致增长效应,就是源于对储蓄者和投资者资金供求的重新安排,其作用在于提高了储蓄与投资的总水平,将储蓄在各种投资机会中进行有效分配,从而提高了投资的边际收益率。

从历史上来看,经济发展的水平越低,储蓄与投资的要求就越简单。随着经济的发展和社会的进步,储蓄与投资双方在收益水平、变现能力、安全性、税收负担等方面的要求与预期也越来越复杂。相应地,金融机构也开始了从简单到复杂的发展。

发达金融机构对经济增长的促进作用是通过提高储蓄、投资总水平与有效配置资金这两条渠道。金融机构和金融工具提供的选择机会越多,人们从事金融活动的欲望越强烈,社会资金积累速度越快。在资金总量既定的前提下,金融活动越活跃,资金使用效率越高。这是因为竞争会保证资金首先流向投资风险小、回收期短、盈利水平高的产业与地区。

第三节　发展中国家金融制度的特性分析

哥德史密斯认为发展中国家的金融结构大致相当于发达工业化国家 19 世纪后期的水平,表现在金融相关率较低,金融工具中债权凭证仍大大超过股权凭证的比率,金融机构中银行居于主导地位,政府和政府金融机构具有重要的作用,经济具有混合型的特点。肖和麦金农先后出版了《经济发展中的金融深化》和《经济发展中的货币与资本》两本著作,他们从不同的角度对发展中国家金融发展与经济增长的关系进行了开拓性研究。

一、发展中国家的金融特征

(1)货币化程度或货币化率低。

(2)金融结构上的二元性。发展中国家二元经济结构决定了其金融制度的二元化特征,就是以现代化经营的大银行和其他金融机构包括外国银行集中在经济、交通发达的大城市,而传统的金融机构如钱庄、当铺等则主要分布在经济相对落后的小城镇和广大的农村。

(3)落后的金融市场。发展中国家的经济结构一般处于割裂状态,就是大量的经济单位如企业、住户、政府机构间相互隔绝,他们所面临的生产要素及产品的价格不同,所处的技术条件不一,所得的资产报酬率不等,没有一种市场价值来使之趋于一致,这就是市场不完全。在金融方面表现为大量的小企业和住户被排斥在有组织的金融体系之外,而且经济单位的资金难以想到融通,投资主要依靠内部融资。

(4)政府对金融实行严格管制。政府建立和控制了专业性银行,为某些行业提供融资,政府也对央行和商业银行体系的业务活动进行强制性的干预,银行业缺乏必要的竞争,同时,政府对利率和汇率实行严格管制,使资金和外汇市场价格信号受到干扰,无法有效地调节供求。

麦金农和肖将发展中国家的金融制度特征归结为金融压制,就是金融和经济之间存在着一种恶性循环状态:由于金融机构高度国有化,金融市场落后,政府人为压低利率水平(通胀时为负数),金融体制很难有效地动员各种闲散资金,资金的使用效率低下,从而严重阻碍了经济的发展;呆滞的经济又限制了资金的积累,限制了对金融服务的需求,制约着金融业的发展。

相反,若政府放弃对金融市场和金融体系的过分干预,使市场机制特别是利率机制自由运行,并有效地控制通货膨胀之后,就会出现:健全的金融体系能有效地动员闲散资金,并使之得到合理的配置,促进经济发展;而经济发展通过增加国民收入和提高各经济单位对金融服务的需求,又会刺激金融业的扩展,这种金融与经济相互促进的良性循环就是金融深化。

一国或地区的货币金融制度,是处于金融压制还是金融深化状态,可通过金融资产价格、金融资产的存量、流量,金融体系规模、结构等内容来衡量。在金融深化中,通货膨胀率受到控制,实际利率为正数,且不受严格的管制,利率的水平能准确反映资金供给状况,汇率自由浮动,不存在外汇黑市;金融资产存量的品种范围扩大,期限种类增多,货币化程度稳定提高;金融资产流量较少依赖国际资本,而更多地依靠国内储蓄;金融体系的规模扩大,机构增多,呈现多层次竞争的态势。金融压制正好相反。

二、发展中国家应采取的金融政策的条件分析

麦金农和肖认为西方发达国家的金融深化程度很高,但他们的金融理论和政策都不完全适用于发展中国家推进金融深化,原因在于西方的金融理论和政策主张都是建立在一些必要的条件之上的,而这些条件在发展中国家往往不具备,故大大削弱了其适用性。这种差异在投资理论和政策上,表现得更加突出。发达国家的投资理论和政策是建立在以下条件

之上的：

(1)有健全的市场机制。金融市场尤其是资本极为发达和完善，它用一种单一的实际利率拉平所有实质资本和金融资产(除货币外)的收益，使各种资产收益率趋于平均化。

(2)不变的投资规模报酬。投资不论规模大小均有收益，所有企业都可以利用相同技术，都面向生产要素和商品市场上的同一价格，故技术革新和投资是可以分割和渐进的，投入和产出也是完全可分的。

(3)投资主要依靠外源型融资。就是依靠金融机构放款或在资本市场上发行证券来筹集所需资本。存在着一个为资本积累服务的完善的实质资本和有价证券市场。货币对资本积累本身没有直接作用，货币和实质资本都是资产或财富的组成部分。投资不是依靠货币的储蓄来实现的，而是依赖于外源型融资进行的。

在麦金农的理论中的货币是指广义货币 M_2，它包括银行体系中有息和无息存款，再加上通货。

依赖上述基础，西方正统的投资理论(新古典和凯恩斯学派)认为利率与投资存在着负相关的关系，货币与实质资本具有完全的替代性。提高利率，人们就会把实质资本转化为货币存款，减少投资；降低利率，就会把货币存款转化为有利的投资，也即替代效应。故在进行需求管理时，可适当增加货币供应量以压低利率，起到刺激投资，扩大有效需求，促进经济增长的效果。而发展中国家却不具备上述条件，他们的普遍状况是市场机制不完善，金融市场尤其是资本市场非常落后，经济处于割裂状态，导致实质资本和金融资产的收益率不同。故，非货币性资产不容易作为储蓄保值的对象，人们把货币性的资产作为主要的保值形式。

发展中国家的投资受规模经济的约束，这是由于他们国家的基础设施薄弱，投资的外部环境较差，除了主项目外，还要负担相当的配套设施，提高了投资收益的规模起点。而在割裂的经济环境中，技术革新和投资具有不可分割性，不能分开和渐进，只能是间断的以成批的形式同时进行。故须达到一定量的资本积累，才能跨越式地进行投资。又由于配给式的贷款和资本市场落后，使企业投资难以采用外源型融资，主要靠内源型融资，就是由内部积累的储蓄提供投资资金。内源型融资一般不采用成本高、损耗大的实物形式，而采用有一定收益的货币形式。故一定时期、一定数量的货币积累是投资的先决条件。

麦金农认为在发展中国家，货币和实质资本在很大范围内是互补的，故利率在一定程度上与储蓄和投资是正相关的。在内源融资的束缚下，经济单位必须要有一定数量的货币积累，才能进行投资。投资的意愿越高，对货币的积累需求就越大。而货币积累的量越多，实质资本的形成就越快，实质投资率就越高。故在全部投资是内源融资的条件下，平均现金余额持有量同投资或储蓄倾向正相关。这样，货币与实质资本在相当范围内是同方向增减的。它们是互相促进、互相补充的，而非互相替代。正是这种互补性，使货币成为投资的一种渠道，资本积累就会通过这条渠道而发生。结果，货币需求的增加，会同时伴有实质资本生产率的提高，这是渠道效应。在这种资本积累途径的发展中国家，要扩大投资，就必须增加货币积累，拓宽和疏通投资渠道。但人们增加货币积累的条件是持有货币的实际收益是正数，若货币收益率大大高于零，人们就很愿意积累货币，结果，增加了储蓄和投资。结论是提高货币的实际收益率，是吸引人们进行货币积累、扩大内源融资型投资的有效途径。

那么，如何提高货币的实际收益率呢？一是降低通胀率，减少价格水平波动。这时，即使存款利率不变，持有货币的实际收益也会增加。二是提高存款的名义利率，尤其是存在通货膨胀时，须把存款的名义利率提高到通胀率之上。这时，利率与储蓄、利率与投资都是同向变动的。利率越高，货币的实际收益越大，储蓄和投资也越多。麦金农认为提高货币的实际收益率须有限度，就是必须低于实质资本的收益率，只有在这个范围内，货币与实质资本才有互补的渠道效应。当货币的实际收益率大于实际资本收益率时，人们就会长久地持有货币，宁愿放弃投资机会，而不愿将货币转化为实质资本。这时，替代效应又开始发挥作用了。货币和实质资本互相竞争，内源融资的投资率随货币实际收入的增加而递减。故在内源融资型投资的经济中，为使投资率达到最大或最优，须保持一个适当的实际货币收益率，这是货币当局的主要任务。

三、发展中国家应采取的金融政策

麦金农和肖认为发展中国家的货币金融政策是：

(1)利率随行就市。政府取消对存放款利率的管制，允许利率随市场资金的供需变化而自由浮动。由于发展中国家资本缺乏，投资机会多且收益率高，适当的高利率不会抑制投资。针对多数发展中国家现存的低利率或负利率的情况，提高储蓄存款和定期存款的利率，是吸引人们进行货币积累，促进资本形成的有效手段。同时，相应上升的贷款利率，对于提高资金的使用效益，改善投资结构，如从资本密集型转向劳动密集型具有积极效果。适当的高利率能从量上和质上保证投资的顺利进行。

(2)政府减少对金融业的行政干预。允许非国有化、非银行的金融机构存在和发展，以活跃金融。放宽对金融市场的管理和限制，鼓励各类金融机构、企业和居民积极参与金融市场的活动，逐步扩大外源型融资的比例，克服融资障碍，使更多的社会闲散资金用于生产性投资。

(3)不以通货膨胀刺激经济发展。经济增长与金融状况是紧密相连的。在金融压制下，经济增长受阻，若再实行通货膨胀，更加重了金融压制和经济停滞的恶性循环。故政府应致力于金融深化，以促进经济增长。同时，力求稳定通货，平抑物价，为金融体系有效地吸收存款和发放贷款创造条件。这样，通货稳定，金融深化就可以促使投资扩大，收入提高，储蓄增加。收入增加后，又加大了储蓄力度。形成金融与经济发展互相促进的良性循环。

(4)充分挖掘本国资本，减少依赖外国资本。经济发展的优先策略是直接放松国内金融和对外贸易，依靠本国的资金力量来发展经济，而非依赖外资来消除长期的资金紧张状况。发展中国家内部具有可观的资金潜力，可以通过金融深化，以求资金上的自助，避免过分地长期依赖外国资金。与之相配套，政府要出台一系列贸易自由化、税制合理化和改善政府支出等政策。

思考题

1. 请分析金融与经济的互动。

2. 试述发展中国家的金融制度特征。

3. 试述发展中国家应采取的金融政策。

参考文献

1. 黄达. 货币银行学. 北京:中国人民大学出版社,2000
2. 章和杰. 中国金融制度的风险机理及改革路径研究. 北京:中国社会科学出版社,2004
3. 凯恩斯. 就业、利息和货币通论. 北京:商务书馆,1963
4. [美]米什金. 货币金融学(第四版). 李扬等译. 北京:中国人民大学出版社,1998
5. 黄宪,江春. 货币金融学. 武汉:武汉大学出版社,2002
6. 周建松. 现代货币银行学. 杭州:浙江大学出版社,2003
7. 胡庆康. 现代货币银行学教程. 上海:复旦大学出版社,1996
8. 姚长辉. 货币银行学(第二版). 北京:北京大学出版社,2002
9. 黄正新,宋建军. 金融学. 北京:中山大学出版社,1999
10. 张志谦,方士华. 金融学概论. 上海:立信会计出版社,2000
11. 易纲,海闻. 货币银行学. 上海:上海人民出版社,1999
12. 尚华娟. 现代货币银行学. 上海:上海财经大学出版社,1997
13. [美]托马斯·梅耶. 货币、银行与经济. 上海:上海三联书店,1988
14. [美]彼得·S. 罗斯. 货币与资本市场. 北京:机械工业出版社,1999
15. 夏德仁. 货币银行学. 北京:中国金融出版社,1997
16. 周大中. 现代金融学. 北京:北京大学出版社,1994
17. 李海波. 财政与金融. 上海:上海立信出版社,2001
18. 万解秋. 货币银行学通论. 上海:复旦大学出版社,2001
19. 艾洪德. 货币银行学教程. 吉林:东北财经大学出版社,2001
20. 黄宪. 货币金融学. 武汉:武汉大学出版社,2001
21. 萧松华. 当代货币理论与政策. 成都:西南财经大学出版社,2000
22. 卡尔·E. 瓦什. 货币理论与政策. 陈雨露译. 北京:中国人民大学出版社,2000
23. 伍海华. 西方货币金融理论. 北京:中国金融出版社,2002
24. 施建祥,钱水土. 货币银行学. 杭州:浙江大学出版社,2001
25. 哥德史密斯. 金融结构与金融发展. 北京:中国金融出版社,1995
26. 张圣平. 现代经典金融学的困境与行为金融学的崛起. 金融研究,2003(4)

第十五章

现代西方金融理论

 内容提要

现代经典金融学从理性经济人假设出发,利用一般均衡分析和无套利分析演绎出一套相当完美的金融学理论。由于现实中,人们的实际决策行为与"理性经济人"的假设有着较大差异,现代经典金融学遇到一些被称为未解之谜的现实问题。行为金融学以心理学对人们实际决策行为的研究成果为基础,丰富了对未解之谜的解释,逐渐成为金融学研究中的一个重要领域。从研究方法上看,行为金融学与现代经典金融学类似,即在某种假设的基础上建立模型,对金融市场的现象做出解释。由于人们的实际决策行为具有强烈的状态依赖性,行为金融学在不同的状态下对人们的决策行为做出不同的假设和解释是合理的,但行为金融学的统一框架至今尚未建立。

第一节　期望效用、理性预期、有效市场与 Grossman-Stiglitz 悖论

一、金融资产收益的不确定性

金融资产是一种未定权益合约,其未来收益充满不确定性。关于不确定性条件下的决策问题,金融经济学的主流方法是理性经济人根据自己掌握的信息 z_i 为不确定的状态赋予一个概率分布 $P(\omega/z_i)$,并追求期望效用最大化。$P(\omega/z_i)$ 被称为理性经济人的后验信念,信念因信息的更新而按贝叶斯法则更新,即信念的更新遵循贝叶斯理性。理性经济人以期望效用最大化作为自己的行动准则,这样的选择准则虽然不能涵盖所有的选择偏好,但只要满足自反性、传递性、完全性以及独立性公理和阿基米德公理的选择偏好,都可以归结到统一的追求期望效用最大化原则下。理性经济人以期望效用最大化确定自己的证券组合,使各类证券供求相等所决定的价格就是证券的市场均衡价格。由于交易者作决策时利用了所掌握的信息,证券的均衡价格就会反映交易者持有的信息,从而人们特别关注证券的价格,借以发现其背后隐藏的信息,不断地进行交易,修正自己的证券组合。那么,从理论上说,交易者在什么情景下能正确地从价格中推测出足够的信息以利于自己的决策呢?这就引出理性预期均衡。

二、理性预期均衡

理性预期均衡是传统瓦尔拉斯均衡在信息分散条件下的扩展，是一种随机均衡。假设n位交易者各自拥有私人信息y_i，若他们利用y_i以及包含在价格p（市场结清价格）这一事件中的信息来选择使其期望效用最大化的需求，那么市场在价格充分反映整体私人信息$Y=\{y_1,\cdots,y_n\}$时结清。市场均衡时，交易者掌握的信息z_i综合了自己的私人信息y_i和均衡价格所反映的其他私人信息。即交易者携带不同的信念和信息进入市场，达到理性预期均衡时，他们利用均衡价格反映的信息追求期望效用最大化得到的决策，就视同他们拥有全部私人信息时一样；若没有新的信息进入，交易者就没有重新交易的意愿，均衡处于稳定状态且可以达到资产的 Pareto 最优配置。

三、现代金融学的核心问题

现代金融学所关注的是金融资产的定价和配置问题，而金融资产配置的信息有效性，即价格反映市场中私人信息的程度则是其中的核心问题之一。有效市场是指金融资产的市场价格完全反映了可利用的信息。不少经济学家在不同的条件和含义下，论证了竞争性理性预期均衡价格能够完全揭示私人信息，使理性预期均衡模型成为人们更好地理解完全竞争的证券市场有效性的微观理论基础。有效市场假说成为现代经典金融学的重要基石。

四、市场参与者的完美理性

在现代经典金融学的有效市场中，市场参与者是完美理性的聪明人是它的行为基础。金融资产的基本价值通常指其未来收益现金流的贴现值，贴现值的计算涉及人们对资产未来收益和贴现因子的预期。若交易者都是完美理性的，则他们所掌握的信息就会充分体现在对资产基本价值的估计中，如此，在有效市场中资产的实际市场价格等于其基本价值，即在现代经典金融学的有效市场框架下，市场总是正确的。这一结论的逻辑是：市场参与者均为完美理性，他们基于效用最大化的投资行为所决定的资产价格是正确的，恰好等于资产的基本价值；一旦市场价格偏离了资产的基本价值，理性的行为主体就会通过套利策略获利。因此，在有效市场假说下没有免费的午餐。这样，既然市场有效是既定的假说，那么市场参与者是完美理性的聪明人就是它的行为基础。

五、Grossman-Stiglitz 悖论

但仅考虑聪明人的行为形成资产价格从而导致有效市场假说的现代经典金融学的理性预期均衡模型，却遇到了不能自圆其说的困境——Grossman-Stiglitz 悖论。就是说，在完全竞争的证券市场中，若资产组合产生的财富的随机性仅仅来源于状态随机这一个维度的不确定性（常用证券未来收益的随机性表示状态的不确定性），则完全揭示的竞争性理性预期均衡就不具有稳定性，甚至根本就不存在。这是因为完全竞争市场中的交易者是价格的接受者，他们的个体行为并不影响市场均衡价格，这一点对竞争市场中的交易者是共同知识的，若均衡价格完全揭示私人信息，那么交易者都有搭便车的动机，即不愿意自己搜寻有成本的私人信息，而只想从价格中推测信息。若多数或全体交易者都不搜寻私人信息，只等待从价格中推测信息时，价格根本就没有什么信息可汇总、传递。那么，当大家都不搜集信息

时，是否存在一个稳定的均衡呢？当然不存在。这是因为证券价格取决于人们对未来收益的预期，未来收益的随机性会诱致交易者产生一种搜集信息的天性，以尽量减少未来的不确定性，以便提高预期的精确性。当价格没有私人信息可传递为共同知识时，同样由于竞争性假设，个体行为不影响均衡价格，他又有搜集私人信息的动力，特别是当搜寻成本不太高时，希望通过自身的努力能提早知道价格的未来走势，以便获得信息报酬。所以，没有私人信息的均衡也是不稳定的，这就是 Grossman-Stiglitz 悖论。

只有一维不确定性的竞争市场中，市场有效性和信息搜寻相矛盾。Fama 曾断言，信息没有成本是价格完全反映信息的充分必要条件。从理论上讲，信息没有成本，则意味着人们可以得到任何信息，价格完全反映信息就成了一个平常的论断。只有当获取信息必须付出相应的成本时，信息才是有价值的，但却与理性预期均衡产生悖论。

第二节　噪声交易、信念与证券市场的未解之谜

Grossman-Stiglitz 悖论源于竞争性理性预期均衡理论中“市场为完全竞争”在交易者中是共同知识，大家有搭便车的动机。如何解决这一悖论？学术界是通过两条途径展开的。

一、引进噪声交易者

保留了完全竞争性条件，通过引进噪声交易者来干扰价格系统，使均衡价格不能完全揭示私人信息，就是带噪声的理性预期均衡。在经典金融学的理性预期均衡分析框架下，噪声交易者对证券的需求总量作为外生变量处理，经济学家研究的仍然是理性交易者的行为，并没有深入探讨噪声交易者与理性预期者之间的较量。引进噪声交易者只是使理性预期交易者们面对的证券供给变成了随机变量，增加了不确定性的维度，证券的均衡价格因含有随机变量而不能完全揭示私人信息，因此市场没有达到有效市场状态。保持了竞争性的带噪声的理性预期均衡理论，实际上是放弃了有效市场假说。

二、引入不完全竞争

在不完全竞争条件下，即使存在完全揭示的均衡价格，交易者仍有直接获得私人信息的动机。在不完全竞争的博弈中，交易者的信念对其决策产生重要影响，信息对交易者的价值不在于使他们形成预期时拥有信息优势，而是取决于其他交易者对此交易者获取信息的猜测或信念。每个交易者都意识到自己的行为（就是需求函数）影响均衡价格和证券配置，也都知道价格能完全反映信息，但交易者不会有搭便车动机。因为假设其他交易者认为你获取了私人信息，那么若你不获取私人信息，则你的处境会变得更坏。不完全竞争博弈模型常常要求交易者具有更高的理性，就是交易者不但保持了理性预期的特征，而且要意识到自己的决策将影响别人。

三、现代金融学理论不能解释的未解之谜

在经典金融学理论发展的同时，有关金融市场的经验研究发现：在现实中存在很多现代

经典金融学理论不能解释的未解之谜。

(1)经典金融学通常假设理性交易者具有同质性共同知识的先验信念,在使市场有效的理性预期均衡状态下,交易者都持有市场证券组合,其持有的份额取决于各自风险承受能力的相对水平。它意味着证券交易产生的原因只是由于交易者不同的风险承受能力。这就是同质性先验信念假定带来的缺陷,因为现实观测告诉我们,人们对证券未来收益的不同预期应该是产生证券交易的一个重要因素。资本资产定价模型 CAMP 就具有这样的缺陷。而且在同质性共同知识先验信念下,后验信念的差异完全归结于私人信息的不同,当交易的唯一动机是信息优势时,Tirole,Milgrom 和 Stockey 论证了理性预期均衡状态下不会有交易发生。理性预期的交易者会认为对方愿意交易的原因是他拥有比自己有优势的信息,自己处于不利地位,因而不会与他发生交易。然而研究发现,在现实股票市场中,交易量往往很大,投资者的交易行为表现出非理性的过度交易倾向。

(2)投资股票的倾向效应。就是投资者倾向于推迟出售处于亏损状态的股票,同时过早抛出处于盈利状态的股票。

(3)投资的极端行为。就是投资者倾向于购买过去表现最好或最差的股票。

(4)股权溢价之谜和波动率之谜。股权溢价之谜是指 Mehra 和 Prescott 在 1985 年发现的美国股票市场历史的总体收益率水平高出无风险收益率的部分,很难由基于消费的资产定价模型所解释。股权溢价之谜的最新证据源于 1999 年 Campbell 和 Cochrane 的工作。他们发现在 1871—1993 年期间的 S&P500 指数的平均对数收益率,比短期商业票据的平均收益率高 3.9%。基于消费的资产定价模型认为股权溢价由跨期的消费边际替代率和股票收益率的协方差决定。因为实际的消费增长比较平稳,那么高的股权溢价隐含了高的风险厌恶水平,而高的风险厌恶水平又意味着高水平的实际利率。这又与实际的利率水平不相符,因此,该问题又被称为无风险利率之谜。若假设投资者的期望折现率是常数,那么,价格红利比和红利增长率的波动应相似。Campbell 和 Cochrane 在相同的数据中却发现,价格红利比的波动远大于红利增长率的波动,这是波动率之谜的一个表现形式。

(5)其他之谜。股权溢价和波动率之谜是有关总体股票市场的现象。而未解之谜也存在于有关单个股票或投资组合的实证证据中。经典金融学认为股票横截面平均收益呈现的多样性应该由风险因子所决定。然而,许多研究发现,在控制了很多风险因子之后,股票的横截面平均收益率仍然表现出多样性,即某一组股票的平均收益率高于另一组股票的平均收益率。此类异常现象如 Banz 在 1981 年发现的规模溢价,Basu 在 1983 年发现的价值型溢价,De Bondt 和 Thaler 在 1985 年发现的长期反转,Jegadeesh 和 Titman 在 1993 年发现的惯性效应,Bernard 和 Thomas 在 1990 年发现的公开事件的预测效应等。上述现象首先是在美国证券市场上发现的,其中许多现象在其他国家的市场上也得到证实。

综上所述,作为有效市场微观基础的竞争性理性预期均衡理论有其自身的悖论;噪声交易理论主要考察的还是理性经济人的行为,噪声只是影响他们理性程度的外生变量;博弈框架对人的理性又有了更高的要求。现实中的交易者真的如此理性吗?理性的人们怎么产生如此多的、经典金融学所不能解释的未解之谜?以公理化系统作为出发点的传统金融学理论,是否应该反省和重新认识对交易者的理性假设前提呢?

第三节　行为金融学的心理学基础

上述未解之谜推动了学者对交易者风险偏好、信念的反思和重要修正。一些学者不是简单地把投资者行为建立在几个经典公理性假设之上，而是以心理学对人们实际决策行为的研究和观察、实验结果作为交易者在不确定性条件下决策行为的基础，由于开创了金融学研究的新领域——行为金融学。在一定程度上可以说，经典的现代金融学研究的是理性投资者的行为，而行为金融学研究的是正常的投资者的行为。

1999 年 Statman 在对行为金融学进行总结时指出，行为金融学与现代金融学本质上并无很大的不同，它们的主要目的都是试图在一个统一的框架下，利用尽可能少的工具构建统一的理论，解决金融市场中的所有问题。唯一的差别就是行为金融学利用了与投资者信念、偏好及决策相关的情感心理学、认知心理学和社会心理学的研究成果。

一、情感心理学

情感心理学的研究发现，人们的判断和思维往往具有下列一些与所谓理性相偏离的特性。

(1)过度自信源于人们的乐观主义。大多数人在很多方面对自己的能力及未来的前景都表现出过于乐观。1995 年，De Bondt 和 Thaler 等列举了大量证据，显示人们在做决策时，对不确定性事件发生的概率的估计过于自信。而且，由于自我强化的归因偏差，人们常常将好的结果归功于自己的能力，而将差的结果归罪于外部的环境，所以，人们不能通过不断理性的学习过程，来修正对自己的信念，导致人们行为的过度自信。

(2)保守主义。指人们的思想大多存在一种惰性，改变个人的原有信念是很困难的，新的证据对原有信念的修正往往不足。特别是当新的数据并非来源于一个显而易见的模型时，人们就不会对它给以足够的重视，不能按照贝叶斯法则修正自己的信念。

(3)模糊厌恶。即人们对主观的或含糊的不确定性的厌恶程度要超过对客观的不确定性的厌恶，而且人们厌恶模糊性的程度与他们对不确定性的主观概率估计能力呈负相关关系。若人们曾经有过决策失误的经历，他们将更加厌恶模糊性。

(4)心境。一般而言，心境会影响记忆和判断。好的心境使人们自主地回忆事物的积极方面，试图维护积极的心境，从而偏向于做出积极的判断，并乐于付之于行动；而坏的心境则自主地回忆事物消极的方面，偏向于做出消极的判断，从而不愿意采取行动。Hirshleifer 和 Shmway 在 2003 年研究了 26 个主要股票市场从 1982—1997 年的指数数据，发现阳光量与每日股票收益显著正相关，他们的解释是：通常晴朗的日子使人们的心情好些，而人们的心情会影响投资决策。

(5)后悔厌恶。后悔是由于放弃某种机会而错过好的结果带来的伤害。人在犯错误之后都会感到后悔，并且后悔带来的痛苦，可能比由于错误引起的损失还要大。因此，人们在决策时倾向于避免将来可能的后悔，即决策的目标可能是最小化未来的后悔。后悔理论认为个人在决策前通常会估计自己在未来可能出现的处境中的感受，并且采取行动造成的后悔程度要远高于没有采取行动的后悔程度，即忽略了有偏见但没有采取行动的状态。这可以解释禀赋效应，就是人们偏好于持有他们已经拥有的东西，而不是用其交换一个可能更好的替代物。

(6)损失厌恶。Kahneman 和 Tversky 在 1979 年提供了一个例子，假设有两项选择，一是损失＄7500，二是 75％的概率损失＄10000，25％的概率没有损失。研究发现，绝大多数人选择后者，Kahneman 和 Tversky 将这种现象叫做厌恶损失。进一步的研究发现，一项损失对人带来的影响大约是同等收益给人带来影响的 2.5 倍。

(7)时间偏好和自我控制。在经典金融理论中，跨时决策模型的目标函数是一个时间可加、状态可分的效用函数，并且每期效用采用外生的、指数递减的时间折现率进行折现。然而，心理学的证据表明时间折现率随着环境而改变，并且消费延迟与自我控制有关，因此，也与心情和感受相联系。有证据显示，折现率有时会变得很高，对收益的折现比对损失的贴现要大，对小的损益折现程度要大于对大的损益的折现。并且，折现率是时间不一致的，即当接近当期时，人们对将消费推迟到下一期有更强的厌恶情绪，从而折现率变得很大。

二、认知心理学基础

投资者的决策过程也就是投资者的选择偏好过程，其中涉及人们信念的形成与更新、基于信念的推理，以及按自身偏好进行的决策。这些都与人们的认知心理密切相关。

(一)认知方式

鉴于投资者无法获得所有的信息，也不可能对所有的信息进行分析，无法处理复杂的判断，故人们的实际决策过程是采用一种启发式推理方法，就是利用非常简单的方法简化复杂的问题，形成一种单一决策的过程。主要的启发式认知方式包括：

1. 代表性法则

这是一种重要的启发式认知方式，人们在不确定性的情形下，会抓住问题的某个特征，直接推断结果，而不考虑这种特征出现的真实概率以及与特征有关的其他原因。它在很多情况下，是一种能帮助人们迅速抓住问题本质，进而推断出结果的非常有效的方法，但有时也会造成严重的偏差。

Kahneman 和 Tversky 在 1974 年揭示了人们利用代表性的启发方法形成信念和推理时，存在着两个严重的偏差。一是过于注重事件的某个特征而忽视了其出现的无条件概率，从而引起信念的偏差；二是忽略了样本大小对推理的影响。Rabin 和 Thaler 在 2001 年称这种用小样本特征反映母体特征的信念是小数定理。若人们不知道数据的产生过程，他们会利用非常少的数据尽快地进行推断。例如，他们会相信一个选了 4 次好股票的金融分析师是有天赋的，因为 4 次成功不会是一个差的金融分析师的代表性因素。若人们事前知道产生数据的过程，小数定律将产生赌徒谬论效应，或者反向调整的平均法则。若在公平的扔硬币中连续产生 5 次正面，人们会说下一次一定是反面。因为他们认为即使是一个小的样本也应该反应扔硬币的公平特征，因此，必须有更多的反面来平衡这么多的正面。

2. 可利用性法则

在多数情况下，人们只是简单地依据他们对事件已有的信息，包括记忆的难易程度或记忆中的多少，来确定该事件发生的可能性，而不是去寻找其他相关的信息。Kahneman 和 Tversky 在 1974 年研究了根据联想一个例子的速度来评价某个事件发生的可能性的问题，发现这种方法存在严重的回忆偏向和搜索偏向，因为人们在记忆中搜寻相关的信息时，并不是所有的相关信息都无偏差地被搜索到。

3. 锚定与调整法则

人们在没有把握的情况下，通常利用某个参照点作为锚来降低模糊性，然后再通过一定的调整得出最后的结论。Slovic 和 Lichtenstein 在 1971 年指出，无论初始值是问题中的还是粗略计算出来的，随后的调整通常都是不够的，不同的初始值将产生不同的结果。Kahneman 和 Tversky 在 1974 年描述的幸运轮实验，也清楚地表明人们过多地受到无意义的初始值的约束和左右。

（二）认知的偏差

1. 确认偏差

一旦人们形成先验信念，他们就会有意识地寻找有利于证实自身信念的各种证据，并人为地扭曲新的证据。事后诸葛亮就是力图寻找各种非真实的证据来证明他们的信念是正确的。确认偏差会使得投资者坚持错误的交易策略，导致定价错误的持续存在，直到非常强而有力的证据出现才能迫使改变原有的信念。

2. 阿 Q 精神

人们的信念会由于行动的成功与否而改变。若行动失败，人们将向下修正自己的信念，人为降低由于后悔带来的损失，即一种自我安慰的表现；若行动成功，人们就向上修正自己的信念，显示自己做决策的英明。Arkes 和 Blumer 在 1985 年利用这种认知的偏差解释了沉没成本效应。

3. 情景依赖

Kahneman 和 Tversky 在 1979 年和 1982 年指出，实验者面对用不同方式描述的同一问题的反应是不一样的，这种现象就是情景依赖效应。

（三）认知的目标

1. 前景理论

Kahneman 和 Tversky 在 1979 年考察了两个结局的赌博问题，首次提出了前景理论的形式。他们假设有一个赌博，就是出现 x 结果的概率为 p，出现 y 结果的概率为 q，人们用下面的值函数对该赌博进行心理评价：

$$p(p)v(x)+p(q)v(y)$$

这种值函数刻画了人们在不确定性环境下决策的四个重要心理特征：

一是人们关注的不只是最终的财富水平，还包括收益和损失；

二是人们对收益是风险厌恶的，但对损失却是风险喜好的；

三是人们是厌恶损失的；

四是人们是模糊厌恶的，即越可能发生的结果赋予更多的权重，他们称之为确定性效应。

前景理论通过一个完全按照心理试验结果构造出来的值函数来刻画偏好，创造性地建立了一种非期望效用的决策目标。

2. 心理记账法

心理账户的研究起源于 Kahneman 和 Tversky 在 1979 年提出的前景理论，并由 Thaler

在1985年和1999年正式提出并加以总结。在考虑一个决策问题时,完全理性的人会全面的考虑各种结果,并综合计算各方面得失带来的效用。但是,实际上,人们经常会将问题分解成一些相对习惯和简单的科目,并在头脑中相对独立的保持并跟踪这些科目的损益情况,而其感受的效用则分别来自这些科目的得失带来的感觉,这种考虑问题的方式就是心理记账法。

三、社会心理学基础

在一个群体中,人们容易受到群体情感的感染,倾向于放弃自己的偏好与习惯,忽略自身可获得的信息而采取与群体行为相近的行为,而作为个体,这些行为往往是不可思议的。在金融市场中,通常会导致热点的频繁出现,严重时将出现市场泡沫和金融危机。

(一)认知的系统偏差

任何时期的社会都有其特有的因素,因此人们通常有类似的启发性因素,受到几乎相同的偏差约束,这对整个社会的人的信念与决策产生重要的影响。另外,不同背景的人们由于文化差异、收入差异、地域差异等,可能会形成若干个具有不同信念的群体,群体内部无明显差异,但不同群体之间存在着系统差异。即人们的认知受到整个系统因素的影响,也受到自身所在群体的因素的影响。

(二)信息串流

人们在决策时,都会参考其他人的选择,当该选择是传统的、流行的或权威的时候,人们更容易忽略自己已有的或可获得的信息而遵循该选择。信息串流理论刻画了大量信息在传播与评估中的丢失现象。Stasser等在1989年通过心理学试验证实,人们在相互交流时,交流最多的是共同知识,私有信息得不到交换。Shiller在1999年指出,由于人们注意力的限制,只能关注那些热点信息,并形成相似的信念,而人们的交流以及媒体的宣传,使得这些信念得到进一步加强。Kuran和Sunstein在1999年刻画了这种集体信念形成的过程,即可获得性串流。Bikhchandani、Hirsheifer和Welch在1992年构造信息串流形成的模型,解释了为什么基于非常少的信息就可以引起社会潮流或时尚。

(三)羊群效应

羊群效应就是从众行为,这是人类社会中的一个非常普遍的现象。信息层叠从认知的角度刻画了群体认知的偏差,而羊群效应则是从情感的角度出发,刻画了群体的行为。处于群体中的人们彼此模仿,相互传染,通过相互间的循环反应和刺激,情绪逐渐高涨,人们逐渐失去理性。通常这种影响有两种形式,一是情绪传染和行为感染。当人们有共同的态度、信息时,情绪传染更有可能、更迅速;二是当情绪激动之后,由不断激发的情绪引发的行动也不断升级,并进一步刺激人们的情绪。羊群效应往往难以预测和控制,对社会具有潜藏的极大的破坏性。

第四节 行为金融学对未解之谜的解释

理性投资者基于其信念来追求期望效用最大化,决定选择偏好。理性需具备的两个条件,一是投资者的信念是正确的,他们预测未知变量所采用的主观概率分布就是这些变量真正服从的客观概率分布;二是有了信念,投资者的选择应和期望效用最大化规则相一致。行为金融学从放宽上述两个条件中的一个或两个出发,建立相应的分析模型,对投资者的投资决策进行更为细致的刻画,对金融市场的现象给出更为实际与合理的解释。根据行为金融学对理性假设修正的主要出发点,可以将其理论模型分为基于信念的模型和基于偏好的模型。在基于信念的模型中,主要应用的心理学基础是投资者情感心理学和认知方式及认知偏差的特征;而利用前景理论的相关假设来捕捉投资者的偏好特征是基于偏好模型的最常用的做法。

一、基于信念的行为金融学模型

(一)解释投资者行为

用"过度自信"解释过度交易现象。由于过度自信,人们相信自己的信息足以支持其交易行为,而事实上,这些信息对于获利没有什么特别的意义。若投资者过于自信,则交易将越频繁,由于交易费用的存在,他们的收益也就越低。一些心理实验表明,男性较女性更加过度自信,Barber 和 Odean 在 2001 年的研究发现,男性投资者的交易更加频繁,投资收益也较低。

Odean 在 1999 年认为,投资者信念的形成方式可以解释买入"极端"股票的行为。由于股票过去的表现最容易引起投资者的注意,在可利用法则的驱动下,投资者关注过去表现最好或最差的股票。另外一个可能的原因则是投资者的代表性认知,就是认为那些过去表现最好的股票会持续其好的表现,或是认为过去最差的股票是被低估且即将反弹。

(二)解释波动率之谜

投资者对私有信息的过度自信可以解释波动率之谜。假设一个投资者通过公开信息形成对未来现金流增长的先验信念,而后自己收集信息,并对这些信息过度自信,投资者会高估私有信息的准确度,并给予其比先验信息更多的权重。若私有信息是正面的,投资者将把股价推到与当前红利相比高得多的价位,从而引起价格红利比的过度波动。

投资者对未来红利增长信念的形成方式也可以解释波动率之谜,原因是投资者的代表性认知,特别是被称为小数定律的推理法则,使其相信平均红利增长率比实际的波动更大。在看到红利的增长后,投资者很快会相信平均的红利增长率提高了,相应的买入行为将价格推高到与红利不相适应的水平;在看到红利的下降后,投资者很快会相信平均的红利增长率降低了,相应的卖出行为将价格压低到与红利不相适应的水平。

(三)解释股权溢价之谜

投资者的模糊厌恶可以解释股权溢价之谜。由于投资者通常不能确切地知道股票收益率的分布，当面对模糊的时候，人们宁可选择自己心中最坏的估计。Maenhout 在 1999 年指出，投资者为了弥补他们采用错误的股票收益模型所带来的风险，他们将要求更高的股权溢价。

(四)解释横截面股票收益率

一是静态模型，它刻画了由特定的投资者心理因素导致的信念偏差对均衡股票收益率的影响，可用来解释规模效应与价值型溢价。Daniel 等在 2001 年构造了类似 CAMP(资本资产定价模型)的静态定价模型。模型设定了两类交易者：过度自信的投资者和风险厌恶的理性套利者。模型结论是均衡的资产价格不仅与风险因子相关，而且与定价偏差的代理变量相关，定价偏差的代理变量可以是股票市值(规模)与价值型变量。直观上，当利好消息推动股价上升，股票市值(规模)下降。由于投资者的过度自信引起对事件的过度反应，此时的股价是被高估了。高估的股票将回归价值，从而低的股票市值(规模)预示着未来的低收益率。而风险厌恶套利者的存在，可以消除投资者对特定因子过度自信的影响，而不能消除投资者对系统因子过度自信的影响。

二是动态模型。它是通过描述投资者信念的动态更新过程来解释收益率短期或长期的自相关模式。Vishny 在 1998 年用 BSV 模型假设公司盈利变化的真实过程是随机游走的，而投资者却认为盈利过程由两种机制中的一种来决定，一是均值回归机制，二是趋势机制，认为产生盈利的机制是随时间而外生变化的。因此，投资者的主要任务就是确定当前是哪一种机制在决定盈利的变化。BSV 模型基于两种重要的心理学现象：保守性和代表性法则。趋势机制就是描述投资者的代表性法则，即投资者倾向于根据少量的盈利性信息做出趋势的判断，尽管这个趋势可能本身并不存在。而均值回归机制则是描述投资者的保守性心理特征，就是投资者轻视有关盈利的最新消息，总认为新消息的冲击将在下一个时期倒转。BSV 模型可以解释公开事件的预测效应、惯性效应、长期反转。对于单个的未预期的盈利增长(正盈利冲击)，由于投资者的保守主义，他们对正盈利冲击反应不足；而真实的盈利是随机游走的，那么下一次盈利公告常常会给投资者带来惊喜，产生公开事件的预测效应和惯性效应。经历一系列的正盈利冲击，投资者不仅会调整自己的保守性特征，而且利用代表性法则推断盈利有增长趋势，不断将价格推动到相对目前盈利的一个高价格水平。既然真实的盈利是随机游走的，平均而言，以后的盈利公告会给投资者带来失望，由此产生长期反转。

Subrahmanyam 在 1998 年建立的 DHS 模型是研究投资者对待私有信息时所表现出的过度自信的心理倾向，模型假设投资者通过分析研究形成自己的私有信息，同时对私有信息表现出过度自信。若私有信息是正向的，过度自信意味着投资者将把价格推动到一个高于基本价值的水平。未来的公共信息会逐渐地使价格回到正确的价格，从而产生了长期反转。另外，模型假设公共信息对投资者源于私有信息的自信心的影响是不对称的。这个现象称为自我欣赏的倾向，即若公共信息证实了投资者的私有信息，将极大地增强投资者的自信心；若公共信息和他的私有信息相反，投资者不会给以重视，自信心也不会受到太大影响。在短期，自我欣赏的倾向使投资者过度自信信念的调整速度缓慢，从而产生惯性效应。

二、基于偏好的行为金融模型

(一)解释投资者行为

Odean 在 1998 年提出了一个基于偏好的模型，解释投资者卖出股票倾向效应的现象。设投资者的偏好符合前景理论的描述，且是收购价的。投资者买入股票的价格是 50，现价为 55。设前景理论的盈利和损失以买卖价差度量，则此时卖出股票的效用为 $v(5)$，投资者的另外选择是等到下一期再卖出。若预期下期的股价为 50 或 60，且两种价格出现的概率相同，那么，等待并在下期卖出的期望价值为 $\frac{1}{2}v(0)+\frac{1}{2}v(10)$。因为 v 在盈余区间是凹的，则 $\frac{1}{2}v(0)+\frac{1}{2}v(10)<v(5)$，投资者将选择现在卖出；若现价为 45，卖出股票的效用为 $v(-5)$。若预期下期的股价为 40 或 50，两种价格出现的概率相同，则等待并在下期卖出的期望价值为 $\frac{1}{2}v(0)+\frac{1}{2}v(-10)$。因为 v 在盈余区间是凸的，则 $\frac{1}{2}v(0)+\frac{1}{2}v(-10)>v(-5)$，投资者将选择等待。上述的直观思想是投资者常常会认为只要股票在自己的投资组合中，它迟早会反弹，而卖掉股票就等于承认自己是失误。

(二)解释波动率之谜

Barberis，Huang 和 Santos 在 2001 年，将前景理论引入到股票的一般均衡定价模型中，创建了 BHS 模型。模型假设投资者偏好的形成分为两个部分，一部分是投资者消费获得的效用，而另一部分是投资者持有风险资产的价值变化所带来的效用。另外，Thaler 和 Johnson 在 1990 年的实验表明，人们的损失厌恶程度依赖于以前的收益和损失，如在赢得一次赌博后，人们会参与他们以前通常不会参与的赌博，而在赌输之后，他们会拒绝参加通常会参与的赌博。BHS 模型将损失厌恶的这种变化引入刻画投资者偏好的模型中，思路是：现金流的利好消息推动股票价格上涨，使投资者产生前期收益，此时，投资者对损失的厌恶程度会变小，他们会用较低的折现率对未来的现金流进行折现，从而将价格推到相对于当前红利更高的水平；相反，现金流的利空消息推动股票价格下跌，使投资者产生前期损失，此时，投资者对损失的厌恶程度会变大，他们会用较高的折现率对未来现金流进行折现，从而将价格推到相对于当前红利更低的水平。由此引起价格红利比的过度波动。

(三)解释股权溢价之谜

BHS 模型论证了损失厌恶程度的变化，可以产生股票价格的过度波动，而损失厌恶本身又使投资者不愿意看到股票市场存在频繁的下跌过程，因此，投资者将对持有风险资产要求更多的溢价。

(四)解释横截面股票收益

Barberis 和 Huang 在 2001 年，应用前景理论创建了 BH 模型，可以解释股票收益率呈现的长期反转和价值型溢价现象。设当投资者持有许多不同种类的股票时，瘦构架使投资者将自己的效用建立在单个股票的盈利和损失上，而且，投资者对单个股票波动是损失厌恶的，厌恶程度取决于股票过去的表现。考虑一个过去几个时期收益率表现欠佳的股票，因为投资者关注于单个股票的损益，收益率的表现使之非常痛苦，因此，投资者对这只股票未来可能的损失更加敏感，认为这种股票的风险增大以至于用更高折现率来为其估价。那么，低市盈率的股票将产生高的后续收益率,从而产生价值型溢价,同时,也导致了收益率的长期反转。

第五节 对行为金融学研究的思考

一、金融市场从理性的“应该”到实际的“运行”

从现代金融理论到行为金融学,是从研究金融市场在理性上应该怎样运行,到实际上是怎样运行的发展。现代经典金融理论从理性经济人假设出发,利用一般均衡分析和无套利分析对金融市场的运行机制和定价原则做了很好的解释,在解释金融市场应该怎样运行的规范研究方面,现代经典金融理论取得了相当辉煌的成就。但是,由于现代经典金融理论把假设中的理性经济人作为现实中的实际投资者,把人们应该如何决策作为人们的实际决策行为,而现实中人们的实际决策行为与假设中的理性经济人又有着较大的差异。因此,现代经典金融理论不可避免地遇到一些被称为未解之谜的难以解释的现实问题。即,现代经典金融理论在解释金融市场的实际运行方面遇到了很大的困难。

行为金融学以心理学对人们决策行为的研究成果为基础,较好地解释了现代经典金融理论难以解释的一些未解之谜,在解释金融市场的实际运行机制方面取得了较大的进展,逐渐成为现代金融研究的一个重要领域。因此,行为金融学的发展,是人们要求解释金融市场实际运行机制的一个必然结果。

二、研究相通

行为金融学的研究与现代经典金融理论的研究是相通的。从方法上看,两者基本上是一样的,都是在某种假设的基础上建立模型,对金融市场的现象做出相应的解释。不同的是,行为金融学关于投资者行为的假设是以心理学对人们实际决策行为的研究成果为基础的,离开心理学的研究成果,行为金融学的假设就无法建立。

三、行为金融学处于幼稚阶段

尽管行为金融学已经取得了很大的进展,但距一门成熟的学科或理论还具有较大的距离。如目前行为金融学的模型虽然能够对金融市场的一些异常现象给出较好的解释,但行为金融学还不能像现代经典金融理论那样,从一些最基本的假设出发,在一个统一的框架下,对金融市场的定价问题给出一个全面的、令人满意的解释。批评行为金融学者指出,行为金融学在不同的情况下,给出不同的假设,从而对不同的金融市场现象给出各自的解释,这种状况显然难以令人信服。故,未来行为金融学的发展,将在很大程度上努力追求自身的完美,希望能够用更简明统一的框架和假设对许多金融现象给出自己的解释。

另外,行为金融学与现代经典金融理论的一个重要区别就在于它是以人们的实际决策行为作为研究基点的。就像心理学研究结果所揭示的,人们的实际决策行为是很复杂的,受决策时的环境、状态、心理状况等许多因素的影响。对同一现象或同一信息,人们在不同的状态下,会给出不同的解释,并做出不同的决策。即人们的决策行为本身就具有强烈的状态依赖型，不可能是唯一的。故，在不同的状态下，人们的决策行为做出不同的假设和解释也是合理的。若事实果真如此，要建立一个统一的框架就非常困难。故，怎样建立一个能够适应不同状态下投资者行为统一的行为金融学理论，就是行为金融学所面临的一个严峻挑战。

思考题

1. 何谓期望效用、理性预期、有效市场与Grossman-Stiglitz悖论？
2. 试述现代金融学理论的未解之谜。
3. 简述行为金融学对未解之谜的解释。

参考文献

1. 黄达主. 货币银行学. 北京：中国人民大学出版社，2000
2. 章和杰. 中国金融制度的风险机理及改革路径研究. 北京：中国社会科学出版社，2004
3. 凯恩斯. 就业、利息和货币通论. 北京：商务书馆，1963
4. [美]米什金. 货币金融学(第四版). 李扬等译. 北京：中国人民大学出版社，1998
5. 黄宪，江春. 货币金融学. 武汉：武汉大学出版社，2002
6. 周建松. 现代货币银行学. 杭州：浙江大学出版社，2003
7. 胡庆康. 现代货币银行学教程. 上海：复旦大学出版社，1996
8. 姚长辉. 货币银行学(第二版). 北京：北京大学出版社，2002
9. 黄正新，宋建军. 金融学. 北京：中山大学出版社，1999。
10. 张志谦，方士华. 金融学概论. 上海：立信会计出版社，2000
11. 易纲，海闻. 货币银行学. 上海：上海人民出版社，1999
12. 尚华娟. 现代货币银行学. 上海：上海财经大学出版社，1997
13. [美]托马斯·梅耶. 货币、银行与经济. 上海：上海三联书店，1988
14. [美]彼得·S. 罗斯. 货币与资本市场. 北京：机械工业出版社，1999
15. 夏德仁. 货币银行学. 北京：中国金融出版社，1997
16. 周大中. 现代金融学. 北京：北京大学出版社，1994
17. 李海波. 财政与金融. 上海：上海立信出版社，2001
18. 万解秋. 货币银行学通论. 上海：复旦大学出版社，2001
19. 艾洪德. 货币银行学教程. 东北财经大学出版社，2001
20. 黄宪. 货币金融学. 武汉大学出版社，2001
21. 萧松华. 当代货币理论与政策. 成都：西南财经大学出版社，2000
22. 卡尔·E. 瓦什. 货币理论与政策. 陈雨露译. 北京：中国人民大学出版社，2000
23. 伍海华. 西方货币金融理论. 北京：中国金融出版社，2002
24. 施建祥，钱水土. 货币银行学. 杭州：浙江大学出版社，2001
25. 哥德史密斯. 金融结构与金融发展. 北京：中国金融出版社，1995
26. 张圣平. 现代经典金融学的困境与行为金融学的崛起. 金融研究，2003(4)
27. INTERNET

第十六章

美国金融危机的起因、发展趋势和启示

内容提要

本章介绍了美国金融危机的起因、特点、对中国的影响、金融危机的发展趋势、次贷危机引发的金融危机的解救方法后，提出了美国金融危机对我们的启示。从本章的分析中我们可以看到，在金融全球化、经济一体化的时代，各国、各地区之间的联系越来越紧密。各国政府在作出重大决策时，应该以邻为友，而非以邻为壑。任何只顾自己的如意算盘，最终受算计的将是自己。

第一节　美国金融危机的起因和特点

一、美国金融危机产生的背景

美国正面临着一场百年不遇的金融危机，不仅威胁着美国经济，也殃及世界上其他国家，此次金融危机的导火索就是美国的次贷危机。

(一)次级房贷市场的兴起绝非偶然

首先，1980 年的《存款机构解除管制与货币控制法案》解除了美联储 Q 条例规定的利率上限之后，1982 年的《可选择按揭贷款交易平价法案》允许可变利率。这一系列的法案都为美国次贷市场的发展提供了有利的法律环境。其次，相继出现的一些市场变化对次贷市场发展发挥了重要推动作用。按揭贷款的证券化增加了资产的流动性，美联储连续降息措施及房价的不断上涨直接刺激了美国次级房贷市场的迅速繁荣。自 2001 年 1 月到 2004 年，美联储连续 13 次降息，从 6.5%一直降到 1%，利率降到 40 年来的最低点，而房价却一路走高，美国人买房的热情随之高涨，次级按揭贷款日益获得购房者的追捧。(连婕，2007)

(二)细分贷款市场

除了降息，从 2001 年开始，美国房地产贷款发放机构根据信用调查和评估将贷款申请人细分为优质贷款市场、次优级贷款市场、次级贷款市场。目前出问题的就是美国的第三类市场。第一类贷款市场面向信用额度等级较高、收入稳定可靠的优质客户；而第三类贷款市场是面向收入证明缺失、负债较重的客户，因信用要求程度不高，其贷款利率比一般抵押贷款高出 2%至 3%，占美国整体房贷市场比重的 7%到 8%，但其利润是最高的，风险也最大。(乔飞鸽，2007)

（三）次级房贷的特征与飞速发展

（1）次级房贷的特征。与优质房屋贷款（prime loan）相比，次级房屋贷款具有以下特征：在审贷程序上，优质贷款遵循比较统一和严格的贷款标准，而次级房屋贷款的自主性非常强；次级房屋贷款借款人的平均信用得分比普通贷款的借款人低100分以上，贷款价值比（LTV，loan to value ratio，抵押贷款总额与房产价值比）和债务收入比都远高于普通贷款，而平均贷款规模则远远低于普通贷款，具有完整文件的次级房屋贷款比重也远低于普通贷款。在产品结构上，次级房屋贷款以浮动利率抵押贷款（adjustable rate mortgage，ARM，是指贷款利率可以定期根据指标利率调整的抵押贷款）为主，ARM在上述方面与普通贷款的差别更大。次级房屋贷款的上述特征意味着次级房屋贷款尤其是ARM的信用风险远高于普通贷款，且由于债务收入比较高，借款人对利率和房价相当敏感。（曹红辉、刘华钊，2008）

美国的次级抵押贷款公司分为五类：商业银行、储蓄机构、独立的房贷公司、银行分支机构和金融控股公司分支机构。次级房屋贷款人大部分缺乏销售网点，大多以经纪人和客户代理为销售渠道，而且这些放款机构大多不能吸收公众存款，而主要依赖贷款的二级市场和信用资产证券化回笼资金获得流动性的非银行金融机构。为了分散风险和提高变现水平，放贷者把这些贷款打包，以债券的形式向社会推销。债券五花八门，有住房抵押贷款支持证券（MBS，Mortgage-backed Securities）、担保债券凭证（C D O，collateral debt obligation，担保债务凭证，或债务抵押债券，或债务抵押担保债券）、信用违约互换（CDS，credit default swap），等等。在高回报率的诱惑下，这些债券受到了投资银行及各种基金的青睐。

住房抵押贷款→MBS→CDO→CDO平方→CDO立方，这里的住房抵押贷款即次贷是一个基础产品，MBS则可称之为最初级的衍生金融产品，而CDO则是衍生的衍生金融产品。由于广大国外投资者购买了大量这些有毒金融产品，风险就扩散到全世界的投资者，加大了宏观金融风险。

（2）次级房贷的飞速发展。2001年前，次级房屋贷款在美国增长缓慢。从2001年起，美联储实行低利率政策，同时，美国房价强劲上升，此外，次级房屋贷款较低的申请标准、简单的申请程序以及次级房屋贷款证券化的飞速发展等，共同推动次级房屋贷款规模迅速扩大，2003年达到4000亿美元，到2004年突破1万亿美元，2005年增加到14000亿美元，2006年增长放缓。次级房屋贷款在房屋抵押贷款中的比重从1999年2%左右增加到2006年15%。在此过程中，次级房屋贷款规模的扩大、房地产市场的非理性繁荣以及对MBS和CDO等证券的投资热情高涨是同时出现且相互联系的，既造成了繁荣，也孕育了目前的次贷危机。伴随次级房屋贷款规模的扩大，以此为基础资产的住宅抵押贷款支持证券（MBS）及相关信用衍生品如CDO、CDO平方、CDO立方、CDS等也得以飞速发展。（曹红辉、刘华钊，2008）

（四）埋下危机种子

次级贷款的创新在提高美国低收入居民住房福利的同时，也埋下了潜在的危机种子。其突出的问题就在于先低后高的还款方式，使借款人在借款后的两年左右突然面临较大的偿付压力。而在还款额大幅上升的同时，许多家庭的收入并没有相应增加，这尤其体现在以制造业为主的地区——在这些地区，失业率大幅度上升，家庭收入大幅度下降。雪上加霜的是，从 2006 年开始，美国房地产价格的上涨速度逐渐放缓，在一些地区甚至出现了下降。同时，美联储从 2004 年 6 月进入升息周期，在截至 2006 年 6 月的两年时间里，联邦基准利率从 1%提升到 5.25%，抵押贷款面临重置压力，利率的大幅攀升加重了购房者的还款压力。对于困难家庭而言，其唯一选择就是停止还款、放弃房产。可以预计，随着越来越多的次级贷款进入还款方式的调整期，未来的逾期率将会进一步上升。（连婕，2007）

二、美国金融危机产生的原因

美国金融危机产生的原因可从不同的视角进行分析。边卫红(2007)认为美国次级抵押贷款危机的诱因分为风险累积——2001—2004 年宽松的房贷政策、风险传播——过度信用创造、风险暴露——利率持续走高与房产的贬值、风险释放——房贷违约率上升四个方面。2000 年年末为了拯救遭受了 IT 泡沫破裂的美国经济，美联储开始实施宽松的房贷政策，使得房地产市场一片欣欣向荣。商业银行为了保持其流动性需要，就将房屋抵押贷款及其衍生产品进行证券化，然后出售，并且在将这些产品进行衍生，创设出新的金融衍生品。但美国在 2004 年 6 月以后变更了利率政策，利率持续走高，并且房产开始贬值。在次级房屋抵押贷款的设计中，未来急剧升高的还款金额还有现实中不断走低的房价，使得很多的贷款人无法及时还款，房贷违约率上升。其他学者等从以下角度进行分析。

（一）经济泡沫严重

互联网泡沫问题没有解决，市场经济下“经济人”假设，使得各主体过度追求“利”、忽视了“义”，资产价格形成泡沫，虚拟经济同实体经济严重脱节，金融衍生品的“滥用”，拉长了金融交易链条，美国政府不当的房地产金融政策为危机埋下了伏笔。

（二）金融危机的导火索是美国房地产的次级抵押贷款市场

为了吸引低收入者用次贷买房，美国的金融机构把次贷门坎降得很低，允许九成按揭甚至是“零首付”。然而，不断升息的美联储没有想到这些“穷人”的资金链会因此断裂，引发了“潮水效应”，大量的人还不起贷款，捅破了美国巨大的资产泡沫。

（三）借款人的偿付能力不足

次级抵押贷款信用质量恶化的根本原因在于借款人的偿付能力不足，这往往是由于经济疲弱和失业率上升引起的，但是 2006 年以来，美国经济一直保持较为温和的增长，失业率也维持在低水平，因此次级抵押贷款危机更多的来自于市场本身的原因。如：贷款发放标准过于放松，房屋价格上涨缓慢，利率上升增加了还款负担。

（四）贫富悬殊过大

大量金钱集中在少数富豪手中，住房压在开发商手中，而急于改善居住条件甚至无处栖身、无力消费的贫困家庭面临无房可住的困境。贫富悬殊过大是这次金融危机的根本原因。金融危机只是一个表象，它所反映的本质矛盾是财富高度集中所造成的有效需求不足矛盾。

（五）自由市场竞争的致命缺陷

新自由主义的理论家们宣称，如果没有国家的管制，金融市场会更有效率，人们就能把有限的资源投入回报率最高的领域。但是他们忽略了一个重要的事实，即没有管制的市场非常容易发生危机。而且在新自由主义条件下金融危机会变得更加严重。这一点已被历史所证明。美国在19世纪实行的是比较自由的市场经济，那时大约每10年左右就有一次非常严重的金融危机。

（六）金融机构的问题

（1）管理欠缺。贷款机构放弃信贷原则使次贷质量先天不足；投资银行高杠杆率操作放大收益的同时也放大了风险；一些商业银行风险管理存在薄弱环节；不能有效地捕捉和识别新业务带来的新型风险、对结构化金融产品的风险识别和计量能力较弱、应对压力状态的测试与预案准备不足、忽视表外风险管理等。

（2）败德行为。外部评级机构对证券化金融工具评级存在严重问题。以华尔街金融从业人员道德风险为代表的投行业务和相关支持性业务败德行为的产生，也给金融监管机构的工作带来了很大的难题。

（七）金融创新产品带来风险扩散

20世纪金融市场最重要的创新之一就是资产证券化，它在美国次贷危机的爆发中起了助推器的作用。资产证券化，即以打包后的贷款抵押资产为标的物发行债券向投资者出售，它一方面促进了贷款机构将流动性较低的贷款资产以现金流的形式回收，另一方面使投资者拓宽了投资渠道。但它却存在着很大的缺陷与漏洞：房地产金融机构为了迅速回笼资金以提供更多的抵押贷款，在投资银行的帮助下实施资产证券化，将一部分住房抵押贷款债权从自己的资产负债表中剥离出来，以这部分债权为基础发行住房抵押贷款支持证券，这样，次级债产品被打包成金融投资产品销售给投资者时，就把与这部分债权相关的收益和风险转嫁给了投资者。由于市场参与双方的信息不对称，债券投资者无法了解次级贷款申请人的真实支付能力，一旦后者无力偿还贷款，他们的收益便会成为泡影。从表面上看，资产证券化在每个环节都起到了分散风险的作用，然而因为相应的监管措施不到位，当前面的环节出现亏损时，就会引起后面环节一连串的亏损。尤其在以次级房贷为标的物的次级债券，过长的链条已经使虚拟经济严重脱离了实体经济，一旦房贷按揭户出现违约不能还款，危机就产生了。

一旦美国次级住房抵押贷款市场发生了异常，便不可避免地波及到了国际投资市场。因为当初冲着高回报率，还是有相当多的欧洲机构、日本机构，以及中国机构购买了美国的次级债。在过去的20年中，欧洲的资产在某种程度上也复制了美国资产的增长方式，从而其经济也逐渐步美国的后尘走入停滞或是衰退，因此美国的危机不可避免地开始向这些国家与地区传染。即使是那些与美国金融市场联系不太紧密的发展中国家的金融市场，由于投资者风险厌恶情绪加重而不断下挫。次贷危机之所以演变成范围较广的金融危机，主要是因为这些连锁反应。次级房屋贷款标准的放松以及法律和监管的缺失，CDO等基于房屋贷款的衍生产品在结构设计和流动性方面存在缺陷，对冲基金、银行等机构在CDO等交易中高杠杆融资等都使得风险处在一个很难控制的境地。

（八）金融体系风险分担机制的变迁

次级抵押贷款债券作为一个金融产品，其在抵押贷款债券中所占比重很小，风险高的次级抵押贷款占美国全部住房抵押贷款比重不超过4%。如果是在30年前，像今天这样的次级住房抵押贷款违约情况可能并不会产生太大冲击，扩散范围也会十分有限，不会形成如此严重的危机。然而，在经济全球化迅速发展、金融体系已经发生巨大变化的今天，这样一个小小的扰动就会快速向外传递并形成危机。这其中根本原因之一就是金融体系风险分担机制的变迁(马宇等,2008,pp.92—98)。次级住房抵押贷款的风险分担由银行中介的跨期风险分担为主转变为金融市场的横向风险分担为主,而横向风险分担机制极大地放大了次级住房抵押贷款违约带来的冲击。近20年来美国金融创新不断涌现,金融市场蓬勃发展,银行资金来源减少,银行不断加深对金融市场的参与,大量住房抵押贷款证券化,住房抵押贷款资金来源依赖于金融市场。资产证券化在一定程度上解决了银行面临的资金来源减少的问题。银行将住房抵押贷款打包出售给特设信托机构,将债务人违约风险转移出去,并获得流动性。特设信托机构将住房抵押贷款打包,并以此为抵押,委托投资银行发行抵押债券。投资银行把抵押债券推销给对冲基金、保险基金和养老基金等投资机构。这样,风险由商业银行转移到特设信托机构,特设信托机构又将风险转移到投资银行和基金等机构投资者,而基金等机构的资金来自社会公众投资者,风险又转移给基金持有者。因此,在金融体系风险分担机制变迁背景下,次级住房抵押贷款的风险分担发生了根本性变化。

(九)货币政策操作不当

(1)过于宽松的货币政策。2000年后,美国的互联网经济泡沫破灭,紧接着出现了"9.11",美联储为了防止美国经济陷入衰退,急需降息。这样从2001年1月到2003年6月,美联储连续13次下调联邦储备基金利率,该利率从6.15%一直降到1%的历史最低水平,并且将这一利率一直维持到2004年6月。美联储长期宽松的货币政策直接导致了各种基础资产价格的上涨如股票、债券与房地产。基础资产价格的上涨,极大地刺激了投资者的购买热情。通过金融衍生品的使用,投资者可以用更少的资金迅速建立起头寸,这样在基础资产价格上涨的带动下,金融衍生品的数量开始急剧扩张。

(2)过于紧缩的货币政策。美联储连续17次加息,是促使房地产市场由热转冷的诱因。从2004年6月起美联储逐步提高联邦基金利率,至2006年8月提高至5.25%,随后一年内维持不变。美国房屋价格普遍出现大幅下降。

(十)金融监管过松

2001年美联储不断的降息政策使美国房地产业成为美国新一轮经济增长周期的重要支撑,因此美国当局过于注重支持经济增长、忽视了次贷风险,金融监管机构对房地产金融业采取了短期内支持和纵容的态度,致使房贷泡沫形成。当觉察到需进行补救时,为时已晚。此外,政府把对次级房贷债券这种金融衍生品的评估和监督责任完全抛给私人债券评级机构,给这些机构留下太多操作空间,对这次危机起到了推波助澜的作用。

(十一)失衡的美国经济

美国经济运行进入下行周期。在美国国内资产特别是房地产价格的不断上涨以及传统的超前消费观念刺激下,美国的消费需求旺盛,1994—2007年,美国的实际消费需求增长每年高到3.5%。其经济发展对消费的依赖性非常高,在2007年,消费对GDP增长的贡献率超过70%,美国的经常账户赤字也从1995年的占GDP的1.5%骤升到2006年的6%。与此同时,美国的家庭储蓄率持续下降,从1992年开始,美国家庭储蓄占可支配收入比例就开始不断下跌,在2005年时几乎达到了零储蓄。因此不得不依靠来自亚洲等地将其通过出口所获得的大量美元重新流入美国市场,以此来弥补美国储蓄的不足。美国的这种经济增长模式本质上是依靠不断对外负债来拉动本国消费,从而促进本国经济增长。

(十二)两条资金循环链的断裂

在货币政策和金融管制周期性放宽这一历史背景下，两个资金循环链条——围绕美国房地产市场的资金循环和以美国为中心的全球资金循环出现断裂，是这次危机爆发的根本原因，美联储的宽松货币政策以及对金融机构放松监管是导致危机的重要因素。

(十三)失衡的全球经济

冷战过后，随着新兴经济体开始不断融入世界经济体系，世界经济发展被注入了新的活力。来自以中国为代表的亚洲新兴国家的廉价商品被源源不断地输入到发达国家，而发达国家在其具有比较优势的高科技产品领域对新兴经济体实行出口禁止，这种单边的贸易政策导致在贸易格局上发达国家普遍对新兴经济体保持经常账户赤字，全球经济长期失衡。这种失衡现象在美国经济中表现得尤为突出。

(十四)国际经济一体化

随着经济的发展，各国间的合作日益密切，故此次爆发的美国金融危机，任何一个国家都不可能独善其身。由于美元的强势，因此美国不断发行美元向发展中国家购买石油和其他消费品。消费品集中到美国，而美元则流动到发展中国家，但是发展中国家又用美元去购买美国国债，因此两者最终都集中到美国。美国的经济组成是，高消费、低投资、大量进口。而中国等新兴市场国家正好相反，是低消费、高投资、大量出口。

(十五)美元在国际货币体系中的主导地位

长期以来，一直都有学者指出美国这一依靠过度负债、刺激消费的经济增长模式的不可持续性，因为没有一个国家能够依靠负债消费来实现长期的经济增长。但在过去的这些年里，美国却很好地维持了这一经济增长模式，延长了世界经济失衡的调整周期。这主要得益于美元的国际货币地位，来自国际贸易结算等实体经济方面的需求保持了美元的稳定性，从而美国可以很轻易地通过发行国债来向世界融资，从而维持其经济增长。在目前的国际货币体制下，失衡的国际经济必然带来大量的剩余货币。这本身并不必然会导致国际经济问题。但美元在国际货币体系中的主导地位，使得这些剩余货币向美元集中。通过国际贸易结算过程，美元、欧元等强势货币逐渐将世界其他货币剔除出了货币体系，使货币逐渐向美元、欧元集中。国际贸易过滤器式的作用，对美国而言是把双刃剑。一方面，经过过滤，国际贸易的剩余资金加速向美元集中，这些资金在投入美国市场后，为美国的经济发展带来了充裕的外部资金，弥补了美国由于过度消费而带来的国民储蓄不足，使得它依靠信贷扩张拉动消费的经济增长模式能够得以长期地维持；但另一方面，这些货币之所以流入美国的原因有两点：其一在于美元币值的稳定性，美元币值稳定从而能够很好地行使价值储藏的作用，投资者将资金投入到美元资产比较安全，刺激了其购买美元资产的热情；其二在于美元资产高收益，美国高度发达的金融业为这些货币资金提供了大量高收益、高流动性的资产。在这些高收益的资产中，有很大一部分是各种被证券化的抵押资产，资金之间竞争异常激烈，逐渐有资金流入被伪装成安全性较高的高风险劣质资产之中，这部分资产本身不具备生产能力，而且美国金融市场之间联系非常紧密，为美国危机的爆发埋下了隐患。（刘光溪等，2008；罗熹，2008；杨圣明，2008；陈四清，2008；王自力，2008；钟宏等，2007；秦亦夫，2008；孙少勤等，2008；徐凡，2007；李娅等，2007；曹红辉等，2008；马宇等，2008；甄炳禧，2008；乔飞鸽，2007；董金玲，2007；大卫·科茨，2008)

三、金融危机的特点

此次的金融危机有以下几个特点：

(1)从产品上看，此次危机由“次级贷款”引发，却因金融衍生品而放大风险，从而由次贷危机衍生为信用危机。

(2)从主体上看，“次贷”由放贷公司和商业银行发放，损失最惨重的却是投资银行。美国国内投行的证券业务、商业银行的信贷业务和保险公司的保险业务相互交织、风险交叉传递，一旦第一块骨牌倒下，就会不断出现逐级放大的连锁危机。

(3)从地域上看，危机发源地是金融市场最发达的美国，但影响遍及全球金融市场。由于各国金融的不断开放，美国把大量的房地产抵押债券出售给了其他国家，所以此次金融危机对全球的资本市场造成了强烈冲击。(陈四清，2008)

(4)从交互作用看，是虚拟经济与实体经济交互作用的金融危机，周而复始，循环往复，具有长期性和复杂性。

(5)从风险集中度看，是各类金融风险集中爆发的金融危机。在次贷危机向金融危机的演变过程中，美国金融市场出现了各种各样的金融风险。(徐克恩、鄂志寰，2008)

(6)从持续性看，全球金融市场持续动荡，没有停止的迹象。

(7)从确定性看，风险本身就是一种不确定性，危机则是风险的集中爆发。至于金融危机会持续多久，造成的损失究竟会有多大，最终会形成一个什么样的国际局面，还不确定。

(8)从影响程度看，影响深远。这次危机后果远远超过以往历次危机，也超过亚洲金融危机。由于美国金融机构把次级贷款打包成了债券，大量出售给国际投资者，包括我国的一些金融机构。更为严重的是，次贷危机会对美国实体经济造成影响并促使美国调整宏观经济政策，如贸易保护主义的抬头等。而在全球化不断深化的今天，美国经济政策的调整必然会越过国境，传导到全世界，这必将对世界经济产生更为深刻的影响，演变成“美国次贷，全球买单”的局面。

第二节　美国金融危机的发展趋势

美国金融危机是一个从开始的流动性危机到后来的信贷危机，再到现在向实体性经济蔓延的逐渐暴露的过程。上一次的金融危机(1929年大萧条)，西方世界经过十几年的努力才开始渐渐恢复，这次金融危机要持续多久？至今无人知晓。从不同的角度，依据不同的材料，对金融危机的发展和趋势会得出不同的看法。

一、发展

(一)认识转变过程

对美国联邦储备系统而言，从强调繁荣的美国住房产业没有泡沫，到承认美国次贷危机会给美国和世界经济造成威胁，经过了一个较长的认识转变过程。2004年8月，美联储和汇丰银行有过一场关于美国楼市泡沫的争论。当年汇丰银行在一份很详细的报告中指出房价大约高估了10%～20%，并预计这场楼市盛宴到2005年将会终止。如果是"硬着陆"，后果将比股市崩盘更严重。但美联储认为不存在问题。到了2007年次贷危机日益发酵，美联储主席伯南克在2007年3月27日国会联合经济委员会听证会上，仍然对次贷危机的扩散效应持乐观态度。到2007年8月，次贷危机已经波及全球。伯南克终于在2007年9月18日承认形势严峻，决定大幅降息，同时承诺"委员会将根据需要采取行动，以促进价格稳定和经济的持续发展"。（陈宝森，2007）。

（二）美国金融危机是一个风险积累和爆发的过程

2001年"9·11"事件后，美联储为了应对"互联网泡沫"破裂可能引发的经济衰退，连续降息至1%，尽管长期的低利率暂时稳定了经济，但也带来了全球性的"流动性过剩"。低利率加上流动性过剩，直接推动了全球性房地产等资产价格的过热，形成了购房者对住宅价格持续上升的预期，进而导致住房贷款需求的增加，住房贷款需求增加又进一步刺激了住房价格上升，房地产市场一派繁荣景象。由于优质按揭市场已经趋于饱和，发放次级按揭机构就开始转向低等级客户，次级抵押贷款市场因而迅速发展，房屋价格和房屋信用泡沫逐渐变大，直至美国住房供应市场很快饱和。据统计，1994—2006年，美国的房屋拥有率从64%上升到69%，超过900万的家庭在这期间拥有了自己的房屋。美联储发现资产市场的泡沫现象以后，于2005—2006年间进行反向操作，通过连续17次加息，将联邦储备基准利率迅速抬高至5.25%，这导致次级贷款借款人的还款负担骤然上升，房价下跌又导致借款人很难将自己的房屋卖出，即使能卖出，房屋的价值也跌到不足以偿还剩余贷款的程度，结果贷款违约率迅速上升，在2007年4月至6月，次级贷款违约率达到14%左右。受此影响，抵押资产价值严重缩水，次级按揭证券的价值也因其高杠杆比率的影响而急速下降，直接导致许多金融机构出现财务危机，甚至面临破产。

2007年2月13日，美国次级债问题浮出水面。4月，全美第二大次级抵押贷款机构—新世纪金融公司申请破产保护，标志了危机爆发。为应对愈演愈烈的次贷危机以及可能的经济衰退后果，2007年9月美联储进入了降息周期。2008年2月，布什正式签署一揽子经济刺激法案，大幅退税，刺激消费，进而刺激经济增长，避免经济陷入衰退。原以为美国次贷危机已经见底，而5月份美国两个最大的房屋抵押贷款公司房地美与房利美资产状况急剧恶化，使得金融危机再次升级，"多米诺"效应加剧。

（三）三个阶段

徐凡（2007）从具有代表性的ABX指数中看，把从2006年末次级抵押贷款市场的问题开始显露端倪到2007年9月期间的市场发展分为三个阶段。

第一阶段。2006年后期至2007年2月底，市场景气迅速下跌。多家抵押贷款机构申请破产，并且有些银行开始提大量坏账，宣布出现损失，收紧信贷。在这一阶段，国债市场和股市出现了较大的波动，但是市场动荡主要局限在高风险抵押贷款市场之内。

第二阶段。2007年3月初至2007年5月中旬，ABX指数缓慢回升，市场相对平静，New Century的破产早先已被市场预期，其余并没有重量级的负面消息。大多数破产或者被出售的放贷机构都是中小型次级贷款专营机构，大型银行经营仍然稳健。但随着次级抵押贷款危机的发展，次优级贷款（Alt-A）的风险也逐渐为市场所关注。

第三阶段。2007年5月下旬至2007年8月，市场加速下跌，恐慌情绪蔓延。从5月下旬开始，由于房屋市场持续疲弱和抵押贷款表现进一步恶化，市场再次转入下跌。随着 American Home Mortgage 申请破产保护，市场对 Alt-A 贷款的担忧不断加深，恐其像次级贷款一样出现大面积恶化。7 月中旬，高等级 ABX 指数加入下跌行列，此后次级贷款所引发的风暴愈演愈烈，呈现扩大化的趋势。一方面，美国以外包括澳洲和欧洲的数家大型银行旗下的投资机构或基金，不断爆出巨额亏损或是停止赎回的消息；另一方面，美国信用市场普遍受到波及，信用利差大幅走宽，CDO 市场动荡，债券新发市场严重萎缩。市场避险倾向空前高涨，国债收益率大幅走低，市场出现流动性不足的倾向。美联储注意到了这些现象，但是对市场发展显得估计不足。

经济环境的变化，房价下跌、联邦利率持续上升，引发了大面积的违约风险，首先会给贷款人造成损失。基础资产的风险必然传递到相应的证券持有人，由预先设定的投资人来承担风险。面对次贷风险，对冲基金在此首当其冲，并且持有高信用等级的养老基金和保险基金也受到牵连。投资者也开始担心，纷纷希望赎回基金。MBS 和 CDO 的投资者面临的损失除了与次级房屋贷款损失严重率密切相关外，还取决于投资者所持有的档级是否较高、资产池中次级房屋贷款与普通贷款的比例与结构、资产池中次级房屋贷款所在区域以及融资杠杆等因素。为了应对投资者的赎回，一些基金不得不通过变现其他市场的资产来满足自身流动性需求，从而引发了股票市场、商品市场等一系列与债券市场并没有直接关系的市场出现大幅波动。次级房屋贷款危机对次级房屋贷款人以及 MBS、CDO 投资者造成的损失会反映在其股价上，每当投资者出现恐慌，股市及其他市场都难免受到冲击。由于各国股市之间存在联动关系，这种冲击还可能波及其他国家的股市。同样，公司债券市场、商品期货市场、外汇市场及各类相关衍生品市场等也与之产生联动，次级房屋贷款本身的风险由此演变为系统性风险。紧接着这场危机开始影响实体经济。次级房屋贷款危机可能从住房投资和居民消费两方面对实体经济产生重要影响。（孟辉等 2007；曹红辉等 2008）

（四）四个阶段

（1）第一种观点。次贷地震。美国次级房地产抵押贷款市场危机爆发；违约海啸。“两房危机”背后的信用违约危机，垃圾债券违约率急升，导致掉期、CDS 等金融衍生品市场的危机；利率火山。信贷全面紧缩造成长期贷款利率飙升，触发利率掉期市场危机；美元冰河。全球美元资产出现信心危机造成美元的世界储备货币地位动摇。（宋鸿兵，2008）

（2）第二种观点。美国金融危机演变经历了四个阶段，呈不断扩散趋势。

第一阶段。次贷危机阶段（2007 年 6 月—2008 年初）。房地产泡沫破灭导致次贷危机爆发。

此阶段损失主要是房地产泡沫破灭导致与次级债相关的直接损失。标志性事件是 2007 年 4 月 6 日，贝尔斯登旗下两只基金因次级抵押债券严重亏损，成为最先倒掉的一批基金。2007 年底和 2008 年初主要金融机构纷纷爆出严重亏损，美联储向金融市场注资，并加大降息力度。爆发次贷危机的直接原因是美国实施紧缩政策，美国房价快速回落，大量借款人违约，导致次级债危机爆发。深层次原因是美国家庭滥用美元信用进行过度消费。

第二阶段。债务危机阶段（2008 年 3—9 月）。

次贷危机升级为债务危机，主要表现为次级贷、次级债损失向衍生证券、优级债、信用卡等环节延伸。主要大事就是华尔街五大投行中，贝尔斯登破产，雷曼公司申请破产保护，美林证券被美国银行接管，高盛和摩根士旦利转型为银行控股公司，房利美、房地美被政府接管。CDO、CDS等衍生证券跌价，巨额债务拖垮贝尔斯登、“两房”、雷曼、美林和AIG(美国国际集团，保险业巨头)等大型金融投资机构。经济恶性循环，房价不断下跌，导致除次级债外的优质债、信用卡债、企业债等全面出现偿付危机，高达25%的行业利润难以维持，金融危机迅速扩散。深层次原因是金融机构的过度扩张。2002—2007年，金融行业未偿债务从10万亿美元增加到16万亿美元。

第三阶段。信贷危机阶段(2008年2季度以来)。

由于心理恐慌和信用缺失的传导，次贷危机开始向信贷危机演变。信贷紧缩才是美国经济陷入危机的推动力量。次贷危机爆发后，发达经济普遍出现信贷紧缩。2008年2季度以来，美国信贷危机日益加剧，2008年10月初美联储宣称信贷危机恶化，主要表现在：一是信贷大幅萎缩。2季度，家庭和金融业借款仅增长1.3%和6.6%，低于近10年两位数的增速。据Dealogic统计，2008年前9个月企业贷款减少40%。二是企业短期融资困难。商业票据市场规模从2007年夏天的2.2万亿美元萎缩到1.6万亿美元。三是贷款和债券价格急跌，企业融资成本剧增。2008年9月投资级债券价格下跌7%，垃圾债券跌幅创20年记录。四是商业银行大量卷入。截至2008年6月底，列入美国联邦存款保险公司“有问题名单”的银行数高达117家，其中15家商业银行已破产。信贷危机恶化的标志性事件是，2008年9月25日全美最大的储蓄贷款银行一华盛顿互惠银行成为美国历史上倒闭的最大规模的银行。

第四阶段。全球金融危机升级阶段(2008年9月中旬以来)。

美国金融危机的不断升级和蔓延，引发全球金融风暴。美国金融机构把高风险的次级抵押贷款打包成金融衍生品，出售给全球投资者，使本应在一个区域内发生的房贷危机，迅速通过多种途径向国际市场输出，演变成一场波及全球金融市场的飓风。在2008年9月14日前，次贷危机的全球影响基本限于与次贷相关的直接损失。2008年9月14日，随着雷曼兄弟等大型机构倒闭，全球骤然面临金融危机的巨大风险。一方面欧洲、亚洲等诸多金融机构受到巨大的波及和冲击，由于与美国大型金融机构盘根错节，英国、瑞士金融机构损失惨重，亚洲印度、韩国银行金融业也受到较大冲击；2008年7月16日，IMF称全球因次贷危机遭受的损失将超过1万亿美元。另一方面美国金融危机还通过影响投资者信心影响全球股市。美国标准普尔公司2008年2月9日公布的数据显示，由于美国次贷危机冲击以及投资者担心世界经济增长放缓，2008年1月份全球股市损失高达5.2万亿美元。2008年10月8日，根据摩根士旦利资本国际主要全球股指的市值损失估计，过去12个月全球股市市值蒸发愈12.4万亿美元，其中超过1/3约4.6万亿美元是在雷曼兄弟破产后三周蒸发的。2008年10月全球股市“黑色一周”蒸发6万亿美元。最后，通过影响全球房价引发房地产泡沫国家的金融危机。在房地产方面，美国房地产出现了“自1933年以来住宅价格的最大跌幅”，2008年7月房价同比下降7.1%；2008年8月份，英国平均房价下跌5.3%，跌幅为7年来最大；丹麦、爱尔兰和冰岛等欧洲国家也纷纷步入美国后尘；新兴经济体也一样，如越南胡志明市的房价同比跌幅达到五成。金融危机的发生，将使已经低迷的全球房市更加举步维艰，纷纷加入下跌的行列。(引自http://www.caiec.org project_view.asp? id=1893,2008)

除次贷直接损失外，全球金融危机在部分国家已经初现苗头。冰岛金融业在全球信贷危机中损失惨重，该国金融危机进一步加剧。2008年10月7日，冰岛政府接管第3大银行进入破产保护程序，同时宣布放弃冰岛克朗的固定汇率，冰岛面临"国家破产"危险。中东欧国家乌克兰和匈牙利被迫向 IMF 申请救援。英国金融危机也正逐步加深，2007 年 9 月 14 日，逾 1 个世纪来首次出现英国北石银行遭遇挤提。2008 年 2 月 17 日，北石银行被国有化。2008 年 9 月 17 日，莱斯 TSB 银行集团同意收购以挽救最大按揭银行 HBOS(苏格兰哈里法克斯银行)。2008 年 9 月 18 日，英国实施临时禁令，禁止沽空金融类股份。2008 年 9 月 29 日，政府将按揭机构 B&B 银行国有化。2008 年 10 月 8 日，英国政府向多家国家银行注资达 500 亿英镑。由于包括美国、欧洲在内发达国家房地产普遍存在泡沫，欧洲一些国家的房地产泡沫比美国还要严重，新兴市场房地产价格也普遍虚高，全球房地产市场进一步调整，美国金融危机继续发展，引发全球金融海啸的可能性不容小觑。

(五)美国次贷危机的爆发及扩大

(1)次贷违约率的上升冲击银行。次贷风险经金融衍生产品将风险传递出去后，由于次贷违约率的上升，银行同样遭受冲击。由于次贷风险被转移到投资银行所创新的各种各样证券中去了，最初的住房抵押贷款金融机构就成为典型的中介机构了，不承担任何风险。为了赚取"中介费"，他们就无限制地发放次贷，而后续的创新金融链上的投资者由于过多的环节手段他们已经不知道风险所在，也无止境地投资于这些金融产品。这样，尽管金融创新工具可以把风险分散出去，但是总体的宏观风险却因为投资者错误地判断风险大小而放大了。美联储不断升息导致住房贷款市场利率的上升和房价的下跌，再融资者无力偿还新贷款，于是出现"断供"。

违约率的上升导致以次贷为基础的 MBS 和 CDO 的价格下跌。更糟糕的是，相当大部分住房抵押贷款采取的是浮动利息率。根据次贷的有关规定，在经过前两年低利息率期之后，次贷利息率必须根据市场利息率加以调整，次贷合同进入利息率重新设定期。利率的提高使得大多数次贷借贷者难以承受，次贷推迟偿还和违约率都大幅度上升。

首先，违约率上升使提供次贷而又未实现次贷证券化的住房金融机构倒闭或申请破产保护。再次，较低级别的 MBS 和 CDO 的风险上升，导致评级机构对较高等级的 MBS 和 CDO 进行重新评估，这些产品的信用级别被调低，其市场价格也相应下跌。这就使购买信用评级较高的 MBS 和 CDO 的商业银行、保险公司、共同基金和养老基金等也随之受到冲击。由于各种非银行金融机构同银行有着千丝万缕的联系，银行最终仍然无法摆脱次贷所带来的风险。(窦圣勃，2008)

(2)危机从资本市场影响实体经济和国际经济。美国次贷危机起源于次级住房抵押贷款市场，通过 MBS 和 CDO 市场，传导到购买该类债券的投资银行和对冲基金，并影响商业银行，导致商业银行的惜贷行为，并因乘数效应和扩散效应影响其他资本市场，使得危机从资本市场影响实体经济和国际经济。

(3)风险的反馈机制影响金融系统的稳定。利用剑桥大学 Wagner 和 Marsh(2004)构建的解释金融体系内风险转移对金融体系稳定性影响的模型，借用修正后的该模型得出，从学理上讲，风险资产更多地转移或配置于投资银行和对冲基金围住的机构投资者，金融体系稳定性会得到提高。但是，从动态角度看，如果以商业银行为主的次级抵押贷款公司通过资产证券化把金融风险转移给以投资银行与对冲基金为主的机构投资者后，又将其回笼的流动性资金用于膨胀性的激进贷款行为，或者用于购买 MBS 和 CDO 等衍生产品，而以投资银行和对冲基金围住的机构投资者又以其持有的 MBS 和 CDO 等衍生产品作抵押向商业

银行进行杠杆性融资，则这种风险配置和风险转移会进一步放大金融风险，振荡金融稳定性。（雷良海，魏遥，2009）

（4）道德风险。可以说，这场金融危机并不仅仅由于金融衍生产品的创新，更深层次的原因是流动性过剩导致的商业银行为首的激进的贷款行为，属于道德风险。

（5）危及世界。而次贷危机从美国发端，金融领域受挫严重，并导致了货币市场的流动性短缺、次级债缩引发的两房危机、金融衍生产品导致的投资银行和保险机构破产、股票市场暴跌、能源与大宗商品价格大幅回落以及信贷紧缩，越来越多的国家开始被卷入金融海啸中。之后危机进入第二阶段，危机从纯粹的投资领域扩展到消费需求领域，消费者信心下降，引起实体经济的危机，如美国三大汽车公司因亏损向美国政府申请救助，以及英国等大型零售商的相继倒闭。根据数据显示，美日欧三大经济体 2008 年已全部进入衰退期，在全球金融一体化的环境下，次贷危机已经波及新兴市场经济体、转轨经济国家和广大发展中国家。在外部世界恶化的情况下，没有国家能做到独善其身。

（六）模型解释

王漪珺（2009）通过“明斯基模型”解释次贷危机爆发的根源与发展的脉络。即金融自由与金融创新为次贷市场的兴起提供了法律和技术的支持，政府扩张性的货币政策为该市场提供了充足的流动性，普通民众、放贷机构、评级机构与投资机构在市场中的投机行为导致了次贷及其衍生品市场的繁荣。随着信贷的扩张，金融的脆弱性放大，表现为长期贷款关系的短期化、放贷标准的不断降低，同时由于监管体系的缺失、评级体系的漏洞和风险控制方法的缺乏，金融的脆弱性不断积累。当宏观经济政策开始收缩，危机随即爆发。

（七）流动性泛滥

次贷危机由各种错误集体酿成，而归根结底是一场流动性泛滥导致的资本泡沫危机。认为在管理纸币本位制度下，世界货币的供应不再受到黄金储备的制约，以致世界货币的供应国可以通过增加货币供应量来谋私，当世界货币供应国置国际利益于不顾，肆意增加货币发行量时，必定造成全球经济的泡沫化。由于流动性过剩，资本价格暴涨，金融投资的收益远高于产业投资收益，吸引更多资本从产业资本领域向金融领域流动，造成经济基本面与金融面的背离，引发金融泡沫破灭的危机。（华明、刘佳，2009）

（八）结论

一是本次国际金融危机的根本原因仍在于金本位制制度崩溃之后国际货币体系的缺失。二是在泡沫形成过程中，美国有关管理当局采取纵容市场创新、而不是进行有效监管的作法，并没有担当起作为世界货币供应者的责任。而是利用其地位，让全世界来承担美元超量发行的成本。三是金融危机泡沫形成后，美国并没有控制风险，闲置无偿债能力的行为人进入房地产市场，而是错误的运用升息的方法，导致泡沫的瞬间破灭和全球危机。（华明、刘佳，2009）

二、未来趋势

（一）前景悲观

多数学者的分析对未来还是抱着较为悲观的看法。危机蔓延的风险主要是指波及经济其他领域的风险，这可以有两种途径，一种是通过影响消费进而影响整体经济；另一种可能是金融市场受到剧烈冲击从而引发全面的信用紧缩，进而影响整体经济。美国经济是消费拉动型经济，消费萎缩将会对经济产生严重影响。受次贷危机影响，美国金融市场出现了一定的信用紧缩，但范围仍然有限。抵押贷款中次级贷款受到的影响最大，而优质贷款受影响相对较小。在美国以外，欧洲、澳洲和亚洲一些地区，因为部分银行或基金在美国信用市场和次级贷款市场上的投资损失和投资者开始回避风险，也引发了一定的流动性紧张，由于信息有限，其影响还很难判断。在目前的情况下，由于次级抵押贷款的基本面并无好转，房屋市场的调整尚未结束，市场自发救援行为相对有限，市场还将经历一段痛苦的时期。（徐凡，2007）

（二）信心丧失

对于金融产品来说，此次动荡使市场对次级房贷、资产证券化产品、评级机构的信心丧失，这种信心直接影响到金融市场流动性的供给和中央银行货币政策的效果。因此，我们可以预见，美欧金融市场流动性偏紧会持续一段时间，直到银行和非银行金融机构对提供流动性的态度有所放松。也只有到那时候，中央银行才会重新考虑提高利率、控制通货膨胀。（张雪春，2007）

（三）美国经济增长前景堪忧

美国实体经济的衰退不可避免。美联储已明显地将其对通胀的关注转变为对经济增长的关注。美国其他部门也陆续采取各类措施，缓解次级房屋贷款的压力。曹红辉，刘华钊（2008）认为美国次级房屋贷款危机未来如何发展，既取决于次级房屋贷款的制度调整以及监管部门的干预行为，也取决于房价走势与次级房屋贷款的规模、结构变化。通过有关专业人士的分析，房价高估的程度还很难有定数，可以预见，这场危机还只是刚刚开始，全球金融市场还将面临新的震荡。

（四）走完三部曲

从次贷危机到金融危机再到经济危机。这次危机的特点是信心崩溃，信用发生极大危机，现金为王，大家急不可耐地要将资产转变为现金，并手持现金不放，大家都在等着抄底和忙于储蓄。由于信贷是金融体系和实体经济及虚拟经济之间的桥梁，资金是市场经济的血液。所以，西方政府救市的指导思想是先救急，先恢复金融机构的放贷能力。在资产变现金的大浪潮和从负债消费到增加储蓄的生活方式大转变中，由于有效需求的严重不足，美国经济的复苏可能要经历相当长的时期。（吴正良，2008）

（五）十大趋势

（1）全球金融危机的演进已经到了向实体经济全面扩散阶段，全球经济衰退与萧条的时代正在来临。

（2）这次全球金融危机是有史以来规模最大、破坏最甚、危害最久的深刻危机，其对世界经济的长期负面影响会超过历史上任何一次。

（3）由于发达国家金融体系中存在 1∶30 的信用杠杆率，因此这次金融危机的“去杠杆化”过程将会相当漫长、相当复杂也相当痛苦。

（4）美国政府的救市政策正发生方向性调整，不再购买银行的不良资产而去救助实体经济将对正陷于困境的银行与金融机构造成重大冲击，会有更多的银行出现破产或倒闭。虽然各国政府动用巨额资金救市，但对于深陷危机的世界经济来说仍然是杯水车薪，到头来很可能还得由市场来自行化解危机，因此在现阶段，解决危机的前景仍然极其渺茫。

(5)从金融危机向经济危机的转化是一个全面性与世界性的过程，第一阶段是过度消费型的国家发生经济危机，第二阶段是过度生产型的国家发生经济危机，第三阶段是过度资源供应型的国家发生经济危机，消费—生产—资源供应的因果链条将发生全面断裂。10年来的经济全球化过程已经把整个世界经济联结成一个命运共同体，很难有哪个国家能在这场全球性的经济危机中独善其身。

(6)虚拟经济与实体经济的负面影响会交互作用，美国股市很可能会跌到5000点左右，全球主要股市至少还有30%以上的下跌空间。

(7)全球主要商品市场的大熊市将持续三年以上时间，商品市场已经发生根本性的牛熊转折。对于世界经济来说，未来三年内所面临的将不是通胀威胁而是通缩危险。

(8)黄金市场的“黄金时代”已经结束，黄金的保值功能将随着经济危机的深化而逐步丧失。

(9)美元坚挺是一个暂时现象，虽然现阶段全球资本回流美国增大了对美元的需求，但美元泛滥对其在世界金融体系中的地位将产生长期负面影响。就危机的演进过程来看，美元的走势会呈现短期跌不深、中期涨不高、长期不看好的基本态势。

(10)处于全球金融危机与经济危机之中的中国经济正处于下降通道，政府救市可以阻延下降过程，但不能改变下滑趋势。中国股市的牛市不是渐行渐近而是渐行渐远，只要在大小非问题上不能找到突破性与突围性的思路，中国股市就很难走出熊市而出现反转。2009—2010年，中国经济与中国股市都将更为困难。(韩志国，2008)

(六)十个阶段

(1)泡沫开始破裂，当房子供过于求的时候，房价就会下跌。一些借款买房的人开始发现，他们手中的房子已经贬值到低于他们的有抵押借贷款项，恐慌蔓延，房价进一步下跌。新一轮经济下行开始了。

(2)CDO的运行体系。投资者们挤破脑袋做的CDO，实际上是一种极为复杂的基于抵押贷款的有价债券。

(3)杠杆作用。公司借款用于投资CDOs和房地产，雷曼兄弟公司的杠杆比值超过了30∶1。AIG公司出售那些买卖价差对信用违约互换(CDOs)，从而保护那些投资者避免亏损。

(4)有抵押借贷开始倒塌。那些通过很低价格拿到巨额贷款的消费者开始无法还钱。而借出款的机构，比如华盛顿互惠银行以及其他全国性的金融机构股票开始下跌。金融体系的报复开始了。

(5)金融体系遭到进一步打击不良的信用记录，意味着CDOs将会进一步贬值。那些投资银行的资产价值缩水了，他们必须拿出更多的资金，衰退开始，熊市就来了。雷曼兄弟就撑到了最后一刻，轰然倒下。

(6)政府开始救市。政府必须首先保护“房地美”和“房利美”，因为在政府的如意算盘里，他们承担着可以阻止危机蔓延的重任。然后政府开始拯救AIG，随后又抛出7000多亿美元的救市方案。整个市场已经奄奄一息了。

(7)信贷市场开始瘫痪，有价证券的拍卖价格也开始走低，政府的信用开始受损。更大的银行机构开始变得动荡。那些低价但风险高的债券价格也开始崩溃，甚至那些优良的债券也无法避免。这就让经济也卷入了风波。

(8)市场开始不稳定。恐慌开始在股市蔓延,投资者恐慌地退出股票市场。即使银行利率只有1个百分点,也要退出股票市场,直到市场开始回暖,投资者才会回来。

(9)去杠杆化。类似华盛顿互惠等大银行在巨大的压力下,就需要更多的资金去补漏洞。所以他们开始变卖资产,这种行为导致了资产价格更低,这就要求更多的资产。这个恶性循环开始,就注定是个不归路。

(10)当这个借贷链条变得紧张,很多企业依赖的短期借贷也开始受连累。这将带来更为消极的后果:如果商业借贷失灵,公司经营变得更紧张,失业和经济放缓就到来了。(美国时代杂志,2008)

(七)金融危机蔓延和扩散的领域

从当前的发展趋势来看,美国次贷危机很可能进一步蔓延和扩散到以下四个领域。

(1)商业银行。美国储蓄保险公司的数据显示,商业银行和储蓄机构在2008年第二季度仅取得50亿美元的净利润,较之2007年第二季度下降86.5%,这是美国商业银行自1991年以来净利润额第二低的季度。高额的不良贷款减值拨备,是净利润出现大幅下滑的主因。在第二季度里,银行的减值拨备高达502亿美元,较之2007年第二季度的114亿美元高出4倍多。同时,减值拨备占整个行业净营业收入的31.9%,而一年前拨备仅占净营业收入的7.3%。信贷紧缩对于美国银行业的负面影响日益凸显,商业银行很可能遭受严重的冲击。加州印地麦克银行(IndyMac)的破产,只是银行业风险释放的开端,次贷危机对于银行业的影响仍有待显现。美国中小银行过去几年内投资了大量与次贷相关的结构性投资产品,截至目前,这些银行只对次贷作了减记,还没对客户信用作减记处理,这部分损失更大。随着银行资本的减少,银行的去杠杆化(指解除杠杆融资的操作)将会持续,从而形成持续的信贷紧缩压力。2009年很可能是美国银行业危机集中爆发的时期,届时美国众多中小银行面临破产清算的风险。(谭小芬,2008)

(2)信用违约掉期。信用违约掉期,或信用违约互换,或信用违约交换(Credit Default Swap,CDS)是1995年由摩根大通首创的由信用卡贷款所衍生出来的一种金融衍生产品,它可以被看做是一种金融资产的违约保险合同。在次贷链条中,CDS因属于场外交易产品而被疏于监管,才导致市场扩大和反复转让后的权责混乱,违约率上升。在占据主导地位的场外市场中,利率类产品一直是其中的绝对大头。2007年年末,利率类衍生品名义本金总额达到了393万亿美元,占全部场外衍生品的65.96%。不过,以信用违约互换产品(CDS)为主的信用衍生品在近些年中发展极其迅速。2004年年末,全球CDS名义本金总额仅为6.4万亿美元,占所有OTC市场的2.5%。到2007年年末,全部CDS产品三年时间增长了8倍,其名义本金总额已达到57.9万亿美元,占全部场外市场的9.7%。通过近年来的迅猛发展,CDS已经于2007年取代了外汇产品,成为第二大场外衍生品交易品种。实际上,CDS正是导致本次全球金融危机深化、蔓延的关键品种。(http://bbs.anjia.com/dispbbs_40_265397_1_8.html,[转帖]聂皖生:金融衍生产品智慧还是骗术?)债权人通过这种合同将债务风险出售,合同价格就是保费。购买信用违约保险的一方被称为买家,承担风险的一方被称为卖家。双方约定如果金融资产没有出现违约情况,则买家向卖家定期支付“保险费”,而一旦发生违约,则卖方承担买方的资产损失。CDS是目前全球交易最为广泛的场外信用衍生品,市场规模高达62万亿美元。“两房”国有化虽然在短期内有利于稳定12万亿的抵押贷款市场，但是这一行动很可能导致信用违约互换(CDS)出现危机。原因在于，CDS市场中有相当大数量的基础金融资产来源于两房提供的信贷资产以及其他固定收益证券。两房被接管后，标准普尔等信用评级机构提高了两房发行的固定收益证券的信用等级，这在一定程度上意味着那些“做空”两房债券的机构风险上升。由于在CDS基础上还有更为复杂的对冲或衍生金融产品及工具，CDS市场可能暴露出来的风险敞口的破坏性相当巨大，CDS市场问题所能造成的信贷紧缩风险也许比“两房事件”来得更为迅猛。

(3)商业房地产市场。美国房贷市场的问题不仅局限于个人住房，商业房地产贷款也正在出现问题。从2000年到2006年，美国商业地产价格的涨幅为90%。由于经济形势不稳以及信贷危机引发融资成本上升，商业地产的价值正开始缩水，商业房地产价值跌幅可能达到20%～25%，那些持有商业地产贷款和商业按揭证券头寸的金融机构将面临严重冲击。虽然2007年商业建筑仅占美国GDP的3%左右，但对各季度实际GDP增长率的贡献度均达到了0.5个百分点左右。一旦商业建筑陷入衰退，银行对地产商的贷款将面临巨大的违约风险。(谭小芬，2008)

(4)信用卡市场。美国居民的消费需求严重超过居民收入，60%～70%的美国人实际工资下降，靠借钱维持过去的生活水平，20%的美国人靠借款维持超出其收入水平的生活水平。美国个人信用卡透支已高达9000亿美元，而房贷债务与贷款者收入之比却持续上升。信用卡市场很可能是次贷危机之后一个新的危机点。美国的信用卡违约率从2006年开始上升，在2007年下半年开始急剧上升；私人部门债务对GDP中私人部门数量之比近年大幅攀升，目前高达35%以上；全部商业银行的到期违约率大幅上升，目前超过3%。由于信用卡债务同样被银行打包，变为证券出售，随着次贷危机向信用卡市场蔓延，次贷危机的后果将更加严重。美国次贷危机的根本原因在于家庭负债过重，而家庭降低对债务的依赖和金融机构的“去杠杆化”过程将花费很多年的时间。当前美国仍处在泡沫后“去杠杆化”过程的中期阶段，金融机构需要增加资本金来修复资产负债表，居民需要增加储蓄来收缩债务，这不是短时间内可以完成的。美国经济经历了三次“资产驱动型”的经济增长循环，第一次是在上世纪90年代，美国经济在1990年7月陷入衰退，在次年3月衰退结束。但在那之后的数年时间里，美国私人消费和经济增长都维持异常疲软的态势，而企业则花了很长时间才逐渐修复资产负债表。事实上，那一次的真正衰退虽仅持续了几个月，但经济的低迷期却从1989年一直持续到1992年。第二次是在2001年。衰退始于2001年3月，当年11月结束。但“去杠杆化”的整个过程是美联储放松货币政策的过程，却持续了整整3年。第三次是眼下的次贷危机，其严重性远远超过了2001年IT泡沫。鉴于信贷泡沫涉及的领域非常广泛，情况更加不容乐观，美国经济可能需要花费更长时间才能完成这一调整过程。总之，次贷危机所引发的金融风险虽然在2008年已经达到顶峰，但由于去杠杆化过程是一个长期的过程，次贷危机将持续到何时，仍然是个未知数。(谭小芬，2008)

三、美国金融危机的蔓延对中国的影响

(一)最主要的危机传染途径

在这次的美国金融危机对中国影响的传播途径中，贸易联系与外国对华投资机制的作用可能并不十分关键，反而是中国对外投资和中国企业海外上市可能成为最主要的危机传染途径，而且这样的危机传染途径的重要性还会日趋提升。(梅新育，2007)。

(二)直接影响和间接影响

由于我国金融系统相对独立,资本项目也未全面开放,故这次金融危机对中国的直接影响有限,但主要的间接影响还是要通过美国实施的补救措施的实施效果而定。(连婕,2007)

(1)直接影响。由于购入美国次级按揭债券,所以中国金融企业会遭受直接损失。但我国内监管部门对金融机构从事境外信用衍生品交易管制严格,银行的投资规模不大,涉及的次贷危机资金金额较小,其损失对整体的运营影响轻微。这场金融危机的影响可通过香港的股市来影响内地的股市。尽管国内居民投资H股的渠道被打通,由于国内主要的机构投资者进入H股的渠道仍然不顺畅,故很难改变目前市场分割的状态,所以这方面的影响也是有限的。中国股市中有大量的钱来自国外的"热钱",这部分资金很可能在此期间被迫退出中国市场。基于我国具体的经济情况,次贷危机的直接冲击可能主要通过地下钱庄等非法金融渠道影响中国股市,但地下金融毕竟不是主流,其产生的冲击也是有限的。

①银行金融机构的债券损失。我国商业银行持有了美国金融机构的债券,如次贷证券、"两房"证券,另外还有一些金融机构如雷曼等公司放行的债券,这些债券在危机中会蒙受损失。据分析,中国银行持有美国次贷债券296亿美元,居亚洲之首,建设银行持有44亿美元,交通银行持有19亿美元[①],与整个银行的资产相比较,尽管数量和比例都不是很大,但这毕竟是股东的财产,中国人的财富。

②金融机构的股权损失。在危机爆发前夕,我国一些机构对国外金融机构进行参股,目前这部分投资也因为危机而出现账面亏损。

③央行的损失。我国央行持有了大量高级别的"两房"发行的证券以及美国国债,虽然由于美国政府的接管,两房暂时免受破产的厄运,但在危机还未结束、市场未稳定之前这部分资产都是值得注意的。

(2)间接影响。从间接角度来看,由于这次金融危机波及的范围之广、影响之深,市场投资者信心会低落,对风险类资产的偏好降低,中国投资者的心态也会受到一定的冲击。同时也阻碍了我国对金融衍生工具的进一步探索,中国出口企业也因美国经济的衰退而遭到"寒冬",美国的降息政策也将给中国的经济造成间接的影响。(于莹,2007)美国楼市出现明显的"硬着陆"迹象后,中美之间的实体经济影响会越来越大,从而将出现美国的楼市拖累中国楼市的结局。2007年8月份之后,随着美国次贷危机的加重,美欧国家的经济增长将出现明显的减速,跨国投资银行和投资基金可能收缩全球投资以应对美国国内的资金需求,这就可能使一部分资金从中国外流。美国低收入群体因次贷危机导致收入下降,直接影响到即期需求,也会传导到对我国进口的减少,中国出口增长和贸易顺差的扩大将难以为继,中国的出口可能面临1997年以来最严峻的考验(尹中立,2007;钟宏等2007):

①导致出口减少,累及经济增速放缓。

②外部金融市场的波动带来的跨境资金流动加剧与投资者信心改变等,影响了我国资本市场和金融市场的稳定,导致了实体经济的困难。

③美元贬值导致外汇储备缩水。

④被动输入通货膨胀。

---

① 《经济研究参考》,2008年第20期,第13页。

⑤加大了宏观调控的难度。

四、次贷危机引发的金融危机的解救方法

次贷危机的扩大导致全球各经济体进入衰退期，如何挽救经济成了众多学者的争论焦点。张五常教授的《救金融危机的三派之别》，从宏观上分析金融危机的解救方法，分别是宏观派、货币派和微观派（即价格理论派）。

（一）宏观派

主要是由政府花钱投资，刺激消费，加上一个乘数效应。现在世界各国均出台了该法，中国更是出台了 4 万亿的鼓励内需的方法。宏观派可以增加短暂的收入，有短暂的增加就业的效应，但花钱更多也不可以把收入与财富的恶性预期扭转过来。

（二）货币派

该方法是大幅削减利率及放宽银根。在某些情况下，大手地放宽银根可以增加财富，可以刺激消费，两者相加是会增加人民的收入预期的。但在金融危机的情况下，银行惜贷，也不愿意低息放贷，并且在恶劣的经济大环境下，银行不确定借贷者是否能偿还本息，惜贷行为成为普遍。

（三）微观派（价格理论派）

以美国为例，最重要的是取消最低工资（目前连福利算每小时约 11 美元）及撤销工会的约束竞争的权力。撤销工会的权力及最低工资，不仅物价易于调整，工资的下降会立刻协助就业，企业的租值会立刻上升，股市的弹起会协助楼价止跌，而财富的上升会把人民对收入的不良预期扭转过来。再者，没有工会及最低工资的左右，市场增加了灵活性，货币政策会远为容易生效。

从实践中看，微观派不仅在我国行不通，就是在美国也有很大的阻力。其主要原因就是将金融危机转嫁给低收入者，有违社会公平。

第三节　美国金融危机对我们的启示

经过上百年的发展，相对于其他国家而言，美国灵活的经济体制，先进的生产技术和科学的管理方法，富有创新性的经济文化等，加上美国政府对经济运行的管理与监控措施是比较完善的，针对各行业制定的条例、法规也是较全面的，使其经济实力在全球处在遥遥领先地位。即便如此，仍然发生了如此剧烈的经济动荡，并且席卷全球的美国金融危机对全球实体经济的影响日益加深。作为发展中国家，中国政府更应引以为戒，避免我国的经济重蹈覆辙。

一、妥善处理实体经济与虚拟经济的关系

要正确认识、妥善处理实体经济与虚拟经济的关系。实体经济是指第一、第二产业，及第三产业即服务业中不包括金融服务业的部分，虚拟经济则是指金融服务业。实体经济是

经济活动的基础，虚拟经济是在经济发展进入一定阶段在实体经济基础上产生的经济形式，其发展必须建立在实体经济的基础上并与实体经济发展相适应。当虚拟经济发展与实体经济发展相适应时，虚拟经济发展会促进整个经济发展；当虚拟经济脱离实体经济而过度膨胀时，则会产生经济泡沫，造成经济虚假繁荣，严重时会导致经济大起大落甚至危机。因此，要大力发展实体经济，并根据实体经济的发展状况积极发展虚拟经济，使二者相互适应、相互促进，而不能相互脱节。

二、经济发展与金融改革的关系

（一）金融市场开放要循序渐进

经济全球化使世界各国的联系加强，开放成为世界潮流，任何国家和地区的发展都不可能完全置身于世界金融体系之外，中国要走向世界，金融市场肯定要国际化，但国际化并不就是一下子完全开放。中国的金融市场体系还不完善，监管层管理金融市场的水平有待进一步提高，金融企业国际化的经营能力还不强，抵御风险的能力很差。因此，中国金融市场的对外开放必须循序渐进。在金融对外开放的同时，一定要增强金融发展的独立自主和风险防范意识，把对外开放与金融自主结合起来。（刘光溪等，2008）

我国金融体系目前比较稳定主要是依赖高储蓄率、相对封闭的金融体系和人民币不可兑换这三方面的因素，但是这三方面在不久的将来是要发生变化的。就我国现实的情况来看已经具备了资本项目开放的先决条件，而金融系统的基础设施还没有跟上，所以要先建立人民币交易的期货市场来把握人民币的定价权。（乔飞鸽，2007）

（二）金融创新要适合本国国情

金融创新要适合中国的国情，不可盲目照搬西方的创新产品。更重要的是相应的金融监管措施要同步，要切实落实问责制，利用严格的法律、法规约束金融从业人员的行为。同时，中国政府和相关机构应当利用这次机会再一次加强对广大中国企业和投资者的风险意识教育，提高投资者的素质。对投资者而言，如果说近年来的中国股市起伏跌宕属于国内教训，则这次美国的金融危机又是一个最好的国际反面教材。（刘光溪，苏鹏，2008）

三、对外金融投资要严格把关

要优化外汇储备体系，对外金融投资严格把关。中国需要稳定的汇率，要在国际金融市场上有自己的定价权和话语权，必须逐步改革现有的外汇管理体制，建立多元化的外汇储备体系，并积极推进人民币的国际化和人民币的国际结算业务与国际债券业务，防止人民币快速升值。否则中国的货币政策和汇率政策可能会被投机资金利用，致使多年辛苦积累的国民财富不断贬值。虽然中国实施了比较严格的资本管制，对境外投资，尤其是金融投资进行限制，仍有部分机构涉及次级债相关业务。此次金融危机造成的巨额损失，再一次显示了境外金融投资的高风险性，为此必须建立严格的境外投资特别是金融投资的审查制度和问责制度。同时，要积极应对我国“走出去”战略可能面临的风险和挑战。

四、要及时维护金融市场的稳定

华尔街金融风暴的教训是：市场并不是万能的，不能过分相信“放任的自由经济”的“隐形之手”，即使是市场高度发达、市场主体高度成熟的美英等国，市场机制依然存有巨大漏洞。在当前全球金融动荡和金融市场制度自身不健全的条件下，中国政府尤其要重视对金融市场安全稳定运行的监控、干预和救助。继续加强金融监管。我国正处于社会主义市场经济体系的建成和完善过程中，金融市场产品和服务比较匮乏，金融风险管理无论是理论上还是实践中都大大滞后于实际需要。与美国两党轮流执政、多部门相互牵制不同，中国是由一党主政、多党合作的国家，关系国计民生的支柱产业完全由国家控制和调配，所以在维护金融市场稳定方面中国政府的作用是其他任何国家不能比的。在经济发生波动时要及时制定对应策略。房地产调整应坚持逐步推进的方针，通过政策调控，促进房价理性回归，以利于房地产业长期健康稳定的发展。

五、逐步完成中国的经济结构调整

投资、消费与出口一直是中国经济发展的三驾马车。受美国金融危机影响，中国的贸易出口可能要下降，中国政府应该采取扩大内需，以保证国内经济健康和稳定的增长。目前，中国国内经济发展还很不平衡，地区之间、城乡之间差异依然很大，尤其是广大农村地区存在极大的发展空间，政府应借此机会在建设社会主义新农村上有所作为。通过对欠发达地区和广大农村的政策倾斜与国家财政支持，加大资金投入力度，有针对性的加快产业结构调整步伐，把经济结构改革引向深入、引向农村和中西部地区，尽快解决社保、医保、教育以及住房保障等问题，逐步减小收入差距，提高低收入家庭的生活水平，以此增加国内消费需求，抵消外贸出口下降带来的不利影响。

六、积极拓展国际空间

(一)提升中国在世界事务中的话语权

中国要完成从世界大国到世界强国的转变，一方面要发展自己，另一方面要在世界事务中有所作为。上世纪末的亚洲金融危机中，中国政府本着高度负责的态度，从维护本地区稳定和发展的大局出发，作出人民币不贬值的决定，承受了巨大压力，付出了很大代价。此举对亚洲乃至世界金融、经济的稳定和发展起到了重要作用，同时也向世界显示了自己的责任。此次美国金融危机又一次为中国创造了机会，由于此次危机中受到冲击的主要是虚拟经济，美国庞大的实体经济仍然是世界第一位的，中国要增加自己在世界舞台上的话语权，就应该在维护好本国利益的前提下与美国加强对话，与其他各国政府携手合作，共同应对这场经济灾难，以此进一步提升自己的国际地位。(侯红卫，2008)

(二)积极稳妥的推动人民币国际化进程

这次金融危机，不仅给美国金融市场带来动荡，也让全世界金融与经济损失惨重。美元国际储备货币地位导致资金过度向美元集中是危机发展的重要原因之一，因此危机带来的惨痛教训一定会引起国际社会对当前的国际货币体制进行深刻反思，改革当前以美元为主的国际货币体制，抓住机遇，推动人民币国际化进程。(刘光溪，苏鹏，2008)

七、审慎经营

银行在开发和参与任何结构性金融产品前，必须深刻理解定价模型背后的各种参数及其对潜在风险报酬的影响。全面风险管理(ERM)系统对于银行面对复杂金融市场环境将扮演重要的角色，中国的银行业应不断对自身的流动性进行压力测试，以便能在市场出于非常时期下保持合理的流动性。作为国际性大银行不宜过分轻信信用评级机构的滞后性评级，而应结合与动态市场紧密关联的分析工具加强尽职分析。(黄小军，陆晓明，吴晓晖，2008)

八、加强房地产金融的制度建设

反思房地产金融体系设计，将遏制房价泡沫与控制银行风险相结合。不管是对发达的市场经济国家，还是对发展中国家，制度建设都是至关重要的。制度缺失带来的风险往往是系统性的，破坏力更强、更持久，即使美国市场有很强的纠错能力，但仍未能避免危机的再次发生。值得注意的是，次贷危机的发展历程与我国现阶段房地产市场的发展过程有很多相似特征，而且我国并不具备美国那样发达的金融避险工具市场，若我国发生类似危机，则造成的损失很可能比美国严重得多(卜壮志，2007)。

(一)加强我国银行房贷风险管理

我国银行业应参照国际通行标准，制定和完善贷款资格审查细则，加强银行征信系统的建设，加大对住房贷款的审查力度。改变商业银行信贷人员仅凭借款人身份证明、个人收入证明等比较原始的材料进行决策的做法，尽量将违约风险消灭在萌芽中。另外，银行在制定按揭贷款首付比例时不宜实施“一刀切”，而应根据购买者的实际情况来确定。以此来抑制我国房地产市场日益严重的投机风潮，避免类似次贷危机那样的大规模违约情况发生。还需要加快发展银行信贷资产证券化步伐。在我国，目前商业银行面临严重的“短存长贷”问题，解决这一问题的重要途径就是将已投放的贷款进行证券化，提前回收流动性，防止因为资产负债期限错配所引发的风险。规范房地产评估机构也是需要值得注意的。房地产评估机构作为重要的市场中介组织，为银行提供客观公正的评估结果，有助于减少房贷风险，提高信贷资源分配效率。房地产评估作为新兴中介行业，必须从多方面促使其规范发展。(卜壮志，2007)

(二)重视金融机构自身经营的审慎性

银行为了逐利，不惜放低借贷标准；机构投资者，特别是保险基金、养老基金等本应是履行谨慎义务的受托人，为了追求收益，不惜降低风险溢价，参与对冲基金等高风险投资，这些不审慎的行为导致了危机的形成，并加剧了由此造成的损失。从我国的情况看，我们没有较完整的个人信用记录，而房价又在过去的几年中涨幅显著。同时我国的商业银行住房按揭贷款是靠吸收的存款来支持的，很少证券化，这样对银行本身就存在更大的风险。我国银行的业务过于单一，如果一旦风险发生，很难用多元化的盈利来弥补损失，整体业绩会受到很大影响。而且我国并不是所有的商业银行都做到了理财产品与自身资产负债业务的有效隔离，潜在风险很大。故商业银行不能忽视住房按揭贷款的风险；不能过度依赖单一的业务；要高度重视金融衍生品的风险；要做好银行理财产品与自身资产负债业务的有效隔离。(赵庆明，2007)

(三)注意控制衍生金融工具的风险

次贷危机充分暴露出金融市场自身的特殊风险。资产证券化使得风险蔓延到了一个很广的范围。另外，由于金融市场投资者众多，单个市场的风险可能迅速在各个市场传递，并引发风险的跨市场共振。马宇等(2008)从风险分担的视角分析了这次美国金融危机的情况，觉得在发展和使用衍生金融工具的时候，政府必须从整个金融市场和金融体系的角度注意控制衍生金融工具的风险。同时资产证券化的过程中，必须对金融资产的质量进行严格审查，防止某些机构进行恶意风险转移，还要注重金融机构强化资本充足性管理和风险管理。在设计金融市场体系，尤其是发展金融衍生品时，须充分认识到衍生品的两面性，既有分散风险的功能，也有放大风险的作用。

(四)细分房地产市场的发展模式

(1)反思房地产市场的发展模式。澄清政府在这一市场中的地位与作用，考虑借款人的不同信用，分离低收入阶层到房屋租赁市场和廉租市场。

(2)重视商业银行住房抵押贷款风险管理。虽然美国次级债危机出现后呈扩散趋势，但迄今并没有通过杠杆效应提高整体风险倍数，主要原因是美国商业银行在住房贷款方面成熟的客户细分技术和在此基础上的结构化住房信贷产品，推迟了次级债风险向一般住房贷款市场和其他信贷以及信用衍生品市场的蔓延，这对我国银行业住房按揭贷款业务具有重要的借鉴意义。

(3)加快居民信用体系建设。美国信用体系比较健全，不同信用水平的人和机构的融资成本是不一样的。美国次级债市场主要是为信用较低的群体设定的。这种制度性的市场分隔就是在不同信用风险的资产中间设置一道防火墙，一定程度上起到了风险过滤的作用。同时，为满足不同信用等级的投资者需要，美国推出很多信贷品种，如固定个贷、浮动贷款等等。

(五)认识和防范房贷的市场风险

房贷有房产作抵押，似乎是最安全的资产，但房产的价值是随着市场不断变化的。当市场向好时，房地产价格上扬会提高抵押物的市值，降低抵押贷款的风险，会诱使银行不断地扩大抵押贷款的规模。但房地产的价格也不可能无休止地涨上去，因为任何企业或个人都不可能无视其生产与生存的成本。当市场发生逆转时，房价走低，银行处置抵押物难，即使拍卖抵押物，其所得收益也不足以偿还贷款。这不仅给贷款银行带来大量的呆、坏账，还会危及银行体系的安全及整个经济的健康发展。因此，银行需要在风险和收益中做出理性的选择，提高识别和抵御市场风险的能力。

(六)认识和防范信用风险

次级贷款违约率高，原因在于贷款机构在放贷中没有坚持“三C”的原则，即对借款人基本特征(Character)、还贷能力(capability)和抵押物(collateral)进行风险评估。从国外的经验看，借款人的基本特征(年龄、受教育水平、健康状况、职业)、购房目的(自住还是投资)、婚姻家庭状况，还贷能力(房贷房产价值比、房款月供收入比、家庭收入和总债务比、资产负债比等)和抵押物(房产价值、新建房、二手房、使用期限、地段、独户、多层或高层建筑等)都与违约率密切相关。加强对借款人还贷能力的审查，对不同信用风险等级的借款人实施不同的风险定价、借贷标准，包括自有资本金、首付比例、利率、期限等，以促进银行从服务风险定价向客户风险定价转变，从粗放经营向精细化、个性化转变，提高自身抵御风险的能力。

(七)建立完善信息披露机制和贷款规范

监管部门应监督从事住房信贷的银行和保险机构，在各类贷款和保险产品的营销中，要向借款人充分披露产品信息，让借款者有充分的知情权、选择权，减少信息不对称对借款人权益的损害。推进标准化的合约、贷款审核程序、借贷标准，规范银行贷款行为和贷后的服务。

(八)中国应建立健全抵押保险和担保制度

中国应建立健全抵押保险和担保制度，完善住房信贷风险防范和分担机制。引入商业保险和政策性担保的机制，有利于促进抵押贷款营销的规范化、合约的标准化，抑制商业银行盲目放贷的冲动；合理的保险风险定价机制，有助于商业银行规避信用风险、道德风险和房地产市场周期波动风险。(肖才林，2008)

(九)要当心在投资决策中过于依赖抽象的数学模型而导致的风险

不准确的投资模型，使得华尔街分析师、精算师忽略系统性错误，并在证券化分析、系统风险估算甚至违约概率计算上出现预测失误，最终成为导致这次美国系统性金融危机的一个重要诱因。数学模型依赖一些脱离现实市场条件的抽象假设和历史数据，因而只能在一定范围内作为投资决策的参考，不能作为投资决策的最终依据。(蒋定之，2008)

九、金融人才的利用问题非常值得关注

目前雷曼兄弟破产、美林证券被收购，还有其他一些金融机构也将面临大幅裁员。为此，将有大批金融人才失去工作，其中很大一部分都是经验非常丰富的人才。据了解，有些国家已经将眼光放在了这些因“银行危机”而暂时失去工作的金融人才身上。因此我国在如何引进和利用这些金融人才问题上要进行认真研究。(陈李斌，2008)

十、加强金融监管

(一)要当心高激励离开合理边界带来的风险

有关机构的研究数据表明，2007 年美国大企业高管薪水的水平是普通员工的 275 倍。这一比例，在大约 30 年前仅为 35∶1。金融机构对高管的激励措施往往与短期证券交易收益挂钩，在诱人的高薪驱动下，华尔街的“精英”们为了追求巨额短期回报，纷纷试水“有毒证券”，借鉴金融创新从事金融冒险。美国房贷机构、经纪公司将贷款发放给没有还贷能力的借款人，商业银行、投资银行则将房贷资产打包卖给投资者，重奖之下放弃授信标准。离开合理边界的高薪激励，是这场金融危机的始作俑者和罪魁祸首之一。应对高管的激励性薪酬及税收抵扣等提出限制条件，以增强市场信心，恢复稳定市场秩序。任何行业的收入都要有一个合理的边界，不能离开相应的行业标准和适当兼顾社会公平原则。(蒋定之，2008)

(二)金融监管应更多地强化功能监管和贴近市场第一线

此次危机体现出的监管理念变化，对中国来说有多处值得借鉴。首先，金融监管须更多强化功能监管，监管体系有必要从过去强调针对机构进行监管的模式向功能监管模式过渡，即对各类金融机构的同类型的业务进行统一监管和统一标准的监管，以减少监管的真空和盲区。其次，金融监管应更贴近市场第一线，从金融机构业务末梢上出现的小问题抓起，以防从个别向普遍演变，形成大范围的经营隐患，使监管更具前瞻性和有效性。此外，加强监管机构之间的职能协调也尤为必要。在金融市场全球化、金融创新和衍生产品日益复杂的今天，传统金融市场之间的界限日趋模糊，跨部门的监管协调和监管合作显得日趋重要。(王自力，2008)

（三）谨慎对待金融衍生产品

政府应加大监管力度，谨慎对待金融衍生产品，加强国际合作，建立监管联动机制，掌握虚拟经济规律，夯实实体经济基础（孙少勤、邱斌，2008）。对所有金融市场、金融产品、市场参与者（包括信用评级机构）、对冲基金及私人投资公司采取相应的监督或管理。银行应在自有资本的基础上建立额外的缓冲资源，以备不时之需。

十一、加强宏观经济政策的评估和预测

导致美国次级债危机的直接原因是美国房地产市场产业周期性变化。美联储对未来经济的错误判断放任了风险的扩大和蔓延。要合理调控国内金融体系流动性过剩。在经济快速发展时期，一定要防止资产价格过快攀升和资产泡沫的堆积。次级债危机表明，资产价格虽然是一种虚拟元素，却隐藏着相当大的破坏力，其过快攀升导致的直接后果就是对实体经济的平稳运行造成巨大伤害。在制定宏观经济政策时还应充分考虑对资产价格乃至整个经济链条的冲击。审慎有序的推进我国金融体系开放。我国在审慎开放资本市场的过程中，应加大对各类基金的监管。

附录

1. 什么是次级抵押贷款市场

美国次贷危机的发生源于美国的次级贷款以及由其衍生的证券化市场。所谓次级抵押贷款，是相对于优质抵押贷款而言的。美国房地产贷款市场分为三类：优质贷款市场（Prime Market）、次优级贷款市场（ALT-A）和次级贷款市场（Subprime Market）。优质贷款市场面向信用等级高（信用分数一般在 660 分以上，见表 1）、收入稳定可靠、债务负担合理的优良客户，这些人主要是选用最为传统的 30 年或 15 年固定利率按揭贷款，较少采用复杂的创新按揭工具。而次优级贷款市场既包括信用分数在 620 到 660 之间的主流阶层，又包括分数高于 660 的高信用度客户中的一部分，利率比优质贷款产品普遍高 1%～2%。而次级市场是面向信用分数低于 620、收入证明缺失、负债较重的客户。因信用要求程度不高，其贷款利率通常比一般抵押贷款高出 2%～3%，它往往采用先低后高的还款方式，主要实行首付低于 15%或月供超过收入 55%的浮动利率按揭贷款。次级抵押贷款业务利润高，而风险也相对较大。

表 1　美国房地产贷款市场的基本分类

贷款市场分类	信用评级分数	贷款要求	利率水平比较
Prime Market（优质贷款市场）	超过 660 分	必须严格出具出示收入证明	利率水平较低
ALT-A（次优级贷款市场）	大于或者等于 620～660 分	不愿出具收入证明	利息普遍比优质贷款产品高 1%～2%
Subprime Market（次级贷款市场）	低于 620 分	不用出具收入证明的贷款	利率通常比优惠利率高 2%～3%

摘自：边卫红．美国次级抵押贷款危机影响有限，各方重拳出击重塑信心．国际金融研究，2007(11)，p19－27

申请次级贷款的购房者多属于低收入阶层，一般不能承受较高的首付，在贷款初期也难以承受较高的本息支付。为了吸引中低潜在消费者，房地产金融机构开发了多种新兴抵押贷款产品，其中最为常见的包括无本金贷款(Interest Only Loan)、可调整利率贷款(Adjustable Rate Mortgage，ARM)、选择性可调整利率贷款(Option ARM)等，无首付抵押贷款等。丰富的贷款产品支持了美国房地产贷款市场的发展。所有这些抵押贷款产品都有一个特点，那就是在还款的前几年内，还款额很低，但是过了这段时间以后，还款压力将陡然上升。如果购房者预期房地产价格将会持续上升，即使到时不能偿付本息，也可以通过出售房地产或者再融资来偿还债务。但是一旦市场利率上升和房地产价格下跌同时出现，则次级抵押贷款市场将不可避免的出现动荡。

2. 风险转移——次级抵押贷款的证券化

(1)美国次级贷款抵押贷款支持证券占比不大，约为14%。

美国是一个住房贷款业务十分发达的国家，大量的住房贷款造就了高度繁荣的房地产业。但是由于多数贷款的期限较长(一般为10～20年)，房地产金融机构要经过很长时间才能收回资金进行再贷款，严重影响了住房贷款的经营效果。因此，20世纪70年代发展起来的住房抵押贷款证券化应运而生(见图1)。

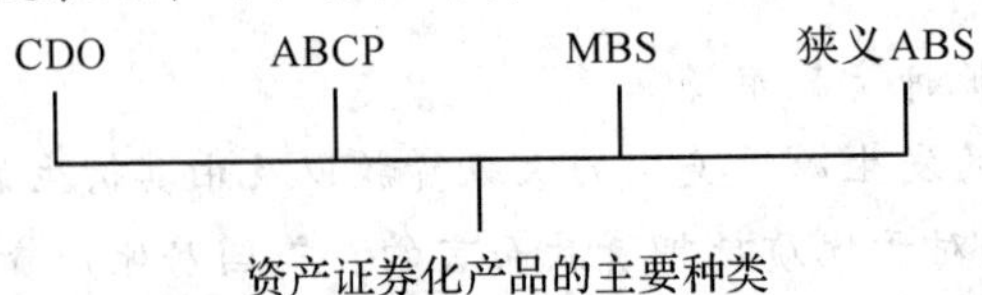

图1 资产证券化产品的主要种类

注：CDO：债务抵押债券；ABCP：资产支持证券商业票据；MBS：房地产抵押贷款支持证券；ABS：资产支持证券

从20世纪七八十年代开始，房地产金融产品已经逐渐成为与股票、国债和公司债等传统金融产品并驾齐驱的投资品种。房地产金融产品的典型代表是住房抵押贷款支持证券(Mortgage-backed Securities，MBS)。MBS是对住房抵押贷款债券进行拆分整合并销售的过程，即住房抵押贷款机构将其持有的抵押债券汇集重组为抵押组群，经过政府机构或私人机构的担保和信用加强，转化为可在金融市场上流通的证券，进而通过发行证券在资本市场上进行流通，完成住房抵押贷款机构将抵押贷款由债券变现的过程。如果房地产金融机构将MBS出售给机构投资者，那么就可以将违约风险、利率风险和提前偿还等风险转移给投资者，从而增强了资产流动性以及实现了风险转移。目前，美国住房抵押贷款证券化市场的规模约6万亿美元(UBS统计)，从不同品种的规模分布看，优质债券仍是主流。

一般而言，经过信用提升(Credit Enhancement)、风险隔离等操作后的MBS能够获得AAA或者AA的高信用评级，同时其收益率显著高于同风险评级的国债或公司债。因此，MBS获得了机构投资者的广泛追捧，发行规模也迅速扩大。当优质抵押贷款(Prime Loan)被充分证券化之后，逐利者开始将眼光投向了级别较低的房地产抵押贷款市场。目前，美国次级贷款抵押贷款支持证券占比约为14%，通过发行MBS、CDO等相关产品，次级债贷款者的违约风险就由房地产金融机构转移到了资本市场上的机构投资者。由于以次级房贷为抵押品的MBS评级较低,无法达到美国大型投资机构如退休基金、保险基金、政府基金等的投资条件,故投资银行家就将次级按揭贷款重新打包为资产池,并发行资产抵押债券MBS,而这些MBS又与其他一些公司债券被重新整理为CDO(Collateralized Debt Obligation),即债务抵押债券产品。

(2)CDO——近期证券化市场中快速发展的产品

CDO创新于20世纪80年代末期,作为一种固定收益证券,是资产证券化市场中发展最快的产品之一,是华尔街所谓"如果有未来的现金流,就把它做成证券"原则的体现。对CDO强烈追捧的机构包括保险公司、互助基金、商业银行、投资银行、信托公司、养老基金、一些私人银行机构、其他的CDO以及结构性投资机构等。美国CDO基本分散在5类金融机构手中,包括银行(31%)、资产管理公司(22%)、对冲基金(10%)、保险公司(19%)、养老基金(18%)。

传统的ABS信用卡以应收账款、现金卡应收账款、租赁租金、汽车贷款债权等为资产池,而CDO背后的支撑则是一些债务工具,如高收益债券(High-yield Bonds)、新兴市场公司债(Emerging Market Corporate Debt)或国家债券,亦可包含传统的ABS、住宅抵押贷款证券化(Residential Mortgage-Backed Securities,MBS)及商用不动产抵押贷款证券化(Commercial Mortgage-Backed Securities,CMBS)等资产证券化商品。

CDO主要有两类:一是CLOs(Collateralized loan obligations),主要是以银行的信贷资产为标的。其目的是将债权资产从资产负债表上移开,借以转移信用、利率风险,提高资本充足率。二是SFCDOs(Structured Finance CDOs),主要是以资产支持证券以及住房抵押贷款证券为支持。

发行者的重点不在资产的转移,而在重新包装(Repackaging)。2006年SFCDOs约占54%,CLOs约占35%,其他的类型还有CRE CDOs(Commercial Real Estate CDOs)(主要以REIT资产为支持)、CBOs(Collateralized Bond Obligations)(主要以公司债为资产支持)以及CIOs(Collateralized Insurance Obligations)(主要是以保险或再保险合同为支持)等。(边卫红,2007)

据统计,2003年至2006年,信用衍生品金融市场规模膨胀了15倍,已达到50万亿美元的惊人规模。这其中主要是对冲基金,甚至包括一些养老在内的保守性基金也在其中。(雷良海,魏遥,2009)。可以说,住房抵押贷款的资产证券化及其衍生品市场是以分散和转移风险、追求风险收益为主要特征的,但是由于对收益过高的追求和风险的低估导致了这场金融危机。

由于市场和监管当局对评级机构的约束减弱,评级机构未根据这些证券化产品进行反映其真实价值的评估,在投资银行的银行家的完美包装下,这些含有高风险的衍生品被期望过高的全球投资者购买,并由此开始,多米诺骨牌般的连锁效应凸现,短短时间,这些有毒衍生品变得分文不值,从而开始了这场百年一遇的金融危机。

参考文献

1. 边卫红.美国次级抵押贷款危机影响有限,各方重拳出击重塑信心.国际金融研究,2007(11)
2. 查理斯·P.金德尔伯格.经济过热、经济恐慌及经济崩溃:金融危机史.北京:北京大学出版社,2000
3. 曹红辉,刘华钊.美国次级房屋贷款危机分析.财贸经济,2008(3)
4. 陈李斌.美国金融危机有哪些警示.中国石化,2008(11)
5. 陈华,赵俊燕.美国金融危机的成因.产权导刊,2008(11)
6. 陈宝森.美国次贷危机何时见底.瞭望,2007(41)
7. 陈四清.美国金融危机的深层次原因分析及对中国银行业的启示——兼论金融危机与新资本协议的关系.国际金融研究,2008(12)
8. 董金玲.美国次级债危机给我国的启示.现代金融,2007(11)
9. 大卫·科茨.美国此次金融危机的根本原因是新自由主义的资本主义.红旗文稿,2008
10. 邓翔,李雪娇."次贷危机"下美国金融监管体制改革分析,区域与国别经济.世界经济研究,2008(8)
11. 窦圣勃.2007年美国金融危机的背景分析.现代商贸工业,2008(3)
12. 高巍.美国金融危机对我国经济的影响及启示.山西财经大学学报,2008(11)
13. 郭锦洲.美国次级债危机对我国银行业监管的启示.银行家,2007(10)
14. 韩志国.全球金融危机十大发展趋势.http://www.jrj.com,羊城晚报,2008-11-15,17:13
15. 何维达.吸取美国金融危机四大教训.西部大开发,2008(11)(据《人民日报·海外版》)
16. 侯红卫.美国金融危机的影响与启示.时代经贸,2008(9)
17. 华民,刘佳.全球金融危机的成因和中国的应对.世界经济情况,2008(10)
18. 黄小军,陆晓明,吴晓晖.对美国次贷危机的深层思考.国际金融研究,2008(5)
19. 胡毓娟,张言树,查莎莎.美国次贷危机对世界房地产市场的影响.金融教学与研究,2008(4)
20. 蒋定之.美国金融危机的九个警示.中国金融,2008(21)
21. 连婕.美国次贷危机对中国经济的影响与启示.武汉金融,2007(11)
22. 刘光溪,苏鹏.新货币主义与美国金融危机——兼论危机的根源、影响及对中国的启示.国际贸易,2008(11)
23. 刘潇.美国金融危机的根源及对我国的警示.理论与改革,2008(6)
24. 李向阳.国际金融危机与世界经济前景.财贸经济,2009(1)
25. 罗熹.美国次贷危机的演变及对我国的警示.求是,2008(18)
26. 雷良海,魏迪.美国次贷危机的传导机制.国际金融,2009(1)
27. 李娅,刘慧.美国次级债危机对中国的启示.金融会计,2008(1)
28. 马宇,韩存,申亮.美国次级债危机影响为何如此之大——基于风险分担视角的解释.经济学家,2008(3)
29. 梅新育.国际金融危机传染机制的新特点.中国金融,2007(18)
30. 梅新育.美国金融危机的冲击波.中国金融,2008(19)
31. 孟辉,伍旭川.美国次贷危机与金融稳定.中国金融,2007(18)
32. 卜壮志.从美国次贷危机看我国商业银行房贷风险管理.经济纵横,2007(19)
33. 乔飞鸽.谨慎面对金融资产的过度扩张——美国次级债市场危机的启示.浙江金融,2007(11)
34. 田伯平.美国次贷危机与全球经济新挑战.世界经济与政治论坛,2008(6)
35. 秦亦夫.贫富悬殊是美国金融危机的根本原因.中国经济周刊,2008(47)
36. 孙少勤,邱斌.基于监管视角的美国次贷危机成因分析及其对我国的启示.国际贸易,2008(11)
37. 师家升,李永勤,王润伟.美国次级住房抵押贷款市场危机及其对中国的启示.经济研究,2008(6)
38. 王喜梅.美国金融危机及对我国经济的启示.四川省情,2008(11)

39. 王自力. 道德风险与监管缺失美国金融危机的深层原因. 中国金融，2008(20)
40. 王静. 美国金融危机的根源及教训. http://www. kiiik. cominfo686310. html，2008
41. 王漪珺. 次贷危机产生与发展的根源——基于"明斯基模型"的分析. 世界经济情况，2008(7)
42. 吴洪涛. 美国次贷危机的国际性因素分析. 理论研究，2008(9)
43. 肖才林. 美国金融危机的原因及启示. 商场现代化，2008，上旬刊
44. 徐凡. 美国次优抵押贷款危机的回顾与展望. 国际金融研究，2007(9)
45. 徐明棋. 美国金融危机对中国经济的影响及我们的对策. 新金融，2008(11)
46. 徐克恩，鄂志寰. 美国金融动荡的新发展：从次贷危机到世纪性金融危机. 国际金融研究，2008(10)
47. 姚枝仲. 美国金融危机：性质、救助与未来. 国际经济，2008(12)
48. 杨圣明. 考察美国金融危机后的几点思考. 时代经贸，2008 特别报道
49. 杨圣明. 美国金融危机的由来与根源. http://blog. sina. com. cn/s/blog_49db9abd0100bvtl. html，2008
50. 于莹. 次贷危机对我国资本市场的影响. 中国金融，2007(18)
51. 岳文武. 美国次贷危机对我国金融信贷的启示. 金融经济，2008(22)
52. 尹中立. 从次贷危机看美国楼市与中国楼市的关系. 中国金融，2007(18)
53. 钟宏，刘国宁. 关注美国次贷危机对中国经济的影响. 中国统计，2007(11)
54. 赵庆明. 美国次贷危机对我国商业银行的启示. 中国金融，2007(18)
55. 张五常. 救金融危机的三派之别. http://blog. sina. com. cn/s/blog_4b9d0eeb0100blj7. html，2009
56. 张雪春. 小鱼掀大浪：美国次级债危机与教训. 银行家，2007(10)
57. 朱颖. 美国次级抵押贷款市场危机解析. 金融教学与研究，2007(5)
58. 甄炳禧. 次贷危机阴影下的美国经济. 求是，2008(17)
59. http://bbs. anjia. com/dispbbs_40_265397_1_8. html，[转帖]聂皖生：金融衍生产品智慧还是骗术？

后　记

在本教材的编著过程中，我要感谢很多热心人的大力帮助。我的研究生杨灵琴、余文、梁晓、杨蔚、何彦清、郑芝英等，在资料的搜集、整理过程中，提供了许多的帮助。

感谢浙江大学出版社总编辑徐有智教授的热忱帮助，感谢浙江大学出版社孙海荣老师自始至终的热忱帮助。

章和杰

图书在版编目（CIP）数据

货币银行学／章和杰主编．—杭州：浙江大学出版社，2009.8

（大管理学）

ISBN 978-7-308-06979-3

Ⅰ.货… Ⅱ.章… Ⅲ.货币和银行经济学 Ⅳ.F820

中国版本图书馆 CIP 数据核字（2009）第 149967 号

货币银行学

章和杰　主编

责任编辑　邹小宁　傅百荣
封面设计　姚燕鸣
出版发行　浙江大学出版社
（杭州天目山路 148 号　邮政编码 310028）
（网址：http://www.zjupress.com）
排　　版　杭州中大图文设计有限公司
印　　刷　德清县第二印刷厂
开　　本　787mm×1092mm　1/16
印　　张　23.25
字　　数　572 千
版 印 次　2009 年 8 月第 1 版　2009 年 9 月第 2 次印刷
印　　数　3001—6000
书　　号　ISBN 978-7-308-06979-3
定　　价　39.00 元

浙江大学出版社发行部邮购电话(0571)88925591